W9-CMJ-431

DIOS

una breve historia

El desierto
Tomado de *Introducción*, p. 27

DIOS

una breve historia

JOHN BOWKER

Escultura yoruba
Tomado de *Introducción,* p. 25

Página anterior
El siervo humilde
Tomado de *La India, p. 81*

OCEANO

UN LIBRO DE
DORLING KINDERSLEY
www.dk.com

Título original:
God a Brief History

Traducción: Josefina Anaya
Adaptación: José Luis Campos

Originalmente publicado
en Estados Unidos en 2002 por
DK Publishing, Inc.,
375 Hudson Street,
New York, NY 10014

Producido para DK Publishing, Inc.
por Studio Cactus,
Southgate Street, Winchester,
Hampshire, S023 9DZ

Gerentes del proyecto:
Kate Grant, Mick Cady
Editora artística del proyecto:
Sharon Rudd
Editora del proyecto:
Donna Wood

1a. edición marzo 2003

Eugenio Sue 59, 11560 México, D.F., (México)
Tel. (55) 5279 9000, Fax (55) 5279 90 06
info@oceano.com.mx

ISBN: 970-651-719-7

ÍNDICE

Los Aztecas, tomado de
En el Principio, p. 48

SACERDOTES, TOMADO DE *LAS RELIGIONES DE ABRAHAM*, P. 198

LAO-TSÉ, TOMADO DE *LAS RELIGIONES DE ASIA*, P. 152

LOS CAPADOCIOS, TOMADO DE *LAS RELIGIONES DE ABRAHAM*, P. 253

PREFACIO DEL AUTOR

ESTE LIBRO Y SU TÍTULO FUERON una propuesta de Sean Moore, de la editorial Dorling Kindersley, sin duda como un paralelo de *A Brief History of Time*. Dios y el tiempo se parecen por dos razones: ninguno de los dos existe como el sentido común nos haría creer, y ambos han sido un factor central en la percepción y la experiencia humanas desde siempre.

Nunca ha habido una sociedad humana de la que generalmente Dios no haya formado parte, de manera dominante y creativa. Esto incluye, incluso, a las sociedades que decidieron ser seculares, como:

- Los Estados Unidos en sus inicios, cuando religión y política fueron deliberadamente separadas (lo cual se impuso también en Filipinas en 1902).
- Turquía, por una enmienda a su Constitución en 1928 (que abrogó la declaración, del estatuto de 1924, de que "la religión del Estado turco es el Islam").
- Rusia y China, cuando la crítica marxista de las religiones se llevó a la práctica.
- La India, en el momento de su Independencia, cuando su Constitución garantizó la libertad de conciencia y de religión (artículo 25.1), y también siguió los pasos de los Estados Unidos, al apartar al Estado de intervenir a favor de cualquier religión.

En ninguno de estos países Dios desapareció. Una historia completa de Dios, por lo tanto, tendría que ser la historia de todo —tal como observó un personaje de *Forty Years On*, obra de Alan Bennett: "Dios, cualquier cosa que sea, y por supuesto Él es todo, no es estúpido".

No es sorprendente que este libro sea más modesto. No es una historia completa de todo lo que se haya pensado o creído acerca de Dios, ni registra todos los relatos que se hayan hecho de Él. Más bien trata sobre la forma en que algunas personas han hecho sus propios descubrimientos sobre Dios y han desarrollado y modificado nuestra comprensión de quién es, qué es y cómo fue que se volvió algo real para ellas.

La mayoría de los capítulos siguen una secuencia más o menos cronológica, pero incluso en esos casos, resultaba más coherente abordar una secuencia desde un sitio (por ejemplo, los sikhs como unidad en medio de la religión de la India, Corea y Japón como secuencias en medio de la religión asiática) que dividir en pequeñas secciones siguiendo fechas. Se da una breve cronología y un mapa del tema tratado al principio de cada capítulo, con observaciones de los acontecimientos y los personajes mencionados. He tratado de explicar las creencias y las prácticas, pero este libro no es una historia de las religiones. Para eso, véase *An Illustrated History of Religions* (2001). Para el contexto y los antecedentes, *World Religions*, publicado por Dorling Kindersley (1997), donde se trata a las religiones desde el arte y la arquitectura; y *The Oxford Dictionary of World Religions* (1997), que da mayores detalles sobre personajes, textos, credos y prácticas mencionadas en este libro.

Este texto comienza con una introducción a los antecedentes de la creencia en Dios, mostrando hasta qué punto está profundamente arraigada en el ser humano. Sigue con el capítulo "En el principio", que revisa cómo empezó el hombre a explorar la naturaleza y el significado de Dios, en el arte, el sexo, la narración, la música, la danza, la arquitectura, los ritos, los sacrificios y el trato reverente al mundo natural. Aunque son temas iniciales, aparecen a lo largo de todo el libro; sus referencias posteriores pueden encontrarse en el índice de materias.

Luego, se explora las maneras en que la creencia en Dios empezó y se desarrolló para conformar las principales tradiciones religiosas del mundo, que se dividen en tres grupos: las religiones de la India, las de Asia y las del Medio Oriente y el mundo mediterráneo; como estas últimas (el judaísmo, el cristianismo y el Islam) se extendieron por todo el mundo, tal vez sea más sencillo unificarlas como las religiones abrahámicas, ya que todas proclaman que Abraham (Ibrahim) es su antepasado.

Los libros y sus autores se citan lo más brevemente posible en el texto: se da el nombre del autor (o el título de la obra) entre paréntesis, y el número de la página. La fuente completa se cita en la bibliografía.

Doy una explicación de las palabras y términos que resulten poco familiares cuando aparecen. La página donde se definen está en negritas en el índice de materias.

Aunque cada religión tiene su propio sistema de fechar, las fechas de este libro se dan a la manera occidental (a.C. = antes de Cristo, y d.C. = después de Cristo).

Este libro no habría podido escribirse sin la ayuda de muchas personas, a las que expreso mi profunda gratitud en los agradecimientos. Pero, sobre todo, agradezco a dos personas que lo hicieron posible: Sean Moore, que fue quien lo sugirió: su tranquila entereza es un raro don; y mi esposa Margaret: he aprendido más de Dios en su compañía que de ninguna otra cosa. Este libro le pertenece, y se lo ofrezco con amor y gratitud.

El poeta y novelista Thomas Hardy solía insistir en que una evaluación honesta de la vida requiere lo que él llamaba "mirar de frente a lo peor". Esto es, por supuesto, necesario en el caso de Dios, ya que hay demasiada enajenación, maldad y explotación comercial alrededor de lo que la gente hace de Dios. Aun así, me asombra que tantas personas y los medios miren *sólo* lo peor cuando se trata de Dios, y no reconozcan el horizonte y el relámpago con que Él cambia a las personas para bien y gracia. Un poema de R.S. Thomas que se cita en la p. 317 finaliza con la súplica de "ventilar" mejor "la atmósfera de la mente cerrada". Tengo la esperanza de que este libro cumpla esa función.

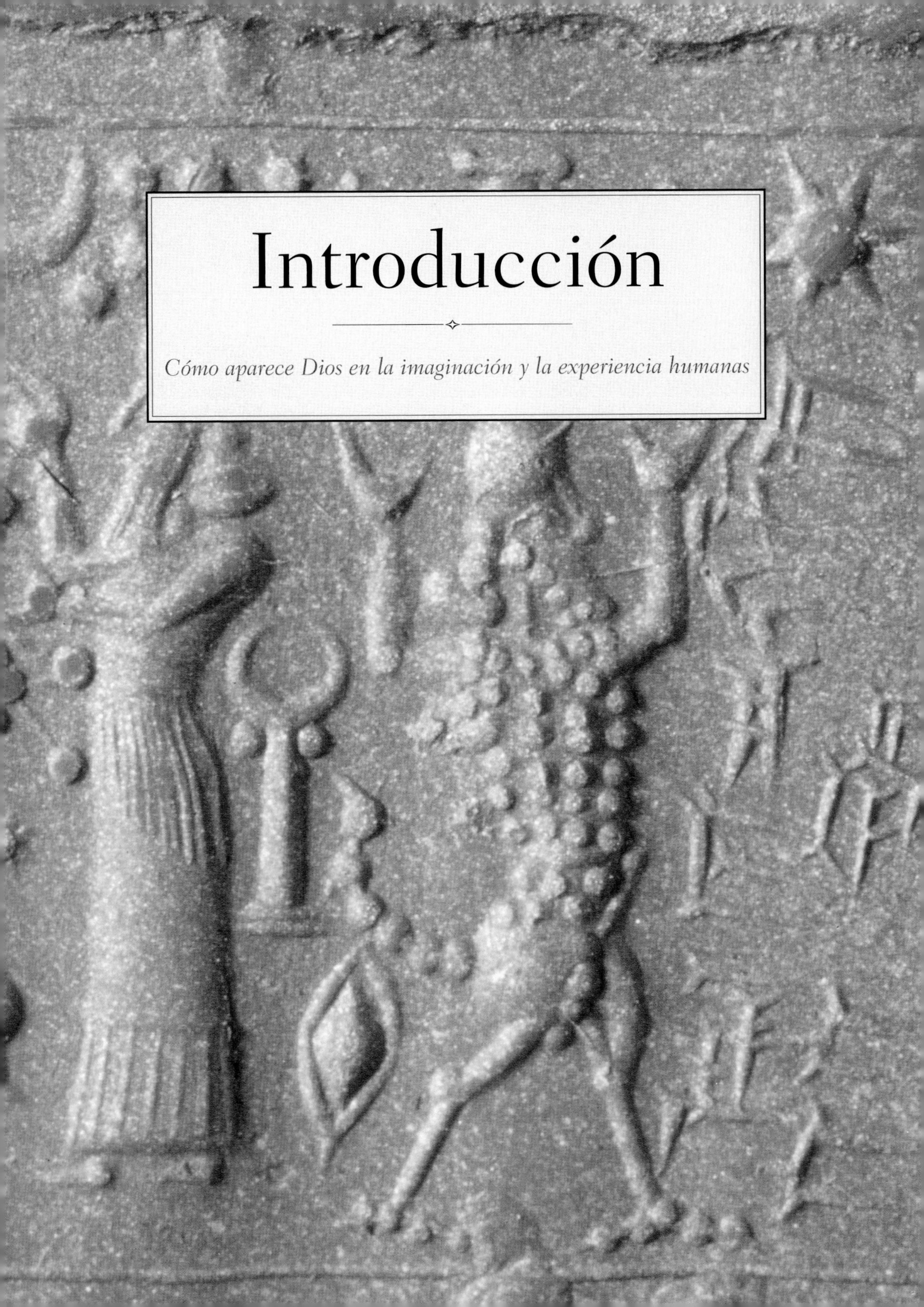

Introducción

Cómo aparece Dios en la imaginación y la experiencia humanas

El dios Hadad
En Asiria se creía que distintos dioses protegían a las personas de los desastres. El rey Esarhaddon (s. XVII a.C.) prometió: "Fortalezco tu vida al igual que tu madre, que te trajo a la existencia; los sesenta grandes dioses están conmigo y te protegen".
(Moscati, *p.* 73)

La muerte de Dios

Por el acantilado

EN 1923, EL PERIODISTA NORTEAMERICANO H.L. Mencken (1880-1956) celebró un servicio luctuoso para los Dioses que, según su expresión, "cayeron por el acantilado". Él preguntó: "¿Qué fue de Sutekh, alguna vez el dios supremo del valle del Nilo? ¿Qué fue de:

Reseph	Isis	Anath	Ptah
Ashtoreth	Anubis	Baal	Addu
Astarté	Shalem	Hadad	Dagon
El	Sharrab	Nergal	Yau
Nebo	Amon-Ra	Ninib	Osiris
Melek	Sebek	Ahijah	Moloch?

Todos ellos fueron alguna vez dioses de la más alta eminencia. Muchos se mencionan con temor y sobresalto en el Antiguo Testamento. Hace cinco o seis mil años estaban a la altura del mismo Yahvé; los que menos, estaban muy por encima de Thor. Sin embargo, todos cayeron por el acantilado, y con ellos los siguientes:

Bile	Iuno-Lucina	Ler	Saturno
Arianrod	Furrina	Morrigu	Vediovis
Govannon	Consus	Pwyll	Cronos
Ogyryan	Enki	Dea Dia	Engurra
Mu-ul-lil	Nuada Argetlam	Tagd	Uhargisi
Gobnju	Ubilulu	Odín	Gasan-lil
Llaw Gyffes	U-dimmer-an-kia	Lleu	Enurestu
Ogma	U-sap-sib	Mider	U-Mersi
Rigantona	Tammuz	Marzin	Venus
Vaticanus	Anu	Edulia	Beitis
Adeona	Nusku".		

La lista continúa una página más. Luego Mencken preguntó: "¿Dónde está la tumba de los dioses muertos? ¿Algún errante enterrador riega sus montículos?... Los hombres trabajaron por generaciones para construirles enormes templos —con piedras tan grandes como carretas de paja. El propósito de interpretar sus caprichos mantuvo ocupados a miles de sacerdotes, magos, archidiáconos, evangelistas, arúspices, obispos, arzobispos. Dudar de ellos era morir, generalmente en la hoguera. Ejércitos enteros se hicieron a la guerra para defenderlos de los infieles: incendiaron aldeas, despedazaron a mujeres y niños, dispersaron ganados... Eran dioses de la más alta alcurnia y dignidad, dioses de pueblos civilizados, millones creían en ellos y los adoraban. Todos eran teóricamente omnipotentes, omniscientes e inmortales. Y todos están muertos" (*Prejudices*). Mencken emprendió una prolongada guerra contra Dios, a quien, en *Minority Report*, se refirió como "el inmemorable refugio de los incompetentes, los desvalidos, los miserables. No sólo encuentran asilo en Sus brazos, sino también una especie de superioridad reconfortante para sus egos macerados; Él los colocará por encima de sus superiores".

Mencken no era el único que declarara "la muerte de Dios". En realidad, su pregunta "¿dónde está la tumba de los dioses?" había sido contestada cuarenta años antes, por un oponente mayor de Dios: Friedrich Nietzsche (1844-1900). En *La gaya ciencia* (1887) describe a un loco que llegó corriendo a una plaza, una brillante mañana, con una linterna y gritando, una y otra vez: "¡Busco a Dios! ¡Busco a Dios!":

"Algunos de los que no tienen fe, que estaban parados por ahí, estallaron en carcajadas. '¿Está perdido?' —dijo uno. '¿Se desvió del camino, como los niños?' —dijo otro. '¿O se ocultó? ¿Nos teme? ¿Se fue de viaje? ¿Se fue a vivir a otro sitio?' De esa manera gritaban y reían. El loco saltó en medio de ellos y los atravesó con la mirada. '¿A dónde se fue Dios? —gritó. Yo les diré: nosotros lo matamos, ustedes y yo'. Se dice que aquel mismo día el loco se metió en muchas iglesias y cantó su requiem aeternam deo. Cuando fue llevado a dar cuenta de su comportamiento, se dice que su respuesta fue: '¿Qué son estas iglesias sino las tumbas de Dios?'".

Nietzsche declaró que la muerte de Dios era "un acontecimiento reciente", y en el siglo XIX muchos impugnaron la existencia de Dios. Pero ese cuestionamiento, con la consiguiente muerte de Dios, ha tenido lugar en todas las épocas, en casi todos los lugares del mundo. Ocurrió dramáticamente, por ejemplo, en la India, con el surgimiento del jainismo y el budismo (pp. 69-71), para algunos judíos (p. 225) y en China entre los naturalistas (p. 150).

Culto en Asiria
Este sello cilíndrico del siglo IX-VIII a.C. representa una escena de culto. Los asirios fueron una potencia dominante en Mesopotamia de c. 1900 a 612 a.C. El dios principal era Asshur, pero adoraban a otros dioses y diosas.

En una ocasión Diágoras el Ateo visitó Samotracia, y ahí un amigo le dijo: "¿Crees que a los dioses no les importan los hombres? ¿Por qué?; ante estas pinturas votivas puedes ver cuántas personas han escapado de la furia de la tormenta en el mar, elevando plegarias a los dioses, que los trajeron salvos a puerto." "Sí, por cierto —dijo Diágoras—, pero ¿también hay pinturas de los que naufragaron y perecieron entre las olas?" En otra ocasión, en un viaje por mar, la tripulación, alarmada por el mal tiempo, empezó a murmurar que se lo merecían por haber aceptado a un ateo a bordo. Diágoras se limitó a señalar otros barcos que llevaban el mismo curso, y que afrontaban las mismas dificultades, y les preguntó si pensaban que había un Diágoras entre los pasajeros de cada uno. El hecho es que el carácter o la forma de vivir de un hombre no influye en nada en su buena o mala suerte.

(Cicerón 3:89)

El rechazo de Dios

Argumentos en pro del ateísmo

LA MUERTE DE DIOS no es algo inusual. Ocurre en cada generación, en todas partes. En la civilización mediterránea, Diágoras fue un ejemplo típico de los que negaron a Dios. Según Atenágoras (s. II d.C.) "cortó de un tajo la estatua de Heracles para cocer sus nabos, y proclamó, sin empacho, que Dios no existía". Cicerón (s. I a.C.) lo puso de ejemplo (véase texto a la izquierda).

Si la muerte de Dios es algo tan común, ¿por qué ocurre? Las razones pueden ser personales y estar ligadas a circunstancias subjetivas, pero también pueden ser menos específicas y, aun así, compartidas por muchos. En general, se pueden agrupar en Tres erres que expresan rechazo. La primera es la de *rebatir*. Cualquier defensa de Dios parece incoherente, insustancial o falsa; por ejemplo, cuando se dice que Dios hizo el mundo en seis días, y las evidencias acumuladas a lo largo de los siglos demuestran que el universo se formó en un periodo mucho más largo; o cuando se dice que Dios es amoroso, pero el sufrimiento de muchas personas y el destino de tantos animales (inmerecido en muchos casos, evidentemente) no indica amor. Esto plantea la cuestión de lo que se conoce como "teodicea" (del griego *theos*, dios, y *diké*, justicia): si Dios es, como se pretende, todopoderoso y todo amoroso, ¿por qué no usa ese poder para crear un mundo en el que el amor garantice que no exista sufrimiento innecesario? Dios o no es todopoderoso o no es todo amoroso. Los argumentos que lo rebaten también incluyen las cosas que la gente hace en el nombre de Dios y que son, para decir lo menos, indeseables: las guerras, por ejemplo, o justificar la subordinación de las mujeres a los hombres.

La segunda de las Tres erres es la de *reducciones*: estas reflexiones aceptan que la gente crea en Dios, pero esto no implica la posibilidad de que Dios exista. Un ejemplo es H. L. Mencken (p. 11), quien afirma que la gente cree en Dios porque es inadaptada y busca consuelo o poder sobre los demás, que no puede obtener de otra manera. Ésta es una forma de proyección (crear fuera de nosotros algo que satisface nuestras necesidades más profundas y que tomamos como algo real aunque no tenga existencia independiente). Otros que redujeron a Dios a una proyección de este tipo fueron Feuerbach (véase ilustración), Sigmund

Ludwig Feuerbach
Feuerbach (1804-1872) afirmó que "Dios" es la proyección que la gente hace de sus más altos ideales, lo mejor que pueden imaginar. Así, la teología (pensamiento sobre Dios) es en realidad antropología (lo mejor que podemos esperar en la vida humana).

Freud (1856-1939), y el más famoso: Karl Marx (1818-1883), quien proclamó que "Dios" no es más que la forma de perpetuar la desunión entre las diferentes clases de la sociedad: "Dios" se utiliza para justificar las divisiones sociales y para que la clase trabajadora se quede donde está. Los argumentos reduccionistas pueden, a su vez, reducirse a un argumento como "Dios no es realmente nada más que...". Un reduccionista reciente es el biólogo Richard Dawkins, quien afirma que Dios no es más que un virus que infecta a un cerebro tras otro con información dañina e insalubre.

La tercera de las Tres erres es la de *refutaciones*: éstas buscan los argumentos que concluyen que Dios existe, y luego argumentan en contra de su lógica o validez. Un ejemplo clásico de argumento que conduce a Dios, son las Cinco vías de Tomás de Aquino (p. 267), que también se encuentran en otras religiones. Con frecuencia una primera forma de esos argumentos es refutada, lo que conduce a replantear el argumento, lo que lleva a otra refutación, etcétera. Es decir, pese a que algunos argumentos a favor de Dios han sido refutados concluyentemente y no han sido depurados, muchos siguen siendo rebatidos y seguirán siéndolo. No todos los argumentos que apuntan a la existencia de Dios han sido definitivamente refutados. Los temas persisten.

El caso es que esos argumentos no pueden ser concluyentes, porque sea Dios lo que fuere (si es que es algo), ciertamente es mucho más que la conclusión de un argumento. Lo que los razonamientos pueden hacer es señalar la probabilidad de Dios (o no), y dar mayor sentido a muchos aspectos de un universo como éste (y hasta ahora no tenemos otros con qué compararlo) suponiendo que Dios exista. Sin embargo, si éste es el caso, ¿por qué las nociones humanas sobre Dios son tan variadas y parece que somos, nosotros mismos, "escritura grande"?

Era eso lo que preguntaba la negrita.

Teodicea
El sufrimiento inmerecido, como el de los niños que mueren de hambre, condena las pretensiones de que Dios es amoroso y todopoderoso. Algún sufrimiento lo causa la maldad humana, pero gran parte del mismo ocurre dentro del orden natural, sobre el que los hombres no tienen ningún control.

Shaw acerca de Cristo
¿Por qué no probar el cristianismo? *La pregunta ya no promete nada después de dos mil años de adhesión a la prédica: "A ese hombre no, sino a Barrabás" ... Este hombre no es aún un caso perdido; porque nadie ha sido lo bastante cuerdo como para seguir sus pasos.*
(*Androcles y el león*)

Las imágenes de Dios

Cambios en la imaginación humana

LA NEGRITA LE PREGUNTÓ al misionero que la había convertido: –¿Dónde está Dios? –Él ha dicho: "Busca y me encontrarás" —dijo el misionero. Así comienza el libro de George Bernard Shaw (1856-1950), *Las aventuras de la niña negra en su búsqueda de Dios*. La niña sigue el consejo literalmente, toma su enorme bastón o knobkerry para derribar a los falsos ídolos y parte en su búsqueda. En el camino se cruza con gente que le dice diferentes cosas sobre la naturaleza de Dios (véase cuadro, abajo). Al término de su búsqueda, la negrita encuentra a Voltaire, quien está cultivando su jardín (véase ilustración de la derecha). El *Cándido* de Voltaire concluye que la "única" respuesta es seguir con lo que podemos manejar, cultivar nuestro propio jardín: "Il faut cultiver notre jardin".

Shaw alegaba que "Dios" no es la respuesta a nada, porque una y otra vez las personas han debatido y modificado las ideas sobre él, al grado de que "Dios" no tiene realidad fuera de sus ideas: "La Biblia, científicamente obsoleta en otros aspectos, sigue siendo interesante como registro de cómo la idea de Dios (el primer esfuerzo de la humanidad civilizada de explicar la existencia, origen y propósito del universo del que

La Negrita

Durante su búsqueda de Dios, la negrita conoce a:

- **EL SEÑOR DE LOS EJÉRCITOS:** Él exige sacrificios y sangre.
- **EL CREADOR DEL LIBRO DE JOB:** Éste no puede decirle por qué una porción tan grande de la creación está mal hecha.
- **EL FILÓSOFO DEL LIBRO DE ECLESIASTÉS:** Él no encuentra significado a nada salvo en el gozo de las cosas buenas de esta vida.
- **EL PROFETA MIQUEAS:** Éste denuncia al Dios de los sacrificios.
- **PAVLOV:** El psicólogo le dice que Dios es un reflejo condicionado.
- **UN SOLDADO ROMANO:** Éste le dice que Dios es el poder del Imperio.
- **JESÚS:** Él le dice que Dios está en su interior.
- **SAN PEDRO:** Él carga la Iglesia a sus espaldas y junto a él hay otros "cargando iglesias de papel, más pequeñas y sobre todo más feas". Pero todos le aseguran a la negrita que su versión de Dios es la buena.
- **LOS JUDÍOS:** Ellos esperan al Mesías.
- **LA CARAVANA DE CURIOSOS:** Convencidos de la selección natural, para ellos Dios es una fábula.
- **UN MUSULMÁN:** Él cree que Dios es Alá: "La naturaleza del hombre es múltiple. Sólo Alá es uno... Él es el meollo de la cebolla, el centro incorpóreo sin el que habría cuerpo. Él es el número de las innumerables estrellas, el peso del aire imponderable, el... 'Sois un poeta, según veo', dijo el hacedor de imágenes. Interrumpido, el árabe se sonrojó, se puso de pie y sacó su cimitarra. '¿Te atreves a acusarme de ser un sucio coplista? —dijo. Es un insulto que se debe limpiar con sangre'". (p. 29)

somos conscientes) evoluciona, a partir de la infantil idolatría de un Espantajo omnipotente y destructivo que provoca relámpagos, cataclismos, hambrunas, pestes, que ciega, derrota y mata; el hacedor de la noche y el día, del sol y la luna, de las cuatro estaciones y sus milagros de la semilla y las cosechas, hacia la idealización audaz de un sabio benevolente, un juez justo, un padre afectivo, y por fin a la palabra incorpórea que nunca se hace carne, punto en el que la ciencia moderna y la filosofía se hacen cargo del problema con su vis naturae, su élan vital, su fuerza vital, su apetito de evolución, su aún más abstracto imperativo categórico, y no sé qué más". (p. 69)

La tesis de Shaw es que la gente siempre crea a Dios a su propia imagen. Fue Voltaire quien observó que Dios creó al hombre a su imagen (Génesis 1:26-27) y sin tardar el hombre le devolvió el cumplido; según Montesquieu (1689-1755), "si los triángulos tuvieran un Dios, éste tendría tres lados". Observación tan antigua como la del filósofo griego Jenófanes (s. VI-V a.C.):

> *Bueyes, leones y caballos, si tuvieran manos con las cuales esculpir imágenes, harían dioses según su propia forma y les darían un cuerpo como el suyo.*
>
> (Fragmento 15)

Los peces dicen que tienen su río
y su estanque;
Pero ¿hay algo más allá?...
A oscuras conocemos, por fe clamamos,
El futuro no es completamente seco.
Y ahí (confían ellos)
en su nadador Único
Quien nadó antes que los ríos,
Inmenso, de forma y mente de pez,
Escamoso, omnipotente y amable;
Y debajo de la Todopoderosa aleta,
Hasta el más ínfimo pez puede entrar...
Y en ese Cielo de todos;
su sueño:
No habrá más tierra,
dijo el pez.

(Brooke, pp. 35ss.)

En épocas más recientes, el poeta Rupert Brooke (1887-1915) escribió una versión más sobre esto en su poema *Heaven* (véase arriba, derecha). Todo nuestro lenguaje sobre Dios parece estar limitado. Es, para emplear una frase técnica, culturalmente relativo, esto es, se relaciona con cualquier idea o palabra de la que se pueda echar mano en algún momento, en cualquier cultura. Incluso con las palabras que se cree que han sido reveladas, en las que la gente escucha y lee la Palabra de Dios. Los sikhs (entre otros) tratan al Libro como si fuera Dios en la tierra (p. 126), pero no cometen el error de suponer que el Libro es realmente Dios. La autorrevelación de Dios tiene que hacerse (si se hace) con un lenguaje que la gente pueda entender, y éste necesariamente pertenece a ciertas personas, épocas y lenguas.

Así, si Dios no puede ser descrito más que a nuestra propia imagen, y ésta cambia de una generación a la otra, ¿cómo podemos —si es que podemos— decir algo imparcial y fidedigno acerca de Dios?

Voltaire
Voltaire (1694-1778) escribió el Cándido *tras el temblor de 1755 que afectó a Lisboa, para impugnar la fe de que con Dios "todo es para bien en el mejor de los mundos posibles".*

Hablando de Dios

Un proceso de corrección

Las leyes de Newton
El éxito operativo de los satélites y las incursiones espaciales son testimonio de la perdurable validez de las leyes de Newton, aunque en otras cosas su concepción del universo físico haya sido superada por los hallazgos (también incompletos) de la mecánica cuántica.

BERNARD SHAW DECÍA QUE las fantasías sobre Dios han sido corregidas tan a menudo que no queda casi nada de lo que alguna vez se creyó acerca de él; más bien, proclamó, ya no queda nada de Dios. Sin embargo, aunque no podamos hablar con exactitud de algo, no significa que no haya nada que decir. Los científicos no pueden hablar con precisión del universo, pero eso no significa que no haya nada de qué hablar. De hecho, siempre están revisando lo que se dice al respecto. La ciencia evoluciona cuando se corrige a sí misma; es corregible, sus aseveraciones son aproximadas, falibles, corregibles —y, a menudo erróneas, para las generaciones posteriores. La corregibilidad de la ciencia ha dado lugar a muchísimas enmiendas, como ilustra el paso de los absolutos newtonianos del tiempo y el espacio a Einstein y la relatividad, a Bohr y la mecánica cuántica.

También ilustra el punto esencial de que Newton no estaba del todo "errado": la vieja teoría sigue siendo lo bastante válida (para el tipo de espacio y tiempo en que viven los seres humanos) como para ser fidedigna para fines prácticos (véase ilustración). No obstante, algunas de las cosas dichas acerca del universo se han descartado, aunque durante generaciones parecieron indudables. En su tiempo, se creyó que la viscosidad, el flogisto, la materia calórica y el éter eran reales. Eran necesarios para explicar procesos como la combustión y la propagación de la luz: "Todo el espacio —escribió Newton— está impregnado por un medio elástico o éter, capaz de propagar las vibraciones del sonido, sólo que con mucha mayor velocidad". Sin embargo, estos conceptos fueron rechazados; la prueba de ello es que no nos son familiares.

Es fácil encontrar ejemplos de la corregibilidad de la ciencia: se pensó que la tierra era estática, y que estaba cerca del centro del universo; que los insectos, los ratones, los peces y las ranas se generaban espontáneamente a partir de materia en estado de descomposición; que la sangre corría a lo largo de dos sistemas, el venoso y el arterial, pasando de uno al otro a través de invisibles poros del septum del corazón, y a través de anastomosis, o diminutas aperturas, entre las venas y las arterias. Fueron, diría Mencken (p. 10), entidades científicas de lo más destacadas, y todas han perdido vigencia. Y el proceso de corrección prosigue.

La conclusión a la que llegamos no es que la ciencia ha cambiado sus enunciados tanto que ya no podemos confiar en ella. En realidad, la verdad es lo opuesto. Como la ciencia está abierta a la corrección, y preocupada de lo que se diga, es digna de confianza, aunque, en ciertos casos, haya estado equivocada. Es decir, lo que dicen los científicos puede ser aproximado, provisional, corregible, falible y equivocado, pero *equivocado respecto a algo*. Ningún científico puede decir cómo es el universo, pero lo que existe permite descripciones aproximadas y modificables que son fidedignas. A partir de algunas evidencias, los científicos elaboran explicaciones provisionales del universo y de nosotros mismos. No todo esto puede basarse en la observación directa. Por ejemplo, nadie puede ver directamente los neutrinos, ni observar cómo ocurrió la evolución hace millones de años. Pero mediante el argumento conocido como "inferencia abductiva" (p. 266), infieren desde las propiedades conducentes (o pruebas) cómo se *puede* observar la verdad (provisional) de los neutrinos y de la evolución.

Algo de esto también es aplicable a Dios. Lo que se dice acerca de él es necesariamente aproximado, provisional, corregible y con frecuencia erróneo. Y es así porque "nadie ha visto nunca a Dios" (Juan 1:18). ¿Por qué? Porque Dios no es un objeto como otros del universo, abierto a la observación. Por inferencia abductiva, podemos concluir, a partir de nuestra experiencia, que Dios existe. Esto significa que Dios se puede experimentar *directamente* (en nosotros), pero Dios no puede ser observado de *inmediato* (sino indirectamente, a través de lo que sentimos y de nuestra consiguiente reflexión; véase también la p. 20).

Sobre la base de la experiencia y la argumentación, las personas han corregido y cambiado su representación provisional de Dios: como la viscosidad y el flogisto, algunas de las cosas que se decían acerca de Dios son incorrectas (véase ilustración de la derecha). La visión de que Dios es un ente masculino también debe ser corregida.

Pero ello no significa que Dios no esté ahí cuando se habla de él. Como en el caso de la ciencia y el universo. Nuestras imágenes son aproximadas, provisionales, corregibles, y a menudo erróneas. Pero cabe la posibilidad que sean *erróneas acerca de alguien*. Nadie puede decir en definitiva cómo es Dios, pero una larga relación con Dios, según las múltiples maneras descritas aquí, ha tamizado y trillado el entendimiento humano. Esto ha ocurrido porque las personas han encontrado qué es lo que hay en el caso de Dios como para poder crear imágenes cambiantes y fidedignas para acercarse a él en la oración y otras formas de devoción. Experimentar el mundo conduce a reconocer a Dios.

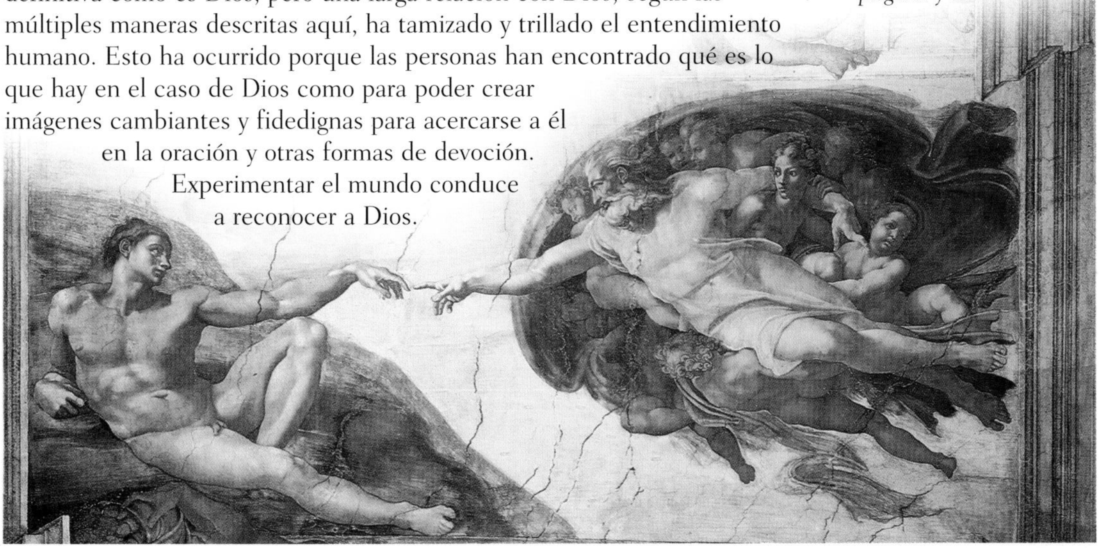

Dios creó a Adán
Viejas opiniones sobre Dios se corrigen y cambian constantemente. No es un hecho que Dios sea un viejo de larga barba blanca, sentado en una nube, a cientos de kilómetros por encima de la tierra. Sin embargo, las imágenes tradicionales conservan su poder en la imaginación del hombre, no sólo en el arte y la poesía sino también en la plegaria y la adoración.

El Gran Cañón
En los mitos nativos norteamericanos, es el sendero que construyó Ta-Vwoats cuando llevó a un jefe a unirse con su esposa en el mundo espiritual. Era un lugar de horror hasta que se añadió el río como barrera contra invasores.

Experimentar el mundo

La respuesta humana

Cuando el escritor Bill Bryson (nacido en 1951) realizó sus "viajes por los pueblos pequeños de Estados Unidos", para su libro *The Lost Continent*, decidió visitar de nuevo el Gran Cañón. Todo estaba cubierto por una espesa neblina. Aun así, resolvió caminar hacia un saliente en la orilla del cañón:

Llegué a una plataforma de rocas, que marcan la orilla del cañón. No había ninguna valla que impidiera llegar hasta ahí, así que, con cuidado, me aproximé y miré hacia abajo, pero lo único que vi fue una sopa gris. Una pareja se acercó y mientras comentábamos lo desalentador de la experiencia, ocurrió algo milagroso: la neblina se despejó. Se retiró en silencio, como las cortinas del teatro cuando se abren, y súbitamente nos dimos cuenta de que estábamos en la orilla de una pendiente que daba vértigo, de mil pies cuando menos. "¡Jesús!", exclamamos, y saltamos hacia atrás; a todo lo largo del cañón se pudo escuchar que decían "¡Jesús!", como si se transmitiera un mensaje por un cable. Y luego por un momento todo fue silencio, salvo por los diminutos, inquietos movimientos de la nieve, porque delante de nosotros estaba la más asombrosa vista que pudiera existir sobre la tierra.

¿Qué ocurrió dentro de Bill Bryson en ese momento? Los receptores de sus ojos y sus oídos transmitieron sensaciones al tálamo, y éste procesó las señales y envió los resultados a la corteza cerebral. Ésta determinó qué estaba pasando y alertó a otra parte del cerebro, la

La larga ruta y el atajo

Cómo convierte el cerebro la información sensorial en sentimientos y reacciones

- **LA RUTA LARGA:** En esta ruta el cerebro envía información a la amígdala, a través de la corteza, de manera que se tamice lo que está ocurriendo. Aunque esto ocurre muy rápido, hay un momento en que nos detenemos a pensar antes de que las emociones entren en juego.
- **EL ATAJO:** En ciertas circunstancias (por ejemplo, delante de una serpiente a punto de atacar), los que se detienen a pensar tal vez lo dejen de hacer para siempre: morirán. Así que el cerebro tiene un atajo, del tálamo a la amígdala, que inicia la respuesta inmediata.

amígdala, para dar las respuestas apropiadas. El ver y escuchar circunstancias externas se interpretó de tal manera que primero saltó hacia atrás temeroso, y después experimento profundos sentimientos de belleza.

Este relato está muy simplificado y, en todo caso, las investigaciones sobre el cerebro en estas zonas apenas inician. Sin embargo, lo que sí sabemos es que la forma en que el cerebro y el cuerpo responden con sentimientos y emociones a lo que ocurre en el exterior y en nuestro interior es fundamental, no sólo para la supervivencia sino para lo que somos como seres humanos. Percibimos el mundo, no como simples cámaras que graban cualquier cosa que pase frente a la lente, sino como personas que interpretan y sienten, y que por tanto *experimentan* al mundo y a sí mismas. Estas experiencias ocurren cuando advertimos el entorno (véase el recuadro de la derecha).

El poeta inglés Norman Nicholson recuerda que, estando en el museo Ruskin, de Lake District, dos niños del poblado entraron y se dirigieron a una caja de minerales. Uno señaló "una extraña pieza de cuarzo, dorada y reluciente, torcida como un dragón chino. 'Ésta es mi favorita' —dijo uno. 'Es extraordinaria, ¿verdad?' —replicó el otro" (Nicholson, p. 194). Ésta es una percepción directa de algo que evoca la experiencia de la belleza.

Por supuesto, las emociones inmediatas pueden ser erróneas. Cuando analizamos, tal vez concluyamos que no era necesario sentir temor (es menos importante de lo que parecía); o, cuando nuestras emociones se exteriorizan, determinamos que algo que parecía aburrido resultó muy emocionante (es *más* importante de lo que parecía). Esto significa que el cerebro relaciona información sensorial (lo que vemos, oímos, tocamos, etcétera) con nuestros sentimientos y reacciones de dos formas, conocidas como la ruta larga y el atajo (véase el recuadro, izquierda). Los sentimientos y experiencias que nos hacen humanos pueden ocurrir de manera directa, o por un proceso de pensamiento y reflexión. Es ésta la que nos permite crear mundos imaginarios sobre la base de nuestras emociones: escribimos libros y música, por ejemplo, o componemos poemas y cuadros.

Sin embargo, nunca vemos el "miedo" ni la "belleza" como tales. Sentimos (vemos, oímos, etcétera) cosas que llevan en sí mismas las referencias que desencadenan nuestras emociones. Las referencias se conocen técnicamente como "propiedades conducentes" (latín *duco*, conduzco hacia): éstas son las cosas que llevan a una respuesta emocional y no a otra. Alguien que esté viendo una película de terror puede asustarse genuinamente porque el director de la película puso delante de sus ojos las propiedades conducentes que crearán la emoción del miedo. Lo mismo pasa con Dios: no lo vemos sino percibimos las propiedades conducentes de lo que nos rodea y de las personas que producen la emoción y la respuesta apropiada de reverencia, asombro, veneración, agradecimiento —y, hasta cierto punto, de temor. Rudolf Otto (1869-1937) describió esto como *mysterium tremendum fascinans et augustum*, un sentimiento sobrecogedor que inspira un temor reverencial, pero también atracción. Es el sentimiento de estar ante una Otredad trascendente y sobrecogedora que, no obstante, está en nosotros de manera personal y nos invita a una relación más intensa. Es, pues, un sentimiento de significado y finalidad profundos. Es el sentido natural de Dios.

Experimentar la belleza
Al observar algo bello, tal como una flor perfecta, no vemos la "belleza", vemos las propiedades conducentes que producen la respuesta apropiada.

Experimentar a Dios

Una percepción fundamental

Rodin y Rilke
El poeta Rilke (p. 277) admiraba tanto la obra de Rodin (abajo está La mano de Dios*) que en 1902 estudió con él para poder crear con palabras el poder de las esculturas de Rodin: "Pero a veces la cortina del párpado se levanta silenciosa y luego entra una imagen, se desliza por la quieta tensión de los miembros, llega al corazón —y deja de existir". (Sämtliche Werke, 1, 505)*

LA FORMA EN QUE EL CUERPO y el cerebro humanos están conformados nos permite ver y experimentar el mundo (y nuestra naturaleza interna). En lo que respecta a Dios, esto significa que percibimos las propiedades conducentes que llevan a la emoción y a la experiencia de Dios, aunque nunca lo veamos *inmediatamente*, es decir, no mediatizado por el mundo y sus objetos. Entonces podemos usar la neocorteza para pensar y reflexionar sobre esta experiencia. Por ejemplo, podemos pensar que fue algo de profunda belleza. Por otro lado, podemos reflexionar en esta experiencia, creer en ella, extenderla y profundizarla en cosas tales como la plegaria y la alabanza, la teología y la representación ritual (p. 42), y también valorando al mundo y a los demás de una nueva manera que cambie nuestra forma de vivir.

Por lo tanto, vemos y experimentamos a Dios directamente (aunque no de inmediato) a través de las oportunidades que da el mundo, porque nuestro cuerpo y cerebro están construidos de esa manera. No podemos *no* sentir a Dios más de lo que no podemos *no* sentir temor. Racionalmente podemos reconsiderar casi cualquier emoción y reinterpretarla e incluso suprimirla. Pero la experiencia de Dios seguirá siendo una posibilidad para cerebros y cuerpos del tipo de los que tenemos. Aún tiene sentido decir: "Recemos".

Sobre esta base, muchas personas afirman que han tenido una sensación o experiencia de Dios, o al menos vivencias que apuntan a la realidad de Dios. Las experiencias personales pueden no ser importantes para las religiones, y no sólo porque podemos estar equivocados acerca de ellas y de su significado. Aun así, no entendemos la existencia de algo sino con base en la experiencia: no logramos saber que el mundo existe más que por algunas experiencias que hayamos tenido en él, hechos que podemos compartir, y de tal clase que sea razonable concluir que el mundo existe (aunque algunos filósofos disputan esta proposición). Lo mismo cabe decir de Dios: si no podemos tener ninguna experiencia de él, la cuestión de la existencia de Dios no puede abordarse.

Los argumentos derivados de la experiencia no son un asunto sencillo, y los filósofos nos advierten lo difícil que es cruzar el puente desde la pretendida experiencia hacia la verdad o realidad de lo que se dice haber experimentado: el que haya personas que afirmen haber sido secuestradas por extraterrestres no lleva a la conclusión de que los extraterrestres realmente existen fuera de su imaginación.

Aun así, no tenemos nada aparte de nuestras experiencias (y nuestras reflexiones compartidas) sobre lo cual edificar nuestra comprensión del mundo, el universo y Dios. Ciertamente necesitamos aclarar las razones por las cuales afirmamos algo, y a los demás toca determinar si hemos dado suficientes garantías de nuestras aseveraciones, teniendo presente la naturaleza crédula del ser humano, esto es, nuestra disposición a creer lo que nos cuentan, en especial si es fantástico o increíble.

Cuando se confirman determinadas aseveraciones, y hay pruebas que las sustenten (por ejemplo, el testimonio de otras personas), y en especial cuando podemos verificar por nosotros mismos, entonces tenemos razones para confiar en ellas, aun si están esbozadas en palabras aproximadas y corregibles. Esto significa que, desde un punto de vista filosófico, existe un sólido argumento basado en la experiencia que apunta a la existencia de Dios, el cual resumimos en el recuadro de la derecha.

Podemos presentar ahora la idea de que la experiencia religiosa aporta evidencias a favor de [la afirmación de que] Dios existe en estos términos: si uno tiene una experiencia de Dios en una situación en que no hay motivo para pensar que uno experimenta a Dios, aun si no hubiera ningún Dios, o éste no fuera descubierto, si Dios no existe, pues esto es así, entonces uno tiene la evidencia vivencial de que Dios existe.

(Yandell, p. 17)

Es evidente, por lo tanto, que una razón fundamental de que se siga creyendo en Dios, pese a las Tres erres del rechazo (pp. 12-13), es que mucha gente tiene percepciones y experiencias que considera provenientes de Dios, o bien confían en las experiencias de otros; y descubren (muchos de ellos, cuando menos) que, cuando confían y viven con la verdad y lo que esto conlleva, su vida se ve grandemente modificada.

A partir de lo anterior queda claro que la percepción de Dios es fundamental para la experiencia humana y la reflexión. Si esta percepción no fuera tan común en todas las sociedades y en todas las generaciones (como ciertamente lo es), no hubieran existido los constantes cambios y correcciones a las formas en que las personas han imaginado a Dios, como nos lo señaló Bernard Shaw.

La historia humana de Dios es la historia de las personas que se sienten cada vez más atraídas hacia la presencia de él, al ir aprendiendo, cada vez con mayor profundidad, sobre la naturaleza del Único que los ha invitado y acercado. La historia de la ciencia es un tributo a la entereza del espíritu humano. También lo es la historia de Dios. Pero si experimentar a Dios es tan fundamental, ¿qué es lo que quiere decir esto? Corresponde a lo que se conoce como fenomenología contestar, o tratar de hacerlo, esta cuestión.

La fenomenología

La naturaleza y la causa de la experiencia

Creer en Dios es más sustentable que afirmar tener experiencias con Dios. En realidad, las pretensiones de haber tenido vivencias específicas con Dios se tratan con mucha reserva en todas las religiones, porque se pueden confundir con estados alterados de conciencia, por efecto del alcohol o las drogas, entre otros. Aun así, mucha gente tiene una sensación de la presencia de Dios que no es subjetiva (no es de su exclusiva pertenencia) sino más bien compartida por muchos otros.

¿Qué experiencias son ésas? Una enorme variedad, como demuestra este libro. La tarea de describirlas le corresponde a lo que se conoce como fenomenología (del griego *phainomena*, apariencias, y *logos*, palabra, razón, reflexión). Ésta existe en dos niveles (véase recuadro, abajo): describe, primero, lo que la gente expone como experiencia y, segundo, lo que debemos inferir o aceptar con base en esas experiencias —lo que ocasionó que ocurrieran. Los fenomenólogos pueden hablar de sillas

Los dos niveles de la fenomenología

Describir y dar cuenta de las apariencias

✣ **EL PRIMER NIVEL:** Éste trata de describir las cosas que las personas relatan haber experimentado (lo aparente en su propia percepción o conciencia) sin entrar en la verdad o el valor de lo que relatan. Así, cuando el poeta Henry Vaughan escribió: "La otra noche vi la eternidad. Como un enorme anillo de pura e interminable luz", el fenomenólogo registra: "Henry Vaughan ha relatado la aparición en su conciencia de lo que describe como un anillo de pura e interminable luz, y relata que le pareció que esto era la eternidad". En este nivel, un fenomenólogo se limita a registrar lo que la gente relata, sin comentar sobre su verdad o su existencia. Las personas pueden relatar que vieron a Santa Claus en nochebuena, y el fenomenólogo de primer nivel sólo registrará que éstas son lo aparente que las personas relataron, sin comentar sobre el hecho de que Santa Claus exista y baje por las chimeneas.

✣ **EL SEGUNDO NIVEL:** Éste pregunta qué podemos inferir que existe, para que los reportes del primer nivel ocurran tan insistentemente. Muchas personas hablan de apariencias en sus percepciones que describen como sillas. El fenomenólogo del primer nivel no comenta sobre si las sillas existen o no. Cuando recibe muchos reportes que se confirman mutuamente y son muy consistentes en cuanto a las características de las "sillas", los fenomenólogos en el segundo nivel preguntan: ¿Qué pasa para que se reciban reportes tan consistentes? De esa manera, ellos y otros pueden utilizar la palabra "silla" con un claro sentido de la imagen a que se refiere; de cómo utilizar la palabra "silla" y de las circunstancias en que ésta es una palabra apropiada que se puede utilizar, esto es, cuando las personas tienen en la conciencia la percepción de un objeto de cuatro patas, un asiento y un respaldo.

(véase el recuadro) o, para el caso, de Santa Claus, de una manera, al parecer, complicada, pero esto muestra lo importante que es "ir despacio cuando se tiene prisa". Mucha gente piensa que creer en Dios es como creer en hadas o en Santa Claus —algo que aceptamos de pequeños y que dejamos cuando crecemos y razonamos mejor. Los fenomenólogos son más perspicaces: en el primer nivel, consignan la creencia infantil (sin comentar su verdad ni su valor) de que Santa Claus existe y les trae regalos. También registran el que los niños dejan de creer en él al crecer.

Pero éste no es el fin de la historia. En el segundo nivel, los fenomenólogos se preguntan qué fue lo que produjo esa creencia y señalan que lo que la hizo nacer fue la esperanza de los niños en una determinada época del año, y la experiencia de personas que se disfrazan con ropas simbólicas y distribuyen regalos.

Salta a la vista que la experiencia de Dios no se parece ni remotamente a la de Santa Claus. En el caso de Dios, los fenomenólogos registran en el primer nivel, lo que la gente relata. En el segundo nivel, ellos (y quien se interese en lo que somos y en lo que podemos convertirnos) no sólo *describen* esos relatos, sino que se preguntan: ¿Qué es lo que debemos inferir de ese tipo de relatos, y cuál es su relevancia? ¿Qué evoca la palabra Dios que nos permite usarla de modo que otros la entienden? Nada tan obvio como una mano frente a mi rostro, sino algo —o Alguien— inequívocamente real.

Tal vez no sea muy claro, pero Tom Stoppard, en su obra *Jumpers*, captó esto con precisión. George Moore, un filósofo, reflexiona sobre aquello que puede saber de Dios —y como acabamos de hablar de la fenomenología, seremos indulgentes con las dificultades en que se mete. Entonces recuerda por qué sigue esforzándose por entender:

> *¿Cómo sabe uno qué es lo que cree, cuando es tan difícil saber qué es lo que uno conoce? No pretendo saber que Dios existe, sólo digo que existe sin que yo lo sepa, y aunque es lo que pretendo no ansío saber tal cosa; cierto que no puedo conocer a Dios y él sabe que no puedo. (Pausa.) Sin embargo, les digo que de vez en cuando, no sólo en la contemplación de un arco iris o de un bebé recién nacido, ni en el extremo del dolor ni de la alegría, sino más bien sorprendido por algún momento trivial —digamos el intercambio de señales entre los conductores de dos remolques, en la oscuridad de la ventisca de una horrible noche en el viejo Al, en ese apagar y encender las luces en la lluvia que parece afirmar el terreno común que no es animal ni un remolque en la lejanía, ahí les digo que lo sé (p. 71).*

Santa Claus
A veces se afirma que creer en Dios es como creer en las hadas o en Santa Claus: podemos creer en ellos cuando somos niños, pero dejamos de hacerlo cuando crecemos y maduramos. La fenomenología en el segundo nivel muestra por qué esta afirmación es errónea.

Euclides ha explicado las características del círculo; pero en ninguna proposición dijo una sola palabra sobre su belleza. La razón es evidente, ésta no es una característica del círculo. No existe en ninguna parte de la línea cuyas partes están a la misma distancia de un centro común. Sólo el efecto que esa figura produce en la mente, su peculiar trama o estructura es lo que lo hace susceptible de semejantes sentimientos.

(Hume, App. 1§3)

Dios y los valores

Belleza, verdad, bondad y amor

EL "SABER" DESCRITO POR George Moore (p. 23) muestra cómo pueden los hombres experimentar sucesos, objetos y personas de una manera que trasciende su naturaleza. El cerebro y el cuerpo humanos permiten discernir que la verdad, la belleza y la bondad tienen un valor independiente y absoluto. El sentido del valor absoluto anima a muchos a reconocer a Dios (visión directa, p. 17) como su fundamento. Y hay quienes contradicen esto.

Cuando el papa Benito XI buscaba a un artista para San Pedro, en Roma, Giotto le dibujó un círculo. El papa y sus asesores no sólo vieron habilidad sino también belleza en esa figura y eligieron a Giotto. Cuatro siglos más tarde, David Hume (1711-1776) cuestionó tal juicio, aduciendo que todos pueden concordar en que la línea que tienen delante es un círculo, pero no así en que es hermoso (recuadro a la izquierda).

Giotto di Bondone
Giotto (c. 1267-1337) pintó este fresco de La adoración de los reyes *hacia 1303-1310. Admirado por ser "un pintor que supera a todos los demás" (Sachetti, s. XIV), sus obras más famosas son, quizá, el fresco de la vida de san Francisco en Asís (pp. 264-265) y el de la Sagrada Familia en Padua.*

Hume insistió en que no sólo son subjetivos los juicios estéticos (sobre lo que es bonito o feo), sino también los morales (sobre lo que es bueno y sobre cómo debemos actuar): "Si podemos depender de cualquier principio que aprendamos de la filosofía, creo que éste puede ser considerado cierto e indudable, que no hay nada que en sí sea valioso o deleznable, deseable o desagradable, hermoso o deforme; pero estos atributos surgen de la particular constitución y trama de los sentimientos o los afectos humanos".

Si los juicios sobre la bondad y el valor no se "ven" sino se imponen sobre lo que vemos, entonces, argumenta Hume, ésta es la razón de que todos estemos en desacuerdo en lo que se dice que es bueno o hermoso. "Lo que es verdad de un lado de los Pirineos —observó Pascal (p. 311)— no lo es en el otro." Para Hume, nuestros desacuerdos sobre Dios apuntan a la misma falta de objetividad, y por la misma razón, no vemos a Dios de la manera en que vemos el círculo, y Hume continúa con esto en *Dialogues Concerning Natural Religion* (1779), diciendo que los argumentos clásicos que señalan la existencia de Dios están fundamentalmente errados.

Hume no distinguía entre las propiedades mensurables (como la circularidad) que conllevan (hacen necesarios) los juicios compartidos y las propiedades conducentes, que llevan a juicios compartibles, pero que no son *necesariamente* coercitivos (esto es, juicios que todos deben compartir). El hecho es que los seres humanos, con el tipo de cerebro y de cuerpo que tienen, hacen juicios compartibles acerca de la belleza, la bondad y Dios, y estos juicios se relacionan con lo que ven. Los juicios son corregibles y falibles (p. 16s.), pero son objetivos, porque sus propiedades conducentes se ven directamente —aunque este hecho no es tan determinante como en el caso de la circularidad. Pero, de hecho, esto es verdad, para todo juicio que emitimos en la vida diaria.

Ello significa, para dar un ejemplo, que los yoruba en África hacen juicios estéticos de la belleza (recuadro a la derecha), aunque lo que ellos y, digamos, los chinos consideran bello es diferente. Para los yoruba existen propiedades particulares que conducen a la respuesta de "belleza":

> *La belleza está en lo común (iwontúnsuonsi): en algo ni demasiado alto ni demasiado corto, ni demasiado bello (las personas demasiado bellas resultan ser esqueletos disfrazados en muchos cuentos populares) ni demasiado feo. Además, los yoruba aprecian la frescura y la improvisación per se en el arte. Estas inquietudes son especialmente evidentes en el vasto volumen de obras de arte que celebran las religiones yoruba.*
>
> (Thompson, p. 5)

Los yoruba evalúan todo desde un punto de vista estético —desde el sabor y el color de un yam, hasta las cualidades de un tinte, o la ropa y el porte de una mujer o un hombre. Una entrada en uno de los primeros diccionarios de su lengua, publicado en 1858, era amewa, *"conocedor de la belleza", el que busca la manifestación del arte puro.*

(Thompson, p. 5)

Creados tal como somos, no podemos más que interactuar con el mundo y responder a él en esta forma. Sabemos lo que son la verdad, la belleza y la bondad, porque las reconocemos en las diversas circunstancias en que se presentan y siguen siendo absolutamente lo que son (verdad, belleza o bondad), aunque no estemos de acuerdo en qué es bello o bueno (menos aún en el caso de la verdad). Pasa lo mismo con el amor, pero es más grande que esas tres: más grande porque nos impele a conductas en las que nos olvidamos de nosotros mismos por el bien de los demás.

Aquí es donde muchas personas reconocen a Dios. El hecho de que experimentemos absolutos en el curso de esta vida es muy extraño si el universo es un asunto de azar y accidente. No es extraño si proceden del Absoluto (completo, no necesita que se agregue nada a su perfección) que crea y mantiene vivo un mundo como éste —en el que los absolutos son parte de los aspectos más sutiles de nuestro ser. Cuando reconocemos estos valores, y vivimos la vida con base en ellos, empezamos a darnos cuenta que Dios es la fuente y el significado de la trascendencia. Aun así, no sabemos lo que es Dios, y que la forma en que la gente hable sobre Dios será tan diversa como la manera en que habla acerca de la belleza. Pero la capacidad humana de experimentar la belleza, la verdad, la bondad, el amor y Dios será la misma para todo aquel que haya sido creado como los seres humanos.

Escultura yoruba
Los 24 millones de yorubas viven, sobre todo, en Nigeria y se reconocen sus habilidades manuales y sus firmes convicciones religiosas. Changó (p. 303) es importante entre sus dioses.

La muerte y la vida de Dios

Oportunidad e imitación

El "saber" de George Moore (p. 23) es también un recordatorio de que la mayoría de la gente que vive la vida en presencia de Dios no es filósofo, como aclara Jean Grou (1730-1803), escritor dentro de la tradición cristiana (recuadro a la izquierda).

Aun así, los filósofos son importantes porque ponen límites a lo que se puede o no decir razonablemente, sobre la base de la experiencia, y esto ha contribuido al proceso de trillar gracias al cual ha cambiado lo que los hombres imaginan de Dios (y el lenguaje acerca de Dios).

Esto es importante porque no es fácil hablar de Dios: hacerlo con fluidez y fervor (en palabras de Grou, izquierda) no es una garantía contra decir tonterías con fervor y fluidez. El problema aquí es que Dios no es un objeto, entre otros, en el universo, por más que muchas personas digan tener una percepción directa de Dios. Tanto ayer como hoy, la gente habla de experiencias directas con Dios mediadas por el mundo y otras personas, y de pasar más allá de las palabras a la realidad a la que sus palabras pobremente apuntan.

Algunos concluyen que Dios es el universo, o que el universo es el cuerpo o el proceso de Dios (esto es, que "Dios" es una palabra que describe la naturaleza trascendente del universo en relación con nosotros). Con frecuencia se admite que, si Dios existe, tiene que ser en una forma independiente de este o de cualquier universo. Dios es independiente de las circunstancias que dieron pie al sentimiento o emoción de Dios (que puede ser el universo, en un sentimiento de identidad —del que se habla comúnmente— con todo el cosmos), así como la serpiente es independiente del sentimiento o emoción del miedo. Esto aclara de inmediato por qué la muerte de Dios ocurre repetidamente. Si es bastante difícil describir la naturaleza de una serpiente, aunque podamos capturarla, observarla y disecarla, es imposible capturar, observar y disecar a Dios: todo intento humano de describir con palabras su esencia es necesariamente fallido. El dilema es que *algunas* palabras son necesarias. Si no, no podríamos compartir con los demás, las consecuencias del hecho de que los sentimientos y emociones que evocan y testimonian la realidad de Dios estén tan arraigados en la naturaleza humana son el resultado de lo que genes y proteínas construyen.

Así que lo inapropiado de las palabras significa que la muerte de las caracterizaciones de Dios es inevitable —de esos múltiples dioses y diosas que, en palabras de Mencken (pp. 10-11),

El conocimiento cristiano de Dios no es una carrera de razonamientos sobre su esencia y sus perfecciones, como los de un matemático sobre el círculo y el triángulo. Muchos filósofos y teólogos que tenían grandes y nobles ideas sobre la naturaleza divina no por ello eran más santos ni virtuosos... Con la sola oración el alma recibe más instrucción sobre lo divino que el sabio con sus estudios. Muchas personas simples, sin estudios, que han aprendido en la escuela de Dios, hablan sobre él con mayor precisión, nobleza, fluidez y fervor que los más hábiles doctores, que, al no ser hombres de oración, hablan y escriben de las cosas celestiales árida y penosamente... San Antonio (p. 252) conoció a Dios de esta manera, cuando se quejó de que el sol salía muy temprano y tenía que dejar de orar; lo mismo que san Francisco (p. 264), cuando pasaba las noches enteras repitiendo, en arrobado deleite: "Mi Dios, y mi Todo". Sentir a Dios, tener ese conocimiento, era lo que todos deseaban, y el fruto de su unión con él.

(Grou, §1)

"cayeron por el acantilado"— y para algunos esto se traduce en la muerte de Dios, pues, para ellos, las caracterizaciones de Dios son inútiles porque ellas no describen nada. Pero es más frecuente que la muerte de esas caracterizaciones ha resultado no ser la muerte de Dios sino su vida —la vida y la vivacidad continua de Dios en la experiencia y la imaginación humanas, porque a través de la muerte de lo inútil, la gente adquiere una nueva comprensión y visión de Dios.

Esto es verdad aunque las personas afirmen que la autorrevelación ha aportado una especie de estabilidad en la comprensión humana de Dios. En algunos casos la comprensión de Dios se vuelve estable, pero en la revelación se expresa en un lenguaje comprensible para todos. A esto se debe que las religiones que se basan en la revelación dejen claro que la esencia (la naturaleza esencial) de Dios no es idéntica a las palabras de la revelación, ni es captada por ellas, por más que afirmen también, que las palabras de la revelación son el puente entre las personas y Dios. Por tanto la historia de Dios no se puede contar desde el punto de vista de Él, puesto que existe, por definición, sin principio y sin fin, y las historias que no tienen principio ni fin son difíciles de contar. Pero la historia de Dios, desde un punto de vista humano, es la de la lucha heroica y fascinante de aprovechar la oportunidad de Dios y de contar algo sobre la maravilla y la gloria de lo que ocurre. Aun así, cualquier afirmación acerca de Dios y todo acto de fervor tiene que terminar con las palabras *Deus semper maior* —"Dios siempre es más grande".

La oportunidad de Dios es universal porque todos los seres humanos tienen los mismos genes y proteínas, de manera que experimentemos el mundo con sentimientos y con la reflexión de lo que ello significa. Meditando *acerca* del mundo, las personas han experimentado a Dios. ¿Qué *han* dicho sobre la forma en que Dios se hizo real y vívido para ellas? ¿Cómo se ha ahondado y trillado la comprensión humana de Dios con el curso de los siglos? Ésta es la historia que nuestro libro tratará de contar.

El desierto
El desierto es un sitio hostil y peligroso, pero es ahí a donde las personas van cuando buscan estar a solas con Dios. El poeta americano Stephen Crane (1871-1900) escribió:
"Crucé un desierto
y gemí:
'Oh, Dios, ¡sácame de aquí!'
Una voz me dijo:
'No es un desierto'.
Gemí: 'Bueno, pero...'
Una voz me dijo:
'No es un desierto'".
(Williams, *p.* 227)

En el principio

Nociones iniciales y permanentes en la búsqueda humana de Dios

EN EL PRINCIPIO

LA BÚSQUEDA HUMANA DE DIOS empezó mucho antes de la invención de la escritura y de la imprenta (muy posterior). Por lo tanto, en las primeras etapas, las ideas, relatos y creencias tenían que ser memorizados y transmitidos por tradición oral. Mucha información se preserva y transmite así todavía, pero no nos es posible saber cuán antigua es o cuánto ha cambiado con el tiempo.

Esto hace que también sea imposible saber cuáles son las primeras creencias sobre Dios y la Diosa. Los arqueólogos han realizado descubrimientos de objetos y edificaciones, y muchos de ellos se parecen a los de periodos posteriores en que textos recuperados sugieren lo que significaron para las personas que los usaron o edificaron. De ello inferimos cuáles pueden haber sido las creencias y prácticas de los tiempos más antiguos, pero sin ninguna certeza.

Para los periodos más antiguos, sin la existencia de textos o inscripciones, podemos hacer conjeturas y formulaciones exageradas, como en realidad las hay, en el caso de las creencias más remotas acerca de Dios.

Un ejemplo: las líneas de Nasca (de las que se dice que son "la octava maravilla") fueron trazadas en un área de alrededor de 400 km. cuadrados en Perú. Son tan extensas y complejas, que su diseño sólo se puede ver desde el aire. ¿Qué significaban para quienes las crearon, pero no podían verlas? Hay quienes han dicho que eran pistas de aterrizaje para visitantes del espacio exterior, que se pensaba eran seres sobrenaturales —los primeros dioses. El arqueólogo Anthony Aveni sugirió que demarcaban el acceso al agua con el auspicio de los espíritus guardianes (muchos de los dibujos son pájaros o animales). No hay ninguna prueba

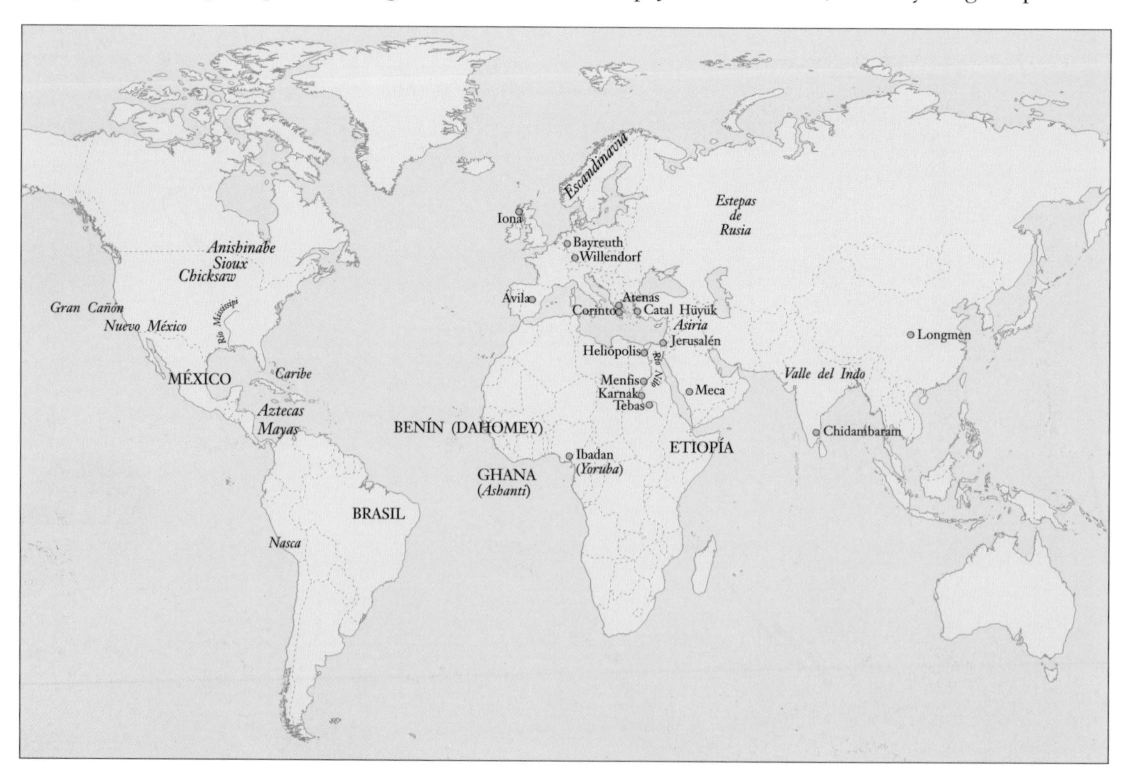

definitiva, pero algunas hipótesis son más probables que otras.

Aunque algunos significados sean difíciles de encontrar, las formas en que nuestros antepasados encontraron a Dios persisten: el contenido cambia, pero sexo, fertilidad, crianza, naturaleza, signos, símbolos, música, trance, éxtasis, ritos, mitos, sacrificios, arquitectura y arte siguen siendo importantes. Están profundamente arraigados en el cerebro y el cuerpo de los hombres, sobre cuya base se edifica y se valora la cultura.

Líneas de Nasca
Algunos creen que las líneas de Nasca en Perú servían como calendario para las culturas paraca y nasca; otros, que eran caminos hacia sitios ceremoniales e, incluso, se piensa que fueron creadas por extraterrestres.

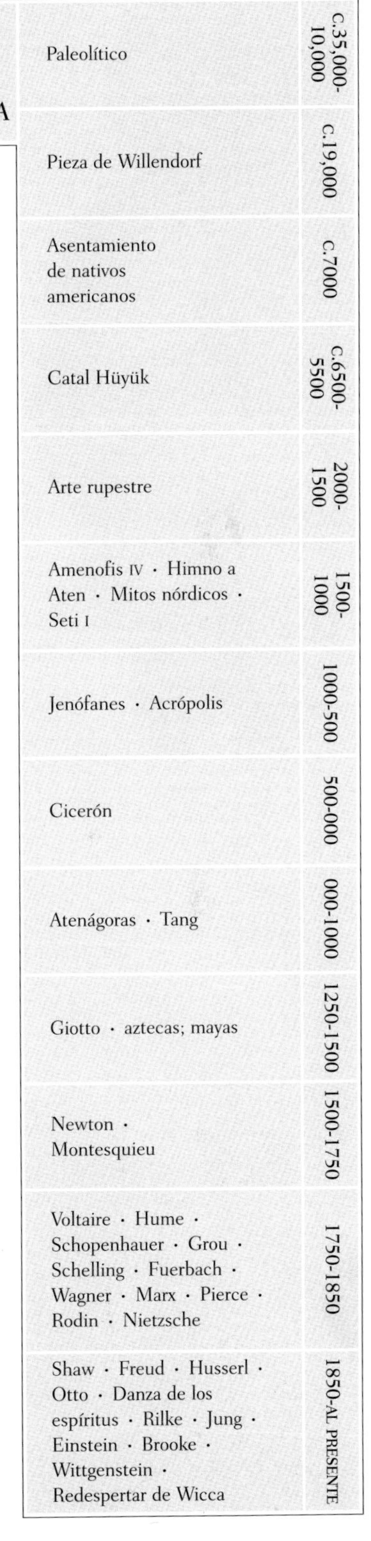

En el principio Cronología

Paleolítico	C.35,000-10,000
Pieza de Willendorf	C.19,000
Asentamiento de nativos americanos	C.7000
Catal Hüyük	C.6500-5500
Arte rupestre	2000-1500
Amenofis IV · Himno a Aten · Mitos nórdicos · Seti I	1500-1000
Jenófanes · Acrópolis	1000-500
Cicerón	500-000
Atenágoras · Tang	000-1000
Giotto · aztecas; mayas	1250-1500
Newton · Montesquieu	1500-1750
Voltaire · Hume · Schopenhauer · Grou · Schelling · Fuerbach · Wagner · Marx · Pierce · Rodin · Nietzsche	1750-1850
Shaw · Freud · Husserl · Otto · Danza de los espíritus · Rilke · Jung · Einstein · Brooke · Wittgenstein · Redespertar de Wicca	1850-AL PRESENTE

La diosa de Willendorf
A esta figura de piedra caliza solía llamársele "la Venus de Willendorf", por el lugar de Austria donde fue encontrada. De antigüedad asombrosa (c. 19,000 a.C.), muestra el reconocimiento de que la Mujer es el origen de la vida y la fertilidad. Las siete líneas de la frente quizá reflejen que el siete era un número sagrado.

La Diosa

La Madre de todas las cosas

La historia de Dios comienza con la historia de la Diosa, como una parte igual a ella, al menos. Algunos van más lejos y dicen que la historia comenzó *como* la historia de la Diosa, imaginando a la Deidad como femenina, en donde el Dios masculino es, a lo sumo, un compañero subordinado. ¿Por qué se dice esto? Sobre todo, por los hallazgos arqueológicos, de pequeñas figuras femeninas y pinturas rupestres, muchas de las cuales, desde el Paleolítico (c. 35,000-10,000 a.C.), hacen resaltar los pechos, el vientre preñado y la vagina; esto es, las partes más evidentemente asociadas con la producción de nueva vida y su sustento. Por mucho tiempo se le dio a estas figuras el nombre de Venus, según el nombre latino de la Diosa del sexo y el amor.

La común aparición de figurillas de Venus, sin su complemento masculino, llevó a pensar que las primeras imágenes de la Deidad tuvieron la forma de una Diosa, y a sostener afirmaciones extremas:

> *La Muerte es un misterio dramático igual al del Nacimiento —dominados y contenidos, ambos, por la Gran Madre. Este concepto de una madre tierra como origen del ciclo de nacimiento, vida, muerte y renacimiento es el fundamento de toda creencia religiosa. Es importante captar la dimensión temporal implicada: Dios fue mujer durante al menos 200 mil años. Pero es un cálculo conservador; imágenes en madera de la Dios Madre fueron labradas, sin duda, antes que las Venus de piedra del Cro-Magnon, sólo que la madera no se conserva.*
>
> (Sjöö y Mor, p. 48s.)

¿Existió alguna civilización religiosa en que, por el culto a la Diosa, lo importante fuera la agricultura, y no matar? Esto lo sugirió James Mellaart, quien en los años sesenta realizó excavaciones en Catal Hüyük, en Turquía, el cual floreció como asentamiento entre c. 6500 y 5500 a.C. Aunque hay escenas de caza, no se encontraron armas ni rastros de matanza de animales. Hay habitaciones donde sólo se muestra a la Diosa, en pinturas y relieves, lo que indica una religión y comprensión del mundo y sus orígenes, y donde se refleja la importancia de las mujeres en la fertilidad y el sustento de la vida. Hay también pinturas de mujeres buitre paradas junto a cuerpos sin cabeza, lo que parece expresar que la Diosa vuelve a tomar para sí (como en un entierro) el cuerpo de los muertos para darles nueva vida. Marija

Gimbutas (1921-1994) aborda esto en su libro *The Living Goddesses*, donde, basándose en los hallazgos arqueológicos, afirma que existió una antigua cultura europea en la que la gente era "relativamente pacífica, agricultora, artística, tal vez con una estructura social igualitaria y la veneración de una diosa". Fueron conquistados por invasores de la estepa rusa, "grupos patrilineales, pastorales y seminómadas... Eran guerreros, hacían armas y tenían caballos. Su religión giraba alrededor de dioses masculinos". Si esto es verdad, reproduciría de qué manera se apoderaron los arios de la cultura y la civilización, primero del norte y después de toda la India (p. 60).

La reconstrucción de creencias anteriores a la invención de la escritura siempre será conjetura. Rara vez, en los sitios arqueológicos más antiguos, se han encontrado inscripciones y objetos que señalen las creencias a que estaban asociados. Sólo sobreviven textos muy posteriores en los que se expresa cuáles eran las creencias acerca de la Diosa y de Dios, y lo que significaban: a veces, se descubren textos que contradicen las interpretaciones iniciales, por ejemplo, en Egipto se representaba a mujeres sosteniendo sus pechos; esto se interpretó como prueba del culto a la fertilidad, pero al descifrar los jeroglíficos se supo que se trataba de gestos de duelo.

Esto significa que se hacen muchas afirmaciones sobre las religiones primitivas con demasiada seguridad, como la de la cita (izq.) de que el renacimiento es la fuente de toda simbología y de toda convicción religiosa. En "El descubrimiento de la diosa moderna", Ronald Jutton demuestra que muchas de las cosas que se le atribuyen a la Diosa son manifestaciones de personas actuales, no del pasado. Sin embargo, es obvio, a partir de los objetos y los textos, que la Diosa fue desplazada por Dios: en el caso del norte de la India, la desaparición de las imágenes de la Diosa en el valle del Indo es paralela a la virtual supresión de la Diosa en los Vedas (p. 62). Este proceso de alejamiento ha proseguido desde los primeros tiempos, y produjo la representación y caracterización masculina de Dios.

Aunque los seres humanos pudieron, alguna vez, representar a la Diosa o, a Dios, directa y confiadamente, es cada vez más obvio que las palabras y la imaginación siempre serán insuficientes (p. 17). Aun así, algo, por provisional o inadecuado que sea, *debe* decirse para dar algún tipo de expresión a lo que es verdadero y maravilloso en la experiencia humana. Esta cuestión se ha vuelto imperiosa —y para algunas personas, algo de tensión creciente—: ¿cómo puede la caracterización de la Deidad, en la experiencia de las mujeres, reafirmarse dentro de la larga tradición masculina de Dios? Para algunos no es posible. La religión ha sido patriarcal durante tantos siglos que "Dios" es una imagen muerta. Para ellos la recuperación de la Deidad significa la recuperación de la Diosa,

La diosa madre
A Jung (p. 39) le impresionaba tanto la frecuente aparición de figuras como ésta (c. 6000 a.C., en Turquía) que consideraba a la Gran Madre como "el primero de los arquetipos, el más fuerte y el más duradero". (Husain, *p. 19*)

El Papel Positivo de las Brujas

Según los antropólogos, las brujas benefician, en pequeña escala a las sociedades, de diversos modos.

- **CURANDO:** Participan activamente en la curación y la administración de medicina herbolaria.
- **RESOLVIENDO DISPUTAS:** Tiene autoridad para hacerlo.
- **ACCIONES ALTRUISTAS:** Fomentan el altruismo; por ejemplo se cree que si no se cuida de los viejos, éstos se convertirán en brujas maldicientes. Esto propicia una mejor atención a las personas de edad.
- **MAL DE OJO:** Hace posible acciones que en otras circunstancias serían impracticables, como echar el mal de ojo a un enemigo.

Brujas blancas
Kevin Carlyon, sumo sacerdote de las brujas blancas inglesas, uniendo a dos nuevos iniciados en la Alianza de la Mágica Tierra, en 1999.

cuyo culto, se dice, nunca ha desaparecido, sólo se volvió clandestino. Un ejemplo entre muchos es Wicca, de la antigua raíz inglesa que significa "doblar", "moldear". Wicca deriva de la creencia de que los intereses humanos y las características del entorno pueden ser ordenados, controlados y modificados por practicantes hábiles cuyos poderes, al parecer, son innatos. El énfasis recae en la aplicación del poder, que se deriva, en especial, de la Diosa, para trocar las circunstancias, sobre todo, cambiando nuestro ser interior —como lo describe Margot Adler en *Drawing Down the Moon*: "el poder que tenemos dentro de nosotros para crear artísticamente y cambiar nuestra vida".

La brujería está asociada al uso de la magia, pero sus técnicas, más que aprendidas, derivan del interior, o bien son otorgadas por un agente sobrenatural; la certidumbre de que éste era el demonio provocó una feroz persecución de las brujas en la Europa medieval; antagonismo reforzado por el hecho de que las brujas casi siempre eran mujeres y parecían ejercer poderes que los hombres no podían controlar. Por ese antagonismo las brujas siempre fueron descritas de manera hostil; sin embargo, más recientemente los antropólogos han descrito sus actividades en términos más positivos (recuadro arriba). Las brujas, ciertamente, son amenazantes, pero esto significa que ellas pueden sancionar las conductas desequilibradas.

La creciente emancipación de las mujeres del control de los hombres, en la sociedad y en las religiones, ha revaluado el papel y el significado de las brujas. Esto sustenta la pretensión de que la brujería es la forma en que la Diosa ha sido preservada como una verdad viva; el Wicca, entonces, no es más que la última etapa de una tradición religiosa ininterrumpida. Según Starhawk, líder de este credo, "los seguidores de Wicca se inspiran en fuentes precristianas, el folklore europeo y la mitología. Se consideran sacerdotes y sacerdotisas de una religión chamanista (p. 160ss.), existente en la antigua Europa, que venera a una diosa relacionada con la antigua Diosa Madre en sus tres aspectos: Doncella, Madre y Vieja". En *The Spiral Dance* (1979) Starhawk protestó contra el trato caricaturesco que se hace de las brujas al decir que son "miembros de un culto excéntrico", y afirmó que Wicca tiene "la profundidad, la dignidad y la seriedad de una verdadera religión".

En esta fe, la Diosa es el centro de veneración, y el culto y la liturgia (del griego *leitourgia*; p. 214) son los caminos más importantes por los que se expresa la experiencia humana de la Deidad. Margot Adler cita un ritual para la apertura de un círculo sagrado en el que las personas pueden "moldear" su propia formar de adoración (véase recuadro). A menudo, no siempre, esa forma de adoración separa a la Diosa de Dios.

No para todos es necesaria la separación de la Diosa de Dios si la experiencia y la percepción de las mujeres ha de abrirse camino a la caracterización de la Deidad. Esto podría parecer imposible en religiones donde el lenguaje y la representación masculina de Dios han sido dominantes. Para algunas personas es difícil pensar en Dios si no es en la forma masculina tradicional: Él.

El pronombre masculino explica la situación. En 1851, Herman Melville (1819-1891) escribió en una carta a Nathaniel Hawthorne sobre su mutuo rechazo a Dios: "La razón por la que los hombres temen a Dios, y en el fondo les desagrada, es que no les gusta Su corazón, e imaginan que es sólo cerebro, como un reloj". Y agrega: "Te habrás dado cuenta de que utilizo una mayúscula en el pronombre, al referirme a la Deidad: ¿no te parece que hay un dejo de servilismo en su uso?" (p. 559). Sin embargo, lo que nuestro libro muestra es que servilismo no es lo mismo que adoración, veneración y oración: mientras más se han acercado las personas a la Diosa o a Dios, más se les ha hecho evidente que sus imágenes y sus palabras se quedan cortas frente a Aquel al que sus palabras señalan.

Esto significa que las metáforas y las analogías, por inadecuadas que sean, son inevitables cuando los seres humanos intentan expresar algo acerca de la Diosa o Dios. De ellas, la metáfora más poderosa y difundida para describir la unión con la Diosa o Dios es la unión sexual, ya que constituye algo más que un suceso físico. De todos modos lo físico es importante, y por esa razón la práctica de la unión sexual fue incorporada al ritual de muchas religiones como introducción a la unión con la Deidad.

Así, pues, dada la importancia de la unidad de lo masculino y lo femenino como metáfora y práctica de la unión con la Diosa y Dios, no es sorprendente que a las personas les parezca liberador utilizar tanto palabras e imágenes femeninas como masculinas, al acercarse a una Deidad que no tiene género: ninguna palabra es bastante para expresar la esencia (la naturaleza esencial y el ser) de Dios, pero todos podemos captar algo de la experiencia que significa —y extender esa experiencia a un punto de vista.

Debe marcarse un círculo en el piso, rodeando a los que participarán en la ceremonia, y levantar un altar en el centro. En el centro del altar se colocará una imagen de la Diosa, y un incensario enfrente de ella... Cuando todas las personas estén listas, se reunirán dentro del círculo. La mujer que haga de sacerdotisa instruirá al hombre que hace de sacerdote para que encienda las velas y el incienso.
Y dirá:
"La presencia de la noble
Diosa se extiende por doquier.
Por los numerosos mundos,
extraños mágicos y hermosos.
Por todos los sitios agrestes,
encantados y libres".
La diosa es venerada entonces
en los cuatro extremos,
y las personas presentes serán
selladas en el círculo con estas
palabras:
"El círculo está sellado,
y todos los que están en él
quedan completamente
separados del mundo exterior,
para que glorifiquemos a la
Señora que adoramos.
¡Bendita seas!
Todos repitan: ¡Bendita seas!...
Como arriba, así abajo:
como el universo, así el alma.
Como afuera, así dentro.
Bendita y misericordiosa,
este día consagramos a ti,
nuestro cuerpo, nuestra mente,
nuestro espíritu.
¡Bendita seas!...

"Nuestro rito llega a su fin.
Adorada y misericordiosa Diosa,
ven con nosotros al partir.
¡Se rompe el círculo!".

(Adler, pp. 470-472)

Danza del sol
Pintura sobre piel que representa la danza del sol. Entre los indios pueblo de Nuevo México, el poder del origen de la vida (identificado con el sol) era entregado al mundo por el Jefe Interior, que "controlaba lo sagrado". Según R. Gutiérrez (v. bibliografía), su papel consistía en mantener al cosmos en equilibrio asegurándose de que los seres humanos no tomaran su propio camino, y que los lazos de reciprocidad entre hombres, animales, fuerzas naturales y espíritus no fueran alterados.

El mundo natural

Caminar con cuidado

CUANDO LOS ANISHINABE (pueblo nativo de la región de los Grandes Lagos) van a cazar, van suavemente. La presa muere, por supuesto, pero cazar se considera un acto de comunicación entre las *personas* humana y animal: los animales, que tienen su propio lenguaje, son persuadidos para dar su cuerpo asegurándoles que los humanos harán algo en reparación, para que el espíritu del animal muerto renazca: a través de ritos estarán vinculados uno y otro.

"Caminar con cuidado" es una manera de hablar de los nativos acerca de la naturaleza sagrada del mundo. Los sioux (originarios del alto Mississippi) se dirigen a la tierra llamándola Madre: "Todo paso que damos encima de ti debería darse en forma sagrada; cada paso debería ser una plegaria".

Los nativos de toda Norteamérica, desde el Ártico hasta los desiertos del sur, estaban divididos en tribus que hablaban lenguas diferentes, así que no se puede generalizar acerca de sus religiones. Sin embargo, hay temas recurrentes, muchos de los cuales concuerdan con las creencias de las religiones originales (recuadro abajo), como el de que los seres humanos viven en relación con todo lo que existe.

Lo que los colonizadores europeos consideraban la inmensidad, para los nativos americanos era un ser vivo, con espíritu (recuadro a la derecha).

El "Gran Misterio" del que hablaba Luther Oso Parado es la creencia de que todas las cosas proceden del Altísimo Dios, el Único origen de la vida como don, el Creador no creado de todo lo que existe.

El Altísimo Dios, con diferentes advocaciones entre las tribus, se conoce a través de las diversas manifestaciones de la vida y la creación,

RELIGIONES PRIMITIVAS

Para H. Turner, las religiones primitivas fundamentan los cultos posteriores. Sus rasgos comunes son:

- **PARENTESCO:** Un sentido de parentesco con la naturaleza.
- **COEXISTENCIA:** La certeza de no ser una criatura autosuficiente por sí sola.
- **ESPÍRITUS:** La creencia de que los humanos están rodeados por espíritus.
- **RELACIÓN:** Habilidad para relacionarse con estos espíritus para recibir bendiciones y protección.
- **DESPUÉS DE LA VIDA:** La idea de que estas relaciones siguen después de la muerte.
- **SACRAMENTOS:** La convicción de que los humanos viven en un mundo ritual en que lo físico contiene y transmite lo espiritual.

las cuales llevan el mismo espíritu. Estos agentes de Dios no se presentan como una especie de ciencia primitiva, para explicar, por ejemplo, los fenómenos naturales. Más bien son la forma con la que los nativos establecen una relación con Dios, a través de la vista y el sonido, como en las ceremonias de Sweat Lodge, de los chickasaw (originarios del Mississippi), descritas por Linda Hogan (p. 224).

"Al caer la tarde estamos listos para entrar en el recinto. Se colocan las piedras de lava calientes. Ellas nos recuerdan el centro de la tierra, rojo e incandescente, y la chispa interior de todo lo que tiene vida. Después de cerrada la cortina que hace las veces de puerta, se vierte agua sobre las piedras y el vapor nos cubre. En esta ceremonia, se trae al mundo entero al recinto. Los animales se aproximan desde la cálida y soleada lejanía. El agua de oscuros lagos se encuentra ahí. El viento. Las flexibles ramas de sauce recuerdan cuando estaban enraizadas en la tierra, y las hojas que el sol se apropió. Recuerdan que los minerales y el agua elevaron su tronco, que los pájaros anidaron en sus hojas y que los planetas pasaron por encima de su corta y tenue vida. El viento llega de los cuatro extremos. Ha pasado por cuevas y animado nuestro cuerpo. Es el mismo aire que respiraron los alces, o que pasó por los pulmones del oso gris. Sentados juntos, hablamos, uno a la vez, con nuestro lenguaje más profundo, de necesidades, esperanzas, pérdidas y supervivencia. Recordamos que todo está unido. Decimos las palabras 'todas mis relaciones' antes y después de orar; esas palabras crean un vínculo con las personas, con los animales, con la tierra."

Ver a Dios en el orden natural y a través de él es algo común. Si se considera al mundo *como* Dios —como el cuerpo de Dios—, a esto se le llama panteísmo (cfr. panenteísmo, p. 317). Pero aun si se piensa que Dios es algo distinto del orden natural, éste sigue siendo como un regalo de Dios, y es interpretado como una revelación como las escrituras sagradas (como en el poema de la p. 255), un libro que revela el propósito y el significado de Dios.

Nosotros no pensamos que las grandes planicies, las hermosas colinas onduladas y las corrientes serpenteantes y laberínticas sean "salvajes". Sólo para el hombre blanco es un territorio "agreste" e "infestado" de animales "salvajes" y gente "bárbara". Para nosotros todo ello era gentil. La Tierra era hermosa y estábamos rodeados por las bendiciones del Gran Misterio.

(Luther Standing Bear, p.38)

Danza de los Fantasmas
El movimiento Danza de los Fantasmas (de 1870 y 1890) buscaba la restitución del viejo orden, incluso traer a los muertos de nuevo a la vida: "Vendrá el día en que toda la raza india, los vivos y los muertos, se reunirán en una tierra regenerada, a una vida de felicidad, libres para siempre de muerte, enfermedad y miseria".
(Mooney, *p.* 75)

Símbolo y signo

Buscando un lenguaje común

EN EL CENTRO DEL MUNDO estaba Yggdrasil, "la casa de fresno de Ygg", de cuyo crecimiento y fertilidad dependían los nueve mundos —al menos es el contenido de las sagas nórdicas (por ejemplo, la *Prose Edda* de Snorri Sturluson). Incluso los dioses Aesir dependían de la conservación del Árbol, que se apoyaba en tres raíces: la primera llegaba hasta Jotunnheim, la tierra de los gigantes; la segunda, a Niflheim, el más bajo de los nueve mundos, y la tercera a Godheim y a la ciudad de Asgard, hogar de dioses tales como Thor y Odín. Pero el Árbol no era seguro: todos los días el dragón Nidhoggr y unas serpientes carcomían sus raíces, y unas cabras mordisqueaban sus hojas y ramas. A diario los tres Norns: Urdr, Verdandi y Skuldr (Destino, Existencia y Necesidad) regaban el Yggdrasil con agua de un pozo sagrado y rellenaban sus grietas con lodo para mantenerlo vivo (también los Norns son esenciales para la conservación de los dioses Aesir: cuando ellos lo ordenan, los dioses mueren). Con el mismo fin se ofrecían sacrificios a Yggdrasil, a menudo colgando a las víctimas en árboles. La ofrenda mayor fue la del dios Odín, quien se clavó su puñal y colgó su cadáver del Yggdrasil durante nueve días para aprender los secretos de las runas.

Las runas representaban sabiduría y secretos ocultos en el sistema más antiguo de escritura: cuando caían ramitas de los árboles, los Norns formaban letras y palabras para poder registrar su comprensión de cómo vivir y cómo superar el mal y el peligro. Odín usó las runas para volver a la vida; su sacrificio fue necesario para que se conociera el secreto de las mismas.

Existieron muchas otras historias sobre el Yggdrasil, todas ampliando el significado del Árbol como símbolo del cosmos como un proceso dinámico, así como de la lucha entre la vida y la muerte: el dragón destructor de la raíz encontraba su equilibrio en el águila guardiana de su cima.

Símbolos como los del Árbol se presentan en todas las religiones del mundo. Los árboles suelen verse como *axis mundi*, o eje alrededor del cual gira el mundo. Además, son símbolos naturales de crecimiento, muerte y renacimiento cada nueva estación. Un árbol contiene el poder de Dios de crear y destruir.

El árbol no es más que uno entre el caudal de símbolos con los cuales los seres humanos han contado sus historias sobre Dios, el universo, la vida y la muerte —y, en realidad, sobre todas las formas que las personas tienen de experimentar la vida. Los símbolos son expresiones visibles de los sentimientos

Símbolo
Este vitral que representa a la Virgen María vestida de azul y con un halo es (en el sentido de Peirce) un símbolo de ella.

Icono
La figura de marfil de la Virgen María muestra los rasgos asiáticos propios de las estatuillas orientales. Constituye (en el sentido de Peirce) un icono de ella.

y pensamientos que los hombres han tenido sobre su mundo y sobre su situación en él. El poder de los símbolos es que conforman un lenguaje común que todos pueden entender.

El poder de este lenguaje y el hecho de que los mismos símbolos se encuentran en diferentes culturas y diferentes épocas llevó a Carl Jung (1875-1961) a afirmar que la imagen de Dios está arraigada en todos los seres humanos: "corresponde a un complejo determinado de hechos psicológicos" (8.528), aunque fue cauto al decir que "lo que Dios es trasciende la competencia de la psicología".

Jung acertó al decir que los símbolos han sido muy importantes en la búsqueda humana de Dios, no sólo porque lo representan junto con sus atributos: se cree que llevan en sí algo de la realidad de Dios. Ésta es una tesis de C.S. Peirce (1839-1914), lógico estadunidense, cuando vinculó la comprensión de los símbolos con el estudio de los signos, llamado semiótica (del griego *sema*, "signo"). Peirce estableció una distinción entre tres tipos de signos: icono, índice y símbolo. Un icono es un signo que contiene algunas de las cualidades asociadas a la cosa significada (por ejemplo, mapas y diagramas); un índice es un signo que está en una relación dinámica con la cosa significada y atrae la atención a lo que está significado (por ejemplo, la columna de mercurio de un termómetro que mide la temperatura e indica salud o enfermedad); un símbolo es un signo con un significado consensado. Así, una estatua es un icono; la reliquia de un santo es un índice; un halo es un símbolo que indica santidad.

Índice
Relicario de la Virgen María de Limoges. Un relicario contiene alguna reliquia (algo) de la persona o cosa (p. ej., parte de la cruz de Jesús). Es (en el sentido de Peirce) un índice de ella.

A medida que quedó claro que Dios está más allá de la vista y la descripción humanas, las representaciones visuales de Dios pasaron del icono (en el sentido de Peirce) al símbolo. Pero todos los signos, en todas sus formas, abarcan los significados que la gente asocia, en su tradición, con "Dios"; eso permite o promueve la relación con Dios. Es decir, los signos asociados con Dios son estables, pero su significado no siempre es el mismo. Tal como las caracterizaciones de Dios cambian con el tiempo, también lo hacen los significados de ciertos signos. Así, pues, los signos y los símbolos importantes tienen vida propia. Cuando el cristianismo convirtió a los pueblos del norte de Europa también los hizo con sus símbolos. El sacrificio de Odín en el árbol se convirtió en el sacrificio de Jesús en la cruz; y el maestro de Galilea se convirtió en el joven héroe que conquista la muerte y revela el significado y el propósito de la vida. En *The Dream of the Rood* (*rood*, inglés antiguo para "cruz"), el poeta anglosajón escribió:

Entonces el joven guerrero —él era Dios Todopoderoso—,
se desnudó con firmeza, e inflexible subió a la cruz,
con valentía frente a todos, para redimir a la humanidad.
La cruz fue elevada; alcé al poderoso rey,
el señor de los cielos.

Trance y danzas indios
"El arte de la danza nació cuando Vishnú [p. 90] mató a los demonios, y Lakshmi [p. 116] observó los gráciles movimientos de su Señor y pidió conocer cuál era su significado" (Anand, p. 239). En la India existen más de 200 formas clásicas de danza en unión con Dios, muchas de ellas se muestran en los relieves del templo de Chidambaram.

La música es única. Es distinta de todas las otras artes... No expresa gozo, dolor, angustia, horror, deleite o sensación de paz particulares o definidos, sino propiamente gozo, dolor, angustia, horror, deleite y paz en abstracto, en su esencia, sin adornos, y por ende sin las usuales motivaciones. Sin embargo, nos permite captarlos y participar de ella en esta quintaesencia.

(Schopenhauer)

Música

Éxtasis y trance

SEGÚN EL MÚSICO CONTEMPORÁNEO Lee "Scratch" Perry, algunos dicen que el reggae es "una explosión". "Pero yo digo que es una música de raíces profundas... Cuando 72 naciones [el número de naciones que aparecen en la Biblia judía] deben inclinarse ante la música reggae, el rock, el ska, el merengue, el calipso, el jazz —no sé cuál sea la música, pero ésta es lo único consolador, ésa es la verdad, hombre" (Johnson y Pines).

El reggae es una música originalmente relacionada con los rastafarianos, un movimiento religioso desarrollado en el Caribe y que afirma el mérito de África, y que reconoce en Hailie Selassie, descendiente de Salomón y Sheba, el papel de representante mesiánico de Dios (pp. 198, 203). Nació del gran sufrimiento ocasionado por la esclavitud, y se convirtió en algo más que un consolador. Johnson y Pines también citan a Big Youth [el Gran Joven]:

> *Para ellos el reggae es como una pequeña danza sagrada. Pero hay una forma de reggae llamada Jah [nombre de Dios en la Biblia judía]... Es la música que inspira a los negros. Además es filosófica, tanto que saca a las personas de la oscuridad. La música Jah habla a las personas de ellas mismas.*

La música provoca esto, o algo parecido a esto, en todas las personas. La música en sus múltiples formas expresa sentimientos y emociones, y provoca respuestas emotivas en la gente, apuntó Schopenhauer (1788-1860) (recuadro a la izquierda). Dado que la música se une tan directamente a las emociones, es la manera ideal en que las personas han expresado sus sentimientos acerca de Dios. En especial, esto se vincula con el trance (estado en el que se dice se experimenta la unión con Dios) y acaso con el éxtasis, aunque no es definitivo porque depende de la forma en que trance y éxtasis se definan.

En general, estas palabras se usan como si significaran lo mismo: un estado en que cerebro y cuerpo se alteran visiblemente, dando la impresión de que las personas actúan de forma inversa a su manera ordinaria de vivir (del griego *ekstasis*, "estar afuera"), o que han sido poseídas por agentes externos, desde demonios hasta Dios.

Para reducir la confusión acerca de estas conductas, Gilbert Rouget, en *Music and Trance*, sugirió que la palabra "éxtasis" se aplicara a los estados en que las personas alcanzan una situación de bienaventuranza y realización en nombre de Dios (a menudo con consecuencias impresionantes) en la soledad, la inmovilidad y la quietud; y que la palabra "trance" debería usarse cuando se obtienen consecuencias igualmente espectaculares, sólo que en público, con el acompañamiento de cantos, tambores u otro tipo de música, y con danzas.

La música puede aproximar al escucha, con cadenas de oro, a la consideración de las cosas sagradas.

(Thomas Morely)

Para ilustrar la diferencia, Rouget da el ejemplo de santa Teresa de Ávila (cfr. p. 292), quien experimentó ambos estados. Sus palabras no son tan precisas como las definiciones de Rouget, y a todo le da el nombre de éxtasis. Sin embargo, admitió distinciones entre unión (trance para Rouget) y arrebato o "arrobamiento" (éxtasis para Rouget); el éxtasis produce "fenómenos de grado superior", y en ese estado, en suprema soledad delante de Dios ("Ese desierto y soledad parecíale al alma mejor que toda la compañía del mundo"), experimentaba dolor y gloria.

En una visión más amplia, aparecen otras distinciones, así como el contraste entre privado y público:

- El éxtasis produce visiones y sonidos, el trance no.
- El éxtasis es producido por control o privación de los sentidos, el trance por sobrestimulación de los sentidos.
- Al salir del éxtasis, las personas recuerdan lo ocurrido, no así al salir del trance.

El éxtasis de santa Teresa
Bernini muestra a santa Teresa en éxtasis: "El cuerpo está paralizado. Uno es incapaz de moverse. Más bien, si uno estaba parado, se sienta, como la persona a la que se carga de un lugar a otro, incapaz siquiera de respirar" (Teresa, p. 251). Estaba también al corriente, al igual que las hermanas, de las veces que, en público, y en unión/trance, sentía cómo abandonaba el cuerpo; o, al cantar juntas, "el efecto en mí era tan grande que se me dormían las manos" (ibíd., p. 389).

Una diferencia importante entre trance y éxtasis observada por Rouget es que el primero va acompañado de música, y el segundo no. La trascendencia de la música no es que cause el trance, sino que ayuda a crear la aprobación social y la ratificación de las conductas que conducen al trance, conductas que sin este contexto de aprobación social serían contempladas con temor y terror. En su conclusión, Rouget se pregunta por qué la música es indispensable para el trance, y responde:

> *Porque es el único lenguaje que une a la cabeza y las piernas, porque a través de la música el grupo da, a la persona en trance, un espejo en el que puede ver la imagen de su identidad prestada, y porque es la música la que le permite devolver el reflejo de esa identidad al grupo en la danza. No hay ningún misterio. Y si lo hay, subyace en el trance mismo, que es un estado alterado de conciencia; y si debemos buscar una explicación para esto, podemos encontrarla en el poder avasallador de una conjunción de emoción e imaginación. Éste es el origen del trance. La música no hace más que socializarlo, y permitirle desarrollarse de manera plena (p. 325ss.).*

Ritual

Conductas enclavadas en el cerebro

El bautismo
El bautismo es un ritual en el que la persona bautizada, niño o adulto, se convierte en parte del cuerpo de Cristo (pp. 235, 241) y así es llevado por Dios a una vida más allá de la muerte, aunque esta vida continúe. En Cristo la muerte ya ocurrió, y san Pablo dijo ante ello: "Porque muertos sois, y vuestra vida está escondida con Cristo en Dios" (Colosenses 3:3).

TODAS LAS PERSONAS VIVEN LA VIDA haciendo frente a "una variedad de catástrofes" —título de un libro de Isaac Asimov, en donde hace un repaso de "los desastres que amenazan a nuestro mundo", que van de lo remoto (la muerte térmica del universo) a lo más cercano (el cambio climático y el agotamiento de recursos). En menor escala, los individuos también enfrentan riesgos, desde cruzar la calle o contraer un virus. Los organismos vivos son vulnerables, y deben ser defendidos para procrear la siguiente generación.

El ser humano tiene defensas que protegen sus proteínas y genes. Algunas son biológicas, como las células internas y la piel; otras son creadas por él mismo, como la cultura —las medidas que ha tomado para vivir con éxito en familia, grupo, nación o imperio. La cultura, como una "piel" defensora, abarca cosas tales como los libros, las luces de tránsito, las escuelas y las religiones.

Las religiones son los sistemas culturales más antiguos que han contribuido a asegurar la procreación de niños, así como su cuidado e instrucción. Por esto muchas religiones tienen rituales muy estrictos y normas relativas a sexo, matrimonio y alimentación (Bowker, pp. 3-108).

Entre las formas en que las religiones han protegido lo que, en un lenguaje más moderno, es la duplicación de genes y la nutrición de los niños, están los rituales. Éstos son comportamientos aprendidos y repetidos, practicados por personas de un grupo o religión particulares, ya sea individualmente o en grupo. Son tan importantes que ocurren en la misma medida en contextos no religiosos (en los desfiles y ceremonias de las sociedades comunistas), que en actos de adoración o en ritos de transición (nacimiento, pubertad, matrimonio y muerte).

A través de los rituales las religiones unen la cultura con Dios, tratando que sea propicio o invocando su protección. Las religiones admiten que sobrevivir es importante, pero también preguntan: "¿Sobrevivir para qué?" ¿Con qué fin se vive en un contexto de vulnerabilidad tal? Los rituales son una forma común y, en general, no verbal de representar los fines y significados dominantes de la vida y la muerte. Son, pues, patrones repetitivos de comportamiento que se realizan con un sinnúmero de fines: para celebrar un nacimiento, lamentar el deceso de un anciano, agradecer la presencia nutricia de alimentos y agua, ocasionar desastres mortales contra el enemigo y, naturalmente, para orar o expresar contrición. Para que esto funcione, los rituales deben ser asimilados en los niveles más hondos del entendimiento; por ello no es sorprendente que estén enraizados en el cerebro y el cuerpo humanos: estos comportamientos son naturales según el tipo de cerebro y de cuerpo que tienen los hombres, como también ocurre en algunos animales. Los estudiosos de la conducta animal (etólogos) suelen hablar de "despliegue ritual" en el apareamiento o la defensa del territorio.

Esta "naturalidad" no implica que las conductas rituales estén determinadas genéticamente, como sostienen algunos. Más bien, los rituales se usan en las diferentes culturas porque mantienen las interacciones entre dos de las principales formas que tiene el cerebro de procesar la información: el *aprendizaje asociativo* y la *cognición simbólica*.

Aprendizaje asociativo es formar uniones entre distintos eventos, y está presente en todos los animales con diversos grados de complejidad. El cerebro humano evolucionó para procesar algunos sucesos estimulantes como intrínsecamente gratos (como lo dulce) o que se deben evitar (repugnantes, como lo muy amargo o ácido). Esos estímulos no aprendidos se llaman *reforzadores primarios*. El cerebro identifica con rapidez los *estímulos neutros* los cuales se unen, en tiempo o espacio, a reforzadores primarios, de manera que evocan respuestas similares en términos de emociones y de motivación para actuar. Estos estímulos neutros se convierten en *reforzadores secundarios*. La amígdala (p. 44) y la corteza orbofrontal son las estructuras cerebrales claves que representan los sentimientos asociados a los reforzadores primarios, al igual que memorizan las asociaciones con los reforzadores secundarios.

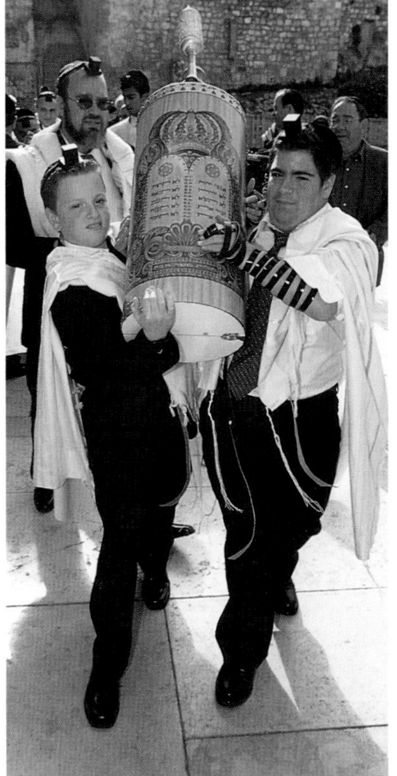

Bar y Bat Mitzva
Éstos son rituales judíos de transición, en que los jóvenes (aunque las muchachas no para todos los judíos) pasan de la niñez a aceptar la responsabilidad de la Alianza (p. 176); se convierten en "un hijo (o hija) del mandamiento". Las 613 reglas y prohibiciones de la Torá (p. 200) son la forma en que los judíos pueden decir "Sí" a Dios.

En cierto nivel, los rituales emplean estímulos que el cerebro encuentra intrínsecamente gratificantes o repugnantes (intensificando las emociones cuando se ejecutan), además de establecer asociaciones aprendidas entre estímulos que se recordarán siempre. Algunos ejemplos de estímulos intrínsecamente atrayentes, a los que se recurre en los rituales, son: movimiento, color, luminosidad, máscaras con expresiones faciales emotivas, rasgos sexuales acentuados (cosméticos o aceites), ruidos repentinos (fuegos artificiales, campanas), estilos de lenguaje (cantar, vocalizar), dolor (flagelación, circuncisión), temperatura (bautizo por inmersión), olores (incienso, perfumes) y sabores (comidas rituales), entre otros.

El hombre, sin embargo, no responde sólo a los estímulos: los interpreta e identifica con él mismo y con los demás recurriendo a la cognición simbólica. Es capaz de pensar en signos (pp. 38-39), creando la posibilidad, por ejemplo, de usar metáforas para representar a Dios como Juez o Rey, y luego describir esta concepción con signos, símbolos e iconos en pinturas o esculturas.

El cerebro representa el concepto "rey" en partes componentes (como apariencia visual, calidad vocal, connotaciones emocionales), almacenadas en regiones especializadas, y luego uniendo esta información en zonas procesadoras multimodales (como el sistema de la memoria del lóbulo temporal y la corteza prefrontal), cuando el concepto es activado al leer la palabra "rey", al pensar en un rey, etcétera. Al imaginar a Dios como Rey

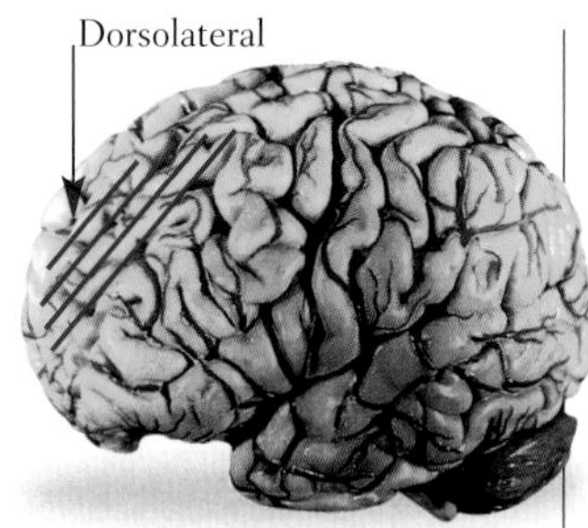

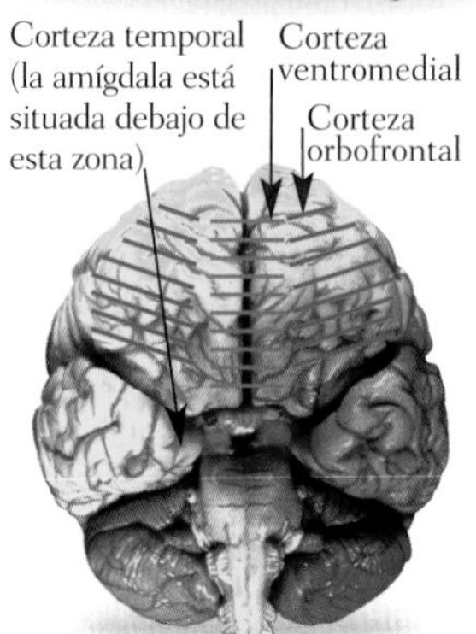

El cerebro y el ritual

En el ritual, el cerebro reúne datos para crear respuestas significativas (pensamientos, recuerdos, imágenes). El lóbulo temporal es muy importante en la vinculación de esa información. Las cortezas ventromediales prefrontales contribuyen a vincular estos significados con las emociones profundas.

usamos representaciones ya existentes y localizadas en el cerebro para crear un sentido específico de cómo es Dios, vinculándolo a una vasta red de significados asociados que pueden explorarse de diversas maneras (a través del simbolismo ritual, el arte religioso, la plegaria, o la poesía). Así, el simbolismo religioso, en un nivel cognoscitivo, corresponde a las formas en que los rituales usan estímulos asociativos para evocar sensaciones y emociones, las cuales también contribuyen a la experiencia emotiva de la ejecución del ritual.

Nuestra capacidad de cognición simbólica se debe a la larga coevolución de cultura y cerebro (en especial de la corteza prefrontal, que coordina los procesos cognoscitivos que originan la representación simbólica y el aprendizaje; v. Deacon, 1998). La cognición simbólica favorece la creación de símbolos culturalmente importantes (como la cruz cristiana, o Shiva en su faceta de Nataraja, el Señor de la Danza, p. 104) que se convierten en el centro de capas de pensamientos asociados, recuerdos y emociones a lo largo de una vida religiosa. Así, el cerebro humano no sólo forma vínculos entre sucesos, al igual que algunos animales, sino que también interpreta los estímulos como *significativos* utilizando símbolos para crear representaciones de lo que ocurre, tanto en eventos públicos (el habla y la pantomima) como en la experiencia privada. De este modo, los significados pueden quedar asociados a la experiencia, y pueden tener resonancias emocionales (la imagen de la Resurrección usada para expresar fe en que la adversidad puede superarse, o cuando la muerte se acepta como parte de la Danza creadora y destructora de Shiva). Por lo tanto, los rituales dirigen la interacción entre los procesos de aprendizaje y los simbólicos, utilizando las características sensoriales de los despliegues simbólicos. Así, los reforzadores primarios y secundarios intensifican la excitación, los sentimientos, las sensaciones y la atención, interactuando con los conceptos codificados y evocados por los estímulos del ritual (objetos simbólicos e icónicos, gestos, imitaciones, lenguaje, etcétera), de modo que se *sienten* especialmente fuertes, relevantes y memorables.

La Hipótesis del Marcador Somático

Quinton Deeley explica esta teoría, que vincula cognición y emoción:

Esta hipótesis vincula cognición y emoción; propone que las capacidades cognoscitivas, como el tomar decisiones, la percepción de sí mismo y la empatía, son inducidas por estados corporales o *somáticos* que *marcan* las representaciones cognoscitivas con sentimientos o respuestas basados en condicionamientos emocionales anteriores. Se cree que la corteza ventromedial reactiva los estados somáticos originalmente asociados con un determinado patrón de estímulos o representación mental, que coordinan la actividad de las redes emocionales. Según esto, la ejecución de rituales reúne representaciones simbólicas con estados somáticos. Cuando se rencuentran símbolos rituales o conceptos asociados, los estados somáticos inculcados a través del ritual se reactivan. Esto puede originar conductas inconscientes, o conscientes (como evitar alimentos impuros, o una actitud reverente hacia iconos o símbolos religiosos); v. Damasio, 2000.

Los rituales son muy comunes en las diferentes religiones y sociedades (muchos son seculares, y no tienen ninguna coincidencia con la religión), ya que constituyen una forma eficaz en que las personas encuentran significados determinantes (a menudo, trascendentes) en las circunstancias de su vida. Los rituales originan emociones específicas, casi como un tono o un color, ya se trate de alegría, asombro, reverencia, éxtasis, miedo, dolor o tristeza. Una teoría actual que ayuda a explicar cómo el ritual une la cognición simbólica con la emoción es la *hipótesis del marcador somático* (recuadro a la izquierda).

El significado se construye, se recuerda y se refuerza de formas muy complejas, así que no es raro que los hombres llenen su entorno de signos y símbolos, así como de prácticas rituales. Con este proceso se puede individualizar e interactuar con las ideas más abstractas, como tiempo, espacio y Dios. Se pueden relacionar con el mundo, aunque se sepa que "no es exactamente así". Esto es lo que ocurre en todos los credos con respecto a Dios; se sabe que está más allá de las palabras y la descripción y, sin embargo, es posible conocerlo y acercarse a Él a través de signos y rituales. En este caso, el papel de la analogía es hacer concebible lo abstracto en términos de lo familiar (Aquino, p. 268).

Por lo tanto, es obvio por qué los rituales son tan importantes en la evolución humana. Son parte fundamental en la edificación de una cultura protectora, porque vinculan a las personas por medio de lo que cerebro y cuerpo tienen en común. Nada de esto *resta* belleza e importancia al ritual; más bien explica por qué es necesario, aun si se piensa sólo en términos de la evolución humana. Los rituales son el mundo que las personas viven con sus semejantes, son lo que los liga en una aventura compartida de vida.

El ritual es otro de los "lenguajes" profundos y naturales con los que la gente ha dado expresión, en el curso de la historia, a sus sentimientos y comprensión de Dios, no siendo aún, como el lenguaje del Único que confiere el significado último a todo aspecto de la vida o la muerte.

Funeral
Los rituales luctuosos quizá ayuden a los deudos en su dolor, pero su objetivo es auxiliar al muerto. En el Gita *(p. 92), Krishna dice: "Quienquiera que, en la hora de la muerte, al abandonar el cuerpo, me tenga presente, se reunirá con mi ser" (8.6). Los rituales luctuosos ayudan en estas transiciones, para que la persona "escape del alcance de los sabuesos de Yama [Muerte] que merodean" (Bowker,* Meanings, *p. 167).*

No sé si Mawu es hombre o mujer. La historia dice que Mawu creó el mundo. Después, Mawu se retiró de la tierra y se fue a vivir al cielo. Después de vivir en el cielo, a Mawu no le importó bajar a la tierra y vivir de nuevo en ella. Pero en la tierra nada iba bien. Los hombres no comprendían cómo hacer las cosas por sí solos. Discutían. Peleaban. No sabían cómo cultivar los campos, ni tejer sus telas para cubrir el cuerpo.

Así que Mawu envió a su hijo único a la tierra, cuyo nombre es Lisa; le dio el metal, Gu, y le dijo que descendiera a la tierra y cortara la maleza con ese metal, y le enseñara a los hombres cómo utilizarlo para hacer cosas útiles.

(Courlander, p. 166)

El mito

Más allá del análisis científico

LA HISTORIA DE LA IZQUIERDA ES RELATADA POR LOS FON de Dahomey, en África, y trata acerca del metal —y las espadas— que desciende sobre la tierra. Relatos como éste son más antiguos que la palabra escrita o impresa: han sido conservados en todo el mundo y repetidos de una a otra generación.

Surgen como leyendas, folklore, épica, acertijo y mito, y aunque no hay consenso sobre estas palabras, reflejan la forma en que tales historias pueden tratar de cualquier cosa, desde sucesos conocidos, hasta los orígenes de la creación y el tiempo, desde el entretenimiento, hasta la instrucción, y mucho más.

Los relatos míticos pertenecen a grupos, familias, tribus y naciones —son un adhesivo que ayuda a mantenerlos unidos. Oyekan Owomoyela describe cómo las familias se reúnen en Ibadan (Nigeria) para contar acertijos y anécdotas:

> *Aparte de algunas concesiones al progreso como la electricidad, el agua entubada y algún programa de radio desde una estación local, la casa aún es un reducto de tradiciones. Después de la cena, los miembros de la familia se reúnen en un porche [donde] la diversión comienza con adivinanzas. ¿Qué cena con un oba (jefe de una comunidad) y luego lo deja que lave los platos? Una mosca. ¿Qué pasa frente al palacio del oba sin hacer reverencia? Las lluvias. En su camino hacia Oyo, su rostro mira hacia Oyo, en su camino procedente de Oyo, su rostro aún mira hacia Oyo. ¿Qué es? Un tambor de dos caras. Después de algunas adivinanzas, comienza el relato...*

(Lindfors, p. 264)

Los mitos en África
Isidore Okpewho (p. 68) refirió el ciclo de desarrollo de los mitos africanos relacionando hechos y ficción en este diagrama.

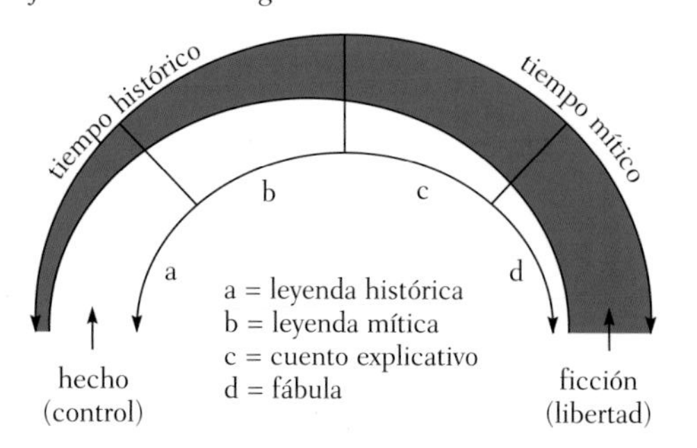

El mito es la forma en que la historia de cualquiera se ubica dentro de un contexto de historias mucho más extenso —narraciones sobre la familia, la tribu o la nación a que pertenece el individuo, y del mundo entero, pasado, presente y futuro. El mito es la forma que tiene la mente humana para explorar e imaginar a Dios, y los credos se asocian a narraciones e historias compartidas como una mitología común. Tal vez sea difícil entender esto, ya que muchos emplean la palabra mito como sinónimo de "falso". Pero lo que de hecho es falso es sostener que hay una sola manera de decir la verdad —por ejemplo, a través de la ciencia. El mito es una advertencia de que la verdad se puede contar como ficción o como hecho científico, lo mismo en la poesía, que en la prueba matemática, y más aún en el mito la gente puede registrar y compartir la forma en que trascienden el análisis científico de lo que es. Como dice J.A. Ramsey, "mamíferos como máquinas psicológicas altamente sincronizadas, que realizan con gran eficiencia lo que los animales se conforman con realizar a duras penas" (Mackay, p. 127). El filósofo F.W.J. Schelling (1775-1854) comentó en su *Dialogue on Poetry*: "¿Qué es toda mitología sino una expresión simbólica de la naturaleza circundante en una transfiguración de imaginación y amor?".

Schelling vivió en una época en que se afirmaba, con mayor convicción, que la ciencia daría la verdadera explicación de todas las cosas —perspectiva conocida como "cientificismo". En oposición a esta confianza exagerada, Richard Wagner (1813-1883) empezó a escribir sus "obras de arte totales", óperas en las que utilizó mitos antiguos para crear otros, con determinado significado para su tiempo.

Wagner no dudó que la física (y las demás ciencias) resuelve muchas preguntas. Pero no todas: ¿por qué sufre la gente? ¿Cómo se relacionan sus sufrimientos con lo que han hecho en el pasado, ellas mismas u otras personas? ¿Cómo pueden ser redimidas del mal que han hecho en el pasado? En *Parsifal*, Wagner exploró el tema de la redención y de cómo se vincula con el sufrimiento (ilustración de la derecha).

Esta ópera de Wagner es un ejemplo. Pero generalizando, el mito es un logro humano que permite a la gente compartir sus percepciones más profundas; sus esperanzas y sus temores, y su experiencia acerca de Dios.

Parsifal

En el Parsifal *de Wagner se explora el tema del* mitleid *("sufrimiento compartido"). Parsifal no sólo compadece a Amfortas, quien en amarga penitencia anhela que la muerte sea "una pequeña expiación para un pecado como el mío" (acto 3:249). Parsifal comprende ese sufrimiento y lo comparte, y al hacerlo comienza a entenderse a sí mismo, lo que abre el camino a su redención. Es el* mitleid *lo que señala al esperado redentor: "Delante del santuario en ruinas yacía Amfortas en ferviente plegaria, suplicando por una señal de perdón, guiado por el* mitleid. *El simplón sin tacha: Espera por él, el único que yo escoja".* (1.1.234ss.)

Sacrificios

Garantía de la vida y el orden

Los aztecas
El derramamiento de sangre era importante para los aztecas, raza de guerreros mexicanos que, hacia 1325 d.C., estableció un bastión en una isla, más tarde Tenochtitlan, en el lago de Texcoco. Se llamaron aztecas por la tierra legendaria de sus antepasados. Establecieron un imperio que floreció hasta el siglo XVI, *en que llegaron los europeos.*

HACE MUCHO TIEMPO LA RAZA HUMANA se extinguió. Los dioses habían dado muchas cosas a los hombres, pero no les dieron el poder, o cuando menos el conocimiento, para reproducirse. Dos de los dioses, Quetzalcóatl y Xólotl, decidieron rescatarlos. Quetzalcóatl descendió al inframundo, reunió los huesos dispersos de los muertos y los llevó de nuevo al mundo exterior. Ahí los hizo polvo, pero seguían sin vida. Por ello cortó una de sus venas y mezcló su sangre con el polvo. Xólotl moldeó el polvo en formas humanas y Quetzalcóatl les dio el hálito de vida. Habiendo dado su sangre a esta creación, Quetzalcóatl le dio protección, enseñó a la gente a reproducirse, a medir el tiempo, a cultivar la tierra, a escribir y a entender las estrellas.

Esta historia de los aztecas muestra cuán profundamente enlazados están la sangre, la vida y los sacrificios. Quienes han recibido la vida con el derramamiento de la sangre de un Dios, pueden mostrar su gratitud, más eficazmente, ofreciéndole sangre a cambio. Por ello los sacrificios fueron tan importantes en la religión azteca. En forma periódica los sacerdotes ofrecían su propia sangre atravesándose la lengua y las orejas con púas. Además, se sacrificaba a los seres humanos, en rituales y ceremonias, y los aztecas hicieron la guerra con sus vecinos con el fin de obtener, entre otras cosas, víctimas para el sacrificio ritual. Ésta es una de las formas más importantes en que los hombres han expresado sus sentimientos sobre Dios. Existe en todas las religiones —con frecuencia criticado y modificado, y a veces con nuevas formas y alcances— pero siempre como una de las formas fundamentales que tienen los hombres de entender su condición y hacer algo al respecto. "Ningún hombre es una isla", y el sacrificio es una forma de expresar el valor de las relaciones del hombre —sobre todo con Dios. La vida y el orden se garantizan con los sacrificios; es un lenguaje con el que se

reconoce la precaria situación humana (amenazada siempre por la muerte) y expresa las necesidades y esperanzas de los hombres. Esto era así incluso entre los mayas, predecesores de los aztecas, en Centroamérica. Los primeros descubrimientos sobre esa etnia establecieron que era un pueblo pacífico, cuya religión se relacionaba con las estrellas, y el cual hizo impresionantes descubrimientos en matemáticas y astronomía. Pero al descifrar la escritura maya se reveló que habían sido guerreros y que tomaban prisioneros, a muchos de los cuales mutilaban y sacrificaban. Existía entonces la creencia de que era indispensable hacer ofrendas de sangre humana para mantener la relación con los dioses.

Sin embargo, los sacrificios humanos no son más que una parte, relativamente pequeña, de la forma en que los sacrificios contribuyeron a la historia de Dios. En general, el sacrificio es la ofrenda, en forma ritual, de algo vivo o inanimado. La vida o el objeto que se ofrecen no tienen que tener mucho valor: lo adquieren al ser ofrecidos.

Existen muchas razones por las cuales se realizan los sacrificios, y se puede encontrar más de una en cada caso en particular. Se puede ofrecer para corregir una ofensa o un pecado, ya sea como expiación (aceptar que se debe pagar un precio) o como un acto propiciatorio (calmar la ira de Dios); se puede ofrecer como sustitución de algo que pertenece a Dios (por ejemplo, el primogénito); o para establecer afinidad entre los que participan en esa unión con Dios; o para purificar algún pensamiento o defecto; o como medio de dar gracias; o para revertir alguna amenaza o desastre, como la hambruna, la sequía, las inundaciones o la infertilidad. El sacrificio se ofrece como un medio de celebración y una forma de mantener unida a la congregación en acciones comunes y familiares.

La importancia de los sacrificios no ha dejado de ser impugnada, aun cuando prosiguieran. En la India, tanto el jainismo como el budismo (pp. 68-71) impugnaron que los sacrificios alcancen realmente lo deseado. Para ellos, es absurdo caracterizar a Dios como alguien que responde solamente si le pagan bien. Aunque han reconocido su importancia para expresar sentimientos de dignidad y valía. Por ello introdujeron el *dana* (regalo) como equivalente del sacrificio: en el budismo, *dana* es el regalo que el seglar hace a los monjes, de alimentos, bebida, ropa y demás, y es una de las obras de más alto mérito.

Incluso en las religiones que han tenido en alto aprecio a los sacrificios se ha objetado su valor, o la manera de realizarlos. Pero en el fondo está la percepción de que algunas cosas, o algunas personas, son de tan inestimable o infinito valor que vale la pena sacrificar algo, o todo, por ellas. No hay amor más grande que dar la vida por un amigo, excepto tal vez dar la vida por un enemigo.

Ovejas sacrificiales
Los musulmanes están obligados a sacrificar animales (ovejas, camellos, vacas o chivos). El rito que se celebra en el Gran Festival (al-Id al-Kabir) conmemora el sacrificio de un carnero ejecutado por Ibrahim (Abraham) en lugar de su hijo. Ocurre el último día de Dhu 'lHijjah, e ilustra, para los musulmanes, la misericordia de Alá, al aceptar un sustituto de lo que por derecho le pertenece.

Templos en cuevas
El relato de Dios se narra aunque no sea en un edificio, sino en la adaptación de un sitio natural, como una cueva. Las pinturas más antiguas permanecen ocultas en el fondo de cuevas, y aunque no se conoce bien su significado, es probable que se relacionen con chamanes (p. 160) y rituales. Las diferentes religiones adaptaron las cuevas, como los chaityas *budistas y las iglesias bizantinas. El complejo de cuevas-templo de Longmen, que se muestra aquí, junto al río Yi, tiene 1,352 cuevas y casi 40 pagodas de varios tamaños, con unas cien mil imágenes budistas. Aún durante la dinastía Tang se siguieron trabajando.*

Arquitectura

Edificios de Dios

EN KARNAK, A ORILLAS DEL NILO, cerca de Luxor, los faraones egipcios edificaron muchos templos. Dentro de la más grande de las construcciones, el hipóstilo, la gran sala de Seti I (c. 1318-1304 a.C.), cabrían cualesquiera de las iglesias más grandes de la cristiandad, y sobraría espacio. Los palacios de los faraones eran espléndidos, y los templos aún más.

Y lo mismo ocurre con la arquitectura religiosa del mundo entero. Las construcciones dedicadas a Dios han reunido las mejores habilidades y tecnologías de su tiempo. Se han gastado enormes fortunas en ellas y se han empleado a los mejores artesanos, escultores y artistas. Mediante la arquitectura las personas no sólo cuentan la historia de Dios, sino también el significado y el costo de su devoción. Además, en la decoración de estos edificios, a veces, se cuenta directamente la historia de Dios, en tallas, pinturas y vitrales.

Los hombres han construido edificios para hacer posible su acercamiento a Dios. Se discute si Dios necesita de un edificio: ¿cómo puede Él, que supuestamente todo lo ve, estar confinado entre muros? Pero, con frecuencia, el edificio protege la imagen (el imaginario visible) de Dios. En la mayoría de los templos, el creyente se desplaza por etapas sucesivas, a menudo patios y salas, que llevan a un interior más oscuro y misterioso. En el centro está el lugar más sagrado, donde se ubica la presencia de Dios.

En otro sentido, los edificios también han ayudado a contar la historia de Dios: proporcionan el lugar donde la gente pueden reunirse ante la presencia de Él. Las plegarias, rituales y veneración no requieren de un lugar; pueden realizarse donde sea. Pero un edificio reúne a las personas y da cierto grado de permanencia al ritual y a las narraciones acerca de Dios. Así, la palabra "sinagoga" significa "lugar de asambleas", donde los judíos se reúnen a escuchar la voz de Dios leída e interpretada, y donde se sitúan en dirección a Jerusalén, lugar en el que originalmente se construyó su Templo (p. 190ss.).

Este hecho es un recordatorio de que el diseño de los edificios narran la historia de Dios. Las iglesias cristianas, con frecuencia, evocan la forma de una cruz. Las mezquitas musulmanas se centran alrededor del púlpito, desde donde se proclama la palabra de Dios, y alrededor del nicho (*mihrab*), que coloca a los creyentes en dirección a la Meca. Los templos hindúes representan al cosmos en miniatura, de modo que creado y Creador puedan encontrarse en suelo sagrado. Los templos chinos están diseñados para que sus entradas estén en los cuatro puntos cardinales y, con esto, que las influencias benévolas puedan fluir hacia ellos. Los templos griegos se edificaron sobre sitios en alto, cerca del hogar de los dioses, como la Acrópolis (del griego "ciudad alta"), en Atenas.

En otro sentido, los edificios revelan mucho de la historia de Dios, porque no son estáticos: constantemente son transformados, y esto nos dice mucho de la forma en que cambia lo imaginado por el hombre acerca de Dios. Algunos son derribados y se construyen otros encima. El Templo de Karnak se desarrolló durante cerca de dos mil años. Egipto es un oasis de 900 km de largo, que el Nilo hace fértil. Para poder gobernar este territorio, los faraones tuvieron que conseguir el apoyo de diferentes pueblos. Y lo hicieron, en parte, asimilando a los dioses locales a su culto, hasta que los faraones se convirtieron en la manifestación de Dios para todos esos pueblos.

Así, el dios Sol (o Ra), de Heliópolis ("Ciudad del Sol"), fue vinculado con los faraones, a los que se dio el nombre de Hijos de Ra, y se los asoció con el poder del sol. Los dioses de Tebas y Menfis, se convirtieron, entonces, en aliados de Ra. Y cuando los miembros de una dinastía de Tebas llegaron a ser faraones, trajeron consigo a su dios, Amón, y esto dio Amón-Ra. Se hicieron intentos de organizar a los dioses en familias y jerarquías, y uno de los faraones, Amenofis IV (1379-1362 a.C.), declaró que Atón, el sol, que da calor y vida al mundo, era el dios supremo. Cambió su nombre a Akenatón, "aquel que sirve a Atón", y cerró los templos de otros dioses y sus nombres inscritos en los muros fueron borrados. Pese a todo, después de su muerte, los templos fueron demolidos y sus bloques se usaron para reconstruir los templos de los otros dioses. Cosas parecidas han ocurrido en muchas otras construcciones religiosas: reflejan la experiencia humana de Dios, y su historia nos revela la forma en que cambia lo imaginado por el hombre acerca de Dios.

Complejo del templo de Karnak
Al inicio de su reinado, Amenofis amplió el complejo del templo de Karnak, dedicándolo a Atón, y lo llamó pr-itn. *"el dominio de Atón". Compuso también un conocido himno que celebra el poder dador de vida del sol: "Te alzas en perfección en el cielo, Atón vivo, que iniciaste la vida... Tú eres mi deseo".*
(Simpson, *p.* 290)

Arte

Señalando la verdad

Hace tiempo, en Corinto, una joven llamada Butades enfrentaba la inminente separación de su amado, así que antes de que él partiera, hizo que se colocara de tal manera que su sombra se proyectara sobre un muro. Trazó entonces, el contorno de la silueta para poder tener una copia suya durante su ausencia. El pintor francés J.-B. Suvée pintó este tema y lo llamó *El origen del dibujo*.

En el mundo mediterráneo antiguo se creía que ése era el origen del arte —en cuyo caso, el contorno de manos en los muros de las cuevas sería el verdadero comienzo del arte. Plinio el Viejo escribió en su *Historia natural*, que no se sabía si fueron los egipcios o los griegos los que inventaron el arte, pero cuando menos "todos están de acuerdo en que el arte empezó al trazar el contorno de la sombra de una persona". Por lo tanto, en el mundo mediterráneo del que surgen las grandes tradiciones del arte occidental, el propósito inicial del mismo fue la *mimesis*, lo que en griego significa "imitación".

Pero copiar e imitar no eran suficientes. Platón insistió en que, aunque el objetivo es la imitación perfecta, la destreza de un artista está en sugerir la verdad de lo copiado, *no* en copiar exactamente; la habilidad del artista es sugerir una imagen en vez de producir una copia exacta.

La palabra "imagen" evoca la palabra "imaginación" (recuadro a la izquierda). Artista es aquel que, con el uso de su imaginación, toma algo del muro antes de poner algo sobre él. Al menos es lo que Leonardo da Vinci consideraba importante al enseñar a un artista: "No me abstendré de poner a consideración una nueva estratagema que, aunque parezca trivial y casi absurda es de gran utilidad para traer a la mente invenciones varias. Y es que, si miráis un muro compuesto de una mezcla de diferentes clases de piedras, y si estáis a punto de inventar alguna escena, seréis capaces de ver en él paisajes adornados de montañas, ríos, rocas, árboles, llanuras, anchos valles y diversos grupos de colinas. Seréis capaces de ver, también, combates y figuras en movimiento, y extrañas expresiones en los rostros, y trajes rústicos, y un infinito número de cosas que entonces reduciréis a

El lunático, el enamorado
y el poeta
no son más que un trozo
de imaginación [...]
Tal es el poder alucinador
de la imaginación
que le basta
concebir una alegría, para crear
un portador de la misma.
O en la noche, si presume
algún peligro,
con cuánta facilidad
toma un arbusto por un oso.

(*Sueño de una noche de verano*, 5.1.7)

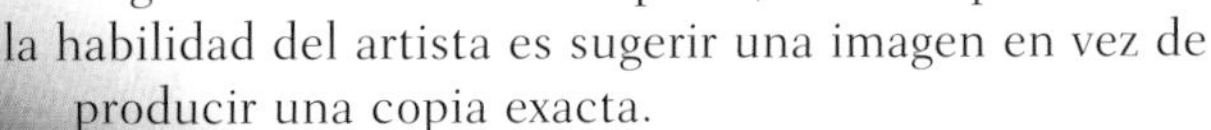

Contornos de manos
Ya en el Paleolítico hubo gente que plasmó, en cuevas, pinturas de animales que quizá tengan conexión con el chamanismo (p. 160); también dibujaron los contornos de sus manos contra los muros.

formas bien concebidas. Con muros como ésos y mezclas de piedras diferentes ocurre lo mismo que con el sonido de las campanas, en cuyo tañido pueden descubrirse todos los nombres y todas las palabras imaginables".

La imaginación también era importante en el totalmente distinto universo chino, donde la poesía y la pintura se pertenecen la una a la otra "como el anfitrión y el huésped". Ambas apuntan a la excelencia, no por lo que incluyen sino por lo que dejan fuera. Es raro ver una sombra en una pintura china, incluso cuando el sol o la luna son claramente evidentes, porque las pinturas chinas no aspiran a representar, o re-presentar, una escena real, como lo haría un fotógrafo; aspiran a comunicar la identidad y la unidad internas de la naturaleza y las apariencias (cfr. el Tao, p. 152), y esto se hace con mayor eficacia con alusiones sugestivas que sólo copiando la apariencia superficial. Cuando el emperador Hui Sung examinó a unos aspirantes a funcionarios, eligió el verso de un poema para que lo ilustraran: "Cuando regresé de cabalgar entre las flores, una fragancia se desprendía de los cascos de mi caballo". La pintura ganadora no representaba una pradera con flores: el caballo camina por un sendero y dos mariposas revolotean alrededor de los cascos; la pradera y las flores deben de estar cerca, pero no son visibles.

Arte chino

"Para los chinos el tema de una pintura es inseparable de su forma, y ambas son la expresión de una actitud filosófica muy amplia hacia el mundo visible... El pintor chino educado, al revés de su homólogo europeo, nunca era nada más un pintor. Tenía también algo de filósofo, y siéndolo su visión no se desvanecía con el tiempo, sino que se fortalecía y profundizaba a medida que envejecía."

(Sullivan, *pp. 1-11*)

En todo el mundo, los sentimientos humanos han sido expresados por el arte en el que destreza e imaginación se combinan. Por lo tanto, el arte ha sido un "lenguaje" con el que las personas han tratado de decir algo acerca de Dios. Él ha sido retratado, aunque la gente sabe que Dios no puede pararse frente a un muro o un lienzo y ser copiado. Es más frecuente que imágenes de la Diosa o de Dios se sugieran a través de símbolos asociados a ellos.

El arte también puede expresar los sentimientos que se tienen sobre la Diosa y Dios, desde la penitencia hasta la alabanza. Puede ser un medio de instrucción, o propaganda: a veces trata de coaccionar a la gente para que crean, exponiendo escenas de los castigos que esperan a los malos después de la muerte, así como de los agentes de dichas torturas. No obstante, el arte es capaz de señalar la verdad de Dios por la forma en que une el sentimiento común hacia Él en la vida diaria. No coacciona a la emoción, pero la propicia, incluso la evoca. El arte puede convertirse, y a menudo lo hace, en una ventana a través de la cual la gente puede mirar —y como miran, en ocasiones, ven. Aun así, para algunas tradiciones religiosas es una contradicción radical suponer que Dios puede ser retratado: es casi una idolatría venerar una imagen en vez de la realidad invisible. Sin embargo, en la India, la imagen es una de las formas vivas en que lo invisible puede ser visto; tanto es así que una palabra india muy común para "culto" es *darshana*, que significa "ver". ¿Qué "ven" los indios en el caso de Dios?

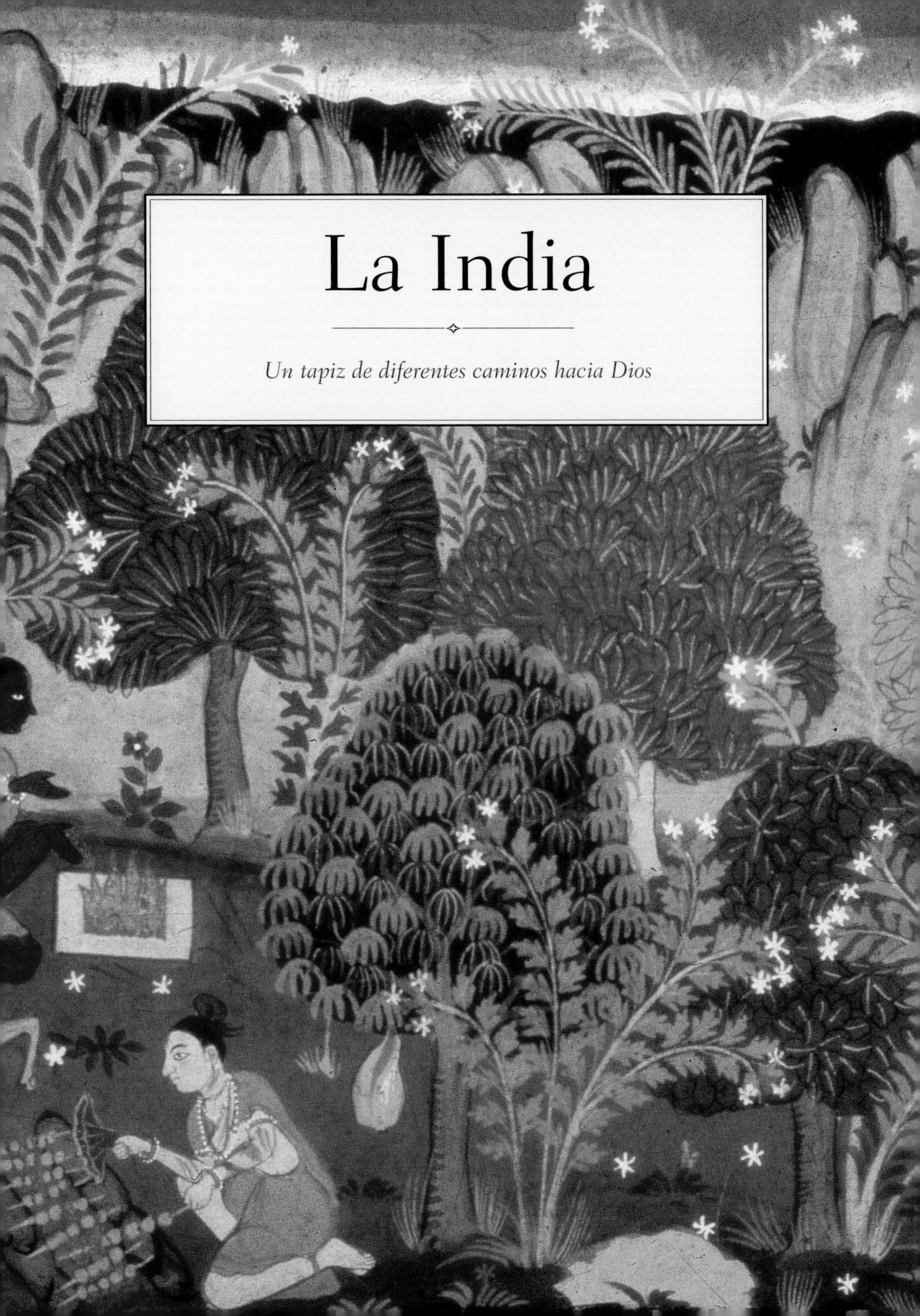

La India

Un tapiz de diferentes caminos hacia Dios

LA INDIA

EN EL SIGLO XIX SE LLAMÓ hinduismo al conjunto de religiones que existe en la India. Voz que procede del persa *hindu* y el sánscrito *sindhu*, que significa "río", y se refiere a los habitantes del valle del río Indo; por lo tanto, significa indios. De los millones de habitantes de la India, cerca de 80 por ciento son hindúes, y hay unos 30 millones más por el mundo; pero no existe una religión a la que se pueda dar el nombre de "hinduismo". Las creencias de los hindúes tienen rasgos comunes pero se expresan de modos distintos: la religión popular es, por ejemplo, muy diferente de la religión filosófica.

Históricamente, la religión en la India se desarrolla por etapas, aunque esto es confuso, pues algunas de las formas más antiguas perduran sin que hayan sido alteradas por innovaciones posteriores. Sus raíces son las tradiciones de los primeros pobladores: la

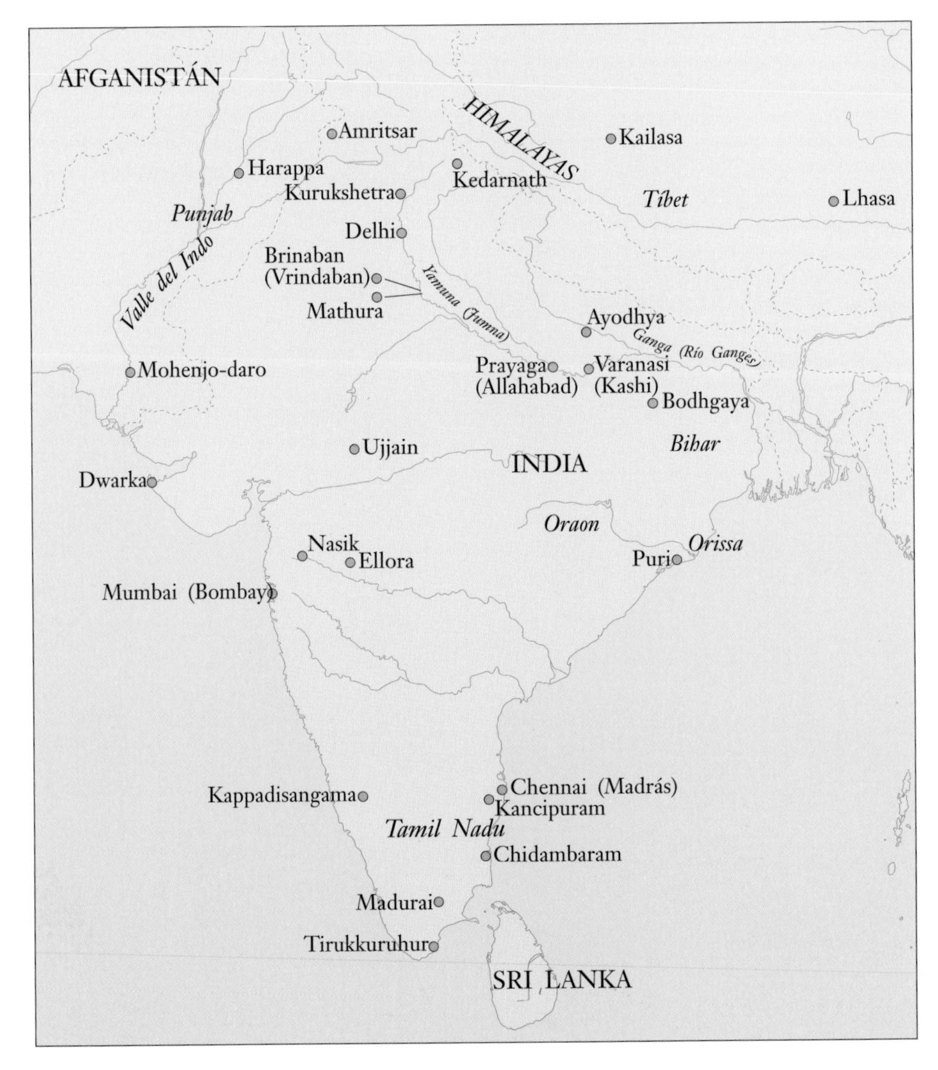

civilización del valle del Indo (*c*. 2500-1800 a.C.), la cultura dravídica que aún persiste entre los tamiles, en el sur, y los arios, que entraron por el noroeste a partir de *c*. 1500 a.C. La religión aria se convirtió en el credo principal basado en el sacrificio y en los textos sagrados conocidos como Vedas y Vedanta.

En la India, algunos movimientos (los jainitas, los budistas y los sikhs) se convirtieron en religiones distintas; otras desarrollaron sus propias tradiciones sin ser independientes. Los más notables son los vaishnavitas (devotos de Vishnú y las formas encarnadas de Vishnú, sobre todo Krishna y Rama), los shaivitas (devotos de Shiva y sus consortes) y los shaktas (devotos de la Diosa). Entre las creencias comunes (aunque entendidas de modo distinto) están: Dios o la fuente Absoluta de todo lo evidente que se manifiesta de muchas formas, incluyendo diferentes Dioses y Diosas, así la gente puede aproximarse, entender y rendir culto a diferentes manifestaciones; la rencarnación, que prosigue a lo largo de millones de vidas, hasta romper la cadena de la ignorancia (*avidya*) y alcanzar la liberación (*moksha*); la forma de la rencarnación está regida por el karma, ley moral tan impersonal e inevitable como la gravedad, necesaria para el orden en la sociedad y el universo (dharma, p. 68, y *rita*, p. 62). Hay muchos caminos para avanzar hacia la moksha, entre éstos el culto a la forma visible de la Deidad en el *darshana* ("visión" directa) y el *puja* (culto).

Culto
En la India la Deidad se manifiesta en muchas formas. En los templos se reciben como huéspedes honrosos en cultos conocidos como puja *(p. 94).*

Cronología de la India

Fechas	Acontecimientos
2500-1500	Valle del Indo • Dioses y Diosas tamiles • Arios
1500-1000	Periodo védico
1000-500	Brahmanismo • Samkhya • Upanishads • Bhagavad Gita
500-000	El Buda • La épica (*Ramayana* y *Mahabharata*) • Kanada y Vaisheshika • Nyaya
0-250	Nagarjuna • Patanjali
250-500	Puranas
500-750	Fundación de Nyingma • Nalvars/Nayanars
750-1000	Shankara • Nammalvar (Maran) • Shantideva • Fundación de Kagyu • Fundación de Sakya
1000-1250	Poetas Vacana • Shrividya • Ramanuja • Jayadeva • Madhva • Devi Gita • Templo Jagganath • Shinran
1250-1500	Fundación de Geluk Sants
1500-1750	Gurú Nanak • Kabir • Vallabha • Surdas • Caitanya • Mirabai • Gurú Arjan • Tulsi Das • Tukaram • Rupa • Krishnadasa Kaviraja • Templo dorado • Gurú Instalación de Granth Sahib • Gurú Gobind Singh
1750-al presente	Ram Mohan Roy • Brahmo Sabha/Brahmo Samaj • Ramakrishna • Rabindranath Tagore • Vivekananda • Gandhi • Aurobindo • Parlamento Mundial de Religiones • El mayor Kumbhamela jamás celebrado, en Prayaga

Tamil Nadu

Donde los dioses se encuentran

Los tamiles del sur de la India cuentan que un brahmán llamado Jamadagni, se casó con una mujer de tanta pureza y capacidad de concentración mental que podía acarrear el agua que quisiera en sólo un pedazo de tela. Un día que llevaba agua del río, vio reflejada en ella a unos Gandharvas (músicos y cantantes de los dioses). Perturbada por su belleza, perdió la concentración y el agua se derramó.

Jamadagni interrogó a su esposa sobre lo ocurrido, y cuando ella confesó que la belleza de los Gandharvas la había perturbado, ordenó a su hijo, Parashurama, que la llevara a la espesura y le cortara la cabeza. Antes de la ejecución, ella, para protegerse, abrazó a una mujer *paraiya* (en tamil "descastada", de donde deriva "paria"). El hijo cortó la cabeza de ambas y regresó agobiado por el dolor.

Jamadagni, admirado por la obediencia de su hijo le prometió que le daría lo que quisiera en recompensa. El hijo pidió que su madre recuperara la vida. Aquél le dijo que pusiera las cabezas en su lugar, y que las dos mujeres vivirían de nuevo.

Así lo hizo, pero puso la cabeza de la *paraiya* en el cuerpo de la brahmán y viceversa. La mujer con la cabeza de la brahmán y el cuerpo de *paraiya* se convirtió en la diosa Mariamma, a la que se sacrifican chivos y gallos, pero no búfalos; la mujer con la cabeza de la *paraiya* y el cuerpo de la brahmán se convirtió en Ellamma, a la que se sacrifican búfalos, pero no chivos ni gallos.

La historia de las cabezas mal colocadas se cuenta en muchas partes de la India (véase Ganesha, p. 108). Henry Whitehead, uno de los primeros en escucharla en el sur de la India, observó cómo refleja la forma en que dos religiones originalmente separadas, la de los brahmanes y la de los tamiles, se unieron y, sin embargo, conservan de manera independiente muchas de sus tradiciones y prácticas.

El "brahmanismo" (de brahmanes, guías de rituales y sacrificios) es la antigua forma de religión desarrollada a partir de creencias y prácticas de los arios, quienes llegaron a la India a partir de *c.* 1500 a.C. (p. 60). De ellos proceden los textos sagrados conocidos como Vedas, por ello este credo se conoce también como religión védica.

El brahmanismo, con su lengua sagrada, el sánscrito, gradualmente se difundió por la India, y sus creencias, dioses y prácticas llegaron a ser dominantes, sin erradicar otras religiones. La cabeza de la brahmán podía colocarse sobre el cuerpo nativo, pero también la cabeza nativa podía colocarse sobre un cuerpo de brahmán, como en la forma de culto llamada *puja* (p. 94). De cualquiera manera, la fusión de cultos independientes creó, para los indios, nuevas formas de entender y venerar a Dios.

Lenguaje sagrado
El sánscrito (inscripción, arriba) es el lenguaje sagrado de la India, pero otras religiones indias también tienen el suyo, como las lenguas dravídicas, de gran importancia en el sur de ese país.

La forma como se propagó el brahmanismo fue descrita como "la gran tradición", relacionándola con "la pequeña tradición" (Redfield), pero esa referencia fue abandonada porque era degradante para los seguidores de las religiones regionales: los hacía parecer como creyentes menores. Esto es un asunto político muy grave en la India, ya que hay áreas, como Tamil Nadu, en donde se habla una de las lenguas dravídicas, que buscan mayor autonomía. Los nombres tamiles que designan a Dios se han convertido en pilares de la identidad tamil, aunque sus dioses y diosas han sido asociados a deidades brahmánicas y a otras.

Es el caso del dios Murukan, a quien se dedican tres de los seis templos más grandes de Tamil Nadu. Los tamiles usan la voz *teyvam* para referirse a todo lo que constituye la naturaleza de Dios: *teyvam* es lo que se manifiesta en las múltiples formas en que Dios aparece. En esa naturaleza están la belleza y la exquisitez, cualquier forma de amabilidad, la juventud inagotable —es decir, todo lo que se resume en la palabra *muruku*: *muruku* es *teyvam*, y *muruku* (nombre abstracto y neutro) se vuelve real y personal al usarse como Murukan.

La diosa Pattinni
El culto de la diosa Pattini se desplazó desde la India hacia Sri Lanka, donde budistas e hindúes (separados en otras cosas) la veneran por igual. Pero en el sur de la India ya no se la venera tanto, ya que su culto ha sido asimilado al de Kali (p. 117).

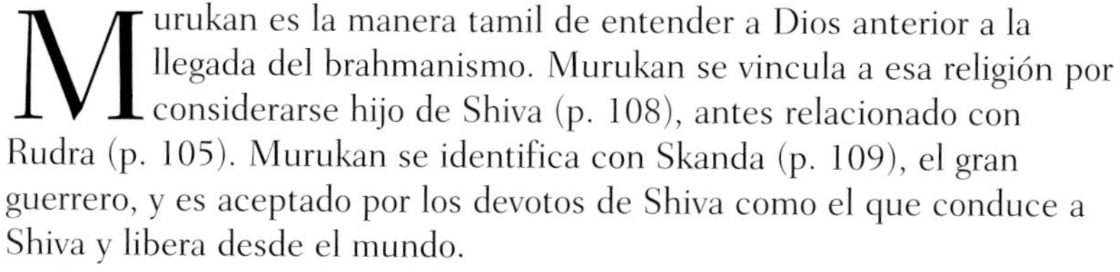

Murukan es la manera tamil de entender a Dios anterior a la llegada del brahmanismo. Murukan se vincula a esa religión por considerarse hijo de Shiva (p. 108), antes relacionado con Rudra (p. 105). Murukan se identifica con Skanda (p. 109), el gran guerrero, y es aceptado por los devotos de Shiva como el que conduce a Shiva y libera desde el mundo.

Este proceso en el que diferentes aproximaciones a Dios se ajustan entre sí, modificándose y reforzándose mutuamente en una nueva visión, es fundamental en la historia india de Dios. Manifestaciones particulares de Dios/Diosa pueden ser muy estables durante siglos, y aun así la imaginería acerca de Dios está siempre en movimiento (véase Pattini a la derecha).

Acercarse a la manera india de entender a Dios a través de Tamil Nadu es, pues, un recordatorio de que hay muchos cabos entretejidos; de que la religión en los pueblos es uno de los cabos más importantes y menos conocido; de que los relatos son fundamentales en las religiones de la India; y de que lo que importa no es la conquista de un dios por otro sino la conquista de la ignorancia por todos. Hay cuando menos 333 mil millones de dioses entre los indios (toda forma de vida puede ser una manifestación de Dios, y la tradición dice que existe ese número de formas de vida), pero más allá de la imagen y la metáfora, existe un solo Dios que se conoce de estas diferentes maneras. Así lo escribió el poeta tamil Allama (recuadro a la derecha):

En busca de tu luz,
salí:
fue como el súbito
amanecer
de un millón de millones de soles,
un centro de relámpagos
para mi asombro.

Oh, Señor de las Cuevas,
si eres luz,
no puede haber metáfora.

(Ramanujan, p. 52)

El valle del Indo

La llegada de los arios

ENTRE LOS HILOS QUE FORMAN la trama del saber que los indios tienen de Dios, uno de los más antiguos es el de la civilización del valle del Indo, la cual floreció de *c.* 2500 a 1800 a.C. Se han encontrado construcciones, figurillas y sellos de la época, pero las inscripciones no han sido descifradas, por lo tanto no se sabe cuáles eran sus creencias. Tampoco es seguro que su lengua fuera dravídica (p. 58) o una forma más antigua del indoeuropeo. Aun así, los hallazgos anticipan desarrollos religiosos posteriores (recuadro a la derecha).

El estudio de edificios y objetos de la civilización del valle del Indo muestra que abarcaban algunos temas religiosos que desaparecieron (para resurgir más tarde) cuando las creencias y prácticas de un pueblo nuevo, los arios, llegó a dominar el área y, más tarde, toda la India.

Los arios (*arya*, "noble") procedían de Asia central y, por su habilidad con los caballos y los carros, se extendieron hacia Europa y el norte de la India —razón por la cual existen conexiones entre las lenguas indias y las europeas: la palabra *God*, en alemán *Gott*, es teutónica, pero del ario *dyaus* viene Zeus, *Deus*, *Dieu*, Dios, deidad, etcétera. Llegaron a la India desde *c.* 1500 a.C., al parecer como invasores, pero en la actualidad se dice que fue un arribo pacífico, por lo cual las creencias dravídicas no fueron destruidas, sino absorbidas y modificadas.

Los arios vivieron en un mundo en que la vida se sustentaba en una poderosa relación entre dioses y hombres. Esa relación se mantenía, sobre todo, a través de los sacrificios, y se expresaba en sus textos sagrados: los Vedas.

Los Vedas (de *vid*, "conocimiento"), para los creyentes, no son una composición humana, sino la verdad eterna revelada al mundo por medio de *rishis* ("los que ven"). Durante siglos no se escribieron sino que fueron de tradición oral, por ello se dice que son *shruti* ("lo que se escucha"). Hay cuatro colecciones básicas (*samhitas*): el *Rig Veda*, con 1,028 himnos divididos en diez mandalas; el *Sama Veda*, en el que versos del *Rig Veda* están compilados para el uso de los sacerdotes durante los sacrificios; el *Yajur Veda*, que contiene cantos sacrificiales; y el *Atharva Veda*, compuesto de encantamientos, maldiciones e himnos con fines curativos.

A los Vedas, por considerarlos parte de la *shruti* (escritura), se agregaron los *Brahamanas*, que contienen

El sello de proto-Shiva
Algunos piensan que éste puede ser un primitivo retrato de Shiva. Los animales que rodean a la figura sugieren su papel como Pashupati, el Señor de los Animales.

Hallazgos en el Valle del Indo

Algunos de estos rasgos se encuentran en creencias y prácticas posteriores:

- **AGUA:** Los baños cerca de los templos indican el interés en el agua y la purificación ritual de templos hindúes posteriores.
- **DIOSA Y MADRE:** Muchas figuras femeninas indican la importancia de la Diosa y la Madre como origen de la fertilidad y la vida.
- **YONI Y LINGA:** Anillos de piedra y monolitos fálicos indican el interés posterior en *yoni* y *linga* (los órganos de generación femenino y masculino) como origen de vida y fuerza.
- **SHIVA:** Un sello, quizá un toro sentado, pero para muchos es el antecesor del dios Shiva (p. 104 ss.), por lo que suele dársele el nombre de sello de proto-Shiva. Representa a una figura sentada en una posición que podría ser de yoga (p. 77), rodeada de animales, por lo que también se le llama sello de Pashupati, ya que Shiva es considerado el Señor de los Animales (*pashupati*).
- **ÁRBOLES PROTEGIDOS:** Se describe a los árboles como centros de culto, por lo que se les daba protección, al igual que hoy, en la religión de las aldeas.

textos rituales y aclaran el poder sagrado de los cantos e himnos (*mantras*), y luego los *Aranyakas*, que explican el significado interno de rituales y sacrificios. Más allá de los *Aranyakas*, pero con el mismo fin explicativo, están los *Upanishads* (p. 84), fin o culminación de los Vedas, y conocidos por ello como Vedanta (el Vedanta como base de comentarios posteriores incluye el *Brahma* de Badarayana o *Vedantra Sutra*, resumen elíptico de las enseñanzas de los Vedas y los *Upanishads*, y el *Bhagavad Gita*, p. 92). Estas obras fueron elaboradas durante varios siglos, *c.* 1200-300 a.C.

A partir de estos textos, es evidente que vincular a dioses y hombres a través de sacrificios era fundamental en la religión aria o védica. El *Rig Veda* 10.90 describe que la creación y todo aspecto social proceden del sacrificio y desmembramiento de un Hombre primordial (*purusha*). El orden de la sociedad es parte del orden cósmico, y los sacrificios lo mantienen y lo expresan. Los dioses aparecen con apetitos y deseos como los de los hombres, así que se los puede invitar a los sacrificios, compartir alimentos rituales y dirigirse a ellos con himnos, con la esperanza de aplacar su ira, o asegurar sus favores para obtener beneficios materiales, como hijos o ganado.

La finalidad no era la inmortalidad, sino el éxito en esta vida y su extensión, si Dios lo aprobaba, a cien años. Algunos sacrificios, conocidos como *shrauta*, eran públicos y, a menudo, en gran escala. Otros, conocidos como *grihya* (pertenecientes al hogar) eran individuales o familiares. Con el tiempo, cuando los sacrificios fueron demasiado numerosos y complejos, se estableció una clase sacerdotal, los brahmanes, para guiar los rituales; de ellos tomó esta etapa de la religión védica el nombre de brahmanismo.

Diosa Madre
Las figuras de la Diosa Madre abundan en la civilización del Valle del Indo, pero ésta no es una imagen prominente en los Vedas arios.

Sacrificios

Los dioses védicos

Agni
Agni es el mediador entre los hombres y los dioses. Su naturaleza triple refleja los tres sacrificios. Lo acompaña un carnero y, a veces, lo monta. Con frecuencia, tiene siete lenguas, dientes de oro, mil ojos y cabello flamígero, viste de negro y lleva una lanza de fuego. Tiran de su carruaje humeante rojos corceles; sus ruedas son los siete vientos.

SEGÚN EL *RIG VEDA* existen 33 dioses. Pero, en realidad, se mencionan muchos dioses más en los Vedas, y no existe ninguna explicación sobre el número 33. No obstante, este número se convirtió en la base de una clasificación posterior de los dioses en los *Brahmanas* (p. 60s.), donde las diversas partes del cosmos se consideran (en términos del teatro moderno) como una serie de escenarios donde se representa la vasta épica de la vida.

El cuadro a la derecha describe la forma en que, en la religión védica y brahmánica, los dioses son el poder y la energía del orden natural, y cómo la energía se transforma en algo nuevo de manera regular y hasta predecible. Los dioses sostienen el orden del universo, mismo que se conoce como *rita*.

Así, la religión védica personalizó, en dioses, las leyes invariables de la naturaleza (Adityas) y los constituyentes de la vida (Rudras), junto con la miríada de transformaciones de la energía. El resultado fue que las personas pudieron interactuar con eso y, además, se percataron de que cooperando con los dioses también podrían tener parte en el mantenimiento del *rita* (armonía y orden) del universo. Este proceso de comunicación y cooperación fue alcanzable con los sacrificios.

En la religión védica los sacrificios expresaban la observación de que la muerte es la condición necesaria de la vida: no puede haber vida sin muerte en el universo. Hoy vemos esto en cosas como la muerte de las estrellas, en la que se liberan elementos más pesados para formar nuevos planetas, y en la vida orgánica, o en la muerte de generaciones sucesivas para promover la evolución. Los arios védicos observaron esto con más sencillez, en el modo en que plantas y animales son usados y cazados para proveer alimento, y que el que come puede convertirse en alimento de otro. Como dice uno de los *Upanishads* (p. 84s.): "Todo este [mundo] no es más que alimento y un devorador de alimento" (*Brihad-aranyaka Upanishads* 1.4.6). Y prosigue diciendo que "Soma es el alimento y Agni es el devorador de alimento", señalando a dos de los principales dioses en los Vedas.

Soma, asociado a la luna como copa de Soma, es el alimento del fuego ritual, el alimento de los dioses. En estricto, todo lo que se ofrece a los dioses a través del fuego ritual es Soma, pero esto se aplica más a una ofrenda en particular, una planta o sustancia capaz de inducir intensos estados alucinógenos o embriagantes. Se cree que era el "hongo mágico", *Amanita muscaria*, pero es más probable que se tratara de la planta *Ephedra*, que contiene anfetamina.

Tú, Soma, guardián de nuestro cuerpo,

haz tu morada en nosotros.
Señor de señores.

Aunque contrariemos tu ley, tan a menudo,

ten piedad de nosotros, sé gentil y benévolo.

(*RV* 8.48.9)

Los Treinta y Tres Dioses

Los nombres en negritas son los dioses que se cree forman parte de los 33, a los que se añadió Prajapati, el Señor de las Criaturas, considerado el origen y el creador de todas las cosas.

Escenario	Actor principal	Actores secundarios	Director
Tierra	**Agni** (fuego)	Cinco elementos	Ashvins (dioses de la agricultura)
Espacio	**Vayu** (viento)	**11 Rudras** (energías de vida)	**Indra**
Cielo	**Surya** (sol)	**12 Adityas** (leyes)	Mitra/Varuna
Constelaciones	**Soma** (luna)	Los antepasados	Svayambu y Parameshtihin

Soma, identificado también con el semen, es descrito como el dador de vida, el sanador de enfermedades y el Señor de los demás dioses: sin Soma dejarían de existir. Todos los himnos del mandala 9 del *Rig Veda* están dedicados a él, así como todo el *Soma Veda* (p. 60). Al ser ingerido por los que ofrecen sacrificios, los vincula con Dios. Soma entra con facilidad en los seres humanos y los afecta, pero ¿cómo entra en los dioses? A través del fuego o, de manera personal, a través de Agni (cfr. latín *ignis*, "fuego"; recuadro a la izquierda). El proceso completo del universo es visible en Agni. Es el calor del sol, la luz del relámpago, el fuego del hogar y el fuego ritual del sacrificio. Da vida y la consume. A través de Agni, como el ardor de la pasión, es posible generar vida, y mediante la pira funeraria Agni se lleva de la tierra lo que queda de un cuerpo muerto (un recuerdo tan débil como el humo).

Los dioses védicos mantienen el orden natural y operan en dominios definidos. Pero ¿cómo se relacionan entre sí? Ésa resulta una pregunta inaplazable.

Yo te alabo Agni, sacerdote del hogar, ministro divino del sacrificio, sacerdote principal, dador de bendiciones.

Que Agni, por los antiguos videntes loado, conduzca a los dioses hasta aquí.

Que a través de Agni obtengamos cada día la riqueza y el bienestar, que es glorioso y abunda en hijos heroicos.

Oh, Agni, el sacrificio y el ritual que realizas en todos lados, que en verdad va dirigido a los dioses...

Resplandeciente custodio del orden cósmico, que presides las funciones rituales y prosperas en tu propio reino,

oh, Agni, sé accesible a nosotros como el padre con su hijo. Únete a nosotros para nuestro bienestar.

(*RV* 1.1)

El dios Sol
Surya, el dios Sol, surcando los cielos en su carruaje tirado por caballos.

Tres en Uno

Manifestaciones de Dios

UN ANTIGUO HIMNO VÉDICO (*RV* 5.3.1) reúne a diferentes dioses y declara que cada uno es la misma realidad en diferentes modos de manifestación (véase recuadro p. 66):

Al nacer, Agni, eres Varuna; cuando te enciendes
te conviertes en Mitra: en ti, hijo de la fuerza,
los dioses encuentran su centro; para los adoradores
te conviertes en Indra.

Los dioses de los Vedas aparecen a través del orden natural que sostienen, pero no *como* el orden natural: no representan fenómenos naturales. Es posible aproximarse a ellos, en sus dominios, con sacrificios, pero ya durante el periodo védico se pensó que pueden considerarse como manifestaciones del Único que está detrás de todas las apariencias, como su origen y garantía:

He aquí al Señor de las tribus
un benévolo sacerdote de cabellos grises,
con siete héroes por hijos,
flanqueado por sus verdaderos hermanos;
el relámpago y el aceite salpicado de fuego.

¿Quién estaba ahí para ver al que está creado
cuando el que no está creado lo parió?
La vida de la tierra, su sangre, su aliento ¿dónde estaba?
¿Quién puede buscar algo de luz acerca de esto
en un sabio?

Yo, un simplón, pregunto esto por ignorancia
y medito en las huellas dejadas por
los dioses.
Sabios bardos han trenzado una
historia de siete cordeles
acerca del sol, el becerro del cielo.

Yo, ignorante, busco conocer
de los videntes que puedan saber.
¿Qué era el Único? ¿Quién era el
No Nacido
que destruyó las seis regiones?...

Indra
Indra personifica las cualidades de los otros dioses: "Indra fue formado por los otros dioses, y por ello se convirtió en el más grande".
(Avyakta Upanishad, 5.1)

El habla está dividida en cuatro niveles,
los bardos sabios los conocen todos.
Tres niveles están ocultos, y los hombres nunca los alcanzan.
Los hombres sólo hablan el cuarto.

Lo llaman Indra, Mitra, Varuna,
Agni y Garutman [el sol], el ave celestial.
Del Único cantan los bardos en muchas formas;
lo llaman Agni, Yama, Matarishvan.

Las aves amarillas se alzan en el cielo,
por el sendero oscuro, cubierto de aguas.
Han vuelto del hogar de rita,
la tierra está inundada de prosperidad.

(*RV* 1.164, 4-6. 45-47)

En los Vedas, el Único que creó todas las cosas es conocido como Prajapati:

En el comienzo fue el Vientre Dorado [Hiranyagarbha,
el origen de toda la creación, en forma de huevo],
el único Señor de todo lo nacido.
Mantuvo unido al cielo y a la tierra.
¿[A] qué Dios ofreceremos sacrificios?

Él es el dador del hálito vital, el poder y el vigor;
todos los dioses obedecen su mandato.
Él es la ley de la muerte, cuya sombra es vida inmortal.
¿[A] qué Dios ofreceremos sacrificios?

De cualquier cosa respira, se mueve o permanece inmóvil,
Él, a través de su poder es la autoridad.
Él es el Dios de hombres y ganado.
¿[A] qué Dios ofreceremos sacrificios?

Quizá el padre de la tierra nunca nos dañe,
porque él hizo los cielos y siguió el dharma
Él soltó las poderosas aguas de cristal.
¿[A] qué Dios ofreceremos sacrificios?

Prajapati, sólo tú abrazas estas cosas
creadas y nadie más que tú.
Otórganos los deseos de nuestras plegarias;
que tengamos gran abundancia en nuestras manos.

(*RV* 10.121.1-3, 8s.)

La solicitud de Dios
Aquel que hace que los cisnes sean blancos, los pericos verdes y los pavos reales de todos los colores, Él te apoyará en la vida. No anheles riquezas cuando seas pobre, no te regocijes cuando seas rico: todos deben recibir la recompensa por acciones pasadas [karma, *p. 92**], sean buenas o malas.*
(Pancatantra 2.69)

ENFRENTE:

Varuna
El rey Naga Varuna está sentado en una flor de loto elevada por serpientes. En el fondo está su representación como Dios de la lluvia.

Pero, en verdad, Aquel que está detrás de todas las cosas como su Creador no creado está más allá de lo que el lenguaje puede describir o la inteligencia puede comprender:

Ni la existencia ni la no existencia existían aún,
ni el mundo ni el cielo que está más allá:
¿qué estaba cubierto? ¿Y dónde?
¿Y quién lo protegía?
¿Había agua, profunda e insondable?

Tampoco había muerte, ni inmortalidad,
ni signo alguno de noche o día.
El Único respiraba sin aire por sí mismo;
aparte de eso no había nada...

¿Quién sabe realmente? ¿Quién puede aquí decir
cuándo nació y de dónde vino la creación?
Por ello, ¿quién sabe de dónde surgió?

Lo que surgió de la creación,
ya sea que la mantuvo unida o no,
aquel que observa desde el cielo más alto,
sólo él sabe, a menos que... no sepa.

(*RV* 10.129.1s., 6s.)

Este idea de interrogatorio y búsqueda prosigue en los *Upanishads* (p. 84s.). Surgieron acérrimas críticas contra la manera de caracterizar a los dioses: esto condujo a la formación de nuevas religiones.

DIOSES VÉDICOS

Los dioses relacionados con Agni en RV 5.31 *(himno en p. 64) son:*

- **VARUNA:** Él mantiene el orden cósmico, asegurando la regularidad de las estaciones, sobre todo la pluvial. Es el Señor de *rita* (p. 62), y por ende también del dharma (p. 68). Como sabe el significado oculto de las cosas, vigila a los hombres con sus mil ojos: "El sabio Varuna, que guarda la ley, está entronizado como un rey, gobierna todo y mira todas las cosas que han sido o que serán" (*RV* 1.25.9).
- **MITRA** (en Europa, Mithras, p. 233): Se asocia tanto con Varuna, que a veces aparecen con un solo nombre: Mitra-Varuna. Hay un solo himno dedicado a Mitra en los Vedas. Su papel es asegurar que el orden garantizado por Varuna sea respetado por los hombres, que la gente cumpla sus promesas y mantengan la amistad.
- **INDRA:** Es el gobernante de los dioses. A él se le dedican más himnos que a ningún otro, excepto Agni. Su fuerza (representada por el *vajra*, "rayo") la mantiene Soma (p. 62). Es fuente de fortaleza para otros seres.

Críticas de Dios

Budistas y jainitas

HACE MUCHO TIEMPO, hubo cuatro reyes de reinos contiguos, cada uno de los cuales tenía una experiencia diferente de lo que es la vida (véase recuadro, abajo). Cuando vieron cómo la avaricia y la lujuria conducían a conflictos y destrucción, renunciaron al mundo y se retiraron dejando todas sus posesiones.

Los *shramanas*, los que renuncian al mundo, son comunes en dos religiones indias, pero no todos son iguales. Por ejemplo, algunos buscan, como en el yoga, activar las energías (*chakras*) latentes en el cuerpo; otros desarrollan poderes que les permiten hacer milagros que de otra manera sólo Dios podría realizar. Todos son capaces de buscar sus metas sin recurrir a los rituales y sacrificios del brahmanismo. Algunos, incluso, rechazan a los dioses vinculados a esas actividades, y también rechazan lo que se conoce como dharma.

En el credo brahmánico, el sacrificio y el ritual ayudan a que el universo "funcione a tiempo". Lo mismo hace el dharma. Esta palabra significa, entre otras cosas, el sentido de vivir y comportarse según lo que uno es. El dharma es fundamental en la religión y la vida indias, tanto que, a veces, se les llama *sanatana dharma*, "eterno dharma". Existe una vasta literatura sobre el dharma, que describe lo que significa en los múltiples sucesos de la vida. Por lo tanto, el dharma también controla la forma de acercamiento a Dios: por ejemplo, sólo los brahmanes y otros sacerdotes pueden realizar sacrificios mayores. El dharma da origen a una sociedad muy ordenada y a unas relaciones bien organizadas entre los

LOS CUATRO REYES

No viendo más que avaricia, lujuria y conflictos a su alrededor, los cuatro reyes renunciaron a las riquezas y al mundo:

ॐ **EL PRIMER REY:** En una arboleda, vio un árbol de mango cargado de fruta. Se acercó una multitud y, en su avaricia, lo cortó, para poder tomarla. De inmediato el rey renunció al mundo.

ॐ **EL SEGUNDO REY:** Cada día veía pasar a una hermosa mujer con un brazalete en cada brazo, pero un día los usó en el mismo brazo y el sonido que hacían juntos atrajo la mirada de los hombres hacia ella. De inmediato el rey renunció al mundo.

ॐ **EL TERCER REY:** Vio a un ave alimentándose de carroña, y en un instante docenas de pájaros cayeron unos sobre otros, en feroz batalla por la comida. De inmediato el rey renunció al mundo.

ॐ **EL CUARTO REY:** Este rey notó un toro fino entre una manada. De súbito, fue atacado por los demás toros jóvenes que deseaban a las vacas sólo para sí. De inmediato el rey renunció al mundo.

(De una historia que cuentan budistas y jainitas.)

seres humanos y Dios. Pero la historia de los cuatro reyes nos recuerda que de manera paralela, o incluso antes que el brahmanismo, hay acercamientos independientes a Dios —como en el caso del yoga, si la interpretación del sello de proto-Shiva es correcta (p. 60).

Y no sólo eso, sino que esas formas independientes criticaban y rechazaban al brahmanismo y su comprensión de Dios. La historia de los cuatro reyes la cuentan budistas, y narran, además, una historia similar del príncipe Gautama, quien había sido protegido por su padre contra experiencias perturbadoras. Pero un día salió a pasear y vio, en ocasiones distintas, a un enfermo, a un viejo, y a un hombre muerto. Perturbado por la idea de que a él le esperaba ese destino, se preguntó cómo escapar de él. En otro viaje, vio a un *shramana* (asceta renunciante), demacrado pero resplandeciente y sonriendo sereno. Ante la posibilidad de que aquel hombre, y otros como él, hubieran superado las amenazas que se ciernen sobre la vida, Gautama abandonó a su esposa e hijo y se retiró a un bosque, donde se consagró al ascetismo extremo. Descubrió que esa práctica proporciona poderes y logros extraordinarios, pero nada más: alcanza su meta, pero sólo eso; lo cual no ayuda a escapar del sufrimiento ni de la muerte.

Desilusionado de los logros, verdaderos pero limitados, del ascetismo, Gautama buscó "el camino medio" (otro nombre del budismo) entre el ascetismo y el ritual, y se sentó bajo un árbol, concentrándose para "ver las cosas como son en realidad". Ahí pasó por las cuatro etapas de la percepción (*jhanas*) y, al final alcanzó la iluminación. Desde ese momento se convirtió en el Buda (el Iluminado). Vio cómo surge el sufrimiento (*dukkha*) y cómo (y por qué) podemos trascenderlo. Esta esencia de la iluminación se resume en las Cuatro Nobles Verdades (véase recuadro p. 70). Sin embargo, en este sistema de creencias, ¿dónde está Dios? No puede decirse que en ningún lado, pero sí más allá del proceso de formación de las apariencias y su cesación. El Buda nunca negó la realidad de Dios. Fue Dios (Brahma), quien estando el Buda inmóvil bajo el árbol de la iluminación, lo persuadió para que se levantara y compartieran su visión con los demás.

Lo que el Buda sí negó fue que hubiera un Dios fuera del universo, que sobreviviría incluso si éste se acabara y que es el Origen y Creador de todas las cosas. Brahma, que para el brahmanismo es el Creador, cometió un error: él fue la primera apariencia cuando surgió el universo, y pensó que, por ser el primero, debía ser el origen y creador de todo lo demás. El Buda negó también la eficacia de los sacrificios. En las narraciones de Jakata (referidas a Gautama en su aparición anterior en la tierra) se registran hechos que prueban lo incierto que resulta creer que los sacrificios producen consecuencias predecibles; esto demuestra que no se

El ayuno del Buda *Gautama después de su periodo de ascetismo en el bosque, y antes de su iluminación. Su piel, en un principio radiante, se opacó debido a sus esfuerzos.*

Santuario jainita
De los dos principales grupos jainitas, los digambaras van desnudos y sus imágenes de los Tirthankaras también; con la vista hacia abajo. Las imágenes de los shvetambara llevan un taparrabos y vigilan al mundo, con su único ojo.

puede confiar en los dioses. Hay una narración que cuenta cómo los padres de Brahmadatta, un brahmán, lo alentaron a atender el fuego sacrificial para alcanzar el reino de Brahma. Un día le dieron un buey a sacrificar, pero al no tener la sal necesaria, fue al pueblo a conseguirla. Mientras estuvo ausente llegaron unos cazadores; mataron al buey y se lo comieron, dejando sólo el pellejo y las entrañas. Al regresar, Brahmadatta advirtió lo impotente que era Agni (p. 63), ante el cual exclamó: "Mi Señor del Fuego, si no puedes protegerte, ¿cómo puedes protegerme a mí? Como la carne desapareció, ¡arréglatelas con esto!". Arrojó el pellejo y los despojos al fuego, y se retiró para convertirse en un renunciante (*shramana*). Los dioses tienen limitaciones, pero tan reales como todo lo real en el budismo: Dios y los dioses son una de las tantas maneras en que el flujo de las apariencias transitorias toma forma, junto con todo lo demás. Claro, son apariencias en un muy alto nivel de realización, y perduran durante eones, pero ellos también aspiran al Nirvana.

Pero mientras existen, pueden ser muy útiles, por ejemplo atendiendo plegarias. A esto se debe que el budismo sea una religión en la que los dioses son en extremo importantes. El budismo incorporó a muchos de los dioses de la India (Pattini, p. 59; Yama, p. 72), y adoptó a muchos otros de los países donde se difundió.

No hay nada de contradictorio ni de paradójico en ello. Significa que en el sendero hacia la iluminación y el Nirvana (cosa que puede tomar millones de rencarnaciones) el Buda aceptó que quizá sea prudente buscar la ayuda de dioses y diosas, o tratar de alcanzar su reino (*devaloka*, "cielo") después de la muerte, e incluso convertirse en un dios o diosa —algo posible, ya que no son más que una forma de apariencia, entre muchas otras, en el camino a la iluminación.

Por lo anterior es erróneo decir que el budismo es una "religión no teísta", o "una filosofía y no una religión". Las formas posteriores del budismo (conocidas en conjunto como Mahayana) desarrollaron muchas formas de apariencia que ayudan a los seres humanos (y a otros), sobre

LAS CUATRO NOBLES VERDADES

Del sufrimiento a la iluminación:

- ॐ **UNO:** La realidad de *dukkha* (sufrimiento): todas las cosas son efímeras (*anicca*); apenas alcanzan la existencia, ya se encaminan a dejar de ser; no hay nada que sea permanente, ni un alma que sobreviva a la muerte.
- ॐ **DOS:** La causa de *dukkha* (desear algo permanente): buscar algo permanente conduce sin remedio a *dukkha*, la ansiedad y la insatisfacción que surgen al no encontrarlo.
- ॐ **TRES:** Cuando entendemos esto, vemos las cosas como son y ya no nos perturban ni nos afectan. Existir inalterables por "los dardos y las flechas de la tumultuosa fortuna" (o cualquier otra cosa) significa entrar en la condición del Nirvana.
- ॐ **CUATRO:** Ver y entender estas verdades nos permite caminar por el sendero óctuple (*ashtangika-marga*) que conduce a la condición final de la iluminación.

todo budas y *bodhisattvas* (los que han alcanzado la iluminación y regresan del Nirvana para ayudar a los que sufren en el mundo). Ejemplos importantes (entre millones según los budistas) son Tara, la madre de todos los budas, que ha hecho el voto de no abandonar su forma femenina (pp. 73, 74); Amitabha/Amida (p. 74), Bhaishya-guru, el Buda de la Curación, Hachiman Daibosatsu (p. 165) y Kshitigarbha/Di Zang, que ayuda a los niños y rescata a los atormentados del infierno.

Existen cultos de devoción y esperanza para todo esto, a menudo inseparables de la forma en que otros veneran a Dios como alguien que es eterno y diferente en el universo. No obstante, el Buda sabía que falsas esperanzas en Dios o la Diosa pueden alejar del sendero de la iluminación. Él criticó acerbamente rituales y sacrificios que condujeran a la falsa creencia de que los dioses son *finalmente* reales, o que consumen los sacrificios como espíritus hambrientos, o que aconsejaran la explotación de crédulos y necesitados. El Buda no se consideraba Dios, ni su intermediario, sino como un médico que diagnostica la enfermedad y propone la cura. Quienes usan a Dios para prolongar la enfermedad y hacer dinero explotando las necesidades de la gente son denunciados sin miramientos.

En el siglo V a.C. el Buda hizo una crítica radical de la religión brahmánica; no fue el único. Los jainitas también contaban la historia de los cuatro reyes (*Uttaradhyayanasutram* 18.45-47) y, al igual que los budistas, seguían a los renunciantes del mundo en su rechazo de la caracterización brahmánica de los dioses, junto con sus sacrificios y rituales. También rechazaron que Dios fuera el creador de todas las cosas y que permaneciera independiente de la creación.

Pero los jainitas también rechazan la acusación de que no creen en Dios. Él es el Único en quien todos los que se han perfeccionado (*siddhas*) y todos los guías (*jinas*) subsisten; Dios es, por tanto, múltiple y uno, el que en verdad existe, y por consecuencia es Único. Los jainitas desarrollaron sus propios rituales, no sólo de los 24 Tirthankaras, los que abren los caminos y muestran cómo alcanzar la iluminación, sino también de los *siddhas*, porque ellos son lo que Dios es, la verdad última. Entre ellos cantan al Único, himnos que han adoptado las formas indias de describir y alabar a Dios: "Eres inmortal, poderoso, incognoscible, incontable, primordial, Brahma, Ishvara, infinito: los santos te llaman con estos nombres" (*Bhaktamara Stotra* 24).

Tanto jainitas como budistas (y otros renunciantes) expresaron duras críticas a la forma en que el saber indio de Dios se estaba desarrollando. Sin embargo, buscaron formas donde el reconocimiento fundamental de Dios encontrara expresión natural y legítima. Esas formas se desarrollaron cuando el budismo se difundió más allá de la India.

Los pies del Buda
Una vez que el Buda alcanzó el Nirvana, no se puede decir si es o no es, ya que el Nirvana está más allá del entendimiento. El Buda, por tanto, no puede ser venerado, ya que no es Dios y no está disponible para el culto. Sin embargo, uno puede tenerlo presente; hay imágenes de él para que la gente pueda agradecer sus enseñanzas. La destrucción por los talibán, en 2001, de las dos enormes estatuas del Buda, en Bamian, se debe a una interpretación errónea de la gratitud de los budistas, absurdamente tomada por idolatría.

Las deidades feroces

Tara, lágrima de compasión

EN EL BUDISMO, Dios, los dioses y las diosas son tan reales como cualesquiera de las formas de la apariencia, pero sólo eso. Lo que vale para el ser humano —no existe en él un yo ni un alma, sino la reunión de formas transitorias de apariencia— vale para todo el universo. Según el filósofo mahayana Nagarjuna (150-250 d.C.), todos los fenómenos carecen de un yo o autoesencia de cualquier clase. Cuando todas las cosas se comprenden (incluso los hombres y Dios) están vacías, carecen de características, y a esto se le conoce como *shunyata*. En este vacío está la naturaleza de lo que es Buda; es decir, la naturaleza búdica (recuadro a la izquierda).

Deidad feroz
Yama es el Señor de la Muerte para hindúes y budistas. Para los hindúes es juez y carcelero (de los malvados), pero para los budistas el karma (p. 92) es el único juez, y Yama sólo revela cómo fue una vida.

Las formas conscientes de la apariencia tienen el privilegio de poder alcanzar la verdad de que no son otra cosa que la naturaleza búdica (no hay ninguna otra cosa que ser, pese a cualquier conjetura en contrario). Al superar la ignorancia y las contrariedades de la vida, alcanzan este objetivo y, en consecuencia, la iluminación.

El papel de los dioses o diosas del budismo mahayana, al igual que el de los budas y los bodhisattvas, es proteger contra todo lo que pone en peligro el encuentro con la verdad, y brindar ayuda práctica para ello. En el Tíbet, las deidades se imaginan y representan como seres feroces: su rostro es cruel y en sus múltiples brazos llevan diferentes armas, así como la cabeza o los miembros de sus víctimas. Si no fueran feroces, no podrían proteger a los que buscan ayuda contra los peligros —de mente, cuerpo y espíritu— que de otra manera abrumarían al mundo.

El soberano de todos es el Señor del Saber, el Único que encarna la derrota de la ignorancia y con ello abre el camino de la percepción interna y la iluminación. En la mayoría de los monasterios tibetanos existe un santuario dedicado a él, donde se hace vigilia para invocarlo como protector del monasterio (recuadro a la derecha). Es él quien lleva a las deidades feroces las ofrendas y las armas necesarias: cráneos llenos de sangre para que la beban y la piel de cadáveres desollados para que se la pongan. Necesitamos protección contra cosas peores que la muerte.

Las deidades feroces se convierten en protectoras a través de dos tipos de rituales: las ofrendas y la visualización. Esta última es una práctica ardua con la cual los que la realizan (los yoguis) alcanzan la identidad con la deidad: se convierten en aquello que son las deidades, no a través de la simple creencia (como Nerón, quien, en su lecho de muerte, tras toda una vida de ser

Como está vacío por naturaleza,
la creencia de que el Buda
existe o no existe
después del Nirvana
no es apropiada...

Cualquiera que sea
la esencia de Tathagata
es la esencia del mundo.
El Tathagata no tiene esencia.
El mundo está sin esencia.

(Nagarjuna, *Mulamadhyamakakarika* 22.14, 16)

considerado representante de Dios, dijo: "¡Creo que me estoy transformando en un dios!".) sino con una rigurosa disciplina de contemplación que puede llevar toda una vida alcanzar. Sin embargo, durante el intento, el poder de las deidades feroces es atraído a la vida.

Esto es posible porque en este ejercicio los yoguis ponen en práctica la verdad de *shunyata*: todas las apariencias, incluso las de las deidades feroces y las de los hombres, son de la misma naturaleza y carecen de características que las distingan, aun cuando parezcan diferentes. Participan de la naturaleza búdica. La unión con la verdad existe desde antes: lo único que falta es darse cuenta de ella.

Para los tibetanos (y otros budistas), esta protección y ayuda se concentra en Tara, "la que salva". Se cree que Tara nació de una lágrima de compasión derramada por Chenrezi Avalokiteshvara (p. 158) al ver los sufrimientos del mundo. Tara se identificó con los indefensos y maltratados. Al alcanzar la iluminación, se le ofreció como recompensa la oportunidad de convertirse en varón. Ella replicó: "No hay 'varón' ni 'hembra', tal como no hay 'yo' ni 'persona' [la enseñanza de *shunyata*]: estar atado a lo 'masculino' o, a lo 'femenino' es destructivo. Y como hay muchos varones que buscan la iluminación, pero no tantas mujeres que tengan esa oportunidad, ayudaré a todos los seres en el cuerpo de una mujer hasta que se den cuenta del vacío del mundo".

Tara es un auxilio siempre accesible —tanto así, que los ritos dedicados a ella se practican diario y hay actores que representan anécdotas de su ayuda llevándola de aldea en aldea. Estas actuaciones (conocidas como *ach'e lhamo*) pueden durar días; un declamador organiza danzas y cantos, y todos participan. Estos cantos y danzas "despiertan su corazón compasivo". Este despertar es algo que se hace en otras manifestaciones en el budismo.

Muchos monasterios tibetanos tienen un santuario para el Señor del Saber:

"En la entrada cuelgan cadáveres de osos, perros de las praderas, yaks y culebras, rellenos de paja, para alejar a los malos espíritus que quisieran cruzar el umbral. Los animales muertos caen a pedazos y el sitio es repugnante como una covacha con telarañas, viejos paraguas del tatarabuelo y andrajos sucios de pieles de una anciana tía... Hay retratos de los dioses en las paredes. Se diría que son demonios, monstruos, seres infernales. Sin embargo, son espíritus protectores, que toman esas formas espantosas para combatir con las fuerzas invisibles del mal... [Es un] oscuro y polvoriento pozo de aire viciado... con grasientas osamentas, dioses crueles pintados en los muros, montados en monstruos, con diademas de calaveras y collares de cabezas humanas, que llevan, como copas, calaveras llenas de sangre".

(Maraini, p. 50s.)

La Tara blanca
Cada escuela tibetana se vincula a una forma y color diferentes de Tara (p. 74). El mantra (p. 129) de Tara, om tare tuttare ture svaha, *es muy usado por los tibetanos que buscan protección.*

Amitabha

La Tierra Pura

Mientras sufran los seres que siguen reapareciendo, me convertiré en su medicina, su doctor y su enfermera, hasta que estén curados. Para que todos esos seres alcancen su meta, renunciaré a mi cuerpo sin reservas, y a toda mi virtud del pasado, del presente y del futuro acumulada, para que se utilice con ese fin.

TARA ALCANZÓ LA ILUMINACIÓN, pero regresó para salvar a los que sufren en el mundo. Estos salvadores son conocidos con el nombre de *bodhisattvas*. El poeta y filósofo Shantideva (s. VIII d.C.) resumió sus votos (recuadro a la izquierda).

Como la naturaleza búdica se manifiesta en cualesquiera de las formas existentes, Tara puede aparecer como Diosa. En *Homages to the Twenty One Taras*, texto llevado de la India al Tíbet en el siglo XI d.C., cada una de las 21 formas de Tara como Diosa tiene un papel diferente, como evitar desastres, cumplir deseos, incrementar la sabiduría y sanar enfermos, en cada caso asociada a un color diferente. La escuela Geluk de budismo tibetano (*dge.lugs.pa*, el Camino Virtuoso), a la que pertenece el Dalai Lama, venera a la Tara verde.

Los budas y bodhisattvas atraen hacia sí la veneración que en otras religiones la gente otorga a Dios, porque los dioses y las diosas están entre las formas en que la naturaleza búdica se presenta. Como Dios o Diosa, brindan auxilio y liberación al mundo. Entre los más ampliamente venerados está Amitabha (Luz Infinita), conocido en China como A-mi-t'o, del sánscrito Amita, y en Japón como Amida. También se le conoce como Amitayus (Vida Infinita). Amitabha ofrece, a quienes acuden a él con fe, la recompensa de resurgir en la Tierra Pura de Sukhavati, la tierra búdica o Paraíso situado en el Oeste.

Cuenta la leyenda que hace tiempo un rey oyó predicar al Buda: renunció a su trono y se hizo monje, adoptando el nombre de Dharmakara (Hozo, en Japón). Instruido por el Buda Lokeshvararaja, resolvió 48 votos para fundar una tierra búdica. Consideró muchas tierras, observando sus virtudes, con el fin de crear una que contuviera todas las perfecciones. La Tierra que finalmente creó fue Sukhavati, de la que fue gobernante. Por mucho tiempo, se consagró a realizar buenas acciones al servicio de los demás, por lo cual se convirtió en el Buda Amida.

Ahora está sobre una flor de loto, emitiendo rayos de luz dorada, rodeado por un aura más grande que mil millones de mundos. Lo atienden los bodhisattvas Avalokiteshvara y Mahasthamaprapta, y lleva las 84 mil marcas propicias, como la materialización de las virtudes que a ellas les corresponden. Amitabha prometió aparecer ante los moribundos que anhelaran la iluminación y que lo invocaran en el último momento, para conducirlos al Paraíso del Oeste. El camino de la fe se conoce como *nembutsu* (*nien-fo*, en chino), "la vigilancia del Buda", que se vertió en las palabras *Namu Amida Butsu* (en chino:

Nan-mo A-mi-tuo fo), "me refugio en el Buda Amida". Según el maestro japonés Shinran (1173-1261 d.C.), los esfuerzos para alcanzar la Tierra Pura son un obstáculo para llegar a ella: sólo se requiere fe (*shinjin*) en que Amitabha brindará su ayuda —aunque esta fe no sea continua como obra meritoria; todo lo que se necesita es confiar en la gracia y la bondad de Amida (cfr. Lutero, sobre la fe pura, p. 291).

Shinran se convirtió en un monje budista tendai a los nueve años, pero cuando su maestro Honen fue exiliado en 1207 d.C., Shinran dejó la vida monástica. Se casó, tuvo hijos, y estableció una comunidad de seguidores que se convirtió en Jodo Shinsu, la Escuela de la Verdadera Tierra Pura. Estaba convencido de que los budas y bodhisattvas cumplen sus compromisos y promesas de ayudar a los necesitados, de modo que todos los "caminos de esfuerzo" son innecesarios. Lo más que nos muestra el esfuerzo es que no nos lleva a ningún lado, porque todo el mundo falla. Ni siquiera repetir el nombre de Amida (*nembutsu*) es necesario: una súplica sincera traerá la ayuda de Amida: "Si surge en nosotros, una vez al menos, un pensamiento de gozo y amor por la promesa de Amida, iremos con nuestros pecados y deseos hacia el Nirvana".

Por lo tanto, la fe para Shinran no es un acto de la voluntad, una decisión consciente de que confiaremos en Amida. La fe es la aceptación de que estamos en los brazos salvadores de Amida, y que lo único por hacer es permanecer en ese amor. En una carta describió la diferencia entre el esfuerzo y la fe: "[Tener la esperanza de] ser llevado a la Tierra Pura [por Amida] es para quienes aspiran nacer en la Tierra Pura a través de las prácticas religiosas, éstas se fundan en el esfuerzo personal. La muerte [vista como el momento decisivo] es para los que también aspiran nacer a través de las prácticas religiosas. Aún no han alcanzado la verdadera fe... Los creyentes, como ya han sido abrazados [por Amida] y nunca serán abandonados, *ya* viven en la etapa en donde está asegurada [la iluminación]. Por eso no tienen necesidad de volver los ojos a la muerte, ni de depender de ser conducidos hacia la Tierra Pura. Cuando la fe surge en ellos, nacen en la Tierra Pura. No tienen que mirar hacia la [ceremonia] del lecho de muerte para ser llevados a la Tierra Pura" (Dobbind, p. 282s.).

La Tara verde
Pintura en tela que representa a la Tara verde. "El color verde se obtiene de la mezcla del blanco, el amarillo y el azul; Tara une así la pacificación, el crecimiento y la destrucción." (*Buddhaguhya*)

Primeras filosofías

Samkhya-yoga

LOS BUDISTAS Y LOS JAINITAS conciben un universo donde no hay lugar para Dios como creador, aunque esto no significa que los dioses no sean importantes, y menos aún impotentes. Por esto, los hindúes consideran al budismo y al jainismo como interpretaciones (*darshana*) erróneas de la verdad, pero interpretaciones en cuanto a éste y otros puntos. Así, ellos pueden ser considerados como *nastika darshana* en lugar de *astika*.

Aun así, entre las seis *astika darshanas* hay tres interpretaciones en que, si bien aceptan la autoridad de los Vedas, Dios es poco importante para el sistema. Vaisheshika, fundado por Kanada (*c.* s. II a.C.), es un análisis de las seis formas en que las apariencias adquieren percepción consciente —añadiendo después la condición de lo que ha dejado de existir. Nyaya, parecido a Vaisheshika, desarrolló la lógica necesaria para hacer conclusiones válidas acerca de las categorías; Udayana (1025-1100 d.C.) utilizó esa lógica para proponer nueve argumentos sobre la existencia de Dios, dos de ellos (*karyat* y *ayojanat*) se parecen al primero y al segundo de santo Tomás de Aquino (p. 267) y otro (*adrishtat*) es un argumento moral que establece que no se puede derivar ningún valor de la materia inerte.

Samkhya (fundado al parecer por Kapila, *c.* s. VI a.C.) intentó explicar la aparición del universo, partiendo de una observación de la diferencia entre la percepción consciente (*purusha*) y la materia (*prakriti*). Purusha es el yo consciente e inteligente o esencia; Prakriti es la potencialidad eterna e inconsciente de todo ser o apariencia. Por sí sola, Prakriti permanece en un equilibrio perfecto, compuesto por tres estadios (*gunas*): *vattya* (principio de la conciencia latente), *rajas* (principio de la actividad) y *tamas* (principio de la pasividad). El desarrollo de Prakriti desde su estado de equilibrio ocurre cuando Purusha se presenta, creando la dualidad de sujeto y objeto. La unión de ambos es comparable al hombre cojo con vista perfecta llevado a cuestas por un hombre ciego con piernas sanas. La "ceguera" de Prakriti significa que no es consciente del proceso de evolución, aunque produce todas las apariencias: su variedad es consecuencia de las proporciones de las *gunas*: por ejemplo, si *vattya* predomina, se produce la mente (*manas*), pero esto no es el yo. El verdadero yo es Purusha, aún asociado con Prakriti, pero fijo, inamovible, imperturbable.

Meditación
En la India, la meditación suele acompañarse de un cuidadoso ritual y, a menudo, de un culto. Esto también ocurre en sistemas que no se centran en Dios.

Por la conciencia de Purusha, el ser humano es capaz de tomar conciencia de Prakriti. Si Purusha olvida su verdadera naturaleza y considera al cuerpo o la mente como el verdadero yo, entonces permanece atado a las cosas materiales. La salvación o la liberación consiste en reconocer lo que ya es: que el verdadero yo (Purusha) en nosotros siempre fue independiente y libre y sigue siéndolo.

La libertad se alcanza, con el conocimiento diferencial (*samkhya*), teórico y práctico; a ello se debió que el yoga se uniera a samkhya, dando origen al Samkhya-yoga de Patanjali. En esta filosofía dinámica no hay necesidad de Dios, todo está ligado en cadenas de causa/efecto para las cuales existen explicaciones observables y naturales, pues todo surge del desequilibrio entre Purusha y Prakriti. De lo cual se infiere que todo efecto está presente en la causa precedente, de otro modo esas causas no originarían efectos predecibles sino completamente fortuitos.

En este esquema, Dios no es necesario. Pero sí es esencial explicar las experiencias humanas con Dios y la Diosa, dada su índole distinta. Así Samkhya desarrolló diferentes maneras de aclarar cómo adquieren existencia Dios y la Diosa: una explicación fue que son un producto más de Prakriti (solución cercana a la del budismo); otra fue identificar a Dios con Purusha, la eterna fuente, el Creador no creado de todo lo que es a través del creador secundario de causas, Prakriti. Lo que Samkhya no aceptó fue que Dios estuviera de alguna manera fuera del sistema, fuera de Purusha o Prakriti, como Señor independiente e incluso, productor de ellos.

Yoga
El yoga (de yuj, *uncir o juntar) exige una entrega completa, aunado a actos de ascetismo y concentración, para abandonar el mundo y unirse a Dios o el objeto de devoción.*

Samkhya fue cauto en cuanto a Dios y la Diosa, incluso en las primeras etapas de la religión india. Como en todas las escuelas o sistemas de la India, se centra en la liberación de la prisión en que permanecen las personas. Esa libertad no se logra con la intervención de Dios: se alcanza con el entendimiento correcto y la introspección —porque la prisión de la que debemos liberarnos es la de la ignorancia.

Sin embargo, el hecho de que Samkhya, como el budismo y el jainismo, diera un sitio a Dios y a la Diosa, muestra cuán persistente es la experiencia sacra. Es de tal índole que no tiene que competir con explicaciones naturalistas de las apariencias, sean éstas de la ciencia moderna o de estas antiguas filosofías, sino que puede permanecer paralela a ellas de modo coherente y reforzándose mutuamente. El reforzamiento de Dios llegó a presentarse con mucho vigor en obras como Itihasa ("así ciertamente fue"), que reúnen las narraciones y prácticas que han sostenido la fe en Dios de incontables indios.

Entre estas obras se encuentran los Puranas (p. 82s.) y las grandes narraciones épicas, el *Mahabarata* (p. 92s.) y el *Ramayana*, la historia de las aventuras de Rama, el príncipe y héroe favorito de la India.

Destierro en el bosque
El libro tres del Ramayana *trata sobre el destierro de Rama. El bosque es descrito como un lugar para meditar y esforzarse. "Quienes practican tapas y la fe en el bosque, los apacibles que viven como mendicantes, parten libres de pecado por la puerta del sol hacia donde reside la persona inmortal, imperecedera." (Mundaka Upanishads 1.2.11)*

Rama y el *Ramayana*

La derrota del mal

DICE LA LEYENDA QUE HACE TIEMPO un hombre que había sido ladrón cambió cuando se le enseñó a meditar —de manera muy profunda, ya que permaneció sentado, sin conciencia del mundo, por tanto tiempo que las hormigas construyeron nidos encima de él. Desde entonces se le dio el nombre de Valmiki, "nacido de un hormiguero".

Se dice que Valmiki es el autor del *Ramayana*. Fue inspirado para escribir esta gesta en siete libros (kandas) de 24 mil versos, al presenciar el momento en que un cazador mató a uno de dos pájaros, y vio cómo el sobreviviente, desconsolado, volaba en círculos; Valmiki lamentó:

Cazador, tu alma rondando durante años
no hallará nunca paz ni descanso

porque ningún pensamiento de amor o
misericordia hizo detener tu mano.

Nunca se había expresado así, y esta métrica, milagrosamente otorgada, fue la forma en que creó el *Ramayana*.

Aunque el *Ramayana* se le atribuye a Valmiki, se elaboró en un proceso de siglos, alcanzando la forma que conocemos en c. IV-II a.C. El libro relata las aventuras y desventuras de Rama, quien gracias a la ayuda del dios Vishnú, nació en Ayodhya, junto con tres hermanos, como hijo de Dashartha, rey de Kosala.

El *Ramayana* es un texto épico donde los caracteres (en especial Rama, Lakshmana y Sita) ejemplifican el dharma (la manera correcta de vivir y conducirse), en los buenos y los malos tiempos. Es una historia clásica de la victoria del bien sobre el mal.

El *Ramayana* ilustra cómo Rama generó en sí, el poder de ir por el sendero del dharma en cualquier circunstancia, con la disciplina y el ascetismo que produce el *tapas* ("calor"). *Tapas* en los Vedas es el poder que usan los dioses (no creado por ellos) para transferir el orden creado a la existencia (*RV* 10.129.3). Puede ser invocado con fuego sacrificial, como lo evidencian los sacerdotes empapados en sudor. Luego se convirtió en el poder generado a través del ascetismo, la castidad y el yoga, con el cual se concentra gran cantidad de energía en el cuerpo, que conduce a la liberación (*moksha*).

Por todo esto, el *Ramayana* es un libro muy apreciado. Sus narraciones han influido mucho en la vida de la India: cada año se cantan y representan festivales conocidos como Rama Lilas en todo país. Se dice que "quienquiera que lea y recite el santo *Ramayana*, que infunde vida, es liberado de sus faltas y alcanza el cielo". Lo mismo ocurre cuando se pronuncia el nombre de Rama al oído de una persona moribunda, como en el caso de Gandhi. Tanto se venera al *Ramayana*, que se han hecho versiones nuevas donde se tratan sus temas.

De éstas, *Adhyatma Ramayana* (de autor y fecha desconocidos) desarrolló el concepto de que Rama es más que un gran héroe, y que tanto él como su amada Sita son avatares, "encarnaciones" (*avatara*, "descenso", p. 91) de Vishnú. En esencia son los dos aspectos de Brahman (p. 86s.). Rama es el origen impersonal de todas las apariencias: Sita es la manera en que Brahman se manifiesta. El malvado Ravana venera en ellos a Dios, aun cuando sea enemigo de Él: tener presente a Dios puede conducir al odio (o muerte) de Dios, pero aun así Él es quien está en la mente.

En *Adhyatma Ramayana*, los sucesos son alegorías de lo que ocurre en la búsqueda de Dios (como en el anhelo de Dios cuando parece ausente o lejano, que luego sería tan importante en la devoción a Dios, p. 96). Los caracteres principales ejemplifican cómo Dios/Vishnú se manifiesta, no sólo en los avatares, sino también en dioses y diosas. Esto vale, en particular, para Hanuman, importante en evoluciones posteriores del *Ramayana*.

La boda de Sita
Rama y Sita son modelos de devoción —entre cónyuges, y entre los hombres y Dios.

Los Siete Libros del *Ramayana*

Las aventuras de Rama se relatan en los siete libros del Ramayana:

- **BALAKANDA:** Trata sobre la niñez de los cuatro príncipes y cuenta cómo Rama y su hermano Lakshmana vencen a los demonios, y cómo Rama, al tensar un arco que otros candidatos ni siquiera podían levantar, recibe a Sita como consorte.
- **AYODHYAKANDA:** Éste describe cómo Rama es suplantado como sucesor de Dashartha y es desterrado con Lakshmana.
- **ARANYAKANDA:** Trata sobre el destierro en el bosque y cuenta cómo la hermana de Ravana, el rey demonio de Lanka, desea a Rama. Cuando éste la desdeña, ella ve en Sita un obstáculo y hace que Ravana la rapte —para agonía de Rama, quien en vano busca a su amada.
- **KISHINDHAKANDA:** Éste relata cómo Rama ayuda a Sugriva, el rey de los monos (los habitantes naturales del bosque), quien, agradecido, envía a Hanuman a buscar a Sita.
- **SUNDARAKANDA:** En éste se describe cómo Hanuman encuentra a Sita y burla a Ravana.
- **YUDDHAKANDA:** Describe la batalla entre Rama y Ravana. Sita demuestra que no tuvo contacto con Ravana arrojándose a la ordalía del fuego, de la que sale ilesa. Agni (p. 63) la reivindica, tras lo cual Rama es coronado rey.
- **UTTARAKANDA:** Reúne muchas anécdotas más, que culminan con la muerte de Sita, el abandono de Rama de su cuerpo y su reunión en el cielo.

El dios Mono

Placa en bronce de Hanuman, s. XVIII. *Para sus devotos es el modelo de siervo en relación con un amo, y encarna la fuerza y la lealtad.*

Hanuman

El dios Mono

De todas las manifestaciones de Dios en forma animal, Hanuman, el mono, es de los más venerados, sobre todo, en el norte de la India. Hanuman es Mahavira, el gran héroe de la devoción hindú, el hijo de Vayu, el viento, y amigo y siervo de Rama.

Se conoce mejor por el *Ramayana* (p. 78s.), donde acude en ayuda de Rama al rescatar a Sita de las manos de Ravana, el malvado rey de Lanka. Hanuman entra en el reino saltando por el océano, pero una vez ahí es capturado y llevado delante de Ravana, quien está sentado en un trono alto y fastuoso, pero esto no le importa a Hanuman. Hace de su larga cola una espiral y se eleva por encima de Ravana. Furioso, éste ordena que su trono sea elevado con bloques, pero Hanumam añade espirales a su cola y se alza siempre por encima del orgullo humano —vívida ilustración de la frase *Deus semper maior*, "Dios siempre es más grande".

Cada vez más furioso, Ravana ordena que se le queme la insolente cola a Hanuman. Pero éste corre más rápido que su padre el viento, y el fuego no puede alcanzarlo. Al correr Hanuman, el fuego destruye todos los palacios, posesiones y cosechas de Ravana.

Durante la batalla con Ravana, Lakshmana, hermano de Rama es herido mortalmente, así que Hanuman es enviado a buscar una yerba que crece en una de las montañas de los Himalayas. Hanuman sale volando pero, al llegar a la montaña, ha olvidado de qué yerba se trata, así que arranca la montaña entera y la lleva a Lanka. Tras la derrota de Ravana, Hanuman vuelve con Rama a Ayodhya, donde es recompensado con la eterna juventud —o, si no eterna, cuando menos de un millón de años.

En un sentido, es la aventura común del héroe que puede traer cosas buenas a los seres humanos sólo si emprende un viaje que lo separa del mundo familiar y conocido, si se enfrenta a fuerzas malévolas y las derrota y si retorna asistido por las fuerzas del bien. Es como la historia que se cuenta de Jesús y sus pruebas en el desierto, al inicio de su ministerio (p. 238). Estas narraciones van más allá y apuntan al Único que es pionero del paso por la vida de todos los hombres y que, siendo su auxiliar, es digno de veneración y alabanza.

Es el caso de Tulsi Das (*c.* 1532-1632 d.C.; el nombre significa "servidor de los *tulsi*", planta sagrada para Vishnú). Escribió en hindi, no en sánscrito, la lengua sagrada, *Ramcaritmanas*, "El lago sagrado de los hechos de Rama". Es el

¿Cómo imaginan los indios a Hanuman, a quien le manifiestan tanto cariño?:

"Un mono pequeño hincado con las manos unidas, junto a Rama y su hermano, Lakshmana, y su consorte Sita, a veces con el pecho desgarrado mostrando la imagen de Rama en su corazón, otras volando con un pico de los Himalayas en la mano, con el cabello largo, con cinco cabezas, con la mano en el gesto de alejar el miedo (abhaya) *y de otorgar los deseos* (mudra), *o con un garrote, un arco y el trueno... devoto y regalando devoción, compasivo pero fiero, protector y liberador de obstáculos, dador de prosperidad y destructor del mal... todo esto es Hanuman".*

(Ludvik, p. 1)

Ramayana en un lenguaje accesible a las personas comunes, y se ha convertido, para muchos, en su acceso más querido y preciado a Dios. Se dice que es "la Biblia del norte de la India" (Macfie, p. vii). Introduce a diversos narradores, entre ellos a Shiva, devoto de Rama, en un intento por unificar tradiciones divergentes sobre Dios. Enfatiza en el dharma (pp. 68, 78), pero hace hincapié en que éste es posible si Rama está presente en el interior de los que le son devotos.

Tulsi Das era devoto de Hanuman, y acudía a él cuando lo necesitaba. En una ocasión, el gobernante de Delhi exigió que Tulsi Das demostrara la verdad de su fe realizando un milagro, y cuando éste se negó fue mandado a prisión. Cuando Tulsi Das invocó a Hanuman, un gran ejército de monos empezó a destruir Delhi, y su gobernante pidió perdón y lo liberó. Su loa a Hanuman (recuadro a la derecha) se encuentra entre su colección de poemas, *Vinaya-patrika* ("La carta de humilde petición" dirigida a Rama).

Hanuman es venerado por muchos, pero existen más formas en las que Dios y la Diosa se manifiestan. La historia de muchas de ellas se cuenta en los Puranas.

Salve, mina de fortuna,
disipador de las cargas terrenas,
manifestación de Purari,
disfrazado de mono.

¡Destructor de los demonios,
como si fueran polillas, con la
furia de Rama en forma de
guirnaldas de fuego!...

Salve, Hijo del Viento, de
famosas victorias, vastos ejércitos,
gran fuerza y larga cola...

Salve, rostro de alborada, ojos
encendidos y un mechón de
erizados cabellos grises.

Con cejas arqueadas, dientes y
garras de diamante, como un
león para los enemigos
enfurecidos como elefantes...

Mitigador de calamidades
agrícolas, del terror, de
planetas negativos,
espíritus, ladrones, fuego,
enfermedad, epidemias y
aflicciones...

Ningún otro puede recibir
este elogio: hace imposible
lo posible y lo posible,
imposible.

Recordando su imagen,
morada de deleite, una
persona se libra del dolor
y la aflicción.

(Allchin, pp. 100, 102)

Humilde servidor
Hanuman venerando a Rama, ante la mirada de Sita y Lakshmana. El cumpleaños de Hanuman (Hanuman Jayanti) se celebra en el sur de la India y en Delhi.

Escena puránica
El Bhagavata Purana *cuenta la historia de cómo el dios Vishnú, encarnado en Varaha el Jabalí, venció al demonio Hiranyaksha.*

Los Puranas

Crónicas de tiempos antiguos

Los Puranas son obras en que se da mayor expresión a las maneras de entender a Dios. Se les llamó *purana* ("antiguo") porque se creía que eran muy arcaicas, pero también porque reúnen crónicas de tiempos remotos: mitos, rituales, prácticas, cosmologías y genealogías de dioses y reyes. Empezaron a ser compiladas en los tiempos de Guptas (c. 320-500 d.C.), pero hasta el siglo XVI se siguieron haciendo adiciones, modificaciones y algunas composiciones más.

Por tradición un Purana debe tratar cinco temas:

- Traer un universo al mundo de las apariencias (su creación).
- La destrucción y subsecuente recreación del universo.
- Genealogías.
- El reino de los 14 manus, los primeros antepasados del ser humano, cada uno de los cuales rige durante un eón (*manvantara*).
- Las dinastías y la historia de todos los gobernantes solares y lunares, de los cuales descienden todos los reyes.

La mayoría de los Puranas tratan sobre un conjunto de dioses y diosas mucho mayor que aquellos con los que se los asocia, también pueden omitir algunos de sus temas principales. Además, incluyen mucha información sobre dioses y diosas, y los rituales con los cuales se puede acceder a ellos. Esto dio autoridad a los Puranas en lo concerniente a cómo se desarrolló la religión brahmánica: a diferencia de los grandes sacrificios públicos, los Puranas promovían los rituales caseros y esto posibilitó el acceso a Dios y la Diosa a la gente ordinaria. Los brahmanes que promovieron esta manera de vivir, centrada en Dios, se conocían como Smartas (por ser seguidores de Smriti, o

Los Grandes Puranas y los Menores

Textos sagrados sobre el culto entre los indios

Los Puranas son enormes. Tradicionalmente se dividen en 18 grandes Puranas (Mahapuranas) y 18 menores (Upapuranas), aunque esto puede variar.

Luego, los Mahapuranas se dividen en grupos de seis, cada uno asociado a uno de los tres constituyentes fundamentales de la existencia, tal como se ven, por ejemplo, en Samkhya: *sattva*, *rajas* y *tamas* (p. 76). Cada uno de los tres se vinculaba entonces a la forma de Dios sobre la que versan esos seis Puranas:

- *Rajas*/Brahma: Bhavishya; Brahma; Brahmanda; Brahmavaivarta; Markandeya; Vamana.
- *Sattva*/Vishnú: Bhagavata; Garuda; Naradiya; Padma, Varaha; Vishnú.
- *Tamas*/Shiva: Agni; Kurma; Linga; Matsya; Shiva; Skanda.

Vishnú

escrituras de apoyo; cfr. Shruti, p. 60) o Pauranikas (expositores de los Puranas). Las formas de culto eran diversas pero al menos teóricamente fueron reunidas, según su reconocimiento y veneración, en cinco manifestaciones de Dios: Vishnú, Shiva, Ganesha (hijo de Shiva), Surya (el sol) y Mahadevi (la gran Diosa).

El marco teórico del culto de las Cinco Deidades (*pancayatana puja*) es definitivo en sus argumentos (a menudo, expresados con narraciones) contra las críticas de Dios (pp. 68-77). El *Vishnú Purana*, por ejemplo, rechaza a los que llama Nagnas y Pasandas, donde incluye a budistas y jainitas, y a cualquier otro que rechace el aproximarse a Dios a través del ritual. En cambio, los Puranas honran las formas de venerar a Dios. Desempeñaron un papel importante al unir diversos cultos alrededor de una particular manifestación de Dios, ya sea de Shiva y sus consortes, o de Vishnú y sus avatares (encarnaciones), de los cuales Krishna es el más importante (pp. 92ss.).

Como los ríos surgen de diferentes manantiales, y se vuelven uno con el océano, así todos los Vedas, todas las escrituras sagradas, toda la verdad, aunque diferentes por la forma en que nacieron, todos regresan al hogar con Dios.

(*Bhagavata Purana* 8.1)

En cualquier Purana existen intentos por clasificar a dioses y diosas según su centro de devoción. Por ejemplo, el *Vishnú Purana* 5.34.29 relata cómo Krishna derrotó a Shiva. Pero lo más importante es que, pese a las críticas a Dios, Él no está muerto. Quizá haya muchas formas de venerarlo, pero todas muestran cómo el Único que es Dios (identificado cada vez más como Narayana, pp. 90, 104) desea ser conocido (recuadro a la derecha).

Los Puranas reflejan cómo empezaron a fundirse los cultos de muchos dioses y diosas, hasta desarrollar dos importantes movimientos en la India: los vaishnavitas, devotos de Vishnú y sus avatares, y los shaivitas, devotos de Shiva. Ambos se dividieron en muchos otros movimientos, pero ni en su seno, ni entre unos y otros, existía rivalidad.

A esto coadyuvó la convicción de vaishnavitas y shaivitas de que Narayana (en principio asociado más a Vishnú) es el Único que es Dios, del que procede la creación y las manifestaciones de Dios y de la Diosa. A través de los dioses y diosas como agentes de Narayana existe el proceso total del universo. No son, como podría indicar una lectura apresurada de los Vedas, *personificaciones* de la naturaleza, pues esto les daría una identidad separada y venerable por sí misma —un verdadero politeísmo. Sin duda hubo indios (quizá aún los haya) que los consideraron así. Pero incluso en los mismos Vedas (en la época de los registros más antiguos) se intentó expresar una visión muy diferente: que los dioses y las diosas son manifestaciones de la Única fuente y origen de toda la realidad. La búsqueda del Único se convirtió en lo más importante en los Upanishads.

Ataque a los sacrificios
Los Nagnas dicen: "Toda orden que pida hacer daño a los animales está errada; afirmar que arrojar mantequilla al fuego sagrado produce un beneficio es hablar como niño. Si Indra, supuestamente un dios, se sustenta de la madera usada para alimentar el fuego sagrado, entonces es inferior a los animales que, al menos, se alimentan de las hojas".
(*Vishnú Purana* 3.18.25)

Los Upanishads

Textos sagrados en busca del Único

Los Upanishads son textos sagrados (en conjunto, alrededor de 200: la cantidad depende de la clasificación) que proceden de un largo periodo (*c.* 600 a.C. hasta la Edad Media), y los textos más recientes son agregados y comentarios de los anteriores. El *Muktita Upanishad* da una lista de 108, pero muchos datan de épocas muy posteriores al fin del periodo védico. Se calcula que los Upanishads íntimamente ligados a los Vedas y que forman el Vedanta (fin o culminación de los Vedas) son entre 13 y 18.

Los Upanishads continúan la búsqueda del significado secreto de los himnos y rituales dirigidos a los dioses (en los Vedas, propiamente, las diosas no son comunes) y, sobre todo, apoyan la convicción de que tras las múltiples manifestaciones de Dios está, en última instancia, el Único que es origen de todas las apariencias, incluso de los dioses mismos (recuadro a la izquierda).

La religión védica utilizaba los rituales y los sacrificios como medio para que los hombres invocaran el poder y la buena voluntad de los dioses al mundo. Los Upanishads buscan la realidad universal Única que da existencia a todo lo que es, incluso a cada uno de los dioses.

Pero ¿quién o qué es el Único? Yajnavalkya (izquierda) respondió: "Brahman", pero ¿quién es Brahman? En usos antiguos (recuadro a la izquierda.), *brahman* es el poder ritual, y la palabra se refiere también, a los que están a cargo de él: los brahmanes/brahmines. Pero para la época de los Brahmanas (p. 60s.) y los Upanishads, el interés cambia por completo: la búsqueda no es ya de poder sino de la percepción interna y el conocimiento que hacen a la gente libre.

La plegaria habitual de los Upanishads, en boca del sacerdote que oficia el sacrificio, ilustra cuál es la verdadera índole de éstos:

De lo irreal condúceme a lo real;
de la oscuridad condúceme a la luz; de la muerte
condúceme a la inmortalidad.

(*Brihadaranyaka Upanishad* 1.3.28)

En realidad, el ritual puede constituir un serio impedimento porque conduce a las personas *al mundo* e intentar controlar ese mundo, y no *hacia sí mismas*, para descubrir quiénes son y qué pueden llegar a ser sobre la base de ese conocimiento. En *Shatapata Brahmana*, y luego en los Upanishads, la palabra

Uno de los maestros más reconocidos de los Upanishads es Yajnavalkya. Un día se le preguntó: "¿Cuántos dioses hay?". Contestó que 3,306 (número que se invoca en un himno a todos los dioses). "Sí —dijo el que preguntó—, pero ¿cuántos hay realmente?".

Él contestó: Treinta y tres
[cfr. p. 63].
Sí, pero ¿cuántos hay?
Seis.
Sí, pero ¿cuántos hay?
Tres.
Sí, pero ¿cuántos hay?
Dos.
Sí, pero ¿cuántos hay?
Uno y medio.
Sí, pero ¿cuántos hay?
Uno...
¿Cuál es el Único?
El Hálito. Él es Brahman.
*Lo llaman Eso [*tat*].*

(*Brihadaranyaka Upanishad.* 3.9.1, 9)

Ésta es, en esencia, la manera en que los Upanishads cambiaron la historia india de Dios.

Brahman tomó un significado diferente, el de origen del poder y por lo tanto del Único Supremo impersonal; el Único que es, el que crea, sustenta y rige el universo. Según el *Brahmasuttra* 8.3, *aksharam brahma paramam*, "Brahman es el Supremo que no cambia [ni perece]".

Brahman es el Señor Supremo (Parameshvara; *para*, "supremo", e *ishvara*, "Señor") de todas las cosas, incluidos los dioses. Brahman hace que todas las cosas existan con el poder conocido como *maya*, que significa que todas las cosas revelan lo que es Brahman. Las personas no ven a Brahman directamente porque imponen sus propias interpretaciones a lo que ven. En este sentido, *maya* es también un velo que impide la realización de Brahman como la única verdad, la realidad de todo lo que es: una persona puede ver una soga en el camino y tener la creencia de que es una serpiente. El camino de la salvación y la liberación es aprender a ver lo que en realidad ocurre (el camino del conocimiento, *jnana*) y también a vivir, de tal forma, que uno vea la verdad en sí mismo (el camino del yoga).

Así, al final, se reconoce que uno siempre ha sido todo lo que Brahman es, porque no hay (ni nunca ha habido) más que eso —o Eso (*tat*; recuadro a la izquierda). Esta realización se resume en los Mahavakyas (grandes máximas de los Upanishads): "Tú eres Eso (*tat-tvam-asi*). Yo soy Brahman. Todo esto es Brahman. Este Yo es Brahman. La Conciencia Pura es Brahman".

Brahman no tiene atributos (*nirguna*) y no puede ser descrito, sólo alcanzado. De Brahman solamente se puede decir lo que no es, *neti*, *neti* ("no esto, ni esto"). Si Brahman es el Creador no creado de todo lo que es, incluyendo diosas y dioses, de inmediato surge la pregunta: ¿cuál es la relación entre Brahman y el Dios y la Diosa? A esta pregunta dirigieron su atención los grandes filósofos de la India.

Los brahmanes
Los brahmanes (o brahmines) eran los custodios de los rituales e intermediarios entre Dios y el mundo.

¿Qué es Brahman?

Originalmente se relaciona a Brahman con el poder.

La palabra *brahman* se deriva quizá de una raíz que significa "hacerse grande", "aumentar", "fortalecer". Al principio se refería a la acción casi mágica de los sacrificios y los rituales de incrementar el poder de los que los ofrecían. En el uso más antiguo, en los Vedas, y sobre todo en Atharva Veda, el significado de Brahman es la fuerza misteriosa que está detrás de una fórmula mágica. Es también la expresión sagrada (*mantra*, p. 129) gracias a la cual los rituales son eficaces, y los seres celestiales (*devas*) engrandecen. Más tarde llegó a significar el Origen de todo lo que es.

Ishvara
La forma tricéfala de Dios, Ishvara, en uno de los templos de Shankara, refleja la acción de Trimurti (p. 90) de Dios en el universo. Pero Dios es Dios sólo para los ignorantes: conocer a Brahman es saber que Dios es sólo una forma de las apariencias.

Filósofos

Shankara

En *Chandogya Upanishad*, Uddalaka enseña a su hijo, Shvetaketu, que cualquier manifestación es una expresión de Brahman: "En el principio, hijo mío, éste era sólo Ser (*sat*), uno solo. Es verdad que algunas personas dicen: 'En el principio, éste era sólo no-ser (*asat*), uno solo, sin otro más [esencia sin existencia contingente; cfr. p. 268s.]: de ese no-ser se produjo el ser'. Pero, en verdad, hijo, ¿cómo puede ser esto? ¿Cómo puede producirse ser a partir del no ser? Por el contrario, éste en el principio era Ser puro, uno solo, sin otro más. Y pensó: '¡Ojalá que yo fuera muchos! Voy a propagarme'. Y difundió el fuego, y el fuego pensó: '¡Ojalá que yo fuera muchos! Voy a propagarme'" (6.2.1-3; la secuencia se extiende hasta la creación de todas las cosas).

De ahí que las apariencias no sean diferentes a Brahman: del fuego se desprenden chispas que parecen individuales, pero todas son expresiones del fuego. Esto significa que la esencia de una persona (el yo interno o alma, conocido como Atman) no es diferente a Brahman. Atman *es* Brahman. Pensar otra cosa es caer en el error, tal como lo expresa Gaudapada (s. XVIII d.C.) en su comentario a *Mundaka Upanishad* (recuadro a la derecha).

Según la tradición, Gaudapada fue maestro del gran filósofo Shankara (788-822 d.C.), quien desarrolló esta forma no dualista de entender a Brahman y las apariencias, en la que no existe división entre ambos excepto la que se superpone con las falsas percepciones. Esta filosofía se conoce como Advaita (*a-dvaita*, no dualismo). Para Shankara, Brahman es el Ser Absoluto, sin atributos ni cualidades (nirguna Brahman), en el que no hay sujeto y objeto, y del que no se puede decir nada. Cuando Brahman se propaga como apariencia manifiesta, se pueden decir algunas cosas de él desde una perspectiva limitada. Si Brahman es percibido en

Sat-Cit-Ananda

Ser Absoluto, Conciencia Pura, Bienaventuranza Completa.

Sat-cit-ananda caracteriza la esencia de Brahman tal como es conocido (parcialmente) en la experiencia humana. *Sat*, "ser" o "verdad", se refiere a la naturaleza inalterable de Brahman como existencia pura, no caracterizada, que precede a toda existencia y experiencia, de modo que (según Smakhya, p. 77) el efecto debe ir necesariamente dentro de la causa precedente. *Cit*, "conciencia", se refiere a la naturaleza consciente de la experiencia de Brahman. Éste es la forma última de conocer que hace posible cualquier otra experiencia derivada. *Ananda*, "bienaventuranza", se refiere al valor sublime de la experiencia de Brahman.

forma provisional e incompleta, se dice que es saguna Brahman (Brahman con características): se puede decir, por ejemplo, que Brahman es Ser absoluto (*sat*), Conciencia pura (*cit*) y Bienaventuranza (*ananda*), esto es, *sat-cit-ananda*, o *sacchidananda* (recuadro a la izquierda).

Llegar al conocimiento y a la experiencia de Brahman es trascender la ignorancia y la percepción errónea, y ver las cosas tal como son —es decir, no diferentes a Brahman. Por consiguiente, la Advaita insiste en que el *jnana-yoga* (el camino del conocimiento, p. 92) es el camino supremo hacia la *moksha* (liberación de rencarnaciones sin fin), pero no un conocimiento intelectual abstracto. Es para realizar, por uno mismo, la unión referida antes (porque Atman es Brahman), pero que ahora se comprende como una verdad personal. El resultado de esa unión es un gozo extático que hace tomar conciencia de que uno no es más que Ser, cuya naturaleza es la bienaventuranza. Tal como la sal es absorbida al ponerla en agua y ya no es reconocible, del mismo modo Atman se diluye en Brahman (*Chandogya Upanishad* 4.13.1-3).

¿Dios es eliminado en esta descripción? Shankara pensaba que no. Su argumento era que, en estricto, no es de *Brahman* de quien se dice *sat-cit-ananda*, porque si Brahman, en verdad, está más allá del lenguaje y la descripción, decir algo de él es hablar de cosas inferiores. Shankara distinguió, por ello, entre para-Brahman (Brahman Supremo) y apara-Brahman (saguna Brahman: percibido de manera provisional y aproximada).

Una soga que no se distingue en la oscuridad se puede tomar como una serpiente o un hilo de agua. El Ser es incorrectamente percibido de la misma manera. Pero cuando la soga se ve como soga, las falsas percepciones desaparecen, y la conciencia se percata de la no dualidad al reconocer: "Se trata de una soga". Lo mismo ocurre con el discernimiento de lo que es el Ser.

(*Mandukyakarika* 2.17s.)

Muchas olas
Las apariencias no son distintas a Brahma: el océano alimenta muchas olas de diferentes tamaños, pero todas son idénticas al océano que les dio existencia y que las sustenta.

Shankara identificó luego a apara-Brahman con Ishvara (de *ish*, "tener poder"), la palabra india para Señor o Dios. Ishvara es Brahman cuando éste difunde su Ser entre las apariencias a través del poder de *maya* (p. 85), e Ishvara permite así a Brahman reflejarse (ser experimentado de manera directa pero no inmediata, p. 20) a través del velo de *maya*. Ishvara o Dios es el Señor de Maya, inmanente en el universo que gobierna desde adentro —y como gobernante interior recibe el nombre de Antaryamin. Pero Ishvara también es trascendente, porque como Brahman, por mucho que esté oblicuamente reflejado en nuestra percepción, Ishvara trasciende todas las cosas.

En relación con el mundo, Ishvara es el Único que crea, sustenta y luego destruye el universo (arriba a la izquierda). Como Ishvara es accesible y es nuestro único acceso a Brahman, Ishvara es el objeto de veneración, devoción y alabanzas, y el guía a una vida buena y moral. No sorprende, pues, que Shankara trabajara, hacia el fin de su vida, para restaurar templos y monasterios. Según la tradición, su último acto fue aproximarse a Dios: a los 32 años salió de Kedarnath, en los Himalayas, hacia Kailasa, la morada de Shiva (p. 106s.), y no se le vio más. Aun así, hubo quienes pensaron que la no dualidad del sistema de Shankara había reducido demasiado a Dios, así que dieron interpretaciones diferentes al Vedanta.

Culto portátil
Vishnú el que todo lo llena es venerado en todas partes. Pequeños relicarios que pueden llevarse con uno significan que está presente para ser venerado por doquier.

Filósofos

Ramanuja y Madhva

SHANKARA NO NEGÓ la importancia de la devoción a Dios: venía del sur de la India, donde florecía la *bhakti* (p. 95). Aun así, Ramanuja (s. XI-XII d.C.), también del sur de la India, estaba convencido de que Shankara había dado a Dios un status menor. Como filósofo, llevó a sus últimas consecuencias la lógica de los argumentos de Shankara acerca de Brahman.

Concordó en que Brahman es real, la única realidad que existe. Pero inferir de todo ello que Brahman es *sat-cit-ananda* no puede ser una conclusión sobre algo menor que Brahman, porque no hay "menor". Proponer el apara-Brahman (p. 87) es una forma torpe de decir que cualquier cosa que se diga de Brahman es aproximada, enmendable y falible (cfr. p. 16s). Para Ramanuja, se trata de afirmaciones aproximadas y corregibles sobre *Brahman* —no de algo inferior a Brahman.

Ramanuja también aceptó que Brahman es el Creador no creado de todo lo que es, en el que los efectos están contenidos siempre en las causas, y que no puede haber nada que no proceda de Brahman. Lo cual significa que la materia y los seres conscientes no pueden existir fuera de él. A lo inseparable de esta relación lo llamó *aprithak-siddhi* —la relación no es de total identidad. La conciencia se relaciona con el cuerpo y es inseparable de él, pero no son idénticos. Del mismo modo Brahman relaciona su cuerpo con los seres, y aunque es inseparable de ellos no son idénticos.

Una persona es un ser (Atman) con cuerpo, de igual modo, el cuerpo de Brahman es el mundo, inseparable pero no idéntico. Brahman no es una identidad sin caracterizar, sino más bien una unidad orgánica ficticia de identidad-en-la-diferencia, una identidad en que una parte predomina, controlando y sosteniendo a la otra. Así, cuando los Upanishads declaran: "No hay multiplicidad aquí", para Ramanuja no significa que la diversidad de las apariencias sea ilusoria (como en el Advaita, donde no hay dualidad), sino que la multiplicidad de objetos (esto es, la creación) es real pero no podría existir separada de Brahman.

Al argumentar que Brahman está presente en el universo como su cuerpo, Ramanuja limitó el no dualismo de Shankara, de modo que su sistema se conoce como Vishishtadvaita, dualismo limitado. Para Shankara, Ishvara (Brahman como Dios) es el creador, sustentador y destructor de todos los universos, y para Ramanuja, Brahman está presente en la forma de Dios (no de manera parcial y reflejada). Por lo tanto para Ramanuja el conocimiento y la veneración adquieren mayor importancia, porque son el conocimiento y la veneración de Brahman, no de apara-Brahman. No sólo el *jnana* (conocimiento) es un camino hacia la liberación (*moksha*), también lo es la devoción o *bhakti*, junto con la sumisión a Dios (llamada *prapatti* por sus seguidores), que conduce a lo que Ramanuja llamó *darshana-samanakara-jnana*, una percepción directa de la realidad de Dios.

Y aún más, según las experiencias con la *bhakti*, ésta no está arraigada en el esfuerzo de las personas por venerar a Dios, sino en el propósito de Dios de que la *bhakti* sea posible. Es por la gracia divina por lo que las personas ven y veneran a Dios. Esto significa que acercarse a Él no está reservado, como en el brahmanismo, a las tres castas superiores: es posible para todos los que reciban y acojan la gracia de Dios.

Madhva (1197-1276 d.C.), otro brahmán del sur de la India, comenzó por el extremo opuesto: la diversidad y la diferencia es lo más importante de todo lo que se observa en el universo. Brahman no puede ser idéntico al universo, ya que de ser así Brahman ascendería y caería, aumentaría y se reduciría con el ir y venir de éste o de cualquier universo. Para Madhva la verdad es que Brahman *es* Dios, y éste se identifica con Vishnú (pp. 91ss.). Dios es distinto a todo lo creado, de modo que el camino a la *moksha* (liberación) y el alcanzar a Dios debe comenzar con el desapego al mundo y el apego a Dios.

Devoción
Para Ramanuja y Madhva el culto es lo más importante. Aquí, los devotos esperan para entrar en el templo de Kali (p. 117) en Dakshineshwar.

La determinación para dar este paso fundamental surge más fácilmente del estudio de lo revelado por Dios, es decir, los Vedas. Después de comprender la naturaleza y la inmensidad de Dios, el siguiente paso es la devoción, lo que implica realizar todas las cosas (incluso el culto) sin preocuparse por las consecuencias, salvo que es para Dios. En vez de desear la *moksha*, se desea a Dios. Al comprender que Dios es del todo diferente es posible relacionarse con Él, relación que impregna cada momento y aspecto de la vida. En la etapa final, Dios aparta el velo de la percepción errónea, y el que lo venera queda frente a aquel que es Único.

Estos filósofos realizaron interpretaciones de los Upanishads (p. 84s.), pero como cada uno llegó a resultados diferentes (y en algunos casos incompatibles), los Upanishads no contienen un sistema filosófico coherente. Como ocurre con casi la totalidad de la religión en la India, su propósito es despertar y apoyar a los que buscan librarse del cautiverio de este mundo. El enemigo mayor es la ignorancia, así que lo más importante es conocer la verdad; es decir, conocer qué es verdaderamente real. Por lo tanto es muy importante vivir la verdad en la práctica de la vida, y ello comprende reconocer y venerar a Dios en una de las múltiples formas en que se manifiesta en la India. Dos formas principales son Shiva (venerado sobre todo por los shaivitas) y Vishnú (venerado sobre todo por los vaishnaivitas).

Vishnú

El sustentador de todas las cosas

Formas innumerables
Ornamento de oro que muestra algunas de las múltiples encarnaciones de Vishnú. "El Ser Divino es capaz de adquirir innumerables formas porque está más allá de la forma en su esencia, y al asumirlas no pierde su divinidad, sino más bien derrama sobre ellas el deleite de su ser y la gloria de su divinidad; el oro no deja de ser oro porque se le da la forma de toda clase de ornamentos."
(Aurobindo, p. 765)

TANTO RAMANUJA COMO MADHVA identificaron a Dios como Vishnú, cuyo nombre significa "El que llena todas las cosas". Vishnú es el que sustenta todo y mantiene la existencia; según la leyenda recorrió el universo entero en tres zancadas; cuando Vishnú duerme, el universo pasa a un estado informe, como un océano sin contornos; los restos de existencia que aún permanecen se integran dentro de una serpiente en espiral, Shesha, sobre la que descansa el Vishnú durmiente.

En ese estado Vishnú se conoce como Narayana (que se desplaza en las aguas) y es (según otro significado) la morada final de todos los seres humanos. Así Narayana, que parece haber sido en su origen un dios dravidiano (pp. 58, 59) y por ende casi insignificante en los Vedas, se integró al culto a Vishnú —mismo que se ha convertido en uno de los principales movimientos religiosos de la India, el de los vaishnaivitas.

Vishnú se ha integrado a otros movimientos religiosos al convertirse en una de las "tres formas" (Trimurti) de Dios: creación, sustento y destrucción. Los tres son: Brahma, que crea; Vishnú, que sustenta y Shiva, que destruye. Brahma es venerado, relativamente, en pocos templos, sobre todo en el norte de la India, pero Vishnú y Shiva son el fundamento de las formas más populares de devoción a Dios —tanto, que cada uno asume, por sí solo, las tres condiciones necesarias de la existencia: crear, sustentar y destruir. Vishnú es Ishvara, el Señor y

LAS CINCO FORMAS DE VISHNÚ

Aunque los atributos de Vishnú son múltiples, se manifiesta en cinco formas principales:

- ॐ **PARA:** (Supremo) y por tanto idéntico a para-Brahman (p. 87).
- ॐ **VYUHA:** Cuatro poderes, respresentados por los cuatro brazos de Vishnú, de los que emerge todo lo necesario para la existencia. Aparecen en manifestaciones que se pueden venerar en forma separada como Samkarshana, que brinda conocimiento y fuerza, o Aniruddha, que brinda poder (*shakti*) y gloria.
- ॐ **VIBHAVA:** La habilidad de venir al mundo como *avatara* (encarnación).
- ॐ **ANTARYAMIN:** El controlador interno, Vishnú como guía y amigo (cfr. Shankara, p. 86s.).
- ॐ **ARCAVATARA:** Hacerse presente en formas visibles del templo, esculturas e imágenes (p. 87), a menudo de gran belleza y poder, en las que se acoge a Vishnú, sobre todo por sus atributos.

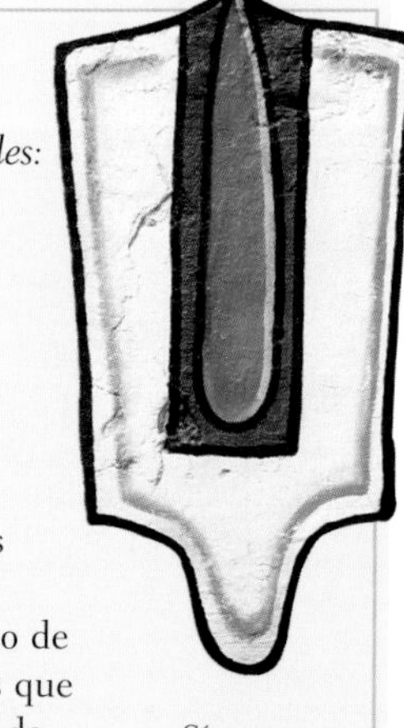

SÍMBOLO DE VISHNÚ

Dios accesible a todos. Es la causa de todos los efectos, y cuyo cuerpo lo es todo, excepto su propio ser y su propia conciencia. Hay cinco formas (recuadro a la izquierda) en que es visto, pero sus manifestaciones son vastas y elaboradas. Las manifestaciones más importantes de Vishnú se resumen en sus 24 iconos, cada uno de los cuales lleva cuatro símbolos de él con una relación diferente entre unos y otros. Son: la concha, que representa el origen de la existencia; la rueda, que representa la mente eterna; el loto, que representa el universo en evolución; y el mazo, que representa el poder del conocimiento y del tiempo.

Avatares de Vishnú

El número de avatares varía entre 10 y 39. Comienzan en el orden natural con Matsya, el pescado, y Kurma, la tortuga, porque cualquier aspecto de la creación puede manifestar la presencia de su creador; incluyen las grandes figuras de Rama, Krishna y también al Buda —otra manera de asimilar una tradición radicalmente divergente—, y culminan en Kalki, que aparecerá al fin de este universo para destruir a los malvados y para establecer una era final de orden. "Al inicio de esta era, en que todos los gobernantes son ladrones, el Señor del Universo nacerá como Kalki."
(*Bhagavata Purana* 1.3.26)

Vishnú se hace presente no sólo en el templo y en imagen, sino también en sus impresionantes avatares. Esta palabra significa "descenso", y es un equivalente próximo a "encarnación". Pero es una clase especial de encarnación, a través de la cual el origen de todas las apariencias se manifiesta dentro de las apariencias.

Esto puede ocurrir en cualquier aspecto del orden creado: en ríos o árboles, en el amanecer o el atardecer. Con esto, también se llegó a creer que Vishnú, el gran controlador que llena todo el universo, se manifiesta en la tierra en formas particulares, según él las elija. Dicho de otro modo, Vishnú no se manifiesta porque karma, la ley de la conducta moral (p. 92), lo haya *obligado* a hacerse presente: "La causa de un avatar es exclusivamente la libre elección de Ishvara, no la necesaria ley de karma. Su objetivo es la protección del bien y la destrucción del mal". Según el gran texto del Vishnú encarnado, *Bhagavad Gita* ("El canto del Señor", p. 92s.), Dios dice:

Cuando el dharma
[la existencia ordenada y metódica]
se desorganiza, y adharma [lo opuesto]
florece, me creo a mí mismo, adquiero existencia
de una edad a otra, para el rescate del bien
y la destrucción el mal,
con el objeto de restablecer
el dharma (4.8).

Dios no se ve disminuido, en absoluto, por encarnar en una forma manifiesta, porque todas las cosas son equitativamente la manifestación de Dios (véase izquierda arriba). Los avatares, por tanto, se convierten en el centro de devoción a Vishnú, y éste es el caso de Krishna.

Conflicto familiar
Los cinco hermanos héroes de la familia de los pandavas en piedra tallada y pintada; templo de Surya en Bombay.

Vishnú

El Mahabharata y el Gita

En la India, las dos grandes épicas, el *Mahabharata* y el *Ramayana* (p. 78s.), son ampliamente conocidas. La primera siguió creciendo a lo largo de siglos (*c.* 400 a.C.-400 d.C.), hasta que se convirtió en una obra gigantesca de cien mil coplas en 18 libros, que cuentan la historia de un conflicto familiar entre los pandavas y los kauravas, que culminó con la batalla de Kurukshetra. Entre las numerosas tramas y subtramas de la historia el tema constante es el desarrollo del *dharma* (la conducta moral y apropiada), que guía a los pandavas, y del *adharma* (conducta inmoral), que guía a los kauravas: "Del *dharma* provienen el provecho y el placer; las personas lo ganan todo con el *dharma*, porque éste es la esencia y la fortaleza del mundo" (3.9.30).

Los pandavas son apoyados por su primo, Krishna, un avatar (encarnación) de Vishnú. De la instrucción que Krishna da al conductor de un carro, Arjuna, nace uno de los textos culminantes de la India, el *Bhagavad Gita*, "El canto del Señor".

Es parte del *Mahabharata*. En 18 secciones y 700 versos, explora primero la crisis de conciencia de Arjuna: encontrándose miembros de su propia familia en el bando contrario en la batalla, ¿debe atacarlos, y tal vez matarlos? Con la asistencia de Krishna, recibe instrucciones sobre la conducta y las actitudes apropiadas. La finalidad de estos consejos es

Los Tres Senderos

En el Mahabharata, *Krishna muestra a Arjuna tres senderos conocidos como Marga y Yoga:*

- **ACCIÓN** (*karma-marga*): Karma es una ley impersonal (como la gravedad) que ocasiona las consecuencias de todas las acciones. Al inicio, era la acción ritual del sacrificio, luego el poder de Brahman invocado a través de rituales; karma en el *Gita* sustenta a los dioses y a los hombres, pero debe ser asumido por sí mismo, no por provecho personal: "Todo el mundo está atado al karma de la acción, excepto la acción del sacrificio; por ello, emprende esa acción de modo desinteresado" (3.9).
- **CONOCIMIENTO** (*jnana-marga*): *Jnana* no es "conocimiento en general", sino la percepción que permite entender cómo actuar con desapego; esta percepción es *buddhi*, así que *buddhi-yoga* combina karma y *jnana*: es el esfuerzo de actuar con una actitud no apegada a la acción y sus consecuencias para uno mismo. "Los iluminados que están armados de esta singularidad de propósito se despojan de los frutos que siguen a los actos y, liberados de la esclavitud de la rencarnación, pasan a un estado de bienaventuranza" (3.52).
- **DEVOCIÓN A DIOS** (*bhakti-marga*): Dios es el Único que está detrás de todas sus manifestaciones, origen y sustento de toda la existencia (19.20-42), pero los hombres no pueden venerar una abstracción, por ello veneran diferentes formas, pero sigue siendo con *Dios* con quien se unen en fervor y amor.

práctica. Como el alma sobrevive a la muerte del cuerpo (2.16-30), se infiere que:

- Una guerra justamente peleada abre las puertas del cielo (2.32).
- Pelear está dentro del *dharma* de Arjuna (2.33).
- Si no lo hace, perderá status (2.34).

Pero la enseñanza de Krishna va más allá de esto. Para alcanzar la unión con Dios le muestra a Arjuna tres senderos (*marga*; recuadro a la izquierda), conocidos también como yoga (el esfuerzo necesario para alcanzar una meta).

Arjuna le pregunta a Krishna cómo encontrarlo: ¿por devoción (*bhakti*) o "buscando lo imperecedero que no es manifiesto por sí mismo"? Krishna responde: "Los que fijan la mente en mí con fe absoluta son los más hábiles para el yoga", pero los que, con gran esfuerzo, buscan "lo no manifiesto, lo eterno, presente por doquier pero no visible, también me encontrarán... Los que siguen el camino de la devoción que destruye la muerte, reverenciándome como fin supremo, con fe constante, esos devotos [*bhaktas*] son los más queridos para mí" (12.20).

El camino de la *bhakti* (devoción a Dios) es muy importante en el *Gita*, que aborda la resultante de las críticas de los costosos rituales del brahmanismo —situación en la que Dios fue marginado con el desarrollo del budismo y el jainismo como religiones separadas, y el surgimiento de Samkhya (pp. 68-77).

En cambio, el Gita propugna por el valor de las tres formas principales de acercarse a Dios y de buscar la liberación (*moksha*). Puede por ello leerse como si articulara (y apoyara) prácticamente *todas* las formas indias de avance hacia esa meta, ya se trate de los posteriores Advaita, Vishishtadvaita o Dvaita (pp. 86-89). Esto intenta reconciliar diversas opiniones y tomar una postura contra un cisma futuro.

¿Todas las opiniones son igualmente válidas? El tema ha sido muy debatido, pero al final el Gita parece sostener que la *bhakti* es el mejor camino porque es inspirado y auxiliado por la gracia (*prasada*) de Dios. De acuerdo con la tradición la enseñanza del Gita se resume en un verso sobresaliente (*caramashloka*): "Abandona todas las consideraciones del *dharma* [siendo indulgente a las consecuencias] y en lugar de buscar refugio sólo conmigo, sé indiferente, yo te libraré de todo mal" (18.66).

Batalla épica
La batalla de carros entre pandavas y kauravas, al inicio de la cual Krishna enseña a Arjuna lo que ahora conforma el Bhagavad Gita.

Venugopala
Cuando Krishna tocaba la flauta, animales, aves y hombres entraban en trance por su música. Como boyero con su flauta, es conocido como Venugopala.

Krishna

El avatar de Vishnú

KRISHNA ES CONOCIDO NO SÓLO por el *Bhagavad Gita*, sino también por una gran variedad de textos y una diversidad aún mayor de prácticas con las que la gente ha expresado su devoción. Esto significa que Krishna ha unido tradiciones diversas (como ocurre repetidamente en la India, pp. 58s., 83) y ha vinculado a todas con Vishnú. Aún se pueden encontrar vestigios de estas tradiciones.

Krishna pudo haber sido un personaje histórico que después fue reconocido como Dios. Su tribu de los yadavas se unió a los vrishnis, cuyo Dios, Vasudeva, es mencionado en el *Gita* cuando Krishna dice: "Entre los vrishnis yo soy Vasudeva, entre los pandavas, Arjuna... la sabiduría de los sabios" (10.37). La fusión de las tribus se refleja en la incorporación de dioses (cfr. Yahvé y El, pp. 178, 183). Al menos hacia el s. II a.C. Vasudeva-Krishna era conocido como Bhagavan ("Ser digno de ser venerado") y sus devotos como *bhagavatas*.

Cuando Vasudeva-Krishna fue vinculado al culto de Vishnú como avatar (encarnación), algunos (como los shrivaishnavas) lo tomaron como una subordinación —era una manifestación de Vishnú. Pero para otros (como gaudiya vaishnavas) implicaba lo contrario: Krishna ya estaba en el mundo, y permitió que, a través de él, Vishnú realizara lo que de otro modo no hubiera podido hacer, así que Krishna es el Supremo. ¿De qué

PUJA

En un análisis de puja, *Lawrence Babb identificó tres partes constitutivas:*

- **LIMPIEZA:** La necesidad de estar limpio o puro antes de aproximarse al Dios/Diosa, de ahí la importancia del agua cerca de los lugares de culto, sobre todo en el valle del Indo (p. 60s.), y evidente en el poder de los ríos, como el Ganges (Ganga), de limpiar y ser la presencia de la deidad, y por ende de reunir a los devotos.
- **PROSTERNACIÓN:** El acto de prosternarse a los pies de la Diosa o de Dios (*pranam*) para honrarlos: en las relaciones diarias, tocar los pies de una persona a la que se honra se ha convertido en la práctica de *namaste*, mostrar respecto juntando las manos y alzarlas a la altura de la cara, junto con una ligera inclinación. A la deidad se muestra un respeto semejante al inclinarse o prosternarse, ofreciendo guirnaldas o signos pintados con polvo rojo o amarillo, entonando cánticos (*bhajans*) y mantras (cantos, p. 129), encendiendo fogatas frente a ellos (*arti*) y caminando alrededor del Dios/Diosa. Estas muestras se refuerzan con regalos como los solicitados por Krishna.
- **COMPARTIR ALIMENTOS** (*prasad*): Los alimentos ofrendados son consumidos espiritualmente por la deidad para imbuirlos de poder y gracia. Luego regresan como *prasada*, para que los consuman los devotos en un acto que los une a la deidad.

otras formas estaba presente Krishna? Entre los abhiras, era conocido como el protector del ganado, Gopala. En narraciones que quizá reflejen la importancia de Dios para garantizar la fertilidad, los abhiras contaban cómo Krishna/Gopala rondaba la selva de Vrindavana (Brindaván, aún hoy es un importante centro de devoción a Krishna), destruía demonios, danzaba y hacía el amor con las mujeres que cuidaban el ganado, las *gopis*. Eran más de 16 mil, pero cada una pensaba que sólo ella era el amor de Krishna. Esa forma de amar a todos como si cada uno fuera único, y se convierte en el amor universal a todos, sentó las bases para la difusión de la devoción extática a Krishna, conocida como *bhakti*.

La *bhakti* (de *bhaj*, "compartir", "ser leal") no fue, en principio, materia de emoción ni de pasión. Significaba, al principio, "gustar de algo", o "ser leal", y en el *Gita* ello implica una exclusiva y leal concentración de todas las facultades mentales hacia Krishna, y nada más. Pero ¿cómo se demuestra esa lealtad? El *Gita* responde que demostrando esa recta concentración con ofrendas de amor (recuadro a la derecha). Este resumen aparentemente sencillo es, de hecho, un impresionante sumario de cómo la devoción a Dios, en su manifestación como Krishna, se alejó del brahamanismo dentro del *puja*.

Si una persona devota [bhaktya] me ofrece una hoja, una flor, fruta o agua, acepto esa ofrenda de amor. Cualquier cosa que hagas, o comas, u ofrezcas, o des, o expíes... haz que sea una ofrenda para mí, y yo desataré los lazos del karma, los frutos del bien y del mal... Hasta un criminal que me ame, debe ser considerado un santo [sadhu], porque se ve inmerso en el dharma (p. 68) y encuentra la paz para siempre.

(*Bhagavad Gita* 10.26ss.)

Es posible que la palabra *puja* se derive de la antigua palabra dravídica para "flor", y además "ofrecer". En la práctica *puja* es la forma india extendida, en la religión de los pueblos, de aproximarse a dioses y diosas con ofrendas y obsequios, como si fueran visitantes y huéspedes reverenciados (recuadro a la izquierda) . En *puja* la deidad está presente delante del devoto, en la imagen, y mucho del ritual iniciático tiene la finalidad de traer a la deidad a la imagen; una de las formas de avatar es *arcavatara*, el descenso de Vishnú a la imagen tallada en el templo, ya sea en piedra (*mula*) o en metal (*utsava-vigraha*).

Esto significa que adorar es ver, o considerar con respeto (*darshana*) a la deidad a través de la imagen. No significa que la imagen *sea* la deidad, sino que la deidad es vista a través de la imagen (es decir, la diosa o el dios son vistos directa pero no inmediatamente); así, en los pueblos se puede fabricar una sencilla imagen de arcilla para el *puja*, y después ser desechada.

Cuando el *puja* se vinculó a la *bhakti*, y ésta se transformó en el amor de Krishna, una oleada de devoción extática y emotiva ocupó el centro de la historia india de Dios.

Ofrendas de amor
Las flores son mejor ofrenda que los sacrificios porque no implican la muerte de un animal.

Danza amorosa
El amor entre Krishna y Radha representa la realidad del amor que sustenta al universo en cada mínimo detalle.

Krishna y Radha

El significado del amor

LA CONSORTE FAVORITA de Krishna entre las *gopis* era Radha (textos anteriores hablan de Pinnai o Satya, pero en el s. XIV Radha era ya la principal). Su amor extático es el epítome del amor que es posible entre los hombres y Dios. Ese amor está constituido por dos temas: la separación y la unión, que aparecen siempre en la poesía de la *bhakti* (pp. 93, 95). En la poética de ausencia o de separación (*virahadukkha*; recuadro a la izquierda), Dios parece haberse retirado, y los poetas expresan su anhelo de que retorne: en ausencia de Krishna, Radha "sufre por el dolor de estar separada de ti". En la poética de pasión y unión (recuadro a la derecha), el amor se expresa en términos físicos y vívidos.

Gitagovina, una de las expresiones más importantes de la poética de estos dos temas de la *bhakti*, es un texto escrito en el s. XII por Jayadeva para celebrar la bienaventuranza de la unión del alma con Dios. Está constituido por 24 cantos. El primero alaba a Krishna por sus diez encarnaciones (p. 91; aquí se asume que Krishna es Vishnú); el segundo se refiere a Krishna como Hari ("el de tez morena", o "el destructor del dolor"; es una forma común de referirse a los avatares de Vishnú, en especial a Krishna). Luego los cantos hablan de la humillación de Radha y de su angustia al ver a Krishna "haciendo el amor a cualquier doncella, sin distinción" (2.1), y "deleitándose en el abrazo de muchas doncellas, ansioso de la embriaguez del amor" (1.3.39). Después, los cantos se dividen en temas de ausencia, separación (3-16), reconciliación, perdón (17-21) y unión (22-24). El propósito de los cantos es despertar el mismo amor hacia Dios en los que leen o escuchan:

Deja que este canto compasivo de Jayadeva
adorne tu corazón, y deja que
este canto destile la esencia
de la devoción a los pies de Hari,
destruyendo las diversas agonías
de esta oscura era pecaminosa de Kali
[la última de las cuatro eras, antes de que todo se destruya].

(*Gitagovinda* 12.24.24)

La unión perfecta entre Krishna y Radha es exactamente lo que es Brahman (p. 85). La fórmula *sat-cit-ananda* (p. 86)

Se cubre la mejilla
con la palma, su mejilla pálida
como luna creciente al
anochecer.

Condenada a morir
por el inaguantable dolor
de la separación,
gime y salmodia
con pasión "Hari, Hari",
esperando alcanzarte
en la próxima vida...

No piensa más que en ti
y en tu llegada.
En la contemplación
de tus dulce miembros
y por eso sobrevive.

(*Gitagovinda* 4.916s., 21)

Amantes indios
En exposiciones posteriores, sobre todo en la enseñanza y tradición de Caitanya (p. 136s.), el amor como unión entre Krishna y Radha se convierte en el significado de la naturaleza de Brahman —esto es, sin diferenciación.

manifiesta su unión, en la que Radha es la encarnación de la bienaventuranza, la *hladini-shakti* de Krishna: la relación es no-dual (Advaita; cfr. p. 86) y, sin embargo, es una unidad constituida en la relación de amor (cfr. cómo los cristianos se sentían impelidos a hablar de Dios como Trinidad, p. 247).

Entrar en esta naturaleza divina de unión-en-armonía se convirtió en la finalidad de la devoción. Rupa (s. XVI d.C.) mostró cómo, dentro de los confines del cuerpo físico, se puede desarrollar un cuerpo espiritual en el que es posible entrar en el "juego" divino (*lila*), que es la naturaleza de Dios y origen de las apariencias en el universo. Su contemporáneo, Krishnadasa Kaviraja, escribió el *Govindalilamrita* para mostrar cómo la antigua disciplina de la visualización (p. 72s.) puede adaptarse para que los devotos, después de un entrenamiento cuidadoso, puedan perderse en el amor de Radha y Krishna (en otras palabras, puedan perder el yo en Dios). La visualización los lleva más allá de la imaginación védica de los dioses, más allá incluso del Creador, Brahma: "Me rindo en asombro ante Shri Krishna Caitanya, el compasivo, que ha curado al mundo de la insensatez de la ignorancia, y luego lo ha vuelto a enloquecer con el néctar del tesoro de amor sagrado dirigido a él. La última meta espiritual, el servicio amoroso a los pies, como flores de loto, del amigo del corazón de Radha, aunque inalcanzable para Brahma, Ananta [la serpiente cósmica sobre la que Vishnú descansa] y otros, se alcanza sólo por el intenso anhelo de quienes están absortos en sus actividades en Vajra [los prados donde Radha y Krishna se encontraban]" (Delmonico p. 248).

Fue el deseo ardiente de Dios, visto en la tierra en Krishna, lo que dio existencia a los poetas conocidos colectivamente como los alvares.

Así, el encuentro amoroso comenzó, cuando el estremecimiento de los cuerpos entorpeció el abrazo; donde el gozo de contemplarse fue interrumpido por los parpadeos; donde el beber la miel de los labios del otro fue impedido por exclamaciones amorosas. Sin embargo, estos obstáculos aumentaron las delicias del juego amoroso...

Aunque apresado en los brazos de ella, aunque estrujado por el peso de sus pechos, aunque castigado por sus uñas, aunque mordisqueado en los labios con suavidad, aunque abrumado por el anhelo de sus muslos, sus rizos trenzados en las manos de ella y embriagado por el néctar de su boca, el placer provocado por esos dulces tormentos era infinito. ¡Extraños son, en verdad, los caminos del amor!

(*Gitagovinda* 12.23.10s.)

Ladrón de mantequilla
Krishna danzando con trozos de mantequilla que, se dice, robó. Cuando Nammalvar cantó este episodio, quedó inconsciente por el dolor de que Krishna fuera castigado —atado con una cuerda a una piedra de mortero.

Vishnú y Krishna

Los alvares

EN ALGUNA ÉPOCA DEL S. VIII d.C., nació en Tirukkuruhur, en el sur de la India, un muchacho llamado Maran. La leyenda dice que sus padres notaron algo inusual en él, así que lo llevaron al templo local dedicado a Vishnú y lo colocaron bajo un tamarindo en el patio (este árbol es la encarnación/avatar de la serpiente sobre la que descansa Vishnú, p. 90), donde permaneció 16 años en un estado de profunda meditación y trance. Despertó cuando Madurakavi (más tarde su discípulo) le hizo una pregunta: "Cuando aquello que es pequeño nace de entre los muertos, ¿qué comerá y dónde yacerá?" Maran contestó: "Comerá a los muertos y yacerá sobre ellos".

En ese momento, Maran despertó y comenzó a cantar los himnos que ahora se conocen como "el Veda tamil" (para algunos, sus cuatro libros constituyen el Veda tamil, para otros sólo lo es el *Tiruvaymoli*).

Maran llegó a ser conocido como Nammalvar ("inmerso en Dios"), y es el más venerado de los 12 alvares tamiles, el grupo que puso en soberbias poesías el entendimiento acerca de Dios que Ramanuja (p. 88s.) expresó en filosofía: Nammalvar es el cuerpo, los demás son sus miembros.

"Alvar" significa "aquel que está inmerso" en el amor de Dios. Para los 12, Dios es Narayana (el Creador no creado y origen de todas las cosas), Vishnú (Dios manifiesto en la creación, y sobre todo, encarnación/avatar) y Antaryamin (Dios que guía en el interior) —los tres son necesariamente el Único.

Los 12 alvares tamiles vivieron entre los s. V y VIII, cuando jainitas y budistas, aún numerosos en el sur de la India, permitían que se venerara a Dios, pero nada más en una forma que luego pudieran abandonar a quienes estuvieran en el sendero de la iluminación y el Nirvana.

Para los alvares, eso era trivializar a Dios y negar el amor procedente de Él, que los hombres pueden experimentar. Ellos, junto con los nayanares (devotos de Shiva, p. 110s.), iniciaron el renacimiento de la devoción centrada en Dios.

En los poemas de Nammalvar, Narayana (Tirumal para los tamiles) Dios, más allá de cualquier cosa, es el origen de diosas y dioses tal como los hombres los conocen, y más grande de lo que las palabras pueden describir (recuadro a la izquierda, arriba).

Pero Dios como Vishnú satura el universo, como en la famosa descripción de que cubre el universo de tres zancadas; y como "está tanto adentro como afuera" (*Tiruvaymoli* 1.3.2), siempre está cerca (recuadro a la izquierda). Esa "cercanía" es visible cuando Vishnú encarna para rescatar a algún hombre:

Está más allá de nuestro conocimiento, es esto y no esto, viene con la forma de los que buscan sinceramente volverse hacia él, y sin embargo ésa tal vez no sea su forma.

(*Tiruvaymoli* 2.5.9)

Dios, el misterio infinito, que en aquel día distante midió el mundo con sus zancadas, este día vino hacia mí.

¿Cómo? No lo sé, pero la vida es un dulce deliquio.

(*Periya Tiruvandadi* 56)

El Señor al nacer como hombre
acepta esta vida con todas sus penalidades,
viene aquí a nuestro alcance
para elevarnos, a través del sufrimiento,
a su Ser como Dios.

(Tiruvaymoli 3.10.6)

Las narraciones del amor de Krishna por todas las *gopis* expresan tanto su amor por toda la humanidad como la alegría de la unión con él (*samshleva*, la *bhakti* de la unión). El dolor causado por su partida se convierte en poesía de ausencia (*viraha*, la *bhakti* del anhelo o deseo). Los himnos de Nammalvar expresan ambas condiciones, como parte de la victoria de Dios:

¡Glorificado sea! ¡Glorificado sea! ¡Glorificado sea!
El oscuro peso de la vida se ha levantado,
la putrefacción se desintegra, el infierno es atormentado:
no hay lugar aquí para la muerte.
Incluso la era de Kali terminará.
¡Mirad! podéis ver a los siervos del Señor...
Correteando, arremolinándose por la tierra,
bailando y cantando alabanzas.

(*Tiruvaymoli* 5.2.1)

Esta fiesta de unión con Dios es un don divino. Todo lo que se necesita es que los hombres deseen a Dios, no por una recompensa sino por Él mismo: "Señor de inconmensurable gloria [recuadro a la derecha], el único tesoro que deseo es no olvidarte".

¡Oh, Señor! inconmensurable
en tu gloria,
he crecido y me he perdido
en tu gracia:
¡no cambies, te suplico!
No deseo ser liberado
Por la rencarnación,
no deseo ser
tu siervo en el cielo.
El único tesoro que deseo
es no olvidarme de ti.

(*Periya Tiruvandadi* 58)

Los Poemas de Nammalvar

Nammalvar es el avatara *de Senai Mudaliar, líder de los siervos de Dios. Escribió cuatro obras:*

- **TIRUVIRUTTAM** (verso "colmado de Dios" o de "virtud"): cien versos de cuatro líneas expresan el anhelo de Dios. Comienza así: "Para librarnos de la ignorancia, y del mal
y de la contaminación del cuerpo,
para salvarnos de volver a renacer,
para hacer todo esto y darnos vida,
Señor de aquellos más allá de la muerte,
naciste de muchos vientres
y has asumido diversas formas:
acepta ¡oh, Señor! mi fidelidad,
que procede de mi corazón".
- **TIRUVACIRIYAM:** la métrica es *aciriyappa*; siete poemas de varias narraciones diferentes sobre Dios.
- **PERIYA TIRUVANDADI:** *periya* significa grande, *andadi* es un estilo: la última palabra de un verso es la primera del siguiente.
- **TIRUVAYMOLI:** "La Palabra Divina"; 1,102 poemas que exploran los cinco temas principales de la filosofía Vishishtadvaita (p. 88s.); la naturaleza de Brahman como Dios; el alma en busca de Dios; el medio (*sadhana*) de alcanzar a Dios; la meta por alcanzar, y los impedimentos.

Krishna y la devoción

Mirabai

Los poetas bhakti de la devoción a Dios dejan claro que su amor por Dios es sin reservas de ninguna clase. Los enamorados se olvidan de todo y se apresuran hacia Dios, como la mujer que deja de lado todas las convenciones y corre al lado de aquel al que ama:

Dejé caer los velos del pensamiento
y corrí y volé
y me refugié
a los pies de Él.

(Futehally, p. 83)

Escucho sus pasos sigilosos y trepo por fortalezas montañosas para buscar su mirada.

Es el tiempo en que las ranas croan y los pavos reales graznan, un cuclillo chilla y otro gorjea.

Indra, exultante, llama a las nubes sobre los cuatro extremos, y el relámpago se detiene con timidez.

La tierra, con nuevas ropas espera; su encuentro con el cielo quiere ver.

Demorada, como todas las novias, Meera pregunta a Hari: ¿Por qué no puedes llegar?

(Futehally p. 89s.)

El poema de la izquierda muestra el amor que sentía por Dios uno de los más grandes poetas *bhakti*. Hari es el Señor Krishna y Mira, quien escribió el poema, es Mirabai, la princesa rajput que en el s. XVI renunció a su familia y a las convenciones, y se dedicó a vagabundear, cantando himnos devocionales a Krishna, su Señor. Los poemas más vigorosos que cantan el deleite ante la presencia de Dios son suyos. Pero también sabía de la ausencia de Dios:

Dice Meera,
cuento las estrellas, y espero
por una pizca de luz.

(Futehally, p. 93)

¿Acaso la ausencia hace que el corazón se vuelva más apasionado? Sin duda, conduce a un anhelo de Dios que no surgiría sin el vacío —a veces el abismo— de la ausencia:

Agudo es mi dolor
por la ausencia de esta noche:
¿cuándo se levantarán, gentilmente,
los rayos de luz del amanecer?
La luz de la luna —oh, engañoso destello—
no conforta mi corazón;
si duermo, despierto confusa,
angustiada mientras estoy lejos de ti,
Señor de la misericordia, Señor de la gracia,
déjame vislumbrar las bendiciones de tu rostro.

Pero una vez experimentado, aunque sólo sea una vez, no es posible olvidar el poder ni la calidad del amor a Dios, por larga que luego sea la ausencia (recuadro a la derecha, arriba).

La devoción de Mira por Krishna comenzó —cuenta el relato— cuando, siendo una joven, un hombre santo y vagabundo pasó cerca de ella, y le mostró una imagen de Krishna. Empezó a desearla con tanto anhelo que, cuando el hombre se fue, no comía ni bebía. Advertido en un sueño, el santo volvió a su casa y le obsequió la imagen. Al tocarla, Mira cayó en éxtasis. Nunca se separaba de la imagen. Cuando se casó, era tan distante de su marido que él empezó a sospechar que lo engañaba. Una noche irrumpió en su habitación, esperando encontrarla con su amante, pero ella estaba ajena al mundo, postrada ante la imagen.

Cuando la marea del mundo (recuadro a la derecha, abajo) se acercó, Mira eligió a Krishna y no al mundo, y se perdió en él para siempre. Fue alejada de su tierra natal, que empezó a padecer malos tiempos. Una delegación acudió a ella, al templo de Dwaraka, donde Krishna gobernó en la tierra durante sus últimos años, y donde Mira se encontraba, sumergida en la adoración y el amor. La delegación le suplicó que volviera a su hogar, pero ella se negó. Desesperados por su respuesta, le dijeron que se dejarían morir de hambre hasta que cambiara de opinión. Mira sabía que sería la responsable de esas muertes, pero no podía dejar a su Señor. Se volvió hacia él en el templo, pidiendo su ayuda. Fue en ese momento cuando elevó el cántico "*Hari, te hariya jan to bhir*", "Señor, tú tomas los pesares de los que te veneran", que se convirtió en inspiración de Mahatma Gandhi (p. 138) en sus propios momentos de dificultad.

Mira se arrojó a la imagen de Krishna; ésta se abrió y la absorbió. Cuando los brahmanes entraron al templo, lo único que encontraron fue el sari de Mira envolviendo la imagen.

Ésta es poesía de verdadera *bhakti*.

¿Qué es eso
que llaman una
reunión?

La noche transcurre en
espera, el día se pasa
esperando.

Cuando Él asoma a mi
patio, estoy dormido en
la verdad de las cosas.

Dice Meera: ¿Hay otra
alma que dé un
vislumbre de sí misma
y deje las pasiones
internas en confusión?

(Futehally p. 111)

¿Cuál es mi puerto
natal sino Él?

¿Qué flota en mi
corazón sino su
nombre?

Mi barco,
cuando naufraga,
¿a dónde llamo sino
a Él, una y otra vez,
y de nuevo otra vez?

Déjame esconderme,
dice Meera, en estos
pliegues. La oleada
del mundo se
aproxima.

(Futehally p. 113)

Mirabai
Entonar cánticos (bhajans) *a Dios es parte importante del culto, en especial para los caminantes que dependen de las dádivas, como representa esta estatua de Mirabai.*

Sexo y tantra

La urdimbre del telar

LA HISTORIA DE KRISHNA Y RADHA, en especial como fue contada por Jayadeva (p. 96), deja preguntas sin responder: ¿qué pasó con el dharma, la manera de actuar con propiedad, en la que Krishna le insistió a Arjuna (p. 93)? ¿Cómo concuerda esto con un Krishna promiscuo, o cuando elige a una mujer casada? Hubo diversas respuestas: que todo es una alegoría de la naturaleza de Dios como amor, en la que se invita a las personas a participar; pero su intención no es ser un modelo de comportamiento. El amor de Krishna por *todas* las *gopis* representa el amor de Dios por todos los seres. Su amor por una mujer casada muestra cómo el amor de Dios trasciende cualquier consideración.

Estas explicaciones semejan a las de judíos y cristianos, que convirtieron al Cantar de los Cantares (otro poema que celebra el gozo de los amantes), en una alegoría del amor de Dios por el pueblo de la alianza, o del amor de Cristo por la iglesia. Pero las explicaciones indias no marginan la importancia de la sexualidad, ya que es en la realidad de estas emociones como los seres humanos pueden discernir algo de Dios, quien es conocido en forma directa, aunque no inmediata, ya que "vislumbrarlo" está mediado por la unión sexual.

Como el hombre que en brazos de la mujer que ama no sabe nada de lo externo ni de lo interno, tampoco sabe nada la persona del exterior o el interior cuando está en brazos del ser inteligente [atman, que es Brahman].

(*Brihadaranyaka Upanishad* 4.3.21)

Por esta razón, las esculturas de ciertos templos de la India representan la unión sexual (*maithuna*) de dioses y diosas. En el *Briharadanyaka Upanishad* el acto de unión sexual es una metáfora de la unión con Dios (recuadro a la izquierda), pero el mismo Upanishad aclara que la unión sexual, en relación con Dios, es más que una metáfora: en 6.4.20 establece que, en el acto sexual para concebir un hijo, la pareja se identifica con el proceso cósmico de la vida, el hombre con el aliento y el cielo, la mujer con el sonido/habla y la tierra. En 6.4.3, la mujer en el sexo es tanto un altar, como sitio de sacrificio, donde se reúnen los seres humanos y Dios.

El poder de la sexualidad para unir a los seres humanos con Dios recibió su máxima expresión en el tantra (en sánscrito, "extensión" o "la urdimbre del telar"), que se encuentra en todas las religiones de la India, en tantas formas, prácticas y textos diferentes (Tantras o Agamas, que datan de *c.* 600 d.C. en adelante), que son en sí una religión.

La mayor parte de los tantras tienen en común el reconocimiento fundamental de la bipolaridad femenino/masculino, y prácticas de enseñanza (conocidas como *sadhana*) que liberan el poder y energía femeninos (*shakti*, a menudo como la diosa Kundalini) y que unen a los opuestos en una forma que conduce a la liberación (*moksha*). La *sadhana* tántrica consiste en una iniciación (*diksha*), culto (*puja*) y yoga, en donde el cuerpo tiene gran importancia. El cuerpo contiene al alma, pero también puede ser la puerta hacia la liberación y la perfección, pues el cuerpo humano contiene en sí, una versión en miniatura del cosmos conformado por centros de energía (*chakras*) interconectados por canales (*nadi*). Esta anatomía es visualizada por el yogui, y entonces, las energías interiores se activan. De la unión del *shakti* femenino (energía y poder divinos) y el Señor adquiere existencia el cosmos: a través de la unión del varón devoto con la energía femenina divina se resume en el cuerpo el proceso de la creación.

Así, el tantra vincula a los devotos con el poder de lo divino o energía primordial de la que (o "de quien") se derivan la vida y cualquier manifestación. El ritual tántrico purifica al cuerpo al destruirlo simbólicamente y luego recreándolo como el cuerpo de la Diosa o de Dios a través del *mantra* (cántico, p. 129) y la visualización. En este estado, se recibe el poder de Dios o de la Diosa, lo que hace posible la más elevada forma de *puja*, porque no hay distinción entre el devoto y Dios. Las sectas tántricas aún preservan las formas que esa devoción debe tener.

Sin embargo, las sectas tántricas difieren en las prácticas de la sadhana. La mayor división se encuentra entre la mano derecha (*dakshinacara*), apegada a las normas de las prácticas indias, y la mano izquierda (*vamacara*), que busca el poder de Dios o la Diosa en sitios y prácticas que los indios seguidores del *dharma* detestan. Los kapalikas ("que portan cráneos") viven en las zonas de cremación, se cubren con las cenizas de los muertos y usan cráneos en vez de tazas; meditan sentados en los cuerpos muertos y comen su carne. Esta forma de tantra es una de las peores y más viles formas de vida, y ahí se encuentra el poder de Dios o la Diosa. Esta forma de tantra incluye participar en las "cinco m" (*panca-makara*), cinco rituales (que, en general, se evitan), cuya primera letra es "m":

- Madya: licor embriagante.
- Mamsa: carne.
- Matsya: pescado.
- Mudra: grano tostado.
- Maithuna: unión sexual con prostitutas, mujeres menstruando o con muertos.

En estos rituales, en especial el último, la finalidad es superar la repugnancia y adquirir control. Se cree que de la retención de semen deriva gran poder. Como dice un Tantra (*Jnanasiddhi*): "Por el acto mismo que hace que algunos renazcan en el infierno por mil años, el yogui ganará la salvación eterna".

El tantra es un acercamiento a Dios/la Diosa que atrae poder divino al cuerpo, sólo si se mantienen controladas todas las circunstancias. La sexualidad es una forma de ascetismo. Por esa razón, a Shiva, el dios que se suele asociar al shakti femenino, se le llama "el asceta erótico" (O'Flaherty). Mucho más extendido que el tantra, Shiva es el centro de gran parte de la devoción en la India.

Shiva y el shakti
En el tantra el inmenso poder de la unión sexual encarna los poderes creativos que dan origen al universo —es la "imitación de Dios y la Diosa", en especial de Shiva, pero requiere un total control, sobre todo en la retención del semen, para que se genere el poder.

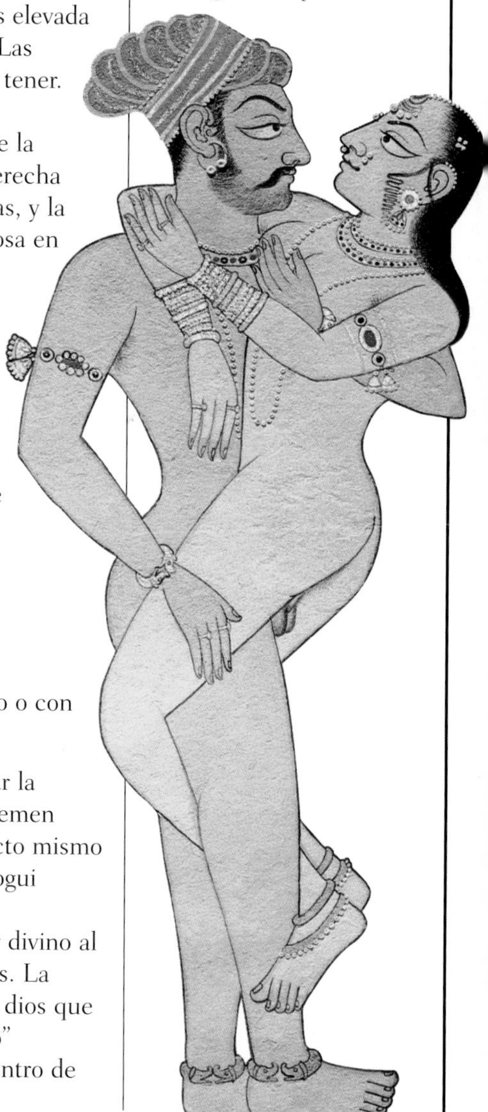

Shiva danzando
Shiva como Nataraja, Señor de la Danza, sustenta y destruye al universo: el tambor en una mano convoca al mundo a existir, la flama de la otra, lo destruye.

Shiva

Los múltiples y el Único

NAMMALVAR (P. 98) IDENTIFICÓ A DIOS como Narayana; Dios simplemente como Dios está más allá de las palabras o la imaginación. ¿Cómo puede entonces alguien alabar a Dios o experimentarlo de manera directa? Según Nammalvar, sólo porque Narayana es accesible en múltiples formas, resumidas en la trinidad de Narayana, Vishnú y Antaryamin (p. 90), y propagadas a través de Vishnú a otros dioses y diosas que proceden de Narayana como fuente y origen de todas las apariencias:

> *Narayana, el origen de todos los dioses,*
> *hizo que su propia forma se presentara*
> *en todos los diferentes dioses.*
>
> (*Tiruvaymoli* 5.2.8)

De esto se deduce que todos los dioses y diosas son, en esencia, uno, de modo que podría decirse que Narayana es la trinidad más tradicional (Trimurti, p. 90) de Vishnú, Shiva y Brahma, que son "la forma del Señor dispersa por los mundos" —como lo son todos los dioses (recuadro a la izquierda). En la India ésta es la forma de entender cómo los dioses y diosas se relacionan con el Único que Dios debe de ser, el origen de todas las cosas, el Creador no creado de todo lo que existe. Lo que en principio podría parecer politeísmo (reconocimiento de muchos dioses) es una manera de hacer que el monoteísmo sea funcional y se practique en la India (recuadro a la derecha). Esto no siempre ha ocurrido, y ha habido conflictos. Aun así, esta comprensión fundamental de Dios es lo que permite que una forma particular de Él atraiga hacia sí otras formas, en una especie de aglutinamiento de la imaginación. Ha permitido también la "migración" de las formas de Dios, en el proceso descrito en las pp. 58-59.

Esto significa que algunas de las formas en que Dios aparece pueden perder importancia (dioses prominentes en los Vedas, como Indra y Varuna, más tarde no lo fueron), mientras que otros dioses adquirieron enorme significación, reuniendo a su alrededor creencias, leyendas y prácticas que, en un principio, pertenecían a otros dioses.

En teoría, debiera ser posible escribir el desarrollo histórico de cada uno de los principales dioses y diosas de la India, pero en la práctica esto es muy difícil, porque a menudo los periodos

> *Tú hiciste todas las variadas formas de culto y, a través de la fértil imaginación humana, todas las formas de religión —aunque estén en conflicto— y todos los dioses en ellas. Y así en incontables formas te has propagado.*
>
> *Oh, tú, que no tienes a otro cerca ni más cerca de ti. Tú, que con nadie te puedes comparar: es a ti a quien anhelo en mi deseo.*
>
> (*Tiruviruttam* 96)

iniciales y las partes componentes han sido absorbidos por la figura principal, y ya no es posible esclarecerlos. Es el caso de Shiva.

Shiva apenas aparece en los Vedas, salvo en una palabra para describir a Rudra, que significa "el auspicioso" (más tarde, Rudra se convertirá en un nombre de Shiva, cuando éste adquiere importancia). Rudra es el poder de destrucción, el fuego que quema, el agua que ahoga, el viento que destruye, el que mata. Sin embargo, sus atributos son auspiciosos, y Rudra es también el que recibe sacrificios y trae prosperidad a los hombres. Tiene cien cabezas y mil ojos, así que nada escapa a su mirada, y por ello es el que castiga y "da a los que hacen el mal los tormentos del infierno". Así como es "el Dios que mata" (*Atharva Veda* 1.19.3) es el que da fuerza a quienes la merecen.

Esta dualidad se trasladó a Shiva, pero éste no es una evolución del Rudra védico; se lo puede encontrar ya en sellos del valle del Indo, si la interpretación (pp. 60-61) es correcta. En todo caso, Shiva absorbe a muchas otras formas de Dios, y los aspectos duales de Rudra facilitan el proceso.

Alain Daniélou pasó toda su vida estudiando las religiones indias. Aquí describe la relación entre los muchos y el Único de la siguiente manera:

"En la religión politeísta [de la India], cada devoto tiene una deidad (ishtadevata) y no suele venerar a otros dioses del mismo modo que al suyo, aquel al que siente más cercano. No obstante acepta a otros dioses. El hindú, aunque venere al Omnipresente (Vishnú), al Destructor (Shiva), a la Energía (Shakti) o al Sol (Surya), siempre está dispuesto a reconocer la equivalencia de estas deidades como manifestaciones de poderes distintos que surgen de una incognoscible 'Inmensidad'. Sabe que el Ser o no-Ser está más allá de su alcance, más allá de la existencia, y que no puede ser venerado. Como se da cuenta de que las deidades no son más que otros aspectos de aquel al que venera, es tolerante y está dispuesto a aceptar toda forma de conocimiento o dogma que pueda ser válida. La persecución y la proselitización de otros grupos religiosos, por extrañas que le parezcan sus creencias, no constituyen actitudes justificables desde el punto de vista hindú".

(Daniélou, p. 9)

Naturaleza triple
Las líneas en la frente de Shiva simbolizan su triple naturaleza: varón, hembra, andrógino; creador, preservador, destructor. Para el símbolo de la mano, véase p. 128.

Shiva
Las tres caras de Shiva representando las diferentes formas en que aparece; aquí pintadas en un lienzo de lana de Dandan-Oilig, Khotan.

Shiva

Señor y origen de todas las cosas

PARA MILLONES DE PERSONAS SHIVA es la forma y centro de Dios en el culto y en la vida, porque absorbió en sí mismo a otros dioses y atrajo como sus consortes a muchas diosas, proceso que se facilitó porque encarnaba las dualidades de Rudra. Esto significa que imágenes y concepciones contrarias a Shiva pueden permanecer juntas. Las aparentes contradicciones en las manifestaciones de Shiva (recuadro, abajo) no son tales, porque sólo expresan que todas las apariencias están cargadas de *maya* (pp. 85, 87), y esta realidad sólo es perceptible como vistas fugaces, nunca como un todo. Por ello siempre es representado —no tanto en escultura—, con tres cabezas: dos opuestas unidas por una tercera conciliadora —creador, destructor y preservador, o masculino, femenino y andrógino (Ardhanavishvara; las tres líneas que los shaivitas se pintan en la frente representan la naturaleza triple de Shiva). También se representa con cinco caras, controlando los cinco sentidos, o vigilando los cuatro extremos y el cielo entero.

De esta manera, Shiva se convierte en el Único que contiene todas las pluralidades que constituyen la experiencia de la vida, el Único que les da existencia, las sustenta y las destruye —combinando en sí mismo tres funciones distribuidas, en otros lugares, entre tres dioses (p. 90). Ver a Shiva como el Único que es la fuente y origen de todas las cosas, incluso otras formas de Dios, produjo el himno del *Shetashvetara Upanishad* (recuadro a la derecha). Shiva es el Creador no creado de todo lo que

LAS MÚLTIPLES CARAS DE SHIVA

El dios Shiva puede asumir muchas formas; éstas incluyen:

- ॐ **EL ASCETA:** Su control genera el calor y el poder (*tapas*) que de otro modo se perderían; también es el amante erótico y ferviente.
- ॐ **EL AMANTE:** Modelo de amor conyugal con su consorte Parvati o Amba; sin embargo, sus amantes Kali, Candika y Durga son fieras y destructoras, y le transmiten el poder de destruir.
- ॐ **EL SEÑOR TODOPODEROSO:** El origen de la creación; sin embargo, sin la energía femenina, conocida como shakti (p. 116), carece de poder; a menudo yace muerto bajo sus pies.
- ॐ **EL CAZADOR:** Mata y desuella a su presa y danza sobre la piel aún sangrante; sin embargo, es el asceta ausente del mundo, que reduce a cenizas a Kama, el dios del deseo y el amor eróticos, con una mirada de su tercer ojo que discierne la verdad.
- ॐ **EL RENUNCIANTE:** El *samyasin* (cuarta etapa en las vidas de quienes observan el dharma), aparece cubierto con las cenizas blancas de la cremación, con un cráneo en la mano, como aceptación de la muerte (y un collar de cráneos también), acogiendo a sus enemigos, por lo que una serpiente se enreda en su cuerpo. También es Pashupati, el Señor de los animales; al fin de esta era danzará hasta la destrucción del mundo.

existe, y está también presente en el universo, como el Único que, con su danza de cinco gestos (*pancakritya*), gira la rueda de la creación y la destrucción. Shiva ha absorbido a Nataraja el Señor de la danza y se ha convertido en él. Ejecuta la danza de Tandava en los sitios de cremación, y la danza de los dioses en el monte Kailasa, en los Himalayas.

Su danza resume el divino *lila*, o diversión/deporte/juego: se envuelve en el *maya* (pp. 85, 87) de la creación para atraer a otros a su danza, y así liberarlos de la rencarnación. Danza en el centro del universo, en Chidambaram (Tillai, originalmente), en el sur de la India, en un templo bien conocido para los nayanares (p. 110s.) y "todavía el hogar del Shiva danzante" (el título del estudio de Paul Younger).

Shiva se aproxima más a la tierra en Varanasi (Benarés) o, con su nombre antiguo, Kashi, la Ciudad de la Luz. Aquí, Shiva está unido a su amada Ganga (el Ganges; forma fluida de la *shakti*, la energía femenina): él la capturó cuando cayó a la tierra y domesticó su turbulencia derramándola por entre sus cabellos rizados y permitiéndole luego que fluyera encima de la tierra con su poder dador de vida. En Kashi, lugar que Shiva escogió como hogar desde la creación, Ganga y Shiva se encontraron, y los devotos los encuentran a ambos —y esperan morir en su abrazo. Para los que mueren en Kashi, Shiva elimina el karma (actos pasados) que de otra forma conducirían a la rencarnación; él mismo susurra el mantra Taraka (barcaza) en sus oídos, y los lleva sobre la corriente. La fe los conduce a la libertad:

Aquí, en Kashi, el regalo es simple:
entrega el cuerpo al fuego.
Hasta el yogui con control de la mente
que vaga de vida en vida
aquí en Kashi
alcanzará la meta
simplemente muriendo.

(*Kashi Khanda* 60.55ss.)

Aquel que es Único, sin
ningún color pero que con
su poder distribuye colores
con fines ocultos, y dentro
de quien, en el principio y
el fin, el universo se
reúne, ojalá que nos dote
de claro entendimiento.

Ése es Agni, Aditya,
Vayu, y la luna.
Es Brahma. Es las aguas.
Es Prajapati.

Eres una mujer.
Eres un hombre.
Eres el joven y la doncella
también. Hombre
anciano, de paso vacilante
bastón en mano. Apenas
nacido, te recubres en
cada dirección.

(*Shetashvetara Up.* 4.1-3)

El cielo de Indra
El río Ganges en Varanasi: quienes se bañan en el Ganga o dejan una parte de sí (cabellos, huesos, etcétera), en la orilla izquierda, alcanzan el cielo de Indra.

Los hijos de Shiva

Ganesha y Kumara

OTRA FORMA IMPORTANTE DE UNIR EL CULTO de otros dioses al de Shiva fue asociándolos a él como descendencia (en el caso de diosas, como consortes). Dos de ellos son muy reconocidos y venerados en la India: Ganapati, más conocido como Ganesha, y Kumara (o bien, Skanda).

Ganesha es el dios con cabeza de elefante que da sabiduría y buena fortuna. Existen diversas narraciones sobre cómo perdió su cabeza y recibió la de un elefante: la perdió por la envidia de dioses o de demonios, o por la mirada de Shani (Saturno), o por un golpe del mismo Shiva, y la primera cabeza de remplazo fue la de un elefante. *Shiva Purana* registra una versión popular: cuando Ganapati/Ganesha nació de Parvati y Shiva (p. 116s.), era tan protector con su madre que incluso trataba de impedir que Shiva se le acercara. Shiva envió a sus criados a enseñarle mejores modales, pero en la lucha, la cabeza de Ganesha fue cortada. Cuando Shiva vio la pena de Parvati, remedió el hecho con la primera opción a mano: la cabeza de un elefante.

Esta unión se entiende ahora como la encarnación de una verdad fundamental en la religión de la India: que la forma humana contiene en sí una versión resumida de las energías del cosmos (cfr. tantra, p. 102s.): el hombre (el cuerpo) se une al inmenso cosmos (el elefante), a través de Dios, en Ganesha.

La palabra "elefante", *gaja*, se creía que derivaba de *ga*, "fin" o "meta", y *ja*, "fuente", "origen", de modo que Ganesha es Brahman (p. 84s.). En uno de los múltiples textos escritos que imitan a los Upanishads (como también en *Ganeshagita*, en el que Ganesha remplaza al Krishna del *Bhagavad Gita*), *Ganapati Upanishad* 2 dice simplemente: "Eres la forma visible de Eso" (cfr. los Mahavakyas, p. 85). Es posible que el culto del dios con cabeza de elefante sea muy antiguo, sobre todo en los pueblos, no obstante, ahora es venerado por doquier, hecho que va en aumento, desde el periodo de las narraciones épicas. Aunque hay pocos templos dedicados sólo a Ganesha, su imagen, esculpida o pintada, se encuentra en los hogares, los almacenes, bajo los árboles, porque es el que elimina obstáculos, la encarnación del éxito, el bien vivir, la paz, la sabiduría. Sus devotos lo invocan antes de emprender cualquier cosa, desde ceremonias religiosas (no funerales) hasta composiciones escritas, e incluso antes de venerar a otras deidades. Aunque para los ganapatyas es el centro de su veneración, no pertenece a ninguna secta, sino a todos los que necesitan su ayuda..

Cabeza de elefante
Ganesha es uno de los dioses de la India más populares y reverenciados, porque se piensa que trae éxito, paz y sabiduría a los que lo veneran.

El otro hijo de Shiva, Kumara, es el joven siempre casto que nació milagrosamente sin intervención de una mujer. Cuando los dioses eran acosados por Taraka, su enemigo, Indra envió una delegación ante Brahma para pedirle ayuda. Él les dijo que sólo un hijo de Shiva sería lo bastante fuerte para vencer al enemigo. Fue difícil sacar a Shiva de su meditación (p. 117), pero una vez hecho, nada, ni siquiera Agni (fuego), pudo soportar el calor de su simiente, hasta que el Ganges la tomó y la llevó a un lugar conocido como "el bosque de las flechas", y ahí nació Skanda, "el que surge" espontáneamente del semen. También se le dio el nombre de Kumara, porque permanece eternamente casto y joven.

Fue amamantado por las seis Pléyades (Krittikas), y para ese fin desarrolló seis caras, y entre muchos otros nombres se le conoce también como Karttikeya. Las seis caras se identifican con seis canales sutiles (*chakras*) a través de los cuales la energía del cosmos y el poder de Dios y la Diosa nacen en el cuerpo humano (p. 103). Como Kumara, el casto joven, es importante en el yoga porque con la concentración en él los jóvenes adquieren el control de su actividad sexual, deliberada o involuntaria. Los yoguis que adquieren este control, aun en el sueño, pueden utilizar las energías de la sexualidad para alcanzar a Dios, y se convierten en la imagen viva de Shiva.

Shiva tiene también muchos asistentes que son una forma de integrar cultos locales al sentir de que Dios se manifiesta en muchas formas. De particular importancia son los dioses y diosas que protegen a los pueblos, *grama-devata* y *grama-kali*. Las deidades aldeanas no se relacionan con los asuntos del cosmos, sino con sucesos regionales como los ritos de transición: el nacimiento, la muerte, y los imprevistos que amenazan con perturbar ese proceso —la enfermedad, el hambre y las inundaciones. En el pasado acceder a ellas implicó sacrificios de animales y, como son la fuente y el sustento de la vida, es más probable que fueran diosas y no dioses.

Saludos de Ganesha
Una tarjeta de salutación de Diwali con Ganesha. Por toda la India existen imágenes de él, a menudo pintadas a mano, en tiendas, hogares y oficinas.

Los santuarios de los pueblos suelen ser muy sencillos y casi independientes de los templos y del culto brahmánico. No obstante, algunos cultos han hecho el intento de integrarse al vasto reconocimiento de Dios que se hace en la India. Por ejemplo, según Sachinanand (*Culture Change in Tribal Bihar*), los oraon de la India central empezaron a invocar a Devi en sus ritos, hacia mediados de los sesenta, y a adoptar a Kabir (p. 120s.) como guardián. Jaru Bhagat trató de unificar, o "jalar", a los habitantes del pueblo hacia una devoción común, y como la palabra "jalar" (*tano*) aparece con frecuencia en sus himnos *bhakti*, se les conoce como tana bhagats.

En general, la religión de los pueblos no necesita ser una parte coherente de la devoción general de la India, tampoco está organizada ni unificada. Se ocupa de los acontecimientos inmediatos de la vida y de los espíritus de los antepasados. Por eso fue fácil vincular a Shiva con todos los dioses aldeanos, como asistentes. Mas, para un shaivita lo que importa es la devoción a Shiva.

Devoción a Shiva

Nalvar y los nayanares

Shiva y Ganga
Ganga, el río Ganges, nació de los pies de Vishnú y se derramó por los cabellos de Shiva para dar vida a la India. También hay un Ganga en el cielo (la Vía Láctea) y en el inframundo. (Patalaganga)

ENTRE LOS S. VI Y VIII D.C., hubo poetas que deambularon por el sur de la India visitando templos y santuarios dedicados a Shiva, donde alentaban a las personas a cantar junto con ellos los himnos tamiles de alabanza y amor.

Los mayores poetas involucrados fueron Campantar, Appar y Cuntarar, y son reconocidos como *muvar mutalikal* "los primeros tres santos". Después un cuarto, Manikkavacakar (c. IX d.C.) se sumó para completar el Nalvar "los Cuatro". Cada uno inspiró a otros, de quienes (y junto con ellos) 63 son conocidos como nayanares (líderes, guías).

Setecientos noventa y seis de los himnos de "los tres primeros santos" están reunidos en los siete primeros libros de *Tevaram*, obra también llamada *Tirumari*, "tradición sagrada", que los tamiles consideran escritura revelada, equivalente de los Vedas (p. 60). Sus himnos son la base de la devoción (*bhakti*) a Shiva, apreciada por los múltiples movimientos que conforman los shaivitas, y comparable a los himnos de los alvares (p. 98s.) a Krishna y Vishnú, también apreciados por los vashnavitas.

"Los tres primeros santos" visitaron 274 templos, como recordatorio de su compromiso con el ritual y para demostrar devoción a Shiva; más tarde algunos poetas bhakti rechazaron el ritual y estuvieron a favor de una devoción más personal hacia Dios (p. 113). Para "los tres primeros santos" los rituales del templo y del tantra eran formas prácticas de venerar a Dios. En escultura, Appar aparece, a menudo, con un azadón, con el que limpiaba la maleza alrededor del templo, símbolo de su deseo de abrir un camino hacia Dios.

Manos, uníos en veneración,
esparzan flores fragantes
sobre el Señor que captura
a la cobra que rodea su cintura.
¡Manos, uníos en veneración!

¿Para qué sirve el cuerpo
que nunca caminó por
el templo de Shiva,
ofreciéndole flores en el rito de veneración?
¿Para qué sirve ese cuerpo?

(Peterson, p. 256)

Tal como los himnos védicos y muchos de los posteriores poemas sánscritos de alabanza (*stotras*) se cantaban en el contexto de los sacrificios, así los himnos tamiles fueron parte de las ofrendas del *puja* (culto, p. 94s.). Se ofrecían como guirnaldas de flores:

Las flores hacen ornamentos,
y también el oro;
mas si nuestro Señor, que dulcemente habita en Arur,
quisiera un ornamento para sí,
de corazón, honrémoslo,
con el ornamento del canto Tamil.

(Peterson, p. 265)

Los himnos celebran la aparición y las hazañas de Shiva y, a menudo, recitan sus nombres y atributos, como lo hizo el poeta y dramaturgo Kalidasa dos siglos antes. Pero ahora los mitos y las imágenes se vinculan a los santuarios locales y a cada devoto, para acercarlo más a Shiva. Un himno de Campantar hace esta transición de los atributos generales de Shiva (andrógino, de cabello enredado, montado en un toro) a la persona y sitio locales:

Lo veneran, llamándolo el Señor
que es mitad mujer,
el Señor del cabello enredado, el dios que monta el toro.
Es el ladrón que robó mi corazón.
Es el Señor que vive en Pirampuram,
conocido por el santuario que una vez flotó
en la oscura corriente del oceano cósmico.

(Peterson, p. 247)

Así como las imágenes de los templos ayudan a los devotos a ver a Dios de manera directa, aunque mediatizada por la forma de la imagen, también los himnos están elaborados para ayudar a los devotos a ver a Shiva, aunque mediatizado por las palabras y la música. Intentan abordar las emociones, dejando de lado, momentáneamente, la reflexión (cfr. p. 40). Según un dicho popular: "No hay palabras que conmuevan a los que no se enternecen al escuchar estos himnos".

Esto ocurrió tan a menudo, que se desarrolló una nueva poesía bhakti, en la que deliberadamente se hizo a un lado el vínculo con el templo y el ritual.

Shiva no es un rey distante:

"Vino hacia nosotros entonando
canciones de variados ritmos,
y nos tomó por la fuerza.
Disparó las flechas de sus ojos
hacia nosotros; con palabras que
animan la pasión,
hábilmente nos sedujo,
nos enfermó de amor.
El dios portador de cráneos
[p. 106], montando su toro
veloz, vestido con una piel,
el cuerpo cubierto de cenizas
blancas, adornado con un hilo
sagrado; venid, ved al
Maestro cabalgando
por donde todos pueden verlo.
¡El Señor de Amattur es
un hombre hermoso,
en verdad!".

(Peterson, p. 210)

El amor es apasionadamente correspondido:

"Mi corazón se derrite de amor
por el dios hermoso
que lleva el río [Ganges]
en sus cabellos...
más dulce que la fruta dulce,
la caña de azúcar,
bellas mujeres tocadas con
flores frescas,
más dulce que el dominio
de vastas tierras
es el Señor de Itaimarutu
para quienes llegan a él".

(Peterson, p. 210).

Darshana
Acercarse a la representación de la deidad se llama darshana *("ver"). El devoto se acerca a la presencia de Dios a través de una imagen, aunque ésta no se identifique con Dios.*

Devoción a Shiva

Kannappar

A LOS "TRES PRIMEROS SANTOS" se agregó Manikkavacakar, otro de los grandes poetas de la devoción bhakti a Shiva. Sin embargo, supo de un amor más grande aún que el suyo. Dice un proverbio tamil: "El verdadero amor es el amor de Kannappar", y teniéndolo presente Manikkavacakar escribió:

No había amor en mí como el de Kannappar.
Cuando él, mi Señor, vio esto, entonces me hizo
suyo por su gracia, a mí, pobre sin comparación.
Pronunció la palabra y me hizo seña de aproximarme.
Engalanado, resplandece con gracia celestial;
lleva cenizas blancas y polvo de oro.
Hacia él, todo misericordia sin límites,
id, id, y respirad su alabanza, oh, abejas humanas.

(*Periya Purinam*)

Nueve sabuesos van
tras una liebre,
los placeres del cuerpo
gritan:
¡Suéltame!
¡Suéltame!
¡Suéltame! ¡Suéltame!
gritan los placeres
de la mente.
¿Te alcanzará mi corazón,
Señor de los ríos convergentes,
antes que las rameras
me toquen y me embistan?

(Ramanujan, p. 69)

¿Así era Kannappar, el hombre cuyo amor es proverbial, mayor aún que el de los santos más vehementes? Era un cazador de casta inferior que no podía guardar las reglas del ritual de pureza si deseaba honrar a Shiva. En vez de esto llevaba flores silvestres y trozos de carne (prohibida en el ritual), o cualquier cosa que encontrara. Un día, el brahmán a cargo del templo se sintió agraviado por la sucia apariencia de la imagen de Shiva, mancillada por los objetos impuros que le llevaba Kannappar. Empezó a limpiar la imagen, y realizó el ritual ortodoxo. Pero esa noche Shiva se le presentó al brahmán en sueños y le dijo:

Lo que a ti te preocupa, para mí no tiene precio. El hombre que hizo estas cosas es un hombre rústico. No conoce los Vedas ni los textos shaivitas. No conoce los ritos del culto. Pero no pienses en él; piensa en el espíritu y en la intención de sus actos. Su cuerpo tosco está lleno de amor por mí, su único conocimiento es lo que sabe de mí. Los alimentos que me obsequia, profanos para ti, son amor puro. Me ama sin límites. Y mañana te daré la prueba de su amor; ven y verás.

Los poetas *vacana* rechazan que los sacrificios, los rituales y el esfuerzo puedan acercar a Shiva:

"El cordero sacrificial
traído para el festival
se comió la hoja verde llevada
para el ornamento.

Sin saber que lo matarán,
lo único que quiere es
llenar la panza: nacer ese día,
para morir ese día.

Pero, dime:
¿Sobrevivieron los asesinos,
Señor de los ríos convergentes?"

(Ramanujan, p. 76)

Al día siguiente fue el brahmán al templo y vio llegar a Kannappar. En ese momento, Shiva hizo brotar sangre del ojo derecho de su imagen. Sin vacilar, Kannappar tomó una flecha, se vació su propio ojo derecho y lo colocó en la imagen, de la que dejó de brotar la sangre de inmediato. ¿Bastaba esto para demostrar su devoción? Acto seguido Shiva hizo que el ojo izquierdo de la imagen derramara sangre, y Kannappar se preparó para repetir su acción, pero Shiva lo detuvo, y el brahmán comprendió qué es la verdadera devoción.

Kannappar se convirtió en uno de los nayanares (p. 110s.), y señaló cómo para algunos devotos de Shiva, los rituales del templo eran menos importantes que la unión de compromiso y amor totales. Los portavoces de este fenómeno fueron los poetas *vacana* de los s. X a XII d.C., cuyos escritos están en lengua dravídica de Kannada. *Vacana* significa "un dicho", "algo dicho"; estos poemas son una especie de composición libre, aunque rigurosa (recuadro a la izquierda). Entre los más de 300 poetas *vacana* se distinguen cuatro: Allama, Basavanna, Dasimayya y Mahadeviyakka. Basavanna veneraba a Shiva en Kappadisangama, donde convergen tres ríos, fenómeno que se convirtió para él en el símbolo de la forma en que Shiva fluye hacia quienes son devotos del "Señor de los ríos que convergen" y se funde con ellos (recuadro a la izquierda, arriba).

Los poetas *vacana* no pretenden que el camino a la unión con Dios sea fácil. Las poesía de ausencia, común en la poética bhakti, se decanta aún más hasta convertirse en la poética de la aparente crueldad de Dios:

Te triturará hasta hacerte fino y pequeño.
Te pulirá hasta que muestres color.
Si tus granos se refinan
en la molienda,
si muestras color
en el pulido,
entonces nuestro Señor
de los ríos que convergen
te amará y te cuidara

(Ramanujan, p. 86)

Pero la experiencia de ausencia y de crueldad no dura. Shiva se acerca en todas las formas a quienes lo buscan. Mahadeviyakka veneraba a Shiva en el templo de Udutadi, donde se le conocía como el Señor blanco como el jazmín (recuadro a la derecha, arriba).

Los poetas *vacana* no eran los únicos en considerar que la unión con Shiva es más importante que la correcta ejecución de los rituales en el templo. Estaban en el centro de un movimiento conocido como virashaivitas, "héroes de Shiva". Eran conocidos también como lingayats, ya que el *linga* era para ellos el vehículo más importante de la presencia de Shiva.

La luz del sol visible
a lo largo de todo un cielo,
el movimiento del viento,
la hoja, la flor, los seis
colores de árboles, arbustos,
enredaderas; todo esto
es la devoción del día.

La luz de la luna, la estrella,
el fuego, los rayos y cada cosa
que tenga el nombre de luz
es la devoción de la noche.

Noche y día venerándote,
me olvido de mí,
Señor, blanco como el jazmín.

(Ramanujan, p. 130)

Regalos sencillos
Las ofrendas a Dios y la Diosa pueden ser muy simples, como aquí, junto al Ganga/Ganges, y no tienen que hacerse en el templo.

Mahadeviyakka era una seguidora de Shiva:

"Al igual que otras bhakatas, su lucha era por su situación, como cuerpo, como mujer, como ser social tiranizado por papeles sociales, como ser humano confinado a un lugar y un tiempo. A pesar de estas congojas, enardeció, desafiante, en su búsqueda del éxtasis.

Como el gusano de seda
que teje su casa con amor
desde su médula, y muriendo
dentro de los hilos de su cuerpo,
enredando con fuerza,
una vuelta y otra vuelta,
me consumo anhelando
lo que el corazón desea.

Despójame, oh Señor, de la
ambición del corazón, y
muéstrame tu camino, Señor
blanco como el jazmín".

(Ramanujan, p. 116)

Devoción a Shiva

El linga y los lingayats

CUANDO EL UNIVERSO LLEGÓ AL FIN de una era, Brahma y Vishnú discutieron sobre quién era su creador y el dios más grande. De súbito apareció una columna de luz. Ambos dioses acordaron que el primero que encontrara la base o la punta de la columna sería aceptado por el otro como el Dios supremo.

Vishnú se convirtió en un jabalí (una de sus formas clásicas de encarnación, *avatara*, p. 91), para poder excavar en la tierra, y Brahma se convirtió en un ganso salvaje que voló por los aires. Mientras más buscaban, la columna de luz se extendía más allá de ellos, y tuvieron que aceptar que ninguno era tan grande como pensaban. En ese momento, la luz reveló que era Shiva, en la forma de un *linga* cósmico: salió de la luz y se reveló como Maheshvara ("Dios supremo"), con cinco rostros (p. 106) y diez brazos, y Brahma y Vishnú se inclinaron ante él, reconociendo su supremacía.

Esta leyenda se relata en el *Shiva Purana* 2.1.6-9, y señala cómo los shaivitas hicieron de Shiva el Dios supremo. Pero también muestra la forma descollante en que Shiva se manifiesta, el *jyotir-linga*, el pilar de luz infinita. En general, el *linga* es el pene; se encuentra en los templos en asociación con el *yoni*, su equivalente femenino; ambos, órganos de generación. Juntos constituyen el poder fundamental que da existencia a las cosas.

La palabra *linga* significa "símbolo" y, por tanto, es la quintaesencia alegórica de Shiva, que no representa su apariencia en un icono o imagen completa; es *anicónico*. Los símbolos icónicos retratan a los dioses o diosas en algún aspecto de su ser o poder. El *linga* es el centro del culto en muchos templos. Se convirtió en el símbolo esencial de un grupo conocido como lingayats o virashaivitas (héroes de Shiva). Los lingayats surgieron por la inspiración y guía de Basavanna (p. 113). En el "sitio de los ríos que convergen", empezó a venerar a Shiva en el templo, hasta que en un sueño éste le ordenó que se fuera a servir a un rey distante. Basavanna lloró por la crueldad de Shiva, al alejarlo de su amado templo —"quitando la tierra

Culto al linga
Una devota baña un linga en leche, en un templo dedicado a Shiva.

debajo de un hombre cayendo del cielo, y cortando la garganta del incondicional devoto". A la noche siguiente, en otro sueño, Shiva le dijo a Basavanna que por la mañana se acercara al toro sagrado del templo; así lo hizo, y Shiva apareció en la boca del toro portando un *linga* que obsequió a Basavanna. Al llevarlo, Basavanna supo que Shiva estaría con él dondequiera que fuese, y desde ese momento se vio liberado de la dependencia de los rituales y templos.

Al difundirse la devoción de Basavanna por Shiva, se formó alrededor de él una comunidad de seguidores, los nuevos virashaivitas —llamados también lingayats porque su único símbolo ritual es un *linga* que llevan al cuello: no es necesario ningún otro recordatorio de Dios. Perderlo es tanto como encontrar la muerte espiritual, advertencia de que el cuerpo es el verdadero templo.

Símbolos de Shiva
Linga y yoni representan el poder creador de Shiva y Shakti como origen de la vida, como muestra esta edificación del s. XV en Java.

En la nueva comunidad todos eran iguales frente a Shiva, y sus miembros abandonaron las castas y todo ritual que no fuera el suyo. Prohibieron el matrimonio entre niños y aprobaron que las viudas se volvieran a casar. Hombres y mujeres eran considerados iguales; además, dejó de pensarse que estas últimas eran impuras durante la menstruación. Y como se piensa que quien venera a Shiva de este modo está unido a él al morir, los virashaivitas no siguen el ritual de cremación, ni de consagración de los muertos a sus antepasados, tan sólo entierran el cuerpo.

Una seguidora de Shiva fue Mahadeviyakka. Abandonó los convencionalismos (recuadro a la izquierda) y se deleitó en la asociación de Shiva con Shakti, la energía femenina en la forma de una diosa (recuadro a la derecha). En una corta vida de grandes luchas, se apartó de las trivialidades del mundo para ser una con Dios:

¿Por qué he de necesitar esta imitación
de un mundo agonizante?
¿Este orinal de ilusiones,
burdel de pasiones fugaces,
este excéntrico,
y rezumante subterráneo?

(Ramanujan, p. 133)

Rizos de lustroso cabello rojo,
una corona de diamantes,
hermosos dientes pequeños
y en un rostro sonriente,
ojos que alumbran
a catorce mundos
—contemplé su gloria,
y al verla, hoy apago
el hambre de mis ojos...
Vi al Único Grande
que juega al amor con Shakti,
original del mundo.
Vi su actitud
y comencé a vivir.

(Ramanujan, p. 120)

El centro de devoción de millones de personas en la India es Shakti como Mahadevi, la Gran Diosa.

La Diosa y Shakti

Energía femenina divina

EL LINGA Y EL YONI son los complementos masculino y femenino en la creación y el origen de la vida. Son los símbolos supremos de Dios/la Diosa entendidos como "uno solo, sin otro más" del que procede toda la creación. El Único, el origen de la existencia, puede ser identificado con nombres diferentes (Brahman, Brahma, Narayana, Vishnú, Shiva, etcétera), pero la naturaleza esencial del Único está más allá de nombres y palabras. Aun así, los hombres sólo pueden acercarse al Único en las formas en que Él es accesible a los sentimientos y pensamientos humanos.

Debido a la dependencia mutua de varones y hembras para la iniciación de la vida, el Único puede ser masculino o femenino (o una fusión de ambos, como en la forma andrógina de Shiva, p. 105). Del Origen absoluto de todo lo que existe, como quiera que se identifique, proceden las múltiples manifestaciones de la Diosa y de Dios.

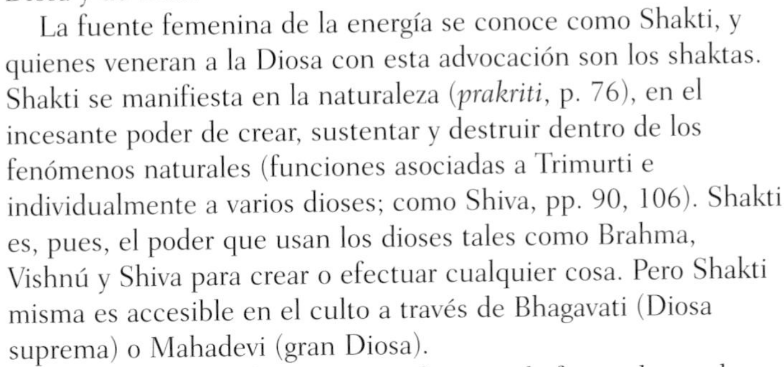

La fuente femenina de la energía se conoce como Shakti, y quienes veneran a la Diosa con esta advocación son los shaktas. Shakti se manifiesta en la naturaleza (*prakriti*, p. 76), en el incesante poder de crear, sustentar y destruir dentro de los fenómenos naturales (funciones asociadas a Trimurti e individualmente a varios dioses; como Shiva, pp. 90, 106). Shakti es, pues, el poder que usan los dioses tales como Brahma, Vishnú y Shiva para crear o efectuar cualquier cosa. Pero Shakti misma es accesible en el culto a través de Bhagavati (Diosa suprema) o Mahadevi (gran Diosa).

Shakti/Mahadevi luego se manifiesta en la forma de muchas diosas que ejercen aspectos particulares del poder en el universo —poderes que expresan las dos maneras como trabaja la naturaleza, para crear o para destruir. Estos aparentes opuestos son, en realidad, aspectos de la única realidad; uno necesita del otro. Ambos provienen de Mahadevi y de Shakti y en ellas se unen.

Lakshmi
Lakshmi acompaña a Vishnú en todas sus encarnaciones y trae la buena fortuna a los que la adoran, incluyendo a Shiva, según los vaishnavitas, porque él se inclinó ante ellas y reconoció su poder. Es venerada por toda la India, no tanto en los templos como en los hogares.

Entre las manifestaciones creadoras con forma de diosa existen dos importantes ejemplos:

- Lakshmi: ella es el poder de Vishnú, dadora de buena fortuna; por ello se conoce como Sri (*Shri*, auspicioso; texto a la izquierda).
- Parvati: hija de la montaña, el Himalaya, de quien fluyen el sustento y la fuerza. Se convirtió en la esposa de Shiva cuando él se lamentaba de la muerte de su inmolada esposa Sati, una de cuyas encarnaciones es Parvati. Según el *Matsya Purana* 154, 289-292, Shiva se retiró a meditar al monte Kailasa, y el demonio Taraka aprovechó su ausencia para aterrorizar al mundo. Brahma envió al dios del amor, Kama, para despertar en Shiva el amor por Parvati, para que naciera un hijo que

destruyera al demonio. Pero Shiva, habiendo renunciado al mundo en el ascetismo (*tapas*), destruyó a Kama con un rayo de su tercer ojo y se burló de la piel oscura de Parvati. Ella abrazó el ascetismo para ganarse su amor, y tuvo éxito. Su hijo Kumara (o Skanda, o Karttikeya, p. 109) acabó con Taraka. Más tarde tuvieron otro hijo, Ganesha, el dios con cabeza de elefante (p. 108).

La temible Kali
Como el aspecto terrorífico de Shakti, Kali suele ser negra, con cuatro brazos, dos de los cuales sostienen cabezas cortadas sangrantes y los otros dos esgrimen una daga y una espada. Un collar de calaveras adorna su cuello, y de la boca cuelga la lengua, goteando la sangre de aquellos a los que ha devorado. También se muestra sosteniendo su propia cabeza y bebiendo su propia sangre, que brota de una herida en el cuello.

En el extremo opuesto se encuentran las formas crueles y destructoras de la Diosa, el ejemplo encarnado de que la muerte, el miedo y el dolor son producto de la naturaleza tanto como lo pueden ser todo lo benigno y placentero, y de que las diosas se encuentran en medio de todo ello: lo terrorífico se convierte en terror sagrado.

Particularmente reverenciada entre éstas es Kali. Se la vincula con Kala, el tiempo, y representa su naturaleza todopoderosa y devoradora. Se dice que tiene una terrible apariencia, va desnuda o cubierta con una piel de tigre, demacrada, con dientes como colmillos de animal, el cabello enredado y los ojos al revés por la embriaguez. Con una guirnalda de cabezas humanas, ceñida a veces por brazos cortados, riendo y aullando, danza, con frenesí salvaje, en los crematorios con una espada y un dogal o una calavera sobre un cayado.

Antiguamente se ofrecían sacrificios humanos a Kali (*Kalikapurana* 71), luego sacrificios de chivos, en el templo principal donde se le rinde culto, Kalighata (en Calcuta). Algunos devotos de Kali eran llamados Thugs (de ahí surge la voz inglesa thug, malhechor, asesino): le ofrecían sacrificios y luego cometían robos con asesinato.

Se cuenta mucho un relato en el que los dioses no pudieron vencer a un grupo de demonios, y recurrieron a ella. En la versión de *Devimahatmya*, ella se enojó y Camunda saltó de su frente, aplastó a los demonios entre sus quijadas y decapitó a los demonios héroes, Canda y Munda, y llevó las cabezas a Mahadevi en obsequio. Kali también venció a Raktabija, de quien se pensaba que era invencible porque, cuando lo herían, de cada gota de sangre emergían réplicas exactas de su persona. Kali devoró a cada una a medida que aparecían.

Kali es venerada como Aquella que ha estado encarnada y ha vencido a lo peor que el tiempo y la naturaleza pueden producir. Sus seguidores comparten su victoria sobre la oscuridad y lo amenazador que ella personifica de manera tan gráfica, en los relatos y en la escultura. Es el mismo caso de Durga.

La poderosa Durga
Durga significa "la que es difícil de encontrar", o "la que enfrenta la adversidad". Montada en un león derrotó a Manisha. Su mantra germinal (p. 129) es DUM.

La Diosa y Dios

Unión de cultos

DE TODOS LOS DEMONIOS el más peligroso era Mahisha (el demonio búfalo), o Mahishasura (los *asuras* son oponentes de los dioses y diosas). Era considerado invencible porque Brahma prometió que ningún ser humano o dios lo podría matar. El mito señala que cuando Mahisha sometió al mundo, decidió conquistar el cielo y para ello retó a Indra, quien peleó pero fue derrotado y huyó, pidiendo primero la protección de Brahma, luego la de Shiva y al final la de Vishnú; todo en vano debido a la promesa de Brahma.

Aterrorizados y furiosos, los dioses generaron una intensa energía dentro de sí, y esto dio existencia a Shakti en la forma de Mahadevi, que se presentó como Durga, la diosa más feroz. Cada dios le dio su arma especial y, reconociendo su impotencia en comparación con ella, la rodearon con gritos de aliento y triunfo.

Cuando Mahisha oyó esto, envió mensajeros para averiguar qué estaba ocurriendo; éstos le llevaron noticias de la mujer más hermosa que hubiesen visto. Mahisha los envió de nuevo a proponerle matrimonio, pero Durga, confundiéndolos con su seductora belleza, los mató a todos. Mahisha entonces tomó forma humana y le propuso matrimonio personalmente, pero Durga contestó que, como tenía que proteger a los justos, él debía volver al infierno o pelear. Confiado en la promesa de Brahma, Mahisha la atacó convirtiéndose en diversos animales, pero en vano. Fue asesinado por una diosa, no por un dios, así que la promesa de Brahma no se rompió.

Esta leyenda muestra la superioridad de la Diosa sobre Dios. Pero esta relación no se ha expresado sólo así. En un extremo, el poder de la Diosa es controlado por Dios: se piensa que ella es cruel y salvaje hasta que se convierte en consorte de un dios y por ende en el modelo de esposa sumisa que es la mujer india. Aun Parvati (p. 116s.) tenía un aspecto feroz hasta que fue esposa de Shiva. A partir de ese "matrimonio entre una diosa y un dios" se unen cultos que antes estuvieron separados. Shri (la auspiciosa) se convirtió en consorte de Vishnú, aunque originalmente no estaba vinculada a él. Una vez unido el culto de ambos, Shri se hizo inseparable de Vishnú, quien ahora lleva en el cuerpo su marca (*shrivatsa*), y Shri llegó a ser identificada con Radha (p. 96s.). Los shrivaishnavitas llegaron a ser numerosos en el sur de la India, y valoraban tanto los himnos y tradiciones de los alvares que eran conocidos como "los de las dos escrituras sagradas": el Vedanta y los himnos alvares.

En el otro extremo, Dios depende por entero de la Diosa en cuanto al poder: ella es la fuente de *shakti*, sin lo cual los dioses son impotentes. A Mahadevi, conocida como la Madre del Mundo (*jagad-ambika*), se la pinta sentada en un trono como Bhuvaneshvari, Gobernante del Universo; las cuatro patas del trono (*panca-pretasana*, "asiento de los cinco cadáveres") son los cuerpos sin vida de Brahma, Vishnú, Rudra e Ishana; los dos últimos son formas de Shiva, y el asiento es el cadáver de otra forma de Shiva, Sadashiva.

El tantra (p. 102s.) enlaza los dos extremos donde la unión de femenino y masculino es esencial. Aquí Kali es la consorte de Shiva como su *shakti*. Juntos danzan en los crematorios, baile que amenaza destruir el cosmos hasta que Shiva somete a Kali. Aunque ella también danza sobre el cuerpo itifálico de Shiva, expresando la unión de la conciencia pasiva (*purusha*) y la energía dinámica (*prakriti*), las cuales forman el universo.

En mí todo este mundo se hila en todas direcciones...

Yo soy el Señor y el Alma Cósmica [la identidad de Brahman y Atman, p. 86]; yo mismo soy el Cuerpo Cósmico.

Yo soy Brahma, Vishnú y Rudra, así como Gauri,Brahmi y Vaishnavi...

No hay nada que se mueva o no, desprovisto de mí.

Porque si así fuera, sería imaginario, como el hijo de una mujer infértil.

Tal como una cuerda puede parecer una serpiente, o un festón, yo puedo aparecer con la forma del Señor u otro semejante.

(Brown, p. 118)

El tantrismo shakta es muy variado. Shrividaya (sabiduría auspiciosa) es una de sus variedades, muy difundida en la India. El nombre de la Diosa en este culto es Lalita, o Shri. Pero en comparación con la Shri de los shrivaishnavitas, no es "auspiciosa" (*shri*) por su unión con Vishnú o cualquier otro dios; lo es por derecho propio y, aunque está unida a Shiva, no depende de él. Tiene el poder de cambiar el orden creado como se le antoje, y sus seguidores la veneran para que ese poder se manifieste en necesidades y ocasiones específicas.

Lalita es, pues, un paso importante hacia el concepto de la Diosa por encima de todos los dioses (y otras manifestaciones de la Diosa). Esto llegó a equipararla con Brahman (p. 85), el absoluto, el supremo, el Creador no creado de todo lo que existe. La expresión de esto está en el *Devi Gita*, texto escrito como complemento del *Bhagavad Gita* (p. 92s.).

Es una obra de 507 versos que aparecen como los capítulos 31 a 40 del libro 7 del *Devi Bhagavata Purana*, posterior al s. XI a.C. Existen muchas imitaciones del *Bhagavad Gita*; en el *Devi Gita* esto es notorio porque ve a Mahadevi Bhuvaneshvari como Brahman en términos de advaita (recuadro a la derecha, arriba).

Pero Brahman como Mahadevi es en esencia la Diosa, y por tanto el *Devi Gita* gira alrededor de la *bhakti* (7.11-27). Sólo por la devoción se comprende que la naturaleza de la Diosa es la propia.

Durga en combate
Durga, luchando con el casi invencible demonio búfalo Mahishasura.

Atención constante
Como el martín pescador
vigila a su pez,
como el orfebre fija la vista
en el oro mientras lo labra,
como el libertino mira
insistente a la mujer de otro
hombre, como el apostador
clava los ojos en los dados
cuando los echa,
de esta manera, por
dondequiera que miro, no
veo más que a ti ¡Oh, Ram!
Eternamente medita
Nam a los pies de Dios.

Kabir

Encontrar a Dios por doquier

LA APASIONADA UNCIÓN HACIA DIOS O LA DIOSA, en la bhakti (pp. 93, 95) produjo personajes a los que se les dio el nombre de *sants*, básicamente personas religiosas y santas, que para el s. XV y XVI d.C. se habían organizado en escuelas de aprendizaje. Para ellas Dios trasciende las palabras y descripciones humanas (cfr. *nirguna* Brahman, p. 86; Brahman sin atributos). La devoción a Dios puede ser directa, sin necesidad de intermediarios, ni siquiera de un avatar (encarnación) de Dios, ni cosas como ritos, peregrinaciones ni sacrificios:

Las peregrinaciones y los sacrificios son
una enredadera venenosa que se ha esparcido
por todo el mundo.Kabir la ha arrancado de raíz,
para que la gente no ingiera su veneno.

(Vaudeville, p. 206)

Hasta el ascetismo y el celibato pueden interferir en la unión amorosa con Dios (cfr. los debates entre los hassidim y los mitnaggedim, p. 223). El camino hacia esta unión es accesible a todos, por lo que los de casta inferior y las mujeres pueden ser sants. Sólo se necesita, según el sant Namdev, tener la atención constantemente en Dios (texto a la izquierda, arriba). Entre muchos grandes sants, como Namdev y Ravi Das, el más conocido es Kabir (s. XV d.C.), tejedor de casta inferior del norte de la India. Musulmán por nacimiento (aunque fuentes posteriores dicen que nació de una viuda brahmán y fue adoptado por padres musulmanes), Kabir encontraba a Dios en todas partes, tanto entre los hindúes como entre los musulmanes: "Benarés para el Oriente, la Meca para el Occidente; mas id a vuestro propio corazón, y hallaréis a Rama y a Alá". Kabir solía referirse a Dios como Hari, el Señor (Vaudeville, p. 178):

Cuando yo era, Hari no era,
ahora Hari es y yo ya no soy:
se desvaneció la oscuridad cuando encontré
la lámpara en mi corazón.

Pero Dios tiene muchos nombres para los que lo aman: Ram, Alá, Karim, Rahim (el Misericordioso). Lo que importa es percibir su presencia en el pulso de la vida en todo momento:

Un santo conserva su santidad
en medio de las impías hordas,
tal como el árbol malaya
conserva su frescura
pese al abrazo de
una serpiente venenosa.

Caballos, elefantes en manada;
pabellones reales y
ondulantes estandartes:
¡más mendicidad
que abundancia,
si el mendigo nunca deja
de invocar a Hari!

(Vaudeville, p. 173)

Hari mora en el Oriente, dicen,
y Alá en el Occidente [la Meca],
mas buscad en el corazón de vuestro corazón:
ahí mora, Rahim-Ram. Todo hombre y mujer
nacidos alguna vez no son más que formas de Ti
mismo: Kabir es el hijo de Alá-Ram:
él es mi gurú y mi pir.

El *pir* en el islamismo es el guía espiritual, el equivalente del gurú. Kabir sabía que su único guía y gurú era Dios, quien va de prisa a lo hondo del alma de quienes lo anhelan con amor, y que de seguro no está en la puerta verificando la credencial de quienes fielmente llegan, antes que se les permita entrar (recuadro a la derecha).

En la India, *sati* es la viuda que, devota de la verdad expresada en el *dharma* (deber), se sacrifica arrojándose a la pira funeraria de su esposo. Según Kabir, las verdaderas *satis* son las que lo sacrifican todo en vida para arrojarse a Dios y convertirse en una gota de agua que se pierde en el vasto océano de Dios. Ésta es metáfora común en la India —y en otros lugares (cfr. Eckhart, p. 274)— por lo que significa para el alma estar unida verdaderamente a Dios. Pero Kabir conocía a Dios lo bastante para saber que lo opuesto también es cierto: "Todos saben que la gota se une con el océano, pero pocos que, cuando esto ocurre, el océano también se une con la gota". Kabir era el poeta de la devoción total, y como se ve encontraba a Dios en la textura y trama del mundo (recuadro a la izquierda). Kabir vivió como murió, en adhesión a Dios, y no a una religión u otra:

Repitiendo "Tú, Tú", me convertí en lo que Tú eres:
en mí ya no queda "yo". Ofreciéndome a tu Nombre,
dondequiera que miro ahí estas Tú.

Los seguidores hindúes y musulmanes de Kabir, fieles a su humano egoísmo, empezaron a pelear por su cuerpo: ¿habría que enterrarlo como musulmán, o incinerarlo como hindú? En el pleito, arrancaron la sábana que lo cubría y no hallaron más que flores. La mitad fueron enterradas y la mitad incineradas. Aparentemente ése fue el fin del relato. Pero aún quedaban cosas por venir.

Aun si eres un pandit,
y conoces todas las escrituras y
todas las ciencias y gramáticas,
y si conoces todos los tratados y
conjuros y bálsamos,
al final morirás...

Y si eres un yogui, un yati,
un tapi o un samnyasi, en
interminables peregrinajes
—con el cabello rasurado
o arrancado, un Silencioso o
Uno con rizos enredados,
al final morirás...

Dice Kabir: he pensado
y ponderado, observando
al mundo entero:
nadie nunca ha escapado.
Así que he buscado refugio en
Ti: ¡libérame de la ronda
de nacimientos y muerte!

(Vaudeville, p. 241)

El océano y la ola
Susurra el nombre de Hari
y tus pecados desaparecerán.
Tú eres yo, y yo soy Tú,
sin diferencia, como el
oro y el brazalete,
el océano y la ola.
(*Adi Granth*)

Gurú Nanak
La vida de Gurú Nanak se relata en relatos reverentes llamados Janam-Sakhis. Aquí aparece con las ropas de un hombre santo, en un escenario rural, pues pasó muchos años de asceta errante.

Los sikhs

Gurú Nanak

DEBIDO A QUE KABIR ENCONTRÓ A DIOS con absoluta certeza en lo hondo de su propia vida, por ello se volvió crítico de los rituales externos y de las rivalidades entre religiones:

El Señor Dios es como azúcar derramada en la arena:
un elefante enfurecido no logra tomarla.
Dice Kabir: El gurú me dio la solución:
¡conviértete en hormiga y cómela!

Esta manera heterodoxa de entender a Dios hizo incierto su propio futuro religioso. Sus seguidores se organizaron en un grupo (Kabir Panth) que continuó expresando su pasión por Dios en el corazón, y no en instituciones, así como sus protestas sociales, pero ese movimiento nunca se extendió mucho. Sin embargo, la contribución de Kabir tuvo consecuencias religiosas mayores, pues sus opiniones influyeron en un joven Punjabi: Nanak (1469-1539 d.C.), más tarde el Gurú Nanak, el primer gurú humano de lo que sería la religión sikh. No se sabe qué tan *directamente* influyó Kabir en Nanak. Existen narraciones, al parecer tardías, que hablan de encuentros, con el fin de ensalzar a Nanak al decir que Kabir reconoció que aquél era más grande que él mismo.

Dejando de lado la posible influencia, tenían mucho en común. Ante todo, ambos compartían la misma sensación irresistible de Dios como origen de todas las apariencias, de éste y cualquier otro universo. Esto se refleja en el Mantra Mul (recuadro, abajo).

Al igual que Kabir y otros en la tradición *sant* (p. 120), Nanak creía que se puede conocer directamente a Dios. Y que es verdad que Él está por encima del entendimiento y más allá de las palabras, el Único que da existencia a la creación con una sola palabra, y quien decide qué hacer o deshacer (*AG*, p. 413). Se puede pensar en Dios como en un jardinero,

EL MANTRA MUL

La composición que se convirtió el mantra fundamental del Adi Granth:

El Mantra Mul fue una de las primeras composiciones de Gurú Nanak. Está en el *Adi Granth* (*El libro primero* o *primordial*, conocido también como *Gurú Granth Sahib*, p. 126), la colección de las palabras inspiradas por Dios, reunidas por el gurú, Arjan, que incluye 226 *shabads* (cantos) del propio Kabir. El Mantra Mul es intraducible, pero expresa que: "Existe Un Ser cuyo Nombre es Verdad, Origen y Creador, sin miedo, sin hostilidad, intemporal, no nacido, existente por sí mismo, la gracia del Gurú".

atendiendo las plantas, cuidando su crecimiento (*AG*, p. 765), pero Dios no debe ser confundido con el jardín: "Es completamente otra cosa, y está fuera del tiempo: es su luz la que refulge en la creación, y esa luz está en todos y en todo" (*AG*, p. 579):

Sólo Tú eres el Creador,
todo lo que existe procede de ti,
sin ti nada podría existir: siempre creando,
ves y conoces todas las cosas.
Dice Nanak el esclavo: A través del gurú te revelas.

(Oración vespertina, *Rahiras*)

Pese a esta trascendencia absoluta, Dios desea ser conocido. La Palabra de Dios crea todas las cosas, y por lo tanto la creación mediatiza la naturaleza (o Nombre, p. 124) de Dios: "Todo lo que hace es expresión de su Nombre. No hay nada, en ninguna parte de la creación, que no sea esa expresión de sí" (*AG*, p. 4). Esto significa que Dios puede ser hallado y discernido por doquier:

Eres el océano, abarcándolo todo, conociéndolo y viéndolo todo.
¿Cómo puedo yo, un pez en el océano, percibir los límites
de lo que eres?
Adondequiera que miro, ahí estás.
Si te dejo, me asfixio y muero.

(*AG*, p. 25)

Gurú Nanak alcanzó la verdad de todo esto por experiencia directa. En Sultanpur, hacia 1499 d.C., al bañarse en el río Bein, desapareció en el agua durante tres días. Cuando emergió de nuevo, pasó un día más meditando en silencio, y luego proclamó: "No hay hindú, no hay musulmán", con lo cual no quiso decir que haya una sola religión universal, sino que ninguno vive su fe íntegramente. Una biografía de Nanak consigna que recibió una comisión directa de Dios (recuadro a la derecha, arriba).

Gurú Nanak regaló todas sus posesiones y pasó los siguientes 24 años recorriendo la India y otros países, destacando la verdad de Dios. De esta sencilla manera, desechando castas y sacrificios, empezó la religión sikh, y el relato acerca de Dios dio un nuevo giro.

Como fue la voluntad del Ser Primordial, el devoto fue llevado a la Presencia Divina. Luego le fue dada una copa de amrit [el brebaje de la inmortalidad, esencial en los ritos sikhs], con la orden: "Nanak, ésta es la copa de la adoración del Nombre. Bébela: estoy contigo, y te bendigo y te enaltezco. Quienquiera que te recuerde tendrá mi favor. Ve, regocíjate y en mi nombre enseña a otros a hacerlo también... Te confiero el don de mi Nombre. Ésta será tu vocación". Nanak ofreció sus saludos y se levantó.

(Bhai Vir-Singh, p. 16)

Prácticas sikhs
A diferencia de Kabir, Gurú Nanak sí organizó a sus seguidores. Cuando se estableció en Kartapur, todos observaron una rutina cotidiana de bañarse, cantar himnos y comer juntos.

Los sikhs

El nombre de Dios

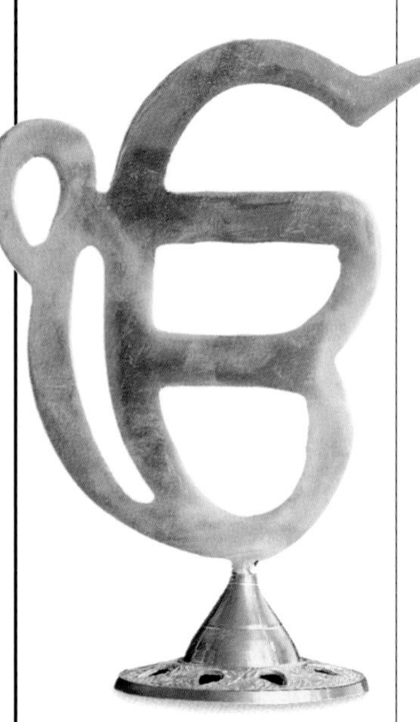

Ik Onkar
Éste es el compendio fundamental de la religión sikh de que Dios es Único, la fuente de todo lo que existe. Contrasta, aunque no choca, con el concepto indio generalizado de que Dios se manifiesta en diferentes formas, como en Trimurti (p. 90).

PARA LOS SIKHS, el símbolo supremo de Dios, que se muestra a la izquierda, es Ik Onkar, o Ikk Oan Kar. Es la primera línea del Mantra Mul (p. 122). Está formado por:

- El número 1.
- El signo de Oan ("lo que verdaderamente es", del sánscrito Aum, p. 128).
- La palabra *kar*, "sílaba".

Significa literalmente "la sílaba Oan [es] Una", esto enfatiza la Unicidad absoluta de Dios. Resume (y, cuando es proferida, *es*) la realidad de Dios.

La siguiente línea del Mantra Mul es Sat Naam, el "Verdadero Nombre". Para los sikhs, al igual que para la religión en la India, la realización de Dios llega a través del sonido y la pronunciación del Nombre: la naturaleza dinámica de Dios es transmitida por el sonido sagrado de los mantras (p. 129). De ahí que para los sikhs la concentración y la meditación en Nam, el Nombre (*Nam simaran*) sean fundamentales. A la religión sikh se le llama a veces Nam Yoga, porque así es como los sikhs reciben la revelación de Dios:

Meditad en el nombre de Dios, y a través del Nombre entrad en la suprema bienaventuranza.

(AG, p. 26)

A lo que es verdaderamente real se le ha dado muchos nombres (Dios, Rama, Alá, Vishnú, Shiva), y todos manifiestan, en alguna medida lo que es Dios, pero Nam, la esencia (naturaleza y ser esenciales) de Dios está más allá de estos nombres y aproximaciones (recuadro a la izquierda, abajo). *Nam simaran* no es un mero asunto de recitar el nombre de Dios. Gurú Nanak dijo: "Cualquiera puede pronunciar el nombre de Dios, pero hacerlo no es la realización. Sólo cuando Dios se establece en el interior, por la gracia del gurú, aquél recoge fruto... ¿Por qué gritáis frenéticamente el nombre de Dios, cuando quienes han alcanzado a Dios lo llevan escondido en el corazón?"

Gurú Gobind Singh hizo la misma advertencia: recitar las palabras no es lo que cuenta sino alcanzar el poder que existe en ellas: "Llamáis a Dios cinco veces en voz alta; lo mismo hace el lobo en el invierno. Como si pudieran alcanzar a Dios repitiendo 'Tú, Tú, una y otra vez; pues bien, los pájaros lo hacen siempre".

¿Cómo puede conocerse a Nam? Nam está dentro de nosotros, mas ¿cómo alcanzarlo? Nam opera en todos lados, llena todo el espacio. El gurú perfecto [Granth Sahib] te despierta a la visión de Nam. Por la gracia de Dios se alcanza esta iluminación.

(AG, p. 1242)

Nam, el Nombre, es el punto de contacto para el hombre con el Único que está más allá del conocimiento, pero que se encuentra en lo profundo de su propia naturaleza. Para vincularse con Dios, no son necesarios ni mediador (como un *avatara*, o encarnación) ni ritual; aunque los sikhs suelen usar un *mala*, parecido al rosario de los cristianos. La música y la danza se miran con suspicacia: en efecto crean estados de trance y gozo (cfr. p. 40s.), pero pueden distraer de Dios:

Es la mente la que debe danzar hasta alcanzar el estado de devoción, para que, a través de la palabra del gurú, se encuentre con el Nombre. Quienes gritan, chillan y giran el cuerpo cosechan ilusiones y dolor en su interior.

(*MajhM.* 3)

Ofrecerse a Dios es el único ritual o sacrificio requerido. "Las idas y venidas de la mente cesan, y uno vive como en una perpetua alborada de Gloria." En palabras del Gurú Amar Das, "cuando cerráis las nueve puertas [de los sentidos], y las interacciones con el mundo cesan, alcanzáis el descanso en la décima puerta, vuestro verdadero hogar. Aquí escucháis incesantemente la palabra del Gurú, aunque no sea proferida". Lo cual no implica el rechazo al mundo: significa reconocer a Dios en todo sitio y vivir con responsabilidad y deleite.

La unión del ser con Dios es como la unión de los amantes. El alma, por tanto, debe desechar mentiras y engaños. Como comenta un escritor sikh, "la novia que quiere acostarse con Dios debe vestirse con la completa desnudez del alma" (Gopal Singh, p. 34). Los gurús suelen hablar desde el punto de vista de la novia, que espera al amado:

Banco de Delhi
El Banco de Reserva de la India. Cuando a Gurú Ram Das le preguntó un hombre qué debía hacer para salvarse, contestó: "¡Ve y abre un banco en Delhi y reza por tus clientes!"

Mi mente y mi cuerpo languidecen, pero mi amado está lejos, en tierras desconocidas. El Amado no viene a casa, me consumo en suspiros y el relámpago me atemoriza. Yazgo sola en el lecho, atormentada; madre, el dolor es como la muerte para mí. Sin el Divino, ¿cómo puede haber sueño ni hambre? ¿Cuáles ropas pueden calmar la piel? Nanak dice que la novia está de veras desposada cuando el Amado la ciñe en su abrazo.

(*Barah Maha* 3)

La ausencia aumenta el deseo ardiente de Dios (cfr. *viraha bhakti*, p. 95), y al final Dios recibirá a quienes se acercan en la fe, como dijo Gurú Amar Das: "El mundo arde, sálvalo, oh, Dios, por cualquier puerta por la que los hombres vengan hacia ti".

Los sikhs

Gurú Granth Sahib

Sin la Palabra, uno se condena a vagar por el océano sin mapa. Las cosas del mundo tiran de nosotros hacia el fondo. Piensa, usa tu comprensión de la Palabra, y navegarás a salvo hacia Dios.

(Kaur Singh, *p. 19*)

EN 1630 d.C., GURÚ ARJAN, el quinto gurú sikh, se dio cuenta de que la comunidad sikh (Panth) se extendía, por lo que decidió que la revelación de Dios a través de Gurú Nanak debía ser reunida. Sabía que la comunidad en expansión, Khalsa, necesitaba un guía, pero era obvio que las personas ya no podían acudir físicamente a un solo lugar a consultar a un único gurú humano. También le preocupaba que palabras espurias fueran presentadas como revelación.

Los himnos y poemas fueron organizados en 31 secciones, según su medida musical, y luego ordenados según la fecha, en sucesión, de los gurús. A la colección se le dio el nombre de Granth ("libro"), y como contiene la autorrevelación de Dios, llegó a conocerse como el Gurú, digno de respeto (*sahib*), de donde surge el nombre Gurú Granth Sahib; también es el primer libro, o primordial, Adi Granth. Al morir el décimo gurú, Gobind Singh, en octubre de 1708, dejó instrucciones de que no habría más ningún gurú sucesor, sino que este libro sería el gurú vivo. Los sikhs dicen cada día en sus oraciones: "reconoce al Gurú Granth como el cuerpo visible de los gurús".

Al terminar el trabajo de compilación hubo grandes celebraciones, comparadas a las de una espléndida boda. El 16 de agosto de 1604 el Gurú Granth fue colocado en el santuario del templo de Amristar —más tarde llamado Templo Dorado. El Gurú Granth aún es reverenciado. Cada comunidad sikh tiene un lugar de reunión, al que se da el nombre de "puerta al Gurú", Gurú-dwara ("puerta"), o de manera más común, Gurdwara. Aquí se guarda el Gurú Granth Sahib. No hay esculturas ni imágenes que representen a Dios, ni tampoco sillas. Las personas se sientan con humildad delante del gurú vivo, que se coloca en una plataforma y lo tratan con la misma reverencia que los hindúes expresan en sus templos delante de las imágenes de Dios. Los sikhs se inclinan en presencia del libro, con la cabeza cubierta y sin zapatos. Diario, al atardecer, hay una ceremonia conocida como *prakash karna*, "haciendo que la luz se manifieste". El libro está ricamente cubierto y protegido por un pabellón; se agita una escobilla (*chauri*) por encima de él, en señal de respeto y para alejar a los insectos. Se recita entonces la petición (*ardas*), interrumpida por la exclamación "Vahigurú", y se finaliza con las palabras: "Al encomiable Señor Gurú le pertenece el Khalsa, al

La Palabra de Dios *Muchos sikhs alojan al gurú vivo en su casa, en una habitación separada; lo tratan con sumo respeto y acuden a él en busca de guía. Es Dios el que habla al creyente.*

encomiable Señor Gurú le pertenece la victoria." La exclamación "Vahigurú" significa "loado sea el Gurú", pero ha llegado a considerarse un nombre de Dios. Luego se abre el Gurú Granth al azar y se lee en voz alta el primer pasaje de la página izquierda; se dice que es el *vak* o *hukam*, la palabra u orden del día; esta práctica se llama *vak lao*, "tomar la Palabra". Al final del día se realiza un ritual, Sukhasan, "sentarse cómodamente"; después de otras lecturas y oraciones, se cierra el libro con cuidado.

A través del Gurú Granth Sahib, Dios, como Palabra, está presente en medio de la comunidad y del mundo (recuadro a la izquierda). Tal vez no haya necesidad de intermediarios ni encarnaciones, pero el Gurú Granth Sahib es un equivalente (texto a la izquierda).

Hubo una época, entre las dos guerras mundiales, en que muchos descastados hindúes del Punjab se volvían sikhs (o en algunos casos, cristianos) para romper con sus míseras condiciones. Hubo un problema: Gurú Nanak condenó las castas, pero los sikhs no han podido hacerlo, sobre todo, en el caso del matrimonio. El problema estaba en que en el Gudwara compartir la comida como *prasad* (cfr. p. 94) es un deber, pero ¿es esto posible —al menos en el centro de reunión sikh en Amristar—, con quienes habían sido descastados? Se determinó consultar al Gurú vivo a través de *vak lao*. Se abrió el libro en el pasaje citado arriba a la derecha. Cuales fuesen los sentimientos de los sikhs respecto a los descastados, es obvio que el Gurú Granth Sahib los aceptaba.

El Verdadero Gurú confiere gracia a los menos dignos, si se ofrecen en servicio. Por sobre todo está el servicio del Verdadero Gurú al recordar el Nombre divino. Es Dios el que confiere gracia y unión. Todos nosotros, pecadores, estamos entre los menos dignos, pero el Verdadero Gurú nos ha atraído a esa unión gloriosa.

(AG 638.3)

El Templo Dorado
El Templo Dorado fue construido en 1601 d.C. Se le llamó Harimandir Sahib ("glorioso templo de Dios") o Darbar Sahib ("noble patio real"). Se volvió "dorado" al agregársele láminas de cobre doradas a principios del s. XIX.

El sonido

La expresión de Dios

Om u Aum
El símbolo hindú pronunciado o cantado antes y después de las plegarias está compuesto por tres partes que apuntan a la Trimurti (p. 90); el silencio al final es la cuarta, y expresa la realización de Dios/Brahman. Este símbolo está en la mano de Shiva (p. 105).

Para los sikhs el Sonido y la Palabra (Shabad) están profundamente relacionados. Sin el sonido formado en palabras, los hombres no se podrían comunicar entre sí, ni con Dios, quien es conocido a través de la Palabra: "Dios no tiene forma ni color, ni identidad material y, sin embargo, se revela a través de la Palabra" (*AG* 597). Pero si Shabad expresa la naturaleza de Dios, se sigue que antes o después de Shabad está el sonido no proferido o "sin sonido" (*anahad shabad*), y ésa es la esencia de Dios. Repetir el Nombre (Nam, p. 124) de Dios es sintonizarse con ese sonido sin sonido, sentirlo, sin que nada más vibre en nuestro ser, y así alcanzar la completa unión con Dios: "Por medio de Shabad, Nam se apodera de nuestro corazón" (*AG* 1242).

Esta noción del Sonido, la Palabra y el Nombre es importante en la India, donde Shabad aparece como Shabda. Ya en tiempos de los Vedas el sonido era venerado como la autoexistencia y la autoexpresión de Dios. Vac ("habla") es la Diosa que personifica el sonido y crea el habla. Probablemente es una diosa tradicional que se integró a los dogmas arios (p. 60) debido a su insistencia en la correcta recitación de los cantos e himnos védicos, a través de los cuales se libera el poder del ritual y del sacrificio.

El poder de Vac lo comparten los humanos; al emitir palabras se convierten en creadores de verdades y realidades que antes no existían.

Sonido y Significado

Es Vac quien convierte todo ruido carente de sentido en las formas diversas en que el sonido es portador de significado:

- ॐ **SPHOTA:** La capacidad del significado de separarse del ruido (como cuando se saja un forúnculo) es la que vincula a Shabad con la naturaleza de Dios o Brahman como origen de todo: "La Palabra eterna llamada *sphota* es indivisa y es la causa del mundo —es en verdad Brahman" (*Sarvadarshana-samgraha* 13.6).
- ॐ **NADA:** El constante, indiviso "sonar del sonido" con significado latente, pero aun como simple expresión de la naturaleza interna de Dios/Brahman, perceptible para quienes están entrenados (a través del yoga) y sintonizados con él —como los rishis que entienden los Vedas (p. 60).
- ॐ **ANAHATA:** Sonido como significado latente, aunque todavía no expresado, por ejemplo, un pensamiento.
- ॐ **AHATA:** Sonido expresado de todo tipo, ya sea que los hombres puedan o no escucharlo o entenderlo —el sonido del bosque o la selva en la noche, cuando animales, pájaros e insectos participan en la creatividad de Dios.

Vac debe, por lo tanto, ser reverenciada como la que permitirá a los hombres usar ese poder sólo para efectos benéficos:

Cuando los hombres, al dar nombre,
hicieron surgir los primeros sonidos de Vac,
las cosas que eran excelentes en ellos, que eran puras,
los secretos escondidos, por amor fueron revelados a la luz.
Cuando crearon un lenguaje con sabiduría,
como si pasaran harina por un tamiz,
hubo amigos que reconocieron los signos de la amistad,
y su habla conservó su sensibilidad...
Muchos que ven, no ven a Vac, muchos que escuchan
no la escuchan. Pero a otro revela su belleza,
como la novia radiante que se rinde a su esposo...
Los que no se mueven ni hacia adelante ni hacia atrás
no son brahmanes, no ofrecen libaciones, son artesanos
eficientes, hacen mal uso de Vac, son ignorantes,
hilan un hilo inútil para sí mismos.

(*RV* 10.71)

Un nombre puede ser considerado el equivalente de lo que nombra... Ambos, nombre y forma son las sombras del Señor, quien correctamente comprendido, es impronunciable y no creado... La forma tiene menor importancia que el nombre, porque sin éste no se puede llegar al conocimiento de la forma, pero si se medita en el nombre sin la forma, el alma se llena de fervor. El nombre hace las veces de intérprete entre las formas material e inmaterial de la deidad, y es guía e intérprete de ambas.

(Tutsi Das en Growse, p. 17)

Repetir el Nombre de Dios es importante porque Shabad *es* Dios, tanto en esencia como en manifestación: el sonido (repetido) del Nombre de Dios es unirse a Él (recuadro a la derecha). Este vínculo con Dios se expresa a través del mantra ("instrumento de pensamiento"). Los mantras (al menos en tiempos de los Vedas) son versos, sílabas o una serie de sílabas utilizadas en un ritual para expresar la naturaleza de Dios. Hay tres clases:

- Los que tienen significado, como *namaha Shivaya*, "alabado sea Shiva", o el mantra Gayatri, repetido a diario por los nacidos dos veces: *Om, bhur, bhuva, sva, tat savitur varenyam bhargo devasya dhimahi dhiyo yo nah pracodaya*: "Om, tierra, espacio, firmamento: meditamos sobre la luz brillante de Savitri, honorable Dios, que ilumine nuestra mente".
- Los que no tienen significado, entre ellos el supremo Om u Aum, conocido como *pranava*, "reverberación" (texto a la izquierda).
- *Bija* o mantras "germen" que comprimen la esencia en su forma más simple; así, *krim* es la esencia de Krishna; Om es el *bija* de todos los mantras.

Como la repetición de un mantra, en silencio o en voz alta, conduce a la unión con Dios, sólo puede ser impartido y aprendido de un gurú. La correcta concentración hace que la conciencia del devoto tome la forma de la deidad. Un texto de los shaivitas de Cachemira dice: "Los que alcanzan al supremo Brahman se sumergen en el sonido de Dios (*shabdabrahman*), el sonido no sonado [*nada*], que vibra sin contacto, que puede ser escuchado por el oído entrenado con la guía de un gurú, el sonido ininterrumpido que acomete como un río" (*Vijnanabharava* 38).

Tambor de Shiva
El tambor de dos caras de Shiva (p. 104) sustenta los ritmos de la vida, y llama a nuevas creaciones a la existencia. Contrasta con la llama de la destrucción que lleva en la otra mano.

Mandala y Yantra

La esencia de Dios

DIOS SE MANIFIESTA EN y a través del sonido, y en el espacio, donde el encuentro con Él se produce a través de mandalas ("círculo" en sánscrito,) y yantras ("instrumento para soportar algo"). Son representaciones simbólicas del cosmos: así como los mantras comprimen la esencia de Dios en el sonido, los mandalas comprimen de modo visual la esencia de Dios en el universo.

Los mandalas son diagramas pintados en muros, en pergaminos o en suelo sagrado. Su forma básica es circular, esto indica que dios incluye todas las cosas. El círculo externo suele ser un anillo de flamas: el poder protector de Dios; cuando los yoguis visualizan su entrada en el mandala, sus impurezas son simbólicamente consumidas. Un segundo círculo es un anillo de armas (por ejemplo, *vajras*, o truenos), que simbolizan la indestructible cualidad de la unión con Dios.

Chandra
Chandra, la luna, es una ofrenda de Soma (p. 62s.), el sustento del sol y el fin hacia el cual se mueve la creación. Juntos, el sol y la luna integran el sacrificio cósmico, el intercambio entre la vida y la muerte (p. 62), al que el mandala da acceso.

Para los budistas, ésta es la indestructible cualidad de la iluminación, y para ellos, en especial en mandalas de deidades iracundas (p. 72s.), hay un tercer círculo de ocho cementerios donde mueren las ocho modalidades de conciencia, superficiales y aturdidoras; un último anillo de pétalos de loto significa la pureza del lugar donde ahora entran.

Al cruzar estas fronteras de la visualización, los yoguis llegan ante un "palacio puro" (*vimana*) que, en sus cuatro muros (adornados con símbolos auspiciosos) representan las cuatro direcciones y con sus cuatro entradas (*dvara*) abiertas, comprende, en conjunto, la totalidad del mundo exterior. Su centro es el centro del mundo, el *axis mundi*.

Al visualizarse en el mandala, y al identificarse con la deidad central, los yoguis se unen con Dios o la Diosa y, si son budistas, alcanzan la iluminación.

Los mandalas son muy importantes en el tantra (p. 102s.), y se describen con detalle en los textos tántricos. Por ejemplo, *Lakshmi Tantra* (37.3-19) explica el mandala de nueve lotos, formado por una serie de cuadrados con nueve lotos en el del centro, en el que se sitúan varias deidades, en especial Narayana (p.98) con Lakshmi (p. 116), en el loto central, rodeado de manifestaciones de Dios (los *vyuhas* de Vishnú, p. 90) y otras deidades en los pétalos. Manifestaciones de Shakti (p. 116s.) aparecen en otros lotos. Esto crea un panorama del cosmos y las energías que le dan existencia y lo sustentan. El devoto, al entrar en el mandala aborda esas energías y se vuelve uno con la manifestación de Dios o Diosa. En el culto (*puja*, p. 94), un mandala es el sitio sagrado donde se invoca a una forma de Dios o la Diosa a través de un mantra. Colocar mantras en el mandala (*nyasa*) le da vida, y entonces se considera la deidad misma y no una mera representación. *Nyasa* es también la colocación ritual de mantras o signos sagrados en el cuerpo, como señal de destruir al cuerpo mundano y sustituirlo por el de la deidad, identificada a menudo con Shakti (p. 116s.), sobre todo en el tantra. Es parte del ritual conocido como *bhutasuddhi*, rito preliminar de casi todas las formas de *puja* tántrico.

Bhutasuddhi ("purificación de los elementos") es la disolución ritual de los cinco elementos del cuerpo (tierra, agua, fuego, aire y espacio) para prepararlo para la realización de Dios o la Diosa. A través de la visualización y los mantras, cada elemento se disuelve y se asocia con una zona del cuerpo (aunque las correspondencias varían en los diferentes textos): tierra, de los pies a las rodillas, agua, de las rodillas al ombligo, fuego, del ombligo al corazón, aire, del corazón al entrecejo y espacio del entrecejo hacia arriba. Desde los pies, y trabajando hacia arriba, los buscadores de la unión (*sadhakas*) disuelven el cuerpo burdo, sustituyéndolo por el *shakti*, realizado en el mantra germen (*bija* p. 129). En la siguiente etapa de este *puja*, se atraen los mantras divinos de la deidad a través de su propio *nyasa*. El cuerpo se convierte en el de la deidad y ésta entonces lo posee, punto en que la verdadera veneración es posible, ya que sólo Dios puede venerar a Dios en un intercambio igual de gozo. Los *sadhakas* entran en el ser interior de Dios lo que produce gozo puro.

Yogui pintado
Yoga (del sánscrito yug, *"uncir juntos") es la unión total de la persona, en un estado más allá de lo ordinario, que abarca conciencia, mente y cuerpo. Un yogui sigue uno de los tantos senderos que conducen a esta "renuncia a todas las condiciones de la existencia". En el "yoga regio" de Patanjali (Yogadarshanan 1.24), Dios es esa condición de libertad.*

Al igual que los mandalas, los yantras son diseños geométricos que comprimen el cosmos y permiten al devoto entrar por las cuatro orillas del mundo en el ser de Dios o Diosa que está en el centro. Y a diferencia de aquéllos, pueden ser tridimensionales, en piedra o en planchas de metal. Con frecuencia se inscribe un mantra germen en ellos, e investidos del poder de la deidad; son un centro de meditación, pues encarnan la presencia de Dios.

Hay diferentes yantras para distintos fines, como protección, cumplimiento de deseos, control de otras personas o matar a un enemigo. El que abarca a todos es el Shriyantra, esencial sobre todo para los shrividya (p. 119), igual que para muchos otros. Consta de nueve triángulos que se intersecan: cinco triángulos "femeninos" (representan a Shakti) y apuntan hacia abajo, y cuatro triángulos "masculinos" (representan a Shiva) y apuntan hacia arriba —aunque en ocasiones, es al revés. Los triángulos simbolizan la interpenetración de Shiva y Shakti, la polaridad masculino–femenino de todo el cosmos, de la que se deriva la existencia. Cinco círculos rodean a los triángulos; al círculo interior lo adornan ocho pétalos de loto, y el siguiente 16. Más allá de los círculos hay tres rectángulos concéntricos con cuatro entradas. Un punto (*bindu*) en el centro es el origen de la manifestación, la Diosa como Brahman. Los mandalas son los equivalentes visuales de los mantras. También sostienen la presencia de Dios en el templo.

Unión de cielo y tierra
Este templo, de Mataram, en Indonesia, muestra el shikara *(véase texto) que une cielo y tierra. Los templos pueden estar dedicados a una deidad, pero los hindúes pueden, y no es deslealtad, visitar templos no dedicados a la deidad de su devoción. Geoffrey Moorhouse describió los templos del sur de la India: "Todo hindú que viene a Madurai venera la omnipotencia de Shiva. Cada uno puede tener una deidad personal: el benévolo Ganesha [p. 108], la terrible Kali [p. 117], Hanuman el mono [p. 80s.], Garuda, el ave celestial [p. 316]... que venera día con día, le hace peticiones, la invoca todo el tiempo y en todo lugar. Pero toda verdadera peregrinación al templo Sri Meenakshi exige ante todo prosternarse ante la imagen [p. 114s.]... del Señor Shiva.*

Los templos de la India

La presencia de Dios en la tierra

COMO LOS MANDALAS, LOS TEMPLOS son un vehículo de la presencia de Dios o Diosa en la tierra, al grado de que están construidos sobre la base y siguiendo el plan de algún mandala en especial. El más antiguo y común es el *vatsu-purusha mandala*, un cuadrado en el que se traza la figura de Purusha, el primer Motor (p. 76). El cuadrado se divide en cuadros más pequeños, siendo el del centro la morada de Brahma, el Creador. Los cuadros centrales los ocupan las deidades principales; hay un conjunto de 32 cuadrados para las deidades (p. 63). Las deidades en los puntos cardinales y en las esquinas protegen el espacio sagrado de la irreverencia o la contaminación, envían el poder de las deidades hacia los "cuatro extremos de la tierra" e invitan a los devotos a aproximarse. Por ello, este mandala también está en la base del diseño de algunas aldeas, como Jaipur.

Otros mandalas, más comunes en el sur de la India, son el *padmagarbha mandala*, en cuyo centro también está Brahma, rodeado en sucesión, por deidades, por seres humanos y por asuras (p. 118), y el *sthandila mandala*, con un espacio mayor, de 60 cuadros, para dar cabida a más deidades y semejando más al reino de Dios en la tierra como en el cielo.

La arquitectura y el plano de los templos están expuestos en textos autorizados (*vastu-shastras*) y, aunque evolucionaron de diferentes maneras, existen, en especial entre el estilo *nagara* del norte y el *dravida* del sur, rasgos comunes. En el centro está el "útero" o cámara matriz (*garbha-griha*), donde se coloca la imagen de la deidad principal (en el caso de Shiva, el linga anicónico, p. 114s.). Oscuro y misterioso, es el centro del mundo, el *axis mundi*, pues aunque Dios o la Diosa está presente en otros templos, sólo hay una deidad alrededor de la cual el mundo gira y de la que depende.

Encima del *garbha-griha* está la *shikhara*, la torre que imita el monte Meru, el puente entre la tierra y el cielo. A través de la *shikhara* fluye la presencia y el poder de la deidad hacia la imagen de cualquier santuario.

Afuera del *garbha-griha* hay uno o varios vestíbulos o porches (*mamdapa*); se trata de etapas en las que la gente honra a la deidad de diversas maneras: danzando, recitando textos, entonando himnos y en procesiones. Después, en los templos grandes, hay una verja o muro exterior, o una serie de pasajes alrededor de los cuales la gente puede deambular en honor de la deidad. Más allá del muro puede haber un área más, donde se realicen actividades comerciales cotidianas, sólo que cerca de la presencia de Dios. Del *garbha-griha* emana el poder de la deidad y se expresa en innumerables esculturas de dioses y diosas en casi toda superficie disponible. Llevan su poder a la vida de los devotos. Además de las deidades y los símbolos de su poder, se esculpen alegorías auspiciosas para que los devotos puedan recibir lo que necesitan —hijos, cosechas, lluvia. Así, la gente no va a los templos porque haya una hora fija para los servicios, sino porque necesita ver a Dios o la Diosa.

La palabra para "ver" a la deidad es *darshana*, término esencial en el culto porque en los templos de la India, Dios y la Diosa tienen una presencia visible, incluso tangible. Muchos de los rituales en los templos consiste en ceremonias en las que se da la bienvenida a la deidad, o en las que la despiertan cada día y la acuestan en la noche. Hay, además, actos individuales de culto (*puja*, p. 94), basados en la tradición, pero no prescritos por una liturgia consensada y necesariamente obligatoria. De todos modos, hay encuentros comunes y comunales durante los festivales de cualquier templo. Se dice que en la India hay un festival religioso para cada día del año, pero la apreciación se queda algo corta. Los festivales no necesariamente están vinculados a un templo y, durante los mismos, desaparecen en la práctica, las diferencias entre la religión aldeana y la brahmánica, ya que cualquiera puede celebrar.

El culto y los festivales de Jagannatha (en Puri, Orissa) son ejemplo de esto. Es muy conocido en la India y otros lugares porque en el s. XIX hubo quien creyó ver, al paso de la enorme imagen arrastrada en carreta, a las personas arrojarse bajo las ruedas y morir en fervor religioso: transcribieron Jagannatha como *juggernaut*, es decir hombre feroz y devorador. Jagganatha ("Señor del Universo") es hoy el nombre local de Vishnú/Krishna, pero el culto a Vishnú llegó más tarde a esa parte de Orissa (*c.* s. VII d.C. en la región de Puri). En el interior del templo hay tres imágenes de madera de estilo abstracto y geométrico, típico del arte tribal. Un caso más no de destrucción sino de asimilación de la religión invasora.

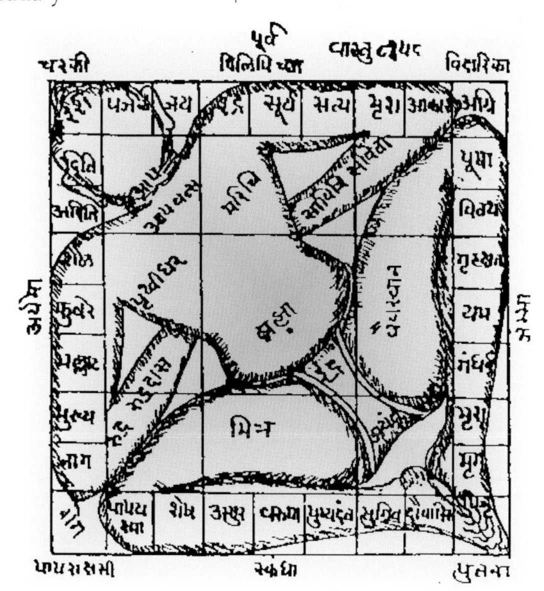

Vastu-purusha
Klostermaier comenta sobre este mandala: "En la India, la persona es la medida de todas las cosas; la figura de alguien encerrado en un cuadrado es el modelo a partir del cual se desarrolla la arquitectura de los templos. El cuadrado del centro (equivalente a 3 x 3 pequeños cuadrados) lo ocupa Brahma, que dio forma al mundo".

El templo actual (iniciado en el s. XII d.C.) atrae a peregrinos de todo el país. En sus festivales se transporta en procesión a las imágenes de madera en enormes carretas (de hasta 20 m de alto), que deben ser tiradas por cuatro mil hombres o más. Hay accidentes y las personas llegan a quedar atrapadas bajo las ruedas, pero no es porque se trate de suicidios religiosos. Aun así, la muchedumbre ilustra la importancia de la presencia visible de Dios en la tierra en las imágenes de los templos. Verlas (esto es, venerarlas) bien vale un viaje, que suele ser una peregrinación.

Peregrinaciones

En busca del vado

Bañarse en el Ganges
Supremo entre los sitios de peregrinación es el Ganga (p. 110); sus aguas limpian a las siete generaciones anteriores de una persona viva y purifican las cenizas de los muertos, para que su alma sea preservada en el cielo.

El viaje que se realiza en la India en busca de Dios o la Diosa es literal cuando se trata de una peregrinación. Los sitios de peregrinación se conocen como *tirtha*, "vado" (cfr. el nombre jainita para los "vadeadores", p. 71), el lugar del camino donde se abre un sendero que conduce a la meta. La peregrinación se conoce como *tirtha-yatra*, "abrirse el camino hacia el vado".

Como las deidades se manifiestan y uno las puede encontrar en formas casi ilimitadas en la India, hay muchos lugares y personas que fungen como "caminos hacia la deidad"; por ello existen tantos lugares de peregrinación. Algunos son ríos, o sitios junto a ríos.

Entre los sitios sagrados del río Ganges, tres (*tristhali*) son el camino de acceso más cercano a Dios: Prayaga (Allahabad, para los musulmanes), donde el río Yamuna se une al Ganga; Gaya (sagrado también para los budistas, que lo llaman Bodhgaya, por ser donde el Buda alcanzó la iluminación) y Kashi/Varanasi (p. 107).

Con todo, los *tristhali* no son los únicos centros de peregrinaje. Se cuenta que en cuatro lugares —Hardwar, Nasik, Prayaga/Allahabad y Ujjain— cayó a la tierra el alimento de la inmortalidad, durante un conflicto en el cielo. Cada tres años se realiza por turnos un *kumbhamela* en cada uno, que atrae a millones de peregrinos: se calcula que en 1989 fueron alrededor de 12 millones en Prayaga/Allahabad, y en 2001 una impresionante cantidad de 70 millones.

No en todos los lugares las peregrinaciones son tan grandes; algunas se limitan a visitar a un santo. Lo importante es que el Dios o la Diosa pueden manifestarse donde sea, y por ello el *Mahabharata* (p. 92) considera que toda la India es un lugar de peregrinaje. El análisis de S.M. Bhardwaj acerca de los nombres mencionados en la sección de Tirtha-Yatra de esa obra indica que contemplaba peregrinaciones, en la India, siguiendo las manecillas del reloj.

Las virtudes del peregrinaje se expresan en *Aitareya Brahamana* 7.15, donde se compara a los peregrinos con una flor que, al crecer, brota por encima del polvo y el lodo de la tierra: "Todos sus pecados caen, muertos por el tráfago del camino." Ese camino se puede recorrer sin que el peregrino dé un solo paso. Como uno puede hallar a Dios o la Diosa dondequiera, ese encuentro puede tener lugar en la vida interior o alma de quienes visualizan las siete ciudades sagradas (Ayodhya, lugar donde nacieron Rama, Mathura, Gaya, Kashi, Kanci, Ujjain y Dvaraka) y la deidad que ahí concurra. El asunto es obvio: "buscar el vado" es ir tras la mejor forma de alcanzar la unión con Dios —lo esencial de las prácticas religiosas. El sentimiento de esa unión se conoce como *rasa* ("deleite", "pasión"), el éxtasis espiritual en la unión con lo divino. *Rasa* abarca ocho emociones diferentes (entre ellas el enojo, por ejemplo); la unión con la deidad es una emoción específica. Pero todas las experiencias emotivas pueden entregarse a Dios o la Diosa, en especial cuando surgen en el teatro, la música, la danza, la escultura y el arte en general. En palabras de M.L. Varapande, "*rasa* es la experiencia estética que culmina en la bienaventuranza". Para Abhinavagupta (*c.* s. XI d.C.), los practicantes de cualquiera de esas formas estéticas de expresar la naturaleza de Dios o la Diosa se entrenan para representar a los personajes y por tanto sus emociones, para reproducir en sí mismos la unión que tiene lugar. Por ejemplo, una danza u obra de teatro que reproduce el amor de las *gopis* por Krishna (p. 95) brinda la oportunidad de ser una de ellas y experimentar el amor de Krishna. Por ello se puede decir que Krishna (*raso vai sah*) "es realmene *rasa*". A través de las emociones las personas tienen su primer vislumbre de Dios.

El estado al que *rasa* conduce es *samadhi* ("reunir", "unión"). Es un estado en el que la conciencia ordinaria es absorbida y desaparece, así como la distinción entre sujeto y objeto. Si el "objeto" (la meta de los ejercicios que conducen a *samadhi*) es Dios o la Diosa, entonces es un estado de unión o absorción. *Samadhi* es consecuencia de la meditación u otra práctica, más que el acto de la meditación misma.

Samadhi es algo común en las religiones de la India (incluso en el budismo, aunque en éste no se experimenta en su relación con Dios), pero es muy importante en el yoga, en el que existen varios niveles de *samadhi* junto con los caminos para alcanzarlo. Esto conduce a la liberación (*kaivalya*) de la rencarnación. En *Yoga Sutra* 1.41 se describe el *samadhi* como el estado de una gema impoluta, translúcida. En el yoga, el *samadhi* se alcanza en relación con sus tres objetos de meditación: Dios y la Diosa, el ser (*atman*; pero como *atman* es Brahman, p. 86, ésta es otra ruta hacia el mismo fin) y *prakriti* (p. 76), a través de los cuales se discierne *purusha*.

Ayodhya
Ayodhya ("invencible") se considera el lugar donde nació Rama (p. 78), una de las siete ciudades sagradas lo mismo para jainitas que para budistas. Tras la conquista musulmana de Uttar Pradesh, se construyó una mezquita en el lugar del templo dedicado a Rama; su destrucción en 1992 provocó conflictos comunales.

Conocimiento y amor

Enseñar con el ejemplo

Nadie nunca llegó a ser
feliz amando.
La polilla amaba el fuego,
y se consumió.
La abeja amaba el loto,
y los pétalos la aprisionaron.
Nadie nunca llegó a ser
feliz amando...
Nosotros,
que amábamos al que es
todo dulzura,
nos quedamos mudos
cuando se fue.
Nunca nadie llegó a ser
feliz amando.
Oh Surdas,
sin nuestro Señor sufrimos,
derramamos siempre
lágrimas.
Nadie nunca llegó a ser
feliz amando.

(Surdas, p. 35)

Vi mi muerte con mis
propios ojos
—era soberbia y gloriosa—:
el universo entero
se estremeció de alegría...
No más muerte ni nacimiento,
soy libre de la mezquindad
del "mí" y "mío".
Dios me ha puesto
en su lugar para vivir,
y en su mundo
yo lo ensalzo.

(Trovadores de Dios)

LA DEVOCIÓN A SHIVA SE DESARROLLÓ y profundizó a través de los siglos (pp. 110-115), al igual que en el caso de Vishnú y Krishna. Entre los filósofos que los veneraban estuvo Nimbarka (fechas desconocidas), fundador de los sanakas. Defendía el dualismo dentro de una comprensión no dualista de Brahman como Dios (*dvaitadvaita* o *bhedabheda*). El universo no es idéntico a Dios, porque en ese caso Él padecería todas sus imperfecciones; participa de Dios como la ola lo hace del océano pero no es lo mismo que éste; *jnana* (conocimiento, p. 92) permite a la ola percatarse de su relación con el océano (sin ser idéntica a él comparte su esencia), y Bhakti siente esa relación y se deleita en ella. Otro filósofo, Vallabha (1479-1531), fundador de los rudras, creó el shuddhadvaita vedanta (vedanta puro sin dualidad), que media entre Shankara y Ramanuja (pp. 86-89). Vallabha propugnaba la bondad y la pureza del mundo y del ser como partes de lo que verdaderamente es, la creación producida por Dios por puro gozo (*lila*) y deleite. Ésta por sí misma no es afectada por las percepciones erróneas de *maya* (p. 87), aunque ésta distorsiona la percepción humana a través de la ignorancia. Aun así, la relación de bienaventuranza del ser con Dios, o del *atman* con Brahman, no puede ser alterada por maya, y Bhakti es la realización de esto: Bhakti es el verdadero camino a la *moksha* (liberación). Entre los poetas devotos de Vishnú/Krishna, Surdas (n. c. 1478) se hizo seguidor de Vallabha; era un músico brillante y cantor de himnos (*kirtan*) que utilizaba acordes musicales abruptos e impresionantes al introducir sus poemas: el poema de la izquierda, arriba, es un ejemplo de *viraha* (p. 96) Bhakti.

Tukaram (c. 1607-1649) fue otro cantante y danzante de *kirtans*, quien se embelesó tanto por el amor de Krishna que las líneas (*abhanga*) de sus poemas fluían sin cesar, impregnadas de alabanzas y consejos prácticos —aunque sus bases son sencillas: "Sentaos en la calma y repetid el Nombre [de Dios, p. 128], y os aseguro que llegaréis a Dios". Previó su propia muerte en un poema (recuadro a la izquierda, abajo).

Hubo dos maestros cuya inspiración fue tan importante que dejaron sólidos movimientos (*sampradayas*) que preservaron sus enseñanzas: Caitanya (1485-1533), fundador del caitanya o gaudiya sampradaya, fue en un principio un brillante académico, pero en una peregrinación a Gaya, a los 22 años, tuvo una experiencia de amor religioso y fue iniciado en el culto a Krishna. A su regreso les dijo a sus estudiantes que no podía enseñarles más, porque lo único que veía ahora era al joven Krishna tocando la flauta, e inició un canto (*kirtan*) de alabanza al nombre de Dios que sus seguidores aún cantan. Su vida la pasó en dos estados, entre los cuales podía ir y venir: *samadhi* (p. 135), danzando en trance (consciente, pero incapaz de hablar), y expresándose mediante alabanzas a Dios. Realizó una peregrinación a Puri (p. 133), donde se quedó hasta su muerte: entró en un templo y no fue visto más. Sus seguidores estaban convencidos de que era un avatar (encarnación, p. 91) de Krishna y Radha en uno, por ello, tiempo después en imágenes del culto se lo representó rubio (como Radha) y no moreno (como Krishna).

Ramakrishna (1836-1886), cuyo nombre de pila fue Gadadhar Chattopadhyaya, en una ocasión en que caminaba por el campo llevando arroz, alrededor de los siete años, de súbito vio una parvada de grullas blancas volando sobre el fondo de unas nubes negras; la intensa belleza de esta visión lo hizo perder la conciencia. A partir de ese momento buscó la belleza última e interminable en Dios. Se convirtió en devoto de Kali (p. 117) en un templo de las orillas de Calcuta y pasaba prolongados periodos en estado de *samadhi*. Su familia lo casó con una niña de cinco años (con la esperanza de volverlo a la normalidad), en la que él veía a Mahadevi, la gran Madre (p. 118s.), a quien guardaba total fervor. En los estados de unión con Dios, comenzó a tener visiones de maestros de otras religiones —Buda, Jesús, Mahoma— e intentó practicar sus enseñanzas. Y concluyó que todas las religiones son iguales. Vivekananda (1863-1902), su discípulo más conocido, promovió esta idea; ayudó a fundar la Misión Ramakrishna y dio a conocer su evangelio en el primer Parlamento Mundial de Religiones, en Chicago, en 1893. Enseñando con el ejemplo, él y otros mostraron que la unión con Dios se puede alcanzar hoy tanto como en el pasado. Sin embargo, el presente empezó a cuestionar la noción tradicional de Dios en la India, al igual que en otras partes.

Hare Krisna
Se pensó que las danzas extáticas, incluso frenéticas, de Caitanya eran su participación en el lila, *o juego divino, la fuente misma de la creatividad. Cantar el nombre de Krishna y danzar gozosamente, se dieron a conocer fuera de la India a través del movimiento de los hare krishna (Sociedad Internacional para la Conciencia de Krishna).*

De Tagore a Gandhi

Vida nueva a viejas tradiciones

El impacto de las potencias europeas colonizadoras enfrentó un nuevo reto a la India, al menos en términos de tecnología —Karl Marx dijo que la única consecuencia duradera de la Raj Británica sería quizá el ferrocarril. Pero los europeos cuestionaron el sistema de castas y la autoinmolación de las viudas (*sati*) en la pira funeraria de sus esposos. Algunos indios pidieron reformas en la sociedad de su país, lo cual implicaba una reforma religiosa, pues ambas son lo mismo. Ram Mohan Roy (1772-1833) era un nacionalista convencido de que la recuperación de la India dependía de la muerte de las supersticiones, por lo cual fundó Brahmo Sabha, en 1828, para promover el culto a un solo Dios, verdadero y sin forma (semejante, por ello, a Brahman), sin el uso de imágenes. Esto condujo a un movimiento reformador, Brahmo Samaj, iniciado en 1843 por Debendrenath Tagore. Su hijo Rabindranath (1861-1941) dio a conocer con sus escritos la versión india del amor que conduce a la unidad de todas las cosas —es decir, Dios. Ganó el premio Nobel (1913) por *Gitanjali*, versos que, al igual que muchos de sus escritos políticos, abrevan en la tradición de la India (recuadro a la derecha). Hubo otros que intentaron reformular esta tradición en términos que reconocieran los alcances de la ciencia a partir del s. XIX. Sri Aurobindo (1872-1950) fue uno de ellos; se opuso a los principios de advaita (p. 86s.) de que las apariencias son engañosas porque, a través de *maya* (p. 87), imponemos percepciones erróneas sobre ellas: "La salvación individual puede no tener sentido si la existencia en el cosmos es una ilusión". Creía que el Absoluto se manifiesta en grados de realidad, en coherencia con la evolución, y que la finalidad del yoga no es escapar de la realidad/ilusión para alcanzar a Brahman, sino que uno encuentre su sitio en esta naturaleza colmada de realidad: ahí es donde está Brahman. Llamó a su sistema *purna-yoga*, yoga integral. Estos intentos de reformular la tradición fueron muy importantes en la época en que muchos indios buscaban fundamentos ancestrales de los que pudieran enorgullecerse, y sobre los cuales pudieran edificar sus demandas de independencia.

Pero hubo un hombre que conocía estos esfuerzos y que estaba convencido de que era necesario conservar las tradiciones, por muchas reformas que sufrieran, y darles nueva vida: Mahatma Gandhi (1869-1948). Gandhi conocía bien el mundo más allá de la India, pues estudió para abogado en Londres y practicó en

Satyagraha

Antes de que este nombre fuera inventado, Gandhi llegó a la convicción fundamental de este concepto. Al recordar cómo se encontró el nombre, dijo: "Por más que traté, no hallaba un nombre nuevo, así que ofrecí un premio a través del Indian Opinion*[...] Como resultado Maganlal Gandhi acuñó la palabra sadagraha (sat, 'verdad', agraha, 'firmeza') y ganó el premio. Pero para mayor claridad cambié la palabra a satyagraha, que desde entonces en gujarati designa la lucha". (Gandhi, pp. 153-154).*

Sudáfrica. Influyeron en él el *Bhagavad Gita* (p. 92s.), aunque también el Sermón de la Montaña del Nuevo Testamento, *El reino de Dios está dentro de vosotros*, de Tolstoi, *La desobediencia civil*, de Thoreau, y *Hasta el último*, de Ruskin. Aprendió de un jainita, Shrimad Rajachandra (1867-1901) a valorar la *ahimsa*, la no violencia, y de un cristiano, C.F. Andrews, que "mostrar la otra mejilla" no es debilidad sino fuerza.

Pero por fuertes que fueran estas influencias, se relacionaban con las creencias y prácticas tradicionales, como cuando Gandhi revivió la práctica de *brahmacharya* (el periodo admitido de castidad en la vida de la India), con el fin de generar *tapas* (el poder de los ascetas, Shiva entre ellos, pp. 78, 117), y la vinculó a la fuerza de la no resistencia y *satyagraha* "insistencia en la verdad" (texto a la izquierda). Dio importancia a los símbolos de la fuerza interior de la India, ya que contra éstos las armas inglesas eran fútiles: venerar a la vaca, antiguo símbolo de la abundancia de la tierra, da más poder que confiar en un tanque. Aunque se habla de "vacas sagradas", estos animales no personifican a dioses o diosas. En los Vedas (p. 60), Aditi y Vac (p. 128s.) se vinculan con las vacas porque ellos mismos son muy generosos (*RV* 8.89.11, 8.90.15). Para Gandhi la vaca era un recordatorio de que no podemos rescatarnos solos. Requerimos de la gracia de la madre, la Tierra, para vivir día con día (texto a la derecha). La vaca es una evocación, siempre presente, de que todas las cosas son la palabra proferida por Brahman/Dios: "De Dios —dice el Mundaka Upanishad— nacen todas las cosas, los cielos, los hombres, el ganado, las aves, nuestra inspiración y nuestra exhalación, el arroz y la cebada, el control, la fe, la verdad y la castidad, y todas las leyes de nuestra existencia" (2.1.7).

El compromiso de Gandhi con la verdad es total:

Mi experiencia me ha convencido de que no hay más Dios que la Verdad.

Pero la verdad no es una abstracción: se afianza en la inamovible garantía de Dios, el único en el que no hay variación. Dios puede ser conocido con muchos nombres, pero es a Dios a quien se nombra. Cuando Gandhi fue asesinado por hindúes seguidores, convencidos de que había hecho demasiadas concesiones al incipiente Pakistán, murió murmurando el nombre de Dios: "Ram, Ram".

Cuando me vaya de aquí,
dejad que ésta sea mi despedida,
que lo que he visto es
insuperable. He probado
la miel escondida de este loto
que se expande en el océano
de la luz, y por ello he sido
agraciado: dejad que ésta sea
mi despedida. En este teatro
de infinitas formas viví mi drama
y aquí vislumbré a aquel que
no tiene forma. Mi cuerpo
entero y mis miembros se
estremecieron al tacto de aquel
que está más allá del tacto; y si
éste es el fin, dejad que venga
—dejad que ésta sea mi despedida.

(*Gitanjali*)

Vacas sagradas
La vaca se aprecia en la India como origen de muchas de las cosas necesarias para la vida, pancagavya, *los cinco productos: leche, el requesón, el ghi, la orina y el estiércol. Fueron vinculadas con el ritual porque son el mejor regalo que se puede dar a los brahmanes, los expertos en rituales; así fue como llegaron a ser animales sacrificiales.*

李老君
斗七星
朱衣
東嶽
童孩
電母

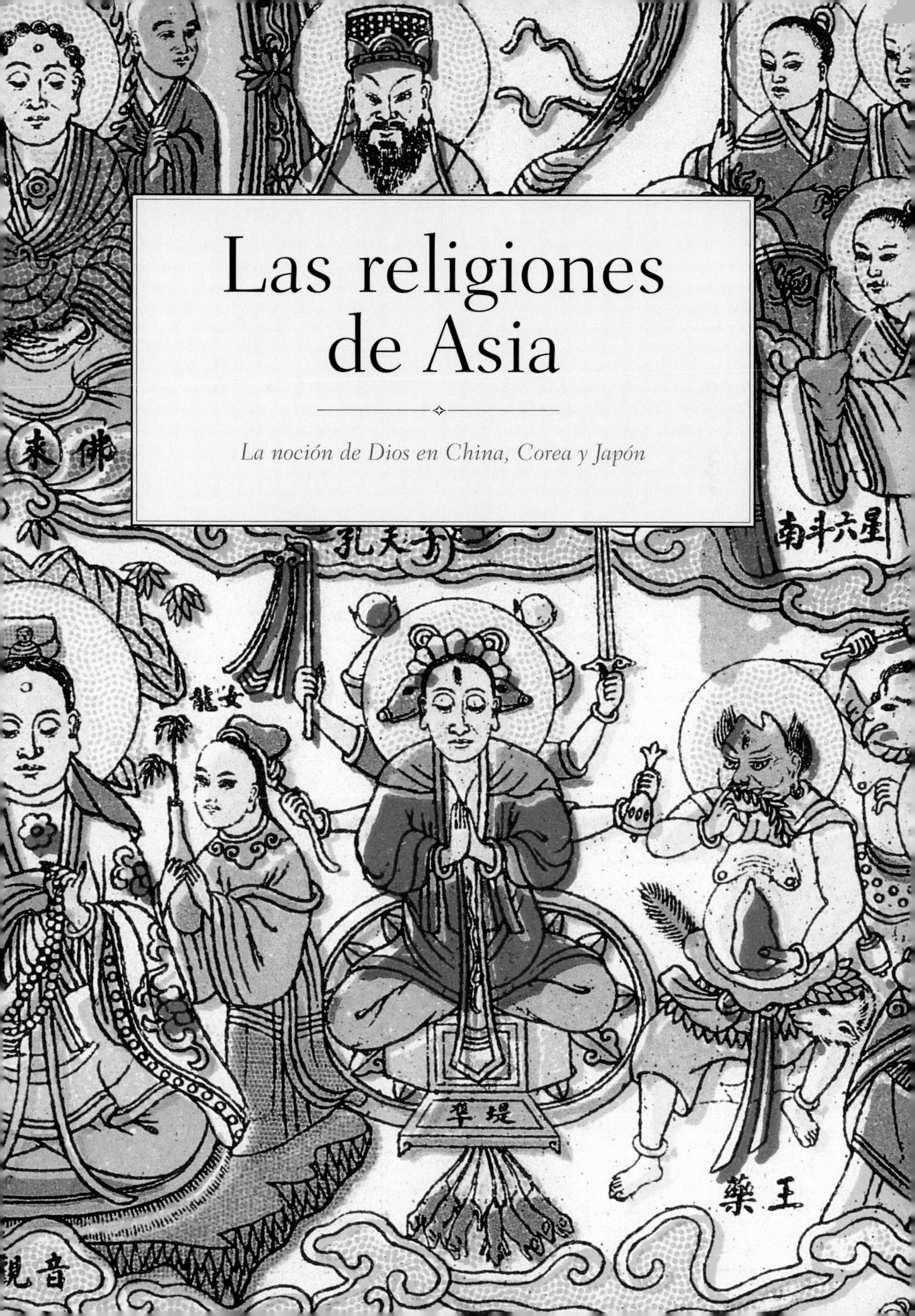
Las religiones
de Asia
La noción de Dios en China, Corea y Japón

LAS RELIGIONES DE ASIA

LA GEOGRAFÍA HA PROMOVIDO que las religiones de China, Corea y Japón estén muy vinculadas: con frecuencia las religiones de China han sido (con adaptaciones) las de esos países. Empero, en Corea y Japón existen religiones nativas anteriores a la llegada de las importaciones de China.

La religión china está conformada por diferentes religiones y filosofías. Hay tres, conocidas como *san-jiao*, los tres "caminos", conformados por muchas corrientes. Una es el "camino" de Confucio (p. 148). El confucianismo no se centra en Dios ni en revelaciones, sino que enseña una especie de humanismo abierto a un agente o principio de orden moral conocido como Tian, el cielo (p. 146). Reconocer que Tian es el origen y garante del orden da estabilidad a la sociedad. Los gobernantes podían pretender que ejercen el Mandato del Cielo. El segundo "camino" es el taoísmo. Tao significa "el camino". El Tao es el "Creador no creado de todo", la fuente y garantía de todo lo que existe. El "camino" del Tao significa fluir con la corriente y no luchar contra ella. En el taoísmo religioso, llamado Tao-jiao, la búsqueda de la inmortalidad es importante; el taoísmo popular brinda ayuda, a través de las deidades, en la vida cotidiana.

El tercer "camino" o vía es el budismo. Éste llegó a China en los inicios de la era cristiana, y alcanzó su cúspide durante la dinastía Tang (618-907 d.C.). Al ofrecer a los chinos un análisis de la naturaleza transitoria de la vida, también ofreció un camino de liberación —aunque introdujo la posibilidad de que los antepasados fueran atormentados en el infierno. Aparecieron escuelas de devoción y meditación, notoriamente la Tierra Pura y el Chan/zen. La primera dice que todos los seres, por malvados que sean, pueden alcanzar la salvación del

Paraíso Occidental sencillamente a través de la fe total en la ayuda de Amitabha/Amida, el Buda que rige este paraíso (p. 158).

Un cuarto "camino" es la religión popular de la vida cotidiana, con sus festivales, sus mundos de espíritus, técnicas de magia y cuidado de los muertos y los antepasados. Eligen lo que les parece más apropiado, ya sea en el hogar, en la vida pública o para uno de sus ritos de transición.

Las montañas
En China, las montañas "encarnan el principio básico de la fecundidad que renueva y sustenta al mundo".
(Bernbaum, *p. 24*)

Asia Cronología

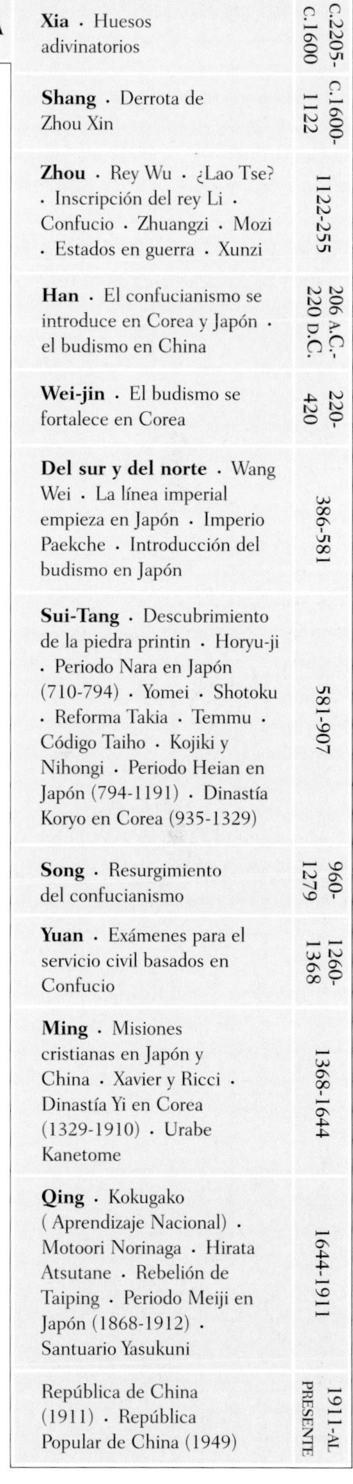

Dinastías chinas en **negritas**	
Xia · Huesos adivinatorios	C.2205-C.1600
Shang · Derrota de Zhou Xin	C.1600-1122
Zhou · Rey Wu · ¿Lao Tse? · Inscripción del rey Li · Confucio · Zhuangzi · Mozi · Estados en guerra · Xunzi	1122-255
Han · El confucianismo se introduce en Corea y Japón · el budismo en China	206 A.C.-220 D.C.
Wei-jin · El budismo se fortalece en Corea	220-420
Del sur y del norte · Wang Wei · La línea imperial empieza en Japón · Imperio Paekche · Introducción del budismo en Japón	386-581
Sui-Tang · Descubrimiento de la piedra printin · Horyu-ji · Periodo Nara en Japón (710-794) · Yomei · Shotoku · Reforma Takia · Temmu · Código Taiho · Kojiki y Nihongi · Periodo Heian en Japón (794-1191) · Dinastía Koryo en Corea (935-1329)	581-907
Song · Resurgimiento del confucianismo	960-1279
Yuan · Exámenes para el servicio civil basados en Confucio	1260-1368
Ming · Misiones cristianas en Japón y China · Xavier y Ricci · Dinastía Yi en Corea (1329-1910) · Urabe Kanetome	1368-1644
Qing · Kokugako (Aprendizaje Nacional) · Motoori Norinaga · Hirata Atsutane · Rebelión de Taiping · Periodo Meiji en Japón (1868-1912) · Santuario Yasukuni	1644-1911
República de China (1911) · República Popular de China (1949)	1911-AL PRESENTE

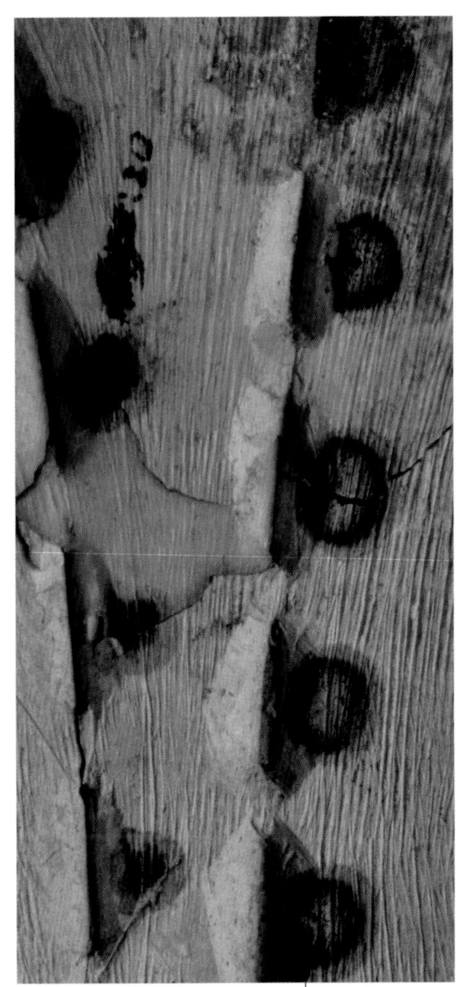

Adivinación
Vista de un hueso quemado por los Shang con varillas de hierro para obtener la respuesta de las deidades ancestrales en Anyang, Henan, China. A veces, se registraba el resultado de la adivinación.

Huesos adivinatorios

Shang Di y Tian

Los comienzos (hasta donde se sabe por las evidencias) del relato acerca de Dios en China están raspados en clavículas de bueyes y en los caparazones de tortugas. Se trata de huesos adivinatorios, encontrados a partir del s. XIX en Anyang, capital de la dinastía Shang (*c.* 1776-1122 a.C.). Los huesos empleados eran primero agrietados al fuego para obtener respuestas, que luego se inscribían en ellos.

La escritura usada eran pictogramas; aún subsisten alrededor de cuatro mil. Cerca de la mitad de ellos tienen conexión con el desarrollo de los caracteres chinos. Entre ellos hay algunos que representan a *Di*, Señor, o *Shang Di*, Supremo Señor (*Ti* o *Shang Ti*, en la antigua transliteración del chino de Wade-Giles). Di, en los pictogramas, puede representar una tablilla relativa a los espíritus, o una pila de madera para los sacrificios, vinculando a los vivos con los muertos, y puede haber sido considerado como el supremo antepasado de la casa real; o puede representar una flor, como el origen del crecimiento y la fertilidad. Ambos tienen sentido, ya que Di estaba relacionado con el culto y los sacrificios que ofrecía el gobernante, y también porque Di controlaba tormentas y otros fenómenos naturales.

Se sabe de Shang Di en aquellos tiempos por dos obras, *The Book of History* (*Shijing*) y *The Book of Odes* (*Shujing*). Ambas retratan a Shang Di como fuente de bondad y de bendiciones, pero no como el creador. Opera a través de agentes menores (cfr. el concilio de El, pp. 178, 183), quienes realizan el trabajo de controlar los fenómenos naturales y los asuntos del gobernante en la tierra.

Entre esos agentes estaban los espíritus de antiguos gobernantes que, al morir, se habían ido con Shang Di para influir en él en cuanto a la naturaleza y el control de los asuntos terrenos. Por ello sólo el gobernante vivo podía aproximarse a Shang Di en los sacrificios, el culto y la adivinación. A ello se debe que fuera tan importante el que los gobernantes —por la paz y el bienestar de la nación— mantuvieran el vínculo con Shang Di a través de los rituales y el respeto debido a los antepasados que fungían como consejeros de Shang Di. Sólo los gobernantes que gozaran del favor de Shang Di eran capaces de brindar prosperidad a su pueblo.

¿Qué ocurría si dejaba de gozar de ese favor? Entonces los desastres naturales —inundaciones o hambruna— podían ocurrir, o los enemigos derrocaban al Estado. Así fue como la casa Shang remplazó a la Xia: "El camino del cielo es bendecir a los buenos y hacer padecer a los malos, por ello envió desastres sobre Xia y expuso su culpabilidad a los ojos de todos. Yo, un niño pequeño, no me atrevía a mostrar piedad" ("The Announcement of Tang", *History*). Así interpretaron los Zhou su triunfo al derrocar a los Shang en 1122: Wu, el gobernante de los Zhou, acusó a Shang de no servir a Shang Di, de modo que él se vio obligado a conquistarlo para "ayudar a Shang Di a restaurar la paz en los cuatro puntos cardinales" ("The Great Declaration", *History*).

Cabría esperar entonces, que el Dios del pueblo vencedor desplazara a Shang Di, el Supremo Señor de los Shang; y a primera vista esto fue lo que ocurrió, ya que los Zhou rindieron culto y reverencia a Tian/T'ien, que en efecto, fue más importante que Shang Di durante el dominio de la dinastía Zhou (1122-255 a.C.). Tian, traducido a menudo como Cielo, o como Dios, adquirió gran importancia en el pensamiento y las creencias chinos.

No obstante, sería muy sencillo afirmar que Tian invadió el territorio de Shang Di y se lo apropió, pues estaban ya en estrecha relación: Zhou había sido un Estado dentro del dominio de los Shang, y Tian aparece ya en los huesos adivinatorios, aunque no es claro cuál es su significado. El pictograma quizá representa a un gran hombre (esto es, un dios superior) que para los Zhou representaba al hombre más grande, o bien, a sus más destacados gobernantes ancestrales, en cuyo caso Tian estuvo al principio vinculado con el culto real ancestral. O tal vez esté representado en un pictograma de un altar donde se ofrecían sacrificios humanos, y entonces sería el dios del cielo al que se hacían las ofrendas (de ahí su posterior vínculo con el Cielo). O, en la misma conexión con el Cielo, Tian puede ser el firmamento, destino final del humo y las cenizas de las víctimas cremadas.

En cualquiera de estas concepciones, Tian ya era conocido para los Shang, y aunque tuvo mayor relieve bajo los Zhou, Tian y Shang Di siguieron siendo venerados juntos a lo largo de la historia de China, aunque Tian adquirió significados adicionales y existen sólidos enlaces entre los dos en la práctica y en el credo.

Escritura antigua
A primera vista, los pictogramas empleados en las inscripciones más antiguas no se parecen a los caracteres de la escritura china posterior, que se estandarizó en el s. III a.C. El estudio cuidadoso ha arrojado, empero, conexiones entre ambos.

Tian

El mandato del Cielo

EN TIEMPOS DE LOS ZHOU (1122-255 a.C.), Tian fue la suprema realidad bajo la cual el mundo y sus gobernantes se organizaban y juzgaban. La incertidumbre de si Tian era una "persona" o no surge porque no se sabe si era imaginado como un agente personal o como un proceso impersonal del orden natural. En realidad, parece que ambas cosas son ciertas, y se aplicaban según las circunstancias —esto hizo que más tarde *ambos* significados fueran válidos y de grandes consecuencias en la larga historia del pensamiento y las creencias chinas.

Entre los Zhou el significado personal de Tian como Dios era el predominante, aunque sus alcances fueron diversos. En efecto, se consideró que Tian era omnipotente, quien podía garantizar la paz y la justicia y castigar mediante catástrofes. Tian podía apoyar a los gobernantes mientras mantuvieran el orden y la justicia, de lo contrario les retiraba ese apoyo. Este dar o retirar el apoyo recibió el nombre de Tian Ming, el Mandato del Cielo (recuadro a la izquierda).

Cuando los Shang perdieron el Mandato del Cielo, lo recibimos nosotros, los Zhou. Pero no me atrevo a decir que nuestro legado estará siempre del lado de la prosperidad... El Mandato del Cielo no se preserva con facilidad porque es muy difícil de discernir. A los que lo han perdido fue porque no pusieron en práctica los espléndidos caminos de los antepasados. En cuanto al presente, no es posible para mí, un niño, corregir al emperador. Mi forma de guiarlo sería hacer posible traer el esplendor de los antepasados para ayudar al joven emperador.

(The Book of History)

Esto quiere decir que el gobernante era el vínculo vital entre el pueblo y Tian. Entre los Zhou, sólo el emperador se acercaba a Tian, mediante rituales y sacrificios. Quienes no eran miembros de la casa real ni siquiera oraban a Tian, ni ofrecían sacrificios. Con el tiempo se tomó al emperador por Tian, y se conoció como Tian-zi, el Hijo del Cielo: era la presencia de Tian en la tierra. Esta relación de armonía y confianza mutua se expresa en una inscripción de la época del rey Li (c. 850 a.C.):

Dijo el rey: Soy sólo un niño,
pero de día y de noche, obro en armonía con
los reyes [que gobernaron] antes que yo,
para ser digno del majestuoso Tian.
Arreglo este recipiente de alimentos para el sacrificio... para
sostener a los magníficos ejemplos de
mis antepasados. Ojalá esto se aproxime a esos hombres
ejemplares de los tiempos antiguos, que ahora sirven en la corte
de Di y que ejecutan el maravilloso Mandato del Cielo.

Esto significaba que el emperador debía tener mucho cuidado de rendir culto a Tian y a los antepasados. Lo hacía no sólo para su provecho sino para el de su pueblo. También significaba que el palacio y los sitios ceremoniales se convirtieron en el centro magnético de la gente del país, sobre todo cuando los ritos funerarios de los emperadores se realizaban ahí, pues con su muerte se fortalecían los lazos con Tian. En todo el mundo, el admitir la importancia del ritual común en relación con Dios (en este caso Tian) que atrajera a las personas a un centro público condujo a la formación de ciudades, muchas de las cuales se planearon siguiendo los lineamientos requeridos por el ritual y la ceremonia.

La veneración de Tian creció durante la dinastía Han, tiempo en que la especulación sobre los orígenes y la naturaleza del cosmos tomó gran importancia. Tian, la tierra y los hombres son una unidad en forma de tríada (cfr. Trinidad, pp. 97, 246): actúan entre sí, de modo que Tian no es un Creador independiente que permanezca separado de su creación. Mantener la armonía de esa tríada es el fundamento de la vida: "En ninguna cosa debemos violar el camino de Tian, ni perturbar los principios de la tierra, ni confundir las leyes que gobiernan a los seres humanos" (*The Spring and Autumn of Lu*). Aunque Tian no sea un Creador independiente, es quien produce a todas las personas, así que todos están relacionados con Tian por igual, por esto la reverencia de los hijos hacia los padres (*xiao*, "piedad filial") es del todo natural.

El vínculo entre Tian y el emperador tenía sentido mientras el reino fuera próspero, y también si el emperador era perverso y la catástrofe se cernía sobre el reino. Pero ¿y si la catástrofe golpeaba a un gobernante que a todas luces se esforzaba por gobernar con justicia y en concordancia con el Mandato del Cielo? Semejante pregunta se hizo obvia y urgente (recuadro a la derecha). Mientras el rey fuera fuerte y próspero, Tian era considerado sabio y justo, pero si los hombres perversos empezaban a prosperar y la justicia dejaba de prevalecer, Tian no era mejor que el viejo dios del firmamento, injusto y ciego. Si no se podía depender de Tian para obtener resultados estables en los sucesos históricos, ¿cuál era el propósito, si lo había, para el que Tian era útil? Esa pregunta se hizo cada vez más insistente.

Este poema del Libro de las *odas* (194/1) pregunta qué ocurre cuando un gobernante justo enfrenta catástrofes fuera de su control:

"El brillante Tian, tan vasto, no extiende su gracia, arroja miserias y hambruna decapitando a los Estados. El brillante Tian se alza, impresionante, sin pensar, sin planear. Deja que los culpables queden libres; ya han pagado sus crímenes, y el inocente debe reunírseles, y se ahogan como si fueran uno".

Templo del Cielo, Beijing
Los emperadores recibían aquí el Mandato del Cielo y ofrecían sacrificios anuales.

Zilu preguntó si podría servir a los espíritus y a los dioses. El Maestro dijo: "Aún no estás listo para servir a los hombres, ¿cómo servirías a los espíritus?" Zilu dijo: "¿Qué hay sobre la muerte?" El Maestro dijo: "Aún no conoces la vida, ¿cómo puedes conocer la muerte?".

(*Analectas* 11.12)

Confucio

El Servidor del Cielo

EL DÍA 27 del octavo mes del calendario chino, aniversario del nacimiento de Confucio (*c.* 552 a.C.?) se celebra (aunque no en toda China) con un día feriado para maestros y alumnos. Es un reconocimiento a la contribución de los maestros a la sociedad, que rememora el papel de Confucio en el establecimiento de la educación en China. "Confucio" es la forma occidentalizada de Kongfuzi (K'ung Fu-Tzu, de Wade-Giles), el maestro Kong. Sus máximas se reunieron en las *Analectas* (*Lunyu*, las conversaciones de Confucio), años después de su muerte. Junto con los textos clásicos asociados a Confucio, llegaron a constituir el fundamento de la vida pública en China por más de dos mil años.

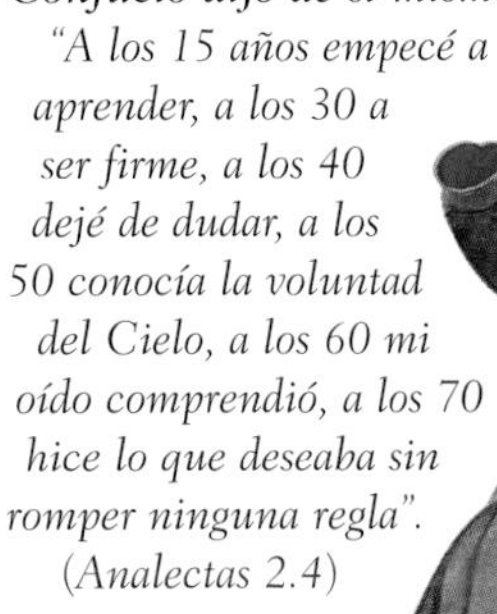

Confucio dijo de sí mismo: *"A los 15 años empecé a aprender, a los 30 a ser firme, a los 40 dejé de dudar, a los 50 conocía la voluntad del Cielo, a los 60 mi oído comprendió, a los 70 hice lo que deseaba sin romper ninguna regla".* (*Analectas* 2.4)

En principio, Confucio no parece haber contribuido gran cosa al relato chino acerca de Dios. Sus máximas sobre asuntos religiosos son cautas (recuadro a la izquierda).

El sacrificio le parecía de gran valor, pero se mostró escéptico con quienes proclamaban conocer su significado: "Alguien pidió a Confucio que explicara el significado del sacrificio para el Antepasado de la Dinastía. El maestro dijo: '¿Cómo podría saberlo? Quien lo supiera podría tener al mundo a su mando como si lo tuviera en la palma de la mano.' Y puso un dedo en su mano" (*Analectas* 3.11).

Una de las razones por las cuales Confucio se mantuvo apartado de estas cuestiones fue que se consideró un hombre práctico que pasó su vida de trabajo buscando (sin éxito) un Estado o reino que estuviera dispuesto a poner en práctica sus ideas. No ambicionaba llegar a ser lo que, en otra tradición, el poeta inglés Hilaire Belloc (1870-1953) llamaría "un caballero remoto e ineficaz". Confucio vivió en tiempos de pugnas políticas, cuando el imperio Zhou empezó a decaer, al plantearse preguntas sobre Tian (p. 147). Confucio se negaba a discutirlas en abstracto. Más bien preguntó (y contestó) cómo podrían implementarse la paz, la armonía y la justicia (la voluntad de Tian). Por esta razón insistió mucho en *li*, que suele traducirse por "ritual", y cuyo ideograma está formado por un clasificador religioso y una vasija empleada en las ofrendas a los antepasados. *Li* está enraizado en el ritual religioso, pero incluso llegó a significar mucho más que "costumbres" y "maneras": son los actos que crean un modelo de vida ordenado y armonizan los múltiples elementos de la vida en familia, en sociedad y los mundos de los espíritus y la naturaleza. *Li* da origen y pone en acción la voluntad de Tian (Cielo). Por eso Confucio pensaba que los sacrificios eran necesarios. Cuando se le preguntó el significado de *xiao*, el lazo entre hijos y padres, dijo: "Mientras vuestros padres vivan, servidlos según el ritual. Cuando mueran, enterradlos según el ritual, ofreced sacrificios en su honor según el ritual" (*Analectas* 2.5). Esto no es una cuestión de forma nada más: "El sacrificio implica presencia, debe ofrecerse como si los dioses estuvieran presentes. Dijo el maestro: 'Si no ofrezco el sacrificio con todo mi corazón, mejor sería que no lo hiciera'" (*Analectas* 3.12). No es sorprendente, pues, que los primeros confucianos fueran maestros del ritual:

Celebración de cumpleaños
Por tradición, los confucianos honran a Confucio en su cumpleaños con gran colorido. Aprenden que "los seres humanos tienen su misión en el mundo [que] no se cumple a menos que hombres y mujeres hayan dado lo mejor de sí para realizar sus deberes éticos y morales".
(Yao, p. 46)

> *iban vestidos con túnicas de colores, tocando la cítara o el tambor, cantaban, danzaban y vivían la vida como si representaran un excéntrico ritual semejante, acaso, nada menos que a la Ópera de Peking. Ejecutaban su intrincada coreografía rodeados del desdén de una sociedad que los consideraba a destiempo con la época —pero para los primeros confucianos esta danza formaba parte de un modelo eterno; los descompasados eran los tiempos.*
>
> (Eno, p. 1)

Aprender y practicar el camino de Tian era importante para Confucio (*Analectas* 2.4) porque Tian funge como telón de fondo, o terreno de suposición: es la base sobre la cual se puede construir una buena vida, una vida de *ren* (humanidad), con una confianza inamovible. Cuando Confucio fue amenazado por Huan Tui, observó: "Tian me invistió de fuerza moral. ¿Qué tengo que temer de Huan Tui?" (7.25). La persona ideal (*junzi*) respeta siempre a Tian (recuadro a la derecha), así que no puede minimizarse la importancia que tuvo para Confucio. Pero ¿qué significa Tian? Confucio no fue de mucha ayuda: "Zigong dijo: 'Las ideas del Maestro sobre la cultura pueden reunirse, pero no es posible escuchar sus ideas sobre la naturaleza de las cosas ni sobre el Camino de Tian'" (5.13).

Asunto de la mayor importancia para los que vendrían después.

> *Los junzi temen tres cosas: la voluntad de Tian, a los grandes hombres y las palabras de los sabios. Los contrarios [de los junzi] no temen la voluntad de Tian; no la conocen. Desprecian a los que son grandes y se burlan de las palabras de los sabios.*
>
> (*Analectas* 16.8)

La naturaleza y Dios

Las enseñanzas de Xun Kuang y Mozi

LA RENUENCIA DE CONFUCIO a debatir si Tian debía ser entendido como Dios o como la naturaleza dejó abiertas ambas opciones a sus sucesores. Por un lado, en el de la naturaleza, estaba una obra llamada *Xunzi* (maestro Xun), atribuida a Xun Kuang, quien vivió en la época en que la dinastía Zhou se fragmentaba en varios Estados en pugna (s. III a.C.). Admiraba a Confucio, pero criticaba a sus seguidores, conocidos como ru, por su obsesión por los rituales. Adoptó la posición de que la naturaleza humana es perversa, o que su inclinación natural es anteponer sus intereses egoístas y que es necesario adquirir o inculcar la bondad. Estaba convencido de que Confucio tenía razón al decir que se puede inducir el buen comportamiento con la educación, el ejemplo y el control, de modo que para él *li* (p. 148s.) está constituido por reglas de conducta con las que el metal se puede convertir en un cuchillo afilado y un bloque de madera se pueden tallar en diferentes formas (recuadro a la izquierda).

La madera recta no requiere de herramientas. La madera torcida necesita ser sujetada y enderezada con las herramientas del carpintero, y sólo así quedará derecha... Como la naturaleza del hombre es perversa, debe ser sometida al gobierno de los reyes-sabios y a la influencia de las normas de decoro y rectitud; sólo así podrán todos proceder en orden y en concordancia con la bondad.

(De Bary, p. 107)

Xun Kuang rechazó las creencias populares sobre fantasmas y espíritus, y se rehusó a admitir que existieran causas sobrenaturales para los acontecimientos. Por eso en uno de los capítulos de *Xunzi* (el 17) negó la idea de que Tian fuera el agente que premia o castiga. Tian es el proceso impersonal de la naturaleza, más allá de la comprensión humana, pero no por eso hay que convertirlo en una Persona enigmática. Según él, el ritual era importante para la sociedad, aunque la oración y los sacrificios carecieran de efecto: "Si las personas oran para que llueva y llueve, ¿qué ocurre? Yo diría que nada. Cuando las personas no oran para que llueva también llueve" (De Bary, p. 103).

En el otro extremo estaba Mozi, que vivió en el s. V a.C., no mucho después que Confucio, de modo que para él también los tiempos fueron tumultuosos. Sin embargo, en contraste con Xun Kuang, pensaba que la naturaleza humana era capaz de gran bondad —de amor mutuo (*ai*). Admitía que los seres humanos habían vivido en conflictos egoístas que seguirían hasta que no decidieran convivir de una mejor manera. En este sentido nada era inevitable: se requerían actos de buena voluntad para desarrollar una forma de vida más armoniosa. Pero al buscar una mejor forma de vida surge la pregunta: ¿contra qué medir "mejor" o "peor"? No puede ser un cuestión de opinión humana, porque entonces los que alegan (como Xun Kuang) que el comportamiento no es más que una expresión de la disposición natural tal vez tengan razón, y no habría motivo (al menos para muchos) para cambiar esa disposición. Mozi pensaba que Tian proporciona, y de hecho es, esa medida y fuente de bondad. Así como las herramientas del carpintero, como un compás o un nivel, miden redondo o recto, Tian mide lo que es correcto o incorrecto (*Mozi* 26). ¿Por qué es buena la bondad, mejor que el mal? Porque busca y produce para toda la gente, lo que reconoce como algo benéfico y placentero. Tian da vida a esa bondad en el mundo, a través de quienes buscan la bondad de Tian con oraciones y sacrificios. La vida se convierte en imitación de Dios (cfr. p. 211) en los actos de amor abnegado (recuadro a la izquierda). Confucio fijó en sus seguidores la convicción de que la gente puede ser educada e inducida a una forma de vida sabia, aunque dejó abierta la posibilidad de conceptos radicalmente diferentes de la naturaleza humana y de Tian. Esas diferencias no eran triviales, y surgió la duda de si era posible abordar la exploración acerca de Dios y de la naturaleza por otro camino. Ese "camino" fue el Tao.

Mozi dijo: "La parcialidad debe ser remplazada por la universalidad". Pero ¿cómo puede ocurrir este remplazo...? Si los hombres consideraran a la familia de los demás como a la suya propia, entonces ¿quién iba a educar a su familia para derrocar a la de otra persona? Sería como derrocar a la propia...

Cuando indagamos la causa de tales beneficios, ¿qué los produjo? ¿Provienen de odiar a los demás y querer perjudicarlos? ¡Por supuesto que no! Provienen de amar a los demás y de tratar de beneficiarlos. Y cuando nos ponemos a describir a los que aman y benefician a los demás, ¿diremos que sus acciones están motivadas por la parcialidad, o por la universalidad? Con seguridad responderemos: por la universalidad, y es esta universalidad en su trato con los demás la que origina todos los grandes beneficios en el mundo. Por eso Mozi dijo que la universalidad es la correcta.

(Watson, p. 40)

La montaña y el río
Shan-shui dijo: "la montaña y el río" son dos de los ocho elementos del universo. "Los sabios se regocijan con el agua, los buenos se regocijan con las montañas".
(*Analectas* 6.23)

Lo miras, pero no puede verse: su nombre es El que no tiene forma. Lo escuchas pero no puede escucharse; su nombre es Lo que no se puede escuchar. Lo puedes entender, pero no puede asirse; su nombre es El que no tiene cuerpo. Los tres eluden todo escrutinio; y por eso se unen y se convierten en el Único Supremo".

(*Tao Te Ching* 14)

Tao Te Ching

La fundación del taoísmo

SEGÚN LA TRADICIÓN, Confucio encontró a un hombre sabio ante el cual manifestó gran respeto —tanto que incluso le hizo preguntas sobre *li*. El hombre era Lao-Tsé. También se cuenta que al dirigirse a la India para ser maestro del Buda (p. 69) fue detenido en la frontera por un oficial de aduanas que le pidió declarar las cosas de valor que llevara consigo. Cuando declaró su sabiduría, el oficial insistió en que Lao-Tsé debía ponerla por escrito antes de pasar. Así que escribió el *Tao Te Ching*, en 81 secciones de casi cinco mil caracteres chinos. Luego montó un toro (imagen muy común en el este de Asia) y desapareció hacia el occidente.

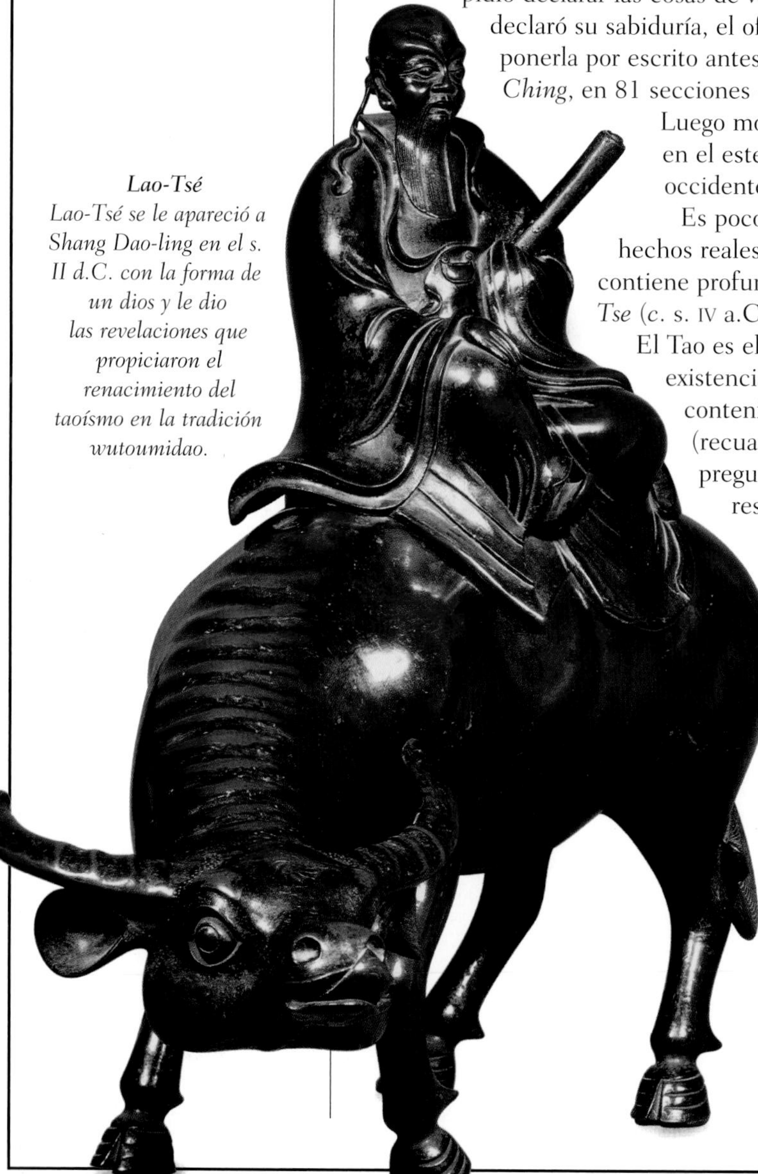

Lao-Tsé
Lao-Tsé se le apareció a Shang Dao-ling en el s. II d.C. con la forma de un dios y le dio las revelaciones que propiciaron el renacimiento del taoísmo en la tradición wutoumidao.

Es poco probable que esta anécdota narre hechos reales pero el *Tao Te Ching,* sin duda, contiene profunda sabiduría. Junto con el *Chuang Tse* (c. s. IV a.C.), son el fundamento del taoísmo. El Tao es el Camino, origen y finalidad de la existencia. Es obvio que no puede ser contenido por la vista ni las palabras (recuadro a la izquierda). Es erróneo preguntar qué es "Eso", porque la respuesta tendría que ser incorrecta:

El Tao que puede ser descrito como Tao no es el Tao eterno. El nombre que puede ser nombrado no es el nombre eterno. La carencia de nombre es el origen de la tierra y el cielo; poder ser Nombrado, es la madre de todas las cosas.

Ésas son las primeras palabras de *Tao Te Ching*, pozo profundo de agua viva para el pensamiento y la vida chinos —a primera vista oscuro, pues ¿cómo se puede obtener inspiración de aquello que no puede hablar? "De lo que no puede uno hablar —observó Wittgenstaein— debe guardar silencio." Pero como el Tao es el origen, el Creador no creado de todo lo que existe —el ser de cualquier cosa— el Tao no es del todo indiscernible. A través del *Te* el potencial que tienen las cosas para convertirse en algo mejor que en nada, el mundo de las apariencias adquiere existencia, de modo que el Hacedor puede discernirse por los efectos. Todo lo que existe es consecuencia del Tao, una especie de la energía primordial, de partículas y átomos lanzándose hacia nuevas apariencias: plantas y planetas, estrellas y soles. El Tao, el Origen no puede hallarse como un objeto más en el universo; más bien brinda la posibilidad de ser a toda la naturaleza y las apariencias individuales; esto es el Tao cuando se vuelve nombrable:

Siempre no existente,
para que podamos entender su secreto íntimo.
Siempre existente,
para que podamos discernir sus manifestaciones externas:
Estos dos son lo mismo;
sólo cuando se manifiestan reciben
un nombre diferente.

(*Tao Te Ching* 1)

¿Es el Tao Dios? Preguntar eso es caer en la trampa de suponer que el Tao puede ser capturado en la red de las palabras. Todo lo que se puede saber del Tao son sus efectos: el dar la existencia y sustentar todo lo que existe:

"El Tao dio nacimiento al Uno; el Uno dio nacimiento a los Dos; los Dos dieron nacimiento a los Tres; los Tres dieron nacimiento a miríadas de cosas. Éstas llevan el yin a la espalda y sostienen al yang en un abrazo, y obtienen su armonía de la difusión de esas fuerzas".

(*Tao Te Ching* 42)

La apariencia externa de las cosas, aunque en ocasiones es hermosa y justa, es sólo la superficie de la verdad: *mirarla* es estar delante de una puerta y admirar la madera y su construcción, mientras no se cruce y no se dé el paso hacia la vida. El propósito del taoísmo es ayudar a las personas a entrar en el Camino, a percatarse de que ellas mismas son parte de la naturaleza en evolución del Tao.

Antes que nada, el Tao es. Para producir a partir de sí mismo, se convierte en energía concentrada, *chi*, y se le da el nombre de El Único Supremo, la singularidad iniciadora (más tarde se le dio el nombre de *taiji*, el Fin Supremo). Produce dos energías contrastantes, el yin y el yang, situación limítrofe dentro de la cual se vuelven posibles múltiples apariencias. El yin y el yang (texto a la derecha) son evidentes en los contrastes del universo —femenino y masculino, pesado y ligero, frío y caliente. Si existe armonía entre ambos, ésta se induce a través de la lucha de los contrarios: el verano es atacado y superado por el invierno, pero el invierno es superado por el verano. La vida está sometida a la dualidad del yin y el yang, y la sabiduría humana no reside en luchar para dominar esas dualidades, sino en fluir con ellas a medida que despliegan el Tao; por ello cada acción puede ser llamada "inacción" y esto es *wu-wei* —actuar en concordancia con el desarrollo del Tao.

Esto se parece a la "naturaleza impersonal" del Xunzi (p. 150). Pero los Dos dieron nacimiento a los Tres (recuadro a la derecha), y con los Tres el taoísmo abrió el camino al discernimiento de Dios en el mundo.

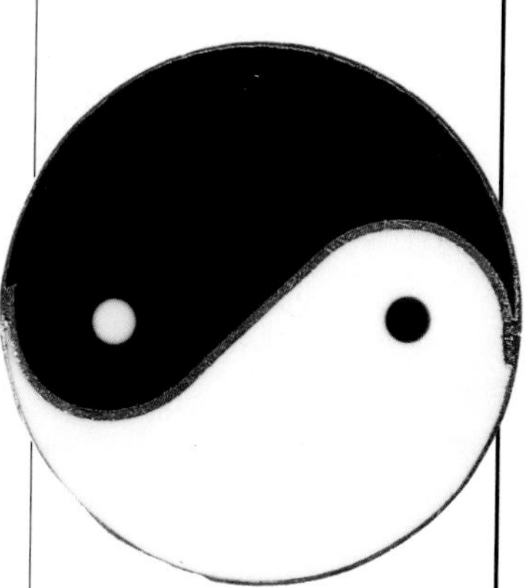

Yin y yang
El yin y el yang son las energías opuestas y a menudo contradictorias del universo. Este símbolo representa su interacción.

Tres a partir de Uno

Los dioses del taoísmo

SEGÚN LAO-TSÉ, LOS DOS dieron nacimiento a los Tres, y los Tres a la multiplicidad de las cosas. Los Tres, por tanto, son agentes decisivos en dar existencia al mundo manifiesto: los Tres son el Uno (el Tao) en funciones. Pero ¿quiénes son los Tres?

Los taoístas han hecho varias definiciones. En el taoísmo de Shanqqing, por ejemplo, los Tres están en los tres niveles que mantienen las apariencias: el cielo, la tierra y la humanidad. Pero con frecuencia los Tres son algo personal y brindan un camino para que la gente pueda interactuar y comunicarse con el Tao. El Tao sigue siendo el Creador no creado de todo lo que existe (incluso de los Tres que son el Tao, pues son su naturaleza), el primer Motor. Pero como observa el filósofo A.N. Whitehead (p. 317) sobre la proposición de Aristóteles respecto a Dios, comparable a ésta, de que Dios es el primer Motor, esto no promovió un Dios accesible a las plegarias, al culto o la devoción. Así que se identificó a los Tres como Sanqing, los Tres Puros (recuadro, abajo), los señores de la vida, estando la vida concentrada en el *chi* (aliento). De ellos, Tao Te Tianzun estaba vinculado con Lao-Tsé.

Lao-Tsé era considerado la encarnación del Tao desde el tiempo de *Laozi ming*, la Inscripción Lao-Tsé de 165 d.C. En ésta se asienta su carrera como consejero de los gobernantes Zhou, y se lo describe como el centro del universo y el comienzo del tiempo, al que el emperador Huan empezó a venerar después de un sueño. El autor, Bian Shou, opina que Lao-Tsé fue un eremita cuya perfección despertaba veneración. Termina refiriéndose al poder de Lao-Tsé, que mantiene al sol, las estrellas y otras constelaciones en su sitio.

Esta "promoción" de mortales al rango de dioses se conoce como euhemerismo, del filósofo griego Euhemero (*c.* 320 a.C.), quien afirmó que los dioses griegos fueron seres humanos con una vida heroica y que, al ser

LOS TRES PUROS

Los dioses de los Sanqing son:

- **YUANSHI TIANZUN:** El Celestial, de Origen Primigenio, la primera consecuencia del yin y el yang, quien gobierna el universo —o lo gobernó—, según el *Feng-shen Yan-yi* (p. 156), hasta que se desesperó por la maldad humana y renunció, a favor del Emperador de Jade (ibíd.).
- **LINGBAO TIANZUN:** El Celestial de los Tesoros Espirituales; media entre el Cielo y la Tierra y se asegura de que el yin y el yang (p. 153) guarden las reglas.
- **TAO-TE TAINZUN:** El Celestial Tao con *Te*, que trae consigo el Tao mediante sus efectos en el mundo; se identifica con Lao-Tsé.

reverenciados, con el tiempo se convirtieron en dioses. En el taoísmo, este proceso creó seres que podían ayudar a las personas a alcanzar las metas del taoísmo, una de las cuales es la inmortalidad. El símbolo para *xian*, inmortal, está constituido por los pictogramas de "un hombre" y "una montaña". Para alcanzar este estado, el control del chi, la respiración, es vital porque conduce a una alineación con el desarrollo del Tao, y con el tiempo, al Tao; dominar con maestría el chi es esencial para el taoísmo.

Otra forma del pictograma sugiere a una persona bailando con las mangas sueltas, apuntando a los que trascienden los límites de la vida humana. Los viajes a los reinos de los inmortales, quizá basados en las prédicas de los chamanes (p. 160), tomaron importancia porque, al igual que respirar, son posibles para todos y no sólo para una elite.

Sobre esta base, figuras celestiales como las de los Ba Xian, los Ocho Inmortales, no se consideran dioses que condescienden con la gente, sino seres humanos que han seguido con éxito el camino del Tao, y que pueden ayudar a otros a hacerlo. Los filósofos taoístas dirían que los dioses son elaboraciones mentales sin existencia real, pero para el taoísmo popular los dioses son reales e importantes porque demuestran lo que es posible para quienes aún viven en la tierra. Hay cinco niveles en esa realización:

- Kui-shen: espíritus que aún buscan un lugar para descansar.
- Ren-shen: quienes han superado las debilidades de la vida humana.
- Di-shen: quienes han alcanzado la inmortalidad en la tierra.
- Shen-xian: quienes han alcanzado la tierra de los inmortales.
- Tian-xian: quienes han alcanzado la inmortalidad en el Cielo.

Cualquier Tian-xian es accesible como Dios. De la misma forma, cualquiera de los dioses o figuras importantes de la tradición china fuera del taoísmo puede ser incluida en este sistema. Así, el taoísmo no discrepa con otros credos chinos.

Incluso cuando el budismo llegó a China los taoístas idearon formas para relacionar ambas tradiciones. Esto se tradujo en que las imágenes más populares de Dios pudieron afirmarse sin ser combatidas.

Los cielos de los Sanqing
Los Sanqing se asocian con los cielos de Jade Puro, de Pureza y de la Pureza Suprema. A las ofrendas que se les hacen se les llaman jiao.

La investidura de los dioses

Feng-shen Yan-yi

HACIA EL TÉRMINO DE LA DINASTÍA MING, a fines del s. XVI, se escribió una épica llamada *Feng-shen Yan-yi* (La investidura de los dioses). Su propósito era mostrar cómo la búsqueda de la inmortalidad, o el avance personal, concuerda dentro de la historia de la lucha (la eterna contienda del yin y el yang, p. 153) en el proceso cósmico. Reúne así (como la vida taoísta) narraciones sobre los dioses principales, de sus orígenes en la leyenda y de cómo llegaron al lugar que ocupan en la jerarquía de los dioses; es uno de los pocos intentos para clasificarlos en una mitología sistemática.

Yuanshi tianzun
Yuanshi tianzun habita en el Cielo de Jade Puro. Creó el cielo y la tierra, y puso en orden el desorden disparatado del caos. No tiene principio ni fin y manda instrucciones a la gente en camino del Tao.

Inicia con los reyes legendarios que fundaron los países que conformarían China, y luego describe las campañas de Wu, el emperador de los Zhou (p. 145), que terminaron en el derrocamiento de Zhou Xin, emperador de los Shang. Al fin de estas guerras, el primer ministro de Wu, Jiang Zi-ya, recibió de Yuanshi tianzun (el primero de los Tres Puros, p. 154) la orden de nombrar a los espíritus de los héroes muertos (tanto vencidos como ganadores) para ocupar puestos en la jerarquía del Cielo.

Muchas de las deidades nombradas eran conocidas y veneradas antes de la época Shang, pero se integraron a esta mitología mejor organizada. Así, de Jiang Zi-ya, hoy venerado como comandante de las tres fuerzas del Cielo, y como quien protege la casa y el lugar de trabajo, se pensó que fue un eremita taoísta que buscaba la inmortalidad en las montañas. Para ayudar a restaurar el orden en el mundo, se le ordenó que auxiliara a Wen Wang, el primero de los gobernantes Zhou, y por ello fue su consejero principal (con el título de Tai-gong) y luego de su victorioso hijo Wu. En la investidura de los dioses, pretendió convertirse en el Emperador de Jade, el dios más importante. Pero cuando se le ofreció esa dignidad, se detuvo y, con una modestia convencional, dijo: "*Deng lai* [esperad un momento]". Entonces, Zhang Deng-lai se adelantó: "Aquí estoy", y agradeció a Jiang Zi-ya su reserva. No pudo éste retirar lo dicho, pero maldijo la posteridad de aquél con consecuencias aún perdurables.

La relato es coherente, pero el Emperador de Jade es anterior a la dinastía Shang. Es Yu Huang Shang-Di, el Emperador de Jade Señor de las Alturas, conocido también como Tian Gong o Tian Wang, Señor del Cielo. Es una forma mayor de Dios en China, el gobernante de los reinos celestiales; un paralelo del emperador que rige la tierra. El culto a Yu Huang se esparció en China en el s. XI, luego de que el emperador justificara la firma de un tratado impopular diciendo que, en un sueño, había recibido la orden de Yu Huang para hacerlo.

Los Dioses de *Feng-shen Yan-yi*

Este libro integra a muchos otros dioses cuyo culto es importante, incluyendo a los Tres Emperadores:

- **TAI SUI:** El regente del tiempo y del año es Tai Sui. Nació en Yin Jiao como una bola de carne informe y fue arrojado por su padre fuera de los muros de la ciudad. Pero la carne se abrió y fue reconocido como uno de los Inmortales (p. 155). Es venerado como el Señor del Tiempo con el fin de desviar el movimiento del tiempo lejos de los desastres, pero su culto no es frecuente, por temor a echar a andar el tiempo en una dirección indeseable.
- **ER LANG SHEN:** El "Segundo Nacido" es sobrino del Emperador de Jade, y el más ingenioso de los dioses. Es el que encabeza los ejércitos de los dioses cuando los demás fallan, y fue el único capaz de burlar a Mono —aunque Kuan Yin (p. 158) logró colocar un anillo alrededor de la cabeza de Mono, que se la oprime cuando empieza a hacer diabluras. El relato de Mono, Sun Hou-zi, se cuenta en *Xiyou ji*, *Viaje al occidente*, maravillosa sátira del s. XVI.
- **LI NA-ZHA:** El Tercer Príncipe, Li Na-zha (Na-zha Tai-zi), enfrenta a los demonios y a los malos espíritus. Puede exorcizarlos, pero su trato con ellos suele ser ambiguo, pues adopta sus poderes destructivos (por eso su culto implica automutilaciones).

Yu Huang es venerado ampliamente sobre todas las demás deidades. También está por encima del entendimiento humano, por eso no se hacen imágenes suyas. Se coloca una tablilla con su nombre y títulos en el altar —aunque en Fukien, se cree que reside en las cenizas del incienso, y no se permite ninguna tablilla. Se cree que es el último juez de la conducta humana y, en el culto, la gente se acerca a él con sumo cuidado para no ofenderlo.

Muchos otros dioses, además de los Tres Emperadores (recuadro, arriba) aparecen en un relato coherente en el *Feng-shen Yan-yi*, aunque no todos pudieron ser incluidos. Han existido muchos otros, también importantes, no sólo en el pasado sino en la vida de los chinos de hoy.

Lugar de sacrificio
La gran estela en la cúspide de Taishan, donde los emperadores realizaron sacrificios a feng *y* shan, *al Cielo y la Tierra. La inscripción fue compuesta por el emperador de la dinastíaTang, Xuan Zong en 726 d.C.*

Budas y bodhisattvas

Ayudantes en el cielo

EN SU IMAGINARIO acerca de Dios, los chinos son generosos, en dos sentidos: son prolíficos y hospitalarios. Están convencidos de que sus dioses y diosas son parte de los mundos en que viven las personas, así que si aparecen nuevas deidades con credos nuevos las asimilan sin problema. Nuevas religiones como el cristianismo y el budismo han sufrido duras persecuciones en diversas épocas, pero más bien por motivos políticos y no teológicos.

Esa generosidad con los dioses ajenos sería poco probable en el caso de los budistas, que llegaron a China a principios de la era cristiana, pues Dios no es una parte esencial dentro del mensaje budista. Sin embargo, llevaron consigo muchas figuras que, a los ojos de los chinos, eran como las de los habitantes de sus propios mundos celestiales. Los cielos budistas están llenos de budas y *bodhisattvas* (p. 71), que se convirtieron en el centro de culto y oración, por su capacidad para actuar como salvadores.

El panteón chino
El panteón chino es tan jerárquico como su sociedad; esto significa que el sistema chino imperial es un reflejo de él. En la cúspide está el Emperador de Jade (*p. 156*).

Uno de los budas más importantes es Amitabha ("Luz sin límite"), conocido en China como O-mi-tuo Fu, del sánscrito Amita (Amida, en Japón), y como Amitayus ("Vida sin límite"). Es el salvador de la tradición de la Tierra Pura, en la que la devoción a Amitabha y la fe sencilla conducirán al renacimiento en la Tierra Pura (p. 74s.).

Entre los *bodhisattvas*, se venera a Avalokiteshvara, uno de los ayudantes de Amitabha, quien transmite la compasión de Amitabha al mundo, por lo tanto es visto como la encarnación de esa compasión, y también inspira a otros *bodhisattvas* para realizar las mismas obras de misericordia. Ha prometido que seguirá siendo un *bodhisattva* hasta que todos los seres sensibles hayan sido rescatados del sufrimiento.

Cuando Avalokiteshvara fue llevado a China, cambió al género femenino, porque en China las cualidades de compasión y misericordia se asocian más a las mujeres que a los hombres. Se convirtió en Kuan Tin Pu-sa o Kuan Shi-yin, "la que escucha los gritos de dolor del mundo" (del sánscrito *Avalokiteshvara*).

Muchas de estas figuras budistas ofrecieron a los chinos caminos de salvación, en particular Mi-lo Fu, el *bodhisattva* conocido en sánscrito como Maitreya, el que vendrá como próximo buda. En China es Wu-sheng lao-mu quien lo envía, la Eterna y Venerada Madre, para que rescate a quienes andan perdidos. En ocasiones, ese "rescate" era representado en las sociedades secretas que emprendieron una guerra revolucionaria contra el mal y las autoridades corruptas. Mi-lo Fu es el salvador de los oprimidos.

Así, pues, el budismo llevó a China figuras que fueron asimiladas dentro del vasto número de los dioses ya existentes. Por esta fe en tantos dioses y diosas, los chinos están conectados a una extensa "Internet" a través de la cual expresan sus esperanzas y temores, y compran (con bienes simbólicos o dinero) lo que necesitan para una vida exitosa, y reciben información y consejo. Lo esencial no es el status ontológico de estos seres: ¿existen o no? (la resistencia de Confucio a implicarse con esto dejó un legado muy laxo al respecto), sino todo lo que esta "Internet" ha ayudado a los chinos en su vida cotidiana, y al verse amenazados o invadidos por gente de fuera.

Dioses Chinos

En China, los dioses y las diosas ayudan a las personas a lo largo de su vida, en todos los aspectos cotidianos.

- **NACIMIENTO:** Jin–hua Fu-ren (entre otros) trae fertilidad y cuida de los niños enfermos o dolientes.
- **PASAR EXÁMENES:** Wen Shang Di-jun ayuda a los estudiantes a tener éxito en sus exámenes y encarna en la tierra cada cien años como académico destacado.
- **MATRIMONIO:** Yue Lao Xing-jun arregla matrimonios.
- **ADMINISTRAR UN NEGOCIO EXITOSO:** Cai Shen es un nombre colectivo para los que traen prosperidad o impiden la miseria. Unos alegres gemelos, He He Er Xian, superan los obstáculos burocráticos, y hay dioses para cada negocio. Guan-di es muy importante: mientras que Kongfuzi (Confucio, p. 148) es venerado como asistente en asuntos intelectuales, Guan-di era reverenciado en su papel de asistente en asuntos prácticos, en especial la guerra.
- **AGRICULTURA Y CLIMA:** Tu-di Gong y Di-mu Niang-niang se conocen juntos como Tu-di; controlan las fuerzas de la naturaleza; los dioses del viento, el trueno y la lluvia son: Feng Shen, Lei Gong y Yu Shen.
- **SALUD:** Hay dioses que conforman casi un servicio nacional de salud. En esta burocracia, el nivel más alto lo rigen los fundadores de la medicina china, Fu Xi (quien también inventó los ocho trigramas, con los cuales obras tales como el *I Ching* pueden diagnosticar y adivinar lo desconocido), Shen Nung (quien inventó la agricultura y reveló a los hombres el poder curativo de las plantas) y Huang Di, pionero en la búsqueda de la inmortalidad.
- **MUERTE:** Como el cuidado de los antepasados es vital, muchos dioses se preocupan por el destino. Dang-yue Da-di rige el inframundo.

Avalokiteshvara
Es una de las figuras celestiales más populares y aparece en muchos altares chinos, en casas y templos. Es la protectora de los niños, viajeros y los que trabajan la tierra. También cuida de los espíritus de los muertos, y los taoístas la invocan durante los ritos mortuorios para rescatar al espíritu de las diez cortes de juicio del inframundo. Su auxilio se extiende a los animales, así que rara vez le ofrecen carne y en su lugar ofrecen té, frutas, dinero o zapatitos como expresión de gratitud por el nacimiento de un hijo varón.

Corea

Mudangs y chamanes

EL ESCRITOR E HISTORIADOR DEL siglo I d.C., Sima Tan (muerto *c.* 110), observó que los chinos habían desarrollado seis diferentes maneras para alcanzar un buen gobierno y una sociedad estable, y cita un comentario del *I Ching* (*El libro de los cambios*, p. 168) para explicar por qué: "Existe una fuerza motora, pero de ella proceden cien pensamientos y proyectos; todos tienen el mismo objetivo aunque sus caminos son diferentes" (*Shiji*, en De Bary, p. 189s.).

Las seis diferentes maneras a que se refería son el taoísmo y distintas versiones de confucianismo; Sima estaba a favor del primero: "El taoísmo enseña a las personas a vivir con una visión espiritual y a actuar en armonía con lo invisible: sus enseñanzas cubren todo lo que es necesario" (*op. cit.*, p. 190). En términos de "visión espiritual", las seis formas se extendieron con la llegada del budismo; en todo caso, más que en el plano de la teoría política su diversidad radicaba en la religión popular.

Los chinos que hacen preguntas muy profundas de cómo conducirse como un buen hijo o un leal ministro, y que necesitan una filosofía mística o una religión, se vuelven hacia el taoísmo o el budismo [a menudo hacia ambos]. Lo cual no significa que dejen de practicar el confucianismo... Esto quizá sorprenda si uno piensa que es como ser cristiano y musulmán a la vez; pero es mucho más que ser ambos: cristiano y caballero.

(Graham, p. 635)

Una consecuencia importante de esto es que los chinos nunca se han sentido obligados a pertenecer a una sola religión o filosofía (recuadro a la izquierda). Esta capacidad, no sólo de tolerar sino de adoptar cualquier elemento valioso de nuevas religiones o filosofías, fue de capital importancia cuando los chinos se extendieron hacia Corea y Japón. No sólo llevaron consigo la teoría política y la práctica social, sino también sus inventos, entre ellos la escritura.

Lejos de desplazar las prácticas religiosas existentes, hallaron formas de convivir que reprodujeron la coexistencia creativa de las muchas diferencias en China. Con frecuencia surgían conflictos cuando las creencias nativas querían reafirmarse, pero aun en esos casos se buscó encontrar la manera de entenderse. Religiones como el cristianismo y el islamismo, poco dadas a coexistir con otros credos, ganaban adeptos pero no demasiados; en cuanto a los cristianos en particular, su sectarismo dio lugar a persecuciones.

En Corea, una forma nativa común (pero no la única) de creencia es el chamanismo. En la actualidad la palabra "chamán" se aplica a personas entrenadas, dotadas o poseídas. En un principio se asociaba a los tungu de Siberia, donde el chamanismo es común; más tarde se extendió, en cualquier parte del mundo, a quienes caen en trance o en estados extáticos (p. 40s.), utilizando técnicas que alteran los sentidos ordinarios (al ingerir alucinógenos, recluirse en la oscuridad de una cueva, bailar al ritmo de un tambor), y tienen visiones, o se convierten en animales, hacen viajes al mundo de los espíritus y los incorporan (los integran a su cuerpo), o asimilan las causas de la aflicción, y así pueden controlar y superar el *mal-estar*. Su habilidad consiste en incorporar a los espíritus a voluntad, con lo cual pueden controlarlos. En estado de trance los chamanes son protegidos por los espíritus, y por ello son capaces de realizar proezas asombrosas: pueden caminar sobre cuchillos afilados, bailar sobre brasas ardientes o hacerse heridas sin sangrar.

En Corea, los chamanes conocidos como *paksu* (varones) y *mudang* (mujeres), son indispensables para el bienestar social. Aun hoy, a pesar de que las creencias tradicionales no están protegidas para resistir los cambios del mundo, hay unos diez mil chamanes en Corea del Sur. Algunos, los *sesupmu,* heredan las técnicas de sus antepasados; otros (*kangsinmu, mansin*), se convierten en chamanes por estar poseídos por un espíritu que desciende sobre ellos (*sinnaerim*). Ellos sufren una penosa enfermedad física y espiritual, o una experiencia traumática, y tras una ardua ceremonia, conocida como *naerim-gut*, en donde se llama al espíritu que los posee, se establecen los motivos de la posesión y luego se le expulsa. Si eligen seguir siendo chamanes, aprenden cómo controlar a los espíritus a voluntad, y luego ejercen esa facultad en beneficio de sus semejantes, en unos rituales llamados *kut* —no sólo religiosos, sino "rituales en los que se integran la música, la danza y el drama", y de los que "han derivado muchas piezas de teatro" (Huhm, p. 9). El *kut* tiene tres propósitos: traer la buenaventura, calmar y guiar el alma de los muertos y sanar enfermedades. Aquí las *mudangs* se relacionan con los dioses y los espíritus, cantando canciones (*muga*) y bailando con ellos.

Caminar sobre el fuego
Los chamanes muestran el poder de los espíritus que encarnan, por ejemplo caminando sobre el fuego. En Corea, también danzan descalzos sobre cuchillos (chaktu) *usados para cortar cereales o pasto.*

Durante los largos periodos en que el budismo y el confucianismo predominaron en Corea, el camino de las *mudangs* sufrió modificaciones pero nunca fue destruido. Lo mismo ocurrió con el de los *kami* en Japón.

Dioses Coreanos

Las mudangs se acercan a Dios vía rituales por el bien de la sociedad; entre sus dioses mayores están:

- **PUJONGNIM:** Este dios tiene el poder de quitar las impurezas.
- **SANSIN O SAN-MANURA:** Un dios que habita en las montañas y media entre el cielo y la tierra.
- **PYOLSANG KORI Y KUNUNG KORI:** Guerreros y reyes han sido deificados. Al número original de dioses coreanos se agregaron los de los budistas chinos (como Chonwang chung t'aryong, reyes celestiales del budismo que guardan el Dharma); otro, Chesok kori, el dios que cuida el nacimiento; adaptación budista de una forma del dios indio Indra.

Corea y Japón

Caminos que se encuentran

El Buda
Parte de un tapiz que muestra al Buda antes de la iluminación. Sentado sobre un trono de meditación con forma de loto, tiene las palmas de las manos y las plantas de los pies pintadas de rojo, con henna, símbolo tradicional de belleza.

BAJO LA DINASTÍA KORYO, en Corea (935-1329 d.C.) el budismo procedente de China alcanzó su mayor influencia. Después que Yi Songye estableció la dinastía Yi (1392-1910), se acusó al budismo de los errores de la dinastía Koryo, y su presencia en múltiples sectas se redujo a dos: Sun (esto es, Chan/zen) y Kyo (activo en el mundo). Entonces el apoyo se le dio al confucianismo.

Ahora bien, el prolongado dominio chino no eliminó las creencias nativas basadas en las *mudangs*. Se ha dicho que las ideas y relatos budistas dieron origen a las modernas formas de *muga* (cantos rituales), pero nuevas investigaciones apuntan en otra dirección: "La única conclusión de nuestro estudio es que las pruebas de la influencia china... en los *muga* son escasas. Esto no quiere decir que los *muga* no tengan elementos budistas —esto es indudable—, pero no se puede probar que el origen de la narrativa *muga* sea budista, o que los *muga* de hoy tengan como antecedente directo las antiguas formas de los relatos budistas" (Mulraven, p. 104s.).

La persistencia de las antiguas creencias locales, aunque haya nuevos elementos política y culturalmente dominantes, es tan clara en Corea como en la India (como la relación entre credos tamiles y arios/brahmánicos, p. 58s.). No obstante, la resistencia, la coexistencia y la asimilación fueron diferentes en cada caso. Lo mismo ocurrió en Japón. La forma local de religión japonesa se conoce como Kami-no-michi (en chino: Shen-tao, de donde surge Shinto y sintoísmo), "el camino de Kami" ("poderes espirituales"; para el significado de *kami*, véanse pp. 164-167). Su presencia fue anterior a la llegada del budismo, el confucianismo y el taoísmo procedentes de Corea y China, fue afectada por éstos pero no desplazada, e incluso hubo épocas en que para los japoneses fue un medio de reafirmar el gran valor de esta tradición.

En el s. VI, la poderosa familia Yamoto inició un linaje de gobernantes y emperadores que ha continuado hasta hoy, aunque otros, como los Shogun, ejercían el poder real. Una de sus primeras acciones fue aliarse con el rey de Paekche (al suroeste de Corea), quien en 552 selló el pacto con "una imagen del Buda Shakyamuni ['el sabio del clan Shakya'] en bronce laminado en oro, con varios estandartes y pabellones y algunos rollos con textos sagrados".

La influencia del pensamiento chino y el budismo siguió en aumento hasta que este último fue formalmente reconocido por

Debe apreciarse la armonía, y honrar la renuencia a la oposición injustificada... Cuando quienes están arriba son armoniosos y los de abajo son amistosos, y hay concordia en la discusión de las tareas, la decisión correcta encuentra aceptación espontánea. Entonces, ¿qué puede haber que no se logre?

(Tsunoda, p. 48)

Shotoku (príncipe regente, 593-622) en su Constitución de 17 artículos (604) y en Horyuji, un conjunto de santuarios y templos entre los que se encuentran algunos de los edificios de madera más antiguos del mundo (texto a la derecha, abajo). A partir de entonces, el primero de los 17 artículos marca el tono de la subsecuente política de Japón respecto a otras religiones y filosofías (recuadro a la izquierda, abajo).

La cláusula inicial refleja las *Analectas* de Confucio 1.12, que ha influido profundamente en Japón (recuadro a la derecha). En China, pero aún más en Japón, el orden correcto del ritual, del nivel más alto al más sencillo, fue el medio con el que se dio coherencia a la sociedad. Las creencias individuales podrían variar, pero se esperaba que los rituales sintoístas fueran comunes para todos.

El maestro You dijo: "Al realizar un ritual, lo más importante es la armonía. Ésta es la que embelleció el camino de los antiguos reyes; inspiró sus movimientos, grandes o pequeños. Pero sabían dónde detenerse; la armonía se busca por la armonía y debe subordinarse al ritual; de otro modo no sirve".

Uno de los resultados de la búsqueda de armonía, ejemplificada en el ritual, fue una mejor organización del "camino de Kami". En *Nihongi* 21 se asienta que el emperador Yomei (586-587) "creía en las enseñanzas del budismo y reverenciaba el *shin-do*" —la referencia más antigua de este nombre. En un principio el budismo se conoció como Butsu-do, "el camino del Buda", y después, como Bukkyo —*kyo* significa "enseñanza", pues el sistema de creencia provenía de un maestro fundador, como Kirsitukyo (enseñanza de Cristo)—, mientras que el sintoísmo no tiene origen humano, es verdad eterna.

Esta organización del sintoísmo surgió con la reforma Taika (645-646), al anexarse tierras al Gran Templo de Ise. Se organizaron festivales y se hicieron intentos (en obras perdidas) de reunir los mitos y leyendas en una narrativa más coherente acerca de los orígenes tanto de la creación, como de Japón, intentos que se reforzaron en el Código Taiho (701-702), en el que los templos sintoístas (*jinja*) se reconocieron como sitios prominentes en la vida japonesa. Hay cerca de 80 mil en el Japón de hoy, con influencia arquitectónica china y budista, pero su función es distinta a la de los templos budistas (*tera*).

Los santuarios se construyen para el *kami* particular asociado a ellos. Los *kamis* son tan numerosos que cualquier templo es independiente y diferente de los demás. Pero comparten la misma mitología, logro que se remonta a los primeros tiempos.

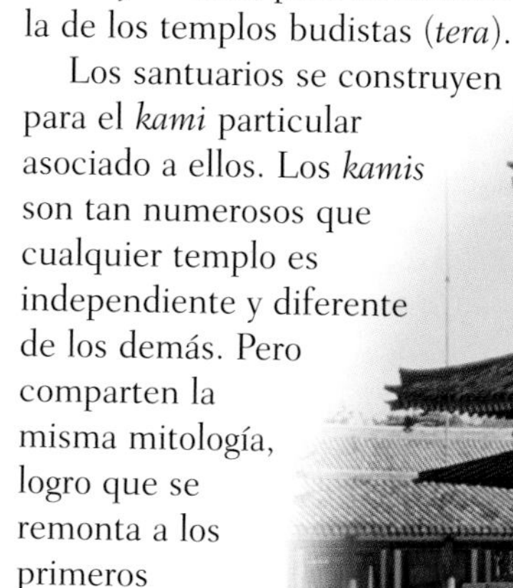

Horyuji
El Kondo o edificio principal del conjunto que forma el templo. Terminado en 607, las construcciones originales se quemaron en 670 y fueron reconstruidas poco después.

Japón

Los poderes de los kami

En general, la palabra kami *se refiere a los diversos* kami *del cielo y de la tierra de que se habla en los clásicos, y de los espíritus [*mitama*] preservados en los santuarios, y también se refiere a las personas, a las aves, las bestias, la yerba, los árboles, el océano y las montañas —y todo lo que tenga poder extraordinario y provoque asombro. Aquí, "soberbio" no sólo significa superior en nobleza y bondad, sino también cosas de mucha maldad o sobrenaturales que inspiran temor reverente, todo lo que provoque un alto grado de estupor...*

Kami*, por supuesto, incluye el más elevado linaje de emperadores, a los que se llama "*kami *distantes", pues están lejos de las personas ordinarias, y son dignos de reverencia. Luego están los* kami *humanos, que existieron desde hace mucho tiempo; hay un cierto número de ellos en cada provincia, aldea y casa, cada uno según su puesto... De esta manera, los* kami *son muy variados, algunos nobles y otros humildes, algunos fuertes y otros débiles, algunos buenos y otros malos, cada uno de acuerdo con su propia mente y conducta.*

(Havens, pp. 234ss.)

CUANDO TEMMU TOMÓ EL TRONO como emperador en 672 d.C., fue guiado por el texto budista *The Sutra of the Sovereign Kings of the Golden Light Ray* (*Konko myo saisho o gyo*) y destacó su triunfo mostrando su devoción al budismo —exigiendo, por ejemplo, que hubiera un altar al Buda en cada casa.

Pero recordando el principio esencial de la armonía (p. 162), también inició una compilación de los orígenes de Japón y de la familia imperial. En su opinión, algunas genealogías, mitos, leyendas y canciones, transmitidas oralmente dentro de las familias, contenían errores. En un decreto emitido en 681 d.C., declaró que un registro correcto de estos asuntos es "la base del Estado, el fundamento de la influencia imperial".

El resultado de este esfuerzo, terminado en 712 d.C., fue *Kojiki*, "Los registros de los asuntos pasados", al que se agregó un suplemento, *Nihongi*, "Crónicas de Japón", fechado en 720 d.C. En cuanto a la mitología antigua, ambas obras abordan los mismos temas, aunque de manera diferente. Ambas inician con la separación del cielo y de la tierra (no con su creación). Luego tratan de las generaciones de los kami, incluyendo al Varón que invita, Izanagi-no-mikoto, y la Mujer que invita, Izanami-no-mikoto. Una compleja secuencia de mitos relatan cómo se crearon las islas japonesas y cómo Amaterasu nació de ellas.

Como antepasada de la familia imperial, los restos de Amaterasu fueron preservados en el santuario central del sintoísmo en Ise. En un principio, el culto en el Templo Interior se reservaba sólo a la familia imperial pero con la construcción de otros templos, Ise es ahora un lugar donde cualquiera puede venerar a Amaterasu, pedir su ayuda en la aflicción e invocar su poder de renovación.

Esto no impidió que la influencia del budismo aumentara durante el periodo Nara (710-794 d.C.), en el cual Shomu (701-756 d.C.), en particular, fue su promotor. No obstante, siempre se trató de mantener al budismo y al sintoísmo en equilibrio, por tanto, cuando Shomu mandó hacer una enorme figura del Buda en bronce para que fungiera como guardián de la nación y se encontró con que su fundición resultaba muy difícil por sus proporciones, se oró al kami Hachiman, que respondió como Nara en la forma de una sacerdotisa. Prometió: "Guiaré al kami del cielo y de la tierra y, sin falta, haré que se termine el Buda" (Shoku Nihongi 1.12.27).

Hachiman ("ocho estandartes") es el símbolo evidente del vínculo entre los mundos budista y sintoísta. Es posible que haya sido el kami protector de los gobernantes del antiguo Japón, interesados en conquistar Corea y, por ende, en la victoria militar. Aunque se le asociaba sólo con las clases militares (*bushi*), se volvió popular en todo el país, sobre todo en épocas de guerra. Con el fin de vincularlo al budismo, se le conocía como Hachiman Daibosatsu, el Gran Bodhisattva, y la forma encarnada de Amida (p. 158).

Esta manera de vincular budas/bodhisattvas con kami se conoce como *honji-suijaku*, literalmente "esencia original, manifestación descendiente": la esencia original de los budas/bodhisattvas encontró su manifestación en los kami, y hubo correspondencias entre ambos.

Esto fue cuestionado por quienes pensaban que degradaba o minimizaba demasiado al sintoísmo, primero por Urabe Kanetome (1435-1511) y, más tarde, por los Kokugaku o Movimiento Nacional de Aprendizaje, entre cuyas figuras principales estaban Motoori Norinaga (1730-1801) e Hirata Atsutane (1776-1843). Para ellos era imperativo definir a los kami de tal manera que no resultaran subordinados a figuras tutelares indias o chinas, y que tuvieran un status independiente. Esta definición fue formulada por Motoori Norinaga (recuadro a la izquierda) en la cual los identificaba como el origen de las emociones y sentimientos poseedores de gran poder —sentimientos que surgen al experimentar el mundo con particular profundidad.

Esta definición de los kami, dada por Motoori, reconocía que son poderes sagrados que los japoneses veneran, pero que no pueden equipararse ni traducirse como "Dios". Hirata Atsutane hizo algunos intentos en ese sentido, declarando que un kami en particular (Ame-no-minaka-nushi-o-kami) existía antes de la creación del cielo y la tierra y que puede por ello haber sido su creador. Pero en general, se considera a

Amaterasu
Amaterasu-o-Mikami (Kami Celestial Resplandeciente) es la kami principal y la unificadora, asociada al sol y a la familia imperial. Según el Kojiki *y el* Nihongi, *era hija de Izanagi y de Izanami, y se convirtió en gobernante de la "alta planicie celestial", donde viven los kami del cielo. Con el tiempo, envió a su nieto, Ninigi, a gobernar Japón. Por esta razón los kami terrestres fueron sometidos a los kami celestiales, y así nació el linaje imperial.*

los kami como la causa de las emociones humanas, no como manifestaciones de Dios quien los haría existir. Por ello, son incontables e imposibles de someter a un registro sistemático. Según la frase tradicional *yaoyorozu no kami*, "millares y millares de kami", el universo entero está lleno de kami. Se dividen en dos clases: kami celestiales (*amatsukami*) y kami terrenales (*kunitsukami*); los más importantes están registrados en *Kojiki* y *Nihongi* (p. 164).

Los kami no son dioses prexistentes que hayan creado el mundo y lo trasciendan; tampoco hay ninguno que esté por encima de la creación y de los demás kami. Sin duda, los kami nacen y mueren; son más bien los poderes por los que la vida se genera y se desarrolla: mantienen la armonía en el cosmos y en la existencia humana.

Sin embargo, sí hay un rango entre ellos, según su contribución al bienestar y la felicidad humanos. Amaterasu-o-Mikami (pp. 164-165) se reconoce como el kami supremo, pero su posición no es absoluta, ya que rinde homenaje a otros kami, y la gente común venera también a otros kami.

Shime Nawa
Soga colgada en la entrada principal del templo sintoísta Heian Jingu. Se conoce como shime nawa*; las tiras de papel,* gohei*, designan los sitios sagrados donde residen los espíritus sintoístas llamados* kami.

Amaterasu es de gran importancia para el emperador, pues es descendiente de ella y con la cual está unida en el ritual de acensión Daijosai. ¿Hubo contradicción en esto cuando el emperador negó su divinidad, al fin de la segunda guerra mundial? La mayoría de los japoneses piensa que no, porque los kami no son Dios: "Dios" se traduce en las biblias cristianas como Tenshu, Señor del Cielo, aunque algunas traducciones del s. XIX usaron la palabra kami. El emperador simplemente se limitó a negar lo que nunca fue. Los kami, pues, dan a la vida humana y a la sociedad la fuerza que las mueve y las inspira, y que yace en su interior.

La palabra *kami* se conoció fuera de Japón en la forma *kamikaze*, nombre dado a los pilotos suicidas de la segunda guerra mundial (texto a la derecha). Se creía que, después de su muerte, los espíritus de los pilotos *kamikaze* regresaban al templo Yasukuni, fundado en 1879 con el nombre Tkyo Shokon Jinja (templo). El espíritu de todos los caídos en la batalla regresaba a Yasukuni, pues se suponía que todos los que morían por el emperador eran sintoístas. Desde 1945 sólo se incluye a los seguidores del sintoísmo, debido a la fuerte oposición de algunos japoneses a que las ceremonias en honor de los caídos se lleven a cabo en el templo, ya que los creyentes de otras religiones (sobre todo budistas y cristianos) están contra la conversión post mortem de sus antepasados; otros países, como Corea, objetan que se entierre en los templos a los criminales de guerra.

Este conflicto pone de relieve lo lejos que los kami están de la noción de Dios fuera de Japón. Sin embargo, se los venera como a Dios. Los kami de los templos suelen ser los que se mencionan en los mitos sintoístas, pero también son los antepasados de emperadores y de clanes famosos; los kami de la comida, de la tierra y las profesiones, así como de figuras históricas que han contribuido a la sociedad. El poder de los kami en un determinado templo puede dividirse o enviarse a un templo aledaño, sin que esto vaya en detrimento de los kami; de esta manera se establecen las "pagodas-hijas".

Venerar a los Kami incluye ritos de purificación, ofrendas de comida (*shinsen*), entonar plegarias (*norito*), bailes y música, esto último en los festivales de los templos (*matsuri*, "atender" o "entretener" a los kami). No todos los kami se veneran en los templos, pues su presencia se percibe por doquier. Así, cuando la obra de una casa está por empezar, se hace una ceremonia llamada *jichin-sai* en el sitio de la construcción para conciliar a los kami de la región con ofrendas de arroz, sake, retazos de tela o dinero. En las casas comunes, un *kamidana* o entrepaño para kami se convierte en el templo personal donde se le rinde culto y se le hacen ofrendas, sobre todo a los que es necesario apaciguar. Los kami que tienen poderes destructivos (*magatsuhi-no-kami*) son fuente de inmundicia y calamidades, pero también son manifestaciones del poder de una vida que demanda reverencia y culto.

En consecuencia, los kami son el poder sagrado que puede ser amenazante pero, con mayor frecuencia, brinda felicidad. Hay una fuerte conexión entre los kami y la vida humana; los seres humanos y la naturaleza se consideran hijos de kami, parientes sanguíneos en una relación *oya-ko* ("padre-hijo"). Al venerarlos, los hombres entran en contacto con la fuerza vital infinita y benévola, tanto para mejorar la vida en este mundo como para la protección de los antepasados. En los templos, los japoneses dejan un espacio para aquello que trasciende y que afecta la vida humana; en esto se parecen a los chinos, que también construyen con una suerte de entusiasmo reverente.

Pilotos kamikaze

La palabra kamikaze significa "viento sagrado", proviene de los fuertes vientos que dispersaron dos invasiones de los mongoles en 1274 y 1281. Nombre que, durante la segunda guerra mundial, adoptaron pilotos japoneses que se ofrecían para realizar misiones en las que ellos y su aeronave eran "bombas voladoras", y por tanto no esperaban regresar con vida. Primero fueron utilizados en el golfo de Leyte, en octubre de 1944, y luego en Okinawa. Llevaban pañoletas y mantas blancas, en imitación de lo hachimaki, *las mantas que portan los samurais. Para el credo japonés, los espíritus que mueren en obediencia al emperador regresan a Japón, en especial al templo Yasukuni (el País de la Paz) en Tokio, donde son recordados (de ahí la despedida irónica de los soldados antes de la batalla: "Nos vemos en Yasukuni").*

Altar de la Tierra
El Altar de la Tierra, en su origen llamado fangzetan, *"altar del lugar cuadrado, acuoso", no se construyó hasta 1530, debido a pugnas sobre rituales. Se levantó en el norte de Beijing, en relación simétrica exacta con el Altar del sur. El emperador rendía culto a los dioses y espíritus de la tierra en el solsticio de verano; aquí se utilizaron los números seis, ocho y sus múltiplos, que son yin.*

Templos y rituales

Honrar a los dioses

SHAO YONG FUE UN MATEMÁTICO y filósofo que murió en 1077 d.C. Casi 400 años después (en 1455), dos campesinos labraban un campo cerca de su ciudad natal, Lo-yang, cuando tropezaron con una gran piedra que tenía una inscripción. Uno de ellos dijo que le pertenecía porque él la había encontrado, y el otro sostuvo que le pertenecía porque el campo era suyo. Como ninguno cediera, llevaron su disputa ante un magistrado local (You Ting Shi), quien leyó la inscripción:

En el año de Jing Dai
[el cerdo azul, 1455],
y durante la dinastía Ming,
el magistrado You Ting Shi
reconstruirá mi hogar
y levantará un templo
en mi honor.

Al darse cuenta de la exactitud de la predicción, el magistrado erigió un templo en honor de Shao Yong.

Honrar a los que son dignos de respeto en términos visibles y espaciales es característico de la conducta china. A ello se debe que haya altares y templos no sólo en sitios de importancia, sino junto a los caminos y en las casas más humildes. Honrar a Shao Yong de esta manera era lo indicado, pues él fue quien reordenó y dio precisión al *I Ching* (el famoso *Libro de los cambios* utilizado para el análisis del presente y predicción del futuro).

Realizó también un mapa donde se muestran los hexagramas trigrámicos que conforman el libro. Para los chinos cuidar del espacio no tiene que ver sólo con la planeación de una ciudad o un país, sino que es un asunto de respeto el no violar la naturaleza del lugar. Esta sensibilidad nos es más familiar en la práctica del *feng shui* ("viento y agua"), o geomancia, en la que el lugar de morada de los seres humanos, de los muertos y de los vivos, se dispone de tal manera que recoge las corrientes circundantes del aliento energetizador (*chi*, pp. 153-155). Los principios del *feng shui* intervinieron en la ubicación y la arquitectura de los templos e incluso en la disposición de las ciudades, al menos metafóricamente (Meyer, p.44).

Ejemplos espectaculares son el Altar del Cielo y el Altar de la Tierra. El primero se construyó en la sección meridional de la ciudad interior de Beijing. Con el tiempo, un impresionante conjunto de edificios lo rodeó, aunque el Altar del Cielo siguió siendo el centro. Se trataba de una estructura sin techo, con una plataforma circular de tres partes, constituida por círculos concéntricos de piedra, cuyo tamaño está controlado por números yang: tres, cinco, nueve. Los emperadores ofrecían aquí, cada año, en la oscuridad previa al amanecer del solsticio de invierno, un sacrificio a Shang Di para beneficio de todo el imperio. El Altar de la Tierra estaba construido al norte de Beijing, en honor de los espíritus de la tierra (texto a la izquierda).

Como los dioses y las ideas sobre ellos son tan numerosos y variados en China, no existe un estilo único para los templos, pero hay rasgos recurrentes (recuadro, abajo), aunque se trate de templos taoístas, budistas o de devoción popular; las personas no están obligadas a la exclusividad en sus creencias ni en sus prácticas.

Templos Chinos

Dada la variedad de credos existente en China, los templos son de muchos estilos y tamaños:

- **ESTILO DE LOS EDIFICIOS:** Los templos están construidos con materiales y estilos locales, aunque existe la tendencia a repetir motivos tradicionales. Los techos rematan con una curvatura y están coronados por cinco aves y animales legendarios, que protegen del mal.
- **CUSTODIOS:** En los templos más grandes hay custodios; en los budistas puede también haber monjes.
- **ENTRADA:** En la entrada hay guardias protectores, o bien, su imagen está pintada en los postes de las puertas. Inmediato a la entrada se encuentra un patio abierto, donde está el altar para los sacrificios o incinerador, en el que se queman ofrendas simbólicas a los dioses (papel dinero u otros objetos), sobre todo para los muertos.
- **TAMAÑO:** Varía desde el templo pequeño y sencillo de una sola habitación hasta grandes complejos de edificios.
- **IMÁGENES DE MUCHOS DIOSES:** Suele haber imágenes y símbolos de muchos dioses: los devotos pueden tener su propio centro de devoción pero, en general, manifiestan respeto por el de los demás, aunque sea con una inclinación.
- **DISPOSICIÓN:** Los santuarios dedicados a deidades particulares están en el perímetro que rodea a la sala principal. Aquí también proliferan las imágenes, aun cuando un solo grupo ocupe el lugar más importante. Las ceremonias están enfocadas a consagraciones personales, votos, ofrendas; en ocasión de festivales particulares, son más ordenadas y públicas.

Las montañas

El vínculo entre el cielo y la tierra

LA UNIÓN TRIÁDICA ENTRE EL CIELO, los seres humanos y la tierra (p. 154) significa que, aunque los templos son importantes, la verdad de la realidad —incluso Dios para los que piensan en esos términos— se encuentra por doquier. Por eso las montañas y el agua son una oportunidad de revelación y de realización. *Li Ji* (*Record of Rituals*) afirma que "montañas, ríos y valles se rodean de nubes que producen tormentas y lluvias y la gente ve en ellos cosas misteriosas", y concluye que deben de ser la residencia de las deidades.

Dichas deidades pueden estar asociadas a una montaña en particular. Por ejemplo, Dongyue Da Di (el Gran Dios del Pico Oriental) era uno de los jueces de la gente después de la muerte, y era reverenciado como el que protege a las comunidades del desorden y asegura los tiempos de paz. Después de vencer la rebelión de Taiping (1850-1864), un edicto imperial ordenó sacrificios y que se diera un nombre a los dioses de las montañas y de los ríos en toda China, pues "gracias a la bendición y ayuda de los dioses de las montañas y los ríos habían salido triunfantes en la campaña contra los rebeldes".

Sin embargo, con frecuencia estas realidades más que humanas pueden ser el espíritu de la montaña en cuestión, Shan Shen, y no se habla de ellas en términos personales. Este sentido impersonal del espíritu que impregna sitios como las montañas se prestó para la búsqueda taoísta de la unión con el Tao que impregna todas las cosas (recuadro a la izquierda).

Wang Wei, que durante el s. V contribuyó mucho a la unificación de la poesía y la pintura en China, se inspiró en las montañas y los ríos (recuadro a la izquierda). Entre las múltiples montañas de China, Kun-lun, las Montañas de los Inmortales, situadas al occidente, tienen un papel importante en el relato chino acerca de Dios de los chinos —y de la Diosa—, porque son la morada de Jin-mu, la Madre Dorada, mejor conocida como Xi Wang-mu, la Reina Madre del Occidente, que unas veces se dice que es la consorte del Emperador de Jade (p. 156) y otras, una diosa independiente y original.

La Reina Madre preside sobre todos los que han alcanzado la inmortalidad, enviándolos a ayudar a otros a alcanzar la misma meta. Siembra ahí los melocotones de la inmortalidad que maduran una vez cada tres mil años, mismos que Mono (p. 157) se robó. Como la Única que otorga la inmortalidad, a menudo es representada con un melocotón en la mano. Es una de las deidades más reverenciadas, por los taoístas y en la religión popular.

Embate de olas y cumbres,
de cerca o de lejos,
desde el pie o la cima,
la forma fluye.
Las montañas Lu no tienen
rostro reconocible,
cuando nosotros mismos
caemos en su profundidad.

(Su Tongpo, *In Xin-lin Temple*)

Desde los días de mi madurez
tenía profunda devoción al Tao.
Hace poco vine a vivir a las
montañas de Zhong-nan.
A menudo, alegre el corazón,
vagabundeo por ahí.
Es algo maravilloso
conocerme como soy.
Si los ríos cortan mi caminata,
me sosiego y capturo el momento
de la oscuridad que se levanta.

(Wang Wei)

En múltiples formas la búsqueda de la inmortalidad se encuentra por doquier en la religión china. Los Ba Xiang, los Ocho Inmortales, son un ejemplo ya que, pese a que hoy están rodeados de leyendas, algunos están vinculados con personajes históricos. Promovidos de manera euhemerística (p. 154), demuestran cómo las ocho condiciones de la vida (juventud, edad, pobreza, riqueza, posición alta o baja, o ninguna posición, femenino, masculino) pueden ser trascendidas, y cómo se puede alcanzar la inmortalidad desde cualquiera de ellas.

El camino para alcanzar la inmortalidad puede ser apoyado por dioses y diosas en cualquiera de sus formas, pero en última instancia ellos también forman parte de la unidad triádica de cielo, seres humanos y tierra. Las montañas son una forma visible de esa unidad, al extenderse de la tierra al cielo; son el lugar natural para encontrar el significado de la vida:

Hace poco me di cuenta del significado de la paz en el silencio. Día tras día permanecí alejado de la multitud. Limpié mi cabaña y la preparé para la visita de un monje que vino a mí desde las distantes montañas. Descendió desde los picos ocultos tras las nubes para visitarme en mi casa cubierta de paja.

Sentado en la yerba, compartimos la resina del pino; quemando incienso, leímos las palabras del Tao. Al terminar el día, encendimos una lámpara. Las campanas del templo anunciaron el inicio del atardecer. En ese instante percibí la paz en el silencio, la alegría más segura, y sentí que mi vida tiene un espacio infinito.

(Wang Wei)

Entre el cielo y la tierra
Este capítulo está cerrado, ni una sola palabra más hasta que nos encontremos y las voces que se levantan aladas hacia la ventana, levanten el vuelo... Y al igual que viniste a la vida sorprendido, te vas de nuevo, elevado, oculto en las nubes, de esto desconocido a otro ignoto, cayendo y tornando y apareciendo de nuevo en las montañas.
(Whyte, *Cloud-Hidden*)

osa
ducitur · archa · sternitur · osa
rex · david · hosta · bella · paratqz
obsidet · urbe · plebs · animosa

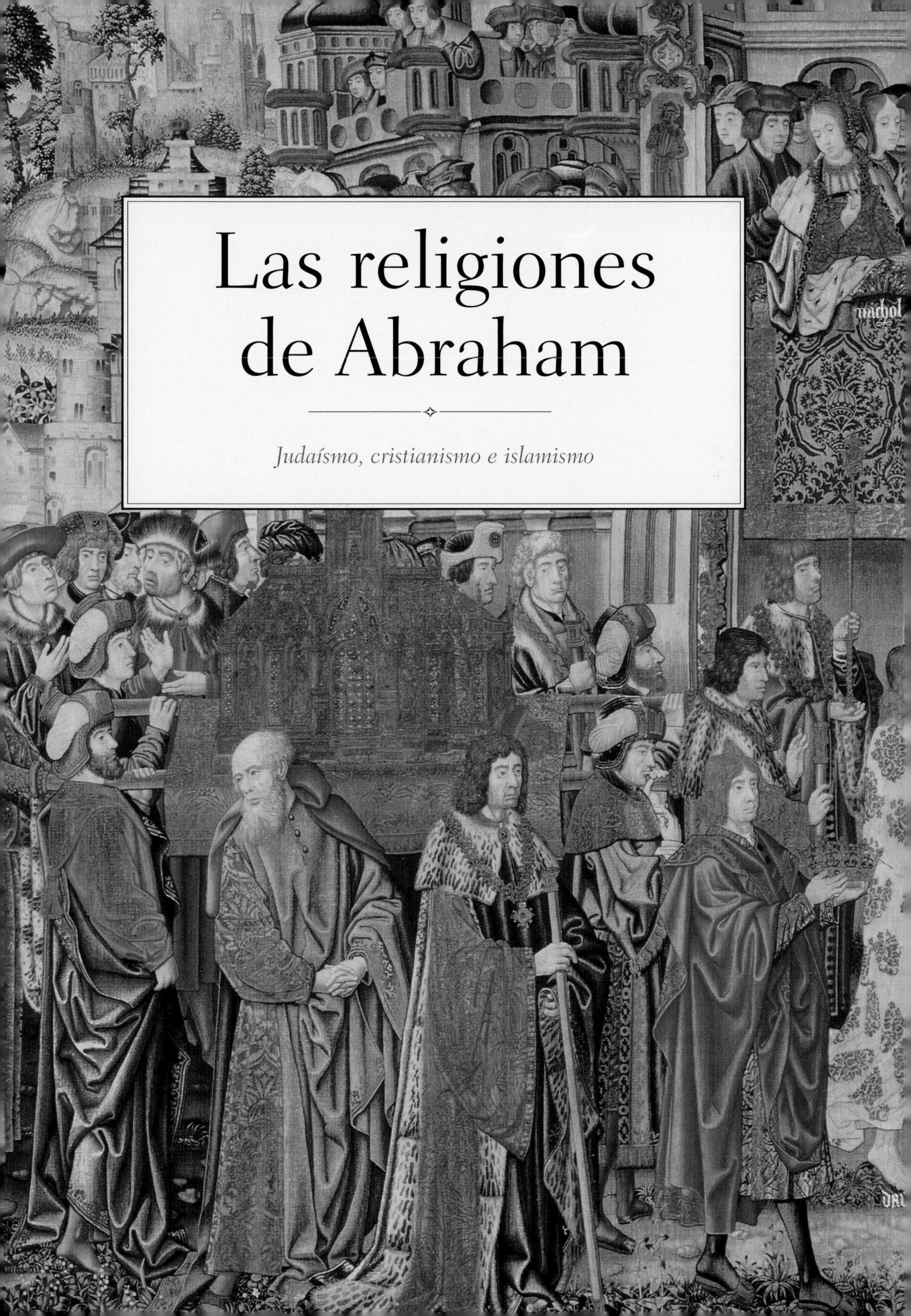

Las religiones de Abraham

Judaísmo, cristianismo e islamismo

EL JUDAÍSMO

EN GÉNESIS 12:1 HAY DOS palabras (en hebreo) que marcan un hito en la búsqueda de Dios —y en la búsqueda de Dios de los seres humanos. Son la orden dada a Abram (luego llamado Abraham e Ibrahim, en árabe): *Lel leka*, "Lévantate y vete". Se le pide que vaya a una nueva tierra donde será el fundador de una gran nación. Por su obediencia y su fe, Abraham se convirtió en el padre de los judíos y de los cristianos —ambos están convencidos de que ellos heredaron las promesas ("los que son de fe, tales son hijos de Abraham", Gálatas 3: 7)—, y de los musulmanes, quienes creen que ellos viven realmente la religión de Ibrahim (Corán 2.130/136).

Los judíos establecieron una alianza con Dios, y su entendimiento de esto se desarrolla en la Biblia, en textos reunidos durante cerca de mil años. Pero al no haber una interpretación común de cómo debería realizarse esa alianza, surgieron diferentes formas de judaísmo, una de las cuales, en el origen, fue el cristianismo.

Cuando los romanos terminaron con dos rebeliones (66-70, 132-135) y destruyeron el templo, los judíos se dispersaron (Diáspora). Surgieron dos grandes comunidades, los askenazi, disgregados por Europa (y ahora también en Estados Unidos), y los sefarditas, que vivieron en España y alrededor del Mediterráneo.

Tras la caída de Jerusalén, los rabinos (preceptores) reconstruyeron el judaísmo, cimentándolo alrededor de la familia y la sinagoga. Sus interpretaciones fueron reunidas en Mishná y Talmudes, después organizados en códigos, entre los cuales los primordiales son el de Maimónides (pp. 218-222) y el de Joseph Caro (1488-1575), conocido como Shulchan

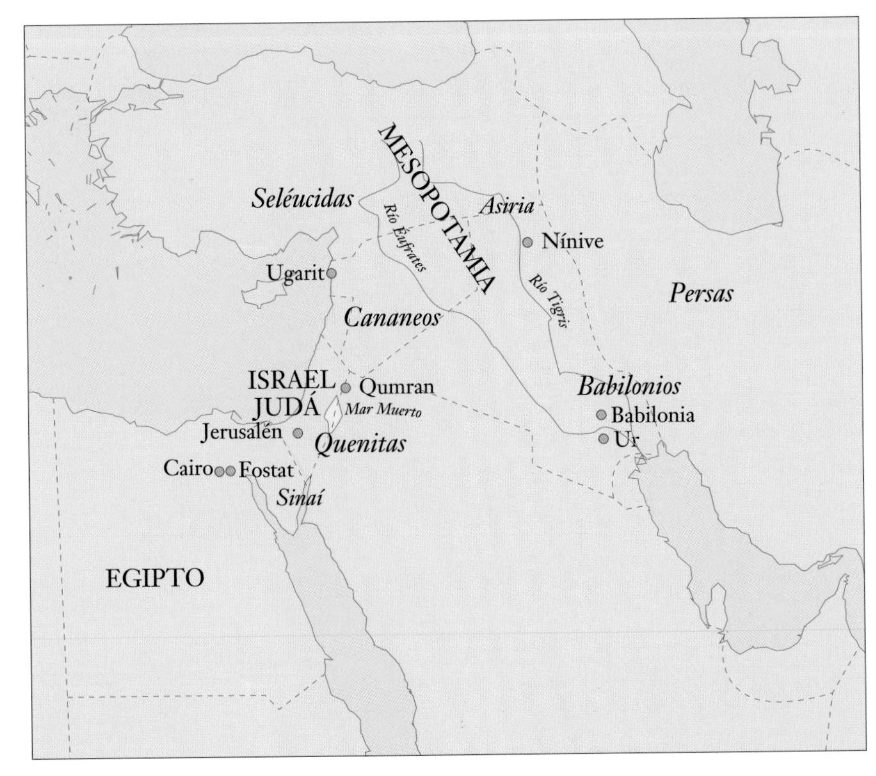

Arukh. También profundizaron en la veneración de Dios en la Cábala (pp. 216-217) y en el hasidismo (pp. 222-223). En el s. XIX, el movimiento sionista promovió el retorno de los judíos a Jerusalén. No todos lo han aceptado, porque creen que sólo el Mesías puede restituir Jerusalén. A los judíos también los divide otras cuestiones: los hay ortodoxos, conservadores, reformistas y liberales. Pero la vocación esencial no ha cambiado: ser el pueblo de Dios, llevar la carga de la santidad en un mundo impío y a menudo cruel.

Muro occidental
La base del muro occidental conserva piedras de un muro adyacente al Templo de Jerusalén; es un lugar sagrado de oración.

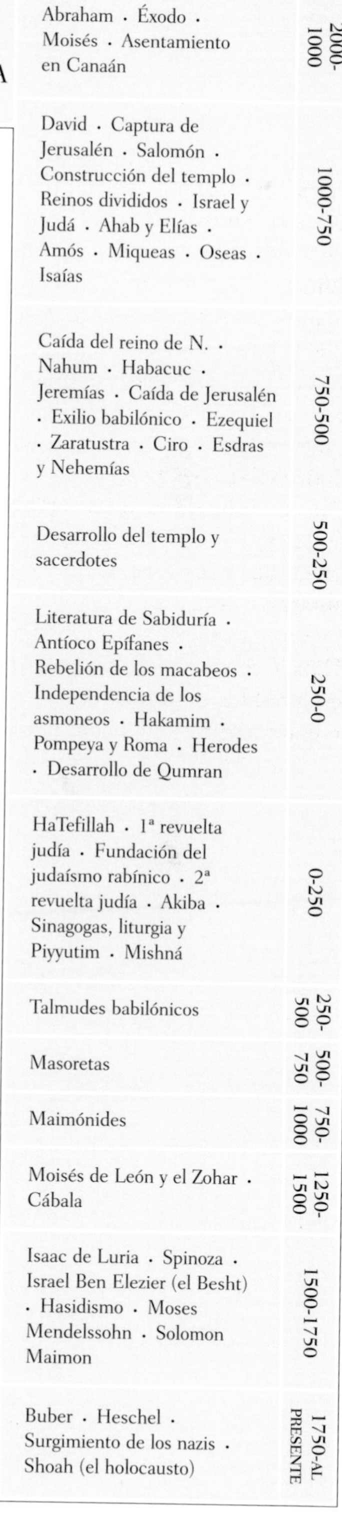

Judaísmo Cronología

Período	Acontecimientos
2000-1000	Abraham · Éxodo · Moisés · Asentamiento en Canaán
1000-750	David · Captura de Jerusalén · Salomón · Construcción del templo · Reinos divididos · Israel y Judá · Ahab y Elías · Amós · Miqueas · Oseas · Isaías
750-500	Caída del reino de N. · Nahum · Habacuc · Jeremías · Caída de Jerusalén · Exilio babilónico · Ezequiel · Zaratustra · Ciro · Esdras y Nehemías
500-250	Desarrollo del templo y sacerdotes
250-0	Literatura de Sabiduría · Antíoco Epífanes · Rebelión de los macabeos · Independencia de los asmoneos · Hakamim · Pompeya y Roma · Herodes · Desarrollo de Qumran
0-250	HaTefillah · 1ª revuelta judía · Fundación del judaísmo rabínico · 2ª revuelta judía · Akiba · Sinagogas, liturgia y Piyyutim · Mishná
250-500	Talmudes babilónicos
500-750	Masoretas
750-1000	Maimónides
1250-1500	Moisés de León y el Zohar · Cábala
1500-1750	Isaac de Luria · Spinoza · Israel Ben Elezier (el Besht) · Hasidismo · Moses Mendelssohn · Solomon Maimon
1750-AL PRESENTE	Buber · Heschel · Surgimiento de los nazis · Shoah (el holocausto)

La Biblia y Dios

Los fundamentos de la fe y de la comprensión

EL INICIO DEL RELATO JUDÍO acerca de Dios se vincula a los comienzos del pueblo judío. "Un arameo peregrino fue mi padre" (Deuteronomio 26:5) dicen los judíos cuando ofrecen las primicias a Dios. El relato que cuenta la Biblia es cómo un grupo de pastores nómadas llegaron a creer que Dios los llamó para una responsabilidad específica en el mundo.

Los mandamientos
La entrega de los diez Mandamientos (Aseret haDibrot) *se cuenta en Éxodo 34:27-28, donde se convertirán en el centro de la Alianza. Hay dos versiones, una en Éxodo 20:2-14 y otra en Deuteronomio 5:6-18.*

En pocas palabras, la narración es la siguiente: Dios es el Creador de todas las cosas. La Biblia comienza "en el principio creó Dios..." (Génesis 1:1). Y prosigue mostrando que la bondad de la creación se ve perturbada por los hombres, al decidir buscar el conocimiento y tomar sus propias decisiones. Los primeros capítulos del Génesis describen la progresiva ruptura de relaciones —entre marido y mujer, los hombres y Dios, los hombres y el orden natural, el campo y la ciudad, los temerosos de Dios y los que no lo son, y entre las diferentes naciones, culminando con la confusión de lenguas durante la construcción de la Torre de Babel (Génesis 11:1-9).

La Biblia, en conjunto, muestra cómo Dios comienza su obra de reparación, reconciliando y renovando. Este proceso se centra en una serie de acuerdos conocidos como alianzas, establecidos primero con individuos, como Noé y Abraham, y luego, a través de Moisés, con toda la nación descendiente de Abraham, Isaac y Jacob. Así, los israelitas son el instrumento de la obra de reparación de Dios en el mundo, y no sólo para ellos, sino para que toda la gente pueda aprender a reconocer quién y qué es Dios (Habacuc 2:14, Zacarías 8:20-23).

Dios toma la iniciativa al llamar a los israelitas a realizar esta tarea y al ayudarlos a realizarla. De la esclavitud en Egipto, Dios los rescata de manera dramática en el éxodo, guiándolos hacia el desierto y a la Tierra Prometida de Canaán, a cuyos habitantes se les dice que conquisten. En el desierto, Dios les da, por medio de Moisés, las leyes de la Torá que se convierten en las condiciones básicas de la nueva y duradera alianza (Torá significa "guía": se aplica a los primeros cinco libros de la Biblia, o, a las escrituras completas, y puede aplicarse también a las leyes específicas). Es esencial para la alianza reconocer que Dios es en verdad el único que es Dios, en comparación con los numerosos supuestos dioses y diosas del mundo circundante. La declaración de fe judía más profunda se encuentra en Deuteronomio 6:4: "Oye [*shema*, en hebreo, de donde surge el nombre *shema* que se da a la declaración de fe que comienza con este verso], Israel, Jehová nuestro Dios, Jehová uno es".

Sin embargo, las personas no siempre cumplen los términos del convenio: siguen rindiendo sacrificios, culto y sumisión a los dioses locales. Y aunque al parecer era necesario reunir a la gente bajo el mando de un solo rey, debido a las amenazas de los países vecinos y de los filisteos, esto fue considerado como falta de confianza en la supremacía de Dios. Pero Dios apoyó que David fuera rey, y después de que éste captura Jerusalén, hace una nueva alianza con él y sus descendientes como *mashiach* ("mesías" o "ungido"). Salomón, el hijo de David, construye el templo pero al morir, su reino se divide y el periodo de los reyes resulta ser un fracaso.

Frontispicio del Génesis
La palabra central es bereshit, *"en el principio". Es la primera palabra del Génesis (y de la Biblia), y por ello el nombre judío de este libro. Para la asociación de esta palabra con Sabiduría,* *v. pp. 204-205.*

En protesta por las numerosas traiciones a Dios, surgen los profetas hablando en su nombre y retando a la gente con las palabras: "El Señor dice...". Los profetas no se oponen a la alianza y sus leyes; aunque rara vez las mencionan, instan a las personas a vivir en la forma en que Dios lo pide. Mas sus prédicas fueron en vano, y Dios convoca a los asirios, en el s. VIII a.C., a destruir el reino del norte y luego a los babilonios en el s. VI a.C. para destruir Jerusalén y el templo y arrojar al pueblo al exilio. Tiempo después regresan, se reconstruye el templo y los sacerdotes son los que deciden sobre los asuntos de la fe y la práctica del culto: como Dios dio la Torá a Israel, es necesario seguir sus enseñanzas si han de prosperar. Es vital, entonces, enseñar qué significa la Torá en la vida diaria.

Tras el periodo bíblico, por poco tiempo parece que prosperan en los caminos de Dios. Durante el reino de los asmoneos (142-63 a.C.), viven en un estado independiente, y aunque son sometidos por los romanos, los Herodes impulsan la prosperidad de Jerusalén. Dos intentos más de independizarse de Roma terminan mal: en el año 70 y en el 135 d.C.; las rebeliones son aplastadas, Jerusalén es capturada y se destruye el templo una vez más.

A través de estos hechos se describe a Dios en forma vívida. Pero ésta no es más que una descripción simplificada de una comunidad religiosa que trataba de entenderse y de entender sus convenios con Dios y la naturaleza de éste. La Biblia es una antología de escritos a lo largo de más de mil años. Contiene no sólo este sencillo relato sino también un proceso de cambio y corrección, de una verdad que conduce a la comprensión de la naturaleza de Dios. La noción judía de Dios está profundamente arraigada en la historia, misma que no es nada fácil recuperar, y también pertenece a la narrativa judía acerca de Dios.

ENFRENTE:

Hazor
Ciudades como Hazor muestran la destreza de los cananeos. De ellos los israelitas aprendieron el alfabeto para escribir sus testimonios.

Marduk
Entre los dioses babilonios, Nabucodonosor I (reinó de 1125 a 1103 a.C.) veneró a Marduk como sharilani, rey de los dioses; éste fue una amenaza contra Yahvé en tiempos del exilio (p. 194).

Dios y el Señor

El único Dios que existe

EL MANDATO QUE DA ORIGEN a Israel es el Shema. Se lee en voz alta: *Shema Israel Adonai Eloheynu Adonai Ehad* (Deuteronomio 6:4). Palabra por palabra quiere decir: "Oye, Israel: Jehová nuestro Dios, es un solo Jehová". Las palabras parecen extrañas pero es la clave suprema que desentraña la noción judía de Dios. *Adonai* significa "mi Señor", palabra que no aparece en el texto hebreo. Las que sí aparecen son las cuatro letras conocidas como Tetragrámaton ("de cuatro letras", en griego), YHVH. Éste fue el nombre que reveló Dios a Moisés (p. 180), pero como asume la santidad de Dios, no la pronunciaba más que el sumo sacerdote en el Día de la Redención. Muchos judíos prefieren decir *haShem* (el Nombre), que se traduce como "el Eterno"; y cuando aparecen las letras YHVH en el texto de las escrituras se inserta la palabra Adonai, para recordar al lector que no pronuncie el nombre y mejor diga Adonai. Por eso en traducciones de lo que los cristianos llaman el Antiguo Testamento el nombre de Dios se traduce como "el Señor". Antiguas traducciones intentan erróneamente transcribir el nombre, poniendo vocales de Adonai en YHVH, produciendo la forma imposible: Jehová. Entre los académicos se representa este nombre de Dios como Yahvé. Esto descubre algo importante acerca de la autorrevelación de Dios: su santidad se extiende incluso a su nombre, el cual debe ser tratado con reverencia.

La expresión *eloheynu* contiene la palabra *elohim*, Dios, con un pronombre agregado al final, para significar "nuestro Dios". La frase significa: "Yahvé es nuestro Dios, Yahvé es Uno"; o "Yahvé nuestro Dios, Yahvé es Uno"; o "Yahvé es nuestro Dios, Yahvé solamente". Aunque el significado es dudoso, esto nos habla de los comienzos de la noción judía de Dios. *El* era el nombre del Dios supremo en el Oriente Medio, donde las tribus nómadas se convirtieron en el pueblo de Israel. En los primeros mitos cananeos, El es el Dios sobre todos los dioses, el padre de los dioses, la cabeza del consejo de dioses. El está tan lejos del mundo que emplea a dioses menores para que hagan su obra, o para representarlo. Por eso encontramos en la Biblia términos como El Bethel (Dios de Bethel), o El Olam (Dios que persevera), El Roi (Dios que ve), El Elvon (Dios supremo) y El Berith (Dios de la alianza).

Los dioses menores que hacen el trabajo del El supremo son los Elohim, palabra traducida en la Biblia como Dios, aunque es realidad es un plural, y puede significar, llanamente, "dioses", tal como en Génesis 31:30, Jueces 17:5, Daniel 11:8 e incluso más a menudo cuando se denuncia que los dioses (*elohim*) de otras naciones no son Dios. En el Salmo 96:5 son

> *Ésta es mi sentencia:*
> *seréis* elohim,
> *hijos todos del Elyon,*
> *mas como hombres*
> *moriréis: como los príncipes*
> *más poderosos caen*
> *sin excepción,*
> *así caeréis.*
>
> (Salmo 82: 6-7)

ridiculizados, con un juego de palabras, *elilim*, nulidades, dioses intrascendentes. En el Salmo 82, Dios aparece en el tribunal como el acusador de los dioses, los *elohim*, y se mofa de ellos: si decís que sois los dioses que sois, que los débiles y los huérfanos hallen justicia, sed justos con los desventurados, rescatad a los necesitados y salvadlos de las garras de los malvados. Pero no pueden hacerlo: carecen de todo poder, y por eso Dios pronuncia su sentencia (recuadro a la izquierda, arriba).

Esto ocurre a lo largo de toda la Biblia. Es la descripción de una contienda entre el Dios de Israel y los dioses de las otras naciones. Por ejemplo, en los mitos de los cananeos, la autoridad de El es cuestionada y su territorio es invadido por un dios más estrepitoso, Baal-hadad, el dios de la tormenta. La invasión del territorio de un dios, por otro, quizá refleje lo que ocurría en la tierra, como el ataque y la derrota de una tribu o nación por otra. Esto era muy importante para los israelitas, porque cuando invadieron territorio cananeo su propio Dios, Yahvé, tuvo que atacar y derrotar a su dios El, así como a los dioses menores, los Baales, los propietarios de la tierra y la fertilidad. Si no hay más que un solo Dios (*ehad*, Uno), entonces los demás dioses deben ser arrojados como falsos pretendientes al trono. Éste es el conflicto que se describe en la Biblia. Esto debe señalarse, pues hubo una época en que los antepasados de los israelitas adoraban a muchos dioses (*elohim*).

La Pascua
La Pascua judía se celebra en los hogares judíos. El pan sin levadura (matzah) *simboliza la plena confianza en Dios, ya que nada, ni siquiera la levadura, procede del año anterior.*

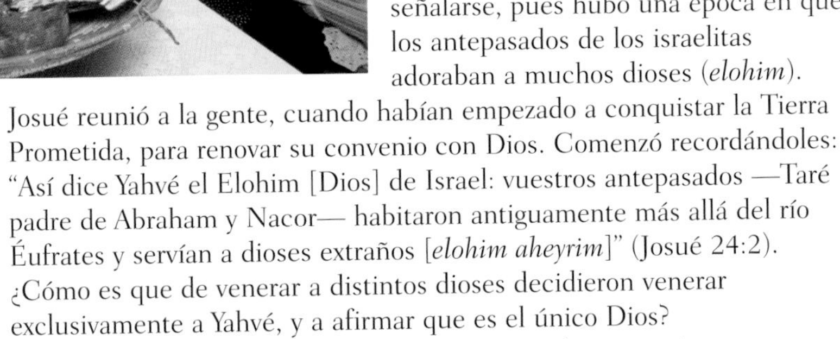

Josué reunió a la gente, cuando habían empezado a conquistar la Tierra Prometida, para renovar su convenio con Dios. Comenzó recordándoles: "Así dice Yahvé el Elohim [Dios] de Israel: vuestros antepasados —Taré padre de Abraham y Nacor— habitaron antiguamente más allá del río Éufrates y servían a dioses extraños [*elohim aheyrim*]" (Josué 24:2). ¿Cómo es que de venerar a distintos dioses decidieron venerar exclusivamente a Yahvé, y a afirmar que es el único Dios?

Según Éxodo 6:3, Dios dio a conocer su nombre por primera vez a Moisés (recuadro a la izquierda). El libro anterior, el Génesis, parece contradecir esto, pues el nombre de Dios se usa desde el principio. Génesis 4:26 dice que fue en aquel tiempo (después de que Caín matara a Abel) cuando la gente empezó a invocar el nombre de Yahvé. Más tarde, la exégesis judía admitió esta contradicción y sugirió que la palabra "empezó" era, en realidad, otra palabra hebrea que significa "rebelarse". Dicho de otro modo, interpretaron el versículo, en el contexto del crimen de Caín, diciendo que se empezó a usar el nombre de Yahvé ofensiva y superficialmente, y que a esto se debe que el nombre no se conociera, en general, sino hasta más tarde. Esta

> *Dios [Elohim] habló a Moisés diciendo: "Yo soy el Señor [YHVH]. Y aparecí a Abraham, a Isaac y a Jacob, como el Dios Omnipotente [El Shaddai], pero en mi nombre Yahvé no me notifiqué a ellos".*
>
> (Éxodo 6:3)

contradicción fue la primera clave que hizo que el estudioso francés Astruc se diera cuenta, en el s. XVIII, de que el Pentateuco (los primeros cinco libros de la Biblia) está constituido por diferentes obras anteriores, que más tarde se combinaron y formaron una sola. Estas obras aportan su propia comprensión de la naturaleza y carácter de Dios. Una fuente conocida como J utiliza el nombre J/YHVH desde el principio, E usa Elohim hasta la revelación de Moisés.

El carácter (e incluso la existencia) de esas fuentes se ha puesto en duda, pero el Pentateuco mismo afirma que se basa en tradiciones y fuentes prexistentes, con las cuales los historiadores intentan contestar a la pregunta ¿cómo se convirtió Yahvé en el Dios de Israel? Hay pocas evidencias como para estar seguros. En el Medio Oriente se sabe que Yau/Yah es el nombre de un dios, así que tal vez Yah fuera el dios de una de las tribus. Otra posibilidad sugiere que los hijos de Israel (los Bene Israel) eran en un principio grupos vagamente emparentados. Los diferentes componentes de este grupo tenían diferentes antecedentes históricos, aunque se apoyaban en tiempos de crisis. Durante una hambruna, algunos partieron hacia Egipto en busca de alimento, pero tuvieron que trabajar como esclavos para obtenerlo. Uno de ellos, Moisés, fue expulsado y se refugió entre los quenitas. Más tarde casaría con la hija de Jetro, sacerdote de aquella tribu, y se encontró con Dios durante un dramático episodio que estableció, sin lugar a dudas, la santidad de Dios y su fuerza histórica (obligó al faraón de Egipto con su poderosa mano) para llevar a los israelitas a donde se suponía que debían estar y también fue alguien con quien Moisés (y luego otros personajes bíblicos) podía argüir (Éxodo 3:4). Dios siempre ha sido Dios, pero sólo cuando fue conocido como Yahvé, y en el nombre y la fuerza de Dios, cuyo nombre y naturaleza han sido revelados, Moisés libera a su pueblo de Egipto en el Éxodo.

El Éxodo se convierte en el mayor ejemplo del poder de Dios para actuar. Cada año la Pascua judía conmemora la vez que Dios destruyó las casas de los egipcios, pero mantuvo intactas las de los israelitas (recuadro a la derecha). Cuando volvieron a Canaán, se unieron con otros integrantes del grupo y Josué 24 refleja que todo el grupo, los Bene Jacob/Israel (descendientes de Jacob/Israel), aceptaron a Yahvé como su Dios. Fue Yahvé, no los "otros dioses", el que inició su historia común al llevar a Abraham más allá del río Éufrates y al darles, a él y a sus descendientes, la nueva tierra de Canaán. Asimilaron gran parte de la concepción que tenían los cananeos de El como Dios supremo. A la postre, sin embargo, quedó claro que si Yahvé iba a ser su único Dios había que descartar a los otros dioses, tal como los habitantes de esas tierras debían ser derrotados si éstas habían de pertenecerle a Israel. Esa contienda se convirtió en una parte trágica del relato judío acerca de Dios.

La celebración de la Pascua es una de las fiestas judías más importantes. Al inicio, en el momento en que se descubre el pan ázimo, los presentes recitan estas palabras de un antiguo texto, la *Haggadah* de Pascua:

"Fuimos esclavos del faraón en Egipto, y el Eterno [Yahvé], nuestro Elohim, nos sacó de ahí con su poderosa mano y el brazo extendido. Y si el Santísimo, alabado sea, no hubiera sacado a nuestros padres de Egipto, nosotros y nuestros hijos y los hijos de nuestros hijos hubiéramos seguido siendo esclavos del faraón en Egipto. Todos somos prudentes, todos somos personas con experiencia, todos conocemos la Torá, empero es nuestra obligación recitar la huida de Egipto, y todos los que aprecian el relato de la huida de Egipto deben ser ensalzados".

Comida de Pascua
Yerbas amargas que simbolizan la amargura de la esclavitud, un huevo que evoca el sacrificio y una canilla que representa al cordero sacrificial son los alimentos en la Pascua, junto con el pan ázimo.

Derrota de los dioses

Solamente Yahvé

Los profetas de Baal "invocaron en el nombre de Baal desde la mañana hasta el medio día, diciendo: '¡Baal, respóndenos!' Mas no había voz. Saltaban alrededor del altar que habían hecho. Al mediodía, Elías se burlaba de ellos, diciendo: '¡Gritad en alta voz! Seguro que es un dios; quizá está meditando [...]o tal vez duerme y deben despertarlo'. Y ellos clamaban a grandes voces y, como era su costumbre, se cortaban con cuchillos y con lancetas, hasta chorrear la sangre sobre ellos. Y como pasó el mediodía, bramaron hasta el tiempo del sacrificio de la oblación, y no había voz, ni quien respondiese ni escuchase".

(1 Reyes 18:26-29)

La pugna de Yahvé con otros dioses se resume en un episodio ocurrido cerca de cien años después de la captura de Jerusalén por David (*c.* 1000 a.C.) y de la construcción del templo por Salomón como centro donde todas las tribus pudieran rendir culto a Yahvé (pp. 190-191). Un rey llamado Acab reinaba en Israel (el reino del norte). Por lo que respecta a Dios, Acab se protegía. Se suponía que él y su pueblo sólo servían a Dios, pero ¿y si los dioses locales, los baales (ba'alim), no fueron arrojados? Quizá aún seguían siendo esenciales para las cosechas y la fertilidad. Para estar a salvo, "fue y sirvió a Baal y lo adoró, e hizo un altar a Baal, en el templo de Baal que él edificó en Samaria" (1 Reyes 16:31-32).

De inmediato fue impugnado por un profeta de Yahvé llamado Elías, y acordaron en que hubiera un enfrentamiento entre los baales y Yahvé. Elías y los profetas de los baales se reunieron en el monte Carmelo. Cada facción edificó un altar, donde se invocaría la aparición de fuego para demostrar cuál de los dioses era capaz de traer fuego a la tierra (recuadro a la izquierda), Elías hizo sus preparativos y oró a Dios:

Oh, Yahvé, Dios de Abraham, Isaac e Israel, sea hoy manifiesto que tú eres Dios en Israel, y que yo soy tu siervo y que por mandato tuyo he hecho todas estas cosas. Respóndeme, Señor, respóndeme para que conozca este pueblo que tú, Yahvé, eres El, y que tú hiciste retroceder su corazón. Entonces cayó el fuego de Yahvé, el cual consumió la ofrenda, y la leña, y las piedras, y el polvo, y aun consumió las aguas que estaban en el foso. Y viéndolo todo el pueblo, cayeron sobre su rostro y dijeron: "Yahvé es Elohim, Yahvé es Elohim".

(1 Reyes 18:36-39)

Cuando Elyon repartió las naciones, y dividió a los seres humanos, fijó los límites de los pueblos según el número de dioses: la parte de Yahvé fue su propio pueblo, el de Jacob, la porción que le correspondía.

He aquí, en miniatura, el conflicto entre Yahvé y los demás dioses que se encuentra en toda la Biblia. Una y otra vez los profetas de Yahvé llaman a los hombres a abandonar el culto a otros dioses, práctica que comparan con el adulterio y hasta la prostitución (Oseas 2:4-15). La guerra en la tierra para conquistar la Tierra Prometida se refleja en una guerra en el cielo, cuando Yahvé invade el dominio de El, el Dios Altísimo, y asume sus funciones hasta que, finalmente, ya no se distinguen, y El se convierte en un nombre para aquello que es Yahvé —el Único Dios. Éste fue, en realidad, un cambio de grandes consecuencias. Para empezar, Yahvé había sido sólo un dios más al servicio de El, guardián de una región en particular, tal como dice en Deuteronomio 32:8 (en su texto original). El Dios supremo divide a las naciones del mundo según el número de dioses menores (*elohim*), y otorga una nación a cada uno (recuadro a la izquierda).

A los autores del último texto, oficial (masorético), les escandalizó tanto la aparente admisión de otros dioses que cambiaron la redacción a "según la cantidad de *hijos* de Israel", pero el texto inicial recoge la idea original, de Dios y los *dioses,* con mucha exactitud. El Salmo 82 (p. 180), en el que Yahvé denuncia a los otros dioses, revela esta antigua relación entre Yahvé y El con la misma claridad. El primer versículo es muy extraño; dice literalmente: "Elohim está en la reunión de El, para emitir un juicio entre los Elohim" (Salmo 82:1). Pero este salmo proviene de una sección del Libro de los Salmos en la que el nombre de Yahvé fue eliminado (por reverencia, p. 178) y sustituido por Elohim. De modo que el versículo se leía *originalmente*: "Yahvé está en la reunión de El, para emitir un juicio entre los *elohim* [los otros dioses]".

Elías
Este manuscrito del s. XIII d.C. muestra escenas de la vida del profeta Elías, entre ellas el inútil intento del rey Ocozías de silenciarlo. La primera y segunda partida de soldados enviados fueron destruidas por fuego; la última pide misericordia y es perdonada.
(2 Reyes 1:1-18)

En conjunto, la Biblia muestra cómo Yahvé no sólo invadió el dominio de El y de los otros dioses sino que se lo apropió por completo. Yahvé llega a ser todo lo que los dioses pueden ser. Representar a los dioses en estatuas o pinturas se condenaba continua y violentamente por considerarse idolatría —la adoración no de Dios sino de ídolos inútiles y sin vida, incapaces de actuar (Salmo 115:3-8 e Isaías 46:1ss.).

La Shema (p. 178) tiene, pues, mucho sentido: Yahvé nuestro Elohim es Yahvé nada más. El Dios de la vida surge de la muerte de los dioses. Ésta fue una gigantesca y aguerrida revolución en la visión y la imaginación humanas. Pero una vez iniciada, se aseguró de que Dios sería digno de la adoración y la alabanza de los hombres.

De las ciudades de estos pueblos que el Señor [Yahvé] tu Dios [Elohim] te da por heredad, nada que respire dejarás con vida. Los aniquilarás: a los hititas y los amorreos, los cananeos y los fereseos y a los heveos y los jebuseos, tal como el Señor tu Dios te ha mandado, porque no te enseñen a hacer según todas sus abominaciones que ellos hacen a sus dioses y peques contra el Señor tu Dios.

(Deuteronomio 20:16-18)

Servir a otros dioses es el mayor error que despierta la ira de Dios, característica del Deuteronomio, como en el cap. 29:27; 6:15 y 11:16ss., y de Oseas 5:10-15, para quien esta traición es adulterio y prostitución. Es la misma imagen que da Ezequiel 16:35, que inicia un pasaje así: "Por tanto, ramera, oye la palabra del Señor", describiendo la ira de Dios, que culmina en el Día del Señor:

"Aquel día, dice el Señor Dios, haré que se ponga el sol al mediodía, y la tierra cubriré de tinieblas en el día claro. Y tornaré vuestras fiestas en lloro, y todos vuestros cantares en lamentacionesy haré poner saco sobre todos los lomos, y calvicie sobre toda cabeza; y tornaréla como el duelo por el unigénito, y su postrimería como día amargo".

(Amós 8:9-10)

La ira de Dios

Un fuego devorador

La guerra en el cielo se reflejaba en la tierra. Al acercarse a la Tierra Prometida, Dios ordena al pueblo que aniquile toda cosa viva (recuadro a la izquierda, arriba). En el Libro de Josué 5:13; 12:24, al describir la conquista, Dios aparece como un iracundo depredador que destruye a todo el que se le cruza. La ira de Dios aparece extensamente en la Biblia. Las palabras hebreas usadas para ira son sobre todo físicas (golpear con violencia, enardecerse, explotar, inundar) y se utilizan más en relación con Dios que con los seres humanos.

La ira de Dios asume diferentes formas: el profeta Isaías parece buscar metáforas cada vez más imponentes con las cuales describirla:

He aquí que el nombre del Señor viene de lejos, ardiendo
en cólera, rodeado de espeso humo,
los labios llenos de indignación,
y su lengua como fuego consumidor.
Su aliento es como un torrente que inunda
y llega hasta el cuello: para zarandear a las naciones
con criba de destrucción, y el freno estará en las quijadas
de los pueblos haciéndolos extraviarse.

(Isaías 30:27-28)

Esta ira no es una irritación benigna. Trae muerte: cuando Coré, Datán y Abiram rechazaron a Moisés, éste se enojó, y Dios también: a los tres se los tragó la tierra, y cuando otros se quejaron de tal severidad, fueron atacados por la plaga (Números 16). El furor de Dios trae destrucción a la gente, como en los sucesivos desastres de Isaías 9:8-21 (cfr. Ezequiel 5:13-17), donde es recurrente leer: "ni con todo eso ha cesado su furor; antes todavía su mano está extendida". Trae desgracias a los individuos, como vemos en los Salmos 88:16, 90:7-10, 102:9-12.

¿Qué hace enojar a Dios? A veces, parece que no hay motivo alguno. Después de que David sepultó a Saúl, se dice que "Dios se aplacó con la tierra" (2 Samuel 21:14), pero en 24:1 "volvió a encenderse el furor del Señor contra Israel", aunque nada ocurrió entre tanto. Con la mayor frecuencia se debe a conductas malévolas, como en el caso de los filisteos en Ezequiel 25:15-17:

Así ha dicho el Señor Dios: debido a que por antiguas enemistades los filisteos actuaron en venganza, y con malicia se vengaron destruyendo, por tanto, así ha dicho el Señor Dios, he aquí yo extiendo mi mano contra los filisteos, y talaré a los cereteos y destruiré el resto de la ribera de la mar. Y haré en ellos grandes venganzas con reprensiones de ira. Y sabrán que yo soy el Señor, cuando diere mi venganza sobre ellos.

Pero cuando se trata de justicia lo más probable es que la ira caiga sobre los israelitas, pues han sido llamados a vivir en santidad y a realizar las obras de Dios en el mundo, y se les otorgó la alianza con las condiciones para tal propósito. Los profetas (los voceros de Dios) una y otra vez amenazan con el juicio divino (recuadro a la izquierda, abajo). Pese a ello, se insiste más en la paciencia de Dios, y en su disposición para encontrar un camino a pesar de la obstinación de los seres humanos. Es verdad que la ira de Dios puede ser inmediata: en una ocasión, "aún estaba la carne entre sus dientes, antes que la consumieran, cuando el furor del Señor se encendió contra el pueblo, e hirió el Señor al pueblo con una grande plaga" (Números 11:33). Pero es más frecuente que se diga que Dios tarda en encenderse, como en el Salmo 103:8-9: "el Señor es misericordioso y clemente, lento para la ira y lleno de amor inconmovible. No siempre acusará, ni para siempre guardará su enojo" (también Éxodo 34:6 e Isaías 48).

Lucha contra los amalequitas
Éxodo 17:8-16 cuenta cómo peleó Josué contra los amalequitas: "cuando alzaba Moisés su mano, Israel prevalecía, y cuando la bajaba prevalecía Amalec"; al cansarse Aarón y Hur le alzaban las manos.

Esto significa que Dios siempre está abierto a la oración y a la intercesión en favor de quienes han actuado mal, como cuando Abraham intercede por Sodoma (Génesis 18:16-33), o Moisés habla por los infieles (Éxodo 32:11; 31s.; Números 11:1-2; 14:11.12), o Amós por Israel (7:2, 5), o Jeremías por Judá (14:7ss.; 18:2), o Job por sus amigos (42:7-8). A lo largo de la Biblia hay realismo en cuanto a lo que pecado y rebelión merecen. Pero también existe un Dios con un carácter completamente diferente, un Dios fiel y perseverante.

Es el eterno, inamovible compromiso de *hesed*, base de las grandes metáforas de las relaciones de Israel con Dios: de marido y mujer, de pastor y rebaño, de madre e hijo:

"Señor, no se ha envanecido mi corazón, ni mis ojos se enaltecieron; ni me afané en grandezas, ni en cosas para mí demasiado sublimes. Pero he acallado y apaciguado mi alma como un niño destetado en el pecho de su madre; como un niño en el pecho de su madre está mi alma dentro de mí. Israel, confía en el Señor desde hoy y para siempre".

(Salmo 131:1-3)

El amor de Dios

Una madre y su hijo

ES FÁCIL CONSTRUIR, a partir de la Biblia, una descripción de Dios como jefe de alguna mafia —literalmente un Dios Padre: tiene a su familia y la protege con fiereza, sobre todo en lo que al matrimonio se refiere; tiene su territorio, que también protege; espera el cumplimiento de ciertas normas de conducta muy específicas (escritas después de tiempo, como en este caso, pero durante mucho tiempo fueron un código no escrito); pelea contra sus rivales si es necesario y trata a los transgresores brutal y terminantemente. Al igual que *El Padrino* de Mario Puzo, Dios hace ofertas a los israelitas que éstos no pueden rechazar.

Pero éste no es todo el cuadro, ni el único. La alianza implica obligaciones por parte de Israel, pero también por parte de Dios. Cuando los israelitas se dieron cuenta de que esa obligación era indefectible, empezaron a pensar en Dios como alguien digno de confianza, característica que resumieron en la palabra *hesed*.

Se trata, básicamente, de un término legal que resume la característica de total confianza que hace posible un acuerdo. Cuando Salomón consagró el templo (texto a la derecha), su plegaria empezó: "Señor Dios de Israel, no hay Dios como tú, ni arriba en los cielos ni abajo en la tierra, que guarda el pacto y *hesed* a tus siervos, los que andan delante de ti de todo su corazón, el pacto que has guardado a tu siervo David, mi padre, tal como le dijiste" (1 Reyes 8:22-24; pacto y *hesed* se combinan también en Deuteronomio 7:2, 9, 12; 2 Crónicas 6:14; Nehemías 1:5; 9:32; Daniel 9:4; Salmos 50:5, 36; 89:29,34).

La palabra *hesed* comprende un sentido de poder y de fuerza para hacer las cosas, ya que un socio impotente es inútil en una alianza. *Hesed* se emplea, con frecuencia, en el sentido de fuerza, como en el Salmo 144 (recuadro a la derecha, arriba). Para los israelitas, sin embargo, *hesed* va más allá del compromiso legal de un socio más fuerte, convirtiéndose en la cualidad que experimentan en Dios, quien anhela hacer realidad todo lo que la alianza promete: el bienestar de la gente, de pobres y ricos por igual. Cuando Moisés cortó las tablas de la ley, las primeras palabras que establecen el pacto son:

El amor de Dios como madre
Como la madre conforta al hijo os confortaré; seréis confortados en Jerusalén. (Isaías 66:9; cfr. 49:15)

El Señor, el Señor, un Dios misericordioso y piadoso, tardo para la ira, y grande en amor inamovible [hesed] *y verdad; que guarda el amor inamovible hasta la milésima generación, que perdona la iniquidad la rebelión y el pecado.* (Éxodo 34:6-7)

Es verdad que el texto continúa diciendo que los pecadores seguirán siendo juzgados. Pero en el compromiso de Yahvé, que se resume en *hesed*, se basan los israelitas para saber que aunque hayan pecado serán recibidos siempre con misericordia si regresan a Dios:

No temas, que no serás avergonzada; no te desanimes, que no sufrirás desgracia; antes te olvidarás de la vergüenza de tu mocedad, y de la desgracia de tu viudez no tendrás más memoria. Porque tu marido es tu Hacedor, el Señor de los ejércitos es su nombre; el Santo de Israel es tu Redentor, el Dios de toda la tierra se le llama. Porque como a mujer dejada y triste de espíritu te llamó el Señor, como a la mujer del hombre mozo que es repudiada, dice tu Dios. Por un pequeño momento te abandoné, más te recogeré con grande misericordia. Con ira escondí mi rostro de ti por un momento, pero con amor eterno [hesed] *tendré compasión de ti, dice tu Señor, tu Redentor.*

(Isaías 54:4-8)

"Bendito sea el Señor, mi roca, que entrena mis manos para la guerra, y mis dedos para la batalla; mi hesed *y mi fuerza, mi fortaleza y mi libertador [...] en quien encuentro refugio, que somete a los pueblos delante de mí."*

(Salmo 144:1-2; cfr. 52:11-12: "Una vez habló Dios; dos veces he oído esto: que de Dios es la fortaleza y *hesed* de ti, oh, Señor".)

Puede que Israel alguna vez haya esperado, o temido, que Dios fuera un jefe mafioso, que tratara a sus rivales con crueldad. Mas llegaron a conocerlo como alguien que espera mucho pero también ama mucho (recuadro a la izquierda). El amor se va convirtiendo en la característica esencial de Dios. Jeremías hasta emplea palabras de pasión física para expresar el deseo de ese amor:

Así ha dicho el Señor: los que escaparon del cuchillo encontraron la gracia en el desierto; cuando Israel buscó reposo, el Señor se manifestó desde muy lejos. Te he amado con amor eterno; por tanto continué siéndote fiel [hesed]. *De nuevo te edificaré, y serás edificada, ¡oh, virgen de Israel!*

(Jeremías 31:2-4)

Oración de Salomón
Salomón ora para que, si la gente peca y es llevada en cautiverio, siga orando hacia Jerusalén y sea perdonada, "pues tú los apartaste de todos los pueblos de la tierra, para tu heredad".
(1 Reyes 8:53)

La santidad de Dios

Separación de todo lo que es impuro

CUANDO FINALMENTE DAVID VENCIÓ a los filisteos (p. 177), con 30 mil hombres se dirigió a rescatar el Arca de la Alianza, de la que se habían apropiado. El arca había sido construida para guardar la alianza (Éxodo 25), y representaba la presencia de Yahvé en Israel. Se trataba, pues, del objeto más sagrado. Los bueyes tiraban de la carreta cuando el arca se deslizó, y Uza alargó la mano para detenerla. De inmediato "la ira del Señor se encendió contra él, y Dios lo hirió por extender la mano hacia el arca, y cayó ahí muerto junto al arca de Dios" (2 Samuel 6:6-7). Tocar algo santo, así sea de forma casual es invitar a la muerte.

La santidad es algo que sólo pertenece a Dios y puede ser extremadamente peligrosa. La palabra para "santo" es *qadosh*. En hebreo y lenguas emparentadas la palabra significa, en esencia, estar separado. Dios es completamente diferente de cualquier cosa que corrompa o contamine: Dios es el origen de toda la vida y todo el poder, y cualquier cosa que se le aproxime siendo impura o casual es consumida por esa santidad. Los hijos de Aarón, Nadab y Abiú, "ofrecieron fuego impuro que él no les pidió; y salió fuego de la presencia del Señor y los consumió, y murieron delante del Señor" (Levítico 10:1-2). Acto seguido comentó Moisés: "Esto es lo que el Señor habló, diciendo: 'Entre mis

En suelo sagrado
Apacentando Moisés las ovejas de Jetro, su suegro, sacerdote de Madián, llevó las ovejas detrás del desierto, y vino a Horeb, el monte de Dios. Ahí el ángel del Señor se le apareció en una llama de fuego en medio de una zarza; al mirar, vio que la zarza ardía y el fuego no la consumía (Éxodo 3:1-2). Y se quitó las sandalias porque supo que estaba en suelo sagrado.

allegados me santificaré, y en presencia de todas las personas seré glorificado'" (Levítico 10:3).

En la Biblia se le dan muchos atributos a Dios (sabio, poderoso, misericordioso, amoroso, etcétera), pero sólo la santidad describe su naturaleza —aquello que en esencia es. A esto se debe que, peculiarmente a Dios se le llame el Santo de Israel. No sorprende entonces, que sea imposible ver a Dios y sobrevivir a la experiencia. Aun a Moisés sólo se le permitió vislumbrar la espalda de Dios (Éxodo 33:17-23; cfr. Jueces 13:19-23).

Como la santidad sólo pertenece a la naturaleza esencial de Dios, las cosas y las personas se vuelven santas sólo cuando entran en relación con Dios. Así, el altar para los sacrificios y todos sus utensilios eran santos (Éxodo 29:37; 30:28-29), así como los sacerdotes y sus vestimentas (29:1; 28:4); el pan de la Presencia era pan sagrado (1 Samuel 21:6); y los lugares se volvían sagrados debido a su asociación con Dios: cuando Moisés fue convocado a reconocer a Dios en la zarza ardiente (texto a la izquierda), Dios le dijo: "¡No te acerques! Quita las sandalias de tus pies, porque el lugar en que estás parado es tierra santa" (Éxodo 3:5). Más aún, todo el monte Sinaí es apartado, siguiendo el mandato de Dios: "Señala términos al monte, y santifícalo" (Éxodo 19:23).

De la santidad de Dios se deriva inevitablemente la santidad del pueblo de Israel, porque entre todos los pueblos del mundo, es el que ha sido llevado más cerca de Dios para vivir con él en una alianza de fe y confianza (*hesed*, p. 186). En la misma época en que se pusieron límites a la montaña debido a su santidad, Yahvé le dijo a Moisés:

> *Ahora bien, si obedecéis mi voz y guardan mis mandamientos, seréis mi posesión más preciada entre todos los pueblos. En verdad toda la tierra es mía, pero seréis para mí un reino de sacerdotes y una nación santificada.*
>
> (Deuteronomio 19:5ss.; cfr. 26:19)

Israel es como la ofrenda de las primicias a Dios, y la nación que lo ataque está en peligro ante la santidad de Dios (recuadro a la derecha, arriba). Es una situación muy difícil de sobrellevar. La santidad es un poder creativo, pero si se aproxima uno a ella de la manera incorrecta, es mortalmente destructiva. Es como un reactor nuclear: si se utiliza con prudencia, su poder genera energía para toda una sociedad, pero manejado con descuido las consecuencias pueden ser desastrosas. ¿Cómo, pues, se puede vivir con la santidad de Dios? Como en el caso del reactor, sólo apegándose a los procedimientos correctos y teniendo equipos de técnicos que saben lo que están haciendo. Es exactamente lo que Israel produjo con el sacerdocio.

El Señor dice: "Recuerdo la devoción de tu mocedad, del amor de tu desposorio, cuando me seguiste en el desierto, en tierra no sembrada. Israel era cosa santa al Señor, primicia de su cosecha. Todos los que comieron de ella pecaron; la calamidad cayó sobre ellos, dice el Señor".

(Jeremías 2:3)

Y habló el Señor a Moisés, diciendo: "Habla a la congregación de los hijos de Israel y diles: santos seréis, porque santo soy yo el Señor vuestro Dios".

(Levítico 19:2)

Templo, santidad y sacerdocio

La majestad y la diversidad de Dios

El templo de Herodes
Cuando Herodes el Grande (37-4 a.C.) reconstruyó el segundo templo, se protegía a la gente para que no se acercaran a la santidad de Dios sin percatarse. Sus muros y patios sólo los podían cruzar quienes estuvieran purificados.

EN EL AÑO DE LA MUERTE DEL REY UZÍAS (s. VIII a.C.), el profeta Isaías tuvo, en el templo, una majestuosa y sobrecogedora visión de Dios, "sentado en un trono, alto y sublime, el borde de su capa cubría el templo" (Isaías 6:1). No fue el único profeta que tuvo una visión de Dios junto al altar; también la tuvieron Amós (9:1) y Micaiah ben Imlah (1 Reyes 22:19), pero Isaías fue el único que dejó noticia de su reacción. Dijo: "¡Ay de mí! Estoy perdido, porque soy un hombre inmundo de labios; empero mis ojos han visto al Rey, el Señor de los Ejércitos" (Isaías 6:5). La santidad de Dios consume aquello que es impuro, e Isaías tuvo que ser purificado con un tizón en los labios para limpiar su pecado.

La santidad divina es una forma de expresar que no es posible acercarse a Dios con desenfado: quienes lo hacen deben ir en un estado de pureza ritual. Los sacrificios eran un medio formal para aproximarse a Dios, pero también éstos debían estar cuidadosamente regulados. Algo difícil de lograr cuando cada comunidad, y a veces cada familia, tenía su propio altar y su propio ritual. Cuando David hizo de Jerusalén la nueva capital para que el grupo de parentesco estableciera una alianza más estrecha entre sus miembros, y Yahvé fuera su Dios, el siguiente paso lógico fue que Salomón construyera el templo como centro para el culto común a Dios. Hubo otros santuarios, pero Jerusalén y el monte Sión se convirtieron, en la imaginación de los judíos, el centro de su lealtad y, además, del mundo entero. Los sacerdotes mediaban entre el cielo y la tierra (recuadro, abajo).

Levántate, Señor, y ve a tu reposo, tú y el arca de tu fortaleza... Porque el Señor ha elegido a Sión; deseóla por habitación para sí: éste es mi reposo para siempre: aquí habitaré porque la he deseado.

(Salmo 132:8; 13-14)

El primer templo albergó el arca, el símbolo de la presencia de Dios. El Salmo 132 celebra la ocasión en que el arca fue

SACERDOTES

Tomó siglos organizar a los sacerdotes como los técnicos de la santidad:

Poco a poco los sacerdotes se convirtieron en los técnicos de la santidad, al supervisar los sacrificios que se realizaban en el templo. Su propósito era asegurarse de que la gente se acercara a Dios sólo en condiciones de santidad, y que los sacrificios estuvieran cuidadosamente regulados. En retrospectiva el Levítico fue escrito para mostrar que el campamento en el desierto de los israelitas y su santuario tenían como finalidad impedir que lo impuro entrara en contacto con lo santo; sus normas anuncian de qué forma se lograría esto en el templo.

llevada a Jerusalén (recuadro a la izquierda). Cuando el primer templo (el de Salomón) fue destruido por los babilonios en el s. VI a.C. (p. 194), es probable que el "Arca de la Alianza perdida" haya sido también destruida. Al reconstruirse el Santo de los Santos (texto a la izquierda), el santuario central permaneció casi vacío. Nadie entraba allí, salvo un sumo sacerdote una vez al año, el Día de la Redención.

No obstante, la presencia de Dios no estaba confinada al templo. Los israelitas habían conocido la presencia de Dios durante el éxodo y en el desierto, y lo habían adorado en muchos templos anteriores a la construcción del templo de Salomón. Al respecto, hubo muchos que protestaron por la construcción del templo de Jerusalén, alegando que Dios nunca había necesitado antes una casa donde vivir.

Una vez construido, no todos rendían culto en él. Las tribus del norte no reconocieron la casa de David, y tenían su propio templo en Samaria. Pero en el sur, el templo de Jerusalén se fue convirtiendo en el punto de conexión entre el pueblo y Dios, hasta que el rey Josías, poco antes del exilio, hizo el intento deliberado de abolir otros santuarios y convertir a Jerusalén en el centro de los festivales, de peregrinaciones y del culto en general.

Así, pues, el templo instituía con sus piedras y ricos ornamentos que la santidad de Dios no debía tomarse a la ligera, y que venerar a Dios exige lo mejor que se pueda dar. En compensación, todas las personas (no sólo Isaías en su visión) pueden saber que la gloria de Dios tocaba la tierra en este sitio (recuadro a la derecha).

Grande es el Señor y digno de ser alabado en la ciudad de nuestro Dios. Su monte santo [...] es el gozo de toda la tierra. Es el monte de Sión, a los lados del aquilón, la ciudad del gran Rey. Dios dentro de sus palacios ha mostrado seguro refugio.

(Salmo 48:1-3)

Regreso del arca
En una ocasión, durante el largo conflicto con los filisteos, éstos capturaron el arca (1 Samuel 5). Los festejos, al ser recuperada, se describen en 2 Samuel 6. En esta época aún no se construía el templo.

Sacrificios y salmos

Alabanzas y protestas

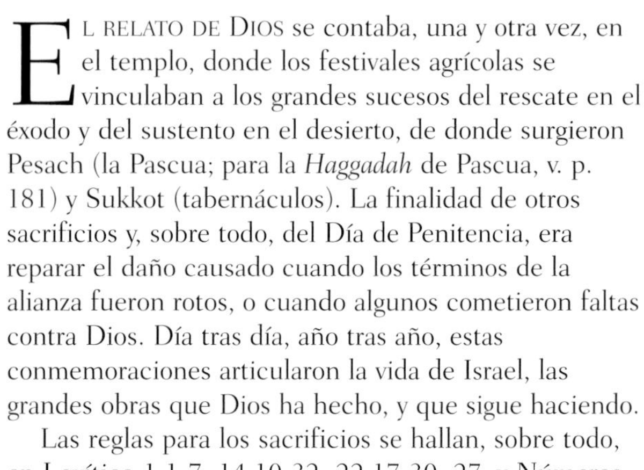

Día de Penitencia
Las letras del pergamino en la ventana de esta sinagoga dicen Yom Kippur, *Día de Penitencia, el día más solemne del año judío que se guardaba en el templo, y hoy se honra en las sinagogas y los hogares.*

EL RELATO DE DIOS se contaba, una y otra vez, en el templo, donde los festivales agrícolas se vinculaban a los grandes sucesos del rescate en el éxodo y del sustento en el desierto, de donde surgieron Pesach (la Pascua; para la *Haggadah* de Pascua, v. p. 181) y Sukkot (tabernáculos). La finalidad de otros sacrificios y, sobre todo, del Día de Penitencia, era reparar el daño causado cuando los términos de la alianza fueron rotos, o cuando algunos cometieron faltas contra Dios. Día tras día, año tras año, estas conmemoraciones articularon la vida de Israel, las grandes obras que Dios ha hecho, y que sigue haciendo.

Las reglas para los sacrificios se hallan, sobre todo, en Levítico 1:1-7; 14:10-32; 22:17-30, 27, y Números 18:19, pero estos pasajes no dan cuenta de qué significaban realmente para las personas que los realizaban. En cambio, el Libro de los Salmos contiene muchos himnos que tal vez en su origen se recitaban en festivales u otros cultos, sobre todo en el templo. En este caso el significado es obvio, pero no hay texto que diga a qué ocasión litúrgica corresponde. El Salmo 45, por ejemplo, parece haberse recitado en las bodas de un rey y el Salmo 110 en una coronación.

Con todo, el Libro de los Salmos contiene mucho más que himnos para los servicios del templo. Más que ningún otro texto, ilustra el significado de Dios para los pueblos del periodo bíblico. De hecho, se cuestiona vivamente, tal como hicieron los profetas, el valor del sacrificio si éste se convierte en un sustituto de vivir la vida como Dios desea. Isaías hizo una comparación entre esto y las personas que —Dios dice—: "hollan mis atrios", trayendo vanos presentes: "Vuestras lunas nuevas y vuestros festivales predeterminados mi alma aborrece: se han convertido en una carga para mí, estoy cansado de soportarlos" (Isaías 1:12-14). Dios pide mejor:

> *Lavaos, purificaos; quitad la iniquidad de vuestras obras de delante de mis ojos; dejad de hacer el mal. Aprended a hacer el bien; buscad la justicia, rescatad al oprimido, defended al huérfano, amparad a la viuda.*
>
> (Isaías 1:16-17)

Miqueas hace la misma comparación:

¿Agradarán al Señor miles de carneros,
o diez mil arroyos de aceite? ¿Daré a mi primogénito
por mis transgresiones, el fruto de mi vientre
por el pecado de mi alma?
Él os ha dicho:
Oh, mortal, ¿qué es el bien;
qué pide el Señor de ti, sino solamente hacer justicia,
y amar la misericordia y caminar humildemente
con tu Dios?

(Miqueas 6:7-8)

El Salmo 51:15-17 hace exactamente ese compromiso:

Señor, abre mis labios, y declarará mi boca
tu alabanza. Porque no te complace
el sacrificio; si yo diera un holocausto,
no te agradaría.
El sacrificio aceptable para Dios es el espíritu
quebrantado; el corazón quebrantado y contrito
no despreciarás, oh, Dios.

Muchos de los salmos expresan la profunda lucha de los israelitas por comprender el significado de Dios en su vida como individuos y como nación. Hay alabanzas y oración, sí, pero también alegatos, cuando las personas tratan de entender por qué Dios parece estar ausente en tantas ocasiones ("Verdaderamente, eres un Dios que se oculta", Isaías 45:15; recuadro a la derecha, arriba).

En los salmos hay alborozo por la derrota y destrucción de enemigos, como cuando se ahogan los jinetes egipcios junto con sus caballos durante el éxodo (Éxodo 15:1; Salmos 78, 135, 136). Pero también hay un profundo reconocimiento, sin duda producto de la experiencia, de que la mano de Dios se extiende misericordiosa y renovadora hacia todas las naciones y hacia toda la creación (Salmos 8, 29, 67, 104, 113, 148).

En ocasiones los caminos de Dios parecen difíciles de descifrar y, a veces, parece estar ausente. No obstante, todas las grandes metáforas sobre estas relaciones están en los salmos, y provienen de experiencias vívidas y verídicas: pastor (Salmo 23), madre (Salmo 131), cobijo (Salmo 91) y dirección (Salmo 31). Muchos de los salmos constituyen un remanso de paz y consuelo. Pero, escribe Thomas More, no vamos al cielo en un lecho de plumas. Otros salmos son como dormir en el áspero pavimento. Aun ahí "me guiará tu mano, y me asirá tu diestra" (recuadro a la derecha).

¿Hasta cuándo, Señor?
¿Me olvidarás para siempre?
¿Hasta cuándo
esconderás tu rostro
de mí?
¿Hasta cuándo debe penar
mi alma, y tener ansiedad
mi corazón todo el día?
¿Hasta cuándo será enaltecido
mi enemigo sobre mí?

(Salmos 13:1-2; 4, 6, 12, 22, 35, 38-44, 55, 60, 69, 74, 77, 79, 83, 88, 102, 109, 137, 140-143)

¿A dónde me iré de tu espíritu?
¿Y a dónde huiré de
tu presencia?
Si asciendo a los cielos,
allí estás tú;
y su hago mi estrado
en el Seol [el sepulcro],
allí estás tú.
Si tomo las alas del alba
y me establezco en el extremo
de la mar, aun allí
me guiará tu mano,
y me asirá tu diestra.
Si dijere:
"Ciertamente las tinieblas
me encubrirán,
y la luz a mi alrededor
noche se volverá",
ni aun las tinieblas son
oscuridad para ti;
y la noche resplandece como
el día, porque las tinieblas
son como luz para ti.

(Salmo 139:7-12)

El Exilio

Sufrimiento y renovación

LA FE EXPRESADA EN el Salmo 139 (recuadro, p. 193) es en verdad profunda. Pero en el s. VI a.C. esta fe fue sacudida. Babilonia había ganado poder, y esto la llevó a confrontaciones con Egipto, ya que ambos deseaban el control de la costa mediterránea. El reino de Judá estaba atrapado entre ambos, pero respaldaba a Egipto, el perdedor. Dos intentos de resistencia contra Babilonia fracasaron, y en 587-586 los invasores destruyeron Jerusalén y su templo, esto provocó que muchos fueran exiliados.

Ésta fue una gran calamidad. Jeremías, profeta en ese tiempo, advirtió a la gente que confiar en aliados como los egipcios, y no en Dios, sería catastrófico, y los hechos demostraron que tuvo razón. ¿Esto significaba que Dios había abandonado a Israel?

¿Será el desdén del Señor para siempre,
y nunca más será benévolo?
¿Ha cesado su amor incondicional para siempre?
¿Se han acabado sus promesas para
todas las generaciones?
¿Ha olvidado Dios su misericordia?
¿Con su ira ha cerrado su piedad?

(Salmo 77:7-9)

Shamash
Shamash (el sol) fue un dios sumerio (Utu) del que se apoderaron los asirios cuando conquistaron a los sumerios, y luego los babilonios cuando conquistaron a los asirios. Esto no ocurrió con Yahvé.

En la antigua noción de las cosas (p. 180, y texto a la izquierda), si los pueblos eran vencidos también lo eran sus dioses. Esto hizo que algunos pensaran si no sería prudente volverse hacia los dioses de Babilonia y rendirles culto. Fue en esta época de profunda desesperanza cuando se hicieron las más extraordinarias afirmaciones de la fe de Israel. Los capítulos 40 a 55 de Isaías tratan sobre el exilio y, con enorme sentido poético, recuerdan al pueblo que Yahvé es el único Dios. Los supuestos dioses de los babilonios son ridiculizados cuando los llevan en procesión:

Postróse Bel, abatióse Nebo, sus ídolos van sobre bestias y reses; estas cosas que cargáis van montadas como carga penosa en animales cansados. Son abatidos, se postran juntos, no pueden salvar la carga, ellos mismos van al cautiverio.

(Isaías 46:1-2)

Imperio babilónico
Hammurabi (1792-1750 a.C.) sentó las bases del poderoso imperio babilónico, y elaboró un famoso código que tiene semejanzas con las leyes bíblicas posteriores. En esta escultura, Hammurabi recibe la ley de Shamash, el dios sol.

En contraste, el profeta les recuerda a los exiliados la constancia y la lealtad de Dios —en las promesas hechas a sus antecesores, durante el éxodo, durante el asentamiento en la tierra y en el pacto con la casa de David. Conocen el poder indiscutible de Dios en la creación del mundo y en el control de todas las naciones (Isaías 40:12-31). Por eso el profeta asegura a los israelitas que Dios se valdrá de su desventurado cautiverio para demostrar su poder, aún mayor, de Redentor, pues construirá el equivalente de una carretera para que puedan regresar a Jerusalén, y todas las naciones, en tribunas a los lados, presenciarán esta demostración del dominio de Dios sobre los asuntos del mundo (Isaías 40:1ss.). Sí, por el momento sufren, pero esa carga es para que otros puedan recibir reconciliación y paz (Isaías 42:1-4; 50:4-9; 52:13-53:1).

Basándose en ese conocimiento de lo que Dios hizo en el pasado, el profeta interpretó la carrera de Ciro (quien llevaba a cabo una exitosa campaña en contra de Babilonia) como la de un pastor de Dios y hasta como el Mesías (Isaías 44:28-45:7). Otro profeta en el exilio, Ezequiel, también tenía la convicción de que el exilio era un castigo necesario pero que Dios restauraría el templo, que sería aún más espléndido. Muchos de los exiliados citaban un proverbio para culpar a sus padres por el exilio: "Los padres comieron las uvas agraces, y los dientes de los hijos tienen la dentera" (Jeremías 31:29; Ezequiel 18:1). Ezequiel insiste en que los culpables son ellos, y no sus padres, y con lenguaje descriptivo detalla los pecados que provocaron el castigo:

> *Ella [Jerusalén] multiplicó sus fornicaciones, recordando los días de su mocedad, en los que había fornicado en la tierra de Egipto. Y codició a sus rufianes, cuyos miembros eran como los de los asnos, y su emisión como la de caballos. Así tornaste a la memoria la suciedad de tu mocedad, cuando los egipcios rozaron tu seno y acariciaron tus pechos jóvenes.*
>
> (Ezequiel 23:19-21)

Ezequiel está seguro de que Dios libertará a los israelitas y los resarcirá (recuadro a la derecha). Pero si cumplen con los estatutos tan puntualmente para no ser castigados de nuevo, entonces también Dios debe encontrar la manera de asegurarse que entiendan qué es lo que se les pide. Por eso los últimos capítulos de Ezequiel (40-48) son una visión del templo de Jerusalén reconstruido y en el que los sacerdotes serán prominentes. Así empezó una nueva etapa en los relatos judíos acerca de Dios.

> *Os daré un corazón nuevo, y pondré un nuevo espíritu dentro de vosotros, y quitaré de vuestro cuerpo el corazón de piedra y os daré un corazón de carne. Pondré mi espíritu dentro de vosotros, y haré que sigáis mis mandamientos y cuidéis de cumplir mis ordenanzas. Entonces viviréis en la tierra que di a vuestros padres, y seréis mi pueblo, y yo seré vuestro Dios.*
>
> (Ezequiel 36:26-8)

Deidad zoroastriana
Este símbolo, esculpido en el muro de un templo de Persépolis (Irán), antigua capital de Persia, representa a Ahura Mazda, guardián de quienes pongan su confianza en él, y por ende también en los fravashi, espíritus guardianes. El disco solar en el centro es Ahura Mazda como creador de la luz.

Zaratustra

El profeta iraní

CUANDO ESTABAN EN EL EXILIO, los judíos se encontraron con otros dioses más, aparte de Bel y Nebo. Al menos, algunos descubrieron la religión del profeta iraní Zaratustra, o Zoroastro. No se conoce la fecha en que vivió. Puede haber sido entre el s. XII y el s. VI a.C. Tampoco se han preservado muchos textos de sus enseñanzas: sólo 17 himnos conocidos como *Gathas*, que muestran alguna relación con la religión primitiva de la India. Su noción de Dios inicia con la certeza de que había tenido una visión de la deidad y que se le había asignado la misión de darlo a conocer al mundo. Para él, Dios era Ahura Mazda, es decir el Señor Sabio o el Señor Sabiduría. Dios es el origen de todo el orden y toda la bondad. En uno de sus himnos, Zaratustra pregunta quién creó todo lo que hay de bueno en el universo (recuadro a la izquierda) y responde que es el Padre del Orden, Dios.

¿Quién creó entonces el mal y el desorden? Zaratustra vivió en una época de guerras e invasiones; en la despiadada crueldad de los combates veía un ejemplo en miniatura de la guerra que ocurre en escala cósmica. Según él, junto con Ahura Mazda existía un creador de maldad y destrucción al que dio el nombre de Angra Mainyu, el espíritu destructor, cuyo nombre en pahlavi es Ahriman. Angra Mainyu es el origen del mal —la contaminación, la miseria, el sufrimiento y la muerte—, y de todo lo que, como el moho o el orín, destruye las cosas que de otro modo serían buenas. Existe un conflicto constante entre Ahura Mazda y Angra Mainyu y ambos crearon ejércitos para que los ayudaran. Los asistentes de Ahura Mazda se conocen como Amesa Spentas; los de Angra Mainyu son los *daevas* (los *devas* de la religión de la India, donde están del lado del bien) y los khrafstras, criaturas como serpientes, ratas, moscas y leones que "merodean buscando a quién devorar" (1 Pedro 5:8). El mundo es, pues, un campo de batalla entre el bien y el mal —un ejemplo de lo que se conoce como "dualismo". Pero como el mal sólo es real cuando se posesiona de las cosas materiales, el cuerpo humano es el centro de este conflicto. Los seres humanos están en el frente de la batalla en contra del mal. Esto significa que el zoroastrismo es una religión profundamente moral, al menos porque el resultado final del destino humano depende del equilibrio entre las acciones buenas y malas. En esta contienda los hombres reciben ayuda de los Amesa Spentas, mediadores entre ellos y Dios, repartiendo plegarias y fervor en una dirección y bendiciones y fortaleza en otra.

¿Quién estableció el curso del sol y las estrellas? ¿A través de quién crece y mengua la luna? ¿Quién sostiene a la tierra e impide que el cielo caiga? ¿Quién enjaezó veloces corceles a los vientos y las nubes? ¿Quién creó la luz y la oscuridad? ¿Quién creó el sueño y la actividad? ¿Por quién existen el alba, el cenit y la tarde?

(Yasna 44:3-6)

El zoroastrismo llegó a ser, tras muchos cambios, luchas y persecuciones, la religión de los parsis (los de Persia). Es posible que haya influido en el relato de Dios mucho más allá de su propia tradición. Cuando los judíos en el exilio recibieron a Ciro, el rey persa, luego de su exitosa campaña contra los babilonios (p. 195), también deben haber asimilado algunas de estas ideas, como la de Satanás (texto a la derecha) o la de los Amesa Spentas, los buenos espíritus, que acaso dieron nueva figura a los ángeles y arcángeles, mediadores entre el cielo y la tierra, y que traen la ayuda de Dios a los hombres en sus contiendas.

Sobre todo, el carácter moral de Dios, en el que se insiste en la Torá y con los profetas, se vio ampliamente reforzado. La consistencia moral de Dios, según Zaratustra, es absoluta e invariable. En Israel, esta firmeza moral desembocó en la combinación del bien y la sabiduría (p. 204), por lo cual Dios con frecuencia revierte los valores morales y expectativas de los hombres, y trastroca al mundo. Para el zoroastrismo Dios es el que emprende la contienda contra el mal. Hay cantos en la Biblia, como el de Hanna al nacer Samuel (o el de María en Lucas 1:46-55) que es similar a este concepto:

Los arcos de los poderosos están rotos,
pero los débiles se ciñen de fuerza.
Los ahítos se alquilaron por pan, pero los hambrientos
se llenan con el botín...
El Señor empobrece y enriquece; abate y ensalza.
Levanta del polvo al pobre;
al menesteroso ensalza del estiércol,
y hace que se sienten con los príncipes
y hereden un asiento de honor...
¡El Señor! Sus adversarios serán quebrantados:
El Altísimo atronará desde los cielos.

(1 Samuel 2:4-10)

Satanás
Fue sometido por el arcángel Miguel en una escena de El paraíso perdido *de Milton, tomada de Judas 9 y Apocalipsis 12:7-9. En su origen Satanás probaba a los hombres, y después del exilio se convirtió en el oponente de Dios, culminando como el demonio. Esta secuencia pudo ser resultado (hay opiniones en contra) del encuentro de los judíos con el dualismo del zoroastrismo.*

Tras el exilio

Renovación de la Alianza

Sacerdotes
Después del exilio, el papel de los sacerdotes como intérpretes de la ley fue cada vez más importante. Sus decisiones eran registradas por escribas. Uno de los primeros casos es el de Zacarías 7:2.

EL SALMO 125:1 DICE: "LOS QUE CONFÍAN EN EL SEÑOR son como el monte Sión, que no puede ser sacudido; estará para siempre". En el s. VI a.C., sin embargo, Sión fue sacudido y Jerusalén cayó ante los ejércitos babilónicos. ¿Cómo seguir adorando a Dios en tierra ajena, como se pregunta el salmista, "junto a los ríos de Babilonia"? (Salmo 137:1). Tiempo antes, en una oración, durante la consagración del templo, se incluyó una previsión para esta circunstancia (1 Reyes 8:46-51; pp. 186, 187): ahora surgiría el debate acerca de lo que podría ser la "fe en el cautiverio".

Fue de gran ayuda el que las personas hubieran adorado a Dios en cualquier lugar. El gran impulso iniciado por Josías de centralizar el culto en Jerusalén había ocurrido menos de 40 años antes del exilio, así que para la mayoría la fe en Yahvé no dependía de la asistencia al templo.

Durante el exilio las costumbres familiares fueron vitales, y se reforzaron los ritos de respeto como la circuncisión, la celebración de la Pascua y guardar el sabbath (Ezequiel 20:12, 20; cfr. Éxodo 31:13, 17). Cumplir con las leyes de la alimentación y la pureza eran otra forma de fidelidad.

En 539 a.C., Ciro, rey de Persia, ocupó Babilonia. Al año siguiente, decretó que el templo de los judíos se redificara y que se restituyeran los objetos robados. Esto era parte de su política para ganarse la voluntad del pueblo que gobernaba y, como consecuencia, algunos judíos volvieron a Jerusalén. No apareció la procesión triunfante que el profeta vislumbró (p. 195). Pero hubo intentos por restaurar la fe de Israel para que volviera a ser la de antes —después del retorno, los profetas Ageo y Zacarías creían que un descendiente de David volvería a ser rey y sería acogido como el mesías ("el ungido") de Dios. Pero incluso ellos admitían que el sumo sacerdote estaría sentado en el mismo trono junto a él (Zacarías 6:13-14). En poco tiempo se abandonaron las esperanzas fincadas en los reyes. La llegada del verdadero Mesías se proyectó al futuro, al tiempo en que Dios lo enviara. En lugar del rey como mesías de Dios, adquirió prominencia el sumo sacerdote (también un mesías, pues estaba ungido), junto con el templo cuando fuera reconstruido. Una cuestión vital era saber cómo evitar otra catástrofe igual. Si los profetas estaban en lo correcto, y el exilio había sido un castigo (p. 195), entonces el camino para evitar sanciones futuras sería vivir de manera ejemplar.

Lo primero por hacer era que todos conocieran y cumplieran las condiciones de la Alianza contenidas en la Torá (p. 200). Los sacerdotes del templo tuvieron un papel decisivo en la interpretación y aplicación de la palabra de Dios en las circunstancias cambientes de la vida, al grado que se empezó a desconfiar de los profetas, que durante tanto tiempo habían sido los portavoces de Dios, y pronto desaparecieron del escenario religioso: no se podía controlar a los profetas, pues afirmaban que su inspiración procedía de Dios, y quizá impugnaran de nuevo, como en el pasado, el templo y sus cultos (p. 190) con amenazantes advertencias: "El Señor dijo". Llegó a prevalecer la convicción de que el Espíritu Santo, que había inspirado a los profetas, fue retirado por Dios como parte del castigo del exilio.

Por importantes que los sacerdotes del templo hubieran llegado a ser en la interpretación de la Torá, no todos los judíos vivían en Jerusalén. El exilio había demostrado que se podía venerar a Dios sin el templo, incluso en Babilonia, y muchos prefirieron permanecer ahí aunque ya fuera posible volver a Jerusalén. A la larga, las comunidades judías se establecieron en casi todos los países del Mediterráneo, en lo que se conoce como la diáspora, palabra griega para dispersión. Los judíos de la diáspora siguieron ligados a Jerusalén por las peregrinaciones, el tributo anual al templo y por la apasionada fidelidad tan a menudo expresada en los Salmos.

De todos modos, no se sabía cómo mantener a los dispersos dentro los límites acordados en la alianza. Esdras y Nehemías, líderes después del exilio, persuadieron a los israelitas, en Jerusalén, a renovar su compromiso solemne con la Torá (Nehemías 8:1-6). Pero Dios había requerido a todos, no sólo a los que vivían en Jerusalén o sus alrededores, a ofrecerse en santidad (p. 189). ¿Cómo ayudar a toda la gente a vivir en estas condiciones? Lo apremiante de esta circunstancia aceleró la creación de las escrituras sagradas y condujo al desarrollo de la sinagoga.

Comienzos de las Escrituras

Compilar una historia escrita de Israel y de su relación con Dios fue primordial durante el periodo del exilio.

Durante el exilio surgió otro sentido de lo que significaba pertenecer al pueblo israelita: de una identidad establecida sólo por la ubicación geográfica se pasó a una basada en un compromiso con Dios que se dio a conocer a través de una vasta tradición religiosa y cultural. Una consecuencia del exilio fue la decisión de los israelitas de reunir los relatos de esa tradición en lo que terminó siendo las Sagradas Escrituras, donde la historia como una narración acerca de Dios es fundamental. Por primera vez es posible pensar en el "judaísmo" y en "el pueblo del Libro".

Escrituras sagradas

La Palabra de Dios en palabras de Dios

Cerca de cien años después de terminado el exilio, los líderes, Esdras y Nehemías, promovieron la renovación del compromiso con Yahvé entre los habitantes de Jerusalén. En una ocasión de suma importancia, Esdras se presentó ante la asamblea con el libro de la ley. Lo abrió y bendijo al Señor. La asamblea contestó "Amén, amén" (Nehemías 8:6). Luego se procedió a su lectura e interpretación delante de los presentes.

Este compromiso formal con la Torá (texto a la izquierda) marcó un nuevo inicio al aceptar a Dios como guía en la vida. La Torá se convirtió en la palabra viva de Dios. La Torá se consideraba la eterna e inalterable palabra de Dios, pero con los siglos se le agregaron las palabras de los profetas (*Nebi'im*) y otros escritos (*Kethubim*), conocidos como *qabbalah* ("tradición"); estas tres partes forman las escrituras. Por las letras iniciales de Torah, Nebi'im y Kethubim se le da a la Biblia judía el nombre de Tanakh.

La recopilación de las escrituras sagradas fue de extrema importancia para el relato judío acerca de Dios. Significaba que Dios no sólo habló con Moisés e inspiró a los profetas y otros autores, sino que sigue hablando a través de las palabras de Tanakh en el presente.

La Torá
La palabra "torah" significa guía o instrucción, pero acabó haciendo referencia sólo a los primeros cinco libros de la Biblia, los libros que se relacionan con Moisés (la Torá), con la guía y la ley que contienen (Torá). Así, Torá está contenida en la Torá, y con el tiempo (alrededor del s. III d.C.) el término llegó a abarcar lo que habría de ser aceptado como escritura sagrada.

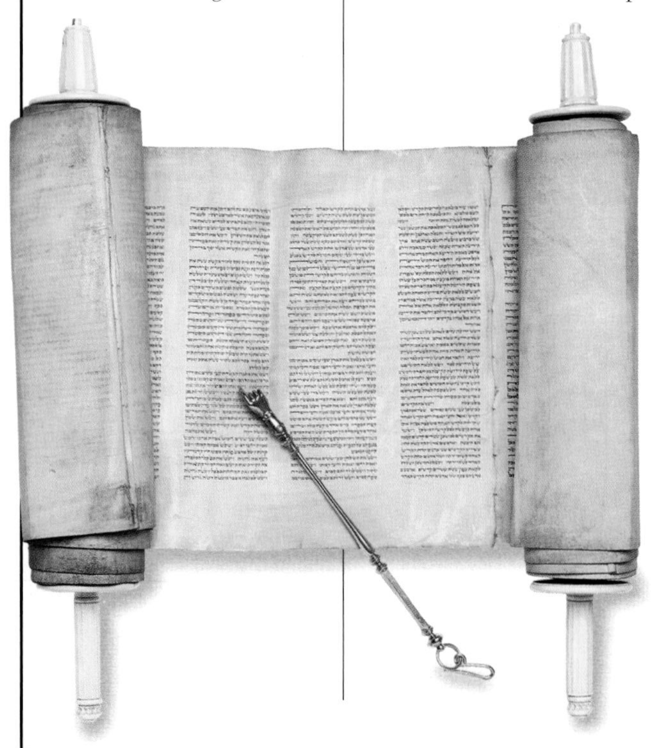

Cuando la sinagoga se estableció para reunir a los judíos de la diáspora (p. 199), las escrituras se leían cada semana, siempre en hebreo, la lengua sagrada con la que Dios reveló la palabra. Pero como con el tiempo cada vez menos personas entendían el hebreo, un intérprete parafraseaba el texto en la lengua de los presentes. Estas targums (*targumim* "interpretaciones") eran muy libres, porque la verdadera palabra de Dios ya se había leído. Así, las targums en la sinagoga comunicaban no sólo la palabra de Dios sino también su significado, para garantizar que fuera una forma de comprensión y vida.

El estudio y la interpretación de la Torá han llegado a ser la más preciada y valorada de las ocupaciones. En el s. II d.C., los rabinos (preceptores) debatían sobre si era más importante, a los ojos de Dios, estudiar la Torá o practicarla. El rabí Akiba ganó el debate al decir que era más importante estudiarla, porque el estudio lleva a la práctica. De este estudio derivaron Halakah y Haggadah (recuadro, abajo), que enseñan cómo deben aplicarse las leyes en la vida, y lo que significan.

Los resultados de esta búsqueda del significado y la aplicación de las leyes escritas (*Torah she bi ketabh*, "la Torá que está escrita") con el tiempo se compilaron, primero en la Mishná y luego en los Talmudes, de los cuales el babilónico sigue revelando su autoridad. Llegó a pensarse que esta ley de tradición oral (*Torah she be 'al peh*, "Torah según la boca") también fue revelada a Moisés en el monte Sinaí, para ser transmitida oralmente, para hacerla de dominio público más tarde, según lo pidieran las circunstancias.

El proceso de interpretación continúa hasta el día de hoy. Hay rabinos que son autoridades consumadas en cuestiones tales como si es posible tomar un ascensor en sábado (recuadro, abajo) si otra persona oprime el botón. Solía decirse con relación a una de estas autoridades, el rabí Mosheh Feinstein (1895-1986), que un rabino recién ordenado en realidad sólo necesitaba dos cosas: su certificado de ordenación y el número telefónico del rabí Mosheh.

El Talmud
Éste contiene, en cada página, la Mishná *y la* Gemará *(comentario), y es la autoridad fundamental, después de Tanakh (las escrituras), en la vida judía. Comentarios posteriores están impresos alrededor.*

Sin embargo, las leyes no son el total de la tradición. La Torá contiene mucho más que las leyes: contiene relatos, sabiduría, aliento y dirección conocidos como Haggadah ("narración"; recuadro, abajo). Éstos también se desarrollaron para acercar a Dios a la vida de la gente; también pueden hallarse en el Talmud. Gracias a las dos Torás (*Toroth*), la escrita y la oral, Dios es una realidad viva en la vida de los judíos.

Durante los buenos tiempos y durante los más duros, Dios, a través de estas palabras, es una presencia constante e inspiradora.

Halakah y Haggadah

Tradiciones que ayudan a la gente a caminar y hablar como la Torá establece.

Halakah viene del verbo *halak*, "él caminó". Halakah muestra cómo aplicar la ley revelada a Moisés y, por ende, cómo se debe caminar en la vida con Dios como guía, guardando los términos de la alianza. Haggadah se deriva de una palabra que significa narración, y se refiere a los relatos y otros materiales que ejemplifican el significado de la Torá. Las leyes originales suelen ser muy breves o generales, y continuamente surgen preguntas sobre cómo deben aplicarse en circunstancias nuevas. Por ejemplo, está prohibido trabajar el sábado, pero ¿qué es lo que cuenta como trabajo? Al irse agregando respuestas y aplicaciones, se dice que las leyes sobre el sabbath son como una montaña que pende de un cabello.

Cambio y estabilidad

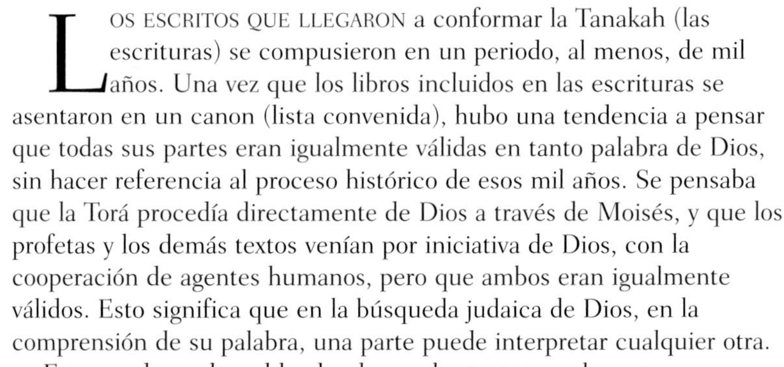

Cómo se desarrolló una nueva comprensión de Dios

LOS ESCRITOS QUE LLEGARON a conformar la Tanakah (las escrituras) se compusieron en un periodo, al menos, de mil años. Una vez que los libros incluidos en las escrituras se asentaron en un canon (lista convenida), hubo una tendencia a pensar que todas sus partes eran igualmente válidas en tanto palabra de Dios, sin hacer referencia al proceso histórico de esos mil años. Se pensaba que la Torá procedía directamente de Dios a través de Moisés, y que los profetas y los demás textos venían por iniciativa de Dios, con la cooperación de agentes humanos, pero que ambos eran igualmente válidos. Esto significa que en la búsqueda judaica de Dios, en la comprensión de su palabra, una parte puede interpretar cualquier otra.

Esto puede ocultar el hecho de que los textos revelan un extraordinario proceso de cambio, corrección y crecimiento en la comprensión de Dios. Esto fue muy evidente en la forma en que Yahvé invadió y se apropió del papel y las funciones de El, convirtiéndose a la postre en el Único que era El (pp. 178, 183). Esto mostró también, muy a pesar de algunos, que Dios no es un gángster que luchará siempre del lado de Israel y someterá a sus enemigos (p. 186).

Elías
Elías marca la transición de los profetas que entran en trance y dan directrices a reyes u otras personas y los profetas voceros de Yahvé, hecho que puede ponerlos en conflicto con los reyes o los demás. En esta escena (1 Reyes 17:1-7) Elías confía en Dios y los cuervos lo alimentan.

En cierto modo, estos dos cambios se unen. Si Yahvé es en verdad el Único que es Dios, entonces Yahvé es el Dios de todas las naciones (ya que los supuestos dioses de las mismas no lo son) y no sólo de Israel. Por eso Dios puede hacer que naciones como Asiria y Babilonia castiguen al pueblo de la alianza. En Amós (s. VIII a.C.), Dios castiga a otras naciones por sus atropellos, pero hace lo mismo con Israel y Judá.

Más allá de esto, estaba el darse cuenta de que Dios no es sólo el juez de todas las naciones, sino también su salvador. El profeta Nahum (s. VII a.C.) había clamado venganza contra Asiria, el enemigo que destruyó el reino del norte y era una amenaza para Judá en el sur. Después del exilio, se escribió el libro de Jonás para mostrar que Dios condena los deseos de venganza y destrucción y salva a Nínive, la capital de Asiria —"y también muchos animales" (palabras finales del libro de Jonás que amplió aún más la noción de Dios).

Esta constante transformación en la manera de entender la naturaleza de Dios, por sucesivas generaciones, se encuentra a lo largo de las escrituras. Hubo profetas, por ejemplo, en otros lugares del Medio Oriente; en general, cerca de centros culturales, donde entraban en trance para responder a preguntas y dar oráculos. Así comenzaron los profetas de Israel, y la prueba del verdadero profeta era si la respuesta o la predicción ocurría o no.

Tal vez te digas: "¿Cómo podemos reconocer la palabra que el Señor no ha hablado?". Si un profeta habla en el nombre del Señor, pero la cosa no ocurre o no resulta verdadera, es palabra que el Señor no habló.

(Deuteronomio 18:21-22)

En tal caso, nadie sabe quién es un verdadero profeta hasta después del suceso —¡cuando ya es muy tarde para que importe! Así, lo que resultó decisivo fue si las palabras del profeta eran verdaderas para Dios (recuadro a la derecha). Con este giro, en apariencia insignificante, los profetas de Israel emergieron como agentes independientes de Dios, por completo diferentes a los profetas originales.

Esta brillante transformación de lo que Israel halló en las naciones circundantes ocurrió una y otra vez. Por ejemplo, se consideraba que los reyes eran dioses, como en Egipto, o representantes de Dios en la tierra, como en Mesopotamia. Pero el rey de Israel no podía representar a Dios en ocasiones rituales, menos aún ser Dios, porque ya se sabía que era sagrado y estaba lejos de la tierra. Por ello, en Israel, el rey representaba al pueblo delante de Dios y era el vínculo a través de quien fluían las plegarias y las bendiciones. De este hecho surgió la idea del futuro Mesías (texto a la derecha).

Los historiadores y los arqueólogos han mostrado que Israel tenía mucho en común con sus vecinos y un gran parecido. Surge la pregunta obvia: ¿por qué Israel no era *más* parecido a ellos? ¿Qué llevó a Israel a encontrarse con las posibilidades de creencia y práctica del mundo circundante y hacer de las mismas algo totalmente diferente?

La respuesta es sencilla: fue Dios, o, al menos, lo que por generaciones los israelitas llegaron a conocer de Dios al vivir con él, no sólo en épocas de bonanza sino también en tiempos de sufrimiento y calamidad. Atesoraron sus tradiciones porque les enseñaban la verdad. Por eso no destruyeron ni borraron los antecedentes más antiguos al alcanzar, después, una comprensión más profunda de Dios, aunque los mostraran, a ellos o a sus héroes (como David), en un mal ángulo. Esta consistencia los llevó a ver en Dios la fuente de sabiduría y garantía de la verdad.

Si se aparecieran ante ti profetas o adivinadores, y te prometieran señales o prodigios, y ocurrieran, y te dijeran: "Sigamos a otros dioses", no debes escuchar las palabras de estos profetas... porque el Señor tu Dios te prueba, para saber si en verdad amas al Señor tu Dios con todo tu corazón y con toda tu alma.

(Deuteronomio 13:1-3)

David
Cuando David tomó Jerusalén de los jebusitas, tomó también y adaptó sus ideas y ritos respecto a los reyes. Ser o representar a Dios era imposible, pero el rey (el ungido o mesías) podía ser el lazo entre el pueblo y Dios. Con el tiempo de esta adaptación se desarrolló la idea del Mesías.

El orden natural
A los judíos les impresionaba profundamente que el orden natural cumpla tantos propósitos y sea armonioso —es confiable aunque haya cataclismos y calamidades. Esta confianza no es algo azaroso sino de propósito por parte de Dios —el Único que, en su lenguaje, es Roca, Fortaleza y Fuerza.

Sabiduría

Socios de Dios en la creación

EN LA BIBLIA, DIOS aparece como el Creador, al menos en cuatro diferentes relatos de la creación. Comienza (Génesis 1:1) con las palabras *bereshith bara Elohim*, "en el principio Dios creó", pero estas voces son un poco extrañas, en el sentido de que *reshith* parece ser un genitivo hebreo, en cuyo caso debería ser "en el principio de". ¿En el principio de qué? El texto no lo dice; los primeros intérpretes judíos asumieron que significaba algo más y tradujeron "por medio de la sabiduría Dios creó". Esto se aleja del texto original, pero ello muestra un espectacular avance en la noción bíblica de Dios: asociar a la sabiduría con Dios.

Una de las palabras para sabiduría, *hokmah*, se relaciona con la habilidad y destreza para hacer cosas, desde cortinas (Éxodo 36:8) hasta gobernar como rey (1 Reyes 3:12, 28). Los Hakamim son los sabios que suelen ser maestros y poseen la preparación necesaria para las tareas del momento. Se dice que Qo-héleth ("el congregador"), predicador del Libro del Eclesiastés, es sabio, y por eso "enseñaba sabiduría al pueblo escudriñando y estudiando y componiendo muchos proverbios; procuraba encontrar las palabras adecuadas y escribió palabras de verdad llanamente" (Eclesiastés 12:9-10). No obstante, la sabiduría es más que la preparación académica. Otra palabra para sabiduría es *binah*, de la preposición *ben*, "entre", y se relaciona con discriminación, inteligencia y entendimiento. Se emplea junto con *hokmah*, como en Proverbios 7:4: "Di a la sabiduría: 'Tú eres mi hermana', y la inteligencia llámala tu íntima amiga". La sabiduría fue encarnada en la esposa ideal y la madre que nutre a los hijos y los lleva a la madurez (recuadro, abajo). Personificar a la sabiduría sirvió para que ocupara un sitio junto a Dios

LA SABIDURÍA COMO MADRE

La personificación de la Sabiduría en la Biblia le permitió ayudar a Dios en la creación.

Quizá parezca extraño hablar de la sabiduría como un miembro cercano de la familia, pero como las dos palabras hebreas para sabiduría (*binah* y *hokmah*) son femeninas, esto permitió a los judíos representarla como mujer, a menudo, una madre, que se ocupa de los jóvenes y los lleva por el camino correcto. El Libro de los Proverbios ensalza la sabiduría, desplegando su indispensable propósito, y la ve llamando a los imprudentes a apartarse del camino de la destrucción: "La sabiduría clama en las calles, eleva la voz en las plazas... Hijo mío, si aceptas mis palabras y guardas mis mandamientos dentro de ti, si clamas sabiduría, y alzas la voz pidiendo entendimiento; si como a la plata la buscas y como a tesoro escondido, entonces entenderás el temor del Señor y encontrarás el conocimiento de Dios" (Proverbios 1:20; 2:1-5).

como instrumento necesario de la creación. Es aquí donde se vincula con Génesis 1:1, ya que Proverbios 8:22-31 describe el papel representado por la Sabiduría en la creación: "El Señor me poseía en el principio [*reshith*] de su camino, el primero de sus actos hace mucho tiempo". Cuando Dios hizo las cosas, "con él estaba, como hábil trabajador; y fui su delicia todos los días, siempre gozando delante de él, gozando en su mundo habitado y deleitándome en la raza humana" (ibíd. 30-31). *Reshith* fue un nombre de la Sabiduría, y así el primer verso del Génesis se tradujo: "por medio de la Sabiduría Dios creó".

La Sabiduría (*sofia* en griego) se convirtió en una figura independiente que asiste a Dios. En Eclesiastés 24:2, la Sabiduría se introduce en el consejo de Dios como Yahvé entró en el consejo de El mucho tiempo antes (pp. 178, 183), y luego forma parte de la creación, sobre todo, entre los descendientes de Jacob. Por tanto, se equipara a la Sabiduría con la Torá (24:23). En el Libro de la Sabiduría, Salomón pide Sabiduría:

> *Dentro de ella hay un espíritu inteligente, santo, único, múltiple, sutil, variable, incisivo, intachable, lúcido, invulnerable, benevolente, astuto, irresistible, benéfico, amigable con los seres humanos... Porque la sabiduría se mueve más rápidamente que cualquier movimiento; es tan pura, que atraviesa e impregna todas las cosas. Es un hálito del poder de Dios, emanación pura de la gloria del Todopoderoso; así que nada impuro puede hacerse camino en ella. Porque ella es el reflejo de la luz eterna, espejo incólume del poder activo de Dios, y la imagen de su bondad.*
>
> (Sabiduría 7:22-26)

El asociar a la Sabiduría con Dios tuvo enormes consecuencias, pues, junto con la racionalidad de los griegos, fundamentó el desarrollo de la ciencia y la civilización en Occidente. La convicción de que todo fue creado con sabiduría, de que todo es naturalmente bueno, llevó al mundo occidental a creer que el universo es coherente. La lógica y veracidad se le aunaron desde el principio: las teteras hierven, los cerdos no vuelan. La vida no es un relato sin significado contado por un idiota. La creación es una obra asombrosa que los hombres pueden comprender. No sorprende que Salomón pida: "Envíanos Sabiduría desde los cielos santificados, envíala desde tu trono de gloria para que me ayude, trabaje conmigo y me enseñe lo que a ti te place" (Sabiduría 9:10).

De los genes al Génesis
Trazar el mapa del genoma humano depende de la validez de lo que se trace —nada de que hoy una cosa y mañana otra. Esta constancia se remonta a la idea de la creación, lo que significa que hay algo en vez de nada. "Nada" no es algo a partir de lo cual Dios hace las cosas; es la ausencia de todo. Así los judíos se percataron de que la pregunta: "¿por qué hay algo y no nada?" es fundamental (p. 366).

La creación

El contraste con los mitos griegos

EN EL PRINCIPIO CREÓ DIOS: cinco palabras (tres en hebreo) que expresan con sucinta convicción que Dios da existencia a todo el orden creado y, sin embargo, permanece separado de él: Dios no es parte del cosmos que vive dentro de él, sino que es más bien el Único que da existencia a éste y a los demás universos, y permanece siempre, aunque éstos continúen existiendo o no.

Tal vez parezca obvio, pero esta creencia es muy diferente de las nociones mucho más extendidas de la creación para las que los dioses emergen de un estado anterior —del caos, por ejemplo, o de un huevo, o del árbol primordial. Según *La teogonía* (nacimiento de los dioses) de Hesíodo (s. VIII a.C., en Grecia) y otros mitos griegos, en el principio había un vacío caótico del que surgió Ge o Gea, "la tierra de ancho seno", fundamento del Olimpo, la morada de los dioses. Gea dio nacimiento a Urano (los Cielos), que produjo la Noche y que al ser más grande que Gea, la cubrió por completo. De esa unión nacieron los primeros dioses, los Titanes, entre los que se encontraba Océano, los Cíclopes de un solo ojo y los temibles Hiperión, Rea y Cronos.

Gea reclutó a Cronos y a los demás Titanes para destruir a Urano y, con una hoz proporcionada por ella, Cronos castró a Urano. Las gotas de sangre que cayeron sobre Gea se convirtieron en las Furias, pero los genitales cayeron al mar y produjeron una espesa espuma de la que nació la más bella de las mujeres, Afrodita, cuyo hijo (o seguidor) era Eros. La Noche, mientras tanto, trajo la Muerte, el Ensueño, los Sueños y otras obras de las tinieblas, como el Engaño, la Vejez y las Pugnas.

Después Cronos violó a su hermana Rea, y de su unión se inició la familia de diosas y dioses que, más tarde, vivirían en el monte Olimpo (los Olimpos), Zeus incluido, quien al eliminar a Cronos se convirtió en rey del Olimpo. Zeus casó con su hermana Hera, de ellos nacieron Hefesto (dios de la metalurgia) y Ares (la guerra). Hijos de diferentes uniones de Zeus son: Atenea (quien nació ya completamente armada de la cabeza de Zeus), Hermes (el mensajero de los dioses) y Apolo, el dios de la luz, la música y los jóvenes.

Las narraciones siguen hasta la creación de los seres humanos, de los que los dioses y las dioses están separados, pero intervienen en sus asuntos. Para el hombre, los mitos de esta clase son un medio para pensar en el universo y en su propia condición e importancia dentro de él. El poder del mito brinda un lenguaje imaginativo, sencillo y de

Afrodita
Afrodita (de aphros, *"espuma"), llamada Venus por los romanos, era la diosa del deseo y la fertilidad. Su culto proviene tal vez del culto de diosas semejantes del Medio Oriente, como Astarté o Istar. Otros dioses y diosas importante fueron Hestia (del hogar), Dionisio (del vino; representa el lado desordenado de la naturaleza humana), Hades (del inframundo) y Poseidón (del mar).*

dominio común que se puede utilizar en relatos. Los mitos no son ciertos (nada ocurrió así), y por eso pueden transmitir la verdad. El poder de los mitos griegos es tan grande que han sido (y eran hasta hace muy poco) un medio para que artistas, dramaturgos y músicos exploraran el significado de Dios y la naturaleza. En el s. XX la palabra "mito" dio un giro incorrecto (sobre todo entre políticos y periodistas) y se empezó a usar como "falso", y con ese extravío corrupto los hombres le han hecho a su imaginación lo mismo que Cronos le hizo a Urano.

Pero aunque el mito sea un poderoso medio para la imaginación, al permitirle explorar mundos que de otro modo serían inaccesibles, la noción que los judíos tienen de Dios y de la creación es diferente. No hay teogonía, ningún nacimiento de Dios ni de dioses. Dios no procede de un universo prexistente ni del caos, sino que es la fuente y origen de todo lo que existe. Hay diferentes narraciones de la creación en la Biblia, y queda claro que los judíos conocían otros mitos de la creación pero los emplearon para contar un relato enteramente distinto: el de la diferencia entre Dios y todo lo creado. Por ejemplo, en los Salmos (74:12-27; 89:9-13) y en Job (41) se menciona el mito de la creación surgida del caos, pero en el relato bíblico Dios es quien se apodera del caos y lo somete para crear la vida organizada. En Génesis 1:1-2; 25, se combinan dos relatos, uno centrado en orden de la creación y el otro en la creación de los seres humanos; en ambos, Dios precede a todo lo creado y permanece independiente de ello: Dios no nace ni muere, ni tiene deseos sexuales para traer a la existencia a semidioses, ni tiene necesidad de "otros dioses". Esto explica, en parte, la pasión con que se denuncia y ridiculiza a otros dioses en la Biblia. No *hay* más dios que Dios (p. 178); y no puede haberlo, porque entonces "Dios" sería algo menos que el absoluto y soberano Señor, el Único que crea todas las cosas pero no es creado por nada, el Único que vive y pervive aun si el cielo y la tierra sucumbieran. A esto se debe que el salmista clamara: "¡Señor, múltiples son tus obras! En sabiduría las hiciste todas" (Salmos 104:24). En tal caso, la pregunta obligada es: ¿por qué hay tanto sufrimiento y desorden en el mundo? Duda que fue repetida una y otra vez durante el periodo bíblico.

El Mar
El mar era ancho y temible pero atrayente. Es abundante en recursos pero puede ser violento y destructor. Poseidón, el dios del mar, era famoso por su furia, pero Yahvé conquista la violencia y los peligros del mar.

La explicación causa y efecto del sufrimiento es frecuente en la Biblia. Subyace en la idea de la alianza, con la cual los israelitas expresaron su noción de cómo se relacionaban con Dios. Una alianza se basa en una promesa y una amenaza, y el resultado depende de hasta qué punto las condiciones hayan sido obedecidas o quebrantadas. Esta convicción se elaboró más en Deuteronomio, y luego se aplicó a la historia de los inicios de Israel y fue en este sentido que fueron hechos los libros históricos. Es una idea acerca de Dios expresada en el Salmo 37:

"No te impacientes por los malvados; no envidies a los malhechores, porque ellos se desvanecerán como la maleza y se marchitarán como la hierba. Espera en el Señor, y haz el bien; vivirás en la tierra, y gozarás de seguridad. Deléitate en el Señor, y él cumplirá los deseos de tu corazón".

Sufrimiento

¿Por qué?

GÉNESIS 1:31 DICE: "Dios vio todo lo que había hecho y he aquí que era bueno". ¿Por qué entonces hay tantas cosas en la experiencia humana que no son buenas? ¿Por qué algunos sufren y otros no? ¿Y por qué ocurre, con tanta frecuencia, que los buenos sufran mientras los malvados florecen "como un laurel" (Salmo 37:35)? En los primeros tiempos solía decirse que la gente buena en realidad *no* sufre. Sufrir es signo de que no es buena, porque sólo los malvados son castigados con el sufrimiento:

Decid a los justos lo afortunados que son,
porque comerán del fruto de su trabajo. ¡Ay de los impíos!
¡Qué desafortunados son, porque según las obras de sus
manos eso mismo recibirán!

(Isaías 3:10-11)

Infortunadamente, a esta idea de causa y efecto (recuadro a la izquierda) se oponía una objeción: no era verdad. Hasta la observación más superficial de la vida nos muestra que los malos no son desheredados y que los desalmados prosperan casi siempre:

La lluvia cae todos los días
sobre los justos y los injustos,
pero en especial sobre los justos porque
los injustos se roban el paraguas de los justos.

(Anónimo)

¿Por qué es tan desigual la distribución del sufrimiento? Jeremías se hizo esta pregunta (lo mismo que Abraham, en Génesis 18:22-33) casi con iracunda desesperación (sobre todo, en el capítulo 12). Y no digamos Job.

El libro de Job es un diálogo entre él, que padece gran sufrimiento, y sus tres amigos, Elifaz, Bildad y Zofar (y un cuarto, Eliú), que tratan de explicarle la razón de su sufrimiento en términos clásicos (que es el castigo del pecado). El punto esencial en cuanto a Job es que en el prólogo se dice que es del todo inocente, "un hombre sólido y honesto, temeroso de Dios y apartado del mal". Ni siquiera en la peor de sus aflicciones se tambaleó ni se rebeló contra Dios. Así debe ser, si no sus amigos podrían decir —de hecho lo hacen— que nadie es completamente inocente, y que todos cometemos pecados que ameritan el castigo de Dios. Pero de Job se dice, artificialmente, que es del todo inocente, así que la solución clásica es descartada. Al final, Dios le responde a Job desde la tormenta —si responder es la palabra adecuada. Declara que el sufrimiento debe colocarse en el contexto de la creación, donde desempeña su papel dentro del propósito total de Dios. Así fue como Israel llegó a entender su propio sufrimiento. Con la fe y la aceptación del sufrimiento se puede aportar más bondad no sólo a Israel sino al mundo entero (recuadro a la derecha). Esta fe, aun dentro del sufrimiento más agudo, forjó el carácter de Israel como hierro al fuego:

He aquí a mi siervo,
yo lo sostendré,
mi elegido,
en quien mi alma se deleita;
en él he puesto mi espíritu;
él traerá justicia
a las naciones...
No se cansará
ni desmayará
hasta que no haya establecido
la justicia en la tierra...

(Isaías 42:1-4)

Aunque la higuera no florezca y en las vides no haya fruto; aunque el olivo no produzca fruto ni los campos alimento; aunque la oveja sea apartada del redil y no haya vacas en los establos, aun así me regocijaré en el Señor. Me exultaré en el Dios de mi salvación. Dios, el Señor, es mi fortaleza; él me hace sentir como las patas del venado y me hace andar en las alturas.

(Habacuc 3:17-19)

Esta fe en Dios se alcanzó sin creer que habría una vida con Dios después de la muerte. De hecho, la Biblia entera con su apertura hacia Dios, se escribió sin que se pensara que habría una vida digna con Dios después de la muerte (Job 19:25s. es una escena en un tribunal, no vida después de la muerte). Mas esto empezó a verse como una posibilidad al final del periodo bíblico y después. Los mártires de la rebelión de los macabeos (s. II d.C.) hicieron surgir el tema con agudeza: he aquí a un pueblo fiel a Dios, que se rehúsa a abandonar la Torá y que, no obstante, es aniquilado. Poco a poco se empezó a caer en la cuenta de que Dios, a quien habían llegado a conocer tan profundamente, no abandonará a los fieles sino que los guardará salvos incluso más allá de la muerte. Se podría especular cómo sucederá, pero no que esto *ocurrirá*.

Los mártires macabeos
Cuando el emperador de Seleucia, Antíoco Epífanes ("manifestación", acaso de Dios) trató de imponer cultos y prácticas helénicos, muchos judíos se resistieron y algunos se rebelaron. Cuando el ejército de los seléucidas se aproximaron en un sabbath, se negaron a pelear ese día y los ejecutaron.

Los rabinos

Reconstrucción de la fe y la práctica

Monedas judías
Monedas del tiempo de la segunda revuelta judía contra Roma encabezada por Bar Kochba (132-135), quien empezó a reconstruir el templo; la primera muestra un lulab *y* ethrog *usados en el festival del templo de Sukkot. Abajo, un tetradracma o shekel, con la inscripción Simón, muestra el templo y el arca.*

EN EL AÑO 63 A.C., Pompeyo (106-48), el general romano, entró en Jerusalén y aplastó la resistencia en el área del templo. Ahí mismo, admirado de los ricos ornamentos, se introdujo en el Santo de los Santos esperando encontrar los más grandes tesoros. Para su sorpresa, carecía de riquezas y de imágenes. He aquí una noción de Dios que coloca a la esencia divina por encima de cualquier representación, y desde ese momento el judaísmo se convirtió en una religión misionera muy poderosa en el Imperio romano, que atrajo, sobre todo, a los jóvenes por su visión moral de la vida y su concepto de Dios, muy diferentes a los mitos griegos y romanos (p. 206). En esa época Palestina quedó al mando del gobierno romano, aun cuando éste fuera delegado en otros, como los Herodes. Después de cien años de independencia, la gente tuvo que encontrar la actitud adecuada con la autoridad romana. Algunos cooperaron, pero otros se rebelaron, volviéndose a Dios para que los ayudara enviándoles un mesías. Dos rebeliones terminaron en catástrofe, en el año 70 y en el 135 d.C., tras lo cual el templo fue destruido, y el sitio donde estaba se cubrió con sal.

Antes de la primera rebelión, los saduceos aceptaron la presencia de los romanos, creyendo que el templo aún era el lugar elegido. Otros se opusieron a lo que ocurría en el templo, y se desplazaron como refugiados religiosos hacia diversos sitios, construyendo otros templos (como en Leontópolis, en Egipto) o fundando algunas comunidades en lugares remotos donde pudieran vivir en la santidad ordenada por Dios.

Una de esas comunidades se estableció en Qumran, donde los rollos que escribieron y acumularon expresaron esta noción conservadora de Dios. Pensaban que su Maestro de Justicia había sido enviado por Dios para establecer una nueva alianza, y que habían sido escogidos por Dios para ser miembros de esa nueva comunidad, no sólo por haber nacido judíos (como en el antiguo pacto) sino por haber tomado una decisión individual. Seguir por el camino de santidad requiere la ayuda de Dios, y pensaban que el Espíritu Santo había regresado a ellos para ayudarlos a proseguir por los caminos de Dios. Previeron una gran guerra entre los hijos de la luz y los hijos de la oscuridad. Los "exiliados del desierto" marcharían sobre Jerusalén y restablecerían en el templo el culto que Dios deseaba.

Entre un templo debilitado y unos extremistas sectarios, un pequeño grupo se volvió a la Torá y se preguntó cómo podrían sus consejos y sus leyes ponerse en práctica en la vida de todos, ricos o pobres, y así vivieran en Jerusalén o en sitios distantes. Con cuidadosas enseñanzas de la Torá transmitidas de boca en boca mostraron que la gente podía vivir con fidelidad al pacto con Dios; sus interpretaciones fueron recogidas en la Mishná y los Talmudes (p. 201).

Éstos fueron los precursores de los rabinos (preceptores), que surgieron desde el s. II. El historiador Josefo los llamó fariseos, pero los rabinos nunca se refirieron a sus antecesores con ese nombre. Los llamaron Hakamim, los Sabios (p. 204). De hecho, los rabinos atacaban a un pueblo al que llamaban fariseos (separatistas) con la misma fiereza que Jesús, y por la misma razón, pues habían relegado a Dios para concentrarse en los detalles de la ley. Los Hakamim, en cambio, trataban que toda la gente ofreciera su vida en santidad a Dios; Por supuesto, las condiciones del pacto eran importantes, pero sólo si conducían a una vida vivida como imitación de Dios (recuadro a la derecha).

Pese a que Jerusalén y el templo fueron destruidos, los rabinos mostraron que Israel podía mantener su fe en Dios, cuya presencia (Shekinah) todavía estaba entre ellos y cuya voz (Bath Qol) aún se escuchaba. El judaísmo rabínico se siguió viviendo bajo la dirección de la Shema (p. 178). Al fin de la segunda revuelta contra los romanos, Akiba, el rabino principal de su tiempo, fue arrestado y muerto, arrancándole la piel con rastrillos de hierro. Sus ojos permanecieron fijos en Dios; dentro de su sufrimiento parecía feliz. El comandante romano le preguntó si estaba haciendo uso de la magia. Akiba contestó: "No, pero toda mi vida he pronunciado las palabras 'Amarás al Señor tu Dios con todo tu corazón y toda tu alma y toda tu fuerza', y me he sentido triste. He amado a Dios con todo mi corazón y toda mi fuerza, pero no entendía cómo amarlo con toda mi alma. Ahora que mi alma es llamada, y el momento de recitar la Shema ha llegado, no dudo cuando recito; ¿no debería reír de alegría?". Al morir, pronunció la última palabra de la Shema, *ehad*, Uno.

Imitar a Dios se remonta al Génesis, que dice que los hombres están hechos a imagen de Dios y deben "caminar en todos sus caminos" (Deuteronomio 10:12). El rabí Hana bar Hinena (s. III d.C.) preguntó:

"¿Cómo puede alguien andar por los caminos de Dios? Quiere decir que [...] Así como Dios vistió al desnudo deberéis vosotros vestir al desnudo (Génesis 3:21). Así como Dios visita al enfermo debéis vosotros visitar al enfermo (Génesis 18:1). Así como Dios consuela al que está de luto deberéis vosotros consolar a los afligidos (Levítico 16:1). Así como Dios entierra a los muertos, vosotros enterraréis a los muertos" (Deuteronomio 34:6).

Triunfo romano
A pesar de dos rebeliones y del incendio del templo, los judíos continuaron viviendo por todo el imperio, incluso en la misma Roma.

El Arca
Era originalmente un baúl que se podía transportar, como antiguamente en el desierto, o si hoy las circunstancias lo exigieran, por ejemplo, los capellanes en servicio militar. En la actualidad suele ser un gabinete, bellamente tallado, muy decorativo, para honrar la palabra sagrada de Dios. Puede estar cubierto por un cortinaje ricamente bordado, parokhet, *en imitación del velo que colgaba en el templo de Jerusalén.*

La sinagoga

Reunión de comunidades judías

UNO DE LOS MAYORES LOGROS de los rabinos fue el desarrollo de la sinagoga como centro de la vida judía. La palabra "sinagoga" deriva de una palabra griega que significa "lugar de reunión", en hebreo *bet kenesset*. La sinagoga juega un papel decisivo en el relato judío acerca de Dios, porque deja claro en piedra, vidrio y madera, que creer y vivir con Dios no es un asunto de preferencia ni decisión individual; es un asunto de la comunidad en cualquier sitio, en la misma medida en que corresponde a cada familia. Dice un proverbio yiddish:

> *Si quedaran sólo dos judíos en el mundo,*
> *uno estaría convocando a asistir a*
> *la sinagoga y el otro se apresuraría*
> *a hacerlo.*

La sinagoga está construida como un sitio donde los judíos pueden reunirse para adorar a Dios y celebrar las festividades, pero también es escuela (tal vez en un edificio separado, Bet haMidrash), biblioteca y el lugar donde se puede brindar hospitalidad a los viajeros. Cualquier grupo de diez judíos que haya alcanzado la edad de la madurez puede formar una congregación, una *minyan*, palabra que quiere decir sencillamente "un número", pero en la práctica significa el número requerido de diez.

No existe un estilo arquitectónico único en las sinagogas, y más bien siguen el estilo cultural prevaleciente. Van desde las sencillas sinagogas en madera de Polonia a las sinagogas de China y la India construidas como los edificios locales. Donde se encuentren, estarán en dirección de Jerusalén, para que los judíos miren de frente al sitio donde Dios estableció el Santo de los Santos (p. 191), el punto de contacto entre el cielo y la tierra. Deben tener ventanas, para recordar a los presentes que deben mirar constantemente al cielo, y para no olvidar que el mundo que los rodea también pertenece a Dios. Suele haber 12 ventanas, en recordatorio de las tribus de Israel.

En el interior de la sinagoga el punto central es la Santa Arca, *Aron Kodesh*, donde se guardan los rollos de la Torá. Igualmente visible en la mayoría de las sinagogas será el *Bimah*, una mesa sobre una plataforma para el cantor y la persona que lee la Torá. Cuando el templo fue destruido en 135 d.C., la sinagoga absorbió muchas de sus funciones y servicios, sobre todo en torno a las festividades. Así, los tiempos de los sacrificios en el templo se convirtieron en los tiempos de servicios en la sinagoga. No obstante, los judíos fueron advertidos de que, en señal de luto por el último templo, no copiaran nada que hubiera correspondido a éste. Por esa razón la *menorah*, el candelabro de siete brazos que solía estar en el templo, puede encontrarse en las sinagogas con seis o con ocho brazos y el escudo de David (*magen*, la estrella de seis puntas) al centro (p. 218).

El único rasgo que une al templo con la sinagoga es el deseo de los que acuden a ella de acercarse a la santidad de Dios, en adoración, gozo, penitencia y alabanzas. A esto se debe que los objetos contenidos en ella tengan determinado rango de sacralidad. El más sagrado es el rollo de la Torá, porque contiene el nombre de Dios. La santidad de los demás depende de qué tan cerca estén, según su uso o ubicación, a la Torá. Por ejemplo, si una determinada Arca se deteriora y deja de usarse, no se puede utilizar como banco para colocar la Torá, pero, en cambio, la madera de un banco se puede "promover" para construir el Arca.

Así, pues, la sinagoga reúne a los judíos para alcanzar aquello en lo que deben convertirse: el pueblo santificado de Dios. Un hombre que viajó a Europa del Este, poco antes de que los nazis se propusieran erradicar a los judíos de la tierra, escribió: "¡Un misterio tras otro! Es un enigma: llegué a una ciudad y estaba vacía; entré en la sinagoga y estaba llena". ¿Y qué hacían las personas en el interior? Estaban celebrando el servicio y adoración a Dios llamado liturgia.

La menorah
En señal de luto por el último templo, ésta tiene ocho brazos y el escudo de David (la original tenía siete brazos).

Sinagoga moderna
La arquitectura de las sinagogas varía de un país a otro. Ésta, la sinagoga Beth Yitzchak de Jerusalén, es una estructura moderna.

Liturgia

El culto público a Dios

El relato judío de Dios se cuenta repetidas veces en las plegarias y el culto de la liturgia, palabra ésta que viene del griego *leitourgia*, que en un principio significaba servicio u obra públicos y, después, sólo servicio público a los dioses, y por ende, el culto ordenado y público a Dios.

Para los judíos esto es muy importante. Tanto el hogar como la sinagoga dan la oportunidad de reconocer a Dios como el que derrama dádivas al mundo, que perdona y redime a los que tomaron caminos equivocados, pero han vuelto contritos, y que en el presente como en el pasado sigue realizando "magníficas obras" (*gevourot*). El año litúrgico judío recuerda los actos de Dios en el pasado, y ora por que prosigan en el presente. De esta forma, en la liturgia judía es esencial recitar todo lo que Dios ha hecho: se centra en la Torá, y de ella toma plegarias y bendiciones para cada ocasión.

La creación habla a través del poeta para gloria de Dios:

"El Único Dios en la tierra [...] recibe el canto del mar, alabanzas desde las profundidades, adoración de las luces, el habla de los días, cantos de las noches, el fuego enciende su nombre, los árboles se regocijan, los animales enseñan la fuerza de sus asombrosas acciones".

(Yose ben Yose —s. IV a V d.C.—, para el servicio del Día de Penitencia, Prólogo en alabanza de Dios.)

Dios está, pues, en constante y eterna interacción con el mundo, con toda la gente, en especial con los judíos en su vocación de ofrecerse en santidad. Ahí donde los sacrificios habían sido la señal externa de este hecho en el templo la oración los ha sustituido. La más importante es la plegaria llamada precisamente así: *HaTefilah*, La plegaria. También se conoce como *Amidah*, plegaria de pie (de *'amadh*, "estuvo de pie"). A diferencia de los musulmanes (p. 348), los judíos rara vez se hincan o se inclinan al orar (sólo el día de año nuevo y el de la redención), pues obedecen al mandato bíblico de que la congregación permanezca de pie delante de Dios. Algunas partes de *HaTefilah*, La plegaria, se remontan al s. I d.C. Se conoce también como *Shemoneh Esreh*, Dieciocho, porque en su origen constaba de 18 bendiciones, aunque hoy son 19. *HaTefilah* varía según la estación y el día en que se pronuncie, aunque la estructura no varía. Comienza con el versículo del Salmo 51:15: "Señor, abre mis labios, y mi boca publicará tus alabanzas", y de inmediato pasa a alabar a Dios en las tres primeras bendiciones (*shevah*). Introduce y repite a menudo la frase que es característica en la noción judía de Dios, *Barukh Attah Adonai*, "Bendito seas, Señor". Se dice que los judíos tienen una bendición para cada ocasión en la vida, incluso para las que podrían ser consideradas calamidades.

La bendición de los antepasados comienza: "Bendito seas, Señor nuestro Dios, Dios de nuestros Padres, Dios de Abraham, Dios de Isaac y Dios de Jacob, el grande, el magnífico, el asombroso, Dios que estás más allá, generoso en dádivas de gracia y benevolencia, el que posee todas las cosas, se acuerda del amor fiel de nuestros antepasados, y que por amor salva a las generaciones que los suceden: rey, auxiliador, salvador, escudo, bendito seas, oh, Señor". *HaTefilah* prosigue reconociendo la capacidad de los seres humanos, dada por Dios, de conocer y comprender: "Enriqueces a cada persona con conocimiento y a todas las personas con discernimiento. Enriquécenos desde ti mismo con conocimiento, discriminación y discernimiento. Bendito seas, Señor, que nos enriqueces con sabiduría". Esta sabiduría permite reconocer las ofensas y la necesidad del perdón: "Perdónanos, Padre nuestro, porque hemos pecado".

La plegaria expresa que se depende de Dios para protección y salud, y pide que Dios siga enviando lluvia, alimentos y sustento. Luego pide la restauración del pueblo de Dios: "Haz sonar el gran Shofar [el corno que se toca en año nuevo] para nuestra liberación: alza el estandarte milagroso para reunir a los desterrados, y júntanos desde los cuatro rincones de la tierra". Hay una súplica para la justicia y arrojar a los malvados, y para mostrar gentileza y misericordia al bondadoso. Hay oraciones para la restauración y reconstrucción de Jerusalén, y para la renovación de la casa de David, seguidas de una súplica general de que Dios escuche y responda las peticiones. La oración termina con un agradecimiento: "Todo lo que vive te da las gracias y ensalza tu nombre en verdad, oh, Dios, nuestra salvación y nuestro auxilio. Bendito eres, Señor, tu nombre es bueno, y a ti es correcto darte las gracias".

En la oración y en la liturgia es donde la noción judía de la naturaleza y el carácter de Dios es más evidente. Dios escucha las plegarias y las responde, pero el propósito de la oración no es obtener favores para uno mismo, sino agradecer todo lo que Dios ha dado, libre y generosamente, en el pasado y en el presente; es pedir bendiciones en su nombre. Todo esto se expresó en unos emotivos poemas conocidos como *piyyutim* (*piyyut*, en singular), compuestos entre el s. I y XVIII d.C., cuya intención original fue sustituir algunas partes de la liturgia para darle variedad. Con el tiempo se incorporaron a ella para ampliarla y reforzarla (recuadro a la izquierda).

Muro Occidental
En la base del Muro Occidental (HaKotel haMaaravi) hay piedras de un muro del templo de Herodes (p. 190). Las plegarias se hacen cerca de donde estuvo el Santo de los Santos, y se cree que son particularmente eficaces. También se escriben en tiras de papel y se dejan en el muro.

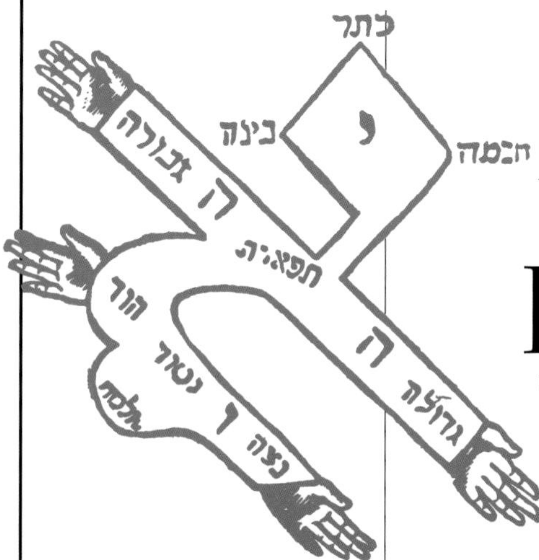

La Cábala

El contacto de Dios con el mundo

YHVH

Las cuatro letras (Tetragrámaton, p. 178) del nombre de Dios son las letras de cada brazo. La emanaciones son enviadas hacia afuera; Keter, Hokmah *y* Binah *están arriba.*

LA NOCIÓN DE LOS JUDÍOS ACERCA de Dios hace hincapié en su santidad, la completa separación de la divinidad de todo lo que contamine o corrompa (p. 188s.). Dios es totalmente trascendente, esto es, diferente a todo lo creado. Por otra parte, la Biblia atribuye a Dios una acción directa en el mundo; muchos judíos conocen el contacto directo con Dios mediante la plegaria y el culto. ¿Cómo ocurre esto? ¿Cómo puede el Creador, tan apartado y tan diferente de la creación, establecer contacto con ésta?

Se desarrolló un misticismo que explica cómo se establece este contacto entre el Creador y lo creado. La palabra judía para tradición es *qabbalah* (p. 200), término que se aplicó a esta práctica en particular. La obra central de la Cábala es el Zohar (*El libro del esplendor*, de la palabra "resplandor" que aparece en Daniel 12:3), un sistema teosófico compilado por Moisés de León, en el s. XIII aunque de origen más antiguo.

La Cábala pretendía responder a la cuestión del contacto de Dios con el mundo, aceptando que la naturaleza y el ser de Dios están tan alejados de la comprensión humana que no se puede decir ni saber nada de ellos. Esta esencia incognoscible de Dios se conoce como aseidad, del latín *a se*, "en sí mismo".

La incognoscible aseidad de Dios se llama en la Cábala *Ein Sof* ("infinito"), Dios más allá de la comprensión humana. Pero, según la Cábala, de la fuente incognoscible emanan diez manifestaciones, como diez diferentes ríos de un manantial desconocido e incognoscible. En un

LOS SEFIROT

Diez manifestaciones emanan de Ein Sof; *los nombres varían, así que aquí damos una muestra:*

- ✡ **KETER:** Emerge primero *Keter* (corona), la voluntad de Dios de extender los efectos de *Ein Sof*, la esencia incognoscible.
- ✡ **HOKMAH Y BINAH:** Los siguientes son *Hokmah* y *Binah*, sabiduría y discriminación, la voluntad de crear, no como una proposición abstracta. Éstos están muy próximos a la esencia divina como para que la gente tengan acceso a ellos, y mucho menos comprenderlos.
- ✡ **HESED, GEVURAH Y DIN:** De las emanaciones de *Hokmah* y *Binah* vienen primero *Hesed* (amor), luego *Gevurah* (poder) y luego *Din* (juicio).
- ✡ **TIFERET, NETZAH Y HOD:** De *Hesed, Gevurah* y *Din* emanan *Tiferet*, *Netzah* y *Hod* (belleza, majestuosidad y esplendor, los atributos que muchos dan ante la primera experiencia de que Dios existe).
- ✡ **YESOD Y MALKHUT:** Estas emanaciones se fusionan con *Yesod*, fundamento de la creación, y culminan en *Malkut*, soberanía, con la que Dios obra para gobernar al mundo.

sentido, todos los ríos contienen la misma agua que el manantial, pero el agua del río, aunque procede del manantial, no es la misma; tampoco se puede conocer la naturaleza del manantial a partir del agua del río. El agua surgió del manantial, y en esa forma el manantial llega al mar, mas permanece alejado y es completamente diferente de él. Estas emanaciones se conocen como Sefirot (recuadro, abajo), diez manifestaciones de poder que corresponden a las diez palabras del Génesis con las que todas las cosas fueron creadas.

Con las ideas de la Cábala se elaboró un vasto mapa simbólico de la coincidencia que tiene toda la creación con Dios; una especie de ciencia ficción antigua —sólo que la ficción es un hecho. El mapa es muy complicado y se necesita mucho estudio para entenderlo. Se considera que la Biblia es un código de significados ocultos.

El objetivo de la Cábala no se reduce a resolver un acertijo: si Dios es diferente y trascendental, ¿cómo pueden Dios y los hombres estar en contacto? El objetivo es ofrecer un universo para la imaginación con el que se pueda luchar contra el mal y acercarse a Dios. Y como la Cábala brinda ese contacto con Dios a través de los Sefirot, los poderes de éstos están al alcance de quienes posean entendimiento y fe.

El propósito de la vida es, pues, participar en la obra de redención de la vida y del mundo, para que todo se convierta en receptáculo, una vez más, digno de recibir la presencia de Dios. La palabra hebrea *berakah* ("bendición") se considera sinónimo de *beyrakah*, fuente o receptáculo: si uno mismo se convierte en un receptáculo digno, éste se llena con la bendición de Dios.

Todo esto se hizo más explícito en la obra de Isaac Luria (1534-1572). Como Dios está en todas partes y es todo, afirmaba que Dios debe de haber hecho un ensimismamiento (*tzimtzum*) para dar cabida a la creación. La conexión se establece a través de los Sefirot, pero los receptáculos que contienen la emanación de la luz no pudieron llevar el peso de la gloria. O tal vez, incluso, se resistieron a llevarlo. Sea como fuere, se desintegraron y se contaminaron.

Para hacer frente a esta catástrofe se estableció la obra de redención (*tiqun*), responsabilidad de Adán. Al fracasar éste, Dios convocó a los judíos para que se encargaran de esta obra para beneficio del mundo entero. Así, pues, la historia de los judíos es la historia de esa lucha, y cada vida es una contribución a ella. Se continúa con esta obra, cumpliendo la ley.

Al permanecer cerca de Dios a través de los Sefirot se vuelve más factible la llegada del Mesías.

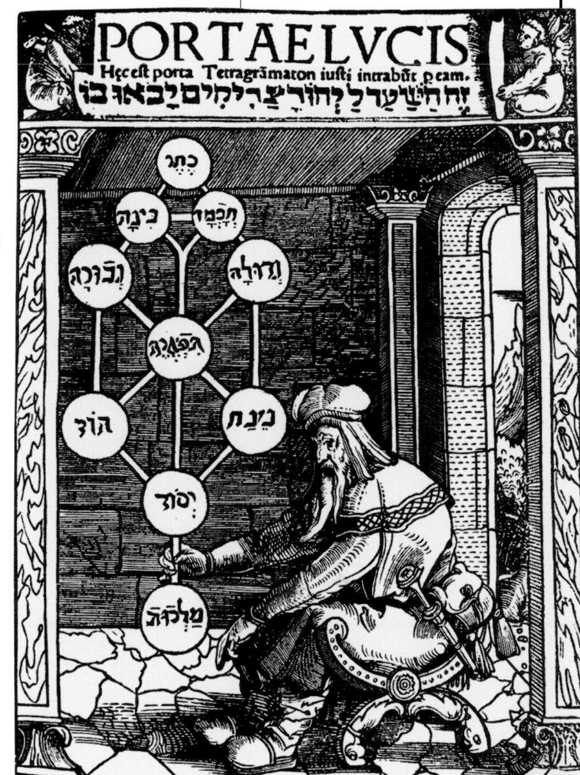

Sefirot
Portadilla de una traducción latina del cabalista español Joseph Gikatilla. Los Sefirot existen en conexión natural entre sí, como las partes de un árbol. Como se pensaba que la Cábala era la Puerta a la Luz, también la estudiaron cristianos y otros no judíos.

Maimónides

Fe y razón en armonía

CERCA DEL AÑO 1203 D.C., un anciano estaba recargado, exhausto, contra un muro en Fostat, pequeña ciudad próxima a El Cairo. Un estudioso, Samuel ibn Tibbon, estaba traduciendo un libro de este anciano, y le había escrito solicitándole una entrevista. Aquél respondió: "Dios sabe que para poder escribiros esta carta he tenido que ocultarme, donde nadie pueda encontrarme, y a veces recargarme contra la pared para apoyarme, en ocasiones permaneciendo echado debido a mi gran fragilidad, porque ahora ya soy viejo y débil".

¿Quién era ese hombre y por qué estaba tan agotado? Era Mosheh b. Maimon, más conocido como Rambam, o, en versión latina, Maimónides (1135-1204 d.C.). Nació en España, pero cuando la dinastía musulmana de los Almohades, empezó a perseguir a los no musulmanes, su familia huyó. Después de muchos años de vagabundear, se establecieron en Fostat, Egipto.

Su agotamiento se debía a una vida de trabajo. Fue médico (del sultán Saladino), pero también era un refinado filósofo con un profundo conocimiento de la vida y la ley judaicas, que hizo una gran aportación a la noción judía de Dios. La vida de los judíos se funda en seguir las directrices que Dios da en la Torá, la Mishná y el Talmud (p. 201). Maimónides asumió la tarea de escribir un comentario sobre la Mishná y de codificar las leyes (esparcidas en fuentes diferentes) en su obra, *Mishneh Torah* (la Segunda Torá).

En su papel de filósofo mostró con agudeza que la fe judaica se sustenta en la razón, así que escribió *Guía de perplejos*. Empezando con la Biblia, Maimónides afirma que "el principio de todos los principios y el pilar de todas las ciencias es comprender que hay un Ser primigenio que dio existencia a todas las cosas" (*Fundamental principles* 2). "Porque hay Uno que existe absolutamente y toda otra existencia, dependiente de ese Ser, es posible. Ese Ser Único es Dios, la vida del universo (*He ha'Olamim*)".

Así, pues, la diferencia entre Dios y nosotros es ésta: nuestra existencia es contingente (estamos aquí, pero es posible que ni siquiera hubiéramos existido) y estamos hechos de múltiples fragmentos y partes (átomos, cabellos, huesos y piel). Pero Dios sólo existe (no hay la posibilidad de que no existiera) y Dios no está formado por nada (la esencia de Dios es existir).

Por eso es absurdo pensar que podamos conocer, en esencia, qué conforma o constituye a Dios: "La existencia de Dios es absoluta, y no se compone de nada. Por ello sólo podemos conocer el hecho de que Dios existe, no lo que Dios es [en esencia]" (*Guía* 1.59). Esto significa que no podemos decir cómo es Dios. Maimónides concuerda: "No podemos decir que Dios es esférico, alto, sabio ni fuerte ni siquiera decir que Dios existe además de ser esencialmente lo que esa esencia sea: la esencia de Dios es simple y absolutamente existir".

ENFRENTE:

La menorah

La menorah (p. 213) se describe por primera vez en Éxodo 25:31-38 y 37:17-24. Hay una menorah de siete brazos en el arco de Tito, en Roma, para celebrar su triunfo sobre la primera revuelta judía. No siempre fue un símbolo para los judíos, hasta que surgió el movimiento sionista (fines del s. XIX y s. XX).

Silencio delante de Dios

Esta idea está mejor expresada en el Libro de los Salmos: "El silencio es alabanza para ti" [65:2, en la versión hebrea]. Es una observación profunda, porque cualquier cosa que digamos con intención de alabar y ensalzar a Dios contiene algo que no puede aplicársele, y siempre estaremos diciendo algo inferior a lo que Dios es. Es preferible guardar silencio y permanecer simplemente delante de Dios, con la intención de la mente, como dice el otro salmo: "Ponderad en vuestro lecho, en silencio" [Salmo 4:5].

(*Guía* 1.59)

Esto significa que no podemos dar a Dios atributos positivos. Lo cual parece ridículo desde que uno abre la Biblia, porque está llena de cualidades atribuidas a Dios: Dios permanece, camina, es sabio y fuerte. Maimónides responde a esto que la Biblia fue escrita en lenguaje sencillo para que cualquiera pueda entender a Dios y aproximarse a él. Solía citar la sentencia de los rabinos: "La Torá habla en el lenguaje de las personas comunes y corrientes" (B. Berakoth 31b). La gente entendida, con el uso de la razón, se da cuenta de que este lenguaje apunta a una verdad más profunda: decir "Dios permanece" significa que Dios es constante e inmutable.

Cuando damos atributos a Dios, lo que en realidad hacemos es tratar de describir los efectos que Dios crea en el mundo, ya que sólo puede ser conocido por esos efectos. Pero no quiere decir que éstos sean lo mismo que Dios, ni que la esencia de Dios (toda la naturaleza esencial de Dios) pueda conocerse en ellos. Sabemos que el fuego hace hervir, quema, blanquea, ennegrece o endurece. Estos efectos derivan de su esencia, pero el fuego no es lo mismo que ellos, ni tampoco, al observarlos, sabremos cuál es la esencia de aquél. Del mismo modo, la razón humana "permite que las personas cosan, hagan carpintería, hilen, construyan, estudien, comprendan la geometría y gobiernen una nación", pero la razón convierte en realidad estos efectos sin que la naturaleza esencial de la razón esté contenida en ellos; tampoco ninguna de estas diferentes acciones describe la esencia de la razón.

Esto quiere decir que la razón humana no puede conocer *qué* es Dios. "El conocimiento humano es limitado: mientras el alma resida en el cuerpo, no puede conocer lo que está más allá de la materia" (*Responsum* a Hasdai haLevi). De donde se sigue que "los atributos negativos de Dios son sus verdaderos atributos" (*Guía* 1.59); podemos decir lo que Dios no es, pero no podemos decir *cómo* es, porque eso lo convertiría en un objeto como cualquier otro, por el hecho mismo de compararlo: Dios sería sabio *como* nosotros, aunque sea más sabio; fuerte como nosotros, aunque más fuerte.

El Amor de Dios

Maimónides fue un eminente filósofo y médico con un gran conocimiento de la vida y la ley judaicas. Pensaba que los sabios viven profundizando su amor por Dios.

Para Maimónides el propósito de la vida y la práctica judía, y el camino correcto para cualquier persona razonable que busque la mejor forma de vivir, es aproximarse a Dios a través de la Torá y del culto, la oración y las alabanzas: "Los que sirven a Dios por amor se dedican al estudio de la Torá, guardan los mandamientos y siguen un sendero de sabiduría. No los empuja ningún motivo externo, ni el miedo ni las calamidades, ni el deseo de obtener beneficios materiales. Hacen lo que es correcto porque es correcto; a la postre encuentran la felicidad por su manera de vivir" (*Fundamental Principles* 10).

Maimónides y Aristóteles
Antigua ilustración donde Maimónides dialoga con Aristóteles. Sus obras fueron preservadas y utilizadas por los filósofos musulmanes (pp. 352-259), que escribieron en árabe y en persa. Muchas de las traducciones de sus obras al latín se hicieron en España, donde estaban al alcance de judíos, musulmanes y cristianos.

Todo esto suena muy académico pero modifica nuestra forma de vivir delante de Dios. Significa que la majestuosidad y la trascendencia de Dios estarán siempre más allá de nuestras palabras e ideas. Significa, además, que las plegarias no deberían tratar de capturar a Dios en lo que dicen de él, como cuando se usan palabras como "Todopoderoso", porque éstas lo reducen al rango de las ideas y las descripciones humanas. Orar es elevarse hacia la majestad de Dios, absorto por el asombro, amor y alabanzas (recuadro a la izquierda, arriba).

Así, la revelación y la razón ponen en evidencia *que* Dios existe, pero la razón humana no puede comprender *qué* es Dios en esencia (naturaleza esencial). "He demostrado que el intelecto es el lazo que nos une a Dios. Está en vuestro poder fortalecer ese lazo si lo deseáis, o debilitarlo, poco a poco, hasta que se rompa si lo preferís. Sólo se fortalecerá si lo empleáis en el amor a Dios y buscáis ese amor" (*Guía* 3.51). El amor es el propósito de la vida (recuadro a la izquierda, abajo).

La hazaña de Maimónides estriba en que mostró que la fe no se opone a la razón, más bien está en armonía con ella y sostenida en ella. Su influencia fue enorme, tanto entre cristianos como entre judíos. Entre éstos, algunos rechazaron su obra, arguyendo que el judaísmo es una forma de vida y no una filosofía, una cuestión de práctica y no de credo ni dogmas. Pero Maimónides sigue vigente porque demostró que la fe es racional, y que son los sabios, y no los necios, los que viven para profundizar su amor por Dios (recuadro a la derecha).

¿Qué es el amor a Dios? Es amar al Eterno con extraordinario, grande amor, tan fuerte que el alma se entretejerá con el amor de Dios, de modo que uno estará siempre transportado, como un enfermo de amor cuya mente no se separa ni un momento de la mujer objeto de su pasión: pensar en ella colma su corazón de continuo, sentado o de pie, comiendo o bebiendo. Más intenso debe ser el amor por Dios en el corazón de los que languidecen por él. Este amor debe poseerlos constantemente, tal como Dios mandó en la sentencia: "Amarás al Señor tu Dios con todo tu corazón y con toda tu alma" [Deuteronomio 6:4], que Salomón expresó así: "Porque estoy enfermo de amor" [Cantar de los Cantares 2:5]. El Cantar de los Cantares es, por cierto, una alegoría que describe este amor.

(*Fundamental Principles* 10)

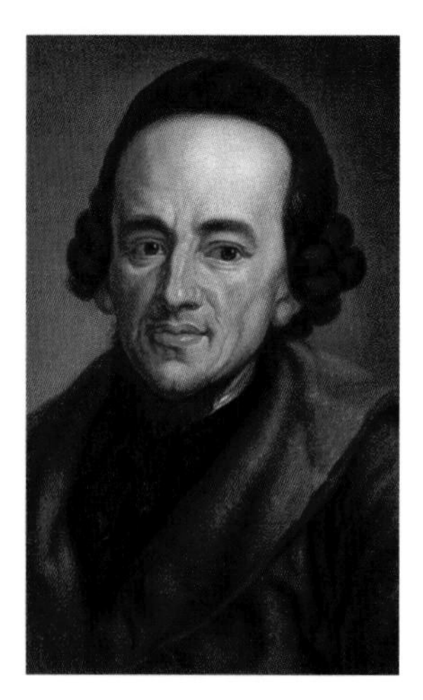

Moses Mendelssohn
Su filosofía era que hay un solo Dios, pero muchas maneras de servirle. Creía que las religiones debían respetarse mutuamente.

Los hasidim

El apasionado amor a Dios

MAIMÓNIDES (PP. 218-221) MOSTRÓ QUE el intelecto es el lazo que une a los hombres con Dios. Hubo muchos que siguieron sus pasos y que recurrieron a la razón para esclarecer la fe judaica. Entre ellos, destacaron: Spinoza (1632-1677) y Salomon Maimon (1753-1800), que alguna vez comentó: "Dios sabe lo que Dios es", y de quien Kant dijo que nadie había entendido sus ideas mejor que él. Ambos fueron excomulgados por sus ideas que impugnaban o desbordaban los límites de la revelación. Pero otros siguieron las tradiciones:

- Moses Mendelssohn (1729-1786) para quien, aunque existen diferentes maneras de servir a Dios, no puede haber más que un Dios, por lo que las religiones deben respetarse mutuamente (sirvió de modelo para Natan, el personaje de la obra de Lessing *Nathan the Wise*).
- Martin Buber (1878-1965) se inspiró en los primeros existencialistas que analizaron las diferencias en nuestra forma de vincularnos: impersonalmente en relaciones Yo-Ello o estableciendo compromisos personales, el amor incluido, en relaciones Yo-Tú. La relación con Dios debe ser del último tipo.
- Abraham Heschel (1907-1972) afirmó que Dios tiene un trabajo particular para los judíos en el largo drama de la redención: las leyes de Halakah (p. 201) son las notas que hacen posible la música de una gran sinfonía.

Los hasidim a juicio
Antes de morir, el rabí Zusya dijo:

"En el mundo venidero, ellos no me preguntarán: ¿por qué no eras Moisés? Sino: ¿por qué no eras Zusya?".

El rabí Shneur Zalman, en una ocasión, interrumpió sus oraciones y dijo:

"No quiero Tu paraíso. No quiero Tu mundo venidero. Te quiero a Ti, sólo a ti y a Ti solo".

El rabí Elimelekh dijo:

"Cuando sea juzgado y me pregunten si actué, oré y estudié bien, tendré que decir: No. El veredicto será: Has dicho la verdad. Por amor a la verdad, entra en el mundo venidero".

Para Maimónides, también era fundamental el amor a Dios, y esto condujo a nuevos sucesos en el relato judío de Dios a partir del s. XVIII. Esto tuvo lugar entre los hasidim, cuyo fundador fue Israel ben Eliezer (1700-1760), conocido como Baal Shem Tov (Preceptor del Buen Nombre) o, abreviado, Besht. La palabra *hasid* viene de la misma raíz que *hesed* (p. 186), y en la Biblia significa más o menos "el que es devoto de Dios". Los hasidim eran seguidores de líderes inspirados llamados *zaddikim* (*zaddik*, en singular, "el justo"), que se consagraron a demostrar qué significa tener verdadera devoción a Dios. Aspiraban a "aferrarse a Dios" (Deuteronomio 11:22) en total unión con Dios como *devekut* ("aferrarse" en hebreo). Éste era el amor a Dios por Dios mismo, no por recompensas. El Besht se preguntó si alguna vez llegaría a ser digno de vivir con Dios en el mundo venidero. Pero entonces se dijo: "Si amo a Dios en este momento, ¿qué otra cosa puedo desear?".

El Besht y sus sucesores fueron influidos por la Cábala (p. 216) y por la convicción de que Dios penetra en el mundo a través de los sefirot (emanaciones). Existe, entonces, dentro de cada ser humano, la chispa divina, una avanzada de Dios en la vida humana. El objetivo de cada vida es convertir esa chispa divina en un fuego abrasador. La tarea del zaddik no es decir cómo hacer esto, sino despertar en los demás la conciencia de que esto es lo que pueden y deben hacer. El rabí Mordecai de Neskhizh dijo que la gente se acerca a un zaddik por diversas razones —algunos para aprender a orar, otros para aprender a estudiar la Torá, otros más, para subir algunos escalones en la escalera espiritual. Pero éstos son motivos incorrectos: estos caminos para acercarse a Dios son fáciles de aprender, y hecho esto la gente cree que ha culminado la tarea y que nada más es necesario. Pero la única razón para buscar la guía de un zaddik es la búsqueda de Dios; y *ese* viaje no termina nunca. Un zaddik puede mostrar a Dios a alguien, pero no puede realizar el viaje en su lugar. Por esto las enseñanzas de los zaddikim se hacen mediante ejemplos y con espléndidos relatos —a menudo inquietantes— para destruir los prejuicios que se interponen en una relación directa con Dios.

Entre estos prejuicios están, por supuesto, la práctica y los dogmas ortodoxos si han perdido el espíritu y sólo se han hecho costumbre. No es sorprendente que los ortodoxos (*mitnaggedim*, los oponentes) se opusieran con saña a los hasidim, pero éstos insistieron en que la finalidad de la práctica religiosa es alcanzar una unión tal con Dios que impregne la vida entera. El resultado es inevitable: una experiencia de irresistible gozo, incluso de trance (p. 41). Se dice que los zaddikim se transforman durante la oración y resplandecen con luz visible.

Martin Buber
Influido por los hasidim (tradujo muchos de sus relatos), Buber estaba convencido de que la Biblia es la crónica del diálogo de Israel con Dios, el Eterno Tú. En ese compromiso con Dios, Buber no excluía a los seguidores de otras religiones y se refería a Jesús como "mi hermano".

En la oración se da mucha importancia a la música, los cantos y el baile, con lo cual toda conexión con el mundo ordinario desaparece. El objetivo del que baila al orar es *bittul haYesh*, "la aniquilación de lo que se es", o la cancelación del yo, de manera que lo único que queda es Dios. Esto es posible porque la Naturaleza Divina está ya dentro de la naturaleza humana: al aniquilar todo lo que la rodea, el uno se queda con el Único y la distinción entre ellos desaparece.

Otras prácticas (la repetición sosegada de la Shema, o la entonación continua de *devekut niggun*, la melodía de enlace) alcanzan el mismo fin: cortan la conexión con el mundo y otras distracciones, dentro y fuera de la persona, y conducen a la unión gozosa con Dios.

El rabí Levi Yizhak de Berditchev solía cantar esta canción: "Por donde voy te encuentro a Ti; piense lo que piense te encuentro a Ti: Tú, sólo Tú, Tú de nuevo, siempre Tú... El firmamento eres Tú, la tierra eres Tú, Tú arriba, Tú abajo, siempre Tú –Tú, Tú, Tú".

El holocausto

Destrucción de los judíos en Europa

El conflicto entre los hasidim y los mitnaggedim (p. 223) es sólo un ejemplo más de un asunto mucho más extendido en el relato judío acerca de Dios. Como dijo el profeta Miqueas (6:8), "¿él te ha dicho qué es bueno y qué pide de ti el Señor sino hacer justicia y amar la misericordia, y andar humildemente con tu Dios?". Para los ortodoxos, los 613 mandamientos de la Torá son la forma de cumplir con esto: a través del tiempo los rabinos han enseñado a aplicar esos mandamientos a las circunstancias cambiantes de la vida, para que los judíos puedan "saber que se espera de ellos". Al adaptar la Torá a la vida saben por dónde caminar (significado subyacente de Halakah, p. 201), y tienen la oportunidad de ofrecerse en santidad a Dios (Levítico 19:2). Pero otros judíos, los reformistas y los liberales, han visto en las leyes de la Torá sólo un punto de partida y, en el espíritu de la pregunta de Miqueas, predicaron llevar, no las leyes a las circunstancias cambiantes, sino estos cambios a las leyes para que la liturgia y el culto a Dios no quedaran aislados en el pasado. No puede haber reconciliación entre ambos extremos: los ortodoxos piensan que si los judíos abandonan la Torá tal como se desarrolla en Halakah, abandonan a Dios, que puso en sus manos esta forma de liturgia. Otros piensan que insistir hasta en el más mínimo detalle de cada ley es hacer la vida imposible a la mayoría de los judíos.

Persecución
Ante el intento de los nazis por liberar a Europa de los judíos (Judenrein), *acabando con hombres, mujeres y niños por igual, era inevitable preguntar por qué Dios no hacía nada para ayudar a los que oraban pidiendo ayuda.*

Estas dos formas de reconocimiento a Dios coexisten dondequiera que los judíos se han establecido. En Europa, todas las manifestaciones judías fueron amenazadas y luego destruidas por los nazis a partir de 1933. La *shoah* ("calamidad") o *hurban* ("destrucción"), u holocausto, puso en tela de juicio todo el relato de Dios.

Para los judíos no fue una sorpresa que, una vez más, resultaran "despreciados y rechazados por los demás, un pueblo de sufrimientos y familiarizado con la desgracia" (Isaías 53:3), o que los seres humanos evidenciaran su perversidad. Y ante la determinación de acabar con los judíos (la política de *Judenrein*), y en medio de los guetos y los campos de exterminio donde esa política se ejecutaba, ¿dónde estaba Dios? ¿Por qué Dios no hacía nada para ayudarlos?

Se han hecho muchos intentos para proseguir el relato de Dios después de Auschwitz. Hay quienes han recordado las profundas experiencias de la historia judía. Por ejemplo, en esta tercera calamidad (las otras dos fueron las dos destrucciones del templo, pp. 194, 210) tal vez Hitler, al igual que Ciro, era el agente de una recuperación aún más gloriosa que el retorno después del exilio (p. 198); así es como se ve el establecimiento del Estado de Israel.

Otros han expresado que Dios "se vuelve impotente para que la historia pueda tener lugar": Israel es el Siervo Afligido (Isaías 53): el aceptar el sufrimiento se convierte en un desafío moral para que el mundo se aparte del mal y se arrepienta.

Otros recordaron el relato del éxodo y del desierto, y observaron que Dios estuvo presente de modo distinto: en el éxodo como una presencia salvadora y en el desierto como presencia impositiva; en los campos fue una presencia imperativa. Para Berkowits el mandamiento 614 fue: "Sobrevivirás" (recuadro a la derecha).

Se les exige que sobrevivan como judíos, para que no desaparezca su pueblo. Se les exige que recuerden a las víctimas de Auschwitz [...] Les está prohibido desesperar del hombre [...] para no colaborar en la entrega del mundo a las fuerzas de Auschwitz. Finalmente, les está prohibido desesperar del Dios de Israel, para que el judaísmo no desaparezca.

(*Faith After the Holocaust*)

Pero para judíos como R.J. Rubenstein, todo esto resultaba demasiado remoto ante la magnitud de la catástrofe y la incapacidad de Dios para detenerla. Concluyó que el Dios de la tradición y la historia estaba muerto. Antes se pensaba que Dios intervendría si se le rezaba en la manera apropiada, o con la suficiente devoción. Ese Dios, según Rubenstein, estaba muerto. Pero Dios como centro de la vida y la renovación de los judíos es lo más importante:

> *El judaísmo es la forma en que compartimos los tiempos decisivos y las crisis de la vida con las tradiciones heredadas de nuestra comunidad. La necesidad de compartir no disminuye en el tiempo de la muerte de Dios. Ya no creemos en el Dios que tiene el poder de anular las trágicas necesidades de la existencia; la necesidad de compartir religiosamente, esa existencia, persiste.*

Es evidente que, "después de Auschwitz", la historia de Dios no puede continuar como si nada. Tampoco se puede contar la historia del género humano como si estuviera progresando, o como si otros males de gran magnitud no vayan a ocurrir, pues suceden constantemente. En el

Identidad dada por Dios
Entre las acciones de los nazis estaba el despersonalizar a sus víctimas quitándoles ropa, cabello y hasta su nombre —tal como los japoneses con sus prisioneros, llamándolos maruta, *leños. Ni los japoneses ni los nazis pudieron borrar la identidad conferida por Dios.*

ENFRENTE:

Buchenwald
Ésta es la entrada,
las palabras forjadas
en hierro, en la reja:
JEDEM DAS SEINE.
A cada cual
lo que merece.
La desnuda grava
pardusca del lugar.
La piedra húmeda y fría.
La lluvia.
El vacío.
La carencia humana.
JEDEM DAS SEINE.
JEDEM DAS SEINE.
A cada cual lo que merece...
Y podría suceder de nuevo
Y podrían colgarlos
como osamentas rotas
Y podrían gritar
con terror
en la oscuridad
Y podrían
contar los golpes
que les rompen las carnes
Y podrían arder con el fuego
lento de los cigarrillos
Y podrían padecer y
aguantar cada golpe
Y podrían, famélicos, vivir
hasta morir de hambre
Y podrían vivir nada más
que por la esperanza
Y podría suceder de nuevo.
A cada cual lo que merece...
Ocurrió cerca
del corazón de
la cultura del mundo.
Esto ocurrió entre
cosas más elevadas.
Ésta fue una
conclusión filosófica.
A cada cual lo que merece.
La desnuda grava
pardusca del lugar.
La piedra húmeda y fría.
La lluvia.
El vacío.
La carencia humana.
(*Bold, pp.* 33-36)

relato judío de Dios la experiencia divina no se ve menguada, aunque se acepta que las explicaciones son inútiles. Los ortodoxos continúan ofreciéndose en santidad a Dios por amor al mundo entero, y los hasidim siguen bailando y cantando porque Dios existe aun en medio de los campos de concentración. En 1944, un muchacho de 14 años llamado Moshe fue llevado a Mauthausen. Discípulo del rabí hasidim de Bobov, Ben-Zion Halberstam. Un día de diciembre desapareció uno de los prisioneros. Los demás fueron obligados a desvestirse y a reunirse en la plaza: "Pasó una hora. La gente desnuda empezó a cubrirse de escarcha. Les era cada vez más difícil respirar y empezaron a caer en la nieve como prendas de ropa congeladas en un tendedero. Seguía la búsqueda del hombre que faltaba. Las filas de los prisioneros ahí parados eran cada vez más ralas, mientras que las hileras de cuerpos en la nieve crecían. El joven Moshe trató de mover los pies y las manos, pero su cuerpo ya no le respondía. Sintió que él también se congelaba y se convertía en un pilar de hielo, y que la nieve bajo sus pies tiraba de él. De pronto sintió que el rabino de Bobov lo sostenía, su voz reconfortante sonó en sus oídos: 'No caigas, joven amigo, no tropieces. ¡Debes sobrevivir! ¡Un hasid debe cantar, un hasid debe bailar, es el secreto de nuestra supervivencia!' La melodía del rabí abrasaba su cabeza, resonaba en sus oídos, pero sus labios congelados no podían emitir un solo sonido. Luego, poco a poco, sus labios empezaron a moverse. Una nota surgió a través de sus pálidos labios, seguida de otra, y otra; notas aisladas que se hilaban al *niggun* del rabí, a su melodía. Como tizones ardientes la melodía le quemó los labios e hizo a su cuerpo arder. Un pie empezó a moverse, para liberarse de sus cadenas de hielo. El hielo se quebró; empezó a bailar. El otro pie se desprendió del hielo. La nieve se puso roja cuando la piel de la planta del pie de Moshe tocó al hielo. Huesos, músculos y nervios empezaron a pisar la nieve, a bailar el niggun del rabí. El corazón de Moshe se templó, lágrimas ardientes le cayeron por el rostro mientras cuerpo y alma cantaban la melodía de Bobov.

"El Zeilappel había terminado. La plaza del campo de Mauthausen estaba salpicada de cadáveres. Pero las huellas rojas de Moshe derretían la nieve con el resplandor de una melodía de Bobov" (Eliach, p. 219s.).

Moshe sobrevivió para convertirse en rabino en Nueva York. No se trata de "una respuesta". Es el entendimiento, renovado en cada generación, de que esta parte del relato judío de Dios es y seguirá siendo, para muchos, verdadero:

> *Pero ahora, así dice el Señor, que te creó, oh Jacob, que te formó, oh Israel: no temas, porque yo te redimí; te llamé por tu nombre, porque mío eres. Cuando pasares por las aguas, contigo estaré; y por los ríos, no te avasallarán; cuando pasares por el fuego, no te quemarás, y la llama no te consumirá. Porque yo soy el Señor tu Dios, el Santo de Israel, tu salvador.*
>
> (Isaías 43:1-3)

EL CRISTIANISMO

EL CRISTIANISMO COMENZÓ CON LA VIDA, el ministerio, la muerte, la resurrección y la ascensión de Jesús, un judío que los cristianos creen Hijo de Dios, pero sus raíces se remontan al judaísmo. El cristianismo se concibe como la Nueva Alianza (o Testamento). Los autores del Nuevo Testamento reconocen que Dios habló y obró mediante Jesús, a través de sus enseñanzas, el perdón de los pecados y las curaciones, y que propone la salvación para todos —por ello el cristianismo se ha extendido por el mundo.

Al principio fue un movimiento reducido, seguro de sí por su fe en la resurrección de Cristo. Después del emperador Constantino (c. 274-337), fue la religión del imperio romano, con un amplio legado latino. Esta asimilación universal es característica del cristianismo. En los inicios de la Iglesia, el Cuerpo de Cristo era una alegoría de muchas partes iguales bajo una sola Cabeza, pero esta figura se volvió una metáfora del ejército romano, bajo una enérgica autoridad y mando, que derivó en el catolicismo apostólico con el papa como cabeza de la Iglesia. Otras formas de cristianismo: el presbiterianismo y el congregacionalismo trataron de conservar el modelo democrático inicial del Cuerpo.

Los cristianos nunca han estado de acuerdo en la fe ni en la práctica. En los primeros siglos hubo concilios que establecieron algunos credos como contraseñas (resúmenes de principios de la verdadera fe). Pero hubo divisiones entre el cristianismo occidental y el oriental (ortodoxo; las iglesias griega y judía).

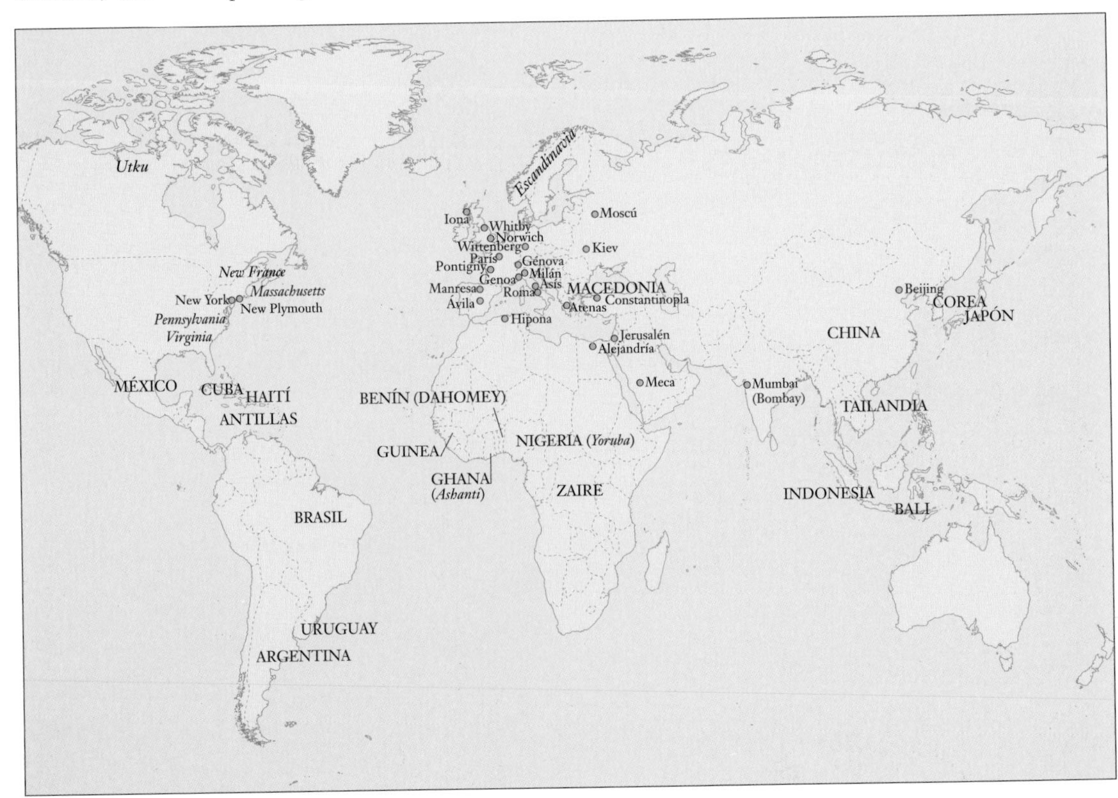

Aquél se dividió con la Reforma (pp. 290-291), y las iglesias reformadas se dividieron en iglesias luterana, bautista y metodista.

Las órdenes religiosas se concentraron en la plegaria a Dios. El culto a Dios propició que las iglesias fueran centros de música, arte y arquitectura. La búsqueda de la santidad y el deseo de estar "en contacto" con objetos sagrados popularizaron las peregrinaciones a los santuarios. La preservación de los estudios antiguos propició la creación de escuelas y universidades.

La dedicación a los pobres ha llevado educación y cuidados de la salud al mundo, en respuesta al único criterio de juicio: "De cierto os digo que en cuanto lo hicisteis a uno de éstos, a mí lo hicisteis" (Mateo 25:40).

La crucifixión de Jesús *Ésta no es sólo un suceso del pasado: como punto de reconciliación con Dios, se integra a la vida cristiana, como en esta pintura (v. p. 284).*

CRONOLOGÍA DEL CRISTIANISMO

Platón · Euhemero · Aristóteles · Augusto y Virgilio	400-0
Jesús · Pablo · Fin del Nuevo Testamento · Ireneo · Atenágoras · Clemente de Alejandría · Plotino	0-250
Antonio/Padres del Desierto · Arrio · Atanasio · Sabellius · Concilio de Nicea · Padres capadocios (Gregorio y Basilio) · Inicia la oración hesicasta · Agustín · Concilio de Calcedonia · 1ª iglesia de Saint Clemente · Seudo-Dionisio	250-500
Catedral de Saint Denis · Benito · Fundación de Iona · Cristianismo celta · Romanos y Kontakia · Juan Clímaco	500-750
Controversias iconoclastas · 2º Concilio de Nicea · Vladimiro de Kiev	750-1000
Concilio de Constantinopla · Cisma Oriente/Occidente · Suger · Bernard de Clairvaux · Domingo · Francisco	1000-1250
Tomás · Dante · Eckhart · Giotto · Místicos ingleses · Gregorio Palamas · Controversia hesicasta · Wycliffe · Botticelli y Grünewald · Erasmo · Lutero y Calvino	1250-1500
Cranach · Teresa y Juan de la Cruz · Ignacio y los jesuitas · Metafísicos · Puritanos · Ricci y Valignano · Edicto de Nantes · Calderón · Bradford y los padres peregrinos · Pascal · John Bunyan · Asentamientos Penn y cuáqueros · Bach · Händel	1500-1750
John y Charles Wesley · Controversia sobre ritos · Serafines de Sarov · Wilberforce y la abolición de la esclavitud · Hegel · Wordsworth · Strauss · Kierkegaard · Dostoievski · Hopkins · Rilke · Barth · Banhoeffer · Teología procesal · Taizé · Liberación Teológica · Eliot · Auden y Thomas · Martin Luther King	1750-AL PRESENTE

Antecedentes

Los mundos griego y romano

SI EL LECTOR HUBIERA ASISTIDO AL EQUIVALENTE de una cátedra universitaria en Atenas en el s. IV a.C., habría cruzado por una puerta en cuyo dintel vería escrito: "Que no entre aquí nadie que no sepa matemáticas". La puerta conducía a la Academia de Platón, de cuya obra dijo A.N. Whitehead (v. p.317) que toda la filosofía occidental posterior a él es una nota al pie. No cabe la menor duda de que Platón y Aristóteles, su discípulo más famoso, tuvo un efecto arrollador en el relato acerca de Dios tal como se contó en las tres religiones semíticas —judaísmo, cristianismo e islamismo—, aunque no queda claro qué es lo que Platón y Aristóteles pensaban acerca de Dios.

Lo que Platón sí creía es que el verdadero filósofo puede llegar a entender la "Forma del Bien" como el mayor objeto de aprendizaje. La

La Escuela de Atenas *En esta obra de Rafael (fresco en el Vaticano, 1509-1511), Platón señala hacia arriba, hacia la Idea del Bien; Aristóteles señala hacia abajo, hacia la tierra y los fenómenos naturales. Junto a éste se encuentran Tolomeo y Euclides. Los musulmanes preservaron mucho de la filosofía griega.*

"forma" o "idea" del Bien existe más allá de los casos particulares del bien, lo bello o lo verdadero, pues cualquier ejemplo particular puede ir y venir, y en nuestra experiencia está mezclado con cosas que son malas, feas o falsas. Los ejemplos particulares que enfrentamos no son eternos ni ideales, y por ello no son más que pálidas sombras de lo bueno, lo real y lo verdadero.

No obstante, lo bello se puede discernir aun en medio de la fealdad y la confusión del mundo. El aspecto físico del maestro de Platón, Sócrates, era feo, pero en su interior había gracia y verdad. El objetivo de la vida del verdadero filósofo es elevarse de lo feo y falso hacia "el océano de lo bello".

¿Podemos estar seguros de que efectivamente existe la Forma ideal de lo Bueno? Platón pensaba que sí, porque persiste aun cuando las contingencias (las circunstancias particulares) en que se presenta —"en el orden del mundo que nos rodea y de las estrellas que están arriba de nosotros"— cambien o desaparezcan. También podemos discernirlo dentro de nosotros: nuestro físico viene a la existencia y luego muere; cambia siempre y nunca es perfecto; sin embargo, en nuestro interior está aquello que no se modifica y que nos da identidad o forma permanente, aun en la fragilidad, los cambios y la muerte: el alma.

Para Platón, la verdad eterna, la estabilidad permanente e inmutable que yace detrás de todas las cosas y les permite existir se demuestra en las matemáticas. Una manzana u otra pueden estar aquí y luego ya no estar, pero agregar una manzana a otra siempre dará dos.

Así, para Platón la Forma del Bien existe de forma independiente a nuestra percepción de sus manifestaciones, siempre embrollada con lo corrompido y lo confuso. El objeto de conocimiento no es lo transitorio que tenemos delante, sino la idea independiente de lo que es y que nos permite identificarlo y decir de qué cosa es un ejemplo —un chivo o una oveja. Si no tuviéramos idea de qué es una oveja, nunca encontraríamos ejemplos de ella. La Forma de lo Bueno permite que el universo exista pero permanece separada por completo de él: el sol propicia el crecimiento de las coles pero no las crea.

Según Platón, existe un controlador o demiurgo capaz de traer a la existencia, con una apariencia transitoria, almas que son la expresión de la Forma del Bien. El demiurgo es como el jugador maestro de un juego que usa los limitados movimientos que hacen los jugadores menores (por ejemplo, los seres humanos) para que el juego concluya bien. Pero ¿es Dios ese demiurgo? Platón criticaba a los dioses de los griegos: el panteón del Olimpo del que se contaban anécdotas entretenidas pero escandalosas (p. 206). Si ese demiurgo lleva la Forma de lo Bueno al mundo, es Dios quien permanece apartado (para evitar contaminarse) del mundo, en el que la corrupción del bien es evidente.

La idea de Aristóteles de que la verdad existe en el correcto entendimiento de la naturaleza (texto a la derecha) remite inevitablemente a la fuente de la naturaleza, el comienzo, o *arché* (p. 246), de todas las cosas. Éste es el perfecto conocimiento y comprensión

Aristóteles
Fue discípulo de Platón. Admiraba a su maestro pero se apartó de él definitivamente, pues pensó que se equivocaba al situar la verdad y el bien último fuera del mundo en que vivimos. Según él, la verdad debe comenzar y terminar en una correcta concepción de la naturaleza.

San Clemente
La basílica de San Clemente está construida en estratos: en su base hay un templo a Mitra, cuyo altar se muestra aquí. En 1108 se construyó encima la primera iglesia cristiana, que sería reconstruida en el s. XVIII. Las capas son aún visibles y se pueden visitar.

de por qué las cosas son como son y cómo y por qué existen. Todas las cosas tienen una forma propia, no la Forma del Bien tal como Platón la concebía, fuera del mundo, sino la forma que hace que cada objeto sea lo que es: una oveja puede ir o venir, pero existe una forma hecha para las ovejas, en parte, por su exterior, pero en parte también por su finalidad, para lo que existe. La forma o alma de un cuchillo es que está hecho de metal, con un filo que se usa para cortar. La forma o alma de los hombres es que tienen inteligencia (*nous*) y que la utilizan para alcanzar a Dios.

Para Aristóteles esto quiere decir que los hombres tienen un profundo deseo de conocer y encontrar a Dios, ya que es la perfección del entendimiento (*nous*, en griego: intelecto, inteligencia). Aspirar a Dios es aspirar al entendimiento.

Todas las cosas se esfuerzan, en un constante proceso de cambio, por alcanzar la meta que corresponde a su naturaleza. La meta de los hombres es ascender, a través del conocimiento de la naturaleza, a la fuente y origen de ésta —hacia el actuar-y-ser puros gracias a lo cual existen todas los actos y los seres. Todas las demás entidades tienen algún defecto, entre los cuales, y no el menor, el de ser contingentes: sucede que existen, pero podría no haber sido así. Aristóteles creía que el alma supera la contingencia, incluso el defecto de la muerte, porque toma parte de la completa inteligencia y verdad que es Dios (*nous*). Esta participación tiene lugar en la contemplación de la verdad completa, el estado en el que Dios siempre está, ya que el *nous*, la inteligencia total, siempre está en contemplación de la verdad total (recuadro a la izquierda).

Si Dios siempre está en ese estado en el que, a veces, estamos, esto nos asombra; si está en un estado mejor, esto nos asombra más. Y Dios está en un mejor estado. Y la vida también le pertenece a Dios, porque la vida es Dios, y Dios es esa realidad; y la realidad esencial de Dios es la vida perfecta y eterna. Por eso decimos que Dios es un ser vivo, eterno, benevolente, y la vida y la permanencia eterna le pertenecen a Dios: esto es lo que Dios es.

(*Metafísica* 12.1072b 12-29)

La verdad inteligible o *nous* es la fuente de todo lo que es. El mundo puede existir o dejar de existir, pero ésta permanece. Para Aristóteles, Dios era así, el primer motor de quien (o del cual) todas las cosas derivan su existencia; y a quien (o al cual) los hombres, si son sabios, se esfuerzan por regresar, elevándose con el uso de su inteligencia del mundo de lo contingente hacia la fuente de todo lo que existe. La razón, o logos, es la característica suprema, al grado que los estoicos dirían más tarde que es la semilla que Dios planta en nosotros (*spermatikos logos*) y que, si la nutrimos, nos llevará naturalmente a la meta.

Las ideas de Platón y Aristóteles no desarrollan una comprensión de Dios, y muchos las han leído, ahora al igual que antes, en forma tal que han dejado a "Dios" como una clase de atajo para llegar a lo real y verdadero. Pero en los siglos posteriores a ellos hubo muchos que buscaron interpretarlos de modo que apoyaran las reflexiones acerca de Dios, en el culto y la

El Imperio Romano

El mundo religioso y filosófico de los inicios del Imperio romano era muy variado:

- **FILOSOFÍAS:** Sobresalían las de los escépticos, epicúreos, estoicos y cínicos. A éstos (del griego *kunikos*, semejante a un perro) se les decía así porque ejercían una libertad sin convencionalismos, como los perros: no se bañaban, si se vestían lo hacían con harapos, no tenían posesiones, no distinguían entre lo tuyo y lo mío, lo público y lo privado, lo crudo y lo cocido.
- **RELIGIONES:** Surgieron las de los misterios, proclamando poseer el secreto (del griego *musterion*) de la salvación. Se iniciaban alrededor de un protector como Isis y Osiris, o Mitra, que se sobrepone a la muerte, en forma representativa a veces, muriendo y renaciendo.
- **CULTO AL EMPERADOR:** En el imperio romano la lealtad al emperador se expresó considerándolo como encarnación de todos los dioses reconocidos en Roma. El poeta Virgilio (p. 271) saludó al primer emperador Augusto como si marcara el inicio de una Nueva Era de esplendor.

plegaria. Los neoplatónicos (en especial Plotino, *c.* 205-270) hicieron una especie de fusión de Aristóteles y Platón, haciendo hincapié en esforzarse por encontrar la verdad y escapar del mal y la ignorancia, así como en aceptar que la verdad última, el origen de todo lo que existe, y meta de la búsqueda humana, no puede hacer concesiones por la fragilidad y lo imprevisible de este mundo. Confeccionaron una imagen del Único que es trascendente y está apartado de este mundo. Del Único emana una jerarquía, o cadena de la existencia, cada uno de cuyos miembros abreva de su fuente inmediata y da nacimiento a la siguiente. De esta cadena de la existencia surge, al final, el mundo creado. La meta de la vida es, pues, encontrar el camino de vuelta en esta cadena, o escalera de la perfección, hasta que uno regresa al Único; y esto, en la famosa frase de Plotino, es el vuelo del solitario hacia el Solitario.

Gran parte de esa noción general aparece en otros sistemas de pensamiento. El gnosticismo (del griego *gnosis*, "conocimiento") es un término que se da a muchos sistemas; algunos son filosóficos, otros, mitológicos, otros más, afirman haber sido revelados por una figura bíblica o por Jesús. En general, desde el s. I d.C. los movimientos gnósticos pretenden que han preservado conocimientos claves para la salvación. Un texto o un maestro brindan el conocimiento o la sabiduría (y la sofia, pp. 204-205, suele ser la figura principal) que capacitarán a la persona sabia o llena de espíritu a escapar de este mundo y volver a Dios.

Al igual que en el neoplatonismo, el Divino Ser no se ha involucrado en la creación ni en el curso de este mundo; esto ha sido obra de un demiurgo inferior con el suficiente poder para crear pero no lo bastante sabio para ver las limitaciones de lo que hacía —de ahí las imperfecciones del mundo y de esta vida, para las que los gnósticos ofrecen una salida. Entre las religiones de los inicios del imperio romano, drásticamente diferentes, un hombre empezó a escribir cartas anunciando nuevas de otro sistema de pensamiento en este mundo religioso tan variado.

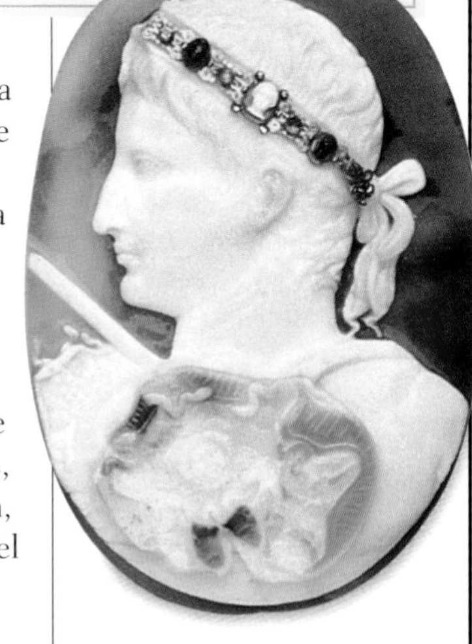

Augusto
Los romanos creían que la ayuda de los dioses era esencial. A Julio César se le asoció con los dioses, pero a partir de Augusto (27 a.C-14 d.C) se pensó que los emperadores eran dioses. Virgilio describió en un poema (égloga) el anhelo de la llegada de Dios: "A las naciones en discordia él en la paz unirá / Y con paternal virtud a la humanidad regirá".

Dejad que también haya en vosotros el sentir que estaba en Cristo Jesús, el cual, aunque estaba en la forma de Dios, no pensaba que la igualdad con Dios fuera algo que explotar, mas se anonadó, tomando forma de siervo, al nacer como hombre. Y hallándose en forma humana se humilló y fue obediente hasta la muerte, la muerte en la cruz. Por lo cual Dios también lo exaltó grandemente y le dio un nombre que está por sobre todo nombre, para que en el nombre de Jesús se doble toda rodilla, en el cielo y en la tierra y debajo de la tierra; y toda lengua confiese que Jesucristo es el Señor, para la gloria de Dios Padre.

(Filipenses 2:5-11)

Pablo

Buenas nuevas para el mundo

EN ALGÚN MOMENTO, JUSTO ANTES o durante el reinado del emperador Nerón (54-68 d.C.), un hombre en prisión escribió una carta a sus amigos en Filipos, colonia romana en Macedonia, haciéndoles una súplica. Esta asombrosa misiva fue escrita por Pablo, judío instruido y convencido de que un hombre llamado Jesús era el Mesías o, en griego, Cristo —por esta creencia estaba encarcelado. En el momento de escribir hacía ya 20 o 30 años que Jesús había sido ejecutado como criminal en una cruz —tal vez menos; parece que ese pasaje fuera un himno que Pablo está citando. Es decir que unos cuantos años después de esa muerte abyecta la gente asociaba a Jesús con Dios tan estrechamente que la adoración y el culto que se rendían a Dios comprendían también a Jesús.

Lo que es extraordinario es que tanto las personas como Pablo, aunque creyeran que Jesús era Cristo y el Señor, seguían utilizando su nombre común, humano. Desde el principio del relato cristiano la gente sabía que Jesús no era una figura mitológica de algún sistema gnóstico (p. 233): fue un hombre que vivió en Galilea y murió fuera de Jerusalén, y seguían llamándolo por su nombre ordinario, Jesús.

Desde el inicio se supo, pues, que este Jesús les había traído a Dios, y había hecho por ellos lo que pensaban que sólo Dios podía hacer, sobre todo en cuanto a curar males de cuerpo y alma. Y Pablo hace la sorprendente afirmación de que los que estaban bautizados habían sido transferidos a Cristo y con él vencido la muerte. En cierto sentido, eran parte de él, de su cuerpo: ahí donde Cristo esté, en asociación con Dios,

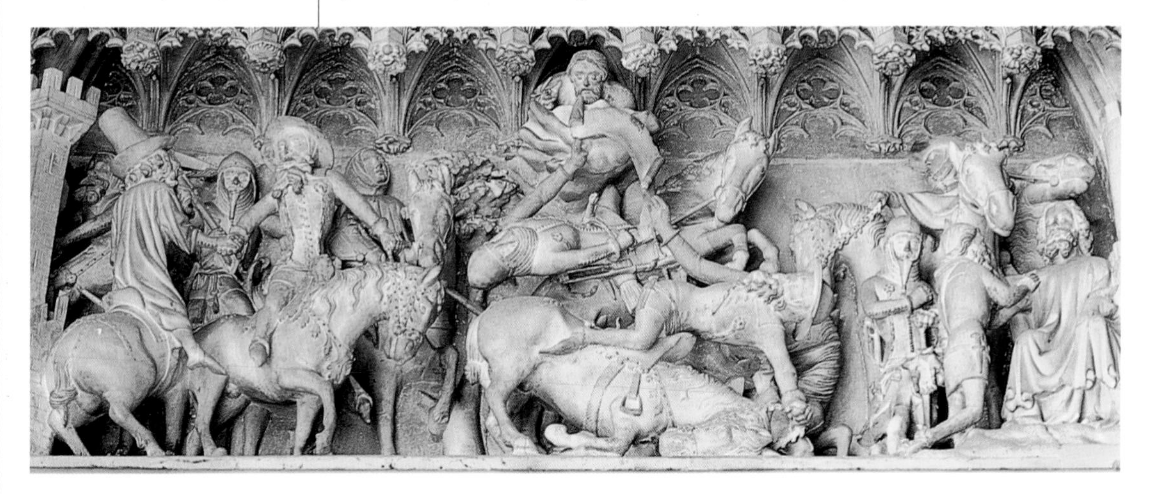

La conversión de Saúl
Saúl era un judío practicante del misticismo merkabah, en el que se tienen visiones. Camino a Damasco tuvo la certeza de que Jesús le habló (v. Bowker, 1972).

ahí también están ellos, como cuando un niño abandonado es rescatado y llevado a un hogar a formar parte de una familia (recuadro a la derecha). El fuerte lenguaje de la incorporación aparece también en Romanos 16:7; 1 Corintios 12:13; 15:22; 2 Corintios 5:17 y Filipenses 3:8s. El lenguaje de unión entre Cristo y los creyentes es igualmente fuerte en el Evangelio según Juan, sólo que éste fue escrito después.

Ahora, pues, ninguna condenación hay para los que están en Cristo Jesús [...] Cristo Jesús me ha librado de la ley del pecado y de la muerte. Porque Dios ha hecho lo que la ley, debilitada por la carne, no pudo hacer, al enviar a su propio Hijo [...]

(Romanos 8:1-3)

En Romanos 8, las pretensiones van más lejos: Jesús es el Hijo de Dios, enviado para hacer frente al poder destructor del pecado y la muerte. Pablo dice varias veces que la muerte de Jesús en la cruz fue el hecho que devolvió al mundo y a la gente a una relación saludable con Dios. Lo que él y otros de los autores del Nuevo Testamento comprendieron (porque lo supieron por experiencia propia) fue que, así como Jesús había sanado a las personas que salían a su paso y había perdonado sus pecados (acción propia de Dios), a través de la cruz, la curación y el perdón se convirtieron en universales: no eran para unos cuantos en Galilea sino para todo el mundo. Podían afirmarlo con seguridad porque sabían que la muerte no había sido el final de Jesús; sabían (una vez más por experiencia, al menos la de algunos) que en cierta forma Jesús seguía vivo después de la muerte, tan ciertamente como que había muerto. En consecuencia, este hombre que vivió entre ellos es aquel que trae a Dios al mundo y lleva el mundo a Dios, en una nueva forma de reconciliación y amistad:

Os anunciamos lo que era desde el principio, lo que hemos oído, lo que hemos visto con nuestros ojos, lo que hemos mirado y tocado con nuestras manos tocante a la palabra de vida —esta vida fue revelada, y vimos y testificamos, y os anunciamos aquella vida eterna, la cual estaba con el Padre pero que nos fue revelada—, lo que hemos visto y oído, eso os anunciamos para que vosotros tengáis comunión con nosotros, y nuestra comunión verdaderamente es con el Padre y con su hijo Jesucristo.

(1 Juan 1:1-3)

La cruz
Según Pablo, la crucifixión fue "un escollo para los judíos [...] y para los gentiles locura (1 Corintios 1:23), porque se trataba de la muerte de un criminal. Grünewald (c. 1475-1530) representa el terrible dolor de esa muerte en este cuadro de 1501.

Estas prédicas no las agregó más tarde nadie que estuviera tratando de convertir a un simple preceptor en Dios, como Euhemero. Las cosas más resonantes que se dicen de Jesús son las primeras que aparecen en el Nuevo Testamento. No es sorprendente que las personas empezaran a preguntar quién era Jesús y por qué había muerto. Por esta razón se escribieron los Evangelios.

ENFRENTE:

Cristo y el leproso
Este mosaico del s. XII/XIII, en Sicilia, representa el episodio descrito en Marcos 8:1-5. El temor a la lepra se ilustra también en la vida de Francisco (p. 264).

Jesús

Hijo del hombre, Hijo de Dios

NO SÓLO PABLO SINO TAMBIÉN otros autores del Nuevo Testamento vinculaban tan de cerca a Jesús con Dios que, aunque admitían una distinción entre ambos (expresada como Padre e Hijo), también se daban cuenta de que en y a través de la persona humana de Jesús, Dios había actuado con determinación en el mundo:

En el principio fue la Palabra [logos, *p. 232*], *y la Palabra estaba con Dios, y la Palabra era Dios... Y la Palabra se hizo carne y vivió entre nosotros, y vimos su gloria, la gloria del único hijo del Padre, lleno de gracia y verdad.*

(Juan 1:1, 14)

Bendito sea el Dios y Padre de nuestro Señor Jesucristo, el cual nos bendijo en Cristo con toda bendición espiritual en los lugares celestiales, al igual que nos escogió en Cristo antes de la fundación del mundo, para que fuésemos santos y sin mácula delante de él. Habiéndonos predestinado para ser adoptados como sus hijos a través de Jesucristo, para alabanza de la gloriosa misericordia que nos otorgó en el Amado.

(Efesios 1:3-10)

Largo tiempo ha, Dios habló de muchas formas a través de los profetas, pero en los postreros días nos ha hablado a través del Hijo, al cual nombró heredero de todas las cosas, y a través del cual creó el universo. Él es el reflejo de su gloria y la imagen del propio ser de Dios, y sustenta todas las cosas con su poderosa palabra.

(Hebreos 1:1-3)

Con el mismo reconocimiento de Dios en Cristo, Pablo escribió: "Él es la imagen del Dios invisible, el primogénito de toda la creación; porque por él fueron creadas todas las cosas que están en los cielos y en la tierra, visibles e invisibles, sean tronos, dominios, principados o potestades; todas las cosas fueron creadas a través de él y para él. Y él es antes de todas las cosas y por él todas las cosas subsisten [...] Por cuanto agradó al Padre que en él habitara toda su plenitud, y por él reconciliar todas las cosas a sí, pacificando por la sangre de la cruz así en la tierra como en el cielo" (Colosenses 1:15-20). Estos y otros pasajes semejantes (recuadro a la izquierda) fueron escritos sobre un hombre que vivió entre ellos y cuyo nombre humano, Jesús, siguieron usando. Y, sin embargo, había muerto en la cruz como un criminal. ¿Por qué?

Los evangelios fueron escritos (después que Pablo lo hiciera, utilizando tradiciones anteriores), al menos en parte, para responder a esa pregunta. Aunque no se trata de biografías en el sentido moderno, se parecen al estilo de algunas "vidas" (*bioi*) del mundo antiguo. Son relatos de los últimos días de Jesús y de su muerte (la Pasión), precedidos de relaciones de su ministerio.

Tres de los evangelios (Mateo, Marcos y Lucas, conocidos como sinópticos) se relacionan entre sí; el cuarto (Juan) surge de una tradición diferente pero sigue el mismo modelo. Los autores, aunque se citaran mutuamente o las mismas fuentes, no hicieron ningún esfuerzo por recoger las palabras o los actos de Jesús de manera idéntica; lo esencial era mostrar por qué Jesús era tan importante, y por qué lo que se decía de Jesús, un hombre que

Jesús y Caifás
Ilustración de un libro bizantino; muestra a Jesús ante el sumo sacerdote, la autoridad más alta de los judíos. No se trataba de un juicio sino de una indagación para saber si aceptaría a dicha autoridad o continuaría "amenazando al templo".

había vivido entre ellos, era lo correcto: se justifican por lo que enseñaba, por quién era e incluso, por cómo murió.

La vida y el ministerio de Jesús se formaron por su convicción de que Dios, al que se dirigía llamándolo Padre (*Abba,* en arameo; no tan informal como "papi", sino un término de respetuoso afecto), estaba presente en el mundo y obraba a través de él. Esto se demostró en las tentaciones (Mateo 4:1-11; Lucas 4:1-13) y se confirmó en su bautismo por Juan (Mateo 3:13-17; Marcos 1:9-11; Lucas 3:21-22; Juan 1:32-34). Insistía, a menudo con vívidas historias o parábolas tomadas de la vida cotidiana, que Dios estaba en actividad (el reino de Dios, o el cielo), en el aquí y ahora. También esperaba completar esa labor en el futuro; por eso sus enseñanzas hablan del reino en ambos sentidos: presente y futuro.

El reino tal como Jesús lo enseñaba y vivía exige una revolución total de actitudes aprendidas, pues en él hay cabida para todos como hijos de Dios, en especial los necesitados. Cuando se le pidió que señalara el más importante de los mandamientos en la Torá (p. 200), Jesús dijo: "Amarás a Dios con todo tu corazón, y a tu prójimo como a ti mismo" (Mateo 22:34-38. Marcos 12:28-31, Lucas 10:25-28). A la pregunta "¿Y quién *es* mi prójimo?" Jesús dio una respuesta minuciosa y exigente (Lucas 10:29-37).

El significado del reino no sólo se enseñaba: se ponía en práctica, en la curación de los enfermos y en el perdón para los que estaban apartados de Dios. Era evidente para los que presenciaron esto que el poder (*dynamis*, en griego) de Dios estaba en el mundo. ¿Cómo era esto posible? Sabían que Jesús era uno de ellos (recuadro a la derecha, arriba). A partir de la respuesta a las tres palabras griegas de esa pregunta (*pothen touto tauta*: "¿de dónde a este hombre estas cosas?") comienza el cristianismo. Jesús insistía en que las palabras y las obras no provenían de él sino de Dios. No realizaba esas cosas porque fuera una figura especial —no era un ángel, ni un profeta, ni un Mesías: se llamaba a sí mismo tan sólo el hijo del hombre (recuadro, abajo). Ésa era una enseñanza radicalmente nueva. Mas ¿era cierta? Según Deuteronomio 17:8-13, las controversias sólo podían ser resueltas por la autoridad más alta: en tiempos de Jesús

El Hijo del Hombre

¿Qué es lo que Jesús quería decir al referirse a sí mismo de esta manera?

No se trata de un epíteto. De esta forma Jesús insistía en que era humano. En lo que luego sería la Biblia tiene dos significados: en los Salmos y Job significa ser humano mortal, alguien que tiene que morir. Pero en Daniel 7 representa a los fieles que, después de la persecución, son desagraviados por Dios más allá de la muerte. Al llamarse "el hijo del hombre", Jesús aludía a que hablaba y actuaba, aun en lo portentoso, no como una creación especial de Dios, sino como quien, al igual que todos, tendría que morir pero que será reivindicado por Dios después de la muerte.

ésta era el sumo sacerdote de Jerusalén. Por eso Jesús insistía en que debía ir a ese lugar: los evangelios utilizan la palabra griega más fuerte posible (*dei*, es necesario). La percepción de Jesús es que el hijo del hombre debe sufrir, y Mateo 16:21 agrega que *debe* (*dei*) ir a Jerusalén para que esto ocurra.

Al llegar a Jerusalén, Jesús fue desafiado sobre muchos puntos clave de su enseñanza, hasta que al fin lo llevaron ante el sumo sacerdote —no para un juicio formal sino para una indagación. El asunto era serio, pues en Deuteronomio se exige que, quien se rehúse a aceptar el juicio de la más alta autoridad, debe ser ejecutado (17:12). Cuando Jesús fue acusado de ser una amenaza para el templo (Mateo 26:61; Marcos 14:58), permaneció en silencio. Su enseñanza sobre el Reino y su participación en él podían considerarse un desafío a la autoridad del templo; pero ¿tal vez la enseñanza se justificaba porque era un profeta inspirado por Dios? Intentaron probarlo, pero de nuevo Jesús guardó silencio (Mateo 26:67; Marcos 14:65; Lucas 22:63-65), y por esta razón fue entregado a los romanos para que lo ejecutaran.

¿De dónde sacó este hombre estas cosas? ¿Y qué es esta sabiduría que le es dada? ¿Y qué cosas poderosas son las que hace con sus manos? ¿No es éste el carpintero, el hijo de María y hermano de Jacobo, y de José y de Judas y Simón, y no están aquí sus hermanas con nosotros?

(Marcos 6:2-3)

La cruz demostró la verdad de lo que Jesús predicaba; era el hijo del hombre, el único que debe morir como los demás. Pero ¿y el otro significado bíblico de la frase de Daniel, el Hijo del Hombre (recuadro a la izquierda) que sería desagraviado después de la muerte? En la cruz parecía no ser verídica: Jesús clamó "Dios mío, Dios mío: ¿por qué me has abandonado?" (Mateo 27:46; Marcos 15:34).

Y, sin embargo, en la mañana del tercer día después de la crucifixión, sus discípulos (primero las mujeres, que no lo abandonaron en la hora de la crucifixión) se convencieron de que estaba vivo. Su encuentro con él revela la confusión que ello ocasionó. Sabían que había muerto, pero también tenían la certeza que ahora estaba vivo. Fue tan inesperado que al principio no lo reconocieron, o no podían creer que fuera verdad. Era Jesús, sin lugar a dudas, aquel que se les acercó mientras laboraban a la orilla de un lago, o que caminó con ellos y, sin embargo, la forma en que se presentaba no era como la de un cuerpo humano. Era el primer paso hacia nuevos dominios de la vida más allá de la muerte, a los que Jesús los invitó, al igual que a otros, a entrar. Por ello, Pablo definió a los cristianos como aquellos que ya están muertos: "Muertos sois, y vuestra vida está escondida con Cristo en Dios" (Colosenses 3:3). Cristianos son los que viven más allá de la muerte, y por eso, según Jesús, deben vivir con una especie de generosidad temeraria con quienes los rodean: "No os congojéis por el día de mañana" (Mateo 5:34). A través del bautismo, los cristianos son conducidos al cuerpo resucitado de Cristo, y a través de la eucaristía (el mandato de Cristo durante la última cena de que comieran el pan como si fuera su cuerpo y el vino como señal de la nueva alianza) se mantienen en comunión con Cristo, cuya vida se convierte en la suya propia.

Jesús condenado
Por su tácito rechazo a admitir la autoridad del templo, Jesús debía ser ejecutado (Deuteronomio 17:12). No eran necesarios más testimonios (Marcos 14:63), después de que Jesús dijo al sumo sacerdote que él era "el Mesías, el hijo del Bendito", pero no como el sumo sacerdote pensó, —sólo como hijo del hombre (Mateo 26:64; Marcos 14:62).

El Nuevo Testamento

Una alianza con todos los pueblos

De manera incansable Pablo compartía su visión de Dios trabajando por Cristo. Cuando predicaba en Atenas, filósofos epicúreos y estoicos (p. 233; texto a la izquierda) le preguntaron: "¿Podemos saber qué es esta nueva doctrina que dices?" (Hechos 17:19).

Debe de haberles parecido como algo inédito, porque los autores del Nuevo Testamento rara vez expresaban sus ideas en términos filosóficos (eso vendría después). Pero no era algo nuevo para los judíos. La noción de Dios en el Nuevo Testamento es la del pueblo de la alianza, los judíos a los que Dios había pedido obediencia en beneficio de todo el mundo. Ellos a su vez se ofrecieron en santidad a Dios (pp. 188-189) con leyes que los ayudaran y guiaran. Los autores del Nuevo Testamento creían que Dios había hecho extensiva su alianza, sobre la base de la fe, a los no judíos (gentiles): la vocación de santidad seguía siendo la misma, pero las leyes no eran una condición necesaria para la santidad.

Pablo en Atenas
En este vitral Pablo predica en Atenas (Hechos 17:22-34): "Atenienses, veo cuán religiosos sois en todos sentidos. Porque al pasar por la ciudad y examinar cuidadosamente vuestros objetos de culto, hallé entre ellos un altar con la inscripción 'Al dios no conocido'. A ése que honráis sin conocerlo, a ése os anuncio yo".

Por ello, la forma en que se describe a Dios en el Nuevo Testamento es muy similar a la de las escrituras judías. Dios es fiel, sabio y veraz; es misericordioso y justo, aun si se enoja; es el Dios de la paz, la esperanza, el consuelo y el amor. Sobre todo, Dios desea brindar curación y redención al mundo entero. No se impugna ni se duda que hay un solo Dios verdadero (pp. 178-179). Otros supuestos dioses son invenciones insensatas y peligrosas: ingerir los alimentos que se ofrecen a los ídolos es sentarse a comer alimentos envenenados. Y, sin embargo, sin transigir sobre la absoluta soberanía y singularidad de Dios, Jesús se relaciona con él también de manera única. Es sorprendente que los autores del Nuevo Testamento reivindicaran la Biblia judía para Jesús, viendo en él la consumación de los propósitos de Dios desde la creación, así como el cumplimiento de textos específicos. A veces lo hacían sin tener referencias sobre el significado original del texto. Por ejemplo, Mateo 1:23 cita un pasaje de Oseas que se refería originalmente al Éxodo. Pero el asunto no es si los autores del Nuevo Testamento impusieron su propia comprensión de los textos antiguos, cosa que a veces hicieron, sino más bien que así podían fundamentar qué tan afín era la figura de Jesús, en su vida, muerte y resurrección con el cumplimiento de los propósitos de Dios que aparecen a lo largo del periodo bíblico (recuadro a la derecha).

Pero ¿cómo puede Jesús estar relacionado con Dios de manera tan cercana y ser a la vez tan inequívocamente humano? Al ver su relación como Padre e Hijo (como la veía Jesús) ésta expresaba la índole dinámica de la misma. El Nuevo Testamento continúa con el retrato bíblico de Dios, presente en el mundo como Espíritu Santo, es decir Dios, quien se presenta a determinada gente a la que inspira y cambia en muchos sentidos. La palabra "espíritu" significó en su origen "hálito", y más tarde llegó a expresar la forma en que Dios respira dentro e inspira (el *inspiro* latino significa "respiro en") a gente como los profetas. Los judíos creyeron que el Espíritu Santo había sido retirado como parte del castigo, en el momento del destierro, pero los cristianos creyeron que el Espíritu Santo había estado presente en la vida de Jesús, y continuó inspirando y cambiando sus vidas con dones de amor, alegría, paz, paciencia, bondad, generosidad, fidelidad, apacibilidad y dominio de sí mismos (Gálatas 5:22).

*Como en ninguna otra figura mítica o histórica judía, los seguidores de Jesús encontraron que convergían en él todas las características ideales de un cuerpo colectivo; y si Pablo habla de la iglesia como el cuerpo de Cristo (o como cuerpo porque estaba incorporado a Cristo [**p. 235**]) se debe en parte a que vio en Cristo todo lo que el pueblo de Dios estaba destinado a ser.*

(Moule, p. 131)

Todo esto conduce a dos importantes preguntas:

- ¿Cómo puede la naturaleza de Dios y la humana combinarse en una persona como Jesús? He aquí el problema de la cristología.
- ¿Cómo puede Dios ser sólo uno y, aun así, ser padre, hijo y Espíritu Santo? He ahí el problema de la trinidad y de la naturaleza de Dios y si es de justicia reconocer la evidencia de Jesús y el Espíritu Santo asentada en el Nuevo Testamento.

Éstas iban a ser grandes preguntas en el futuro. Desde el principio, la persona de Cristo fue mucho más que su enseñanza, eso hace que el relato cristiano de Dios tome un nuevo camino. Mucho más que eso, queda la razón del porqué los cristianos encuentran su acceso a Dios a través de la ascensión de Cristo, como esta plegaria lo explica:

La Última Cena
Jesús prometió que estaría con sus discípulos después de su muerte, "aun hasta el fin del mundo". Esta promesa cobra realidad cada vez que sus seguidores se unen con él en su cuerpo y reciben su sangre como señal de una alianza con Dios completamente nueva.

Jesús, deja que todo lo que tú eres fluya hacia mí,
Que tu cuerpo y tu sangre me unan a ti,
que tu pasión y tu muerte sean mi fuerza y mi vida.
Jesús, contigo a mi lado ya se me ha dado suficiente.
Que el cobijo que busco sea la sombra de tu cruz.
Haz que no evada el amor que ofreces,
mas hazme salvo de las fuerzas del mal.
En cada una de mis agonías derrama tu luz y tu amor.
Llámame incesantemente hasta que llegue el día
en que, con tus santos, pueda alabarte por siempre.

La persona de Cristo

¿Cómo se relaciona Jesús con Dios?

Encarnación
Encarnación (del latín in carne, *en el cuerpo") significa que Jesús nació en un momento particular de la historia. Pero las consecuencias de su vida, muerte y resurrección se ofrecen a toda la gente. El relato de Jesús se cuenta según la localidad, como en esta pintura china, aunque la verdad del relato es universal.*

Alrededor del año 318 d.C., el obispo de Alejandría, Alejandro, reunió al clero y ofreció una disertación acerca de Dios —o, más bien, sobre la unidad existente en la Trinidad, en la que las Tres Personas son Dios. Un presbítero presente manifestó su profundo desacuerdo, y poniéndose de pie dijo:

> *Si decimos que Jesús es el Hijo del Padre, significa que la existencia le fue dada [fue engendrado] en algún punto en el tiempo; de lo que se sigue que hubo un momento en que no existía [y por tanto no es igual a Dios].*
>
> (Sócrates 1.5)

El presbítero aquel fue Arrio, fundador de la doctrina llamada arrianismo. Su idea de que el Hijo no existió desde siempre en la Divinidad se resume en la frase griega *en pote hote ouk en*, "hubo un tiempo en que no existía".

A distancia, puede parecer un punto insignificante, pero fue el comienzo de un conflicto de grandes proporciones que dejó secuelas en la noción cristiana de Dios. Desde un principio los cristianos tuvieron que explicar el hecho de que Jesús fuera, a todas luces, humano, aunque trajo al mundo en su persona la realidad y el poder de Dios, a quien llamaba *Abba*, Padre. Era, pues, distinto de Dios, pero lo trajo a la vida en y a través de sí mismo. ¿Cómo era posible que la naturaleza de Dios se uniera a la naturaleza humana de Jesucristo en tal forma que Dios no se viera disminuido (como un genio encerrado en una botella) y que la humanidad de Jesús no se viera desbordada (como la tierra yerma sumergida por una inundación)?

Todas las opiniones (recuadro a la derecha) sobre quién o qué era Jesucristo, tenían en común la convicción de que era imposible que Dios estuviera unido a una vida y cuerpo humanos. Es probable que nuestros contemporáneos piensen que Dios ni siquiera existe, al grado de afirmar que el pretender relacionar a Jesús con Dios de manera única, proviene de la posición errónea de los primeros creyentes, quienes querían dar a Jesús los más elevados honores después de su muerte; algo así como un premio o condecoración póstumos.

La búsqueda de la mejor (o la menos inapropiada) manera de entender la relación con Jesús sigue viva en nuestros días. El reto estriba en que todas las ideas resumidas en el recuadro son correctas.

Pero lo son sólo hasta cierto punto; las excepciones son los "aun así" de cada entrada. Jesús reunía muchos de los rasgos que se pensaba que debía poseer una persona relacionada con Dios y, sin embargo, se diferenciaba de todas, hecho que es "crucial". Literalmente "crucial", ya que esta palabra se deriva del latín *crux*, cruz: Jesús murió en una cruz, mas se sabía que estaba vivo. A través de ese suceso, se abrió la posibilidad de que otros pasaran de la muerte a la vida: "Y si el Espíritu de aquel que levantó de los muertos a Jesús mora en vosotros, el que levantó a Cristo de los muertos vivificará también vuestro cuerpo mortal por su Espíritu que mora en vosotros" (Romanos 8:11). Eso es algo que ningún ser humano puede realizar por dotado que esté. Es algo que sólo Dios puede realizar, y aun así no obrando a distancia, como el manager de un equipo de futbol sentado en la banca, gritando y gesticulando mientras los jugadores juegan. Es algo que sólo se puede conseguir (si es que se logró; tras la resurrección los cristianos no tuvieron la menor duda de que *así fue*) si Dios se implica en el juego y logra resultados diferentes. Eso era exactamente lo que parecía imposible: ¿cómo *podía* Dios implicarse en una vida y una muerte humanas sin ser menos Dios? Ésta es la cuestión planteada por Arrio.

La cruz
Esta crucifixión (de Zaire) es tan expresiva como la de Grünewald (p. 235) en el sufrimiento de la cruz —sólo que en términos africanos y no europeos medievales.

¿Quién era Jesús?

Desde el inicio del cristianismo hubo muchas respuestas incluso en el Nuevo Testamento a la pregunta de cómo podría estar Dios unido a una vida humana en la persona de Cristo. Tal vez Jesús fue:

- **UN PROFETA:** Jesús hablaba y actuaba como un profeta, sobre todo durante la Última Cena, al decir del pan y el vino: "Éstos son parte de mí y la señal de una nueva alianza". *Aun así*, era más que un profeta, y ninguno de ellos prometió que estaría con sus seguidores después de su muerte.
- **LA SABIDURÍA O LOGOS DE DIOS:** Jesús se relacionaba con Dios en la forma en que la Biblia vincula a la sabiduría con Dios (pp. 204-205), en especial en la creación del mundo. *Aun así*, la humanidad de Jesús amplió el significado de sabiduría conocido hasta entonces.
- **UN FILÓSOFO DE UNA NUEVA ERA:** Quizá se haya semejado a una especie de filósofo anunciando el nacimiento de una nueva era; *aun así*, sus palabras y acciones eran diferentes.
- **UN MESÍAS** (p. 203)**:** Muchas de las cosas que decía y hacía indicaban que era un Mesías; *aun así*, no abarcaba todos los rasgos de uno; ni hubo uno que sufriera y muriera como él lo hizo.
- **UN ÁNGEL:** Se parecía a los ángeles porque procedía de Dios; *aun así*, era mucho más que un mensajero (Hebreos 1; p. 236), y "aun los ángeles anhelan vislumbrar al menos estas cosas" (1 Pedro 1:12).
- **UN MEDIADOR GNÓSTICO** (p. 233)**:** Los gnósticos lo tenían por un maestro que había revelado a Dios; *aun así*, su vida en Palestina hizo de Dios una realidad en la tierra, algo que los gnósticos hubieran creído imposible.
- **UN MAESTRO Y SANADOR CON PODERES:** Puede haber sido reconocido por Dios y adoptado como Hijo —de ahí las palabras: "Eres mi Hijo amado, en el que me complazco" (Marcos 1:11). Es claro que Jesús tenía una relación especial con Dios, *aun así*, no hay pruebas de que fuera una relación nueva que no hubiera existido antes.

Jesús y Dios

Un solo ser con el Padre

El hijo pródigo
Lucas 15:11-32 registra uno de los relatos más brillantes de Jesús; fundamental para la noción cristiana de Dios: el amor de Dios por los que han vivido en el error pero que se vuelven a él en el dolor; amor que se hace real en Cristo. Esta escultura de Rodin (1849-1917) muestra cómo el hijo pródigo recobra la cordura y sabe que su padre lo recibirá de nuevo (recuadro, enfrente).

DURANTE EL REINADO del emperador romano Trajano (98-117 d.C.), Plinio, un gobernador provincial, le escribió para preguntarle cómo actuar ante gente en apariencia desleal a la que se llamaba cristianos. No había problema con los que, al verse amenazados, veneraban la estatua del emperador e imprecaban contra Cristo, pero ¿podía ejecutar a los que se negaban? Según Plinio, "toda su culpa consistía en la costumbre de reunirse un día determinado, antes del alba, para cantar himnos a Cristo como si se tratara de Dios" (*Carta* 96). En realidad, cantaban a Cristo no como si fuera un dios, sino como a Dios mismo. Una versión como la de Arrio (p. 242), de que Cristo es inferior a Dios, no hacía justicia a las evidencias —pruebas del pasado y del presente en la experiencia cristiana de Dios. Para los cristianos, lo único posible era que Jesús (como expresó más tarde un credo) era "Dios de Dios, luz de la luz, Dios verdadero de Dios verdadero" (el credo de Nicea, aunque su forma final surgió en un concilio posterior).

Ni Arrio ni ninguno de los que habían tratado (p. 243) de asociar a Jesús con Dios por adopción o promoción parecían hacer justicia a la persona y a los acontecimientos que dieron origen a la Iglesia. No bastaba decir que Jesús era *como* Dios en algunas cosas que hizo y dijo, o que él, en su propia naturaleza, se hizo *como* Dios —o, en el griego de la época, que era *homoiousios* (de naturaleza o sustancia *semejante*). Jesús hizo algo que sólo Dios puede hacer: rescató a las personas del mal (del pecado a la salvación) y de la muerte a una nueva vida más allá de la muerte. Para la gente esto no hubiera sido posible a menos que fuera de la *misma* naturaleza o sustancia (*homoousios*) que Dios; el credo de Nicea prosigue: "...engendrado, no hecho, del mismo ser (*homoousios*) que el Padre: a través de él todas las cosas fueron hechas. Esas dos palabras griegas (*homoiousios* y *homoousios*), que difieren en una sola letra, la *iota* griega (i), son el ojo del huracán que rodeó a Arrio. Es absurdo que las personas riñan por una letra —al punto de que, como diría más tarde, burlón, el historiador Gibbon (1737-1794), "el profano en todo tiempo ha podido ridiculizar los furiosos debates que ha ocasionado un acalorado diptongo".

Sin embargo, la noción cristiana de Dios gira alrededor de este tema. Jesús no vivió y obró, más o menos, como Dios respecto a las penurias humanas: para *hacer frente* a esas necesidades tenía que ser la obra de Dios en conjunción con la humanidad de Jesús. Jesús no se *convirtió* en Dios, porque el Único que estaba unido a su naturaleza humana había sido siempre Dios, prexistente a su manifestación, o encarnación, en la persona de Cristo. Dios es lo que unido a la persona de Jesús debe de haber sido siempre.

Sólo así, Jesús pudo salvar a las personas. En palabras de Atanasio (*c.* 296-373, el principal oponente de Arrio), Dios se hizo humano para que los hombres se hagan como Dios: una persona que se está ahogando no puede ser salvada con exhortaciones desde la orilla, sino por alguien que comprende ese estado crítico, y participa para hacer por ella lo que ella no puede hacer por sí misma. Por eso el credo sigue diciendo: "Por nosotros y para nuestra salvación descendió de los cielos; por el poder del Espíritu Santo encarnó a través de la Virgen María, y se hizo hombre". En agradecimiento, quienes comprenden esto y se percatan de lo que se ha hecho por ellos se postran ante Cristo (cfr. el himno de la p. 234), tal como los Reyes Magos se postraron en el establo, en reverencia, adoración y amor. Si Cristo no es Dios en verdad, esa veneración es una especie de idolatría.

Para fines de rescate y salvación, los primeros cristianos sabían que Jesús era Dios y hombre. Entre las múltiples especulaciones sobre cómo pueden los individuos ser inspirados o poseídos por Dios, nada semejante se había alegado antes, ni mucho menos descrito. Los cristianos se vieron ante la imposibilidad de explicar cómo pudo ocurrir esta singular conjunción de lo humano y lo divino en una persona.

En cierta medida, es más sencillo ahora que entonces. Ahora sabemos cómo la información, en el sentido técnico, influye en todo comportamiento humano, incluso el habla y la acción, sin destruir esa humanidad. Por lo que sabemos, es evidente que Dios era, al menos para Jesús, una fuente inalterable de información que fungía como una restricción constante de su humanidad sin destruirla en absoluto. La fuente de información se mantenía, pues, independiente a la vez que estaba presente en la transformación de esa vida. Hebreos 4:15 expresó este punto de manera más coloquial al decir que Jesús fue tentado en todas las formas posibles, como nosotros y, sin embargo, no había pecado. Esto da lugar a una paradoja: Dios está enteramente presente y ausente en el interior de Jesús y, no obstante, separado de Jesús, invocado como Padre pero apoyándolo como Espíritu. ¿Cómo pudo Dios vivir, sufrir y morir en un insignificante rincón de Palestina y al mismo tiempo estar dirigiendo el universo? En respuesta a esta pregunta empezó a surgir la noción de Dios como Trinidad.

Cuando cayó en cuenta dijo: "¡Cuántos jornaleros de mi padre tienen abundancia de pan, y yo aquí perezco de hambre! Me levantaré e iré a mi padre y le diré: 'padre, he pecado contra el cielo y contra ti; ya no soy digno de que me llamen tu hijo; trátame como a uno de tus jornaleros'. Así que se puso en camino y fue hacia su padre. Estando lejos todavía, su padre lo vio y lo invadió la compasión, y corrió y le echó los brazos alrededor del cuello y lo besó. "Padre, he pecado contra el cielo y contra ti; no soy digno de que me llamen tu hijo." Pero el padre dijo a sus esclavos: "De prisa, traed el mejor vestido y ponédselo... traed al becerro cebado y matadlo, y comamos y celebremos; ¡porque este hijo mío estaba muerto y revivió; estaba perdido y fue hallado!". Y comenzaron a celebrar.

(Lucas 15:17-24)

Tres en Uno

La Santísima Trinidad

LA PRIMITIVA NOCIÓN CRISTIANA de Dios se formó bajo la presión de dos verdades en apariencia contradictorias. Por un lado estaba la verdad obvia, de que Dios, para serlo, debe ser Único. Dios no puede ser un comité de superhombres que viven en el Olimpo (p. 206). La verdad fundamental de la Shema (p. 178), legado del judaísmo, se vio reforzada por el contacto con la filosofía griega. Desde esta perspectiva, Dios debe de ser el origen único de todas las cosas, el único Señor y soberano de la creación. En otras palabras, Dios es el Monarca (del griego *monos*, "exclusivo", "único", y *arché*, "fuente", "origen", "gobernante").

Por otra parte, había la certeza de que Dios estuvo presente de manera singular en Cristo, cuya vida en la tierra fue iniciada y sustentada por el Espíritu Santo. ¿Cómo puede Dios ser el Monarca, y a la vez estar presente en Cristo y sustentar a los hombres, incluyendo a Cristo, en el mundo? La pregunta es inevitable: ¿cómo se interrelacionan estas formas de ser Dios? Después del periodo del Nuevo Testamento, las verdades se expresaban llanamente (recuadro a la derecha); pronto una de las palabras de la pregunta se convirtió en la primera respuesta: Cristo y el Espíritu Santo son *formas* con las que Dios obra en el mundo. El Monarca sigue siendo único y soberano, pero actúa de diferentes maneras —esta forma de describir a Dios se conoce como monarquianismo modalista, doctrina de Sabelio (obispo de quien poco se sabe), según el cual Dios actúa triplemente, como el sol, que siendo un solo objeto irradia calor y luz. Esta respuesta es inadecuada porque lo que se documentó en la historia no fue la realidad de un Dios que se

La Santísima Trinidad *Dios está más allá de la descripción humana. Con todo, las formas como se dio a conocer, como creador, redentor y sustentador, generaron muchas representaciones convencionales donde se lo presenta como el Padre, el Salvador y el Espíritu Santo (la Paloma). A la triple naturaleza interna de Dios se le llama la Trinidad inmanente, y la forma en que se da a conocer en el proceso de autorrevelación se dice que es la Trinidad económica (del griego* oikonomia*).*

queda "fuera de la escena", sino de Dios en el escenario con el papel principal. ¿Cómo se puede sostener estas dos verdades? No dividiendo a Dios en tres individuos separados. Al decir (según el Nuevo Testamento) que Jesús es el único Hijo engendrado por el Padre no se hace alusión a un acto físico de procreación:

¡Que nadie se mofe de la idea de que Dios tiene un Hijo! No se trata de un mito de poetas para los que los dioses no son mejores que los hombres. Nosotros no tenemos estas ideas sobre el Padre y el Hijo. El Hijo de Dios es el logos [p. 232] de Dios en pensamiento y en poder.

(Atenágoras 10.1)

Mas, si no es una alusión a la procreación física, ¿de qué se trata? Como en todo lenguaje referente a Dios, es una manera metafórica de decir que en la naturaleza de Dios hay una dinámica eterna de relación (es decir, una que no comenzó en el tiempo, pero que es lo que Dios es fuera del dominio del tiempo): el universo está constituido por redes de relaciones porque reflejan la naturaleza del creador, en quien la relación es de la esencia.

Las relaciones son de diversa índole: pueden ser, por ejemplo, de tiranía o de crueldad. Que la naturaleza de la relación que constituye a Dios es una de amor se sabe por la forma en que Dios maneja al mundo, al crear, redimir y sustentar, tal como lo deja claro el Nuevo Testamento. Dios como amor es una relación de dos, cuando menos, el amante y el amado, y en realidad de tres, ya que, en lo que se conoce como "metafísica de las relaciones", el amor existe también como consecuencia (llamado Espíritu Santo en las escrituras) del amante y el amado. Con todo, en el caso del amor propio (que debe de ser el caso en la naturaleza de Dios, puesto que antes de la creación no hay nada que no sea Dios), estos tres son también, y a la vez, uno: son Dios y constituyen lo que Dios es (texto a la izquierda).

Tres siglos después, las diputas sobre cómo expresar la naturaleza trinitaria de Dios, y cómo comprender las dos naturalezas de Cristo, concordaron en una definición del Concilio de Calcedonia (451 d.C.). O casi. Para algunos cristianos (sobre todo occidentales) era evidente que el Padre es el origen del que proceden (en una relación eterna) el Hijo y el Espíritu Santo; de ahí que el Credo de Nicea diga sobre el Espíritu Santo: "...el Señor, el dador de la vida, que procede del Padre *y del Hijo*" (latín, *filioque*). Otros (sobre todo en Oriente) decían que tanto el Hijo como el Espíritu proceden del Padre, y rechazaron, y siguen haciéndolo, la adición de *filioque*.

Parece algo intrascendente, pero dividió a la iglesia, y sigue haciéndolo.

Durante el s. II, Irineo, obispo de Lyon, resumió la noción cristiana de Dios de ese tiempo:

"Ésta es la regla de nuestra fe: Dios Padre, no creado, no material, invisible, único, el creador de todas las cosas: éste es el primer punto de nuestra fe. El segundo es el siguiente: la Palabra de Dios, el Hijo de Dios, Cristo Jesús nuestro Señor... por el que todas las cosas fueron hechas, fue hecho hombre entre los seres humanos, visible y tangible, con el fin de abolir la muerte y mostrar la vida y producir la reconciliación entre Dios y los seres humanos. Y el tercer punto es éste: el Espíritu Santo, a través de quien predicaron los profetas, y se conocieron las cosas de Dios y los justos fueron conducidos por los caminos de justicia, que al final de los tiempos fue derramado de manera nueva sobre las gentes de toda la tierra, renovando a la humanidad para Dios".

(*The Demonstration of the Apostolic Preaching* 6)

El debate Oriente-Occidente

La misma verdad en palabras diferentes

AL PRETENDER HABLAR SOBRE DIOS en Cristo y de Dios como Trinidad, los cristianos de la parte oriental del imperio romano (que hablaban griego) y de la parte occidental (que hablaban latín) se trabaron en graves disputas. Con el tiempo, estas diferencias, agravadas por rivalidades políticas, condujeron al mayor cisma entre las iglesias orientales (la griega ortodoxa, y luego otras iglesias ortodoxas) y las occidentales (sobre todo, aunque no por completo, la que estaba bajo la égida del papa en Roma, que luego sería la católica romana), confirmado en 1054, cuando Roma excomulgó al patriarca de Constantinopla.

Qué barullo en los concilios sobre la ousia y la hipóstasis; y en las escuelas [la escolástica de Tomás de Aquino, pp. 266-269]... sobre esencias y quintaesencias, sustancias y espacio. ¡Qué confusión... de palabras que poco dicen y sentido tan indefinido!

(Sterne, p. 77)

Las primeras disputas sobre la persona de Cristo y la Trinidad surgieron porque traducir de una lengua a la otra dio origen a malentendidos. En Oriente se hablaba de tres hipóstasis fundamentales (del griego *hupostasis*, "lo que está abajo") en un Ser (*ousia*). El equivalente latino de *hypostasis* es *substantia*. Al Occidente la sonaba como si el Oriente estuviera colocando en la Trinidad tres realidades separadas; en otras palabras, tres Dioses.

A final se reconoció que se estaba expresando la misma verdad con palabras diferentes; sin embargo, el debate fue muy intenso —aunque al lego le parezca esotérico y misterioso. Gibbon ridiculizó los pleitos alrededor de una letra (p. 244s.) y su contemporáneo, Laurence Sterne (1713-1768), trató con la misma mordacidad estos debates (recuadro a la izquierda).

Pero las palabras son importantes, aun al tratar de hablar de aquello de lo que (orientales y occidentales aceptaban) nada se puede decir, pues Dios está más allá de toda descripción, como dejó en claro Clemente de Alejandría (c. 150-215), en el centro del debate:

Juan, el apóstol, escribió: "A Dios nadie le vio jamás; Hijo unigénito, que está cerca del corazón del Padre, fue quien lo dio a conocer" (Juan 1:18). Utilizó la palabra "corazón" de Dios para referir su invisibilidad y su inefabilidad; por ello algunas personas han empleado la palabra "profundo" para indicar que es inaccesible e incomprensible pero abarca todas las cosas. Ésta es la parte más difícil en los debates acerca de Dios. La primera causa de cualquier cosa es difícil de descubrir. Por ello es difícil describir la causa primera y original, fuente de la existencia de cualquier otra cosa que es o ha sido. Porque ¿cómo hablar de lo que no es un género ni una diferencia ni una especie ni una individualidad ni un número —en otras palabras, que no es una especie de propiedad accidental ni el sujeto de una propiedad accidental? Tampoco puede una propiedad hablar de él como un "todo", porque un todo tiene que ver con tamaño, y él es el "Padre del universo entero". Tampoco se puede decir de él que tenga partes, porque lo que es "Único", es indivisible y por tanto también infinito —no en el sentido de una extensión inmensurable sino en el sentido de que no tiene dimensión ni límite, y por ende tampoco forma ni nombre. Si le damos un nombre, no lo podemos hacer con el significado estricto de la palabra, ya sea que lo llamemos "Único", "el bien", "mente", "ser absoluto", "Padre", "Dios", "Creador" o "Señor", no estamos produciendo su verdadero nombre; en nuestra imposibilidad nos valemos de algunos nombres adecuados para que la mente pueda tener el apoyo de esos nombres y no se deje llevar en otras direcciones. Porque ninguno de estos nombres es expresivo de Dios, pero tomados en conjunto señalan el poder del Todopoderoso.

(Wiles y Santer, p. 6s.)

La visión de Dios consiste en esto: Dios no puede ser visto, ya que está más allá del conocimiento, oculto por una nube de incomprensibilidad. Por eso Juan, que también entró en esta brillante neblina, dice que nadie ha visto a Dios, queriendo decir con esto que el conocimiento de la naturaleza divina es imposible no sólo para los hombres sino para cualquier intelecto creado.

(Gregorio de Nisa, p. 376d)

Aun así, sigue siendo vital no decir cosas de Dios que son falsas o erradas. Es mucho más fácil decir lo que Dios no es que lo que Dios es —percepción que, en muchas religiones, lleva a diferentes versiones del "camino negativo" (recuadro a la derecha y pp. 220s, 268). Habiendo aislado el error (y esto es lo que se logró con los credos y las declaraciones de los concilios, como el de Nicea y el de Calcedonia), lo mejor es dejar de hablar y buscar a Dios —quien nos invita a una unión de completo y perfecto amor.

Este acercamiento a Dios se conoce como el camino apofático, del griego *apophatikos*, "negativo": acercarse a Dios más allá de las palabras sobre Dios, pasar de leer el menú al acto de comer. Dios se conoce sólo negando las ideas acerca de él, así como nuestros apegos al mundo; es un camino no de aprender acerca de Dios, sino de desaprender todo hasta quedarnos sin nada que no sea Dios. Es un camino en el que se insistió mucho en el cristianismo oriental.

Dios y la plegaria
La imaginación humana no puede evitar pensar en Dios como si fuera un ser humano (cfr. analogía, p. 268). La oración lleva en dirección contraria, a un silencio cada vez más profundo en la presencia de Dios.

Las tinieblas y la luz

Dios más allá de las palabras

Para los cristianos de Oriente era claro que la esencia de Dios está más allá de la comprensión humana. Y, sin embargo, la conciencia de Dios llena a las personas de un anhelo tal que "la visión de Dios consiste en esto: que aquel que mira hacia Dios nunca cesa en ese deseo" (Gregorio de Niza, *Life of Moses*, p. 233).

Estos dos temas —la incognoscibilidad de Dios, junto con el deseo de Dios— fueron reunidos en obras de gran influencia por un autor (c. s. V d.C.) conocido como Seudo-Dionisio (en la forma latina) o Ps.-Denis. Al principio se confundió con Dionisio Areopagita al que Pablo convirtió (Hechos 17:34). Para Seudo-Dionisio el camino apofático (p. 249) se reforzaba con el neoplatonismo (p. 233), que también sostenía que Dios trasciende el conocimiento humano. Sin embargo, había una diferencia: el neoplatonismo mantenía a Dios alejado del mundo proponiendo una serie de emanaciones. Seudo-Dionisio sabía que el Único partícipe en la creación y la encarnación no era eso, sino la verdadera realidad de Dios. Dios puede ser conocido *directamente*, pero sólo mediante las cosas que sentimos y aprehendemos (como anotamos antes: a Dios se le conoce a través de sus efectos, pero aun así no lo vemos "cara a cara"; cfr. p. 20).

Según Seudo-Dionisio, buscar a Dios es:

"dejar atrás todo lo percibido y lo comprendido, todo abierto a la percepción y al entendimiento; todo lo que no es y todo lo que es, y luego, puesto a un lado el entendimiento, esforzarse por elevarse hacia la unión con quien está más allá de toda existencia y todo conocimiento. Con el abandono íntegro de vosotros mismos y de todo, liberados de todo, seréis elevados a la luz de la oscuridad divina que trasciende todo lo que existe".

(*The Mystical Theology* 997b)

Seudo-Dionisio escribió sobre cómo se puede elevar una vida a Dios en adoración, hasta que se "diviniza" (se vuelve como Dios) y luego se une a Dios. Ambos caminos se conocen como *teosis* (del griego, *theos*, "dios") y *henosis* (del griego, *hen*, "uno").

Seudo-Dioniso se percató de que este Dios incognoscible, no obstante, se manifiesta en la creación y la revelación de que todas las cosas y, a partir de ese punto, son capaces de alcanzar la unión con la fuente no manifiesta. *Los nombres divinos* explora qué es lo que se puede decir sobre Dios (como la teología catafática en contraste con la apofática) como base para la ascensión (*anagoge* en

La Plegaria Hesicasta

Esta plegaria era originalmente así : "Señor Jesucristo, Hijo de Dios, ten piedad de mí". Las palabras "humilde pecador" fueron añadidas para aumentar el sentimiento de dolor pleno, de gozo y de amor.

Algunos elementos de esta plegaria son muy antiguos, pero fueron presentados de manera formal por Diádoco de Fotiki en el s. V. Hacia el s. XIII, Nicéforo el Hesicasta hablaba de la preparación física para la oración; con la cabeza y respirando con el ritmo de las palabras, creando un sentimiento de dolor pleno de gozo.

griego) hacia Dios (recuadro a la izquierda). En Oriente estas ideas fueron apoyadas por Gregorio Palamas (m. 1359), para quien, aunque la esencia de Dios es inalcanzable, lo que se puede conocer de Dios es real e importante. Distinguió entre la esencia y las "energías" (*energeia*, los efectos) de Dios. Las *energeia* son increadas y, por tanto, no algo aparte de Dios, y en vista de que permean todas las cosas (los actos creadores de Dios sustentan todo), Dios puede ser conocido a través de ellas de manera directa aunque no inmediata. Para experimentar a Dios en esta forma, es esencial vaciarse uno mismo de cualquier cosa y encontrar a Dios en el interior; para poder hacerlo Gregorio recomendaba la oración a Jesús (la repetición constante de "Señor Jesucristo, Hijo de Dios, ten piedad de mí, humilde pecador"). Ésta produce calma (*hesychia* en griego) y concentración en Dios, y se conoce como la plegaria hesicasta (recuadro a la izquierda, abajo). En este estado aparece una sensación reconfortante que conduce a la contemplación de la luz que es Dios.

Escalera hacia Dios
La idea neoplatónica de "escalar" hacia Dios se convirtió en una vigorosa imagen en el desarrollo de la espiritualidad cristiana, que describe el "ascenso" que conduce a Dios. Juan Clímaco (en griego klimax, *"escala"; s. VII) recibió ese nombre porque describió la escala de 30 peldaños a partir de los 30 años de la vida de Cristo, y que conducen a Dios. La Escala de Perfección (*Scala Perfectionis*) de Walter Hilton (m. 1396; p. 274) describe las etapas para recuperar la imagen perdida (p. 252) de Dios en los hombres.*

Los hesicastas fueron duramente atacados, en especial por Barlaam de Calabria (c. 1290-1348), quien sostuvo que ni Dios ni su la luz pueden ser vistos por nadie; la pretensión de tener estas visiones era una interpretación errónea de experiencias provocadas por las técnicas de la plegaria hesicasta. Desechó los argumentos de Gregorio (la distinción entre esencia y energías) por confusos y por introducir divisiones en la simplicidad de Dios. No obstante, los hesicastas insistían en que esa experiencia es real porque es otorgada por Dios como anticipación de la visión final: es, en otras palabras, una encarnación de la gracia.

El debate continuó, pero los hesicastas siguieron siendo parte de la forma ortodoxa de reflexionar en Dios. La cual está muy arraigada en *La Philokalia*, recopilación de textos del s. XVIII, sobre la vida espiritual a partir del s. V. El propósito de esa plegaria, como el de cualquiera otra, es la unión con Dios. Diádoco lo resumió así: "Sólo Dios es bueno por naturaleza, con su ayuda las personas se pueden volver buenas prestando atención a su forma de vivir. Se transforman cuando su alma, consagrando la atención al verdadero deleite, se une a Dios, en la medida en que su poder energizado lo desea. Porque está escrito: 'Sed buenos y misericordiosos como vuestro Padre que está en los cielos' [Lucas 6:36; Mateo 5:48]".

El camino negativo

Los Padres griegos

DURANTE EL S. IV, Gregorio, obispo de Nicea, al volver de Constantinopla, la capital del Imperio Oriental, relató que era una ciudad bullente en teología (recuadro a la izquierda y páginas anteriores). ¿Por qué era tan importante? Porque —como escribió el obispo de Nicea (p. 249)—, la visión de Dios es el destino más sublime que cualquiera puede esperar, mas no es fácil. Gregorio no tenía duda de que los seres humanos le pertenecen a Dios. Recurrió al relato de Adán y Eva para mostrar qué significa vivir en paz con Dios y unos con otros:

> *Por su semejanza con Dios, la naturaleza humana está hecha como si fuera una imagen viva [Génesis 1:26] que comparte con la Divinidad, rango y nombre, revestida de virtud; descansa en la beatitud de la inmortalidad, llevando la corona de justicia, y por tanto semeja la belleza de la Divinidad en todo lo relativo al esplendor de la majestad.*
>
> (*De Hominis Opificio* 4.136)

> *Es una ciudad donde abundan las disputas teológicas... Si pedís que se os cambie una moneda de plata, se os dirá de qué manera difiere el Hijo del Padre; y si pedís una hogaza de pan, obtendréis en respuesta que el Hijo es inferior al Padre; y si preguntáis si el baño está listo, os dirán que el Hijo fue creado de la nada.*
>
> (*Concerning the Godhead of the Son*, 4)

Y él sabía también que ése tendrá que ser nuestro destino final, cuando el "Paraíso perdido se vuelva a encontrar, y el árbol de la vida vuelva a nacer, y la gracia de la imagen y el esplendor de la soberanía sean restaurados" (13.8).

Mientras tanto, en el tiempo transcurrido entre lo que hemos sido en el origen y lo que aún podemos ser, lo más prudente es acercarnos a Dios con un compromiso y un amor más profundos, aunque sea por el camino apofático (p. 249): mientras más nos aproximemos, más nos daremos cuenta de que Dios está más allá de nuestro entendimiento

ANTONIO Y DIOS

Antonio, uno de los Padres del Desierto, insistió en la importancia de la paz interna, la obediencia y el amor:

- ✝ **SOBRE LA PAZ INTERNA:** "Como el pez que muere si está fuera del agua, los monjes que pasan tiempo fuera de la celda, o con personas mundanas, pierden la intensidad de la paz interna. Así, como el pez que vuelve al agua, debemos volver a la celda, no sea que perdamos nuestra vigilancia interna".
- ✝ **SOBRE EL AMOR:** "Ya no tengo temor de Dios, lo amo. Porque 'el amor arroja todo temor' [1 Juan 4:18]".
- ✝ **SOBRE LA OBEDIENCIA:** "Obediencia con abstinencia da poder a las personas sobre los animales salvajes".

(recuadro a la derecha). ¿Cómo pueden los hombres hacer esto? No pueden, o, al menos no con su propio esfuerzo, sino, como dice Gregorio, "por obra del Espíritu". De todos modos es necesario estar abierto a esa obra del Espíritu y mirar en dirección correcta cuando semejante don nos sea ofrecido. Por esa razón, Basilio, el hermano mayor de Gregorio, creía que el camino hacia Dios es más obvio si las personas hacen el tipo de elección que Jesús pidió —abandonarlo todo por amor a Dios, renunciar a padre, madre, hermanas y hermanos, dejando que los muertos entierren a los muertos. Ya había habido cristianos que tomaron esto en sentido literal y se habían retirado al desierto, para abandonar el mundo y vivir sólo para Dios. Ya empezaban a correr relatos de las heroicas batallas que libraban los Padres del Desierto, como se los llamaba, contra las tentaciones y el demonio. Atanasio, el gran opositor de Arrio (p. 242), escribió la biografía de uno de ellos, Antonio, el fundador del monasterio cristiano (recuadro a la izquierda, abajo). Se contaba que cuando un anciano pidió a Dios que lo dejara ver a los Padres, los vio a todos menos a Abba Antonio, y preguntó a su guía dónde se encontraba. El guía respondió que en el sitio donde estuviera Dios, ahí estaría Antonio (Ward, p. 3,7,8).

A medida que el alma progresa, y gracias a una mayor y más perfecta concentración llega a apreciar cuál es el conocimiento de la verdad, mientras más se acerca a esta visión, más sabrá que la naturaleza de Dios no se puede conocer. Entonces abandona todas las apariencias superficiales, no sólo las producidas por los sentidos, sino también las que la mente imagina, y prosigue hasta que la obra del Espíritu penetra lo incomprensible, y ahí ve a Dios.

(*On the Life of Moses*)

Basilio desarrolló el tema de la elección de Dios, y escribió dos Reglas para las órdenes monásticas, convencido de que es mejor vivir en comunidad que como eremitas. Al igual que para su hermano, le quedaba claro que nadie puede conocer la esencia de Dios, pero ello no nos impide ofrecernos a Dios de una manera regulada:

Que Dios existe, eso lo sé. Pero cuál sea su esencia es algo que está más allá de mi entendimiento. ¿Cómo, pues, me voy a salvar? Por la fe. La fe es suficiente para el conocimiento de que Dios es, no de lo que es —y por el hecho de que recompensa a los que lo buscan [Hebreos 11:6]. De modo que el conocimiento de la esencia divina consiste en la percepción de su incomprensibilidad. Aquello que adoramos no es aquello cuya esencia comprendemos, sino aquello cuya esencia comprendemos que existe... Así creemos, en aquel de quien tenemos conocimiento, y adoramos a aquel en quien tenemos fe.

(Wiles y Santer, p. 11s.)

Los Capadocios
Icono ruso del s. XVIII representa a los Padres Orientales, o, bien, los Padres Capadocios.

El cristianismo celta

Dios en y a través de la naturaleza

Alabanzas
Poderoso Creador, eres tú quien hizo la tierra y los mares... El mundo no comprende en brillante canción melodiosa, ni aun si la yerba y los árboles cantaran, todas tus maravillas, ¡oh, Señor verdadero!... Quien hizo las maravillas del mundo nos salvará, nos ha salvado. No nos cansaremos de alabar a la Trinidad.
(Antiguo poema galés, c. s. IX)

LOS CAMINOS QUE LOS CRISTIANOS de Oriente siguieron en el desarrollo de sus plegarias y su noción de Dios permanecieron apartados de la influencia de Roma. Es el mismo caso de, al menos, una parte de los cristianos celtas hasta 664 (año en que el Sínodo de Whitby confirmó la autoridad de Roma para establecer la fecha de la Pascua, yendo en contra de las costumbres locales).

La palabra "celta" no se refiere a una iglesia sino a tribus y pueblos que hablaban un grupo de lenguas emparentadas, aunque no se puede decir que tuvieran la misma cultura. Vivían en una zona que iba de Europa central hasta Irlanda y Escocia. Muchos fueron absorbidos por el Imperio romano y después fueron parte de la cristiandad de Occidente. Pero más allá de los límites del imperio, especialmente en Inglaterra, cuando los romanos se retiraron en el s. V, los celtas conservaron sus creencias y costumbres (así como su propia fecha de celebración de la Pascua).

Desde el s. XIX, el término "cristianismo celta" se refiere también a un tipo de oración y espiritualidad asociados a ellos, que se centra en la percepción de Dios en y a través de la naturaleza. Y esto como consecuencia de que Alexander Carmichael documentara en el s. XIX lo que algunos escoceses le relataron sobre su vida y sus creencias. En 1900 publicó el primero de seis volúmenes de *Carmina Gaedelica* (Cantos gaélicos). En esta colección capturó un fuerte sentido de la presencia espiritual en todas las cosas y en todos los tiempos, que se encuentran desde la literatura celta más antigua que se conserva:

Yo soy el viento que
sopla sobre la mar,
yo soy la ola del océano,
yo soy el murmullo de
las ondulaciones...
yo soy el rayo del sol,
yo soy el salmón en el agua,
yo soy el lago en la planicie,

yo soy la palabra de sabiduría...
yo soy el Dios que creó
el fuego en la cabeza.

(Mackey, p. 78)

En última instancia, la presencia es la de Dios, aunque puede ser también la de sus agentes. En la mañana, por ejemplo, se elevaba esta plegaria a la presencia mientras se encendía el fuego:

Encenderé mi fuego esta mañana en presencia de
los ángeles santos del cielo, en presencia de Ariel,
de hermosas formas, en presencia de Uriel,
de múltiples encantos, sin malicia, sin celos,
sin envidias, sin temor, sin tener miedo de nadie
bajo el sol, sólo con el Bendito Hijo de Dios
que me protege...

Dios, enciende mi corazón dentro de mí una llama
de amor para mis semejantes, mi enemigo, mi amigo,
mis hermanos todos, para los valientes, los bribones,
los siervos, oh, Hijo de María tan hermosa,
desde la cosa viva más pequeña, hasta el Nombre
más elevado de todos.

(*Carmina Gaedelica I*, 82)

Se ve a Dios en todo el orden natural como una presencia resplandeciente y verdadera. Todas las cosas provienen de Dios, que es su creador, y se convierten en la ventana a través de la cual la belleza y la majestad de Dios son visibles. En este espíritu escribió Thomas Jones (1756-1820) de un tordo:

Humilde ave, bellamente adiestrada, nos enriqueces
y nos sorprendes, nos maravilla sin cesar tu canto, tu
talento y tu voz. En ti veo, creo, la obra diáfana y
excelente de Dios. Bendito y glorioso sea quien muestra
su virtud en la especie más humilde. ¿Cuántas radiantes
maravillas (seña clara de belleza) contiene este mundo?
¿Cuántos espejos de su más refinada obra se ofrecen
cientos de veces a nuestra mirada? Pues el libro de su
arte es una luz que habla, de líneas llenas en abundancia
y cada día un capítulo tras otro se nos abre para
enseñarnos sobre él.

(Parry, p. 332s.)

Canto del tordo
El poeta galés Thomas Jones escribió un poema a la belleza del canto del tordo, que según él es parte de "la excelente obra de Dios".

El orden creado, sin embargo, no es un lugar seguro. Hay en él peligros que destruyen, algunos naturales, otros creados por sus habitantes. Se mira a Dios como un escudo y una defensa, como en las plegarias llamadas lóricas, "peto, coraza". Un ejemplo de estas oraciones "coraza" es la que se atribuye a san Patricio, aunque proviene de una tradición posterior (recuadro a la izquierda).

La fiera batalla contra el mal y el peligro era literal. Por ejemplo, en el cristianismo celta más antiguo los monjes se metían a los helados ríos a orar y construían sus chozas en sitios alejados del mundo. En esta batalla con los elementos, la presencia de Dios es de poderosa ayuda (y de gracia), ya que protege a las personas en cada detalle de su vida. Al levantarse solían rezar:

Oh, gran Dios, auxilia a mi alma con la ayuda de tu propia misericordia; así como yo cubro mi cuerpo con lana, cubre Tú mi alma con la sombra de tu ala. Ayúdame a evitar todo pecado, y a deshacerme del origen de todo pecado; y como la neblina que se dispersa en las montañas, deja que toda ofuscación salga de mi alma, oh, Dios.

(CG, III, 231)

Y en la noche tal vez ellos imploraran:

En tu nombre, oh, Jesús,
que fuiste crucificado,
me acuesto para descansar;
cuídame en mi sueño remoto,
sujétame y dame tu mano;
cuídame en mi sueño remoto,
sujétame y dame tu mano.

(CG, III, 327)

En respuesta, los cristianos celtas elevaban alabanzas y plegarias pronunciadas desde su vida centrada en Dios:

Me postro ante ti en el ojo del Padre que me creó,
en el ojo del Hijo que me redimió,
en el ojo del Espíritu que me santificó
en amor y deseo.

(CG, I, 34)

Amor y deseo elocuentemente expresados por Agustín de Hipona.

Para mi protección hoy pido:
El enorme poder: la
Santísima Trinidad.
Afirmando el terceto,
profesando la unicidad,
en la hechura de todo
a través del amor...

Para mi protección pido hoy:

el poderío del cielo,
el esplendor del sol,
lo albo de la luna,
la gloria del fuego,
la ligereza del relámpago,
la locura del viento,
lo abismal del océano,
la firmeza de la tierra,
lo inamovible de las peñas.

(Mackey, p. 46s.)

ENFRENTE:

Iona

Es una pequeña isla de la costa occidental de Escocia; fue otorgada a Columba (c. 521-597) cuando arribó procedente de Irlanda como "peregrino de Cristo". Aquí fundó un monasterio con algunos misioneros. La comunidad de Iona fue fundada en 1938 para acercar la encarnación al mundo moderno.

Agustín

Un alma escudriñadora

AGUSTÍN SENTÓ LAS BASES, en la noción cristiana de Dios, sobre las que muchas generaciones posteriores han construido. Nació en Tagaste, al norte de África, en 354 d.C. Recibió una cuidadosa educación romana, se familiarizó con el neoplatonismo (p. 233) y un tiempo se sintió atraído por el maniqueísmo: para Mani (216-276 d.C.) hay un fuerte dualismo (p. 196) en el que el bien trata de liberarse de la esclavitud material del mundo; en esta lucha, los elegidos (las tropas de la línea del frente), asistidos por auditores (auxiliares, el rango más elevado al que llegó Agustín), se afanaban en desenredar las chispas de luz de su interior para retornar a la Fuente.

Agustín en su celda *Botticelli (1445-1510) pintó el tema de Agustín de Hipona trabajando, quien escribió cientos de cartas y sermones (algunos descubiertos hasta el s. XX; Brown, pp. 442-443) y obras como* Confesiones, Sobre la Trinidad *y* La Ciudad de Dios.

En 383 Agustín fue a Roma a enseñar, y de ahí (en 384) a Milán como orador. Mas, pese a todos sus estudios, estaba ansioso por encontrar la verdad perdurable más allá de las modas y las filosofías pasajeras de la época. Inherente a la naturaleza del hombre está el *cor inquietum*, la inquietud del corazón que nos empuja a la búsqueda de lo verdadero, los mismo en la vida que en el amor, en la ciencia o en el arte: "Nuestro anhelo mira mucho más allá de la tierra que buscamos, lanza nuestra esperanza como un ancla que tira de nosotros desde la orilla" (*Understanding the Psalms* 64:3).

Una tarde, sentado con un amigo debajo de una higuera (cfr. Juan 1:48), escuchó la voz de un niño que, en la casa de al lado, canturreaba: *Tolle lege, tolle lege* —"toma y lee" o, bien, con otro significado del verbo *lego*, "toma y elige" (el niño quizá quería que le leyeran o que jugaran con él). Haciendo al parecer lo que le habían pedido, Agustín abrió al azar un ejemplar de las cartas de Pablo, y leyó: "Andemos como de día, honestamente: no en parrandas ni borracheras, no en libertinaje ni disipación, no en pendencias y envidias" (Romanos 13:13-14). Y escribió: "En ese momento... fue como si una luz de confianza absoluta brillara en mi corazón, y toda la oscuridad de la incertidumbre se desvaneció" (*Confesiones* 8:12).

Agustín se convirtió al cristianismo. "Se puso en Cristo" al recibir el bautismo, y más tarde se ordenó. A su regresó al África, fue nombrado obispo de Hipona. Ahí tuvo que lidiar con una rama rival del cristianismo, los donatistas, que se rehusaban a admitir de nuevo en la Iglesia a quienes abandonaban el cristianismo por haber sido perseguidos o amenazados de muerte. Se dio cuenta de que en esta tierra los buenos y los malvados viven codo con codo (cfr. la parábola del trigo y la cizaña en Mateo 13:24-30): Mas, Dios es quien hace los juicios *finales*, no los hombres.

En años posteriores, Agustín relató (en sus *Confesiones*) qué sintió cuando Dios lo atrajo hacia la verdad, como hace con todos. No fue el resultado de su esfuerzo ni de sus méritos, sino un acto de Dios. Por este rescate inmerecido Agustín insistió en la soberanía absoluta de Dios en sus relaciones con la creación. En estricto, todos merecen ser condenados y sólo son rescatados por la acción de Dios (esto es, la gracia). También se dio cuenta de que su búsqueda de Dios, en las obras de la creación, había sido un buen comienzo (después de todo, fueron hechas por Dios). Pero tuvo que dejar de buscar a Dios en lo exterior para encontrarlo dentro de sí, y con esto, hallar su verdadero ser en la naturaleza de Dios (recuadro a la derecha).

Agustín sabía que "lo que Dios es" trasciende el entendimiento humano: "Puesto que es de Dios de quien estamos hablando, no lo entendemos —si lo entendiéramos, no sería Dios" (*Sermons* 117.5). Y los hombres, creados para reflejar a Dios, tampoco se entienden a sí mismos: "Nuestra mente no es comprensible, ni siquiera para sí misma, porque estamos hechos a imagen de Dios [Génesis 1:26]" (*Sermons* 398.2). Parecería que la búsqueda de Dios es un enigma en busca de una incógnita. Pero Dios ha tomado la iniciativa de buscarnos a nosotros y encontrarnos:

Nuestra vida descendió a esta tierra y se llevó a la muerte, mató a la muerte con la abundancia de su propia vida: y atronó, llamándonos a volver a él, al lugar sagrado del que salió para venir a nosotros —viniendo primero al vientre de la Virgen, donde la humanidad se unió a él, nuestra carne mortal, que no siempre habrá de serlo... Sin dilación, actuó apelando a nosotros con su muerte y su vida, con su descenso y su ascensión, a que volviéramos a él. Y se apartó de nuestra mirada para que pudiéramos regresar hacia nuestro corazón y encontrarlo. Mas se fue y permanece. No estará con nosotros mucho tiempo, y después nunca nos dejará.

(*Confesiones* 4.12)

¡Tardé en amarte, Belleza tan antigua y tan nueva! Pero, he aquí que estabas dentro de mí y yo estaba afuera, y ahí te busqué, y sobre las cosas bellas que tú hiciste arrojé mi defectuosa persona. Tú estabas conmigo, pero... Aquellas cosas me mantenían alejado de ti, mas si no fueran tuyas ni siquiera existirían... [A través de ellas] me tocaste, y me consumía por tu paz.

(*Confesiones* 10.27)

Piensa así: sólo lo que es el bien tiene tu amor. La tierra con sus montañas, las amenas colinas y las llanuras son el bien. La tierra fértil y amable es el bien; la casa robusta y proporcionada, con sus espacios y luz es el bien. Los cuerpos de los seres vivos son el bien; el aire sano y apacible es el bien; el alimento saludable y grato es el bien; la salud misma, la libertad del dolor y el cansancio es el bien. El rostro humano con sus rasgos simétricos, su alegría, sus colores subidos es el bien; el corazón de un amigo cuya dulzura y amor es leal es el bien; un hombre recto es el bien; para lo que nos habilita la riqueza es el bien; el cielo con su sol, luna y estrellas son el bien; los ángeles por su obediencia santa son el bien; lo que enseña y aconseja la palabra es el bien; el poema de significación profunda es el bien. ¡Mas es suficiente! éste es el bien y ése es el bien; quita "éste" y "ése" y mira fijamente hacia el bien mismo: entonces verás a Dios... él es la bondad de cada bien... Así nuestro amor debe estar a la altura de Dios como el Bien mismo, no en la forma en que amamos esta o aquella cosa buena. El alma tiene que buscar aquel Bien sobre el que no actúa como juez de manera superior sino por el cual será transido de amor. ¿Y qué es ese Bien sino Dios? —¡no el bien del alma, el ángel del bien, los cielos del bien, sino el Bien absoluto!

(*Sobre la Trinidad* 8.3)

Es ese *cor inquietum* (la inquietud de nuestro ser), que nos empuja a encontrar la verdad y a Dios dentro de la verdad: "Nos hiciste para ti, y nuestro corazón está inquieto hasta que no encuentra el descanso en ti" (*Confesiones* 1:1). Todo lo demás es pasajero —"el tiempo no toma vacaciones" (*Confesiones* 4:8). En medio del dolor profundo por la muerte repentina de su mejor amigo, Agustín se dio cuenta de que sólo Dios perdura: "Ésta es la raíz de nuestro dolor cuando un amigo muere, y la negrura de nuestra pena... y el sentimiento como de que estamos muertos porque él está muerto... Adondequiera que el alma se vuelva, a menos que sea hacia Dios, se aferra al dolor, aun cuando las cosas que no son Dios... sean hermosas... Las cosas pasan para que otras ocupen su lugar y este universo material se establezca por doquier. 'Pero ¿voy a algún sitio?', se pregunta la Palabra de Dios. Establece tu morada en él, encomienda a Dios cualquier cosa que tengas, porque de él proviene. Oh, alma mía, cansada de la futilidad, conságrate a guardar la verdad, sea lo que fuere lo que la verdad te haya dado, y no perderás nada; y lo que esté caduco en ti será purificado, y lo que esté enfermo será sanado, y lo que sea transitorio será reformado y renovado y establecido firmemente en ti; y ellos no te harán caer por donde ellos van, aunque ellos se levantaran y perseveraran y tú con ellos, delante de Dios que permanece y persevera por siempre" (*Confesiones* 4:9ss.).

Esta certidumbre en Dios significa que las cosas buenas de la creación continúan, pero no son el bien *final*: éste sólo puede serlo Dios, en quien se define la realidad del bien (recuadro a la izquierda). Agustín sabía que hay desorden en la creación, ausencia de bondad, el defecto personal. Gran parte de ese desorden surge por ocuparse de egoísmos (amor egoísta), y apartarse del amor generoso que impulsó a Dios a la obra de la creación. Las pautas de ese amor y esa amistad se manifiestan en el mundo:

La amistad es algo valioso porque armoniza a diferentes almas. El pecado surge en ella sólo si un desproporcionado apego a las cosas buenas en un nivel inferior, nos aparta de las cosas mejores que son más elevadas, o del bien más elevado de todos; tú, mi Dios, mi Señor, tu verdad y tu ley.

(*Confesiones* 2.5)

El redescubrimiento de un amor generoso, tan evidente en Cristo, es el comienzo —no el final— de nuestra salvación. Se trata, en verdad, de percibir la naturaleza de Dios. La revelación de Dios como amor hace que la Trinidad sea inevitable (para Agustín), ya que el amor no puede ser más que eso: "El amor es el acto del amante, por ser el amor otorgado a la persona amada. Es una Trinidad: el amante, el amado y el amor mismo" (*Sobre la Trinidad* 8.14). Los hombres (hechos a imagen de Dios) reflejan la naturaleza trinitaria en sí mismos, en la memoria, el entendimiento y el amor. Se convierten en esa naturaleza trinitaria cuando utilizan todo eso para unirse con Dios (14.12).

Es el amor, por lo tanto, el que nos hace encontrar lo mejor de nosotros mismos porque en el amor nos vemos atrapados en el ser de Dios, que es amor:

Esforzarse por encontrar a Dios es el deseo de beatitud, alcanzar a Dios es la beatitud misma. Buscamos alcanzar a Dios amándolo; lo alcanzamos no al convertirnos completamente en lo que él es, pero en su proximidad, y en el maravilloso y sensible contacto con él, y al estar internamente iluminados y ocupados por su verdad y su santidad. Él es la luz; nos es dado que esa luz nos ilumine... Ésta es nuestra sola y completa perfección, la única con la cual podemos lograr alcanzar la pureza de la verdad.

(*On the Customs of the Church* 1.11, 25)

Puerta de los sentidos

Agustín preguntó a la creación entera: "'¿Qué cosa es este Dios?', preguntó a tierra, mar, animales, aire, cielos y todas las cosas que se apiñan en la puerta de los sentidos. Y una a una contestaron: 'No soy Dios.' 'Entonces díganme algo sobre él.' Y respondieron: 'Él nos hizo'".

(*Confesiones* 10.6)

La regla de Agustín ha inspirado a muchas órdenes religiosas hasta hoy. Su objetivo es impulsar a la gente hacia una unión y un amor común con Dios; al final de la regla, Agustín ora:

"Que pueda el Señor conceder que observes todas estas cosas enamorado, como los amantes de la belleza espiritual; que puedas consumirte con el dulce sabor de Cristo en tu forma de vivir, no como esclavo, sino como gente libre bajo la gracia".

Benito y Domingo

Vidas disciplinadas de plegaria y predicación

EN VIDA DE AGUSTÍN DE HIPONA, los visigodos, al mando de Alarico, sometieron a Roma (en 410 d.C.). Aunque Alarico era cristiano (un arriano, cfr. p. 242), para muchos, la caída de Roma fue como el fin del mundo. ¿Por qué ocurrió? ¿Fue porque los cristianos rechazaron a los dioses paganos que habían protegido a Roma, o porque el Dios cristiano era demasiado débil (cfr. p. 180)?

Agustín de Hipona abordó estas preguntas en *La Ciudad de Dios*. Demostró que en Roma hubo catástrofes incluso en los tiempos en que se veneraba a dioses paganos, pero más bien remitió su lección al caso de los donatistas (p. 259) para mostrar que Dios permite que dos ciudades crezcan juntas, "la ciudad terrenal marcada por el amor al ser, en desacato de Dios, y la ciudad celestial marcada por el amor a Dios, en desacato del ser". Sólo el juicio final dejará ver a quién pertenece la ciudad de Dios, donde

descansaremos y veremos; veremos y amaremos; amaremos y alabaremos. ¡He aquí que así será en el final mas no será el fin! Porque ¿cuál es nuestro fin si no alcanzar el Reino infinito?

El servicio del Señor
Benito "estableció una escuela para el servicio del Señor" en Monte Cassino. Su Regla es "el único documento más importante en la historia monástica de Occidente, y el texto más significativo de toda la antigüedad". (McGinn, II, p.27)

Agustín de Hipona contribuyó a preparar a los cristianos de Occidente durante los siglos posteriores a la caída de Roma, con su insistencia en la soberanía absoluta de Dios, quien no puede ser excluido por "los cambios y azares de este mundo", y también con la regla que escribió (*c*. 397) para impulsar el crecimiento de las comunidades religiosas (recuadro a la izquierda, arriba).

Entre 400 y 700 d.C. aparecieron al menos 30 reglas, incluyendo traducciones de las reglas de Pacomio y Basilio (p. 253). La de mayor influencia fue la escrita por Benito (*c*. 480-550) y que muchas órdenes han seguido (benedictinos, cartujos, cistercienses). Benito, a quien a menudo se considera el fundador del cristianismo monástico occidental (tanto como Agustín), abandonó sus estudios aún joven y en su devoción por Dios se retiró como eremita, en Subiaco, al sur de Roma. Tuvo muchos seguidores, pero cuando algunos lugareños trataron de envenenarlo se fue a Monte Cassino, junto con unos cuantos monjes leales. Ahí, hacia el fin de su vida, escribió su regla ("una pequeña regla para los principiantes").

Esto lo hizo para ayudar a quienes buscan a Dios en comunidad, a vivir en presencia y para gloria de Dios. Toda actividad ha de dirigirse a Dios a través de la oración, la lectura y el trabajo, y no al azar sino con disciplina, a las órdenes de un abate que "ocupa el lugar de Cristo" (regla 63) y a quien como se indica en el prólogo (recuadro a la derecha), se debe obediencia.

La regla de Agustín también fue importante en la vida de Domingo (1170-1221), español, cuya experiencia en una iglesia acaudalada en medio de una guerra religiosa lo llevó a pensar que el evangelio de Cristo deben predicarlo los que comparten la pobreza de Cristo. Jordan de Sajonia, contemporáneo suyo, escribió sobre él: "Dios le concedió la gracia de llorar por los pecadores, por los desamparados, por los afligidos; cargaba sus pesares en el santuario de su compasión" (*Account of the Beginning of the Order of Preachers* 12).

Subiaco
Este monasterio en Subiaco (sur de Roma) fue construido junto a la cueva en la que Benito vivió como eremita. Ésta se conserva como santuario.

Él y sus seguidores, basándose en la regla de Agustín de Hipona, decidieron convertirse en "los humildes siervos de la predicación", y fueron conocidos como la Orden de los predicadores. La Palabra (*logos*, p. 236) que ha hablado en la creación y en las escrituras sigue viva en quienes predican siguiendo el ejemplo de los primeros apóstoles; y la Palabra aún habla a los que buscan a Dios en las escrituras y en la oración. La oración se convierte, pues, en un encuentro directo con Dios, como nos muestra la descripción de Domingo cuando oraba: "Era como si estuviera discutiendo con un amigo; un momento parecía estar impaciente, meneando la cabeza enérgicamente, y al siguiente parecía estar escuchando, luego discutía y peleaba, reía y lloraba a la vez, con la mirada fija y luego baja, y luego de nuevo hablaba quedo y se golpeaba el pecho... Este hombre de Dios tenía una forma profética de pasar de la lectura a la oración, y de la meditación a la contemplación... Con frecuencia [orando con los demás], de repente parecía que algo lo atrapaba en lo alto y hablaba con Dios y los ángeles" (Koudelka, p. 89ss.).

Se establecieron reglas y órdenes para ayudar a la gente a ofrecerse a sí misma a Dios, con votos de obediencia pobreza y castidad. Tal ofrecimiento también fue hecho por otro hombre, en el s. XIII, de manera impresionante.

Nuestras mentes y cuerpos deben disponerse a luchar bajo la obediencia santa al Señor; esto nos permitirá pedirle a Dios la ayuda de su gracia para lo que nuestra naturaleza es impotente. Y si podemos escapar a los dolores del infierno y alcanzar la vida eterna, entonces, mientras haya tiempo, y estemos en este cuerpo y esta vida, debemos hacer lo necesario para ganar la eternidad.

Francisco

Vivir en imitación de Cristo

Los estigmas
Giotto (c. 1267-1337; v. p. 24) pintó este retrato de Francisco recibiendo los estigmas —la aparición, en su cuerpo, de las heridas de Cristo. Otros han experimentado el dolor de las heridas sin que surjan las marcas.

EN 1206 un joven fue llevado ante el obispo de su localidad acusado (por su padre) de haber hecho mal uso del dinero y las propiedades paternas. Sí, había llevado mercancías al mercado y las había vendido junto con su caballo, y había obsequiado el dinero. No se defendió; se desnudó y devolvió sus ropas a su padre.

Su nombre era Francesco Bernadone (1181/2-1226), mejor conocido como san Francisco —Renan, el escritor francés, dijo que él fue, "después de Jesús, el único cristiano perfecto". Actuaba de esa forma para hacer un compromiso total hacia la pobreza de Cristo, quien había colgado desnudo en la cruz.

Francisco provenía de una familia adinerada, dedicada al comercio de telas, pero su vida se transformó cuando se encontró con un leproso en los llanos cercanos a Asís. En su *Testamento*, Francisco recuerda la repugnancia que le causaba ver el cuerpo despedazado de los leprosos, y cómo sintió el impulso de abrazar a aquel hombre:

> *El Señor me concedió a mí, el hermano Francisco, expiar de esta forma: mientras estaba en el pecado era muy doloroso ver a los leprosos. Pero el Señor me condujo y tuve misericordia de ellos. Y cuando me alejé, lo que me pareció doloroso se convirtió en deleite en el alma y el cuerpo; después de eso me demoré un poco y luego abandoné el mundo.*
>
> (Armstrong y Brady, p. 154)

Lo que le ocurrió a Francisco se narra en una serie de biografías, cada una de las cuales desarrolla los hechos para unirlos a las necesidades de la orden que fundó. Pero todas concuerdan en la importancia decisiva del encuentro con el leproso, en quien Francisco reconoció a Cristo —cuyas palabras concernientes a los actos de compasión conocía bien: "De cierto os digo que en cuanto lo hicisteis a uno de éstos, a mí lo hicisteis" (Mateo 25:40).

Francisco aspiraba a vivir en imitación de Cristo, pero no de una manera vaga, sino volviéndose a Dios en confianza y abandono totales. Al principio no sabía qué clase de vida debía llevar. Reparaba iglesias derruidas hasta que, en una de ellas, Santa Maria degli Angeli, escuchó en 1208 un sermón sobre las instrucciones que Jesús dio a sus discípulos al enviarlos al mundo ("No aprestéis oro, ni plata, ni cobre en vuestras bolsas, ni alforja para el camino, ni dos túnicas, ni zapatos, ni bordón", Mateo 10:9-10) y resolvió que seguiría esa forma de vida. Poco a poco se le unieron otras personas, y constituyeron la orden de los franciscanos; primero fueron sólo hombres, después, cuando Clara decidió seguir su camino de pobreza, se fundó una orden de mujeres (clarisas pobres).

Gloria, mi Señor, a ti por
todas tus criaturas,
en especial
por nuestro hermano el sol,
que es el día y por el cual
nos das la luz: es bello
y radiante de gran esplendor y
da testimonio de ti,
el Altísimo.

Para Francisco, Dios es el creador generoso, de quien procede todo detalle de la creación como un don —Francisco solía apartar a las lombrices del camino para que no las aplastaran las carretas. En 1225, el año anterior a su muerte, escribió *Cántico al sol*, celebración de la bondad de Dios experimentada en todo momento en un mundo, que es recibido como un don. Todos están obligados a la pobreza para vivir la experiencia de todas las cosas como un don, tal como hacen los animales. El cántico convoca a la creación a alabar a Dios, empezando por el sol (recuadro a la derecha, arriba). Su alabanza incluye a la hermana luna y las estrellas, al hermano viento "y todos los climas diferentes", a la hermana agua y al hermano fuego (que es "hermoso y gozoso y robusto y lleno de poder"), a nuestra hermana madre tierra y a nuestra hermana muerte del cuerpo. Francisco hizo que pusieran música a su cántico, porque canto y música eran para él la forma más gozosa de alabanza: "¿Qué son los siervos de Dios si no trovadores cuya tarea es fortalecer a las personas e impulsarlas a las alegrías del Espíritu?".

Como Dios es el origen de todas las criaturas, Francisco vivía en su compañía en gratitud y paz, y se cuentan muchos relatos en los que festejaba con los animales, los pájaros y los peces el regalo de haber sido creados. Como tenía absoluta confianza en Dios, carecía de cualquier clase de temor, pues "el amor perfecto desecha el temor" (1 Juan 4:18). Una ocasión en que su hábito se incendió y un hermano corrió a apagarlo, Francisco le dijo que no dañara al hermano fuego. El temible lobo del Grecchio fue reprendido por Francisco, quien le dijo que dejara de atacar y confiara en que la gente lo alimentaría —y la gente lo hizo.

En 1223, cuando Francisco creó una réplica de la Natividad (texto a la derecha), permaneció delante del pesebre inmerso en la humildad y la pobreza del Único de quien provienen todas las riquezas de la creación. Se acercó tanto a Dios en imitación de Cristo que al año siguiente aparecieron en sus manos y cuerpo las heridas y las marcas de la pasión de Cristo (los estigmas). No se llevó nada para el viaje (Mateo 10:9) y recibió el mundo entero.

La Natividad
En la navidad de 1223, en Grecchio, Francisco reunió al pueblo y sus animales para recrear el pesebre donde nació Jesús, costumbre que se ha extendido por todo el mundo. Se dice que los bosques entonaron plegarias de alegría y gratitud, y que las rocas respondieron con alabanzas.

Tomás de Aquino

El Doctor Angélico

Santo y académico
Tomás de Aquino fue profesor en París antes de volver a Italia en 1260. Tras otra estancia en París (1269-1272), volvió a vivir en Italia y murió cerca de Nápoles en 1274. Poco antes había experimentado una visión tan hermosa que, en comparación —dijo—, sus escritos eran sólo paja.

MÁS O MENOS EN LA ÉPOCA EN QUE FRANCISCO MURIERA nació Tomás de Aquino (c. 1225). En las nuevas universidades apenas nacientes se exploraban las ideas de Aristóteles (p. 231s.), sobre todo en la forma en que fueron traídas a Occidente por filósofos musulmanes (pp. 340, 352-359), circunstancias de las que Tomás sacó provecho. Se ordenó como dominico en 1242 y fue enviado a París, a donde llegó en 1246 y se convirtió en discípulo de Alberto Magno (o Doctor Universalis), dominico alemán, más tarde obispo de Ratisbona.

Dios era para él más importante que sus escritos (texto a la izquierda), aunque éstos eran un gran logro, en especial sus *Summae* o *Summas* (*Contra Gentes* y *Theologiae*). Autores anteriores como Agustín (pp. 258-261), empezaron hablando de las escrituras y la revelación a partir de las narraciones de la creación, la redención y el sostén del mundo por Dios, para continuar después con la naturaleza de Dios. Tomás empezó por reflexionar sobre cómo debe ser la naturaleza de Dios para crear, redimir y sustentar tal como lo hace.

Le quedaba claro que Dios está más allá de nuestra comprensión y ciertamente de toda descripción. No obstante, algo se sabe de Dios a través de nuestra observación de cómo es el mundo, y de la devoción y el amor. Más aún, si Dios es el creador, sus creaciones deberían revelar algo de la naturaleza y propósito de su progenitor, así como las obras de un artista revelan algo de la naturaleza y el propósito del autor.

¿Cómo, pues, empezamos a conocer a Dios? Partiendo de las cosas que nos rodean y conocemos. Al observar cómo son las cosas debemos inferir, si somos inteligentes y racionales, una causa suficiente para que sean como son, aun si asumimos que la causa es un conjunto de leyes científicas. Este tipo de argumento es muy común en las ciencias naturales de hoy en día y se conoce como "inferencia abductiva". Por ejemplo, los neutrinos (partículas fundamentales, p. 17) no son visibles pero su realidad se infiere de la observación de sus efectos y de la necesidad de que existan para dar cuenta de las propiedades conducentes (o evidencias) en lo observable. De todos modos, no es posible aún describir un neutrino, incluso si pudiéramos verlo.

Así pues, Tomás estaba convencido de que la razón puede llegar a la conclusión de que Dios existe, y propuso las cinco vías (*Quinque Viae*) que conducen a ese resultado (recuadro a la derecha). En una versión resumida, los argumentos de las Quinque Viae pueden no ser muy convincentes, pero aún hoy siguen esgrimiéndose, y ejemplifican la forma en que Tomás pensaba que la fe es racional. Pero ¿por qué preocuparse? Muchas personas viven dichosas (al menos eso parece) sin creer en Dios. Según Tomás, los seres humanos anhelan naturalmente a Dios porque aspiran a la verdad. Si buscamos ésta de manera diligente llegaremos a la conclusión de que Dios existe, aunque no sabremos completamente *qué* es Dios. En realidad, nunca sabremos, en vida, *qué* es Dios: esto sólo será evidente en la visión final, la llamada Visión beatífica. Entre tanto, sabemos algo de Dios como consecuencia de la forma en que ha obrado para con nosotros y revelado algo que podemos aprehender. En las escrituras leemos que el amor de Dios nos crea y nos salva. Pero, así como la obra del artista refleja su naturaleza y su objetivo estético, según Tomás, el amor por nosotros revelado por Dios, en su relación con el mundo, refleja que su naturaleza es amor perfecto y absoluto.

Esto significa que Dios no es una cifra estéril, o el resultado de un argumento académico. La naturaleza de Dios es, en sí misma, la realidad perfecta del amor. A esto se debe que Dios sea tres Personas en un Ser, porque sin pluralidad el amor no podría existir, y sin unión perfecta el amor no sería completo. Debe haber tres Personas en Un Ser.

En otras palabras, esto significa que hay un origen sin origen, del que procede la expresión de la naturaleza divina, en la que la consecuencia está siempre presente para ellos. En lenguaje humano ordinario se les llama Padre, Hijo y Espíritu Santo: a partir del Creador no creado de todo lo que existe, la Palabra será dicha siempre como un medio de autoexpresión, donde existe la consecuencia del amor. No hay tres "partes" de Dios, mucho menos tres Dioses: el Único que es Dios está constituido en esta dinámica de amor.

La naturaleza trinitaria de Dios (tres Personas en Un Ser) es, para Tomás, lo mismo que cuando una persona se sabe a sí misma única; ahora bien, la mente (sin perder nada de sí misma) emite pensamientos,

QUINQUE VIAE

Cinco vías por las que la razón llega a la conclusión de que Dios existe:

- ✝ **UNO:** A partir de que todo está en movimiento y transición, echa a andar todas las cosas pero a su vez es inamovible.
- ✝ **DOS:** A partir de la observación de que todo tiene una causa hasta concluir que si retrocedemos en la cadena de causa y efecto llegamos al origen, que a su vez no tiene causa.
- ✝ **TRES:** A partir del hecho de que vivimos en un mundo contingente (todo lo que existe podría no haber existido) hasta concluir que para que cualquier cosa exista debe haber una garantía necesaria de la existencia contingente; esto significa que Dios es la razón de por qué algo existe y no la nada.
- ✝ **CUATRO:** A partir del hecho de comparar (más alto, más sabio, más pequeño, etcétera) hasta concluir que debe de haber alguna norma absoluta contra la que puedan hacerse comparaciones, y que esa "norma" existe ya que ser perfecto es existir en la forma más plena posible.
- ✝ **CINCO:** A partir de la observación de que todas las cosas existen y están dirigidas hacia su propio fin, como las semillas que se convierten en plantas y las flechas, correctamente dirigidas, dan el blanco (están diseñadas para dar en el blanco; en griego *telos*, de ahí que se le dé el nombre argumento teleológico), hasta concluir que donde hay un diseño organizado es racional inferir un diseñador.

pero ambos son una misma realidad aunque sean dos cosas separadas; esta realidad, la mente con sus pensamientos, emite palabras (y al hacerlo ni la mente ni los pensamientos se ven disminuidos); y, una vez más, cuando esto ocurre, la palabra es una cosa separada de la mente y del pensamiento, pero todos juntos constituyen una sola realidad.

Visto desde otro extremo, la palabra emitida no es algo separado de la mente y el pensamiento, ni el pensamiento está separado de la palabra emitida; son todos una sola cosa, y al mismo tiempo tres, aunque el pensamiento y la palabra procedan de la mente, que es su origen y fuente. Sin embargo, aun esta analogía, que Tomás tomó de la experiencia con nosotros mismos, no hace más que apuntar a la verdad de que Dios es Amor, y de que el amor de Dios es idéntico a la existencia de Dios, así que lo que dimana (se pone en marcha) de Dios como amor, es también Dios.

Doctor Angélico
Con este nombre se conoció a Tomás de Aquino. Dante lo llamaba il maestro che color che sanno, *"el maestro de los que saben", y lo describe en el Paraíso cantando las glorias de la verdad y trayendo luz del cielo a los abismos más profundos.*

Esta percepción de la naturaleza interna de Dios como Trinidad, y de ser uno en voluntad y amor, le permitió a Tomás contestar la pregunta de los filósofos musulmanes: por qué un Ser perfecto y autosuficiente crearía un universo exterior a él mismo. No había ninguna *razón* para hacerlo ya que este móvil sería el origen de una *Primera* causa actuando, y una Primera causa implica una segunda. Ibn Sina había dicho que la creación, al ser en estricto innecesaria, debía haber surgido de la *jud* (p. 355); en latín, para Tomás, ésta era la *liberalitas* (generosidad irrestricta), pero como se sabe que la naturaleza de Dios es una Trinidad de amor, es el amor puro el que lleva a la creación. Dios no crea "para obtener algo", sino sólo para que todos participen de la generosidad que es la índole del amor.

Por supuesto, no podemos describir la naturaleza interna de Dios, porque no podemos conocer la causa más que a través de sus efectos. Por inferencia abductiva podemos concluir que debe de existir aquello a lo que damos el nombre de "Dios", pero no podríamos describir cómo es Dios si pudiéramos verlo (porque no podemos). Sólo podemos decir lo que no es Dios. Esto se conoce como la *via negativa* (o *via remotionis*, eliminar de Dios lo que no puede ser): Dios no es cuadrado, redondo ni más grande que un árbol.

Por otra parte, como sabemos algunas cosas de Dios por la revelación, la devoción y el amor, al igual que a través de los absolutos que son: la verdad, la belleza y la bondad, y como algo se sabe del artista a través de lo que ha creado, podemos hablar de Dios por analogía: Dios es como un artista, pero más que eso; Dios es como un amante humano, pero más que el amor humano. Dios es como muchas cosas de la experiencia humana, pero de manera eminente —por eso pensar en esta forma en torno a Dios se conoce como la *via eminentiae*. Es la analogía y la analogía de la existencia las que apuntan a la diferencia radical entre Dios y todo lo creado. En el universo existe una diferencia entre la esencia (lo que una cosa es) y la existencia: qué es ser un león (esencia) está determinado por todo lo que constituye a un león, a diferencia de una oveja o de cualquier otra cosa; pero nada en la forma ni en la esencia de un león requiere que exista. El que un león determinado exista o no, es algo contingente, diferente a su esencia (lo que hace que sea lo que es, distinto a cualquier otra cosa). En el caso de Dios, empero, su esencia (qué es ser Dios) exige que Dios exista: Dios no podría ser lo que se comprende que es si no existiera: la esencia de Dios *es* ser.

De donde se sigue que las criaturas combinan esencia (ser lo que son) con existencia (estar aquí) de una manera contingente —sabemos lo que son, pero, como el dodo, pudieran no existir. Por analogía con lo que sabemos en el universo sobre la esencia y existencia, es visible que en Dios la esencia y la existencia deben combinarse de manera *no* contingente. No podría ocurrir que Dios no existiera, ya que la esencia de Dios (lo que es ser Dios) se desmoronaría en contradicciones.

El argumento es claro. Pero Dios no es sólo la conclusión de un argumento. Dios puede ser conocido por la devoción, la oración, el amor, y esto, para Tomás, es el verdadero y mejor significado de nuestra existencia. La *telos* (meta, punto, propósito) suprema de la vida humana es verse atrapado en la naturaleza dinámica e imperecedera de Dios, que es Amor, y habitar eternamente en ella.

Se cuenta que, hacia el final de su vida, en Nápoles, Tomás se encontraba un día orando, ante el crucifijo, y de repente le pareció escuchar la voz de Cristo desde la cruz que le ofrecía cualquier cosa que deseara en premio por su trabajo. El creador le ofrecía creación a su hijo. No es sorprendente que guardara silencio. Luego, despacio, levantó la cabeza y dijo: "Te quiero sólo a ti". Puede que esto no sea verdad, pero aun así expresa la verdad sobre Tomás de Aquino.

El triunfo
Las ideas de Tomás fueron refutadas por quienes rechazaban el recurrir a Aristóteles en teología, y casi fue condenado en París en 1277. En cambio, el papa León XIII utilizó su obra como fundamento de la filosofía cristiana para los estudiantes de teología en 1879.

Dante

Dios y la poesía sobre Dios

En 1274, año en que murió Tomás de Aquino, un muchacho como de nueve años se enamoró de una niña más joven que él, que conoció en una fiesta. Él era Dante Alighieri, ella, Beatriz. De ese encuentro con Beatriz escribió 20 años después, en *Vita nuova*: "Se presentó ante mí vestida del más noble color, un rojo intenso y mate, con lazos y adornos muy apropiados para su tierna edad". Su ser internó exclamó: "Tu beatitud [*beatitudo*] se ha manifestado", y dijo: "Un Dios más fuerte que yo ha venido a gobernarme".

Dante explica su obra
En esta pintura de Michelino, Dante explica cómo, en La divina comedia, *hace un viaje desde "el bosque oscuro" de la ignorancia y los yerros humanos, en el que estaba perdido, por los 24 círculos del Infierno, hasta llegar al purgatorio y luego a las esferas del Cielo, donde tiene una fugaz visión de Dios.*

No fue un enamoramiento pasajero ni una amistad. En el encuentro tuvo la percepción arrolladora de que existe una clase de belleza tan perfecta que es imposible olvidarla. Muchas personas, acaso casi todas, saben y recuerdan qué es tener una experiencia semejante. Wordsworth vio a una niña que se debatía contra un fuerte viento y nunca la olvidó (recuadro a la izquierda). Hay quienes pasan por la experiencia pero no le dan importancia —"la súbita iluminación —tuvimos la experiencia pero su significado nos evadió" (Eliot, p. 28). Los que están deseosos (y Dante sabía bien que era un acto voluntario) de considerar el significado de las cosas se ven conducidos hacia Dios como fuente de toda belleza y bondad, que fue lo que a él le ocurrió. Beatriz no volvió a hablar con él hasta nueve años después, ya casada con otro hombre. Pero el momento del impacto, el golpe de la belleza absoluta que surge de los sentidos y va hacia la mente y el intelecto, y que convierte el imprevisto en arrobamiento, lo acompañó toda su vida. Esto inspiró primero la *Vita nuova* y más tarde el poema mayor de la visión cristiana de Dios, y de cómo puede uno mismo tener esa visión: *La divina comedia* (texto a la izquierda). Insistió (en una carta a su padrino) en que describía un viaje real —al contrario que, por ejemplo, John Bunyan, quien afirmó que su *Pilgrim's Progress From This World To That Which Is To Come* era un sueño, ya desde el título ("Transmitido a semejanza de un sueño"), y que ejemplificaba los obstáculos y el aliento que los seres humanos reciben en su peregrinaje, en los nombres de algunos personajes (el señor Sabio Mundano y Gigante Desesperado) y de los lugares (el castillo de la Duda, Feria de Vanidades).

Hay en nuestra existencia
momentos fugaces
que con nítida pre-eminencia
nos dejan una virtud
renovadora...

(*The Prelude* 12.208-210)

Dante, al contrario, dice que describe un viaje real, el que todos debemos emprender; hay personas reales en el Infierno y el Purgatorio, aunque admite que su texto puede leerse en las cuatro formas en que solía leerse la Biblia en esa época: la literal, la alegórica (el texto representa una verdad diferente), la moral (invitando al lector a corregir algún aspecto de su vida) y la anagógica (del griego *anagoge*, "que lleva hacia arriba", que eleva al lector a la contemplación de Dios en el Cielo).

¿Cómo encuentra Dante (o quien sea) la salida del bosque oscuro? Su primer guía es el poeta Virgilio (70-19 a.C.), que representa lo mejor (que es mucho) de lo que los hombres pueden alcanzar en cuanto a sabiduría, arte y poesía. Aun así, los pecados capitales mantienen a los individuos en el infierno (texto a la derecha) porque no viven más que para sí mismos. En *The Sea and the Mirror*, de W.H. Auden (1907-1973), Antonio elige permanecer fuera del círculo de los reconciliados (recuadro a la derecha, arriba). Dante también habló de la libertad de los hombres para dirigir su destino. Al final, Antonio "danza nada más para la muerte", como quienes están en el Infierno de Dante. En el Purgatorio, las personas todavía están en el terreno de los errores que se expurgan. Dante es conducido por Virgilio a través del Purgatorio hasta los límites con el Paraíso, donde ya no puede seguir guiándolo. Beatriz lo remplaza, ya que fue la primera "portadora de Dios" para Dante, la primera manifestación de la gracia divina hecha visible en la belleza. Beatriz fue también la figura de otros "portadores de Dios" —los que traen a Dios entre nosotros—: la Iglesia, la Virgen María, Cristo mismo. El Paraíso es la luz absoluta de Dios: puede verse en la tierra, sólo que los hombres suelen cerrar las persianas de su vida para que no pase:

La gloria del que todo lo mueve penetra el universo y resplandece en unas partes más, en otras menos.

(*Paraíso* 1:1-3)

En esta luz, manifiesta en el amor, los hombres encuentran el gozo total eterno; todo anticipo que reciben en momentos de amor, belleza, virtud y

Mi voluntad es toda mía:
tu necesidad de amor
no me conocerá nunca:
yo soy yo, Antonio,
sólo yo por elección.

(Auden, p. 412)

Círculos del Infierno
En una escena de La divina comedia, *Virgilio lleva a Dante por los diferentes círculos del Infierno, donde las personas están atrapadas por los llamados "pecados mortales", que de hecho son, como bien sabía Dante, "pecados capitales", acciones y actitudes buenas en el fondo (hambre, deseos) pero que se vuelven destructivas cuando se apoderan de la vida humana (avaricia, lujuria). Estos pecados separan a los hombres del amor de Dios y de sus semejantes, al convertirse en obsesiones.*

Visión Beatífica
Gracias a Beatriz, Dante experimenta la luz absoluta de Dios, la llamada Visión beatífica, de la que dice Tomás de Aquino: "La gloria última y total no puede ser más que la visión de lo que Dios es en esencia" (Summa Theologiae 2.3.8).

verdad se convierten en la condición final y eterna de su existencia, porque en el Paraíso están en unión con Dios. Dante sabía (y así lo escribió) que esa visión no se puede relatar. Y termina con un brillante vislumbre de todos esos reflejos del amor reunidos en el Ser de Dios ("Vi ahí reunidas, en las profundidades,/unidas por el amor en un solo volumen,/todas las hojas dispersas por el universo" (*Paraíso* 33.87-85). La naturaleza esencial de Dios es de amor constante (entonces, una Trinidad: tres círculos de luz profunda, según la imagen de Dante), por imposible que sea describirla (recuadro a la izquierda, abajo).

Dante sabía que él también estaba atrapado en ese amor: "En este punto la imaginación más destacada no es suficiente:/pero ya mi deseo y mi voluntad/giraban como una rueda, a la misma velocidad,/impulsadas por el amor que mueve al sol y las demás estrellas" (33.142-145).

¡Ah!, ¡cuán escasa y débil es la lengua para decir mi concepto! Y éste lo es tanto, comparado a lo que vi, que la palabra "poco" no basta para expresar su pequeñez. ¡Oh Luz eterna, que en ti solamente resides, que sola te comprendes, y que siendo por ti a la vez inteligente y entendida, te amas y te complaces en ti misma!

(33.121-126)

Dante nos recuerda que el relato de Dios se puede contar en poesía o en prosa. Las paradojas y el oído aguzado para el lenguaje de los llamados Poetas Metafísicos (poetas del s. XVII, como Traherne y Herbert, en quienes "el pensamiento se *fusiona* en la poesía a muy altas temperaturas" [Eliot, p. 50]; pensamiento, a menudo, cristiano) convirtieron el relato de Dios en un vívido drama de redención y del anhelo del alma hacia Dios. Traherne escribió sobre "La Biblia":

¡Eso! ¡Eso! Allí me han dicho que hijo de Dios fui hecho, Su imagen. ¡Oh, divino! Y ese oro fino, con todas las alegrías que aquí palidecen, no son más que un juguete, comparado con la gloria, celestial, y como Dios,

eterna. Que aquí en la tierra reyes somos; y que, aunque cubiertos de mortal corteza, por dentro querubines somos y alas de ángeles poseemos; afectos, pensamientos y espíritu internos pueden volar por las costas del cielo y la tierra; y colmados serán de júbilo celestial.

La poesía en torno a Dios fue muy vigorosa durante el s. XX. Con Auden y Eliot se modificó la índole de la poesía misma, en su intento (el mismo de Dante) por encontrar las palabras con las cuales dar continuidad a la verdad de Dios, una verdad impugnada (al igual que lo fue para Dante) por los horrores de la perversidad humana traducida en guerras, asesinatos y traiciones, durante el s. XX, en un grado tal que ni la imaginación de Dante sobre el Infierno hubiera creído posible. Auden rememora las primeras palabras de *La divina comedia* al escribir: "Sola, sola, por un tenebroso bosque/de maldad deliberada corre la humanidad perdida,/temiendo encontrar a su Padre por miedo a encontrar/ que la virtud que teme no sea plena: /sola, sola, por un tenebroso bosque"(p. 352). El infierno de Dante y la Alemania de Hitler muestran cómo se desarrolla el mal en una corte papal o dentro de una sociedad culta. En 1939 Auden cobró conciencia de que en la noción cristiana el significado de redención de Dios es que somos empujados más allá de la comprensión de por qué ocurre el mal, a admitir la responsabilidad de la resistencia (recuadro a la derecha, arriba).

También Eliot abrevó en Dante durante toda su vida, desde una breve obra sobre ese autor en 1923 hasta los *Cuatro cuartetos*, donde no sólo hizo alusiones a *La divina comedia* y adaptó la terza rima de Dante en una sección de *Little Gidding*, sino que también hizo el mismo viaje que Dante, trasponiendo sus imágenes al mundo del s. XX: desde los vislumbres del amor, donde todos vamos a la oscuridad; pero aún es posible explorar más allá para quienes desean "proseguir el viaje", hacia los retos del océano, y para ello es útil elevar plegarias a la Señora, la Reina del Cielo, cuyo santuario se levanta en un promontorio:

¿Quién discurrió la tormenta? El amor. El amor es el Nombre desconocido detrás de las manos que tejieron la intolerable vestimenta de la llama que el poder humano no puede apagar, sólo vivimos, sólo suspiramos consumidos por ambos fuegos o por el fuego.

(*Little Gidding* IV)

La visión final trasciende las palabras, tal como para Dante —tanto es así, que la palabra "Dios" apenas aparece en los *Cuatro cuartetos*, y sólo en contextos precisos. No obstante, la obra da un vislumbre de la misma verdad en torno a Dios (recuadro a la derecha).

Sentado en una de las garitas de la Calle 52, inseguro y temeroso, mientras expiran las esperanzas de un deshonesto decenio: oleadas de ira y temor circulan sobre las luminosas y las oscuras regiones de la tierra, obsesionando nuestra vida; el inenarrable tufo de la muerte ofende la noche septembrina. Precisos eruditos pueden desenterrar los agravios, de Lutero a nuestros días, que han enloquecido a la cultura, encontrar lo ocurrido en Linz y qué enorme imago levantó un dios psicópata: el público y yo sabemos lo que los escolares deben aprender, a quienes se les hace mal, mal hacen en revancha... Inerme bajo la noche, en estupor yace nuestro mundo; sí, punteado por doquier, irónicos puntos de luz irradian dondequiera que los Justos intercambian su mensaje: ojalá que yo, hecho como ellos de Eros y de polvo, acorralado por la misma negación y desazón, exhiba una afirmante flama.

(Auden, pp. 245-247)

Diligente ya, aquí, ahora, siempre —una condición de completa simplicidad (no cuesta menos que todo) y todo está bien y toda la hechura de las cosas estará bien cuando las lenguas de la llama estén enlazadas en el nudo coronado del fuego y el fuego y el ascender sea uno.

(*Little Gidding, final*)

El camino del no saber

Eckhart y los místicos ingleses

CUANDO SEUDO-DIONISIO (p. 250) fue traducido al latín por Erígenes en el s. IX, el camino apofático (p. 249) llegó a ser tan importante en Occidente como en Oriente. Para el maestro alemán Eckhart (1260-1327), Dios está tan lejos del pensamiento y del lenguaje que aun los nombres de la Trinidad (Padre, Hijo y Espíritu Santo) son sólo palabras para la revelación de Dios de sí mismo: son un punto de acceso, mas la esencia de Dios, aunque se sabe que es amor, está más allá de esos nombres (cfr. Trinidad inmanente y económica, p. 246). Eckhart escribió:

> *La sabiduría eterna nace del poder del Padre, porque el Hijo es sabiduría y el Espíritu Santo es el bien, y los dos son amor —uno en naturaleza y diferente en persona... El alma entra en la unidad de la Santísima Trinidad pero puede recibir mayor gloria si va más lejos, a la Divinidad desposeída, de la que la Trinidad es una revelación. En esta Divinidad desposeída, toda actividad ha cesado y por ello el alma es más perfecta cuando es arrojada al desierto de la Divinidad, donde la actividad y las formas ya no existen, de modo que se pierde en este desierto donde se destruye su identidad y deja de tener relación con las cosas tal como era antes de existir. Es entonces cuando muere para el ser y vive para Dios.*
>
> (Blakney, p. 200s.)

> *Nunca hubo unión parecida [a la del alma con Dios], porque el alma está más próxima a Dios que al cuerpo. Tiene más intimidad con él que la gota de agua que se vierte en tonel de vino, que seguiría siendo agua y vino; pero en este caso la una se convierte en el otro [*theosis, p. 250*], de tal manera que ninguna criatura podría detectar diferencia alguna entre ellos.*
>
> (Blakney, p. 29)

Para Eckhart la unión con Dios es el propósito natural de nuestra existencia (recuadro a la izquierda). La búsqueda de unión con Dios era también importante para los místicos ingleses del s. XIV, sobre todo para Walter Hilton (*c.* 1343-1396), Richard Rolle (*c.* 1300-1349), Julian de Norwich (*c.* 1342-post 1416) y el autor de *The Cloud of Unknowing*. Tuvieron gran influencia a través de quienes se acercaban a ellos en busca de consejo, y más tarde de sus escritos. Cada uno explicaba, en forma levemente diferente, que a través de la aventura de la plegaria el alma empieza a conocer a Dios y "a ver, en parte, la naturaleza de Jesús, para finalmente percibir las propiedades de la Bendita Trinidad". Todos se conectaban con el noreste, el oriente y la región central de Inglaterra. Tal vez recibieron influencias de los franciscanos y de los místicos del Rhin, pero se basaban más en las escrituras, sobre todo en los Salmos y el Nuevo Testamento. La manera inmensamente rica en que la Biblia los llevaba a

Dios, los hizo preguntarse cuál era el significado de Dios en sus vidas. La respuesta fue un "recorte" de los requisitos de Dios en la oración a un mínimo apostólico ("apostólico" porque pensaban que ésa era la práctica de la oración establecida por los apóstoles). Vivían en la pobreza total, y Hilton se exigía, así como a sus seguidores, una conversión en su modo de vida: "Un hombre debe volverse en verdad hacia Cristo, y apartar de su espíritu todas las cosas visibles antes de poder experimentar la dulzura del amor divino". Esto podía traducirse en sufrimientos considerables, como ocurrió con Juliana de Norwich: en sus *Showings* (sus visiones de Cristo) el sufrimiento se convirtió en una participación de la pasión de Cristo. Para Rolle y para Hilton, el sufrimiento era un proceso de purificación que posibilitaba la oración de tipo apofático. Los sentimientos carecían de importancia. El "aguzado dardo del anhelante amor" de los hombres por lo divino descrito en *The Cloud of Unknowing* (6) era algo que reconocían como un acto de la gracia divina, emprendido por Dios: "La conmoción del amor, que es obra del Dios único". La gracia de Dios es siempre "el principal animador... y tú sólo el que consiente y sufre". Aun si el pecado es la causa del dolor, al final "todo estará bien, y todos estarán bien, y todas las cosas estarán bien" (Julian de Norwich, *Showings* 13/27).

Dios no es comprensible para el intelecto del hombre ni de los ángeles, pues ambos son seres creados. Mas si Dios es incomprensible para el intelecto, nunca lo será para nuestro amor.

(*The Cloud of Unknowing* 4)

Dios es amor y la fuente del amor. Por eso Juliana concibió a Dios como Madre —Dios, quien está más allá de las palabras, nos es conocido por los efectos no sólo del Padre sino también de la Madre—: "Tan cierto como que Dios es nuestro Padre también es nuestra Madre. Nuestro Padre desea, nuestra Madre trabaja, nuestro buen Señor el Espíritu Santo confirma. Y por eso nos toca amar a Dios nuestro Señor, en quien tenemos nuestro ser, y con reverencia darle gracias por nuestra creación, pidiendo intensamente a nuestra Madre misericordia y piedad, y a nuestro Señor el Espíritu Santo ayuda y gracia" (Colledge, p. 296).

Eckhart y los místicos ingleses combinaron dos verdades en su noción de Dios: Dios está más allá del conocimiento intelectual y, sin embargo, podemos conocerlo en una relación de amor (recuadro a la derecha arriba). Esto quiere decir —cosa que Agustín (p. 259) sabía bien— que los que aman a Dios no dejan de vivir en el mundo creado, buscando a Dios fuera de él, sino que, animados por las señales de Dios en la creación, empiezan a vivir dentro de Dios, y la que queda afuera es la creación.

Esto significó que el amor de Dios fue expresado, cada vez más, a través de cosas creadas, en el arte, la música y la arquitectura.

Eckhart

Como dominico, Eckhart predicaba sermones (arriba) y quizá haya estudiado con Alberto Magno (al igual que Tomás de Aquino) en París. En 1328 fue condenado por 28 proposiciones no ortodoxas, pero se dijo que se retractó (o que su intención no fue herética) antes de morir. Su objetivo fue ir más de allá de las palabras y las imágenes para encontrar el origen de todo lo existente.

La catedral de St-Denis
La obra de Suger en esta catedral es el inicio del estilo gótico. El macizo impulso de la construcción fue trasladado hacia el exterior con contrafuertes en arco. Delicadas bóvedas con molduras sustituyeron las bóvedas de cañón y aristas de las primeras iglesias. Las "paredes" se convirtieron así en espacios decorados con bellos vitrales.

Arquitectura

Las casas de Dios

EN 1091, UN MUCHACHO DE DIEZ AÑOS ingresó en la abadía benedictina de St-Denis, cerca de París. En 1122 ya era el abate y, desde ese momento hasta su muerte en 1151, reconstruyó la iglesia de tal forma que expresara sus creencias acerca de Dios y los demás pudieran compartirlas. Su nombre era Suger y su iglesia reconstruida allanó el camino a lo que se conocería como arquitectura gótica.

La abadía original fue fundada por Clodoveo en 507. El san Dionisio a quien se dedicó fue un mártir del s. III que, según se dice, fue decapitado y caminó así varios kilómetros hasta donde después se construyó la iglesia. Sin embargo, este Dionisio poco después fue confundido con el Dionisio convertido por Pablo (Hechos 17:34), a quien se da gran influencia sobre la forma en que la gente puede vincularse a Dios. Es *aquel* otro Dionisio (Seudo-Dionisio) a quien Suger tomó como guía e inspiración, al escribir *Concerning Consecration* y *Concerning his Administration* para describir su obra.

Suger aceptó de Seudo-Dionisio que la esencia de Dios es incognoscible, pero que hay manifestaciones de Dios en la revelación y en el orden creado, en las que las personas puede basar su ascenso a Dios. Según Seudo-Dionisio, "cualquier persona pensante se da cuenta de que los aspectos de la belleza son signos que apuntan a la Belleza invisible que es real (*Celestial Hierarachy* 1). Suger expresó estas creencias en la construcción y la decoración (recuadro a la izquierda, abajo).

El reconocimiento de la verdad requiere de luz. "Dios es luz" (1 Juan 1:5), y Jesús, en palabras del Credo de Nicea, es "Dios de Dios, Luz de Luz". Suger insistió por ello en que sus arquitectos abrieran el interior a la luz (texto a la izquierda). Incluso eliminó la cancelería que separaba el presbiterio (área para el coro y el santuario) de la nave, para que todos pudieran estar más cerca cuando se adorara a Dios, y durante el sacrificio de Cristo en la Eucaristía: "Los receptáculos sagrados deben resaltar por medio de adornos externos, y sobre todo en la liturgia del Santo Sacrificio, donde todos deberían ser internamente puros y exteriormente nobles" (*Administration* 32).

La idea de Suger de que una iglesia y sus ornamentos, por su esplendor y belleza, conducen a través de Cristo hacia Dios (recuadro a la derecha, arriba) tuvo gran influencia pero fue rebatida. Bernard de Clairvaux (1090-1153) había ingresado en la comunidad recién fundada de los cistercienses quienes deseaban emular la pobreza del Cristo. Por eso denunció la nueva arquitectura:

Por el deleite que experimento ante la belleza de la casa de Dios... me veo como si morara en alguna extraña región que no existe en el barro de esta tierra, ni tampoco en la pureza de los Cielos; y, por la gracia de Dios, me veo transportado por la ascensión espiritual (anagoge) *desde esta sima a aquel mundo superior.*

(*Administration* 32)

No digo nada de la asombrosa altura de vuestras capillas... las costosas decoraciones y las curiosas tallas y pinturas, que distraen a los devotos y les impiden la contemplación... Y quiero decir a mis hermanos monjes, pobres como sois —si en verdad lo sois—, ¿qué hace todo ese oro en sus iglesias?... ¡Oh, vanidad de vanidades!... La iglesia tiene magníficos muros, pero sus pobres son mendigos; sus piedras están cubiertas de oro, pero sus hijos están desnudos; los ojos de los ricos encuentran muchas cosas que les dan satisfacción, pero los necesitados no encuentran ninguna que los auxilie.

(*Letter to William of St. Thierry*)

Para Suger entrar en una iglesia debiera ser como dar un paso hacia Dios, por ello escribió una inscripción para el pórtico:

"...Sublime y resplandeciente, la obra debe alumbrar a las almas para que al pasar por la luz pasen a la Verdadera Luz, a través de Cristo, la verdadera puerta [Juan 10:7, 9]... El alma atada a lo terrenal se eleva a la verdad a través de lo material. Y de estar doblegada, se levanta a una nueva vida".

El conflicto recorre la historia del cristianismo: ¿cuál es la mejor manera de honrar a Dios en y por medio de sus casas? Las iglesias cistercienses alcanzaron su propia belleza con su austera sencillez. Lutero y Calvino (p. 290) incitaron a las iglesias reformadas a protestar contra lo que consideraban intentos de encarnación de Dios y de los santos en estatuas e imágenes, tal como los iconoclastas de Oriente (p. 287) que habían estado bajo sospecha de idolatría.

La arquitectura de la iglesia expresa así la forma en que las comunidades responden a lo que Dios ha hecho por ellas. La *forma* de las iglesias ha sido constante, pues, con frecuencia se construyen en forma de cruz, aunque el uso del interior varía. Por ejemplo, ahí donde se cree que el sacerdote ofrece el sacrificio de Cristo, habrá un altar elevado, separado de la congregación; ahí donde se piensa que la congregación se reúne para recordar la Última Cena, el altar se desplaza hacia el centro.

Lo cierto es que la arquitectura que rodea a los símbolos de la fe es, para muchos, tan vivificante como lo fue para el poeta alemán Rilke (1875-1926) cuando entró por primera vez en una iglesia ortodoxa rusa:

No le pareció que las gentes sencillas arrodilladas en oración delante de las imágenes de la Virgen estuvieran hundidas en la superstición: su devoción en aquel maravilloso entorno era la manifestación de un proceso creativo que él veía en el arte, en el que Dios mismo estaba todavía en formación: "De la actitud misma de las personas fluye la calidez de su engrandecimiento como una bendición infinita".

(Prater, p. 53)

La abadía de Pontigny
Fue construida en el s. XII, en un austero estilo cisterciense. Refleja la idea de Bernard de que las edificaciones monásticas deben reproducir la pobreza de la vida monástica. En las abadías no suele haber campanarios, porque no corresponde a los monjes atraer a los demás, sino acercarse a Dios separándose del mundo.

Liturgia y drama

En la presencia de Dios

Las catedrales y las iglesias no sólo se construyeron para la gloria de Dios, sino también para ser usadas para la liturgia. Ésta significa, en general, el culto de Dios (p. 214), pero en el cristianismo se refiere a la forma de obedecer el mandamiento de Jesús durante la Última Cena: "haced esto" en recuerdo de él —su manera de decir que, a través del pan como su cuerpo y a través del vino como su sangre, como el inicio de una nueva alianza, estará con sus seguidores "hasta el final del mundo".

Esta forma litúrgica ha recibido diversos nombres: Última Cena, Eucaristía, la misa; todos reflejan los diferentes alcances de lo que Jesús quiso decir. Obedecer al mandamiento "haced esto" aún es el eje en torno al cual los cristianos están unidos con Dios y entre sí (recuadro a la izquierda).

El drama de la liturgia que rodea a la obediencia trae el suceso pasado (y a la persona) al presente y lo convierte en una posibilidad real, como lo expresa R.L. Grimes: "Las liturgias hacen dos cosas. Re-presentan sucesos y actualizan estructuras. Un suceso es literalmente irrepetible... no sólo el éxodo de los hebreos, la encarnación de Cristo o la iluminación de Buda, es único... Nosotros, con nuestra acción ritual, rescatamos esos sucesos para que no se conviertan en meros remanentes del pasado. Sin rituales esos sucesos no tienen presencia" (p. 44s.).

Las iglesias y las catedrales no se limitan a la realización de la liturgia. Se convirtieron en el escenario del drama al traer a Dios a la experiencia humana. Los primeros ejemplos de esto son las obras medievales de milagros (dramatizaciones en las que se representaban vida, milagros y martirio de un santo), los misterios (pasajes que cuentan la historia de la humanidad desde la creación hasta el juicio final; en Inglaterra, aún se representan en Chester, Coventry, Wakefield y York) y las obras morales (alegorías dramatizadas; entre las primeras: *The Castle of Perseverance* y *The Summoning of Everyman*). Estos dramas, aunque basados en las escrituras sagradas, iban más allá del texto, introduciendo personajes con los que la audiencia pudiera identificarse. Por esa razón la Reforma se opuso a ellas (aunque se escribieron obras basadas en la Biblia para sustituirlas). Una de las consecuencias de esto fue que aceleró un desarrollo teatral separado de la iglesia, aunque los temas religiosos siguieron siendo importantes (como Fausto). Los jesuitas (pp. 194-195), en particular, desarrollaron un teatro cristiano como reacción a las

Haced esto en recuerdo de mí

¿Hubo alguna vez otro mandamiento que obedecer? Siglo tras siglo, en todos los continentes y entre todas las razas, esta acción se ha realizado en todas las circunstancias humanas concebibles, desde la infancia y, antes, hasta la vejez extrema y más allá, desde los pináculos de la grandeza terrenal hasta los refugios de fugitivos en cavernas y escondrijos. Los hombres no han encontrado nada mejor para la coronación de los reyes o para los criminales en el camino a la guillotina; para los ejércitos triunfantes o para los novios en la iglesita campirana; para la proclamación de un dogma o para una buena cosecha de trigo; para la sabiduría del parlamento de una gran nación o para la anciana enferma temerosa de la muerte; para el chico de escuela resolviendo un examen o para Colón disponiéndose a descubrir América... Podríamos llenar muchas páginas con las razones por las que los hombres lo hacen y aun así no cubrir ni una centésima parte. Lo mejor de todo es que día a día, mes a mes, durante cien mil domingos sucesivos, fielmente, en todas las parroquias de la cristiandad, los pastores han hecho esto sólo para hacer la plebs sancta Dei *—el pueblo santo de Dios.*

(Dix, p. 744)

producciones protestantes, pero más como resultado natural de la importancia que se daba, en la oración ignaciana, a imaginar lugar y circunstancia. Agregarles música (como los coros de Di Lasso a *Sansón*) contribuyó al desarrollo de la ópera y el oratorio.

En España, el auto sacramental es una evolución más directa de obras medievales, que desembocó en la vigorosa transformación de la forma inventada por Calderón (1600-1681). Éste escribió más de 70 autos, que exponen el significado de la fe pero que también son devocionales. A.A. Parker, en *The Allegorical Drama of Calderon*, dijo que fue el "dramaturgo de la escolástica [teología filosófica medieval] en general, como Dante [p. 270] fue el poeta del tomismo [Tomás de Aquino, p. 266] en particular".

Misterio medieval
En la Edad Media se usaban efectos sonoros para que los misterios fueran más realistas. Se hacía girar un barril lleno de piedrecillas para producir truenos, y se tocaban tambores y cornos.

En la medida en que el teatro se fue separando de su lugar en la liturgia y el ritual, su conexión con la religión ha dependido de la perspectiva del dramaturgo. Corneille y Racine no hubieran podido escribir como lo hicieron sin sus antecedentes cristianos. Charles Péguy (1873-1914), escritor y poeta francés, observó: "En Racine encontramos nuestras heridas, en Corneille nos descubrimos a nosotros mismos". Para R. Speaight, en *The Christian Theatre*, el *Polyeucte* de Corneille es "una de las escasas obras maestras del teatro cristiano... que ocupa, solo, un lugar eminente".

En el s. XX hubo en el teatro intentos por explorar la fe cristiana entre dramaturgos que la practicaban, en especial de T.S. Eliot y Charles Williams. En TV y cine, la conexión entre la experiencia humana y Dios más allá del sentimentalismo es cada vez más rara y accidental. La "opción por la opción" (p. 316) aún significa que los que controlan los medios no consideran a Dios como una opción humana válida; pero los que están controlados por el dinero no pueden negar el espíritu humano eternamente.

Crucifixión en el cine
Rodeado de soldados romanos, Jesús carga su cruz en la película Gólgota.

La armonía de la creación se conoce como "la música de las esferas", sobre la que Thomas Browne (1605-1682) escribió:

"Hay música donde hay armonía, orden o proporción; y hasta aquí podemos mantener la música de las esferas... porque aun esa música de taberna, que pone alegre a uno, y a otro loco, enciende en mí oleadas de devoción, y una profunda admiración del Primer Compositor; hay algo en ella de la divinidad más allá de lo que el oído puede descubrir".

(*Religio Medici*, p. 111)

La música

¿Alabanza o ejecución?

EN UNA EPÍSTOLA A LOS EFESIOS (5:19), a los cristianos se les pide que "canten salmos e himnos"; y desde entonces han elevado cantos de alabanza a Dios. En los primeros tiempos se recibió el legado de la sinagoga y del templo (p. 214s.), sobre todo la entonación de salmos en una sola nota, canto conocido como gregoriano porque se asocia, de manera incorrecta, a las reformas del papa Gregorio.

También se escribieron himnos en griego (sobre la música ortodoxa, v. p. 288) y latín, muchos de los cuales aún se cantan, como *Phos hilaron*, "Gozosa luz, oh, gracia/del rostro de Dios Padre/portadora del esplendor eterno"; o *Rerum Deus tenax vigor* (escrito quizá por Ambrosio [340-397]): "Dios mío, fuerza secreta de la creación, /inamovible origen del movimiento".

Ambrosio ayudó a Agustín (p. 258) a convertirse al cristianismo, y para éste la música era un regalo de Dios: "Ésta es la forma de cantar que Dios os da; no busquéis palabras. No es posible explicar en palabras los sentimientos que agradan a Dios, así que, glorificadlo con vuestro canto jubiloso... ¿Qué es este júbilo, este canto exultante? Es la melodía que significa que nuestro corazón estalla en sentimientos indescriptibles. ¿Y a quién pertenece este júbilo? A Dios, por supuesto, que es inexpresable. ¿Y acaso inexpresable no significa que no se puede decir? Si las palabras no vienen y no podéis permanecer en silencio. ¿Qué otra cosa se puede hacer si no dejar que salga la melodía? ¿Qué otra cosa cuando el corazón jubiloso no quiere dejarse aprisionar por la palabra? ¿Qué más que 'cantar con júbilo?'" (*Sermon on Psalm* 32, 1.7-8).

El Mesías de Händel
Lutero tuvo la percepción de que la música puede contar el relato de Dios. Esto culminó en obras que se convirtieron en grandes oratorios, como el Mesías *de Händel, un fragmento de cuya partitura original incluimos aquí.*

Se pensaba que la música ponía a la gente en armonía con la creación entera y con Dios. Thomas Browne escribió sobre la música en armonía con la creación (recuadro a la izquierda), pero la polifonía (voces simultáneas con notas diferentes pero armónicas) había sido inventada mucho antes, reforzando el sentido de la sinfonía (del griego *syn*, "con", *phone*, "voz") en la creación de Dios. El que Lutero impulsara la música en la liturgia hizo surgir a compositores como J.S. Bach (1685-1750), quien escribió al margen de las reglas del acompañamiento: "El fin y la meta del bajo continuo no es más que honrar a Dios". Lutero (recuadro a la derecha) creía que las personas debían acercarse a Dios en su lengua y no en latín. Promovía el canto de himnos; escribió el texto y música de *Ein feste Burg ist unser Gott* ("Nuestro Dios es una segura fortaleza"). En el otro extremo de la Reforma, los católicos romanos también se percataron de lo que la música podía ofrecer al relato de Dios y como ayuda para que las personas entonaran alabanzas. Sobre todo, favoreció que el marco de la liturgia para la Eucaristía, y la misa, fuera cada vez más espléndido. El Concilio de Trento declaró: "En el caso de las misas que se celebran con cantos y con órgano, que nada profano se mezcle, sólo himnos y divinas alabanzas. El plan de los cantos debe constituirse no para dar un placer hueco al oído, sino de forma tal que las palabras sean comprensibles para todos, y así el corazón de los escuchas pueda ser atraído al deseo de las armonías celestiales, en la contemplación de la alegría de los benditos" (Hayburn, pp. 25-31).

Toda esta efusión musical era espléndida, pero ¿se trataba de glorificación o de ejecución? Mucho antes de que la música se desbordara en tantas direcciones, el reformista John Wycliffe (*c.* 1330-1384) observó: "Cuando hay cuarenta o cincuenta en el coro, tres o cuatro tunantes realizan la liturgia más devota con tales falsetes que nadie puede oir las palabras; los demás permanecen mudos y los miran como tontos".

Para que la música estuviera al servicio de todos, se incursionó en la música congregacional. Se produjeron versiones métricas de los salmos y se escribieron nuevos himnos. En el caso de John y Charles Wesley (p. 296; tan sólo Charles escribió más de cinco mil), no escribieron sólo himnos agradables al oído, también contenían enseñanzas bíblicas. Cuando John Wesley reunió su *A Collection of Hymns for the Use of the People Called Methodists* (1870), escribió: "Los himnos no han sido reunidos con descuido, sino clasificados bajo encabezados, según la experiencia de verdaderos cristianos" (Manning, p. 11).

En 1940, se fundó una comunidad llamada Taizé para salvar el abismo entre protestantes y católicos: su música reúne a las personas en el reconocimiento de Dios. También se centra en la forma en que la música es genuinamente ecuménica (del griego *oikumene*, "mundo habitado"). No se trata de una música dirigida a una audiencia externa, sino dentro de la sinfonía que puede ser considerada como la naturaleza de Dios:

> *¿Qué es esto enorme? Dios, si queréis. ¿Cómo es él-ella-ello? Yo diría —dijo Enderby pensativo—como una gran sinfonía, la página de la partitura infinitamente larga, extenso el número de instrumentos pero unidos en un gran todo. Esta gran sinfonía se toca por sí sola eternamente. ¿Y quién la escucha? Se escucha a sí misma. Goza de sí misma eternamente. Le importa un comino si la escucháis o no.*
>
> (Burgess, p. 31)

Abide With Me
El himno cristiano Abide With Me *se canta en ocasiones seculares, sobre todo en juegos de futbol. Con la música y los himnos las emociones humanas se conectan con Dios, ya se trate de revivals, cantos gregorianos, coros carismáticos u otra clase.*

Durante la Reforma, Lutero (p. 290s.) comprendió el poder de la música:

"Después de la palabra de Dios, la música merece los más elevados elogios. Es la tutora de las emociones humanas... ejerce control en las personas o las avasalla... Ya sea que queráis confortar al afligido, suprimir la frivolidad, alentar al desesperanzado, domeñar al orgulloso, apaciguar al apasionado o calmar al que está lleno de odio, ¿qué mejor medio podríais hallar?".

(Blume, p. 10)

ENFRENTE:

La Jerusalén de Blake
William Blake dijo de sí mismo: "La inspiración y la visión eran, son y espero que serán siempre, mi elemento, mi eterno lugar de morada".

Arte y sentimientos
Al expresar los sentimientos asociados a los sucesos, el arte puede recrearlos en los demás, como en esta escultura de Miguel Ángel, de Jesús al bajar de la cruz.

El arte

Instrucción y visión

EL POETA WILLIAM BLAKE (1757-1827), para quien el propósito del arte es trascender lo ordinario, escribió: "¿Que alguien preguntará: 'Cuando sale el sol ¿no ves un disco de fuego?' '¡Oh, no! Yo veo una Compañía de las huestes celestiales que exclaman: ¡Santo, santo, es el Señor Dios Todopoderoso!'. No pongo en duda mi Ojo Corpóreo o Vegetativo más de lo que pondría en duda una Ventana sobre la Vista. Miro a través de ella y no con ella". De modo semejante, el crítico de arte Clive Bell concluyó días antes de la primera guerra mundial: "El arte y la religión son dos caminos por los que los hombres pueden escapar de las circunstancias y alcanzar el éxtasis".

Después de la segunda guerra mundial, Pablo Picasso (1881-1973) llegó a una conclusión diferente: "La pintura no se hace para decorar departamentos; es un instrumento de guerra para atacar y defenderse del enemigo". El arte cristiano nace entre estos dos extremos: el arte eleva a la gente por encima del mundo para tener un vislumbre de la gloria de Dios, pero también cumple otros propósitos en la afirmación del reino de Dios en la tierra, como:

❖ Instrucción: murales y vitrales tenían la función de "textos" para instruir a los fieles en los días en que no había libros.
❖ Persuasión: la vida de Cristo y, sobre todo, su crucifixión se exhibe de tal manera que resulten persuasivos para las personas, y con esto transformen su vida.
❖ Propaganda: Más allá de la persuasión, el arte puede utilizarse para que las personas se dejen seducir por la perspectiva del paraíso, o les aterrorice la idea del infierno.

All Human Forms identified even Tree Metal Earth & Stone. all
Human Forms identified, living going forth & returning wearied
Into the Planetary lives of Years Months Days & Hours reposing
And then Awaking into his Bosom in the Life of Immortality.
And I heard the Name of their Emanations they are named Jerusalem
The End of The Song
of Jerusalem

- Protesta: el arte puede ser una expresión de ira profética en contra del mal, como la corrupción en la Iglesia.
- Participación: el arte puede llevar a las personas por la escena representada hacia la realidad que yace detrás: un ejemplo obvio es las Estaciones de la Cruz pintadas en tantas iglesias: se trata de los 14 episodios de la Pasión de Cristo que desembocaron en su muerte; el objetivo es evidenciar el sufrimiento de Cristo y el alto precio pagado por la redención.
- Plegaria: el arte tiende un puente entre los hombres y Dios; el trabajo de las manos humanas los conduce hacia el Único al que se dirige, y del que provienen (como los iconos, v. p. 286s.); el arte puede ser como una ventana, tal como escribió el sacerdote y poeta George Herbert (1593-1633):

Un hombre que mira ante un cristal
puede descansar su vista en él;
mas si le place, pasar a través
y el cielo espiar.

- Interpretación: el arte toma las ideas expresadas de las escrituras y las traduce en imágenes.
- Decoración: el arte aspira a dignificar los edificios o los objetos que se relacionan con Dios; con este hecho se vinculan los mecenazgos, de enormes consecuencias económicas, y el empleo de tantas especialidades y artesanías.
- Analogía: la analogía filosófica reconoce los límites del lenguaje pero intenta decir que Dios es "algo como esto" aunque no exactamente (p. 268); el arte puede hacer lo mismo; en el *Cristo con clavos* de Mark Cazalet, Jesús cuelga de la cerca de un horno de fundición de desechos de metal, sugiriendo que de la destrucción surge vida nueva. La analogía ha llegado a ocupar un sitio muy importante en el arte cristiano desde que el cine empezó a representar a Jesús y a Dios con mayor realismo. Ha pasado del Dios que se escucha pero no se ve, a través de *El evangelio según san Mateo* de Pasolini y *Jesucristo Superestrella* a *Jesús de Montreal* —el mismo trayecto de la pintura, desde el simbolismo al realismo.

El arte cristiano puede ser la expresión directa de la alabanza, la adoración y la gloria, o cumplir otro propósito que apunte en menor grado a Dios. Lo que todo el arte tiene en común es la forma en que, al igual que la música, toca las emociones. Esto deja al arte (no sólo el cristiano) abierto a la manipulación, al intento de los artistas de controlar a las personas a través de sus emociones —es el aspecto grotesco del arte usado como propaganda ideológica.

Cuando el arte cristiano no es propaganda, es "lo invisible hecho visible", título de un capítulo del libro *Art and the Beauty of God*, de Richard Harries, que refleja el poema de Francis Thompson (recuadro a la derecha).

Oh, mundo invisible,
te vemos,
Oh, mundo intangible,
te tocamos,
Oh, mundo insondable,
te conocemos, inaprehensible,
te apresamos...
No donde nuestros
sistemas de rotación
se ofuscan,
y nuestra entumecida
imaginación
se eleva.
El batir de alas atendemos.
El roce de alas
golpea a nuestra puerta.
Los ángeles ocupan
sus antiguos sitios;
con una piedra que
levantes batirá un ala.
Es vuestro extraño rostro,
el que echa de menos
ese algo esplendoroso.

(Thompson, p. 132s.)

ENFRENTE:

Cristo clavado
Ésta es una de las 14 Estaciones de la Cruz de Mark Cazalet, pintadas en 1999; todas se ubican en Londres, resaltando lo mismo que la encarnación china y la crucifixión africana (pp. 242-243).

Madona y el niño
Este icono serbo-bizantino es de 1350. Se usaba colgar iconos de María en los muros de la ciudad para protegerla contra atacantes. Se creía que algunos no eran hechos por manos humanas: el artista, era sólo agente del Espíritu Santo.

Iconos

Veneración y adoración

EN EL ARTE, DENTRO DE LA HISTORIA DEL CRISTIANISMO, a menudo ha surgido el tema de la idolatría, o la veneración a una imagen. Ésta fue una de las razones del rompimiento entre el cristianismo oriental y el occidental. Este cisma (p. 248) pareció girar en torno a asuntos de autoridad, doctrina, y al uso de imágenes. Cuando el enviado del papa proclamó el cisma en Constantinopla, en 1054, criticó a los griegos por mostrar a Jesús en la cruz, implicando con esto que había muerto y que no resucitó.

En esa época las pinturas griegas conocidas como iconos estaban muy arraigadas. Representaban a Dios, los ángeles, los santos y diversos temas sacros y, además, se exhibían en las iglesias. Los iconos se utilizaban en la liturgia y en la devoción personal, pero sólo se popularizaron tras muchos debates. Las objeciones eran: primero, que no se puede representar a Dios en una pintura y, segundo, aun siendo posible hacerlo, cualquier devoción hacia ella sería idolatría —la terrible ofensa que se condena en la Biblia (p. 183).

En el antiguo arte cristiano no se intentó representar a Jesús ni los sucesos de su vida; en su lugar se usaban símbolos (como un pez, porque las letras griegas de *iktus*, "pescado", son las iniciales de Jesucristo Hijo de Dios el Salvador). Pero cuando el cristianismo fue la religión del Imperio romano se adoptaron dos usos de imágenes:

- Para conmemorar a los muertos: la veneración de los santos a través de iconos se desarrolló hacia el s. III, a partir de la veneración a los muertos con retratos colocados en su tumba; práctica romana.
- Para que el pueblo tuviera presente el poder del emperador: desde la época de Diocleciano (245-313) se empezó a enviar imágenes del emperador a las provincias para que se les rindiera homenaje en señal de lealtad.

En la imagen aparecen los rasgos del emperador, de modo que cualquiera que la mire lo reconocerá... Esta imagen podría decir: "Yo y el emperador somos uno"... Aquel que honra el icono imperial honra al emperador.

(Belting, p. 153)

Basándose en esto, Atanasio (p. 253) argumentó (recuadro a la izquierda) que Basilio había mostrado que esto era aplicable a Dios sin pretender que por ello se dividiría en partes:

Tal como nadie pensaría, al mirar la imagen imperial y reconocer al emperador, que hay dos emperadores, la imagen y el emperador real, es la misma situación aquí. Si la imagen del emperador es una (porque la imagen no ocasiona la multiplicación del emperador), lo mismo se puede decir del divino logos y de Dios.

(Belting, p. 152s.)

Según esto, lo representado por un icono puede considerarse presente a través de él. Mientras más alegaban los teólogos que la esencia de Dios no puede conocerse, más útiles eran los iconos para la veneración, tal como descubrió Seudo-Dionisio (p. 250): "Es casi imposible que los hombres podamos contemplar a las jerarquías celestiales sin ayuda de los medios materiales capaces de guiarnos como nuestra naturaleza lo requiere" (Belting, p. 249). Algunos objetaron que Dios no puede ser representado lo mismo que un emperador. Es verdad, pero así como la encarnación de Cristo muestra a Dios unido a la naturaleza humana, de igual modo un icono muestra a Dios unido a su objeto creado —sin que la esencia de Dios se vea dividida o disminuida.

Como los iconos pertenecen a Dios o al dominio espiritual, y por tanto son sagrados (cfr. p. 188s.), se creía que tenían gran poder, incluso se pensó que eran creados milagrosamente, y se conocieron como *akeiropoieteis*, "no hechos con las manos" (texto a la izquierda). Por lo tanto fueron reverenciados, pues así como los Evangelios son honrados porque la Palabra de Dios salva, también los iconos pueden ser reverenciados porque Dios salva a través de ellos (el argumento del Sínodo de 869). Pero ¿venerados en qué forma? Ésta era la cuestión divisoria. La sospecha de idolatría no desapareció, y hubo dos periodos durante el imperio oriental (las controversias iconoclásticas, 726-787 y 813-843) en que los iconos fueron prohibidos y destruidos, en la época en que el islamismo, junto con su feroz rechazo a la idolatría (p. 321), amenazaba las fronteras.

A la larga, se hizo una distinción entre veneración y adoración: respetar y honrar realidades divinas y espirituales por medio de iconos es distinto a venerar a un icono como si fuera la realidad que se ha de alabar, distinción muy importante en las religiones de la India. Esta distinción fue citada en una resolución del segundo Concilio de Nicea, en 787 (recuadro a la derecha). Sobre esta base, los iconos se convirtieron en "ventanas a la eternidad", el acceso en la tierra a Dios y las cosas de Dios.

Hablando de "imágenes de nuestro Señor, Dios y salvador, Jesucristo, y de nuestra Señora sin mácula, la santa portadora de Dios, y de los ángeles reverenciados y de cualquiera de los santos", el segundo Concilio de Nicea declaró:

"Mientras más sean vistos en el arte representativo, quienes los ven los recordarán más y anhelarán a los que les sirven de modelo y más rendirán a estas imágenes el tributo de la veneración. No se trata de la plena adoración en concordancia con nuestra fe, que sólo se le rinde a la naturaleza divina, pero es semejante a la que se rinde a la figura de la cruz, dadora de vida, y también a los libros santos de los evangelios y a otros objetos del culto sagrado".

Icono de Cristo
Cristo representado como hombre sabio y maestro en este icono procedente de Macedonia, 1393-1394.

De Grecia a Rusia

Encarnación, libertad y belleza

EN EL CRISTIANISMO ORTODOXO los iconos inspiran devoción y por ello son importantes en la liturgia (p. 278). También lo es la música. En el s. VI, griegos como Anastasios, Kyriakos y Romanos (apodado Melodos por sus grandes aptitudes) crearon unos cantos llamados *Kontakia* (del griego *kontos*, la varilla para enrollar textos), poemas en los que cada verso lleva el mismo estribillo, donde relatan las escrituras para alentar una mayor comprensión de Dios (recuadro a la izquierda). La belleza de la liturgia griega no tardó en difundirse por el mundo. Emisarios enviados por Vladimir de Kiev en el s. X para evaluar otras religiones dieron notas muy bajas al judaísmo, al islamismo e incluso al cristianismo occidental. Pero al llegar a Constantinopla, la capital del imperio bizantino, fueron sobrecogidos por la liturgia en la catedral de Hagia Sofia (Santa Sabiduría): "No sabíamos si estábamos en el cielo o en la tierra, porque semejante belleza no existe en la tierra y somos incapaces de describirla. Lo único que sabemos es que Dios se encuentra entre esas personas".

En 988 Vladimir proclamó que el cristianismo griego sería la religión de su reino, esto se prolongó aun después de que Moscú pasara a sustituir a Kiev como capital, en el s. XIV. La veneración de iconos siguió siendo un camino hacia Dios, al igual que el quietismo hesicasta (p. 250) en la oración. Sin embargo, surgieron concepciones netamente rusas de Dios, una de las cuales fue el modo de vida de los *startsi* (pl. de *staretz*, "anciano"), quienes por su santidad se convirtieron en símbolos de Dios. Serafín de Sarov (1759-1833) pasó años en oración en su monasterio, casi aislado, hasta que salió para compartir a Dios con los devotos: vivió el significado de la vida poseída por el Espíritu Santo. En una conversación con Motovilov, en 1831, dijo: "La oración, la vigilia, el ayuno y todas las demás prácticas cristianas son buenas, pero no son nada si no son un medio para alcanzar al Espíritu Santo".

Todo esto fue conocido por un hombre que, en 1849, fue llevado a la plaza Semionovski en Moscú para ser fusilado. A él y a otros 16 supuestos revolucionarios se les permitió besar una cruz. A tres de ellos les vendaron los ojos. Escucharon la orden: "¡Apunten!" Transcurrió un largo minuto. Luego les dijeron que serían perdonados y enviados a Siberia. El hombre era Dostoievski (1821-1881). Esta experiencia grabó con fuego, en lo profundo de su ser, la incondicional autoridad del mandato de Cristo a perdonar y amar —así como la complejidad del alma

Romanos resalta la paradoja de la encarnación en la Natividad:

"*Hoy la Virgen da a luz*
a aquel que está
por encima de todo
lo que existe,
ángeles y pastores
dan gloria, y magos
viajan con una estrella,
porque por nosotros
ha nacido un niño,
Dios antes de los tiempos...

Belén ha abierto el Edén,
ven, vamos a ver; nos deleita
el secreto, ven, recibamos
las alegrías del Paraíso
dentro de la cueva...
Para esto, vayamos
rápido a este lugar
donde ha nacido un niño,
Dios antes de los tiempos...

Los reyes de Oriente
buscan tu rostro,
y los ricos de tu pueblo
piden verte,
porque en verdad
tu pueblo son quienes
han sabido de ti
como un niño,
Dios antes de los tiempos..."

(Lash, pp. 3, 5)

humana. ¿Dónde entra Dios aquí? *Pobres gentes* (1864) retrata la vida como contradictoria en su búsqueda de intereses egoístas: una parte hace gala de racionalidad y justifica el usar a los demás para determinados fines; la otra, menosprecia a la razón y trata a los demás como enemigos. Dostoievski afirmaba que la censura le había prohibido incluir una tercera opción: la fuerza del amor cristiano (recuadro a la derecha). Pero nunca reincorporó los pasajes suprimidos cuando pudo hacerlo. Su confusión prevaleció: ¿dónde está Dios en medio de la oscuridad? El tema sigue presente en *Crimen y castigo* (1866), *El idiota* (1868), *Los demonios* (1871) y sobre todo en *Los hermanos Karamazov* (1880), donde confronta al disoluto padre Karamazov con el admirable *staretz* Zosima, para quien la virtud que él encarna emerge en felicidad y gozo:

¡Esos cochinos censores! Cuando me mofé y blasfemé en honor a la forma, eso sí se permite; cuando deduje la necesidad de la fe y de Cristo, eso lo suprimen.

Las personas están hechas para la felicidad... Todos los justos, todos los santos, todos los mártires eran personas felices.

El infierno es entonces la incapacidad de amar, que hace que la gente deje de compartir las cargas de unos y otros, y se conviertan en individuos aislados, no relacionados por amor, sino seres solitarios atentos a sus intereses egoístas.

En cambio Dios es la posibilidad de la verdadera virtud. Alyosha, uno de los hermanos, se acerca a ella. Pero ¿tomarán los hombres el riesgo de Dios? Para Dostoievski la libertad humana es algo tan imponente que la mayoría prefiere renunciar a ella. Esto se compendia en la "Leyenda del Gran Inquisidor", luego que Iván, el hermano mayor, sondea a Alyosha al preguntarle si, en el caso de saber por anticipado que un solo niño fuera a pasar por un gran sufrimiento, reclamaría al universo. Alyosha admite que no lo haría, pero sugiere que Iván se olvidó de Cristo. Iván narra la historia de un Gran Inquisidor para demostrar que la Iglesia católica ha sometido a Cristo a sus propios fines: el milagro, el misterio y la autoridad rechazados por Cristo en las tentaciones del desierto (p. 238) son utilizados por la iglesia para quitar a la gente el peso del libre albedrío y la elección. Cristo se rehusó a despojar a las personas de su libertad, dejándoles abierto el camino para que busquen la victoria de la belleza que algunos alcanzan: "Lo pavoroso es que la belleza es misteriosa y terrible. Dios y el demonio pelean ahí, y el campo de batalla es el corazón humano".

Escuadrón de fusilamiento
Una ejecución como la que enfrentó Dostoievski fue pintada por Goya (1746-1828) en 1814, cuando la rebelión en Madrid contra los franceses fue apagada con ejecuciones en 1808. Goya tenía la misma pasión realista que Dostoievski contra la crueldad humana y la maldad, ante las cuales la razón es impotente: "El Sueño de la Razón produce monstruos".

Lutero y Calvino

La Reforma

En 1517 Martín Lutero (1483-1546), un agustino (p. 262) profesor de teología, clavó a la puerta de su iglesia, en Wittenberg, 95 tesis que criticaban las indulgencias. De hecho, quizá sólo las hizo circular para discutirlas. Ya antes había distribuido 97 tesis con el mismo fin, en las que afirmaba que la gente no se salva por sus obras meritorias, o por haber recibido de la iglesia la remisión de penitencias por sus faltas, sino sólo por la voluntad de Dios.

Con esto, Lutero puso en evidencia el modo en que la iglesia se había apoderado del control de la salvación. En aquel sistema las personas nacen en pecado "original" porque provienen de la falta cometida por Adán y ésta se transmite a sus descendientes. Su efecto se elimina con el bautismo. Pero ¿qué hay de los pecados cometidos después del bautismo? La confesión de los pecados elimina la culpa y la penitencia paga el castigo. Si algún castigo quedara pendiente después de la muerte, podría ser pagado con el sufrimiento del Purgatorio (cfr. Dante, p. 271) o cancelado con indulgencias.

Las indulgencias se basaban en la creencia de que Cristo, María y los santos acumularon un gran caudal de méritos a los que la iglesia podía recurrir para "pagar" los castigos pendientes, tanto de los vivos como de los muertos que estaban en el Purgatorio. El pecado podía ser perdonado pero había que pagar el castigo. La Iglesia, con su devoción a María y los santos (y con la esperanza de su ayuda), se había convertido en "un culto de los vivos al servicio de los muertos". Lo primero que desencadenó la protesta de Lutero fue la venta de indulgencias, con esta promesa:

Tan pronto cae la moneda
al cepo, tintineando
En el Purgatorio
un alma está brincando.

Pero sus protestas eran más de fondo, porque las indulgencias hicieron surgir la pregunta acerca de la naturaleza de Dios y cómo encuentran los hombres la salvación. La Iglesia, influida por

Tríptico de Cranach *Esta obra de Cranach (1515-1586) muestra a los grandes reformistas, basando todo cuanto hacen en la crucifixión de Cristo, predicando la bondad de Dios. En palabras de Agustín (pp. 258-261): "La gracia es otorgada no para recompensar las buenas obras sino para poder hacerlas —no porque guardemos la ley sino para poder hacerlo" (Agustine, On the Spirit and the Letter 17).*

el neoplatonismo (p. 250) llegó a considerar a Dios como la meta de una búsqueda espiritual que los hombres, aunque entrampados en el pecado, pueden emprender. La gente recibe la ayuda de Dios (*gratia*, "gracia") a través de Cristo y los sacramentos, sobre todo el bautizo, la penitencia y la representación del sacrificio de Cristo durante la misa. La gracia permite a la gente vivir a modo de ganar méritos. Por tanto, la fe es fundamental, pero no suficiente. Ha de ser perfeccionada por el amor —la fórmula de Tomás de Aquino (p. 266): *fides caritate formata*, "la fe formada por el amor": la fe es el material básico con el cual el amor da forma a su expresión, como la arcilla es la materia a la que el artesano le da forma de vasija (texto a la derecha).

¿Cómo tener la certeza de haber realizado suficientes obras buenas como para merecer la salvación? Esta pregunta inquietó a Lutero desde que era un joven monje (recuadro a la derecha). Él encontró la respuesta —y Dios lo encontró a él— remitiéndose a las escrituras. Admitía que no sabemos nada "de la incomprensible e inescrutable voluntad de Dios" y que "aspirar a una perfecta comprensión [de Dios] es un trabajo peligroso en el que tropezamos, caemos y nos rompemos el cuello... Cegatos como topos miramos la majestad de Dios" (*Table Talk* 118).

En tal caso no hay nada en lo que nos podamos apoyar, a no ser en lo que Dios ha revelado: las escrituras y nada más (*sola scriptura*). Por eso Lutero tradujo el Nuevo Testamento al alemán, para que todos pudieran tener acceso a Dios a través de la Palabra. Las escrituras revelan que Dios ha actuado para salvarnos no como consecuencia de obras meritorias, sino porque es su voluntad hacerlo. Esto se hace sólo por la gracia (*sola gratia*), a la que los hombres responden sólo con fe (*sola fide*). Pero la fe no es un asunto de aquiescencia sobre la que el amor construya. La fe es la confianza total y absoluta, de la que fluye el amor como un manantial (*quellende Liebe*).

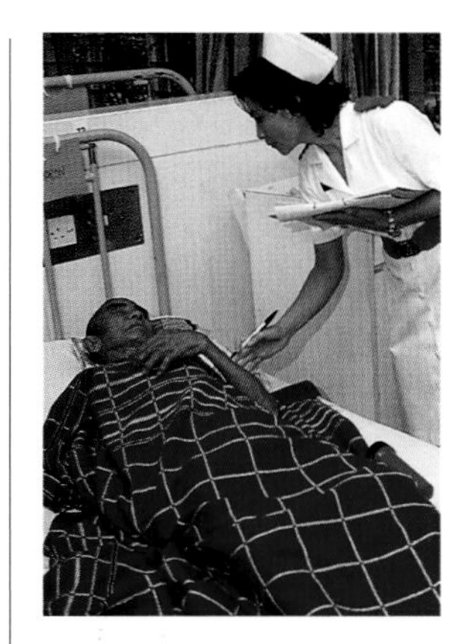

Buenas obras
Según Tomás de Aquino, el bautismo elimina la falta heredada de Adán, pero la gente debe seguir trabajando para darle a su vida una forma que amerite la salvación. Ello significa que nadie puede estar seguro que ha hecho bastante hasta el juicio final: no hay garantía de salvación.

Lutero escribía cuando era necesario, y la imprenta difundía sus palabras. El francés Juan Calvino (1509-1564) puso orden a estas ideas, en ediciones sucesivas de *Institución de la religión cristiana*. Calvino reconoció la soberanía de Dios sobre la vida y la supremacía de las escrituras como única regla de fe y de práctica, una autoridad confirmada por el Espíritu Santo. Los efectos de Dios son visibles en la creación, pero es imposible comprender lo revelado sobre Dios sin los "anteojos" que dan las escrituras. Las personas pecadoras, perdidas en el laberinto de la maldad, sólo pueden ser liberadas por el mensaje bíblico que, como el hilo de Ariadna, las conducirá a la salvación. Todo esto está en manos de Dios. Los seguidores de Calvino desarrollaron por ello doctrinas contundentes sobre la predestinación de los elegidos a la salvación y a la condenación. Para Calvino como para Lutero la salvación conduce a la unión con Cristo a través del Espíritu, con lo cual los hombres encuentran la paz en Dios e inician una nueva vida.

En uno de sus sermones Lutero habló de su vida anterior:

"Durante más de 20 años en el claustro... busqué a Dios con afán y severas mortificaciones corporales, con ayunos, desvelos, cantos, plegarias. Perdí el tiempo y no encontré al Señor. Mientras más lo buscaba y más cerca creía estar de él, más me alejaba. No, Dios no nos permite encontrarlo así. Debe venir y encontrarnos. No podemos perseguirlo y apoderarnos de él. No es lo que desea".

(Twentieth Sunday After Trinity)

Teresa y Juan

Las heridas del amor

Lutero y Calvino no fueron los únicos que buscaban reformar la Iglesia, pero en su caso esto desembocó en una inevitable ruptura con la Iglesia y el papa. Otros también sentían la necesidad de una reforma pero esperaban que pudiera hacerse bajo la égida papal. Entre ellos Erasmo (*c.* 1466-1536), "el hombre más sabio de la cristiandad", señaló con brillantez las múltiples fallas de la Iglesia, esperando que se reformara por sí sola. El Concilio de Trento (entre 1545 y 1563) dio algunos pasos en esa dirección, aunque reafirmó las indulgencias, el purgatorio y la veneración de los santos, el sistema que Lutero objetaba porque parecía convertir a Dios en el gerente de un supermercado de la salvación (p. 290).

Para otros, al reafirmarse la autoridad papal se allanó el camino a una nueva confianza en vivir una vida centrada en Dios y dirigido por él. Surgieron nuevas órdenes religiosas (p. 294s.) y otras se reformaron, como la de los carmelitas en España.

En 1535, Teresa (más tarde santa Teresa de Jesús, 1515-1582) ingresó en el convento carmelita de la Encarnación, en Ávila. Luego de años de poca disciplina, se sintió impulsada a una vida más estricta por algunas experiencias visionarias respecto a Dios (p. 41). En 1562 fundó el convento de San José en Ávila, la primera de las casas de las carmelitas reformadas (llamadas "descalzas"). Al mismo tiempo escribió varios libros para las monjas, en especial su autobiografía, *El camino de la perfección* y *Las Moradas*. En ellos trazó la vida espiritual, desde sus inicios hasta la unión con Dios en el "matrimonio espiritual", ilustrando sus etapas (recogimiento, silencio y unión) a partir de su experiencia.

Las reformas de Teresa encontraron mucha oposición, pero hubo un monje que la apoyó, Juan de la Cruz. Se había unido a los carmelitas en 1536, pero a punto de abandonarlos debido al relajamiento de la orden, Teresa lo convenció de que apoyara su reforma. Y así lo hizo, por lo cual fue encarcelado y desterrado por sus oponentes. Por la pasión en ambos sentidos (sus sufrimientos y su amor por Dios) su vida cambió y escribió sobre la obra de Dios en el alma.

Los escritos de Juan de la Cruz muestran cómo llegó al Dios viviente cuya vida es amor, un amor que busca al amado. Son, además, extensos comentarios sobre sus propios poemas. El *Cántico espiritual* despliega el amor del Cantar de los Cantares bíblico:

Una monja carmelita, Ruth Borrows, describe el anhelo de Dios en Teresa:

"Lo que hacía de Teresa una gran mística, una apasionada de Dios, está a nuestro alcance por el sendero de oración constante; humilde perseverancia y generosidad en la realización de la voluntad de Dios, y un esfuerzo por amar a los demás como Jesús nos amó. La Teresa de las visiones y los éxtasis (p. 41) está fuera de nuestro alcance; un objeto de admiración, pero inescrutable. La Teresa real nos dice: la verdadera unión es alcanzable, 'con ayuda de nuestro Señor, si verdaderamente nos esforzamos por ella si sometemos nuestra propia voluntad a la de Dios, sea cual sea... ¡Oh, cuán deseable es esta unión! ¡Feliz el alma que la ha alcanzado!' Y también: 'Rogad al Señor que os dé amor perfecto por vuestros semejantes y dejad el resto a él'".

(Burrows, p. 9)

Cuando tú me mirabas,
su gracia en mí tus ojos imprimían
por eso me adamabas
y en eso merecían
los míos adorar lo que en ti vían.
No quieras despreciarme;
que, si el color moreno en mí hallaste
ya bien puedes mirarme
después que me miraste,
que gracia y hermosura en mí dejaste.

En una noche oscura
con ansias en amores inflamada,
¡oh dichosa ventura!
salí sin ser notada,
estando ya mi casa sosegada.

(*Llama de amor viva*)

La *Subida del Monte Carmelo* y la *Noche oscura del alma* exploran el poema que "se goza de haber llegado al alto estado de perfección, que es la unión con Dios, por el camino de la negación espiritual" (recuadro a la derecha). La *Llama de amor viva* explica el poema que comienza:

¡Oh llama de amor viva,
que tiernamente hieres
de mi alma en el más profundo centro!
Pues ya no eres esquiva,
acaba ya si quieres,
rompe la tela de este dulce encuentro.

Juan y Teresa
Ambos reciben sus misiones de Cristo y responden: "Cantaré las mercedes del Señor eternamente".

La herida es real. Amar a Dios así exige la pérdida de todo lo que es inferior a Dios —incluso las propias ideas acerca de él— y ésta es la *Noche oscura del alma*. No es ningún tipo de depresión, sino el comprender que incluso Dios parece haberse ido —sólo para atraernos más, llevándonos de la oscuridad a la luz—: "Si el Dios vivo, y nuestra imagen de él, ha de llenar el vacío del espíritu humano, aun esa imagen —lo más que nos hayamos acercado a Dios— quizá sea necesario que la desmantelemos... Más tarde, cuando Juan tuvo tiempo para relatar esta experiencia en prisión, la percibió como 'la madre amante de la gracia de Dios, que lo deshace para recrearlo'" (Matthew, p. 83).

¡Oh lámparas de fuego,
en cuyos resplandores
las profundas cavernas del sentido,
que estaba obscuro y ciego
con extraños primores
calor y luz dan junto a su querido!

Tanto para Teresa como para Juan, Dios no era una verdad que hubiera que examinar, sino una Verdad para ser vivida diariamente y para siempre.

Ignacio

La visión jesuítica

En marzo de 1522 un joven cortesano y soldado se arrodilló ante la Virgen Moreneta de Montserrat, una figura de madera del s. XI que visitaban muchos peregrinos, y le ofrendó su daga y su espada. Ya había regalado su mula y sus ropas. Acababa de emprender una campaña por completo diferente. Era Ignacio. Teresa de Jesús y Juan de la Cruz aspiraban a la conversión de las órdenes religiosas: él buscaba un nuevo tipo de orden. Nacido en 1491 con el nombre de Íñigo de Óñez y Loyola (Ignacio es la forma latina), primero fue soldado, con afición a las mujeres, los duelos y los pleitos. Pero a consecuencia de una herida pasó por una larga convalecencia. Y no teniendo otra cosa que hacer, leyó una Vida de Cristo y biografías de algunos santos —las encontró apasionantes mas no en el sentido convencional. Las proezas en la batalla y las aventuras amorosas no eran nada comparadas con la emoción que le produjeron la historia de Francisco y Domingo (p. 262). Al discernir ese sentimiento en su interior, ya había comenzado lo que llegó a ser una parte vital de la oración ignaciana, el discernimiento de lo que Dios hace dentro del alma.

Ignacio de Loyola
Nació en 1491 con el nombre de Íñigo de Óñez y Loyola, que más tarde cambió a la forma latina Ignatius —Ignacio.

Al recuperarse lo suficiente, realizó el viaje a Montserrat a ofrecer su vida a Dios. De ahí se fue a Manresa, donde vivió de la mendicidad. Aunque le repelía ese modo de vida, y llegó a pensar en el suicidio, también empezó a experimentar el significado profundo de la Trinidad, la creación y la humanidad de Cristo. En una cueva cerca del río Cardoner, todo esto se vio confirmado en una visión que dio sentido a su vida. A través de la oración empezó a buscar y a encontrar a Dios en todas las cosas, y a ver a Cristo como el benévolo Señor que llama a los hombres a trabajar con él para extender el reino de Dios.

Ignacio empezó a escribir lo que aprendió de la visión de Manresa en el libro que culminó como *Ejercicios espirituales*, el cual contiene ejercicios o diversas formas de oración, organizados por temas y diseñados para usarse varias veces al día durante 30 días. Ayuda a los que los practican a sondear la profundidad de su fe o de sus dudas, a emprender el viaje al lado de Cristo y empezar a entender lo que ese viaje puede significar en su vida, sus valores y vocación. Pueden realizarse como parte de la vida cotidiana, o lejos de ella, en un monasterio o en un retiro. En ambos casos un "director" guía a las personas, les sugiere qué ejercicios hacer y les ayuda a discernir qué es lo que Dios les pide.

Karl Rahner
Jesuita que exploró los fundamentos filosóficos de la teología cristiana (1904-1984). Ésta debe comenzar en los hombres con su conocimiento y experiencia del mundo, de unos con otros y de sí mismos. Los hombres vienen a conocer a Dios, no tratando de resolver los acertijos de la enseñanza (doctrina) cristiana, sino ampliando su conocimiento del mundo y de sí mismos hasta sentir que trascienden su conocimiento inmediato. Entonces pueden olvidarse de sí mismos y comenzar a conocer a Dios en la fe, la esperanza y el amor. Tal es el significado de la vida espiritual.

Los *Ejercicios* se basan en la certeza de que todos pueden conocer a Dios y son conocidos por Dios: Dios está comprometido siempre con ellos. El objetivo es "alabar, reverenciar y servir a Dios" a través de una conversión que los *aleje* de todos los apegos egoístas y los conduzca *a* la libertad que contribuya a una "colaboración agraciada" con el Espíritu. Cualesquiera que sean las decisiones que se hagan después, quienes hacen los ejercicios se dan cuenta de que en *toda* vida actúan "dos conjuntos de valores, dos sabidurías" (cfr. Agustín, p. 262), y que seguir al Cristo de los evangelios es un asunto peligroso. Que vale la pena correr el riesgo es una gracia que llega y se profundiza en la segunda y tercera semanas. Se presenta de manera diferente en cada persona, porque Dios no presta atención por mandato: "Dios actúa según su soberana libertad y su acción no puede ser programada" (Ivens, p. 69). Pero es *Dios* quien actúa en la gente y cuyo camino interior se puede discernir. Ignacio se apegó a esta verdad por el resto de su vida. Realizó peregrinaciones a Tierra Santa, estudió en París y terminó viviendo en Roma. Un pequeño grupo se unió a él, y juntos formaron la Compañía de Jesús, reconocida por el papa en 1540.

A los jesuitas los une la obediencia al papa, así como la convicción de que deben ir a promover la fe a donde sean enviados. Estuvieron entre los primeros misioneros en América y la India, Japón y China. En el centro de la visión jesuita está el amor de Dios por el mundo. Por eso la vocación jesuita es estar siempre *in via*, "en camino" hacia cualquier sitio donde la gloria de Dios se pueda proclamar. Un jesuita del s. XX, Karl Rahner, describió así la experiencia ignaciana:

> *Dios "se vuelve carne" en su criatura mas ésta no titubea al acercarse a Dios; más bien, por vez primera, experimenta su verdadero valor: ésta es la experiencia, pero no es toda. Por incomprensible que parezca, el descenso de Dios a la finitud tiene lugar a través de su criatura, que ha alcanzado su presencia. El Dios sin nombre, incomprensible, inflexible, incalculable no desaparece de la vista de la persona que ora y actúa, Dios no se vuelve como el sol que hace que todo sea visible pero él mismo no lo es... La criatura que es señalada entre todas las demás con el premio de su amor aparece en esta luz incesante como la amada y preferida, elegida para la existencia entre múltiples posibilidades vacías... Es digna de amor, hermosa, de validez extrema y eterna, porque Dios mismo puede cumplir, y lo hace, el inconcebible milagro de su amor entregándose a su criatura.*
>
> (Rahner e Imhof, p. 18)

El nombre "metodista" fue usado por Wesley y otros cuando eran estudiantes en Oxford, "como alusión a la antigua secta de médicos (éstos enseñaban que casi toda enfermedad puede ser curada con un método específico de alimentación y ejercicio) porque observaban un método más regular de estudio y comportamiento que el usual entre sus contemporáneos".

(*The Character of a Methodist*, 1747)

John Wesley

Una urgencia de salvación

IGNACIO DE LOYOLA NO FUE EL ÚNICO QUE INSPIRÓ A MISIONEROS. También lo hicieron los hermanos John y Charles Wesley (1703-1781, 1707-1788). Ellos experimentaron, en 1738, la conversión. El 21 de mayo de 1738, en una casa en Londres, Charles Wesley yacía enfermo y, además, desesperado por el trato que se daba a los esclavos en Georgia, en América. De repente —cuenta—, "me encontré en paz con Dios". Tres días después, "cerca de las diez, mi hermano [John Wesley] llegó cargado en hombros por un grupo de nuestros amigos y declaró: 'Tengo fe'".

John Wesley comenzó aquel día con la lectura de 2 Pedro 2:14: "Grandes y preciosas promesas os anunciamos... para que podáis recibir la naturaleza divina". Luego leyó: "No estás lejos del reino de Dios" (Marcos 12:34). Aquella tarde, cuando fue a la catedral de San Pablo, escuchó que cantaban el Salmo 130: "De las profundidades te llamo, oh, Señor: escucha mi voz". Poco después ocurrió el momento en que experimentó a Dios de manera distinta:

> *Al atardecer fui, con desgano, a la sociedad en Aldersgate Street, donde alguien leía el prefacio de Lutero [p. 290s.] a la Epístola de los Romanos. Como al cuarto para las nueve, mientras describía el cambio que Dios obra en el corazón si uno tiene fe en Cristo, sentí un extraño calor en el corazón. Sentí que sí tenía fe en Cristo, y sólo en él, para la salvación. Y tuve la certeza de que se había llevado mis pecados, los míos, y me había salvado a mí de la ley del pecado y la muerte.*

John Wesley
Se dedicó a la "prédica de campo" para transmitir la verdadera religión —"el amor de Dios y a la humanidad". "Para nosotros este amor es la medicina de la vida, el remedio infalible para todos los trastornos de un mundo trastornado" (Wesley, p. 3).

John Wesley fundó el movimiento metodista, que luego se convertiría en iglesia (recuadro a la izquierda). Se ordenó en la iglesia de Inglaterra y no tenía intención de iniciar un movimiento distinto. Mas se le acusó de fanatismo cuando apoyó a los moravos al decir que todos los cristianos deberían sentir en el corazón lo que profesan en la cabeza: "¿No podéis respaldar esto? ¿No es el lenguaje de vuestro corazón? ¿Cuándo vais a reconocer que toda nuestra preocupación es llevar a todo el mundo, a esa religión que sentís, a una religión sólida, interiorizada, vital?" (*Earnest Appeal to Men of Reason and Religion*). Para Wesley el conocimiento de Dios era no sólo una cuestión de convicción sino de profunda comprensión de que Dios se ocupa del pecado y de que el Espíritu Santo obra en la vida de los que confían en Dios. Llevó este mensaje a todo el país. Cada año recorrió a caballo miles de kilómetros, predicando hasta los 87 años (recuadro a la derecha). Este ardiente deseo de compartir la verdad de Dios, como se dio a conocer de manera única en Cristo, impulsó a misioneros a los lugares más apartados, no sólo de Inglaterra sino del mundo. La novelista estadunidense Pearl S. Buck fue llevada a China por su padre misionero. En retrospectiva, se percató de que no prestó atención a muchas de las cosas buenas de China, pero también reconoció la pasión de su padre por ayudar a que la gente experimentara la verdad de Dios, pasión que describió como "una urgencia de salvación, necesariamente una locura". Esta comprensión de Dios abarca la vida entera, pues no es una proposición que deba ser aceptada o refutada. Dios es un inmenso poder que transforma a la gente, que a su vez llevan la transformación a otros, en especial a los necesitados; por ello las misiones cristianas se esforzaron por fundar escuelas y hospitales en todas partes.

Con este espíritu John Wesley escribió su última carta —el 24 de febrero de 1791, menos de una semana antes de morir—, a William Wilberforce, quien había iniciado su campaña para abolir la esclavitud, la cual Wesley había apoyado en uno de sus más contundentes tratados, *Thoughts Upon Slavery*, en 1774. La carta decía:

Cierta vez, una dama le preguntó a Wesley: "Suponga que sabe usted que va a morir a las doce de la noche de mañana: ¿qué haría durante ese tiempo? –¿Cómo, señora? —respondió. Pues lo mismo que hago ahora. Daría mi sermón esta noche en Gloucester, y también mañana a las cinco. Después, cabalgaría hasta Tewkesbury, daría el sermón en la tarde e iría a la sociedad al anochecer. Luego iría a la casa de mi amigo Martin, que me ha invitado a cenar, conversaría y rezaría con la familia, me retiraría a mi habitación a las diez, me encomendaría al Padre celestial, me iría a dormir y me despertaría en la gloria".

> *Estimado señor,*
>
> *A menos que el Poder Divino os haya enaltecido para ser como Atanasio [p. 245], contra mundum, no veo cómo podréis llevar a buen fin vuestra gloriosa empresa de oponeros a la execrable villanía que es el escándalo de la religión, de Inglaterra y de la naturaleza humana. A menos que Dios os haya preparado para ello, la oposición de hombres y demonios os desgastará; pero si Dios está con vosotros, ¿quién puede estar en contra? ¿Son todos ellos juntos más fuertes que Dios? Haced el bien sin descanso. Continuad, en el nombre de Dios y con el poder de Su magnificencia, hasta que incluso la esclavitud en América, la más vil que jamás haya visto el sol, se desvanezca... Que Aquel que os ha guiado desde la juventud continúe fortaleciéndoos en esto y en todas las cosas, es la plegaria de...*
>
> *Vuestro afecto servidor, John Wesley*

Reunión metodista
Un predicador da un sermón a un grupo de metodistas en una reunión en Eastham, Massachusetts, en 1832. Los himnos tenían gran importancia en esas reuniones (p. 281).

Wilberforce presenció la abolición de la trata de esclavos y la esclavitud en 1807 y 1833. Los esclavos fueron liberados en Estados Unidos con la Proclamación de 1863. No obstante, hoy existen más esclavos que durante el auge de los traficantes. La oposición a este hecho continúa formando parte del relato cristiano de Dios.

Asentamiento cuáquero
Esta "casa de reunión de amigos", en New Jersey, fue erigida por cuáqueros en 1808.

América

La antigua y la Nueva Inglaterra

LAS MISIONES CRISTIANAS SE EXTENDIERON como parte de la exploración de lo que los europeos consideraron los "nuevos mundos". Pero la idea de misión no era el único motivo para que los cristianos se establecieran en esas tierras. Otra era el comercio; una más, escapar de la persecución y los conflictos religiosos de su lugar de origen. Las colonias de Norteamérica reflejaban las diferentes nociones de Dios de distintos países (recuadro, abajo).

Los cristianos llevaron consigo diferencias radicales en la noción de Dios y en su manera de relacionarse con el mundo. Un ejemplo es el de los puritanos —Perry Miller y Thomas Johnson escribieron (p. 1) que "sin una comprensión del puritanismo... no se puede comprender a América"—, que surgieron en Inglaterra hacia 1560 como la "casta más violenta de protestantes". Como tales, aceptaban el principio de la gracia de Dios, por la cual las personas son absueltas sólo por la fe (p. 291); como Lutero lo había expresado: "No hay más inicio que cuando el Rey viene a vosotros y comienza a trabajar en vosotros... No sois vosotros quienes lo buscáis, él os busca, y cuando no viene, permanecéis fuera".

COLONIAS EN NORTEAMÉRICA

De sur a norte en la Costa Este, estos asentamientos reflejaban la forma como se veneraba a Dios "en casa".

- ✝ **COLONIA INGLESA, VIRGINIA:** Ésta pretendió imponer el episcopalismo anglicano (griego, *episkopoi*, "obispos"), "en concordancia con la constitución de la iglesia Inglaterra", en donde "todo ateísmo, herejía, papismo o cisma serían castigados de manera ejemplar en honor a Dios" (Bemiss, p. 57).
- ✝ **COLONIAS DE CUÁQUEROS, NEW JERSEY Y PENNSYLVANIA:** William Penn (1644-1718) aspiraba a establecer colonias en donde los principios cuáqueros de no violencia y de la luz interior de la conciencia se guardaran constitucionalmente. Le fue otorgada la concesión en Pennsylvania en 1681, y la confirmación en 1682.
- ✝ **COLONIAS DE PURITANOS, MASSACHUSETTS:** En 1620, William Bradford se estableció en Plymouth. Más tarde se les llamó "peregrinos", y los Padres Peregrinos iniciaron colonias mucho más extensas a partir de 1630. Querían establecer una nueva Israel, una comunidad santa de naciones bajo la égida divina. John Winthrop (1588-1649), su primer gobernador, escribió: "Debemos pensar que seremos como una ciudad en lo alto de la montaña, y que los ojos de todas las personas están sobre nosotros" (Miller y Johnson, p. 199).
- ✝ **COLONIA DE CATÓLICOS ROMANOS, NUEVA FRANCIA (CANADÁ):** Inicialmente (después del Edicto de Nantes, 1583, que había concedido amplios derechos a los hugonotes) habría de coexistir con los protestantes. Pero el cardenal Richelieu reorganizó la Compañía de Quebec para eliminar la tolerancia a los protestantes y garantizar que el catolicismo romano predominara.

Esto planteó a Lutero y a Calvino el porqué parecería que Dios no va hacia algunas personas; como se pregunta el Catecismo de Ginebra: "¿No están todos destinados a la vida eterna?". La respuesta a esto, que hace eco a Pablo (p. 235) y a Agustín es: "Algunos son vehículos de la ira destinados a la destrucción, otros son vehículos de la misericordia preparados para la gloria". En el mismo sentido, se pregunta en *Certaine questions and answeres touching the doctrine of Predestination*, impreso junto con la Biblia de las Calzas (la Biblia de Ginebra de 1560, llamada así como referencia al pasaje narrado en Génesis 3:7):

> *Pregunta: ¿Cómo es que según la justicia de Dios, algunos están destinados a ser condenados?*
> *Respuesta: Es correcto, porque todos los hombres llevan el pecado en sí, que no amerita menos; por tanto la misericordia de Dios es maravillosa porque él se digna salvar a algunos de esa raza de pecadores y conducirlos a la verdad.*

En el continente se debatía sobre si Dios debe salvar sólo a algunos o a todos, o si ha predestinado sólo a algunos a la salvación, o si algunos pueden tener la certeza de que serán salvos.

Los protestantes ingleses, desde Tyndale en 1520, Cranmer, Latimer y Ridley, hasta la reina Elizabeth y otros, trataron de encontrar un camino intermedio entre las respuestas extremas. Rechazaron la autoridad del obispo de Roma sobre la iglesia de Inglaterra (aliada al Estado para hacer frente a las amenazas de invasión del continente) y se resistieron a que algunos estuvieran destinados a la condenación. Rechazaban también la creencia de que después de la conversión y el bautismo Dios no perdonaría ya ningún pecado. Estaban convencidos de que los juicios de Dios eran "muy profundos", de modo que la gente podía estar segura de la salvación pero no protegida por ésta: "estaban salvadas pero no a salvo".

Padres Peregrinos
Los Padres Peregrinos (recuadro a la izquierda) erigieron su primer edificio comunal en Nueva Plymouth. Escribe William Bradford (1590-1657), primer gobernador, sobre su llegada a América: "Habiendo así llegado a buen puerto y sanos y salvos, se arrodillaron y bendijeron a Dios, por haberlos traído por el vasto y furioso océano y por haberlos liberado de los peligros y miserias que ello conlleva, por haber puesto pie en tierra firme y estable, su verdadero elemento" ("History of Plymouth Plantation", en Miller y Johnson, p. 100).

El camino medio, entre anhelar la salvación y desdeñar la gracia de Dios, quedó expresado en el catecismo del Libro de la Oración Común en 1662 (recuadro a la izquierda, arriba). Desde esta perspectiva todos son dignos de la vida en gracia y pueden vivirla. Así, en Inglaterra se desarrolló una espiritualidad para todos y no sólo para algunos privilegiados. Benjamin Whichcote la promovió de manera intensa en el s. XVII (recuadro a la izquierda, abajo).

Debes saber que no puedes
hacer cosas [buenas]
por ti mismo,
ni andar con los mandamientos
de Dios y servirle sin su
gracia, la cual debes aprender
a pedir orando diligente.

(BCP, 1662)

Hemos sido convocados por Dios. No existe hombre que haya tenido la Biblia en las manos, o que haya oído algo de ella, que pueda dudar que ha sido llamado por Dios. Podemos elaborar sobre lo que leemos en la Biblia y aplicarlo a nosotros mismos con la misma certeza como si Dios nos hubiera enviado un ángel. En este día de gracia somos los invitados de Dios, y estamos todos bajo la tutela del espíritu divino y podemos depender de la asistencia de la gracia divina.

(Porter, p. 428)

Los puritanos y otros ingleses protestantes compartían muchas creencias, la justificación por la fe no era la menor. Pero impugnaron al grupo religioso de Inglaterra seguidores del camino medio, que aprobaba el episcopalismo, la liturgia del Libro de la Oración Común y la disciplina y la instrucción de la gente, no en reuniones de la congregación (esto hubiera significado sentar al gentilhombre junto al penitente), sino en las cortes y mediante sermones.

La ambición de los puritanos de promover un protestantismo más cabal iba desde quienes querían introducir leyes para hacer cambios en el parlamento a favor de los que repartían panfletos en Marprelate Tracts, para la abolición del episcopalismo y el Libro de Oración Común, que según ellos contenía demasiadas "repeticiones vanas" en sus plegarias. Más radicales aún eran los que pensaban que la reina debería dejar de ser regente de la iglesia.

Común a todos era el concepto de cómo vivir siguiendo la palabra de Dios, a modo de distinguirse de los demás. Detestaban los excesos en la bebida y en el vestir; su familia debía ser el centro de oración e instrucción; les gustaba escuchar sermones; no permitían los deportes en domingo; se interesaban por que sus sirvientes recibieran instrucción en los deberes religiosos. La facción más extremista se percató de lo improbable de poner en práctica sus aspiraciones en una Inglaterra jacobina y de la necesidad de distanciarse de ciertas leyes por las que podrían ser hallados culpables y encarcelados. Por tanto se embarcaron hacia el Nuevo Mundo.

Se podrían dar más ejemplos de conflictos europeos de los que los primeros colonos querían escapar. Este trasfondo de disputas acerca de Dios (o al menos acerca de la forma de entender a Dios) tuvo profundos efectos al formularse una constitución en Estados Unidos después de la guerra de independencia contra los ingleses entre 1776-1783.

Los partidarios de un gobierno que ofreciera un equilibrio entre los estados y una autoridad federal central conocían bien los antecedentes de las guerras emprendidas en nombre de la religión, así como el estado de ánimo que desembocó en la Revolución francesa. En 1814, John Adams (1735-1826), presidente de los Estados Unidos de 1797 a 1801, escribió sobre la pasión religiosa (recuadro a la derecha). Cuarenta años antes escribió por qué no se inclinaba por dar sermones: "La pavorosa maquinaria de los concilios eclesiásticos, de la diabólica malicia y el buen talante calvinista no dejaban de aterrorizarme siempre que pensaba en predicar" (Lasley, p. 38).

Frente a tantas rivalidades religiosas, fue necesario levantar lo que Thomas Jefferson llamó (en una carta a la Asociación Bautista Danbury, 1802) "un muro de separación entre la iglesia y el Estado". "Pensando como ustedes que la religión es un asunto que compete al hombre con su Dios, que no debe dar cuenta a nadie de su fe ni de su devoción, que los poderes legislativos del gobierno sólo alcanzan a las acciones y no a las opiniones, contemplo con reverencia el acta del pueblo americano que declaró que su legislatura 'no debería hacer ninguna ley relativa a las instituciones religiosas ni prohibir su libre práctica' [Primera Enmienda], levantando así un muro de separación entre la iglesia y el Estado".

Lo cual no implica antagonismo contra Dios. La mayoría pedía abiertamente, tal como finalizan siempre la mayoría de los discursos presidenciales (y otros): "Dios bendiga a América". Simplemente, como dijo el senador George Mitchell en las audiencias de la Irán-Contra de julio de 1987, "aunque regularmente se le pide que lo haga, Dios no toma partido en la política de los Estados Unidos".

Esto ha dado lugar a que los hombres puedan imaginar y tratar acerca Dios con la máxima libertad; nuevas religiones, incluso nuevas revelaciones (como los mormones), han florecido. In God We Trust, "Creemos en Dios", pero a distancia de las manifestaciones públicas.

Abordad una verdad que contradiga el dogma de una secta, aunque pueda ser demostrada en forma nítida, descubriréis que habéis perturbado un nido y que las avispas os atacarán piernas y brazos hasta la cara y los ojos.

(Lasley, p. 40)

Shakers
Miembros de la Sociedad Unida para Creyentes de la Segunda Aparición de Cristo se movían ritual y rítmicamente al orar.

América

Fuera de África

DURANTE CASI CUATRO SIGLOS, al menos diez millones de africanos (tal vez 18) fueron vendidos como esclavos en América del Norte y del Sur. Fueron despojados de todo, menos de Dios. Más bien, Dios (en el concepto cristiano) les fue impuesto, porque algunos traficantes se justificaron diciendo que habían llevado a los africanos de la oscuridad a la luz del cristianismo. Entre estos africanos, una mujer, Phyllis Wheatly, aprendió a leer y a escribir, y publicó un libro de poemas en 1773 (el segundo publicado por una mujer en el Estados Unidos colonial). En él expresó estos sentimientos:

Fue la misericordia la que me trajo de mi tierra pagana, le enseñó a mi alma ignorante a comprender que hay un Dios, y un Salvador también: antes no busqué ni conocía la redención. Algunos ven mi negra raza con ojos desdeñosos, "su color es un diabólico tinte". Recordad, cristianos, que los negros, del color de Caín, pueden ser purificados y unirse a la comitiva angelical.

(Fishel y Quarles, p. 37)

PHILLIS WHEATLEY, NEGRO SERVANT to Mr. JOHN WHEATLEY, of BOSTON.

Phyllis Wheatly
Autora de Poems on Various Subjetcs, Religious and Moral, *impreso en Londres en 1773. Wheatly fue raptada de Senegal a los nueve años y llevada como esclava a Boston, donde empezaría a escribir poesía. Pronto se reconoció que era un prodigio. Sus escritos fueron muy populares en Inglaterra.*

Pero los pueblos de África sabían que "hay un Dios", hecho del que solían dar cuenta los viajeros. Uno de ellos, William Bosman, escribió sobre la religión de los africanos en "la Costa de los Esclavos" (África occidental) que tenían una clara idea del "Verdadero Dios y le atribuyen Omnipotencia y Omnipresencia": "Sin duda... creen que creó el universo, y por ello lo prefieren a sus ídolos. Pero no le rezan, ni le ofrecen sacrificios, pues, dicen que Dios está por encima de nosotros, y es demasiado grande como para condescender y molestarse por la humanidad y pensar en ella: por ello deposita el gobierno del mundo en sus ídolos; a ellos, segunda, tercera y cuarta personas distantes en grado de Dios, y nuestros gobernantes designados, debemos dedicarnos. Y persisten en esta firme creencia" (*A New and Accurate Description of the Coast of Guinea*, p. 368a). Esto quiere decir que los africanos llegaron a América con una fuerte convicción de que Dios está por encima de los hombres y el mundo, que nombra delegados a dioses y diosas para que actúen como intermediarios en la tierra (cfr. los cananeos, p. 178). El Altísimo Dios se conoce con diferentes nombres entre las distintas tribus, al igual que los numerosos dioses y diosas, aunque también se les dan nombres colectivos. Los yoruba, por ejemplo, los llaman *orichá*; los ibo, *alose*; los ashanti, *abosom*; los fon, *vodun*. La mezcla de creencias africanas y americanas por el comercio de esclavos (texto a la derecha) condujo a la creación de nuevas variantes de antiguas formas de devoción. Por ejemplo, se creía que el *vodun* de los fon era el espíritu de Dios presente por doquier que podía ser invocado, por eso gran parte de su religión giraba alrededor de rituales para conjurarlo y para que sus poderes tuvieran efecto. En Haití en un principio el término se utilizó para hablar de Dios, después abarcó su religión en general, es decir el vudú.

Tráfico de esclavos
Cuando los africanos fueron capturados y llevados a la América española y portuguesa, su noción fundamental de Dios llegó con ellos. Esto no sólo les permitió conservar su antigua religión sino también vincular a Dios y sus agentes con las religiones que encontraron, sobre todo el catolicismo.

Los africanos importaron su forma de venerar a Dios con música de tambor y danzas. En Sudamérica, sobre todo en Brasil, Uruguay y Argentina, los europeos conocieron los ritos africanos como *macumba* y *candomblé*, palabras que pronto nombraron a las distintas religiones en que la noción africana de Dios y los dioses siguió viva, combinada con creencias cristianas y nativas.

El Dios y dioses africanos se fueron asociando cada vez más con creencias y símbolos católicos. En México y las Antillas, en particular, los dioses como agentes de Dios se asociaron con la Virgen María y los santos, a los que los cristianos católicos elevaban devociones y plegarias. Esto era algo natural para los africanos cristianos, pues Dios está en lo alto (más allá de las palabras o las descripciones), aunque obra a través de agentes para traer poder y misericordia al mundo.

Además, la distinción entre adoración y veneración (p. 287) parecía algo irreal cuando los africanos observaban a los católicos al orar ante las imágenes y representaciones de la Virgen María y otros santos. Los dioses como agentes eran similares a los santos y hacían prácticamente lo mismo. Así se identificó a Changó con santa Bárbara (pese a la diferencia de género), porque los dos protegen contra el trueno. Eshu-Elegba es embaucador que lleva mensaje al cielo, así que en Trinidad fue identificado con el diablo (el embaucador) y en Cuba con san Pedro (que porta las llaves del reino).

En Estados Unidos este proceso no fue tan extenso, aunque muchos afroamericanos que se convirtieron al cristianismo conservaron su noción de Dios, en especial en cuanto al tambor y el baile, y más tarde con los cantos de tribulación y esperanza conocidos como espirituales, sobre los que W.E.B. DuBois, el gran escritor afroamericano, escribió: "De las canciones de dolor exhala esperanza, la fe en la justicia final de las cosas". Ellos y la Biblia hicieron posible que Martin Luther King "tuviera un sueño" que hablaba de Dios. Todos éstos son ejemplos de cómo los africanos iniciaron en América la naturalización del acervo imaginativo sobre Dios. Pero para algunos cristianos esto era sumamente amenazador.

W.E.B DuBois escribió sobre Dios desde un plano africano en *The Smoke King*:

Soy el rey de humo,
soy negro...
Esculpo a Dios en la noche,
pinto el infierno de blanco,
soy el rey de humo,
soy negro...
Dulce Cristo,
¡pobres tierras fatigadas!
¡Viva el rey de humo,
vivan los negros!

(Chapman, p. 359s.)

Nuevas ropas para viejas creencias

Dios en religiones no cristianas

Misioneros
Talla en madera pintada. Los misioneros se dividieron según las ideas sobre Dios de los lugares a los que llegaban. ¿Se trataba de adoración de ídolos (que debía ser condenada) o una representación de Dios y un conocimiento real de él expresado en forma local?

EN 1968 EL PERIODISTA RENÉ CUTFORTH escribió sobre un tío suyo, "un clérigo anglicano de casi 80 años que parecía una tortuga: había estado en la India durante 60 años, inmerso en raíces sánscritas y en la traducción de trozos del Nuevo Testamento al marathi. Era tan excéntrico que, según algunos, rayaba en la locura... Salió de la India por conflictos":

Había tenido a su cargo una pequeña iglesia em Miri, en la región de Bombay... empezó a realizar el servicio anglicano según su manera de pensar. Al ser visitado por un clérigo, cuando tenía cerca de 80 años, lo que encontró fue algo muy estrafalario. Había una cruz en el altar, pero también estaban Shiva *[p. 104]* *y el Dios Elefante* *[p. 108]**, y algunos más del panteón hindú. La mayor parte del servicio consistía en danzar y entonar cánticos en sánscrito, escritos con la tonada de "Champagne Charlie is me name". Hoy sería considerado un pionero ecuménico, pero en esos días sencillamente lo empacaron de regreso a Inglaterra con la insinuación de que estaba trastornado.*

(*The Listener*, 4/4/68)

El tío de Cutforth no fue el único en ver que las palabras y las fantasías acerca de Dios no son sólo europeas. Adondequiera que iban las misiones, encontraban gente que creía en Dios, no en algún rival de Dios. A los cristianos no les cabía duda de que Cristo había, según el poeta Gerard Manley Hopkins, "dejado pasar toda la gloria de Dios" de una forma única:

...la gloria de Dios que pasaría
a través de ella [María] y de ella dimanara,
y no de otra manera.

Pero tampoco les cabía duda de que *Dios*, y no otra clase de "Dios", era quien había establecido una alianza con los judíos, de que no puede existir más que el Único que es Dios, aunque los cristianos pretendieran que Cristo había traído una nueva reconciliación con el Dios Único. Por ello, desde un principio los cristianos pusieron a Dios en el centro del universo religioso, tal como los judíos lo habían hecho antes. Por eso la *Epístola a Aristeas* judía (c. 100 a.C.) sostenía que los judíos no debieron ser hechos prisioneros por el faraón egipcio, pues veneran "al Dios que sostiene vuestro reino, el mismo Dios, el Señor y Creador del universo, que otros pueblos, aunque le den un nombre diferente, como Zeus o Dis" (15).

Cuando el cristianismo primitivo se extendió por el imperio romano, impugnaba todo lo que pusiera a Dios en un plano humano —como la inmoralidad de los mitos (p. 260) tomados como descripciones literales del comportamiento de dioses y diosas. Pero también los cristianos reconocieron lo que había de verdad en la vida y el pensamiento. Por eso afirmaron que la Palabra y la Sabiduría de Dios, el logos divino (pp. 232, 236), se planta como una semilla en las personas: es lo que los estoicos llamaron *spermatikos logos*, la "semilla del logos" que "en cada generación entra en las almas santas y las convierte en amigos de Dios"

Ricci

El misionero jesuita Matteo Ricci (aquí con un nuevo converso) inmerso en las costumbres y las enseñanzas chinas al grado que los chinos lo consideraban "un hombre sabio" (como uno de los suyos), merecedor del mayor respeto.

(Sabiduría 7:27; p. 205). A partir de esta razón dada por Dios surge el conocimiento acerca de él y la ley moral acorde con la noción cristiana de Dios —tanto así que se podría considerar a Platón como un Moisés hablando en griego.

Esto favoreció una unión entre la noción cristiana de Dios y la filosofía griega, de modo que las ideas sobre él expresadas correctamente (en griego: ortodoxia, "opinión correcta", en contraste con ortopraxia, "comportamiento correcto") hicieron surgir credos como signos o marcas de quienes pertenecían a la verdadera iglesia: en su origen un credo era llamado *simbolon*, símbolo, palabra que para el ejército romano era una contraseña que demostraba si uno era amigo o enemigo.

Al difundirse el cristianismo esta búsqueda de puntos de conexión se repitió, como en la conversión de las ideas nórdicas acerca de Dios (p. 39). En el s. XVI, la única ruta de ingreso a China se logró cuando un jesuita (p. 294s.), Matteo Ricci (1552-1610), adoptó el mismo principio, al igual que otro jesuita, Alessandro Valignano (1539-1606), en Japón: los misioneros deben adoptar las costumbres del país a donde han ido a vivir, si no se oponen a la noción cristiana de Dios.

Ricci aprendió, pues, chino y llegó a ser un maestro en los clásicos chinos; y se vestía como el especialista de su cultura que los chinos veían en él. Alentó a los cristianos chinos a seguir reverenciando a Confucio y hacer ofrendas de comida a sus antepasados, al darse cuenta de que los chinos no los veneraban como dioses, tan sólo daban muestras de gratitud hacia ellos. Pero prohibió cualquier cosa que mostrara incredulidad hacia Dios, como, durante los funerales, invocar ayuda adicional para proteger a los muertos. Reconoció la importancia que Shang Di y Tian (pp. 144-147) tenían para los chinos, pero extendió el significado de Dios nombrándolo Tianzhu, Maestro del Cielo.

Los fundamentos del cristianismo en China se reforzaron. Pero al llegar otros cristianos, sobre todo franciscanos y dominicos, rechazaron esa "orientalización" del cristianismo, y como ocurrió en Sudamérica, insistieron en una definición europea del significado de Dios. La controversia de los Ritos fue resuelta por el papa en contra de los jesuitas en 1742 (en la bula *Ex quo singulari*), y el emperador chino expulsó a los cristianos que no siguieran el camino de Ricci.

¿Pueden las imágenes cristianas de Dios vestirse de ropajes chinos (o indios, o africanos, o lo que sea), o esto compromete la revelación única de Dios en Cristo, de la que depende la salvación? Esta pugna sobre el sincretismo prosigue, mas "el camino de Ricci" se ha extendido, pues los cristianos de las diferentes culturas contribuyen a ello con sus propias palabras, aproximadas y rectificables, acerca de Dios —como la teología *minjing* en Corea o la del "búfalo del agua" en Tailandia.

Todo esto ha desembocado en una liberación para representar las imágenes de Dios, por tanto el tío de René Cutforth fue, ciertamente, un pionero.

ENFRENTE:

Los Reyes Magos
En esta miniatura de la India (escuela mogol, s. XVII), vemos a los Reyes Magos (especialistas en ritos mazdeístas) llevando obsequios al niño Jesús, escena expresada en términos indios, aunque con influencias de tradiciones anteriores (como el halo; cfr. p. 38).

¡Cinco horas reducidas a media! Impresionante milagro moderno, conciencia soñadora durante el vuelo moderno. Sin temor pero con un sentimiento de afinidad entre mis propios principios y los del descubrimiento.

(Zeller, p. 103)

Dios y los mitos

El reto de la ciencia

EN 1835 SE INAUGURÓ LA PRIMERA VÍA DE 20 KM EN ALEMANIA, entre Fürth y Nuremberg. En ese mismo año, David Strauss (1808-1874) publicó *Das Leben Jesu Kritisch Bearbeitet* (*The Life of Jesus Critically Examined*, 1846). Strauss encontró una conexión entre ambos sucesos al escribir sobre su primer viaje en tren (recuadro a la izquierda). El libro de Strauss respondía a la idea de que la ciencia que produce máquinas de vapor (y otras cosas) tiene derecho a decidir sobre otros temas relacionados con la verdad, así como sobre lo que se supone Dios puede, o no, hacer, aseveraciones que abundaron durante el s. XIX. John Tyndall dijo en 1874:

La posición inexpugnable de la ciencia puede describirse en pocas palabras. Nosotros reclamamos, y arrebataremos a la teología el dominio entero de la teoría cosmológica. Todo compendio y sistema que viole el dominio de la ciencia debe, en la medida en que lo hace, someterse a su verificación, y renunciar a cualquier pretensión de controlarla.

(Tyndall, p. 197)

El éxito de la ciencia posnewtoniana condujo a lo que se conoce como "la ambición nomotética" (del griego *nomos*, "ley"), la determinación de encontrar las leyes que gobiernan el universo, e incluso el comportamiento humano. Cuando Napoleón señaló que Laplace había dejado a Dios fuera de su sistema, el segundo replicó: "Señor, no necesito esa hipótesis". Lemaitre escribió un libro con el título de *L'homme machine* (los hombres entendidos en términos de mecanismos "que los hacen caminar"). La explicación de Darwin sobre el origen de las especies por medio de la evolución reforzó la ambición nomotética, al punto que Freud, al inicio, esperaba convertirse en "el Newton del interior de la cabeza humana".

¿Cómo puede Dios intervenir en ese universo? Los deístas (autores que defendieron a Dios del escepticismo de los s. XVII y

Ciencia y éxito
Esta pintura evoca la inauguración del tren en 1835, que Strauss dio como ejemplo de "milagro moderno" de la ciencia (recuadro, arriba).

XVIII) esperaban rescatar al Dios iniciador de la creación que luego le permite funcionar según las leyes creadas por él mismo. Pero eso lo hace remoto e ineficaz, "puro cerebro, como un reloj", como dijo Hermann Melville (autor de *Moby Dick*) en 1851 (p. 35), muy diferente a las representaciones tradicionales.

Quizá las representaciones tradicionales son erróneas, o al menos se han interpretado mal. A esa conclusión llegó Strauss. Para él, las caracterizaciones de Dios en la Biblia se tomaron literalmente, como escribió en el prefacio de *The Life of Jesus* (recuadro a la derecha) en términos que parecen ser una capitulación ante la ciencia. Pero Strauss fue más sutil. La ciencia quizá tenga derecho a dictaminar sobre la verdad o no, de muchas tesis acerca de los hechos, y éstos pueden ser el fundamento de la verdad, pero en la vida y en su significado hay muchas otras cosas además de la ciencia. También está el mundo de los mitos.

La palabra "mito" ha llegado a significar en nuestros días "engaño", un relato preciso pero falso. En el s. XIX (y aun antes) era una forma de contar la verdad sobre nosotros mismos y el mundo cuando las palabras o fórmulas tradicionales eran insuficientes (p. 46s). Ese concepto positivo del mito es el que Strauss utilizó para los evangelios y la representación de Dios.

La exégesis de la antigua iglesia se basaba en dos premisas: uno, que los evangelios contienen una historia, y dos, que ésta era sobrenatural. El racionalismo rechazó esto último, pero sólo para aferrarse más tenazmente a la primera, insistiendo en que esos libros presentan historia pura. La ciencia no puede quedar satisfecha con esta verdad a medias. También se debe abandonar la otra premisa, y es necesario realizar investigaciones para saber si en realidad el terreno que pisamos en los evangelios es histórico.

El filósofo Hegel (1770-1831) había señalado la distinción entre idea y hecho: las ideas se pueden basar en hechos, pero van más allá para mostrar qué significan. Las religiones son las grandes comunidades que "hacen significados", o, en palabras de Strauss, "hacen mitos" —como hacen las ciencias cuando producen teorías, como la de la evolución, basándose en hechos: son mitos en el antiguo sentido, no en el moderno.

Los mitos pueden carecer de conexión con algún suceso, o pueden ser sólo un camino en el cual la gente ha intentado explorar y compartir el significado del mundo, o de sí mismas y de sus relaciones. De la misma forma el mito puede surgir de sucesos con el fin de develar sus alcances. Los sucesos no se dejan "por ahí atrás" en el pasado, como algo que ocurrió. Se les da un significado. Así que cuando Strauss llamó la atención sobre el papel primordial del mito en relación con Jesús, no negó que hubo hechos que ocurrieron. Estaba rechazando el enfoque que pretende hacer una clasificación científica y decidir cuáles hechos son factibles y descartar todo los demás por ser ficción inútil. Es claro que *algo* ocurrió en el caso de Jesús. Pero ¿qué es lo más importante? ¿La arqueología que intenta establecer cuáles son los detalles ciertos de su biografía (que, desde el punto de vista histórico, son muy pocos)? ¿O el significado de su vida? Ambas cosas son importantes, pero lo que le interesaba a Strauss era entender cómo los seguidores de Jesús se valieron de los episodios mitológicos de su Biblia para transmitir por qué fue importante su papel al hacer que Dios fuera real para ellos. La conclusión es que Dios no puede ser destruido (ni, para el caso, rescatado) por la ciencia. ¿Cómo es posible, entonces, conocer a Dios?

David Strauss
Teólogo alemán que trató de vincular la pretensión de que la ciencia newtoniana puede explicarlo todo, y las emociones humanas, cuya índole no se puede "explicar del todo".

Más allá de la razón

Barth, Pascal y Kierkegaard

Altar de Isenheim
Panel central del altar pintado por Grünewald (1475-1528). Insiste en la encarnación, como señala el escritor J.K. Huysmans: "En cuanto al Niño, que parece estar vivo y está hábilmente pintado, es un vigoroso campesinito de mirada penetrante y rostro rosado y sonriente" (en Ruhmer, p. 16).

STRAUSS RESCATÓ A DIOS de la lejanía, pero a un costo que para algunos fue muy alto: los seres humanos se convierten en jueces de lo que Dios puede, o no, hacer. Para un joven pastor de la Iglesia Suiza Reformada, Karl Barth (1886-1968), las consecuencias fueron un evidente desastre durante la primera guerra mundial, en el que los cristianos de ambos frentes utilizaron a "Dios" para justificar la guerra. Se había alimentado a Dios como a un animal de engorda, para ser cebado con cualquier idea con que la gente quisiera llenarlo.

Durante la guerra, Barth leyó la Epístola de Pablo a los Romanos, y luego escribió un comentario en que rechazaba cualquier idea de que Dios pueda estar subordinado a la razón. Para él, era lo contrario: para que Dios sea Dios debe ser diferente al razonamiento, no la conclusión de un argumento, y menos aún la meta de una experiencia humana ni de búsqueda mística: "No existe un camino que vaya del hombre hacia Dios". Existe una diferencia cualitativa infinita entre el creador y sus criaturas; a Dios sólo se le puede conocer por medio de la revelación "en el extraño nuevo mundo de la Biblia". Nunca podemos ver a Dios como Dios, sólo mediante la revelación que culmina en la suprema paradoja de Jesús. Al contemplar el altar pintado por Grünewald en Isenheim (a la izquierda), Barth escribió: "Por ahí, en la soledad, el niño Jesús yace en el regazo de su madre, rodeado de señales que nos hacen recordar que es un hijo de la tierra, como los demás. Sólo el niño, mas no la madre, mira lo que hay que mirar: al Padre. Sólo el Padre mira a los ojos de este niño. Del mismo lado que María, está situada la iglesia, de frente y a la distancia. Su acceso está abierto, adora, magnifica, glorifica, por lo tanto mira lo que en verdad es la gloria del único hijo ungido del Padre, lleno de gracia y verdad. Pero mira sólo de manera indirecta. Lo que mira directamente nada más es al pequeño en su humanidad; mira al Padre sólo en la luz que cae sobre el Hijo, y al Hijo sólo en esta luz del Padre. Ésta es la forma en que la Iglesia cree y reconoce a Dios en Cristo... Debido a esta luz que desciende de lo alto, rinde culto ante este ser humano al igual que delante del mismo Dios, aunque en apariencia no es, literalmente, más que un ser humano... Enfrenta el misterio. No está dentro del misterio. No sólo puede sino que debe glorificar junto con María y asentir junto con el Bautista. No puede hacer más que esto. Pero puede y debe hacerlo" (*Church Dogmatics*, I.2, p. 125).

Nada de esto merma los logros de la inteligencia, incluida la ciencia, sino enfatiza el que Dios es más grande y diferente. Tres siglos antes, Blaise Pascal había glorificado a la razón (recuadro a la derecha) porque ésta puede demostrar que Dios existe (al menos es prudente apostar la vida a Dios, ya que si existe, ganamos todo, y si no, no perdemos nada —la postura de Pascal). Pero sólo Dios puede demostrar *qué* es, tal como se lo demostró a Pascal en 1654:

Fuego,
Dios de Abraham, Dios de Isaac, Dios de Jacob,
no de filósofos ni de académicos.
Certidumbre, certidumbre, hondamente sentida, alegría, paz.
Dios de Jesucristo.
Dios de Jesucristo.
Mi Dios y vuestro Dios...
Perenne alegría a cambio de un día de esfuerzo en la tierra.
No olvidaré tu palabra.

(ed. Krailsheimer, p. 390s.)

Blaise Pascal
Pascal (1623-1662) inventó una máquina calculadora, la jeringa y descubrió la "Ley de Pascal". La inteligencia humana era lo principal para él (recuadro, abajo), pero aún habría más.

Dios puede ser conocido directamente (aunque no visto de inmediato) sólo en el reconocimiento interior de la fe. "La verdad consiste en la interiorización", como observó Søren Kierkegaard (1813-1855) en *Training in Christianity*, quien fue más lejos aún al insistir en el abismo insalvable entre los hombres y Dios —mismo que *puede* cruzarse por medio de lo que llamaba la absurda, milagrosa y absoluta paradoja de que en Cristo el eterno ha entrado en el tiempo y Dios se hizo humano. Ante esta Paradoja Absoluta de la gracia (iniciativa de Dios) no hay más que dos reacciones válidas: ofenderse por la propuesta de tal absurdo o tener fe en que así sea —*Either/Or*, como tituló una de sus obras:

La fe es precisamente la contradicción entre la infinita pasión de la interioridad individual y la incertidumbre objetiva. Si soy capaz de captar a Dios objetivamente, no creo, pero, precisamente porque no puedo hacerlo debo, debo creer.

(Kierkegaard, p. 182)

La vida, entonces, se convierte en la elección radical de una vida como Cristo (cfr. Francisco, p. 264s.): una aparente imposibilidad, por eso la desesperación está en el núcleo de la ética. Mas el fundamento de la vida delante de Dios no es "hacer bien las cosas" sino vivir con verdadera pasión el mundo de Dios: "la exigencia ética es que uno se interese infinitamente en la existencia" (*op. cit.* p. 280). Vivir así se convirtió en la exigencia de Dios en la teología de la liberación.

El hombre es un junquillo, el más débil de la naturaleza; pero es un junquillo pensante. No es necesario que la naturaleza entera se levante en armas para aplastarlo: una bocanada de humo, una gota de agua basta para matarlo. Pero aun si el universo hubiera de aplastarlo, el hombre seguiría siendo más noble de lo que puede destruirlo, porque sabe que morirá y percibe la ventaja que le lleva el universo. Éste no conoce nada de esto. Toda nuestra dignidad, pues, está en el pensamiento. De esto debemos depender, no del espacio y el tiempo, que seríamos incapaces de llenar. Esforcémonos, pues, por pensar bien: éste es el fundamento de la moral.

(*Pensées* 33)

Teología de la liberación

La opción para los pobres

MESES ANTES A SU MUERTE, en 1961, el filósofo social Frantz Fanon publicó *Los condenados de la tierra*, un llamado apasionado en pro de los pobres y los explotados en África: el cambio no puede instrumentarse "jugando a las sillas en la cubierta del *Titanic*"; la liberación debe alcanzarse no volviendo a la cultura africana, ni gracias a una clase media iluminada, ni a benévolos dictadores africanos, ni por una nueva "negritud", sino a través de una violenta catarsis colectiva (recuadro, abajo).

El grito de protesta de Fanon hizo eco en América Latina, donde las divisiones entre pobres y ricos, y la extendida explotación de los pobres condujeron a una "indignación ética por la pobreza y la marginación de las grandes masas de nuestro continente". Esto lo escribió Leonardo Boff, uno de los líderes de lo que llegó a conocerse como teología de la liberación. En esta noción de Dios, lo prioritario no es pensar y escribir, en un mundo incrédulo, del modo más correcto posible acerca de Dios (ortodoxia), sino "cómo decir a la persona anulada, no humana, que Dios es amor, y que su amor nos hace a todos hermanos" (Gutiérrez). Esto exige una prioridad, no tanto de ortodoxia como de ortopraxis (actuar correctamente; v. la distinción en la p. 306). Esto hizo que H. Assman definiera la teología de la liberación como "teología desde la praxis de la liberación".

Sería más exacto decir "teologías" de la liberación, ya que el término abarca diferentes conceptos de Dios en relación con los pobres. Sus orígenes se remontan al s. XVI, en que algunos misioneros (como Antonio de Montesinos [m. *c.* 1545] y Bartolomé de las Casas), al ayudar a establecer la fuerte presencia del catolicismo romano en América, protestaron

Catarsis
Las peleas de gallos son populares en Bali. El "goce" en la violencia puede tener que ver con un efecto catártico (recuadro, abajo).

CATARSIS Y REFUERZO

La forma en que las personas expresan sus sentimientos en torno a Dios no es siempre correcta:

¿Por qué los esquimales utku (normalmente amantes de la paz) golpean a perros encadenados y lo disfrutan? ¿Por qué gozan los balineses de las peleas de gallos? Para los utku la experiencia es catártica (del griego *katharsis*, "purificación", "podar") y da expresión a sentimientos de violencia que no afectan a seres humanos. Para los balineses la experiencia expresa y refuerza rivalidades entre grupos sociales que, igualmente, no afecta a seres humanos. La catarsis y el refuerzo tienen lugar en las múltiples formas diferentes en que las personas expresan sus sentimientos en torno a Dios y su pertenencia a religiones o grupos religiosos particulares.

contra la explotación de los conquistadores, en favor de la población indígena. El movimiento moderno se inició en 1969 con el libro *Hacia una teología de la liberación*, de Gustavo Gutiérrez. Para el título de un libro posterior, Gutiérrez utilizó una frase de san Bernardo, *Bebemos de nuestro bien: el viaje espiritual de la gente*, y aplicó a América Latina el argumento de Bernardo de que, en asuntos del espíritu y de Dios, la gente debe basarse primero en su propia experiencia (texto a la derecha). Durante siglos, por el contrario, la iglesia había puesto el acento en la formación espiritual y en el ahondar la experiencia de los individuos, según las normas del cristianismo europeo. Los teólogos de la liberación buscan una iglesia que surja de entre la gente por el poder del Espíritu Santo: la orden del día la ponen los pobres.

La *Instrucción* del Vaticano toma el ejemplo de liberación realizada por Dios en el éxodo (p. 181), y dice:

"La Iglesia está firmemente decidida a responder a la angustia del hombre contemporáneo que soporta la opresión y anhela la libertad. La marcha política y económica de la sociedad no es una parte directa de su misión. El amor divino, que es su vida, la compele a la verdadera solidaridad con cualquiera que sufra. Si sus miembros permanecen fieles a su misión, el Espíritu Santo, la fuente de la libertad, morará en ellos, y ellos producirán frutos de justicia y paz en su familia y ahí donde trabajen y vivan".

En *Power of the Poor in History*, Gutiérrez afirma que si Dios pide en la Biblia la liberación de los oprimidos significa que Dios "tiene preferencia por los pobres". Con ello quería decir que "merecen preferencia, no porque sean moral y religiosamente mejores que otros, sino porque Dios es Dios, a cuyos ojos 'los últimos serán los primeros'" (Mateo 19:30). En otras palabras, una madre con un hijo enfermo, no ama menos a sus demás hijos porque pase más tiempo con él.

Todo esto hizo surgir la posibilidad de la violencia como medio necesario para obtener justicia: "No podemos decir que la violencia está bien cuando el opresor la emplea para mantener el orden, y mal cuando los oprimidos la emplean para derrocar el mismo orden". Esto provocó una reacción hostil del Vaticano (implicado al tratarse de escritores y países católicos), ya que parecía sugerir la vigencia de la crítica marxista de la enseñanza tradicional acerca de Dios, así como que, en el caso de la violencia, el fin justifica los medios.

Pobreza comunal
En América Latina la pobreza es comunal, con frecuencia un asunto de solidaridad para sobrevivir: "La espiritualidad es una empresa comunitaria, es el paso de un pueblo por la soledad y los peligros del desierto, al abrir su propio camino siguiendo a Jesucristo. De esta experiencia espiritual debemos abrevar".

Pese a todo, la respuesta final del Vaticano, *Instrucción en la libertad cristiana y la liberación* (publicada en 1986), hizo hincapié en la importancia de la liberación en la noción bíblica de Dios (recuadro, arriba). Queda por resolver qué significa, a los ojos de Dios, la "verdadera solidaridad" de esa instrucción, y si, en las sociedades seculares, obedecer la petición de Cristo (ayudar a los necesitados es ayudar a Dios) es posible sin un cambio de estructuras. En palabras de Walter Rauschenbusch (1861-1919): "El ascetismo cristiano tildó al mundo de malvado y lo abandonó; la humanidad está a la espera de una revolución cristiana que tilde al mundo de malvado y lo transforme".

Tealogía

Dios como Madre y Padre

Crista
Representar a Cristo, o a Dios como mujer es inquietante. Mas para algunos es la declaración, como la de Pablo, de que en Cristo "no hay judío ni griego, no hay siervo ni libre, no hay varón ni hembra" (Gálatas 3: 28).

ENTRE LOS GRUPOS DE LIBERACIÓN hay uno llamado "mujerista", preocupado por la opresión femenina en general, y de las hispanas en particular. La subordinación de las mujeres a los hombres existe en todas las religiones, y claro entre los cristianos, que la toman del Génesis como un principio de la creación (es un designio de Dios en la creación; argumento usado para justificar la esclavitud) y la refuerzan con pasajes de las epístolas de Pablo.

Las mujeres han venido rescatando a Dios de un lenguaje y una imaginería predominantemente masculinos. Muchos prefieren hablar de tealogía (reflexión acerca de la Diosa) que de teología (reflexión acerca de Dios) siguiendo el género de las palabras griegas para Dios y Diosa, *theos*, masculino, y *thea*, femenino. El 19 de abril de 1984 se colocó la estatua de una mujer crucificada en vez de Cristo en la capilla de la catedral de San Juan el Divino en Nueva York. Se la llamó Crista (en latín *-us*, masculino, *-a*, femenino). Once días después la quitaron, debido a las protestas.

¿Tienen importancia las palabras? Naturalmente, porque con ellas y el lenguaje expresamos nuestras convicciones. Los que se rehúsan a modificar su lenguaje prolongan la historia de opresión; tomemos como ejemplo la transformación en inglés de "nigger", a "negro", a "black", a "Afro-American", a "African American": cada paso va tras el objetivo de mostrar la valía humana, igualdad y dignidad. Por eso modificar el lenguaje masculino en lo referente a Dios es tan urgente para algunas personas. Todas las palabras sobre la Deidad son inadecuadas, pero algunas lo son más que otras. Crista y tealogía son los primeros pasos para hacerles recordar a los cristianos que Dios está más allá del género, pero que un lenguaje masculino en lo referente a Dios perjudica a la acción cristiana. Acaso el siguiente paso sería abandonar teo- y tea- y mejor decir deología. El género específico del latín (*deus, dea*) pueden dejarse atrás al hablar de deo-.

Asociar a María con Dios es, para muchos cristianos, una forma de acercar lo femenino a Dios, pero esto también resulta problemático, pues, María ha sido presentada como un modelo de obediencia sumisa, y también insistir en su inmaculada concepción y en que siguió siendo virgen, refuerza la negación de la sexualidad femenina (el pretender que la virginidad sea una vocación superior). Pero también se ha usado como modelo de liberación, porque María trajo al mundo al redentor sin la ayuda de un hombre.

La liberación de la mujer es muy reciente y está lejos de ser completa. La prueba de qué tanto ha avanzado será evidente a través de su participación en el culto y la liturgia. La comunidad de santa Hilda se formó en 1987 para desarrollar una liturgia en que las imágenes estimadas por las mujeres aparezcan junto a las de la tradición antigua. Esta liturgia es comparable a la de cualquier libro de oración o misal, así como al ritual wicca de la creación de un círculo (p. 35):

Dios está con nosotros.
Su Espíritu está aquí.
Elevad vuestros corazones.
Elevamos nuestros corazones a Dios.
Demos las gracias al Único que nos inspira.
Es bueno agradecerle y alabarla.
Espíritu de Dios, que insuflas el fuego de nuestra existencia, llenándonos de celestial gozo y de santa indignación por los tormentos del mundo, te glorificamos, reconocemos el símbolo de tu presencia, tus promesas de solidaridad para con nosotros.

Clamamos el signo de renovación dado a una comunidad desalentada, hoy como ayer en Jerusalén. Porque te acercaste a los tuyos, colmándolos de confianza, soplando como una ráfaga en su vida, trayendo éxtasis y perfección, esperanza y paz. Iluminaste su existencia, los facultaste para convertirse en discípulos de tu palabra.

Por eso, junto con todas las mujeres que te siguieron durante tu ministerio, que te vieron morir y levantarte de nuevo, y con todas las que inspiraron y dieron soporte a la primitiva iglesia, con Tabita, solidaria con los pobres, Lidia, que acogió a los que estaban cansados y agotados de viajar, y Priscila, que conoció la persecución, te alabamos y cantamos:

¡Santo, Santo, Dios todopoderoso! El cielo y la tierra se llenan de tu gloria. Ven y libéranos, altísimo Dios. ¡Bendito sea El que viene en el nombre de nuestro Dios! Ven y libéranos, altísimo Dios.

Bendito sea Cristo, nuestro hermano, que nos colma del sentido de ser un solo pueblo, una comunidad. En la noche fue traicionado, tomó el pan, dio las gracias, y lo partió, diciendo: "Éste es mi cuerpo, que os es dado. Haced esto en recuerdo de mí". De la misma manera, después de la cena levantó la copa, la bendijo y dijo: "Esta copa es la nueva alianza hecha con mi sangre. Haced esto siempre que bebáis de ella para recordarme".

Cristo ha muerto. Cristo ha resucitado. Cristo vendrá de nuevo.

Como comunidad unida nos regocijamos con tus obsequios, aceptamos la responsabilidad de nuestro mundo; confiamos en tu Espíritu de desafío; acogemos tu presencia en este pan y este vino.

Bebiéndolo con el anhelo de que tu presencia nos sea revelada, te glorificamos junto con todos los que han recibido inspiración de este recuerdo de renovación y consolación. Ven ahora, derrama tu Espíritu sobre nosotros para poder proclamar mejor tu mensaje, soñar nuevos sueños. En el nombre de Cristo.

A través de él, con él, en él, en la unidad del Espíritu Santo, todo el honor y la gloria te sean dados, oh Dios, nuestra Fuente e Inspiración, hoy y por siempre. Amén.

María
Estatua en madera del s. XV, de la Alta Suabia (tal vez de Friedrich Schramm o de Michel Erhart); muestra a María tomando a su cuidado a los que le piden protección. Expresa el significado de orar por los demás.

Secularización

La consecuencia de las opciones

AL VOLAR SOBRE INDONESIA, el sociólogo Peter Berger estuvo cerca de convertirse en Dios. Se encontraba en un avión con los símbolos del ave celestial de la India, garuda, nombre de la línea aérea de ese país. La garuda es un ave mitad hombre, mitad halcón, la *vahana* ("monte") de Vishnú (p. 92s.). Cuando volaba, como Vishnú, en alas de Garuda, Peter Berger se percató de que para los aldeanos, él era "tal vez un dios, o al menos un semidiós, volando por los cielos a una velocidad apenas imaginable". Para Berger "el viajero de jet en el tercer mundo es una buena metáfora de la modernidad. Se mueve en el mismo planeta que esos aldeanos y, sin embargo, lo hace en un mundo diferente. Su espacio se mide en miles de kilómetros, el de ellos por la distancia que puede recorrer un carro de cebúes. Su tiempo se expresa en la precisión de los horarios de las líneas aéreas, el de ellos por las estaciones de la naturaleza y del cuerpo humano" (Berger, p. 1s.).

La diferencia mayor es que los viajeros con tarjeta de crédito tienen más opciones que los aldeanos. Después de la Ilustración no se ha ratificado una opción preferente por los pobres (p. 313) sino una preferencia por las opciones, para garantizar un máximo de libertades a los individuos, dentro de los límites de la ley. Esto significa que la religión y creer en Dios se han vuelto opcionales en una medida sin precedentes. Éste es el significado de la secularización: cada vez menos gente cree en Dios y hay una influencia cada vez menor de la religión en la sociedad.

La secularización no es una ideología erigida para competir con Dios: es la consecuencia de las opciones, de gente que elige hacer o creer multitud de cosas diferentes, aunque entre las opciones estén las críticas a Dios. La más severa ha sido la pregunta de la "teología después de Auschwitz": ¿dónde estaba Dios cuando las personas de una sociedad culta ejecutaron o permitieron el

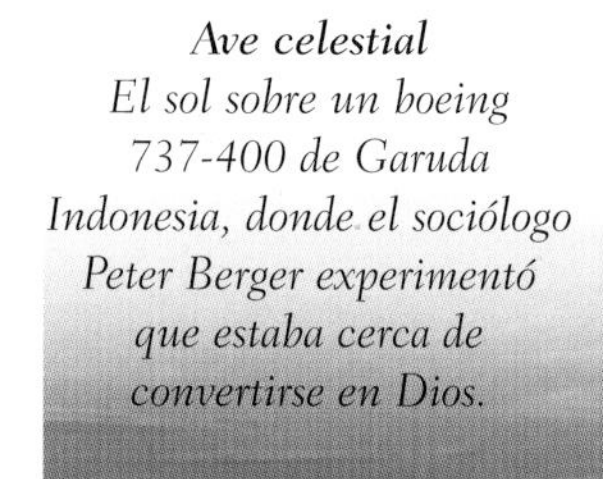

Ave celestial
El sol sobre un boeing 737-400 de Garuda Indonesia, donde el sociólogo Peter Berger experimentó que estaba cerca de convertirse en Dios.

holocausto? (pp. 224-227). Algunos se resistieron: Dietrich Bonhoeffer (1906-1944), un pastor luterano, fue arrestado en 1943 y ejecutado en 1944. Pero aun antes de sus últimos *Letters and Papers from Prison*, había afirmado que la tradicional noción de un Dios que interviene desde afuera (*deus ex machina*, como en el teatro griego) había terminado, y que había llegado el tiempo del "cristianismo sin religión": "Crecer nos obliga a un reconocimiento de nuestra situación frente a Dios, quien nos está enseñando que debemos vivir como gente que pueden arreglársela sin él. El Dios que está con nosotros es el mismo que nos desampara (Marcos 15:34)" (*Prisoner of God*, p. 163).

La muerte de Dios fue una expresión común después de la segunda guerra mundial, implicando no su desaparición sino una recaracterización. A.N. Whitehead (1861-1947), matemático y filósofo, ya lo había propuesto. La ciencia presupone una metafísica de algún tipo (*meta* + física, creencias basadas en las observaciones elementales de la naturaleza y que las trascienden; cfr. Hegel sobre el hecho y la idea, p. 309).

Para Whitehead, la metafísica más esencial es la creencia de que el universo es un proceso en el cual ocurren posibilidades reales. Dios es el objetivo y la suma de todas las posibilidades, de modo que todo está comprendido en Dios (panenteísmo), pero él también participa en el proceso, haciendo las veces de un artista para obtener orden y belleza —pero también sufre durante el proceso cuando es insensible. Dios es "el gran compañero, el compañero de sufrimientos que entiende".

Esta teología del proceso fue desarrollada por Charles Hartstone (1897-2001), para quien Dios, la suma de la verdadera perfección, debe incluir el cambio, ya que la perfección incluye la conexión perfecta. Dios es, así, "bipolar"; abarca lo absoluto y lo relativo, la eternidad y el tiempo, y por ende trasciende al mundo y lo incluye. Dios no lo determina todo, pero es el medio por el cual aun las interacciones casuales de las criaturas que toman decisiones concluyen bien. Otros, por el contrario, siguieron viviendo con Dios en la oración y el culto (y creencia) como el Único que existe y continúa existiendo, aun si este universo o cualquier otro dejan de existir; el Único como origen de todas las cosas, la garantía absoluta de que nuestros vislumbres de bondad, belleza, verdad y amor no son una cuestión de azar, ni de ilusión: son la realidad que perdura porque reflejan la realidad que es Dios. Pero después de Auschwitz (y otros actos de barbarie del s. XX) esto sólo se podía expresar en el silencio —por ello este siglo produjo sorprendente poesía en torno a Dios (como Eliot y Auden, p. 273), gran parte eran "forcejeos con Dios". R.S. Thomas, poeta galés, fue una voz destacada. Si Dios en verdad existe, lo hace "pacientemente, con las estructuras invisibles que levanta" (recuadro a la derecha).

Nunca he conocido más que algo
como una ausencia, no me atrevo
a llamarlo
Dios. Sin embargo, existe un
poder invisible cuya esfera es la
célula y el electrón. Nunca lo
sorprendemos trabajando, y lo
único que podemos decir, al
encontrar alguna
reparación,
es que ha estado aquí. Para
demoler una montaña hay que
mover piedra por
piedra,
como los japoneses. Para hacer un
abrigo
nuevo, se agrega hilo por hilo, así
que los cambios que ocurren son
más difíciles de detectar.
Pacientemente, con invisibles
estructuras construye, y con la
misma paciencia debemos orar,
dejando el
orden
en manos de una sabiduría que
trasciende la nuestra. Debemos
pasar a un estado pasivo. Dejad
que los sordos reciban ayuda, en
el silencio que los invade, dejad
que algo obre para que de nuevo
se abran esas entradas cerradas.
Dejad que la bomba se desvíe.
Que el cuchillo levantado del
asesino
falle de alguna manera. No hay
más leyes que los límites de
nuestro entendimiento. Al
recordar la
roca
penetrada por la hierba,
corregida
por el agua, debemos pedir más
bien por la transformación de la
voluntad del mal, por mutaciones
más amorosas, por una mejor
ventilación de la atmósfera de la
mente cerrada.

(Thomas, p. 345)

EL ISLAM

EL ISLAMISMO, LA RELIGIÓN DE "la sumisión a Dios", empezó con el profeta Mahoma en Arabia, en el s. VII d.C. Sin embargo, en sus propias palabras, comenzó como una forma de vivir, o *din* (traducido a menudo por "religión"), que Dios quería para todos. Dios envió profetas como Moisés (Musa, en árabe) y Jesús ('Isa) para que reunieran a las personas en la *din*, mas fueron rechazados y, a menudo, muertos. Sin embargo, algunos aceptaron a Mahoma y la revelación (el Corán) proclamada a través de él, así que él es el último profeta. Los musulmanes testimonian que "no hay más dios que Dios [Alá, *el* Dios], y Mahoma es el mensajero de Dios". Este testimonio es la Shahada, el primero de los Cinco Pilares del islamismo (p. 349), que dan estructura y unidad a los musulmanes del mundo.

El Corán es la autoridad en la vida musulmana. Las palabras y las acciones (y los silencios) de Mahoma y sus compañeros son aceptadas como el comentario vivo de lo que el Corán significa y cómo debe ser aplicado. Fueron reunidas en seis colecciones tradicionales (*ahadit*), conocidas, en conjunto, como Hadit. El Corán y Hadit constituyen la Sharia, la forma en que los musulmanes deben vivir.

Tras la muerte de Mahoma en 632 (10 d.H. en el calendario musulmán) la comunidad musulmana se dividió. Algunos pensaron que Abu Bakr era el más calificado para ser el líder, y éstos se convirtieron en sunni (seguidores de la Sunna, o costumbre de Mahoma). Otros, creían que el pariente más cercano de Mahoma, Alí, debería ser el sucesor, y éstos se convirtieron en chiitas (*shi'iat 'Ali*, "el partido de Alí"). Éstos exaltan a Alí y a sus imam, líderes a los que consideran instructores inspirados. Por tanto, ha habido amargas divisiones políticas.

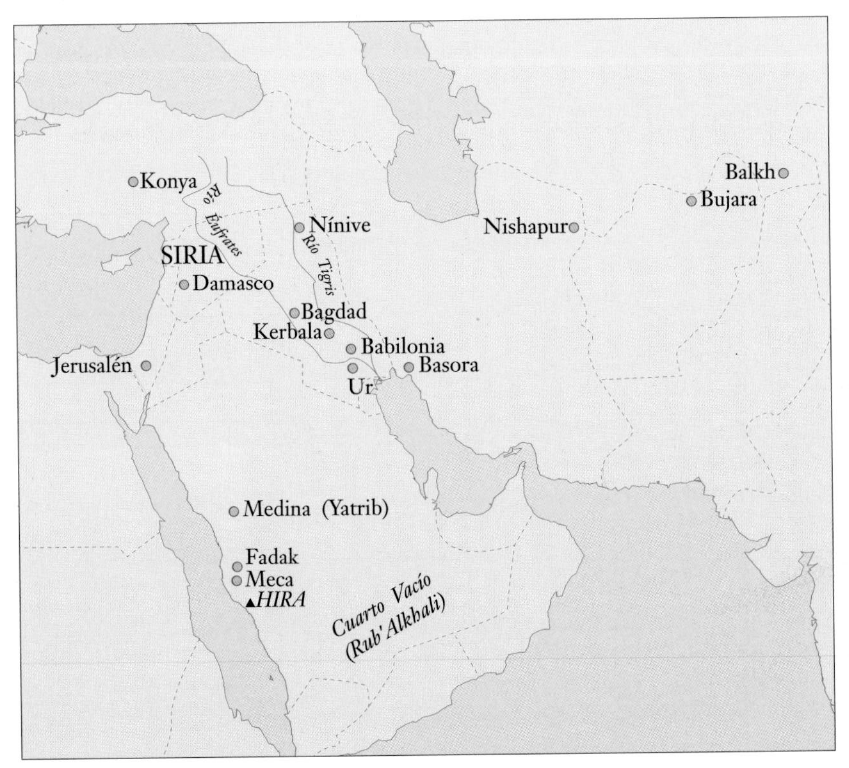

Cien años después de la muerte de Mahoma el Islam había llegado al Atlántico y a la frontera con China, y sigue expandiéndose: casi la cuarta parte de la población mundial es musulmana. Los imperios musulmanes hicieron que algunos se acercaran más a Dios en amor y devoción: estos fueron los sufis (quizá de *suf*, el manto de lana con que se cubrían). Se extendieron en el s. XII y persiste su influencia desde entonces.

Oración
Los musulmanes son un solo pueblo (umma), unidos en sumisión, o Islam, a Alá. Los une los Cinco Pilares (p. 349), entre ellos la oración, mirando hacia La Meca.

ISLAM CRONOLOGÍA

Las fechas del Islam se dan como d.H, después de la Hégira; su calendario es lunar; para facilitar referencias y comparaciones, aquí usamos el calendario occidental.

Las dinastías están en **negritas**.

Acontecimientos	Fechas
Nacimiento de Mahoma · Comienza la revelación del Corán · Hégira (traslado a Medina, 622) · Viaje nocturno · Muerte de Mahoma (632) · Primeros cuatro califas: arRashidun · Abu Bakr · Umar · Utmán: formación del Corán · Alí	570-661
Dinastía Omeya · Disputas sobre la sucesión · Formación del Chia (partido de Alí) · Batalla de Kerbela · Muerte y martirio de Husain · Construcción del Domo de la Roca en Jerusalén · Gran mezquita de Damasco	661-750
Dinastía Abasida (750-1517) · Hasan alBasri · Fundación de Bagdad · Inrahim ibn Adham · Malik (malikitas) · Rabia · ashShafii (shafiitas) · ibn Hanbal (hanbalitas) · alHallaj · alFarabi · alAshari	750-1000
Gaznevidas en la India (976-1186) · ibn Sina (Avicena) · alGhazali · ibn Rushd · **Almohades en España** (1130-1269) · Jilani (Qadiriyya) · Kubra (Kubrawiyya) · Hasan (Chishtiyya) · ibn alArabi · Attar	1000-1200
ashShadhili (Shadhiliyya) · Rumi y los mawlawis · Naqshband (naqshbandi) · Nimat Allah (nimatullahi) · **Dinastía otomana** (1299-1923) · Timur (Tamerlán) saquea Dehli · Toma de Constantinopla · **Mogoles en la India** (1526-1858) · Sitio de Viena · Akbar en la India · Wahhabis capturan La Meca · Babistas y behais en Persia	1200-AL PRESENTE

Mahoma

Las indagaciones de un joven

EN EL AÑO DE 610 d.C., un hombre cansado de orar se quedó dormido en una cueva de la ladera de una montaña cercana a La Meca, en Arabia. Durante los siguientes momentos la religión del Islam y el relato musulmán de Dios, había comenzado.

Desde la perspectiva musulmana, esa religión y ese relato comenzaron mucho antes, con la creación del mundo. Pero históricamente empezaron con el intento de un joven, Mahoma, por encontrar la verdad absoluta de Dios, en medio de las múltiples proclamas contrarias acerca de la naturaleza de Dios con que se cruzó según fue creciendo. En La Meca (donde nació en 570 d.C.) y en los territorios circundantes (que llegó a conocer cuando viajó hasta Siria con las caravanas) circulaban tales testimonios: había judíos, politeístas, animistas y cristianos de diferentes escuelas, siempre en conflictos (a veces feroces). Todos estos grupos, y muchos otros, afirmaban que tenían no *un* conocimiento de Dios sino *el* verdadero. ¿Cómo era posible que pelearan unos con otros? Si hay un Dios, entonces por lógica sólo puede existir lo que Dios es; al menos así empezó a razonar Mahoma: si los diferentes grupos o religiones afirmaban que veneraban a *Dios*, deben de haber venerado a Dios (por inadecuada que fuera su noción y descripción). ¿Por qué se disputaba entonces?

Estas preguntas inquietaban a Mahoma cuando joven. ¿Cómo pueden estar en constante desacuerdo quienes afirman que

Makkah alMukarramah (la Bendita Meca) era un centro comercial y de peregrinación mucho antes del nacimiento de Mahoma. El Corán (3.96) dice: "La primera casa destinada a los seres humanos estaba en Bakkah [sic], colmada de bendiciones y guía para todos aquellos que viven en el mundo". La Ka'ba, gran estructura cúbica cubierta con una tela negra, está en el centro de La Meca y contiene la Piedra Negra (alHajar alAswad), quizá un meteorito. Ninguna de ambas cosas es ya objeto de culto; tal vez la piedra lo haya sido en tiempos preislámicos, pero juntas son un santuario consagrado a Alá en el corazón del mundo. Son el centro de las plegarias y las peregrinaciones musulmanas *(p. 349).*

veneran a Dios, la única realidad teística que existe? Por cierto que Mahoma no fue el primero ni el único en La Meca, o en aquella región de Arabia, que se daba cuenta de la costosa insensatez de las divisiones religiosas y políticas. Había otros que trataban de recuperar la unidad implícita en la devoción a un solo Dios.

Entre éstos, los más importantes fueron los hanifs, un pueblo profundamente religioso que, tras el encuentro con unos judíos monoteístas en Arabia, trataban de seguir lo que llamaban "la religión de Ibrahim" (ensalzados en el Corán en 2.129; 3.60, 89; 4.124; 6.79; 161; 10.104-105; 16.121, 124; 22,31-32; 30,29-30; 98.4-5). Ibrahim es la forma árabe de Abraham, a quien consideraban su antepasado —esto no es sorprendente, pues los judíos árabes sabían que los árabes eran identificados como descendientes de Abraham en Génesis 25.

Lo importante acerca de Abraham en el contexto de La Meca, donde se adoraba a muchos dioses y diosas, era que él mismo había abandonado el culto politeísta para venerar a un solo Dios. Los judíos contaban relatos (algunos aparecen en los Targum, p. 200, y en el Corán) de cómo Abraham destruyó los ídolos de los politeístas y de los caldeos (Abraham era originario de Ur de los caldeos; Génesis 11:31) y de cómo había denunciado la impotencia fútil de la idolatría y del politeísmo, precisamente la clase de cultos que se realizaban en La Meca. Los relatos se contaban y se conocían por doquier, con lo que Abraham se convirtió en el modelo de los que rechazan el politeísmo y sólo siguen a Dios. Pero Abraham era el padre de Ismael, y éste, como dice el mismo Génesis, fue el padre de los árabes. Cualquier árabe que jurara lealtad al Dios único podía considerarse, de manera legítima, seguidor de la religión de Abraham, sin ser judío o cristiano. Mahoma empezó a seguir el ejemplo de los hanifs sin adherirse a ellos; hacerlo hubiera significado adherirse a un partido más entre otros muchos. Sólo que Mahoma andaba en busca del Dios único que está detrás de todo reclamo conflictivo y separatista.

Se retiró a una cueva en la montaña de Hira, cerca de La Meca, con el deseo de encontrar a alHaqq ("el verdadero", en árabe). Lo que Mahoma buscaba, en su retiro y al orar en silencio, era la verdad subyacente y fundamental de Dios.

La Meca
Al principio sus habitantes rechazaron el mensaje de Mahoma sobre la naturaleza de Dios como Alá, el único que es Dios. Para evitar ser perseguido se trasladó a Yatrib (p. 350), o Madinat anNabi, la Ciudad del Profeta, o Medina. Volvió a La Meca tras su conquista en 8/629 para oír a Bilal (p. 351) cuando convocó a orar desde el techo de la Ka'ba, cuyos diagramas del s. XVII se muestran aquí.

Durante una de esas visitas a Hira tuvo lugar la visión cegadora, arrolladora: de repente vislumbró la verdad directa y obvia de Dios, a través de las conflictivas creencias y rituales contradictorios del mundo que conocía y estableciendo en él el sentido directo de la realidad de Dios, más allá de cualquier especulación.

Mahoma relataría más tarde a Aisha, su esposa, que antes de este momento único ya había tenido visiones de un gran esplendor en sus sueños, y que éstas lo habían empujado a su lucha cada vez más solitaria con Dios. Según narró Aisha más tarde, había tenido "verdaderas visiones, semejantes a la brillantez del despuntar del día, durante el sueño; y Alá hizo que amara la soledad para que no deseara nada que no fuera estar solo". Pero este gran momento de verdad fue algo mucho mayor que las visiones anteriores.

Decid: "Él es Dios,
único [literalmente,
ahad, "uno"],
Dios, el absoluto.
No engendra,
no es engendrado.
Y nadie se le iguala".

(Sura 112)

La visión de la cueva

Comienzos del relato musulmán

LA EXPERIENCIA DE MAHOMA en la cueva del monte Hira fue el comienzo de un relato de Dios específicamente musulmán. El episodio está registrado en muchas fuentes. Ésta es la versión de alBukhari (quien compiló una colección de Hadit, o tradiciones, sobre Mahoma, una de las más reconocidas del Islam), tradición que procede de una de sus esposas, Aisha:

"Aisha dijo: la primera parte de la revelación le fue dada al apóstol de Dios en un sueño mientras dormía; así que nunca tuvo un sueño en el que no se presentara la apariencia de la luz del amanecer. Luego empezó a amar la soledad, y solía recluirse en la cueva de Hira, donde se consagró a Dios [literalmente, practicaba *tahannuth*, tal vez 'como un hanif']; permaneció ahí durante varias noches antes de volver con su familia y cobrar nuevas fuerzas. Así, solía volver con Khadija [la primera de sus esposas] y cobrar nuevas fuerzas hasta que *alHaqq* [la verdad] le llegó mientras estaba en la cueva de Hira. Y el ángel vino y dijo: 'Recita [o lee]'. Él respondió: 'No soy de los que recitan [o leen]'. Dijo: 'Luego me tomó y me apretó hasta que no pude soportar más; luego me soltó y dijo: 'Recita'. Yo dije: 'No soy de los que recitan'. Así que me tomó y me apretó hasta que no pude soportar más; luego me soltó y dijo: 'Recita'. Yo dije: 'No soy de los

La cueva
En esta cueva Mahoma percibió la presencia de Alá y el mandato del ángel Jabra'il (Gabriel) de pronunciar las palabras que ahora son parte del Corán: "Éste no es más que un don dado [una revelación revelada]: uno de gran poder le enseñó" (53.4s.).

que recitan'. Así que me tomó y me apretó una tercera vez; luego me soltó y dijo: 'Recita en el nombre de tu Señor que te creó —que creó al hombre a partir de una gota. ¡Recita! y tu Señor es de lo más generoso' [*Corán* XCVI 1-3]. Luego el apóstol de Dios retornó con él, con el corazón palpitante, fue hacia Khadija y le dijo: '¡Escóndeme [o envuélveme], escóndeme! '. Y ella lo escondió hasta que el pavor desapareció. Entonces le dijo a Khadija (después de contarle lo ocurrido): 'Temo por mi vida'. Khadija contestó: '¡No, por Dios! Dios no te traerá desgracias, porque tú unes los lazos de las relaciones, cargas los pesares de los débiles, ganas lo que ganas para darlo a los pobres, acoges al huésped y ayudas ahí donde hay genuino dolor'". La sensación de miedo no aminoraba al retirarse la visión. Al principio, Mahoma pensó que se había vuelto loco (*manjnun*, "poseído por los *jinn* del desierto") o que se había vuelto un *kahin*, un *sahir*, o *sha'ir* —locos que caían en estados extáticos y decían recibir mensajes de Dios. Mahoma pensó que el suicidio sería mejor que aquello. De hecho resolvió lanzarse desde una pendiente. Mas cuando se disponía a hacerlo tuvo la arrolladora impresión de que Jabra'il (el ángel Gabriel) lo detenía. Cuando volvió con Khadija le contó que estaba seguro de haber visto algo en la montaña, y que ahora temía estar poseído. Khadija le aconsejó que esperara a ver qué ocurría. "Después de todo —agregó— tal vez sí viste algo." "Sí —dijo él—, sí vi algo."

A partir de este momento supo, con inalterable simplicidad, que para que Dios sea Dios, debe ser *Dios*, Alá, el Único que es Dios: que no puede ser partes de Dios o menos que Dios si es que hay un Dios: no puede haber otros dioses, ni divisiones de un dios a partir de otro. Sólo puede haber lo que hay, Alá, una realidad teísta, el origen único de la creación, el Creador no creado de todo lo que es, creencia resumida en el famoso sura (capítulo) de la Unidad en el Corán (recuadro a la izquierda). Los musulmanes que expresan este sura con absoluta sinceridad verán sus pecados caer como las hojas de los árboles en el otoño. En cierto sentido, la vida y el mensaje de Mahoma fueron el resultado de aquella visión básica: la vida toda, todo aspecto de la vida, se deriva de la unidad fundamental de Alá; en consecuencia, debe reconocerse que todo aspecto de la vida —la creación de todo pensamiento y acción— se deriva de Alá y que todo vuelve a Alá para su juicio después de la muerte: toda palabra y toda acción deben "dar testimonio de que no hay más Dios que Alá". ¿Qué pasó entonces después de aquella visión? Al principio nada. Luego, al poco tiempo, Mahoma empezó a pronunciar palabras que ahora están en el Corán, el fundamento de la vida y del relato musulmán de Dios.

HADIT

Las fuentes para conocer la vida de Mahoma son los libros maghazi, *que relatan sus campañas y sobre quienes tomaron parte en ellas. La de alWaqidi aún existe. Las primeras biografías surgieron a los cien años de su muerte, culminando con la de ibn Ishaq (m. 751 d.C.), revisada por ibn Hisham. Otra fuente es la colección de Hadit, o tradiciones (en árabe, pl. ahadit). Sobre las cosas que el Profeta y sus compañeros dijeron e hicieron (y sobre las que guardaron silencio) se transmitieron oralmente hasta que fueron reunidas en el s.* IX, *en grandes colecciones. Seis de ellas (las de alBurkhari, Muslim, ibn Maja, abu Dawud, alTirmidhi y anNasai) guían la vida musulmana. El Corán es esencial, pero las tradiciones (Hadit) tienen un papel reforzador, porque son un comentario vivo sobre lo que la revelación de Alá significaba en la vida práctica. No todas tienen la misma autoridad: se las evalúa como fuertes, buenas, posibles, débiles, etcétera, según las de personas que transmitieran la tradición, y según su contenido.*

El Corán

La palabra de Alá para el mundo

DESPUÉS DE LA SOBRECOGEDORA visión de la cueva, Mahoma sintió una mayor presión para decir las palabras de Alá/Dios, pero hubo un intervalo de cerca de tres años (conocido como la *fatra*) durante el que no sucedió nada más. Mahoma cayó en un desesperante estado de aturdimiento, pero después de ese lapso, de nuevo comenzó a sentir que se pronunciaban palabras a través de él (recuadro a la izquierda, arriba).

Estás envuelto en
el manto,
levántate y da advertencia.

(Sura 74.1)

Durante el resto de su existencia Mahoma continuó emitiendo palabras que, según creía, procedían directamente de Alá. Se decía que era un profeta (*nabi*) y un apóstol (en árabe, *rasul*; en griego, *apostolos*, "enviado"). La diferencia entre las palabras que decía como profeta (esto es, como mediador o comunicador de palabras procedentes de Alá) y las que pronunciaba como persona ordinaria era inconfundible, tanto para él como para los demás. En primer lugar, su apariencia y cómo se escuchaba eran del todo diferentes. Hay muchas tradiciones en que se expresa este hecho (recuadro, abajo). Además del cambio de apariencia, el ritmo y la rima de las palabras que usaba diferían del habla ordinaria. Se decía que Mahoma era *ummi*, término que podría significar "ordinario", "perteneciente al pueblo", pero también "iletrado", y así es como los musulmanes lo entienden: Mahoma no creó ni escribió el Corán. Lo recibió directamente de Alá, de la Madre del Libro en el cielo: "Con Alá

Alá, no hay más Alá que él,
el que vive, el que perdura.
Él envió a ti el Libro en verdad,
confirmando lo que hubo antes
que éste y envió la Torá y
el Evangelio antes como guía
para todos.

(Sura 3.2s.)

Mahoma Profeta

Al pronunciar las palabras de Alá, los cambios que experimentó Mahoma fueron registrados. Éstos forman parte de las colecciones de alBukhari y Muslim:

- **SE LE ENROJECÍA EL ROSTRO:** "Un ropaje cubría al apóstol de Alá, entonces Safwan ibn Yala vio que el apóstol de Alá tenía el rostro enrojecido y que roncaba".
- **ESCURRÍA SUDOR**: Aisha dijo: "Lo vi cuando la revelación descendía sobre él, en un día muy frío, luego se retiró, y de su frente escurría sudor".
- **SU PESO AUMENTABA:** Zaid ibn Thabit dijo: "Alá envió [la palabra] sobre su apóstol, cuando su pierna descansaba sobre la mía, y el peso era tan grande que temí que me aplastara".
- **OÍA EL TAÑER DE UNA CAMPANA:** Harith ben Hisham preguntó al apóstol de Alá: "¿Cómo te llega la revelación?" Él contestó: "A veces me llega como el tañer de una campana; luego se va y recuerdo lo que dijo; y a veces el ángel que me sale al encuentro se parece a un hombre y me habla, y recuerdo lo que dice".

está la madre del libro" (13.39). El Corán contiene la eterna palabra de Alá aplicada a las circunstancias en que Mahoma se encontraba, por tanto menciona sucesos y personas de la época, pero es en esencia el mismo mensaje eterno.

Por consiguiente el Corán ha sido revelado a todos los verdaderos profetas, como Musa/Moisés e Isa/Jesús (recuadro al centro, izquierda). Moisés, Jesús y otros profetas antes de Mahoma recibieron la misma eterna palabra, aunque aplicada a las circunstancias de su propio tiempo. ¿Por qué son, pues, diferentes entre sí las revelaciones o escrituras de los judíos, las de los cristianos y las del Corán? Porque, de acuerdo con la creencia musulmana, esas escrituras fueron modificadas con el tiempo para responder a las necesidades o las inclinaciones corruptas de la gente que empezaba a alejarse de Dios —sólo el Corán es la única versión de la revelación de Alá que no ha sido corrompida, y Mahoma es, por ende, el último profeta a través del cual Alá revelará el contenido de la Madre del Libro. Él es la conclusión de los Profetas.

El ascenso al cielo
Las tradiciones (Hadit) registran que Mahoma emprendió un viaje (alIsra) a Jerusalén, al monte Buraq, y desde el sitio ahora marcado por el Domo de la Roca en el Monte del Templo hizo su ascenso (alMiraj) al cielo. Ahí Alá le ordenó que las personas rezaran 50 veces al día, pero Moisés lo alentó a que redujera la cantidad a cinco *(p. 349).*

Para los musulmanes, entonces, el Corán es la palabra absoluta e incorrupta de Alá. Escribirlo y recitarlo son obras humanas, pero el Corán mismo es, como Alá, increado. Este tema, de si el Corán es creado o increado, fue ferozmente debatido en los primeros siglos del Islam, pero la opinión ortodoxa y prevaleciente es, en palabras de alMaturidi, el gran teólogo musulmán:

> *El Corán es la palabra de Alá, escrita en las copias, preservada en las memorias, recitada por las lenguas, revelada al profeta. Pronunciar, escribir, recitar el Corán es algo creado, pero el Corán propiamente es increado.*

El Corán, pues, lleva la Palabra de Alá al mundo. Sus palabras están abiertas a la interpretación, sobre todo cuando surgen nuevas circunstancias, pero no pueden ser modificadas. Ni siquiera pueden ser traducidas, porque el árabe es la lengua en que la revelación fue transmitida a Mahoma. Las versiones en otras lenguas son simples observaciones de la suprema revelación enviada a través del Profeta a la tierra.

Una vez recopilado y uniformado, el Corán se convirtió en lo más cercano a la presencia de Alá en la tierra a que se puede llegar. Por supuesto, Alá está muy por encima de los cielos y la tierra, y no está contenido en nada. Aun así, la palabra procedente de "la Madre del Libro" es justamente reverenciada y honrada. Este sentimiento impulsó a que se copiara el Corán en formas que serían dignos actos de reverencia y agradecimiento.

Caligrafía

Escritura digna de la revelación

En los primeros versos del Corán revelados a Mahoma (p. 316) se lee: "tu Señor... que enseñó por medio de la pluma, le enseñó a la gente lo que nunca supo" (xcvi.4s). Uno de los primeros suras (capítulos) que habrían de ser revelados (según algunos, el segundo) se llama *AlQalam*, La pluma (lxviii), y señala cuál es la guía que da Alá de manera segura.

La guía está hoy contenida, sin modificaciones, en el Corán, que al principio no fue escrito sino memorizado y transmitido por individuos conocidos como Huffaz, pero como algunos fueron muertos en batalla tras el deceso de Mahoma, fue evidente que era necesario un registro más permanente. Durante el régimen de Utmán ibn Affan, el tercer califa (m. 655 d.C.), se dio forma a un texto autorizado, que se distribuyó por todo el imperio musulmán, en rápido crecimiento.

Entonces tuvieron en sus manos las palabras de Alá, no las de Mahoma. Por importante que fuera el Profeta, la palabra de Alá lo es mucho más, ya que contiene todo lo que cualquiera pueda necesitar saber para poder pasar lo que Mohammad Jamali, en una carta dirigida a su hijo cuando era prisionero político en Irak en 1961, llamó "el examen de la vida":

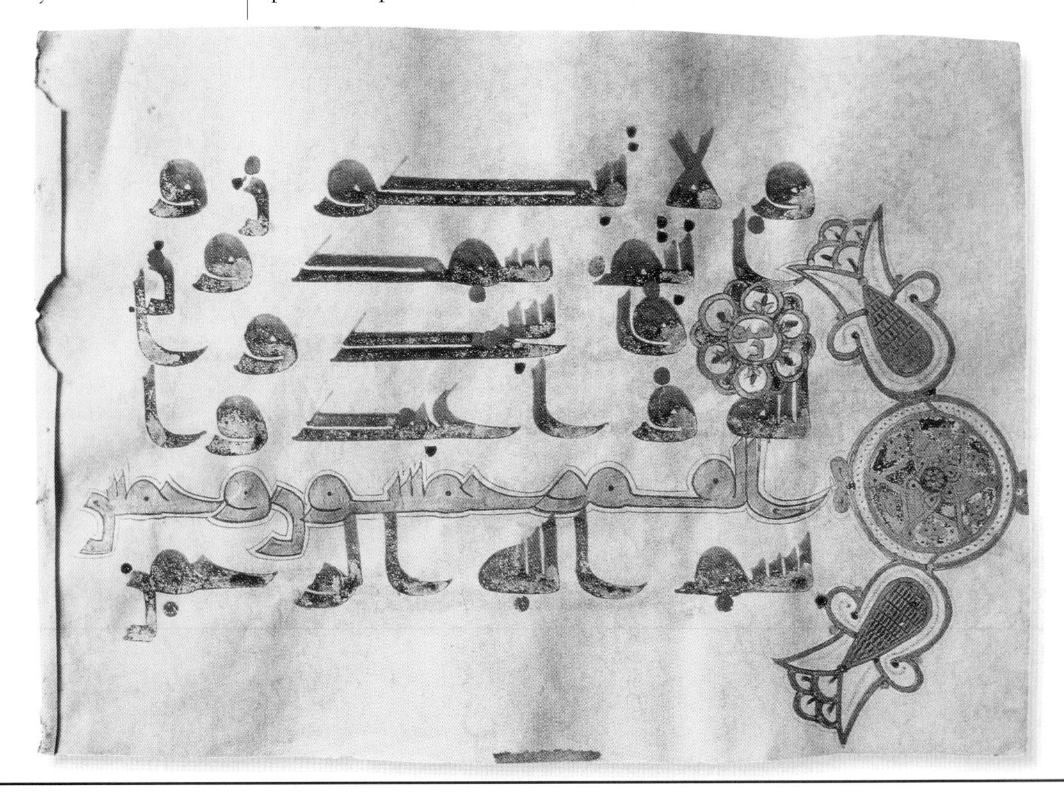

Escritura cúfica
La escritura cúfica (khatt alKufi) ganó importancia en el s. VIII. *Este ejemplo de la gran mezquita de Kairouan, en Túnez, muestra el final del sura 53 y el principio de la 54: "¿[Queréis reír] y no llorar, y perder el tiempo en vanidades? Postraos delante de Alá y adoradlo".*

Pienso que la vida es un examen y que Alá creó al hombre con el fin de examinarlo en este mundo. Cada uno de nosotros tiene que pasar una prueba y todos los días de su vida en cada acto que realice. Por ello debemos dar lo mejor de nosotros y trabajar para tener éxito en la vida. Éste es necesario no sólo en las matemáticas o la química, sino en todo, y debemos recurrir a la ayuda del Corán todos los días para tener éxito en los exámenes de la vida.

(*Jamali*, p. 3)

Los seis estilos
Seis estilos de escritura cursiva (conocidos en árabe como alAqlam asSittah*) se desarrollaron bajo las reglas de ibn Muqlah. Uno fue la escritura Naskhi, que se muestra aquí. Fue desarrollada aún más por ibn alBawwab para que cualquiera pudiera leer la palabra de Alá más fácilmente.*

Con esta comprensión de la forma en que el Corán ofrece la guía de Alá en la vida de todos, no sorprende que escribir y copiar el Corán se convirtiera en una manera de reverenciar y glorificar a Alá. Incluso se reformó la escritura del árabe para que fuera más digno de la revelación que se consignaba.

Con el tiempo, escribir el Corán evolucionó hacia una de las más elevadas formas artísticas del Islam, de las que surgieron varias formas de escritura. Cuando el Islam se estableció en Basra (p. 335) y en Kufah, *khatt alKufi*, la escritura cúfica (enfrente), se convirtió en una de las más importantes; las letras se caracterizan por trazos verticales cortos y trazos horizontales alargados. No se regía por reglas estrictas, así que los escribas tenían libertad para desarrollar formas ornamentales de gran belleza.

No porque las reglas estén necesariamente peleadas con la belleza: abu Ali Muhammad ibn Muqlah (m. 940 d.C.) estableció un conjunto sistemático de reglas basadas en proporciones geométricas y el tamaño de las letras. Aun hoy todavía la caligrafía es una forma de agradecer a Alá el don de la revelación, en concordancia con la máxima de Mahoma: "La buena escritura hace vívida la verdad".

La verdad hecha vívida tan brillantemente es la verdad de Alá desplegada en la creación y en el Corán.

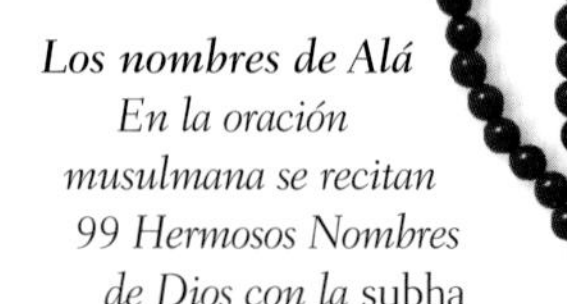

Los nombres de Alá
En la oración musulmana se recitan 99 Hermosos Nombres de Dios con la subha *—cuentas similares al rosario cristiano o el* mala *de los sikhs.*

ENFRENTE:

La Ka'ba
Musulmanes en peregrinaje (Hajj) tratan de alcanzar la Ka'ba.

No quienes dudan de la verdad
ven en lo alto el firmamento...
¿cómo lo hicimos,
y lo ordenamos sin falla
ni grieta? Y la tierra,
¿cómo extendimos su amplitud,
arraigando la firmeza
de las montañas,
dentro de un generoso
crecimiento, de tan
hermosa forma
y enviamos desde los cielos
lluvia colmada de bendiciones
con la cual hacemos fructificar
jardines y el grano de
la cosecha...? Todo esto
para sustentar a los servidores
de Alá con la vida de
una tierra sin vida:
Parecido a eso será el paso
más allá de la tumba [la
resurrección].

(Sura 50.6–11)

Alá en el Corán

El Único que es Dios

EL CORÁN FUE REVELADO en varias etapas durante la vida de Mahoma. El texto está dividido en capítulos (suras) y versos (*ayat*, término que significa básicamente "signos"). Cada sura tiene su propio nombre (como el 112 : *alIkhlas*, Pureza, 113 es *alFalaq*, Alba, 114 es *anNas*, Humanidad), pero en la literatura moderna las referencias suelen darse con el número del sura primero y luego el número del verso, aunque el orden de éstos difiere según las ediciones. Los suras están organizados de manera que el más largo es el primero, salvo *alFatiha*, El Principio, que encabeza el Corán.

En el nombre de Dios, el misericordioso,
el compasivo.
Alabado sea Dios, el Señor de todo lo que existe,
el misericordioso, el compasivo,
soberano del Día del Juicio.
A ti te servimos [o "adoramos"],
y a ti te pedimos ayuda.
Guíanos por el camino estrecho,
el camino de aquellos en quienes
has puesto tu preferencia,
no el de quienes merecen la ira,
ni el de los descarriados en el error.

Los suras más cortos del final del Corán son, en general, los que fueron revelados primero, cuando Mahoma vivía aún en La Meca. En 622 hizo la *Hijra*, el traslado, a Medina; a partir de entonces se inicia el calendario musulmán, en que los años se designan d.H., después de la Hégira.

En el Corán Alá es el Señor de toda la creación. Alá es el creador y sus obras son, a su vez, signos (*ayat*) que apuntan a la verdad obvia de Alá (recuadro a la izquierda).

Alá es, pues, el Señor de quien proviene toda la creación y hacia quien todas las criaturas retornan después de la muerte. Alá es diferente del universo creado, y las palabras no pueden describirlo. Lo más que se puede decir es que Alá es como una incesante luz iluminando a los que buscan con fe: "¡Luz sobre luz! Alá guía hacia la luz a quien a él place" (24.35). El sura de Luz y este verso en particular son de gran importancia en las oraciones musulmanas, sobre todo en *Mishkat alAnwar* (El nicho de luces) de alGhazali (p. 356ss.).

Como Señor, Alá es el juez final. En el último día, las buenas y las malas acciones serán puestas en una balanza, y Alá recompensará a la gente según sus obras. Las consecuencias en el cielo o el infierno se describen gráficamente y, desde el punto de vista musulmán, deben ser literalmente verdaderas. Alá es por tanto alguien a quien hay que temer y venerar. Pero Alá es también *Rahman waRahim*, "misericordioso y compasivo". Remontándonos a una tradición de Abu Huraira, un compañero del Profeta, existen 99 Hermosos Nombres de Dios, entre los que evocan temor y los que evocan reverencia y adoración. La mayoría se desprenden del Corán. También se dice que Alá tiene muchos atributos, algunos se asemejan a los de los hombres, como tener manos o cara, o estar sentado en un trono.

Es el primero y el último, lo manifiesto y lo oculto,
y sabe todas las cosas. Él es quien creó los cielos y
la tierra en seis días, luego se estableció en el trono.
Él sabe lo que entra en la tierra y lo que sale de ella,
lo que baja del cielo y lo que sube a él.
Está con vosotros dondequiera que estéis,
y ve lo que sea que hagáis.

(Sura 57.3s; cf. 7.52/4)

En la impresionante poesía del Corán, decir que Alá ve todas las cosas y está sentado en un trono podría ser una manera de hablar de soberanía y poder. Pero ¿es así? ¿No será que estos atributos son metáforas derivadas del lenguaje y la experiencia humanas, o no habría que decir (dado que el Corán procede de Alá, quien no está limitado por el lenguaje humano) que son más bien descriptivas? ¿Está Alá literalmente sentado en un trono y ve todo lo que ocurre? Alrededor de este tema se desarrolló una feroz batalla en los primeros siglos del Islam.

Esto abarcó también la medida en que Alá conoce y determina el resultado de los acontecimientos. El Corán hace hincapié en la omnipotencia de Alá. Como señor soberano, nada puede ocurrir si él no lo desea. 81.29 dice: "No desearás más que como Alá desea, el Señor de todo lo existente"; y 13.27 habla del reto de los incrédulos: "¿Por qué no le es enviada [a Mahoma] una señal de su Señor? Decid: Alá descarría a los que él desea, y guía hacia sí a los que se arrepienten". Según 3.123/8, "Alá perdona al que desea y castiga al que desea".

Si Alá desea y determina todas las cosas, incluso las "decisiones" que toman los hombres, ¿cómo pueden éstos ser juzgados el Último Día según sus obras? Si Alá dio existencia a esas obras, no se los puede culpar ni ensalzar. Estos dos asuntos, el de los atributos y el poder de Alá de determinar todas las cosas, llevó a los musulmanes a preguntarse qué tan literalmente debe tomarse el lenguaje del Corán en su relato de Dios.

ENFRENTE:

Alá el Creador
Para los musulmanes, las "obras de la creación" son señales que apuntan a la verdad de Alá.

El poder de Dios

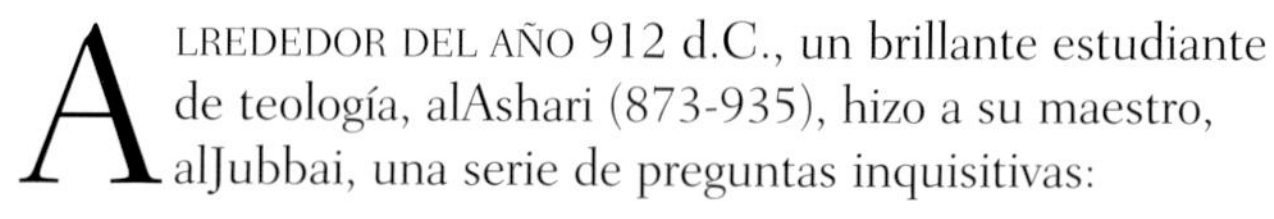

Libertad humana

Chiítas
Algunos pensaban que Alí, el descendiente directo más cercano de Mahoma, debió sucederlo como califa, y que sus descendientes son los verdaderos dirigentes (Imams). Son "el partido de Alí", shiat Ali, de ahí musulmanes shía, o chiítas. En Kerbela, Husein, hijo de Alí, fue asesinado en 61/680, convirtiéndose en mártir. Algunos peregrinos participan en su sufrimiento en festivales anuales.

Alrededor del año 912 d.C., un brillante estudiante de teología, alAshari (873-935), hizo a su maestro, alJubbai, una serie de preguntas inquisitivas:

- ¿Qué nos puede decir de un creyente, un incrédulo y un niño [después de su muerte]? alJubbai respondió: "El creyente está en el cielo, el incrédulo está en el infierno y el niño está en un lugar seguro".
- ¿Qué pasa si el niño pregunta por qué no se le permitió crecer, para poder obtener una mayor recompensa? alJubbai replicó que Alá sabía que sería un pecador si crecía.
- ¿Y si el incrédulo preguntara por qué Alá no lo mató cuando era joven para que no pecara?

alJubbai no tuvo respuesta para esto, así que alAshari empezó a dudar de la utilidad de la teología en el relato de Dios.

El problema se desprende de las afirmaciones hechas en el Corán sobre el poder de Alá para determinar todas las cosas, resumidas en las palabras *qadar* y *qada'*. En el Corán significan algo así como "ordenar", "planear", "decidir", pero en los primeros intentos de los musulmanes por entender el Corán esto se tomó como la absoluta imposibilidad de que nada ocurra fuera del control y del conocimiento de Alá. Llevadas al extremo, como lo hizo un grupo conocido como Jabariya (del árabe *jabr*, "obligatorio"), significan que Alá lo predestina todo.

Hubo otros que rechazaron esta interpretación, porque despojaba a los hombres de responsabilidad: si Alá predestina todo lo que pensamos, decimos o hacemos, ¿qué sentido tiene hacer un esfuerzo moral o religioso? A todo tendríamos que decir: *InshAllah*, si Alá lo desea. Para ocuparse de este y otros temas empezó a formarse un grupo, los mutzalitas (del árabe *'itazala*, "separar de").

Éste se formó durante el periodo de guerra y conflictos en torno al verdadero sucesor (califa) de Mahoma, lo que condujo a la división entre los musulmanes sunni y los chiítas. Uno de los problemas era el tercer califa, Utmán, quien se había desviado tanto del Islam que se justificaba su asesinato, lo que ocurrió en 656 d.C. Esta vez el asunto clave lo planteó Hasan alBasri (642-728): ¿un musulmán que comete un pecado grave sigue siendo musulmán (en este caso no puede dársele muerte), o ha dejado de serlo (caso en que sí se puede)? Algunos (los kharijitas) dijeron que ya no era musulmán. Sin embargo, Hasan alBasri dijo que seguía siendo musulmán pero también era un hipócrita (algo muy censurado en el Corán). Los mutzalitas tomaron una posición intermedia, preguntando qué luz puede arrojar la razón (creada por Alá) sobre asuntos planteados por el Corán. Introdujeron, de hecho, la filosofía teológica en el Islam.

El primer principio identificado por los mutzalitas, Tawhid (recuadro, abajo), los llevó a que se ocuparan del problema de los atributos (p. 330), porque, si se toman literalmente, parecen comprometer la unidad de Alá. Dicho crudamente, si Alá habla, oye, ve y se sienta en un trono, ¿posee acaso un cuerpo con partes enumerables? Si es así, entonces no puede decirse que Alá sea el Único. Entre los extremos de la literalidad y la metáfora, los mutzalitas dividieron los atributos en aquellos que son los que Alá es esencialmente (está en la esencia de Dios ser cognoscible) y aquellos que se infieren de las consecuencias de los actos de Alá. Ocupar un trono es decir que Alá está siempre establecido según la esencia de lo que es ser Alá.

Sin embargo, este enfoque racional para comprender a Alá tal como está descrito en el Corán fue insatisfactorio, sobre todo porque en realidad no respondía a preguntas como las de alAshari, quien alegó que la razón no es superior a la revelación: sólo se puede recurrir a ella para defender los dogmas basados en el Corán. En cuanto a los atributos, confirmó su verdad "sin que se sepa cómo" (*bila kaif*) se relacionan con la esencia de Alá. Sobre el determinismo arguyó que todas las posibilidades, incluso las que conducen al castigo del infierno, son creadas por Alá, pero que los seres humanos tienen la responsabilidad de adquirir las que son buenas. Adquisición (texto a la derecha) significa que el poder y la previsión de Alá son inalterables, pero los seres humanos tienen la libertad y responsabilidad de sus acciones. Era una doctrina muy pulcra pero no el término de los debates.

Adquisición
alAshari afirmó que la enseñanza de la adquisición es como ir a un supermercado (kasb, iktisab)*: todas las posibilidades están en los estantes y se conoce las existencias, mas los compradores deben adquirir lo que les parece bueno y adecuado. Si sólo compran pasta de dientes, las consecuencias para su salud serán funestas pero la culpa será suya.*

Los Cinco Principios

Los mutzalitas llegaron a ser identificados por cinco principios; de los dos primeros tomaron su nombre, ahl al'Adl wa'lTawhid, *el Pueblo de Justicia y Unidad:*

- **UNO:** *Tawhid*, la unidad absoluta e inalterable de Alá.
- **DOS**: *'Adl*, la justicia de Dios basada en el libre albedrío, por el que el mal se introduce en el mundo y es castigado por Alá.
- **TRES:** *alWa'd wa'lWa'id*, amenaza y promesa, reales y necesarios en el Corán debido al libre albedrío.
- **CUATRO:** *alManzilah bain alManzilatayn*, postura entre dos posturas, su intento de encontrar un terreno medio racional entre extremos en las antiguas controversias.
- **CINCO:** *alAmr bi'lMa'ruf wa'nNahy 'an alMunkar*, ordena el bien y prohíbe el mal, declaración sucinta de la responsabilidad y la obligación social.

Los sufis

El principio

HASAN ALBASRI (HASÁN DE BASRA) era un hombre con un intelecto observador. No sólo hizo la pregunta sobre el caso del musulmán que había pecado (p. 332) sino muchas otras. Los mutzalitas habían tomado una posición diferente, pero seguían considerándolo uno de los fundadores de su propio camino de reflexión racional sobre todo lo que Alá significa e implica.

Hasán también fue reverenciado como la persona clave que abrió otra exploración de la fe en el Islam, la de la unión con Alá en adoración, éxtasis y oración. Después de Mahoma y Alí (el cuarto califa e inspiración de los chiítas), Hasán fue considerado "el Tercer Maestro", que fundó "la ciencia de la vida interior" (*'ilm alqulub*, literalmente "conocimiento de los corazones").

En esta exploración de Alá a través de la obediencia, la devoción y la oración, Hasán veía este mundo como una arena en que los seres humanos son probados y entrenados en su devoción a Alá: "Alá creó el ayuno como terreno de entrenamiento para que sus siervos aprendan a apresurarse hacia él". En una ocasión, describió al mundo como un puente, el que sería prudente cruzar de un lado al otro pero estúpido construir sobre él. Todo esto era llevar al islamismo al ascetismo, al abandono de las complacencias de este mundo para darlo todo a Alá. A primera vista parece contradecir la insistencia del Corán en la bondad del mundo y en la generosidad de Alá al otorgarnos tantos dones. Si ascetismo significa alejarse del mundo porque es maligno, entonces es casi una blasfemia, porque es tanto como rechazar los dones y la providencia de Alá. El Corán advierte que no desdeñemos los dones de Alá, y en 57.27 parece censurar lo monástico (*rahbaniya*) como una invención de los cristianos que Alá no ordenó. Aunque en árabe pueda significar algo diferente, los musulmanes lo han tomado como una declaración de que Alá no desea un celibato ascético de esa clase.

Entonces, ¿estaba Hasán llevando al Islam por caminos prohibidos? En realidad veía el ascetismo de otro modo.

Danzantes sufis
Muchas órdenes sufis (p. 346s.) usan la danza para apartar a los devotos del mundo y conducirlos a la presencia de Alá. Su forma y significado fueron impulsados aún más por los mevlevis (mawlawis), seguidores de Rumi (pp. 344-346), que la llaman muqabalah, *"encuentro". Pero algunos la veían con suspicacia por considerarla un intento de llegar a ser uno con Alá.*

No despreciaba las cosas que lo rodeaban (o su interior), pero deseaba dar todo su tiempo y energía a un amor más grande que el que sentía por esas cosas; quería colocar a Alá en el lugar principal en su mundo, así como Alá será, de seguro, lo fundamental en el mundo venidero. Escribió así:

> *Cambia este mundo actual por el próximo, y ganarás los dos; pero no cambies el mundo venidero por éste, porque perderás los dos por completo... Quien conoce a Alá lo trata como amigo, mientras que los que conocen este mundo lo tratan como enemigo.*
>
> (Attar, I, p. 40)

El peligro de lo mundano es que se convierte no en un medio por el que la gente glorifica a Dios, sino en un fin en sí mismo: las posesiones a que aspira la gente se apoderan de ellas, como escribió Hasán en una carta dirigida a Umar II, el califa en esa época (recuadro a la derecha). Jesús no fue el único que se contentaba con andar "vestido de lana" (recuadro a la derecha). De esta total devoción a Alá, buscarlo de todas las formas, surgieron los sufíes.

Los sufis son musulmanes que buscan la experiencia directa y personal de Alá. El significado original de su nombre no es claro, pero generalmente se piensa que se deriva de una palabra árabe que quiere decir "lana", por las humildes vestimentas que suelen llevar. Aparecieron en el momento en que el Islam se extendía: a los cien años de la muerte de Mahoma. Los musulmanes habían llegado al Atlántico en Occidente y a China en Oriente. Los califas adquirieron muchas riquezas y poder, y en contraste con la vida sencilla del desierto de antes muchos empezaron a vivir con magnificencia. Los sufis estaban decididos a seguir la vida del desierto, y hacer de la soberanía de Alá una realidad interior.

El sufismo abrió una senda de amor que llevó a muchos de sus miembros a la pobreza, como es el caso de Ibrahim b.Adham. Fue feliz sólo en tres ocasiones. Una fue cuando al mirar su abrigo no pudo distinguir la piel de los numerosos piojos. "La pobreza —escribió— es un gran tesoro que Alá guarda en el cielo y da sólo a aquellos a los que ama."

Ese amor a la pobreza no contradecía la insistencia del Corán en el amor a todas las cosas buenas de la creación, ni tampoco el deleite que experimentan los musulmanes con el conocimiento y la perspicacia, ya que el objetivo del conocimiento y la pobreza es el mismo: entrar en una unión cada vez más profunda con Alá. Pero el sufismo ofrecía un camino para dar prioridad a Alá, y no pasó mucho antes de que se convirtieran en parte principal de la vida musulmana.

Desconfiad del mundo y sus supercherías: es como una serpiente, suave al tacto pero de veneno mortal. Este mundo no tiene peso ni valor para Alá. Es tan desdeñable que para él pesa menos que un guijarro o una mota de polvo. Es como la Palabra ['Isa/Jesús] solía decir: "¡Mi pan de cada día es el hambre, mi emblema el miedo, mi vestido lana, mi monte es mi pie, mi linterna la luna, mi fuego el sol, mi alimento cualquier cosa que la tierra produce y al anochecer no he adquirido nada, pero nadie hay más rico que yo!".
(Hasán de Basra)

Basra
Al extenderse el Islam a Irak, Basra fue un centro de enseñanza. La mujer del famoso azZuhri (m. 742) dijo: "Por Alá, estos libros tuyos son para mí algo peor que tres esposas rivales".

Rabia

Una mujer sufi consagrada a Alá

BASRA ERA UN CENTRO FAMOSO para los sufis, ahí nació Rabia alAdawiya (*c.* 713-801 d.C.). Su nombre significa "cuarta", por ser la última de cuatro hijas, aunque fue la primera mujer que llegó a ser considerada a la par con los hombres. "Si me preguntan —escribió Attar (p. 342) en *Memorial of the Friends of God*— por qué incluí a Rabia con los hombres, contestaré con las palabras del Profeta: 'Alá no ve las formas externas. El corazón de las cosas no está en la forma sino en la intención... Cuando una mujer se convierte en hombre en el sendero de Alá, es un hombre y no puede volver a llamársele mujer'".

Hasán (p. 334) conoció a Rabia y le preguntó si estaban predestinados por Alá, para casarse. Rabia respondió: "El matrimonio es para quienes tienen existencia. Para mí, 'la existencia' ha desaparecido porque no me he convertido en nada por mí misma, y no vivo más que a través de Alá, bajo cuya sombra vivo. Si quieres casarte conmigo, pídeselo a Alá". Él preguntó dónde había descubierto cómo vivir con Alá. "Tú sabes cómo —replicó ella. Yo sólo sé, no-cómo".

Sin embargo, reveló la clave del "cómo" conocer a Alá al ser vista un día por el mercado con un balde de agua en una mano y una bandeja con leños ardientes en la otra. Cuando se le preguntó qué estaba haciendo, dijo: "Voy a encender una fogata en el Paraíso, y apagar el fuego del infierno, para correr los velos [los impedimentos al verdadero amor de Alá] para que la gente pueda buscar a Alá sin esperar recompensa ni temor al castigo". Con ese espíritu, oró: "Oh, Alá, si te venero por temor al infierno, quémame en el infierno; si te venero esperando el Paraíso, arrójame del Paraíso; pero si te venero por ti mismo, no me niegues tu eterna belleza".

Amaba tanto a la creación como don de Alá que Hasán la halló un día rodeada de venados y otros animales. Cuando él se aproximó los animales huyeron. Ella dijo abruptamente: "Es porque te los comes". Vivió en completa pobreza. Malik i-Dinar la visitó y tomó cuenta de sus posesiones: un jarro roto, una vieja estera de carrizo y un ladrillo de adobe que usaba como almohada. Malik dijo que sus amigos ricos se ocuparían de ella. "Malik —le dijo ella—, ¿cómo pudiste cometer semejante equivocación? ¿Acaso no tengo al mismo Proveedor que ellos?" "Por supuesto" —dijo Malik. "¿Y acaso Alá, que es quien provee, se interesa menos en los pobres debido a su pobreza, y más en los ricos debido a su riqueza?" "Claro que no." "Entonces —dijo ella—, ya que Alá conoce mi situación, ¿por qué habría yo de preocuparme? Todo esto es voluntad de Alá, así que es también la mía". Rabia, como otros sufis,

Rabia dijo la última palabra sobre la superioridad masculina. Unos hombres le reclamaron que se excedía en su papel de mujer:

"Todas las grandes virtudes pertenecen a los hombres: la corona de profeta ha sido puesta en sus cabezas, el cinto de autoridad ha ceñido sus cinturas: ninguna mujer ha sido profeta.

Todo esto es verdad —dijo ella.

Pero la suma del egoísmo y el orgullo de sus logros radica en cosas como 'Yo soy tu marido y maestro', lo cual nunca proviene de las mujeres... Estas cosas son de interés para los hombres".

aceptó limosnas, pero sólo si se ofrecían y utilizaban por amor a Alá. Alguna vez le dieron cuatro dirhams, y como sus últimas ropas se caían a pedazos, se los dio a un hombre para que le comprara una manta que cubriera su desnudez. El hombre partió, pero regresó a preguntarle de qué color la quería. "¿Qué tiene que ver el color?" —dijo exasperada. Le pidió el dinero de vuelta y lo arrojó al Tigris.

Para Rabia la pobreza simplificaba la lealtad de los hombres hacia Alá. No era nada por sí misma, pero lo significaba todo si era lo que Alá deseaba. Incluso había que desconfiar de los milagros si lo distraían a uno de Alá. Un día, mientras comía su habitual mendrugo, un vecino le dijo: "¡Come otra cosa! ¿Por qué no me dejas hacerte un caldo de cebolla?". Rabia no opuso objeción, así que el vecino puso a hervir agua en un cazo y luego buscó cebollas, pero en vano. "Déjame ir a pedir unas a la casa de al lado." "¿Cómo? —dijo Rabia—: Durante 40 años he convenido con Alá que nunca pediría nada que no fuera para él. ¡Deja las cebollas!". En ese momento bajó un ave con unas cebollas en el pico y las dejó caer en el cazo. "Es un truco" —dijo ella, y dejó que el vecino se comiera el caldo.

Las narraciones sobre los devotos de Dios abundan en todas las religiones. No importa si lo sucedido ocurrió como se cuenta. Ilustran lo que quienes aún son peregrinos y recorren el sendero creen y esperan que sea la transformación de la vida humana. En una de sus plegarias, Rabia exclamó: "Mi paz está en la soledad, porque mi Amado está siempre conmigo... Oh, Sanador de almas, esforzarme por la unión contigo es lo que ha sanado mi alma. Tú eres mi gozo y mi vida hasta el fin de los tiempos... Mi esperanza es unirme a ti, y ésta es la finalidad de mi búsqueda".

Plegaria de Rabia

Oh, Dios, lo que reservas para mí entre las cosas de este mundo dalo a tus enemigos; y lo que reservas para mí entre las cosas del mundo por venir dalo a tus amigos; porque tú eres suficiente para mí.

La vieja Bagdad
Bagdad, la llamada Dar es-Salam, Casa de la Paz, fue la capital de un nuevo linaje de califas, los Abasidas, luego que derrocaran a los Omeya en 750. El califa Mansur fundó Bagdad en 762. Su prosperidad (descrita en Las mil y una noches*) alcanzó su apogeo cuando Rabia vivía ahí, durante el régimen de Harun arRashid (m. 809).*

alHallaj

El relámpago del amor de Alá

LOS SUFIS SON LOS QUE "desde el principio se propusieron alcanzar a Alá, *alHaqq* [el Verdadero], el que da existencia a todas las cosas. En esto no descansan hasta no encontrar lo que buscan, ni prestan atención a nadie. Por ti corro sobre la tierra o las aguas, paso rozando el suelo, parto la montaña en dos y desvío los ojos de cualquier cosa que veo, hasta que llego al lugar donde estoy contigo" (citado en alGhazali, *Maqsad alAsna*). Ésta es la definición de un sufi, hecha por uno de los más destacados entre ellos, Abu 'lMughith alHusain ibn Mansur (m. 922 d.C.). Se le llamaba alHallaj porque en árabe *halaja* significa "él cardaba algodón", y su padre se dedicaba a esa labor; pero después se le dio el significado de "el que carda [o busca] conciencias" (alHallaj alAsrar), porque alHallaj se hizo un ferviente promotor del amor que encuentra la presencia de Alá dentro de sí mismo. Una vez, llorando, dijo de Alá:

La distancia que guardas entre nosotros no se debe
a que te retires, sino a que retires de nosotros
la conciencia de tu presencia: esto no significa
que te hayas mudado de lugar, sino que
nuestro conocimiento ha cambiado: tu ausencia
significa que has puesto un velo entre nosotros,
no que te hayas alejado.

(Akhbar alHallaj, Massignon y Kraus, núm. 5)

¡Con el Único hazme uno
Tú y sólo tú eres ese Único,
como yo atestiguo, hay un solo
Dios, el Camino hacia el que
ningún camino puede llegar!
Yo soy el Verdadero [ana
alHaqq], *hecho así por la*
Verdad, para convertirme en la
Verdad: Haz que nuestra
separación termine y que la
Verdad sea Una, contigo en mí, y
yo me encuentre en tu forma,
como el relámpago ilumina de
súbito en la tormenta,
fulgurante.

(Massignon, p. 93)

alHallaj empezó a escribir poemas sobre la presencia de Alá que parecían cancelar toda distinción (recuadro a la izquierda). Su amor por Alá era tan inmediato y real que, al igual que para Rabia (p. 336), el cielo y el infierno eran irrelevantes:

Si quisieras darme el Paraíso a cambio de un instante de mi
tiempo contigo aquí, o de un mínimo instante de alguno de mis
estados espirituales estando contigo ahora, no lo tomaría.
Si pusieras los fuegos del infierno ante mí, con todos sus
tormentos, no sería nada comparado con la desolación que
me invade cuando te ocultas de mí. Perdona a todos,
pero no a mí; ten misericordia de todos, pero no de mí.
No te pido por mí, ni pido recompensas:
haz conmigo lo que te plazca.

(Massignon, p. 78)

El Corán dice que Alá está más cerca de las personas que la vena del cuello (50.51). Los sufis experimentan esa cercanía que anula la brecha entre el creador y su criatura (recuadro a la derecha). Pero esa unión extática con Alá estaba yendo demasiado lejos para otros musulmanes. ¿Qué es lo que alHallaj quería decir cuando proclamaba *ana alHaqq,* "Yo soy el Verdadero"? Parecía estar proclamando haberse convertido en Alá, porque *alHaqq* es uno de los nombres más insondables de Alá (p. 328) en el Corán: el fundamento de toda la existencia, el Verdadero, lo único que en verdad es; alHallaj acabó siendo brutalmente ejecutado en Bagdad, y en esos momentos dijo: "Todo aquel que ha conocido el éxtasis anhela estar a solas con el Único".

Yo soy aquel al que amo,
y aquel al que amo soy yo.
Somos dos espíritus que
moran en un solo cuerpo.
Cuando me veis, lo veis a él.
Cuando lo veis a él, nos veis.

(Massignon, núm. 93)

Pero ¿en verdad lo que dijo fue "*ana alHaqq*"? Según ciertos textos sólo dijo "*ana haqq*", "digo la verdad", y "digo la verdad respecto a nuestra unión con Alá en el amor". ¿Fue ejecutado por esta razón, o porque trajo consigo, de los años que pasó en la India, algunas creencias y prácticas subversivas a los ojos de los musulmanes ortodoxos? Ibrahim ibn Fatik lo visitó en prisión y lo encontró "sobre su cabeza" —en una postura yoga de la India. Y en una ocasión dijo estas enigmáticas palabras: "Id y advertid a mis amigos que estoy en la mitad del océano y que mi bote se estremece: mi muerte será en la religión del cadalso; no anhelo La Meca ni Medina" (*Akhbar* 52). ¿Quiso decir que una vez que las personas han visto y sentido la presencia de Alá, en verdad, más cerca que la vena del cuello, eso anula las divisiones entre las religiones, como le ocurrió a Kabir (p. 120)? Aun así, traer a Alá a la tierra era un proceso riesgoso: ¿era posible dar cuenta de la experiencia sufi sin que otros se sintieran amenazados?

La caída de un relámpago
Después de largos años de práctica sufi, alHallaj sintió que el velo había sido desgarrado, como al caer un relámpago: "Te has arrancado el velo delante de mí tan abiertamente que estás inserto en mi alma".
(Massignon, núm. 38)

Refracción y dispersión
Los musulmanes heredaron la ciencia de los griegos y la acrecentaron, pues el estudio de la naturaleza era el estudio de la creación de Alá. Sabían que un rayo en apariencia incoloro está en realidad compuesto de colores que se pueden dispersar o separar al pasar a través de un prisma. Observaron la refracción (el efecto sobre las ondas electromagnéticas que constituyen la luz cuando cruzan los límites de un medio transparente a otro) aunque no la comprendieron y no usaban ese lenguaje, los proveyó de una poderosa metáfora y analogía del efecto de Alá en la vida humana.

ibn Arabi

La luz refractada a través de un prisma

Los sufis afirman que su unión con Alá parece anular toda separación, y la diferencia provocó preguntas inquietantes entre muchos musulmanes. El Corán es enfático al decir que el creador es diferente a la creación. ¿Es posible explicar la experiencia de la unión sin comprometer la trascendencia de Alá?

Uno de los más grandes filósofos musulmanes, ibn Arabi (Abu Bakr Muhammad Muhyiddin ibn alArabi, 1165-1240), quien también era sufi, y por tanto conocía de primera mano lo que los sufis trataban de expresar en palabras, se propuso hacer esto. Nació en Murcia, España, y se le dio el título de *ashShaykh alAkbar* "el más grande de los maestros". Viajó mucho buscando la verdad. Su tumba en Damasco es aún hoy un santuario.

Los primeros sufis enseñaron que el camino para encontrar a Alá es perderse, y la manera de hacerlo es concentrarse en Alá, de tal manera, que uno se olvide de todo lo demás —estado que los sufis llaman *fana*, "aniquilación", en el que uno "muere antes de morir". Esto se resume en la práctica de *dhikr*, "recuerdo": la práctica de tener siempre a Dios en mente. De este uso común a todos los musulmanes ibn Arabi escribió: "Cuando los principiantes olvidan su *dhikr,* en un respiro se presenta Satanás. Cuando el olvido de Alá se introduce, también lo hace Satanás, pero cuando hay *dhikr* tiene que alejarse".

Dhikr conduce a la experiencia de unión con Alá, misma que ibn Arabi examinó con más profundidad. Le quedaba claro que no se puede decir nada de la naturaleza de Alá, quien está más allá del entendimiento: "Todas estas palabras en torno a Alá señalan profundos misterios e inspiraciones que él me ha dado. Es mejor que vosotros que leéis esto apartéis vuestros pensamientos de las palabras y busquéis la verdad oculta tras ellas, para que podáis tener entendimiento" (*Tarjuman alAshwaq*).

¿Entonces, qué se puede decir de los atributos (p. 330)? Si son reales, Alá tiene gran cantidad de "socios" eternos. Mas uno de los mayores pecados señalados en el Corán es *shirk*, el asociar a Alá con cualquier cosa como si fuera lo mismo que Alá. El Islam declara que Alá es singularmente Único: "Alá —escribió ibn Arabi— está lejos de toda semejanza así como de todo rival, contraste u oposición" (*Risalat alAhadiya*).

¿Qué *son* los atributos? ibn Arabi afirmaba que cuando Adán (la humanidad) fue creado, la naturaleza humana empezó a refractar a través de sí misma (como un prisma) la naturaleza de Alá, de tal modo que su esencia (*dhat alHaqq*, la naturaleza esencial) se hizo discernible en forma parcial y con diferentes cualidades como atributos. Tal como la luz que se refracta a través de un prisma sigue siendo luz, también la esencia de Alá se refracta a través de la creación sin que esto disminuya a Alá. De manera similar, hay aspectos de la naturaleza que son visibles sin mermar lo que la naturaleza es. "La naturaleza es algo distinto a las particularidades que la ponen de manifiesto, y tampoco se ve disminuida por lo que la pone de manifiesto" (*Fusus alHikam*; es decir "los biseles/facetas pulidos de la sabiduría"). Igualmente importante es que la creación, en especial la de Adán, es capaz de devolver a Alá el reflejo exacto de lo que Alá es en esencia: "Para que Alá conociera su propia esencia era necesario un objeto externo a esa esencia que la hiciera evidente, y así manifestar su misterio a sí mismo" (*Fusus alHikam*). El propósito de los sufíes es pulir el espejo interior de la naturaleza humana hasta que refleje con mayor perfección la naturaleza de Alá: "Alá es el espejo en que nos miramos, tal como nosotros somos el espejo en que él contempla sus atributos: éstos no son otra cosa que él mismo, de modo que la analogía de uno con otro se invierte".

ibn Arabi escribió:

"Mi corazón puede abarcar cualquier forma: es pastura de gacelas y monasterio para monjes; es un templo para ídolos y la Ka'ba para peregrinos [p. 321]; es las tablas de la Torá y las copias del Corán. Sigo la religión del amor, dondequiera que van sus camellos. Mi religión y mi fe son la verdadera religión".

(*Tarjuman alAshwaq*, 13-15)

Al final, el intercambio entre Alá y su siervo puede llegar a ser tan perfecto que serán indistinguibles uno de otro, y ésta es la unión con Alá, en la que éste está presente sin dejar de ser trascendente. Alá se convierte para el sufi en "el oído con el que escucha, la vista con la que ve, las manos con las que toca, los pies con los que camina, la lengua con la que habla".

Alá puede, así, ser visto en forma refractada por doquier. Aunque el lugar más seguro para encontrar a Alá no es fuera de uno mismo en vislumbres refractados de gloria, sino en el interior, donde esa gloria se centra en forma de reflejo. "La gente debe conocer su propia alma antes de poder conocer a su Señor, porque el conocimiento de su Señor es, por así decir, el fruto primigenio de su conocimiento de sí mismos" (*Fusus alHikam*).

Por escrito, esta forma de acercarse a Alá puede parecer académica; en la vida diaria, Alá se hizo vívido y real. A partir de esa realidad empezó a escribirse la gran poesía devocional sufi.

Viaje hacia Alá
Para los sufis la peregrinación a La Meca fue otra poderosa metáfora del viaje del alma hacia Alá (recuadro, arriba, y p. 345).

La asamblea de los pájaros

Peregrinos en busca de Alá

Yo soy más que treinta pájaros.
Soy la misma esencia
del verdadero Simurg.
Aniquilaos entonces con
gloria y regocijo en mí,
y en mí os encontraréis
a vosotros mismos.

(*Asamblea de los pájaros*)

El desierto
Los desiertos de Arabia abarcan más de un millón de km cuadrados y son tan desolados que los árabes los llaman Rub al-Jali, *Cuarto Vacío: "Es una tierra cruel, árida, donde nada es apacible ni fácil" (Thesiger, p. XII). Pero ahí es donde se puede encontrar a Alá.*

MUCHAS DE LAS HISTORIAS de los primeros sufis proceden del libro *Memorial of the Friends of God* (*Tadhkirat alAwliya*), de Farid udDin Attar, quien murió hacia 1221. Fue un sufi que expresó su amor por Alá en poemas que están entre los más importantes escritos en persa. Se le atribuyen más de cien. El mejor es el largo *Mantiq utTair*, *La asamblea de los pájaros*. Tomó la idea del Corán, 38.18/19, que habla de la creación y se une a David en alabanzas a Alá: "Los pájaros se reunieron; todos con él se volvieron [hacia Alá]". En el poema, los pájaros son peregrinos en busca de Alá, así que se reunieron para buscar al verdadero rey, y eligieron como guía a la abubilla (Hudhud). Ésta les dice que ese rey, el Simurg (el Ave Rara), se puede encontrar, pero que el camino es difícil y muchas las distracciones:

Tenemos un rey auténtico, vive tras las montañas Caf.
Su nombre es Simurg y es el rey de los pájaros.
Está cerca de nosotros, pero nosotros estamos lejos de él.
El sitio donde mora es inaccesible,
y no existe lengua que pueda expresar su nombre.
Ante él hay cien mil velos de luz y oscuridad,
y en los dos mundos no hay poder que dispute su reino.
Es el soberano y está bañado
en la perfección de su majestad.
No se manifiesta completamente,
ni aun en el sitio donde mora,
y no hay inteligencia que pueda llegar a él.
El camino que lleva a su morada es desconocido
y nadie tiene suficiente resolución para seguirlo,
sin embargo, miles de criaturas viven en añoranza.
El alma más pura no puede describirlo,
no puede la razón comprenderlo:
ambos ojos son ciegos.
El sabino no descubre su perfección
ni percibe su belleza.
Todas las criaturas han deseado alcanzar
su perfección y belleza por la imaginación.

¿Pero cómo se podría recorrer este
sendero con el pensamiento?
¿Cómo llegar desde la luna hasta el pez?

Los pájaros dudan poder hacer el esfuerzo, y la Hudhud empieza a alentarlos con relatos, que son la parte principal del poema. Al final, sólo dos cosas se pide a los que buscan al verdadero rey. La primera es lo que los sufis habían descubierto (cfr. Rabia, pp. 336-337): quienes desean encontrar a Dios deben amarlo y rezarle, sin esperar una retribución, ni para evitar un castigo, sino sólo porque Dios está más allá de cualquier cosa que se pueda desear (recuadro a la derecha, abajo). La segunda lección de Attar y la Hudhud es la siguiente: los que desean amar a Alá sin reservas deben olvidar primero, incluso aniquilar, al yo (recuadro a la izquierda).

No es que las cosas del mundo sean buenas o malas, es sólo que quienes aman a Alá tienen un amor más grande que cualquier cosa que el mundo pueda ofrecer. Al final no todos los pájaros perseveran. Pero treinta (si murg) alcanzan al Simurg, y ese juego de palabras subraya que el yo no es otro que el Yo, en la unión amorosa final:

Cuando estuvieron en paz y desapegados de todo,
se dieron cuenta de que el Simurg estaba con ellos,
y comenzó para ellos una nueva vida en el Simurg.
Todo lo que habían hecho antes fue limpiado. El sol de la Majestad emitió sus rayos y cada uno de estos treinta pájaros (si murg) del mundo exterior, en el reflejo del rostro de los otros contempló el rostro del Simurg del mundo interior. Esto los turbó tanto que no sabían si eran ellos mismos o si se habían transformado en Simurg... El sol de mi majestad es un espejo. El que se mira en él ve allí su alma y su cuerpo, los ve íntegramente. Como sois treinta pájaros, si murg, los que habéis venido, veis treinta pájaros en este espejo. Si fuerais cuarenta o cincuenta, sería lo mismo. Aunque ahora estáis completamente cambiados, os veis igual como erais antes.

(Darbindi y Davis)

Ya durante su vida Attar fue respetado no sólo como poeta sino como guía hacia Alá. Un hombre un poco más joven que Attar dijo de él: “Una sola vez en cien años aparece un Attar”. Una sola vez en mil años (o más) aparece alguien como el hombre que dijo eso. Su nombre era Jalal adDin Rumi.

Golondrinas migrantes
Como lejanos marineros
de aguas profundas
atraídas al hogar por
su misteriosa estrella
retozan,
cantan al unísono,
sus nobles peligros
hacen de ellas una sola.
(Pitter, p. 162)

Dijo a David: “Diles a mis
siervos:¡Oh, manojos de tierra!
Si no tuviera yo
el cielo por recompensa
y el infierno por castigo,
¿pensarían alguna vez en mí?
Si no existieran luz y fuego,
¿pensarían alguna vez en mí?
Dado que soy digno
de supremo respeto
deben adorarme sin esperanza
y temor; y, sin embargo,
si no encontraran sostén
en la esperanza o el temor,
¿pensarían alguna vez en mí?”.

(*Asamblea de los pájaros*)

¡Dador de vida sin par, libera al fin a la Razón! Deja que su mirada gris vague de vanidad en vanidad: ¡Tunde mi cráneo hasta que abra y vierte ahí el vino de la locura! Déjame enloquecer, como Tú, loco contigo, con nosotros. Lejos de la cordura de los necios hay un ardiente desierto donde Tu Sol gira en cada átomo; llévame ahí, amado, llévame ahí, ¡deja que me tueste en la Perfección!

(Harvey, p. 209)

Rumi

Vivir a través del amor

EN 1219, Attar se encontraba en Nisapur y se cruzó con una familia en peregrinación a La Meca (p. 348). Al ver al hijo de diez años, Attar dijo: "Este muchacho abrirá una puerta en el corazón del amor".

El muchacho era Jalal udDin Muhammad Balkhi. Como indica su nombre, nació en Balkh, en Afganistán en 1207 d.C., época en que la invasión de los mongoles amagaba al mundo musulmán. Cuando Balkh se vio amenazada, el padre de Jalal udDin, un prominente sufi y maestro, huyó con su familia en 1219 d.C. Tras diez años de vagabundear, construyó una escuela en Konya, en el sur de Turquía, zona conocida por una ocupación anterior como Rum (Roma). Jalal udDin pasó ahí su vida, por eso se le llamó Rumi.

En 1231 murió el padre de Rumi, y éste lo sucedió. En 1244 su fama era extensa y las multitudes se congregaban en busca de instrucción. Aquel mismo año conoció a Shams-i-Tabrizi (Sol de Tabriz) y su vida se transformó. Shams era un famoso sufi que, en su desbordada pasión por Alá, había adoptado un sendero independiente, urgiendo a las personas a liberarse de libros y maestros, y aferrarse en total devoción a Alá:

Todas las teologías son pajas que
Su Sol quema y convierte en polvo:
el conocimiento os lleva al umbral,
pero no a cruzar la puerta. Nada podéis
aprender si no desaprendéis todo.
¡Cuán erudito era yo antes de que la revelación de
Dios me golpeara y me dejara pasmado!

Shams le había pedido a Alá que le enviara a alguien que lo comprendiera y practicara este amor total, y Alá le envió a Rumi. Shams llegó a Konya en 1244, y Rumi de inmediato reconoció en él a Alá —quien refractó (p. 340) en el mensajero. A través de la persona de Shams, Rumi se enamoró de Alá totalmente y sin reservas:

El amor está aquí, como la sangre en mis venas
y mi piel, Él me ha aniquilado y colmado de Sí,
Su fuego ha penetrado todos los átomos
de mi cuerpo, de mí no queda más
que mi nombre; el resto es Él.

(Harvey, p. 181)

Rumi
Rumi dijo: "Un sufi es un hombre o una mujer con el corazón roto. Siempre sensible al corazón roto del mundo y sensible a la Divina Belleza del mundo. Al verla, vuestro corazón se abre para siempre y sigue partiéndose ante la belleza y la majestad y la agonía de la experiencia". (Harvey, p. 70)

La filosofía de ibn Arabi (p. 340) permitió a Rumi ver a Alá en todas las cosas del mundo, y sobre todo en Shams, a través de quien Alá se manifestaba, y de algún modo puso esa filosofía en su soberbia poesía de amor místico (recuadro a la izquierda). Rumi estaba de tal manera inmerso en Dios a través de Shams, que sus discípulos, celosos, alejaron a Shams. La pérdida ocasionó que Rumi casi enloqueciera. Pero Shams volvió, y de nuevo vivieron en comunión amorosa, rezando, bailando y cantando juntos en unión con Dios:

Fui nieve, y me derretí en tus rayos
la tierra me bebió: vapor ahora, y espíritu puro,
me remonto de nuevo al sol.

(Harvey, p. 182)

Si buscáis, buscadnos con gozo,
pues vivimos en el reino del gozo. No deis vuestro corazón a otra cosa
que no sea el amor de los que son sólo alegría.
No os perdáis en la vecindad de la desesperación,
porque hay esperanzas: son reales, existen.
No sigáis el camino de la oscuridad:
yo os digo; el sol existe.

(Harvey, p. 3)

En 1247 alguien llamó a la puerta. Shams se puso de pie y dijo: "Llegó el momento. Ya me voy. La muerte me llama". Rumi se sintió desolado, mas se percató de que la separación era necesaria. Pasó el resto de su vida tratando de compartir con los demás el éxtasis de aquel perdurable amor de Alá. Escribió poesía (entre otros *Mathnawi* y *Divan-i-Shams-i-Tabrizi*) y prosa, una obra de consejos sobre la vida espiritual, agudos y concisos: "Si miráis al espejo y lo que veis es un rostro desagradable, no mejoraréis las cosas rompiendo el espejo con el puño". Para Rumi cada día vivido era una nueva etapa en su viaje hacia Alá, como la caravana que se prepara cada día para seguir adelante:

La vida como un peregrinaje

¡Largo! ¡Largo!
Oh alma, deja atrás este mundo de separación
y ven con nosotros al mundo de la unión...
¡Tira los fardos de la tierra y vuela hasta los cielos!

(Star, p. 13)

Oh, amantes, ha llegado la hora de dejar este mundo.
El tambor repica en el oído de mi alma,
llamándonos al camino. El camellero se frota los ojos y arregla a sus camellos, pidiendo que lo dejemos partir. ¿Por qué seguís durmiendo, viajeros? Cada momento que pasa, un alma abandona esta vida y emprende el viaje hacia el mundo de Alá. ¡Corazón, marcha hacia Alá! ¡Amigo, ve hacia tu Amigo!
Vigilante, no te duermas, porque dormir es un desatino para los que deberían estar alertas.

(*Divan-i-Shams-i-Tabrizi*)

Rumi resumió su vida así: "Mi religión es vivir a través del amor". Murió una tarde en diciembre de 1273, diciendo: "Mi muerte es mi boda con la eternidad" (recuadro, arriba).

Órdenes sufis

Danzar en éxtasis

A LOS SEGUIDORES DE RUMI se les llamó mevlevis, o mawlawis. Éstos daban gran importancia a una danza rítmica que hace abandonar el cuerpo para unirse con Alá. Por ello se les conoció como derviches bailarines o que giran. *Sama*, la danza alrededor del centro que es Alá, es común entre los sufis, y de gran importancia para los mevlevis (recuadro a la derecha), que son una entre las numerosas cofradías de sufis en el Islam. Para fines del siglo XIX, más de la mitad de los musulmanes pertenecían a alguna. En general tenían diferentes maestros como guías, y de ellos recibían su nombre, pero todos remontan su línea de sucesión a Mahoma, a menudo, a través de Hasan alBasri (p. 334).

Danza extática
Rumi dijo: "Danzar no es ponerse en pie sin dolor, como una brizna de polvo al viento. Danzar es cuando uno se levanta por encima de ambos mundos, con el corazón en pedazos y entregando el alma".
(Harvey, p. 224)

- Abd alQadir Jilani (n. 1077 d.C.) de los Qadiriyya ponía énfasis en lo indispensable que era para todo musulmán, no sólo para una elite, obedecer la Sharia, la ley (p. 348), como condición para entrar en el conocimiento de Alá. Como antepuso esto a entrar en estados extáticos de unión con Alá, es conocido como el fundador del "sufismo sensato". Era considerado el polo (Qutb) alrededor del cual giraba la manifestación de Alá en el mundo, y demostró con su vida que Alá no es una abstracción filosófica, sino la presencia en quien las personas aprenden a vivir y a partir de la cual la vida se transforma.
- Abu 'l Jannab Najm adDin Kubra (1145-1221), de Kubrawiyya, conocido como "el Hacedor de los Amigos de Dios" (*wali tarash*), basó sus enseñanzas en experiencias visionarias de Alá, e insistió en la dependencia del *shaykh*, o maestro, como guía del camino del discípulo: ese camino es un viaje interior de descubrimiento y enfrentamiento con las realidades que se dice que son externas (como demonios, ángeles y en última instancia Alá) dentro de la realidad del propio ser.
- Khwajah Muin adDin Hasan (1141-1236) de los Chishtiyya (de Chisht en Afganistán) insistía en la importancia de la pobreza ascética (cfr. Rabia, p. 336): nadie debería ganar dinero ni pedir prestado, y en cuanto a las posesiones (por ejemplo, obsequios), no se deberían conservar más allá del atardecer del día siguiente; somos responsables de nuestros actos, y por ello debemos temer el juicio de Alá y abstenernos de lo que provoque su condena, hasta de hablar demasiado y, en todo caso, sólo expresar palabras agradables a Alá; al mismo tiempo, debemos reconocer que nuestras buenas acciones no

proceden de nosotros sino de la enseñanza del *pir* (guía) y el dictado de Alá.

- Abu 'lHasan ashShadhili (1197-1258) de los Shadhiliyya escribió letanías de plegarias (*Hizb alBahr*, la Letanía del Oceano, *Hizb alAnwar*, la Letanía de las Luces) para conducir a las personas a la realización de la Unión con Alá: a través de la *dhikr* (p. 340) sobre todo, la verdad de que Alá es todo lo que existe: la gente debe aprender a deshacerse de su apego al mundo, de forma tal que cuando este mundo desaparezca no tendrán más estima que a "todo lo que quede", esto es, Alá; la conclusión de esto es que la vida debe vivirse en total modestia.
- Shah Nimat Allah (1331-1431) de los Nimatullahi pensaba que las personas deberían trabajar (él era campesino) para manifestar que Alá está en posesión de sus vidas a través de la generosidad hacia los demás y el servicio a la sociedad.
- Khwaja Baha adDin Muhammad Naqshband (1317-1389) de los Naqshbandi insistía en la estricta obediencia a la Sharia (cfr. los Qadiriyya, izq.), para que el conocimiento de Alá pueda abarcar a toda la sociedad: el sendero a seguir hacia el conocimiento espiritual de Alá está trazado con gran precisión.

El hijo de Rumi, el sultán Walad describió el significado de baile para aquél:

"Día y noche danzaba en éxtasis. Estando en la tierra, giraba y giraba como el cielo. Sus gritos extáticos recorrían los cielos, y todo el mundo los oía... Se perdía en la música y el éxtasis; no descansaba... A todos les asombraba que un líder tan grande se comportara como un poseso. Pero la gente abandonaba la religión cotidiana y se volvía loca de amor".

La diferencia es cuestión de énfasis. El propósito de todas las órdenes es el mismo: enseñar cómo los fieles pueden estar en presencia de Alá (en especial a través de la *dhikr*, recordando las cualidades de Alá a través de los Hermosos Nombres, p. 328) y por las que Alá pueda entonces hacerse presente en su vida.

Para la mayoría es importante la música (*sama*) y la danza (*hadrah*, "presencia", e *imarah*, "plenitud", nombres que indican cómo la danza sagrada vacía a las personas de sí mismas para que Alá las colme), pese al hecho de que la música es sospechosa en el Islam. Cualquier canto o baile en el contexto de otras actividades proscritas (como cuando se ingiere alcohol) está siempre prohibido: si divierte a las personas y las distrae de recordar a Alá, es detestada (*alMakruh*). Mas para los sufis *sama* tan sólo amplía el llamado a la oración (*adhan*, p. 350) y la recitación del Corán como una especie de música. AlJunaid, un "sufi sensato" que murió en 910, escribió:

Mi éxtasis es que me aparto de la existencia aquí, por la gracia del Único que me muestra la Presencia.

Derviches danzarines
Para los mevlevis la música anula al yo: lo saca a uno "de uno mismo" para llevarlo a la presencia de Alá. Con su música los sufis no tienen que esperar la muerte para estar ante Alá: lo hacen aquí.

Sharia

El sendero que conduce a Alá

TODAS LAS ÓRDENES SUFIS ASUMEN —y algunas lo exigen explícitamente— que sus miembros deben vivir como la Sharia lo dispone. Pero ¿qué es la Sharia? La palabra *sharia'* significa el camino trillado de los camellos que conduce al agua. En el Islam llegó a significar normas que debe obedecer todo musulmán —el camino probado que conduce a Alá. Entonces, es fundamental para los musulmanes que Alá dé direcciones, órdenes y prohibiciones para todo lo esencial en la vida. Estas normas se toman del Corán (p. 324) y de la forma de vivir de Mahoma y sus compañeros. El Corán (revelación) ha sido confiado (p. 325) a muchos profetas y, para los musulmanes, sólo el Corán en árabe permanece incorrupto. De donde se sigue que Mahoma y sus compañeros conforman el primer "comentario vivo" del Corán, expresado en sus "palabras, acciones y aprobaciones silenciosas" con significado para la vida cotidiana.

El registro de estas palabras, actos y silencios está compilado en el *Hadit*, palabra árabe que significa "narración", "habla" o "informe". El plural es *ahadit*, pero ahora Hadit se usa como un colectivo, y no se refiere a una sola tradición, sino a la colección entera de *ahadit* reconocida en el islamismo.

Las leyes del Corán, interpretadas en el Hadit, fueron reunidas en escuelas de Sharia, de las que hay cuatro, conocidas por sus principales

Peregrinación
Peregrinar hacia La Meca es obligatorio para los que "pueden hacerlo" (3.97), *si la salud y demás circunstancias lo permiten, sin abandonar las obligaciones familiares. Al inicio los peregrinos oran: "Alá, busco refugio en ti de los peligros del viaje, de los terrores por las cosas que veamos y de los cambios adversos en nuestras propiedades y familia cuando volvamos"* (Muslim, *Aljami AsSahih, II, p.* 677).

Los Cinco Pilares del Islam

Éstos representan los fundamentos del Islam entregados en reconocimiento de Alá:

- **TESTIMONIO:** El Testimonio (ashShahada) establece el vínculo entre Alá y Mahoma: "Doy testimonio de que no hay más Dios que Alá, y de que Mahoma es su Mensajero".
- **ORACIÓN:** En la oración formal, cinco veces al día, se realizan 18 actos obligatorios y 51 consuetudinarios.
- **TRIBUTO:** Es obligatorio reservar dinero para los pobres.
- **PEREGRINACIÓN:** Es necesario que los fieles viajen a La Meca.
- **AYUNO:** Debe realizarse durante el mes de Ramadán.

fundadores, Hanafite, Hanbalite, Malikite y Shafi'ite, todos personajes sobresalientes en el mundo musulmán. Difieren entre sí en algunos temas, y en la medida en que permiten determinadas reglas de exégesis e interpretación, pero todas concuerdan en que la vida en el Islam se debe vivir dentro de los límites fijados por Alá.

Islam suele traducirse por "sumisión", pero deriva de la misma raíz hebrea que la palabra *shalom*, que significa "paz" o "seguridad", por tanto, Islam significa algo como "entrar en una situación de seguridad en obediencia a Alá". Alcanzar esto no es una vaga aspiración, sino seguir los mandatos de Alá con todas sus implicaciones: "Luego os pusimos en el camino correcto [Sharia], así que seguidlo, y no corráis tras las fantasías de los que no tienen conocimiento" (*Corán* 45.17/18). Todos serán juzgados el Día Final según sus obras. Pero no deben temer, porque Alá les ha dicho qué se espera de ellos (cfr. Miqueas, p. 244); en todo caso, el Corán y el Hadit dejan claro que el juicio de Alá estará basado en su misericordia. El primero de los Cuarenta Hadit (los más importantes) de la famosa colección de anNawawi es: "Cuando Alá decretó [*qada*, p. 332] la creación, prometió en su libro, y se preserva cuidadosamente con él: mi misericordia conquista mi ira" (*Matn al-Arba'in asNawawiya*).

Las reglas fundamentales del modo de vida que complace a Alá se resumen (recuadro, arriba) en los Cinco Pilares (*Arkan udDin*). *Salat* no es toda la oración musulmana, como han expresado ya los sufis. La oración conocida como *dua'* (súplica), es una forma que concede a todos los musulmanes a presentarse y revelar sus necesidades ante Alá en cualquier momento. Siempre es posible encontrar refugio en Alá, que es lo que muchos musulmanes dicen al entrar en una mezquita: "Me refugio en Alá". Así, pues, la oración personal prevalece en el Islam. Pero la oración que se hace siguiendo las reglas de *Salat* reúne a la comunidad en un reconocimiento común y colectivo de Alá. En el Corán, Alá declara su intención de hacer que la humanidad entera sea una sola comunidad (*umma*); si Alá es uno, todos le pertenecen a Alá y se pertenecen mutuamente, un hecho que es visible en la mezquita.

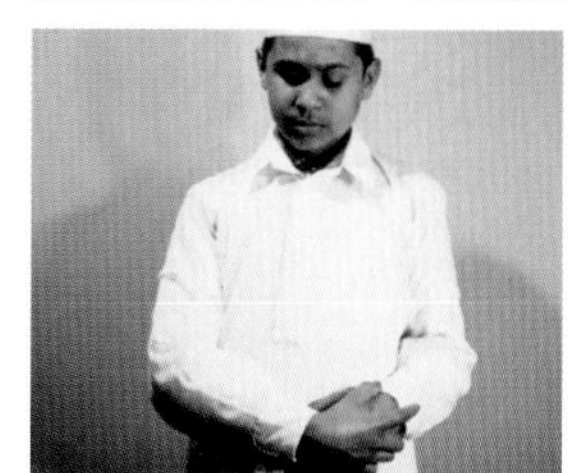

Salat
Algunos de los movimientos en la Salat (oración) musulmana ante Alá.

La mezquita

Lugar de postración

*Oh, vosotros que creéis, al convocarse a la oración en el día de reunión, apresuraos a la rememoración [*dhikr, *p. 340] de Alá y abandonad vuestros asuntos. Es lo mejor para vosotros, ¡si supierais! Y terminada la oración, dispersaos por la tierra y buscad las cosas buenas de Alá; recordadlo para que prosperéis.*

(62.9s.)

EN LOS TIEMPOS DE MAHOMA, los habitantes de la ciudad de Yatrib, al norte de La Meca, estaban divididos por un conflicto al parecer interminable, pues el código de sangre exige que la familia de una víctima aprese a algún miembro de la familia del victimario. Invitaron a Mahoma a que fuera su nuevo líder, con la esperanza de que, al ofrecerles un nuevo inicio de vida, las partes se reconciliaran. Él hizo el traslado conocido como la Hégira, en 622 d.C., primer año del calendario musulmán.

Por primera vez, Mahoma se encontró dentro de una comunidad en la que el Islam, el significado de vivir la vida en obediencia a Alá, pudiera ponerse en práctica. Al arribar, uno de sus primeros actos fue construir una mezquita, expresión fundamental de la noción musulmana de Alá.

La mezquita es el sitio donde los musulmanes se reúnen a orar los viernes. La palabra mezquita proviene, a través del francés, del árabe *masjid*, el sitio para postrarse en oración; *sajadu* significa "se postraron". También se le da el nombre de *jami'*, del árabe *jama'u*, "se reunieron".

La mezquita, por tanto, simboliza la intención de Alá de crear una comunidad única de devotos. La oración de los viernes (cuyo nombre

RASGOS COMUNES DE LA MEZQUITA

Pese a la variedad de materiales y estilos, todas las mezquitas tienen características comunes que reflejan la noción musulmana de Alá:

- **EL MINARETE:** Torre desde donde se llama a la oración incorporando el testimonio de la fe: 1. Allahu akbar (Dios es más grande que cualquier cosa); 2. Doy testimonio de que no hay más Dios que Alá; 3. Doy testimonio de que Mahoma es el Mensajero de Alá; 4. Venid a orar; 5. Venid a la bienaventuranza/salvación; 6. [Por la mañana] Orar es mejor que dormir; 7. Allahu akbar (Dios es más grande que cualquier cosa).
- **EL MIHRAB:** Nicho en el muro que indica en qué dirección orar; originalmente era Jerusalén y se cambió a La Meca en vida de Alá.
- **EL MINBAR:** Púlpito donde el predicador (*khatib*) pronuncia su sermón.
- **EL KURSI** ("banquillo" sinónimo de "trono"): Atril donde se coloca el Corán; refleja el "Verso del Trono" en el Corán (2.256) que resume la majestad de Alá, en cuyo honor se construye la mezquita y ante el que los devotos se inclinan. "Alá, no hay más Dios que él, el viviente, el eterno: la inactividad no se puede apoderar de él, ni el sueño. Suyas son todas las cosas del cielo y de la tierra. ¿Quién puede interceder ante él sino por su partida? Todo lo sabe, y nada se comprenderá de su conocimiento más que lo que él quiera. Su trono [*kursi*] se extiende sobre los cielos y la tierra, y preservarlos no lo fatiga: él es sublime, el poderoso."

árabe, *yaum alJumu'a* o *Jum'a*, significa "día de asamblea") reúne a los varones musulmanes saludables (las mujeres pueden asistir pero apartadas de los hombres, siendo un acto de misericordia de Alá el no tener esta obligación) en los mismos actos de obediencia a los mandamientos de Alá, en adoración, culto y oración (p. 349).

Aunque las mezquitas reúnen a la comunidad musulmana en agradecimiento y remembranza de Alá, ni su estilo ni su construcción son uniformes. Tienen rasgos locales y se edifican con los materiales y el estilo del lugar donde se ubican. Pueden ser sencillas, de apenas poco más de una habitación, o enormes y espléndidamente decoradas, de forma que por sí mismas constituyen una alabanza a Alá.

El "verso del Trono" (recuadro a la izquierda, abajo) está en el centro de la noción musulmana de Alá —como Único, enteramente diferente de todo lo que es o pueda ser, y como el Único que es soberano Señor de todo lo que existe. Entre los primeros que comprendieron el mensaje de Mahoma y lo siguieron en su devoción por Alá, estaba un esclavo, Bilal, más tarde liberado por Abu Bakr, el sucesor de Mahoma. Bilal fue el primer "convocante a la oración" (*mu'adhin*). Antes de eso fue perseguido por dos moradores de La Meca, que

> *durante las horas más calurosas del día lo llevaban a un valle sin sombra y le ataban una enorme roca al pecho para que no pudiera moverse. Y le decían: "Te quedarás aquí hasta que mueras o hasta que reniegues de Alá y adores a alLat y a alUzza' [deidades locales]. Al soportar esto murmuraba: Ahad, Ahad ["Uno, Uno"; cfr. Akiba, p. 211].*
>
> (ibn Ishaq, 1, p. 317s.)

Mezquitas
La entrada puede ser como la de una casa (arriba). En cambio la Mezquita del Profeta en Medina (Masjid anNabi; abajo), la más santa después de la Gran Mezquita de La Meca, pues en ella está la tumba del Profeta, ilustra cómo una mezquita recuerda a toda una ciudad o un pueblo que viven al amparo de Alá.

Alá el Único es completo y perfecto y no necesita que se agregue nada a esa perfección. Mas como esto debe ser así, seguían surgiendo las mismas preguntas de antes: cómo es que un Ser tan completo y perfecto pudo haber creado algo externo, o agregado a esa perfección (el problema del Único y los muchos), y cómo es posible decir algo sobre el Único que está más allá de toda descripción (el problema de los Atributos de Alá). Para dar respuesta a preguntas como éstas aparecieron los grandes filósofos del islamismo.

alFarabi

La esencia del ser

¿QUÉ PIENSA USTED? ¿IMPORTA LO QUE PIENSA? En el Islam ciertamente que sí. Es posible alabar u ofender a Alá tanto con el pensamiento como con el cuerpo. El islamismo enfatiza mucho que Alá ha dado a los hombres la guía necesaria para "pasar el examen de la vida" (p. 327); y da igual importancia a que el juicio final será un balance exacto entre las acciones buenas y las malas.

Pero las acciones no bastan. Cuando alBukhari hizo su gran colección de Hadit (p. 322), la inició con una máxima del Profeta de que las acciones serán juzgadas sólo por su intención (*biniyya*) —por ejemplo, si la gente lleva a cabo la Hégira (p. 328) por amor a Alá y al Profeta, será recompensada, pero esto no ocurrirá si lo hace para encontrar esposa.

Qué y cómo piensa la gente, acerca de Alá, son dos cosas fundamentales, y por ello los mutzalitas (p. 332) dieron tanta importancia a la razón en la religión. Cuando el islamismo se extendió hacia el mundo mediterráneo, ese compromiso con la razón se encontró con formas desarrolladas de la filosofía griega (p. 230ss.), y sobre todo con la interpretación neoplatónica de Aristóteles y Platón (recuadro a la derecha) A partir de esta filosofía combinada, los filósofos musulmanes tuvieron la vivificante oportunidad de responder algunas interrogantes escépticas y dilucidar las afirmaciones del Corán sobre la naturaleza de Alá y la relación de éste con la creación. Uno de ellos adquirió tanta fama que fue conocido como "el segundo maestro", después de Aristóteles: Abu Nasr Muhammad alFarabi (870-940 d.C.).

Como todos los musulmanes, alFarabi sabía que Alá es el creador de todas las cosas y que es distinto a la creación. Afirmaba que todos los seres se dividen en necesarios y posibles. Los necesarios existen por derecho propio, sin causa externa. Los posibles pueden existir o no, y su existencia requiere de una causa externa a ellos. Por lo tanto, en cualquier ser, la mayoría de sus características son innecesarias o accidentales —podrían o no existir. Pero si se quitan esos atributos accidentales, sólo quedará la esencia de ese ser. Los individuos, en particular, puede tener el cabello largo, o corto, o no tener cabello, dos brazos, un brazo, o ninguno. Ésos son atributos accidentales. El rasgo esencial que persiste —sea cual fuere lo accidental— es que son humanos. Esto significa que es posible conceptualizar la esencia de algo independientemente del hecho accidental de que exista o no. Es posible entender qué es, en esencia, un mamut de Siberia aunque ya no exista ninguno. Darle existencia a uno requeriría una causa externa a él, como clonar células de una osamenta

Existencia
Es posible imaginar qué pertenece, en esencia, a los unicornios (como el tener un solo cuerno: de latín unus + cornus*) en tanto se acepta que nunca ha habido un ejemplar (no se ha probado su existencia). Afirmar que Dios existe es afirmar que hay instancias de Dios (Dios puede ser demostrado). Luego es posible imaginar cuál es la esencia de Dios, incluyendo la existencia, pues imaginar a Dios sin existencia es tan imposible como imaginar un unicornio sin cuerno —como el hijo de una mujer estéril (p. 119). La existencia no es algo que "se añada" como ocurre (o no) con los tigres y los unicornios. El demostrar a Dios es una cuestión de fe.*

congelada. Hasta es posible conceptualizar la esencia de cosas imaginarias (unicornios) o de cosas lógicamente imposibles (un rey en Connecticut en la actualidad), aunque sea imposible darles existencia, por las diferentes razones en cada caso. A partir de esto alFarabi concluyó que todos los seres existentes están constituidos por una esencia a la que se agrega existencia, junto con sus atributos accidentales. Sin embargo, no hay rasgos accidentales en Alá porque no hay nada en él que pudiera existir o no. Aun si Alá fuera imaginario, el punto lógico seguiría siendo verdadero porque ése tendría que ser el caso para que Alá fuera Alá, aun si sólo se tratara de un asunto de definición. En Alá, esencia y existencia no pueden separarse. En realidad, alFarabi dejó claro que existen abundantes signos (p. 328) en la creación, las profecías y la revelación que apuntan hacia Alá. En todo caso, la lógica insiste en que la esencia de Alá es existir (la naturaleza esencial de Alá): sólo en el caso de Alá la esencia y la existencia deben necesariamente ser las mismas, de otro modo la definición de Alá caería en contradicciones (texto a la izquierda).

¿Cómo es posible, entonces, que un ser absoluto, perfecto y contenido en sí mismo dé existencia a algo fuera de sí mismo? No hay ninguna *necesidad* de que un ser así haga algo semejante, pues ello implicaría alguna deficiencia contingente (la falta de algo a lo que fuera necesario dar existencia). Esto debe ser consecuencia de lo que es la esencia de Alá. En este punto es donde los neoplatónicos ejercieron gran influencia. Gracias a ellos alFarabi se percató de que la vida interior de Alá daría existencia al Intelecto que pudiera contemplarse a sí mismo, de otro modo no habría nada más que una abstracción sin vida. El Intelecto así producido sería lo que Alá es, pero iniciaría otra serie de emanaciones hasta que surgiera el Décimo Intelecto, que produce el orden creado como medio para autorreflejarse (cfr. ibn Arabi p. 340s.). Pero ¿por qué habría de iniciarse este proceso? A otro le tocó contestar esa pregunta.

Aristóteles
Los filósofos musulmanes tenían gran respeto por Aristóteles, y se esforzaron por preservar sus obras. El califa Abdullah al-Mamun (m. 833) lo soñó sentado en un trono, por ello mandó buscar y traducir sus obras al árabe (Fihrist, p. 243). Otros musulmanes vieron con suspicacia este entusiasmo, pues parecía que se estaba subordinando la revelación a la razón.

Aristotelismo

El "aristotelismo" es la fusión de las obras de Aristóteles y Platón con obras y comentarios de los neoplatónicos.

Cuando en España, donde se juntaron los tres monoteísmos —judaísmo, cristianismo e islamismo— se tradujeron textos latinos al árabe, y se atribuyeron a Aristóteles obras que eran de los neoplatónicos: la *Theologia Aristotelis* (La teología de Aristóteles) era en realidad un texto compilado a partir de las *Enneadas* de Plotino; el *Liber Aristotelis*, conocido como *De causis* (Sobre las causas), fue tomado de una obra de Proclo. Esta fusión de ideas introdujo creencias acerca de Dios (como la emanación y la cadena de la existencia) ajenas a Aristóteles.

ibn Sina (Avicena)

Lo existente necesario

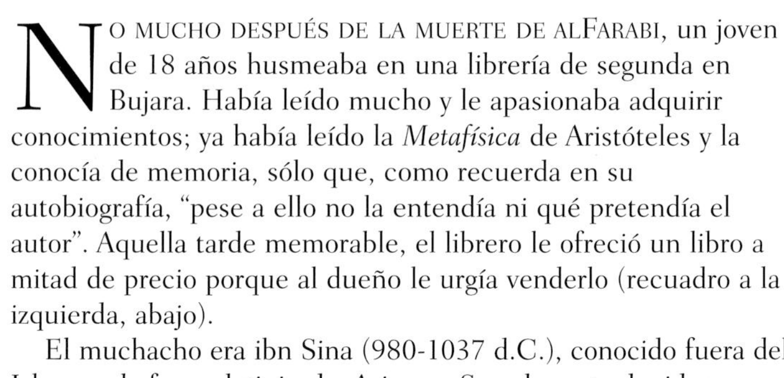

NO MUCHO DESPUÉS DE LA MUERTE DE ALFARABI, un joven de 18 años husmeaba en una librería de segunda en Bujara. Había leído mucho y le apasionaba adquirir conocimientos; ya había leído la *Metafísica* de Aristóteles y la conocía de memoria, sólo que, como recuerda en su autobiografía, "pese a ello no la entendía ni qué pretendía el autor". Aquella tarde memorable, el librero le ofreció un libro a mitad de precio porque al dueño le urgía venderlo (recuadro a la izquierda, abajo).

ibn Sina
Arberry, el gran intérprete del pensamiento musulmán, escribió: "Al leer lo que Avicena escribió sobre Teología... es como estar delante de uno de los pensadores más profundos de la historia" (p. 7).

Así que compré el libro escrito por Abu Nasr alFarabi: Sobre los objetos de la metafísica [de Aristóteles]. Me fui a casa y empecé a leerlo y de inmediato me di cuenta de qué trataba, porque lo tenía todo en la memoria. Estaba feliz, y al día siguiente di muchas limosnas a los pobres porque estaba muy agradecido con Alá.

(Autobiografía de ibn Sina)

El muchacho era ibn Sina (980-1037 d.C.), conocido fuera del Islam en la forma latinizada, Avicena. Sus obras, traducidas, tuvieron gran influencia en el pensamiento cristiano, sobre todo en Tomás de Aquino (p. 264), quien lo citó muchas veces. Su resumen del conocimiento médico de la época, *Alqanun fi'l Tibb* (*El canon de medicina*), habría de ser la base del entrenamiento médico durante muchos siglos. Una de sus obras sobre filosofía y metafísica, *Kitab ash-Shifa* (*El libro de la curación*) fue una obra clásica de referencia. Se le llamaba "el primero de los sabios" y "la demostración de Dios". Como alFarabi, ibn Sina estaba convencido de que la razón lleva a concluir que debe de haber lo que en árabe se llamaba *wajib alwujud* —más o menos: "aquello que debe de existir como una cuestión de absoluta necesidad" o, más brevemente, "un Existente Necesario".

> *Cualquiera cosa que exista debe tener una causa o razón de existir, o no tener una causa o razón para ello. Si hay una causa o razón, es contingente. Pero si no tiene causa o razón de existir, entonces es necesaria [existe por su propia razón y por derecho propio]. Establecida esta regla, procederé a probar que existe un ser que no tiene causa o razón de existir.*
>
> (*arRisalat al'Ashiya*)

Su demostración es que un Existente Necesario es necesario o contingente. Si es necesario, el caso está probado. Si fuera contingente, entonces estaría precedido por un infinito retorno de razones y causas que, como están relacionadas de manera contingente con aquello a lo que dan existencia, no pueden dar existencia a lo que no tiene razón o causa de ser porque no es contingente. El punto central acerca de un Existente Necesario es que su esencia debe ser su existencia, pues si hubiera algo más que decir acerca de él, por ejemplo, que es una sustancia, sería posible determinar si ésta es de un tipo y una realidad tales que podamos saber si existe o no. Pero un Existente Necesario no existe por "accidente" o no; existe necesariamente. Entonces es posible examinar la cadena de causas y razones desde el punto de vista inverso, y percatarse de que el Existente Necesario es la causa última de todas las causas y razones (de todos los seres contingentes), en el sentido de que es la primera causa. Surge de inmediato la pregunta de cómo o por qué el Existente Necesario obra para dar existencia a algo que esté fuera de él. La respuesta de ibn Sina, y la de alFarabi, fue la misma que la de los noeplatónicos: por una sucesión de emanaciones. No existe ninguna necesidad externa para ello, pues entonces el Existente Necesario estaría bajo una coacción contingente: la emanación surge de la naturaleza del Existente Necesario para contemplar su propia naturaleza y producir la primera autoconciencia, o Intelecto, de la que surgen otras emanaciones. Esto es un efecto de la gracia pura, o generosidad (*jud*): existe dentro de la naturaleza del Existente Necesario sin que pretenda reciprocidad ni retribución.

Cuando algún problema me abrumaba, o cuando no podía encontrar el término medio de un silogismo, iba a la mezquita y oraba al Creador, hasta que el problema se resolvía y mis dificultades se allanaban.

(Autobiografía de ibn Sina)

Este avance es un argumento racional que no pretende identificar el Existente Necesario con ninguna caracterización de Dios, ni con Alá tal como se revela en el Corán y tal como lo conciben los sufis (p. 334). El Existente Necesario es simplemente un principio ontológico necesario si han de resolverse los enigmas de la esencia y la existencia, o de las causas y la contingencia. Pero ibn Sina era a su vez un hombre religioso y un musulmán, según escribe en su *Autobiografía* (recuadro a la derecha, arriba). ibn Sina se percató de que el Existente Necesario es el Único a quien los sufis encuentran al ascender (cfr. p. 250s.) por las etapas y estaciones (*ahwal* y *maqamat*) que los conducen a perderse en Alá —como el Existente Necesario es el Único que se revela en el Corán en imágenes vívidas y en lenguaje cotidiano. Por cierto, un malentendido de los cristianos a este respecto hizo que éstos acusaran a Avicena de proponer una doble verdad. La verdad para ibn Sina es la verdad, cualquiera que sea la forma en que se exprese. Para él la verdad acerca de Dios puede expresarse en los términos filosóficos más rigurosos sin siquiera hacer mención de la palabra Alá, pues, la razón misma es el don más precioso que los hombres reciben. Sus logros fueron enormes, e influyeron tanto en el cristianismo como en el islamismo. Sin embargo, a poco más de 40 años de su muerte otro filósofo empezó a hacer preguntas demasiado contundentes y agudas acerca de su obra.

El arte de la alabanza
Portada de una obra de ibn Sina; ilustra la importancia de la producción de libros y la ilustración en el Islam. La revelación del Corán en árabe favoreció el desarrollo de la caligrafía y otras artes.

alGhazali

La búsqueda de verdades fidedignas

EN EL VERANO DE 1095 d.C., uno de los más sobresalientes maestros musulmanes de aquel tiempo —de todos los tiempos— se encontraba al frente de una clase. Sus disertaciones siempre se llenaban porque dominaba su tema, no sólo la ley islámica (*fiqh*), sino también la filosofía y la teología y los temas que hoy estarían incluidos en las ciencias sociales. No necesitaba preocuparse por dar esta exposición en particular. Sin embargo, cuando se puso de pie para hablar, la voz se le había ido: no podía articular palabra. Permaneció delante de la clase en silencio.

¿A qué se debía la crisis? Se percató de que no sabía de qué hablaba —o, más bien, acerca de *quién* hablaba. Se expresaba con mucha destreza sobre Alá, pero no conocía al Único sobre el cual razonaba.

No era la primera crisis de ese tipo que sufría. En una época anterior de su vida, como muchos filósofos antes y después, se había dedicado a establecer las bases del conocimiento: ¿qué podemos saber con certeza y más allá de toda duda? Para alGhazali era claro que no podemos saber nada con certeza sólo porque alguien con autoridad nos lo diga, aunque aceptar las cosas con base en la autoridad (*taqlid*) era algo muy respetado en el Islam. También le quedaba claro que los milagros no pueden establecer nada (recuadro a la izquierda).

Suponiendo que alguien dice: "3 es mayor que 20, y para probarlo voy a transformar este madero en una serpiente", e incluso lo hiciera: sólo me preguntaría cómo lo hizo, pero estaría lejos de establecer un conocimiento sustentable, fala *—nada en absoluto.*

El conocimiento cierto ni siquiera puede ser establecido por la percepción sensorial sin un pensamiento posterior, porque nuestros sentidos suelen engañarnos: es imposible observar una sombra cuando se mueve y, sin embargo, su desplazamiento al final de un día a otro demuestra que se movió todo el tiempo. Así que, ¿dónde podemos encontrar los cimientos seguros del conocimiento en los que podamos confiar sin la menor duda ni discusión? Sin esos fundamentos (la búsqueda de éstos en filosofía se conoce como "fundacionismo"), ¿quién puede estar seguro de algo? alGhazali no podía encontrarlos, y en su desesperación se volvió escéptico.

Salió de esa primera crisis al reconocer que prevalecen algunas verdades seguras y otras fidedignas. Algunas verdades son lo que ahora llamaríamos analíticas —como el que 3 + 7 = 10—; algunas verdades son fidedignas si podemos especificar las circunstancias en que podríamos verificarlas sin engaño. Por ejemplo, alguien nos puede decir que Fadak es una ciudad próxima a La Meca (texto a la derecha); esta afirmación puede aspirar al conocimiento fidedigno porque la podríamos verificar al viajar a ese lugar y al encontrarla o no. Por ello alGhazali concluyó que el conocimiento genuino (lo que en árabe llamaba *'ilm alyaqini*) "es aquello en lo cual lo que ha de ser conocido se presenta de tal modo que ninguna duda lo acompaña, ni ninguna posibilidad de falsificación ni de ilusión, en lo que la persona implicada no puede ni siquiera contemplar la posibilidad de semejante ilusión o falsificación".

Este enfoque, por la forma de combinar la verificación y la falsificación, se parece al moderno empirismo, y ayudó a alGhazali a establecer un conocimiento genuino (*yaqin*). Pero no ayudó a establecer un conocimiento genuino de Alá, porque éste no puede ser mostrado como un objeto entre otros, como una aldea entre otras tantas cercanas a La Meca; y suponiendo que se propusiera algún tipo de verificación semejante, ¿cuál sería el resultado? El Corán, por ejemplo, afirma que Alá está sentado en un trono, ¿esto quiere decir que algún día será observable un trono con Alá sentado en él? Si es así, se habrá cometido en contra de Alá la fatal ofensa de *tashbih* (de antropomorfismo, de reducir a Alá a estatura humana). Si no es así, entonces ¿cómo podemos estar seguros de que alguna proposición acerca de Alá sea verdadera, si no hay cómo verificarla?

Éste es el prolongado problema de los Atributos de Alá (las cosas que el Corán atribuye a Dios, como estar sentado en un trono y tener manos y voz; p. 330). La teología tradicional había aceptado los Atributos como enunciados verídicos sobre Alá, pero sin saber cómo podrían serlo (*bila kaif*). Pero para alGhazali era demasiado simple aceptar las cosas por la autoridad de alguien (*taqlid*, arriba).

alGhazali pronto se percató de que los filósofos, al volverse hacia Aristóteles y los neoplatónicos, no habían resuelto estos problemas, y escribió, no mucho antes de la crisis de 1095, *Tahafut alFalsafah* (*La incoherencia de los filósofos*), para mostrar por qué y en qué se habían equivocado, en lo general y en lo particular.

En lo general, tomó veinte puntos para demostrar que estaban en el error o eran poco convincentes: a semejanza de las famosas "antinomias de la razón", de Kant, demostraba que a partir de las tesis de los filósofos se pueden probar, con igual validez, dos lados contradictorios de un argumento.

En lo particular, declaró que el confiar en el neoplatonismo no les dio lo que esperaban. La teoría de la emanación no salvaguardaba a Alá de participar en la creación, pues Alá es el origen del primer movimiento que conduce a la existencia, separada de él y contingente. Por lo tanto, la emanación no resuelve el problema de por qué Alá, siendo perfecto y autosuficiente, querría crear algo externo a esa perfección: el clásico problema del Único y los muchos. Su solución fue afirmar

En busca de una aldea
¿Cómo sabemos que una afirmación (sobre si existe el unicornio, por ejemplo) es verdadera o falsa? Se han dado respuestas: ir y averiguar y hallar (o no) uno, y verificar o refutar así la afirmación. La afirmación de que existe una aldea llamada Fadak puede verificarse yendo a verla. Es la afirmación de algunos filósofos del s. XX (positivistas) de que las proposiciones significativas podían establecerse sólo así, con argumentos ya anticipados por alGhazali, sobre todo el reconocimiento de que el conocimiento y la introspección se apoyan en la experiencia sensorial pero la trascienden.

que el mundo, a su vez, debe ser eterno, y que todas las sustancias, sin importar la forma que tomen, también lo deben ser. Pero también esto resultaba incoherente para alGhazali, porque entonces las sustancias estarían a la par con Alá, y, sin embargo, los filósofos querían mantener una distinción entre lo Existente Necesario y la creación.

Por esta razón también afirmaban que Alá no puede conocer las cosas particulares, sino que sólo tiene un conocimiento general, aunque entonces no sería perfecto: en algún momento Alá ignoraría algo y más tarde se enteraría de ello. Para alGhazali conocer lo incognoscible es una imposibilidad *lógica*, no práctica, y por tanto no es una condición necesaria de la omnisciencia.

Sin embargo, una cosa es exponer la incoherencia de los argumentos acerca de Alá y otra exponer algo que los sustituya. ¿Cómo puede conocerse a Alá, si los filósofos no pudieron dar una respuesta racional a esta pregunta? Ésa fue la crisis que redujo a alGhazali al silencio enfrente de sus alumnos. Podía hablar con fluidez sobre Alá, pero no lo conocía de manera personal ni sentía su presencia en su vida.

Vislumbró una solución al recordar que había otros musulmanes que decían tener un conocimiento genuino (*yaqin*) de Dios, y también afirmaban que podían enseñar cómo alcanzar ese conocimiento en la práctica. Éstos eran los sufis, y la respuesta inmediata de alGhazali a su crisis fue retirarse a la soledad —a Damasco, al minarete de la mezquita, para aprender y poner en práctica lo que los sufis enseñaban (recuadro a la derecha).

Damasco
Se dice que es la ciudad que más tiempo ha estado continuamente habitada. Se menciona ya en una tablilla de c. 3000 a.C., encontrada en Ebla. Fue sometida por Kalid ibn Walid en 14/635 y fue la capital de la primera dinastía Omeya en 41/661. Su edificio más alto es la mezquita de Omeya, que alGhazali visitó durante la primera parte de su búsqueda entre los sufis.

En los diez años que pasó retirado del mundo, o al menos de la vida pública, alGhazali descubrió la verdad que buscaba: la encontró en la forma de devoción directa a Alá que se transforma en amor (recuadro a la derecha, abajo). En esto se basó para escribir la más grande de sus obras con el fin de mostrar cómo alcanzar ese conocimiento de Dios y, sobre todo, cómo vivir en esa devoción y amor. Llamo a su obra "un renovar el conocimiento que la religión hace posible" (*Ihya 'Ulum udDin, The Revival of the Sciences of Religion*). Mantuvo su posición crítica acerca de los filósofos, pero también ofreció una guía práctica para que este mundo pudiera convertirse en la puerta de entrada del mundo venidero.

Su hazaña fue reconstruir el puente entre la búsqueda de conocimiento y el servicio a Alá. Mostró que el amor por Alá entre los sufis no era un fin en sí mismo sino parte de la vida entera del Islam contenida en la Sharia (p. 348). Así, la energía espiritual de los sufis se integró al círculo más amplio de la vida de los musulmanes en su camino de la muerte a la vida, en obediencia a Alá.

La filosofía continuó en el Islam después de la época de alGhazali (ibn Arabi, p. 340): ibn Rushd, conocido fuera del Islam como Averroes, escribió incluso *La incoherencia de la incoherencia*. Pero la filosofía no sería nunca más un fin en sí misma. Sobre todo en Persia, se convirtió en la exploración de cómo el amor conduce, tal como alGhazali afirmó y experimentó, a un conocimiento directo, no sólo entre una persona y otra sino entre los que aprenden a vivir de esta forma y Alá.

Mas ¿cómo verificarlo? En el final (al término de todas las cosas y el juicio final) debe ser verificado por nosotros, de lo contrario tal afirmación resultaría falsa en lo que nos concierne. Debe de haber lo suficiente en una persona que vaya de esta vida a la siguiente para que la verificación tenga lugar para ella (más tarde, a este argumento se le llamó verificación escatológica). Por ello alGhazali insistía en que los filósofos estaban equivocados al afirmar que las descripciones de la resurrección física eran formas pintorescas de hablar acerca de la satisfacción puramente intelectual. Aquí, junto con sus impugnaciones a los argumentos de que el mundo es eterno y de que Alá no conoce los hechos particulares, alGhazali estableció para todo el Islam subsecuente que el Corán controla la filosofía y pone límites infranqueables a la especulación.

En 1106, alGhazali reanudó sus clases en Nisapur, aunque en un estilo más comunal, en que los estudiantes compartían su vida. Se retiró finalmente en 1109 y murió en 1111. El día de su muerte realizó sus oraciones al clarear el día y pidió su mortaja. La besó, se la puso delante y dijo: "En obediencia entro en la presencia del Rey". Se acostó en dirección de La Meca (*qibla*) y murió antes de terminar el día.

En su propio relato de cómo fue liberado del error (*Munqidh min adDalat, La liberación del error*), alGhazali escribió:

"Al final me volví hacia los sufis, un camino que combina el conocimiento y la acción. Su objetivo es eliminar de uno mismo los errores y defectos de carácter hasta que el corazón se despoje de todo lo que nos separa de Alá y se es constante en el recuerdo (dhikr) *del nombre de Alá".*

(3.4)

alGhazali escuchó al fin la voz interior que lo había llamado mucho tiempo antes:

"El amor de las cosas menores me dejó encadenado a mi lugar, hasta que el heraldo de la fe me llamó: '¡Al camino, al camino! El día es corto y el viaje es largo. Tu conocimiento y acción son falsedad y autoengaño. Si no te preparas para el mundo que ha de venir ahora, ¿cuándo lo harás? Si no cortas de tajo tus apegos ahora, ¿cuándo lo harás?'".

A quienes hacen la guerra se les da permiso [de pelear], porque han padecido males; y en verdad Alá es su ayuda más poderosa —quienes han sido sacados de su hogar violando la justicia [haqq] no tienen más que decir "Nuestro Señor es Alá"; y si Alá no retuviera a un grupo de gente por medio de otro, habría devastación de monasterios, iglesias, sinagogas y mezquitas, donde el nombre de Alá se recuerda tanto [dhikr].

(22.40s.)

La jihad y el martirio

El esfuerzo supremo

AL ACERCARSE AL GRAN "EXAMEN DE LA VIDA" (p. 327), no es necesario contestar a todas las preguntas correctamente porque, en la noción musulmana, Alá es *rahman wa rahim*, misericordioso y compasivo (p. 328). Lo que sí es necesario es esforzarse siempre por seguir la guía dada por Alá y observar los mandamientos y las prohibiciones. De la palabra árabe *jahada*, que significa "hizo un esfuerzo", se deriva la palabra *jihad*, a menudo traducida como "guerra santa", pero éste es sólo una parte de lo que el esfuerzo "por la causa de Alá" (*fi sabili'lAllah*) significa, como Mahoma hizo saber cuando regresaba con sus tropas a Medina después de una batalla. Les dijo que regresaban de una *jihad* menor a la *jihad* mayor; con esto se refería al esfuerzo constante para vencer las tentaciones de apartarnos del "camino recto" (Corán 1.6). Sin embargo, *jihad* "por la causa de Alá" puede comprender *qital* ("matar") por Alá, y esto está contemplado en el Corán, aunque se aclara que sólo en defensa (recuadro a la izquierda). También es válido pelear una guerra en defensa de los oprimidos (4.7/75):

¿Qué razón tenéis para no luchar por la causa de Alá y por la causa de los hombres, mujeres y niños débiles, que dicen: "Señor nuestro, sácanos de esta ciudad cuyos habitantes son opresores, y danos un protector que venga de ti, y danos un amigo que venga de ti?".

Tanto en el Corán como en la Hadit se establecen los límites de cómo pelear una guerra (como en 2.186/190ss.). Abu Dawud (uno de los seis compiladores "indagadores" o reconocidos de la Hadit, p. 323) apuntó las instrucciones de Mahoma a quienes salían en campaña: "Emprended la *jihad* en el nombre y por la causa de Alá. No toquéis a los viejos, a los moribundos, a las mujeres, los niños ni los bebés. No robéis nada del botín de guerra y participad en la recolección de cualquier cosa que os arrojen en el campo de batalla; y haced el bien, porque Alá ama a los buenos y fieles" (*Kitab alJihad*). El segundo califa, Umar, instruyó al ejército que invadiría Siria (recuadro a la derecha). Quienes volaron aviones como bombas hacia los edificios el 11 de septiembre de 2001 rompieron estas reglas de manera tan flagrante que no pueden ser considerados mártires, incluso ni siquiera musulmanes (cfr. pp. 332-333). Así, pues, matar (dentro de ciertos límites) por Alá es una manera de reconocer su autoridad. No es una obligación para todos los musulmanes (es, en

Mártires
Ser un mártir puede significar morir "por la causa de Alá", pero también un costoso testimonio, como aceptar la muerte de tres hijos.
(Bowker, p. 122)

otras palabras, *fard kifayah*, no *fard 'ain*): además, quienes participen deben ser musulmanes, varones, haber pasado la pubertad y ser capaces de mantener a su familia mientras estén ausentes; también se da el caso de que otras obligaciones tienen prioridad. Tanto alBukhari como Muslim (compiladores de la Hadit) registran, por ejemplo, que las obligaciones para con los padres son primero: "Abu Huraira cuenta cómo un hombre se acercó al Mensajero de Alá (la paz sea con él) y preguntó: '¿Quién merece el mejor trato de mi parte?' Él replicó: 'Tu madre'. Entonces preguntó: '¿Después quién?' Él replicó: 'Tu madre'. De nuevo preguntó: '¿Después quién?', y él contestó: 'Tu madre'. Él dijo: '¿Y quién después de ella?', y él dijo: 'Tu padre'... Abdullah b. Amr asentó que un hombre se acercó al Mensajero de Alá y solicitó tomar parte en la jihad. Él contestó: '¿Están vivos tus padres?' El hombre le dijo: 'Sí', así que aquél replicó: 'Debes hacer tu mayor esfuerzo para cuidarlos'" (Muslim, *alJami asSahih*, 30.553, 6189, 6184).

Esperad, pueblo mío, mientras os doy reglas para la batalla. No actuéis con perfidia; no os apartéis del camino recto; no mutiléis a los muertos; no matéis niños; no dañéis los árboles; en especial lo que dan frutos; no matéis el ganado del enemigo más que para alimentaros; no vayáis en busca de los que han consagrado su vida a ser monjes —dejadlos en paz.

(atTabari, *Tarikh arRasul* 1.3.1580)

Aun así, la *jihad* menor es preciosa a los ojos de Alá, quien favorece a los que mueren en el curso de ésta y se convierten en mártires. Tal como la palabra griega *martyros* significa "el que da testimonio", la palabra árabe *shahid* es "un testigo", como en el testimonio fundamental (*ashShahada*, p. 349). Un *shahid* muerto durante la *jihad* menor está exento del interrogatorio de los dos ángeles y tiene un lugar privilegiado en el Paraíso. Como los mártires son puros, su cuerpo no tiene que ser lavado antes del entierro; en realidad, deberían ser enterrados con lo que llevaban puesto al morir, pues aparecerán en el Paraíso mostrando las heridas que los mataron (Muslim, 18.781.4629); no necesitan la intercesión de los demás, más bien son ellos quienes interceden por otros. Para los chiítas (p. 332) el martirio es más importante puesto que sus primeros imam, Alí, alHasán y alHusain, fueron mártires a manos de otros musulmanes, y para ellos su muerte tiene un poder redentor. Para todos los musulmanes la jihad en ambos sentidos (mayor y menor) muestra la fidelidad a Alá. Se vincula no sólo con esta vida sino más aún con el mundo venidero.

Guerra y paz
Los musulmanes dividen el mundo en tres dominios: Dar alIslam (el del Islam), donde se reconoce a Alá; Dar alHarb (el de la guerra), donde la hostilidad al Islam se debe resistir; y Dar AsSulh (el de la tregua), donde los tratados permiten coexistir.

En el Final

La búsqueda humana de Dios

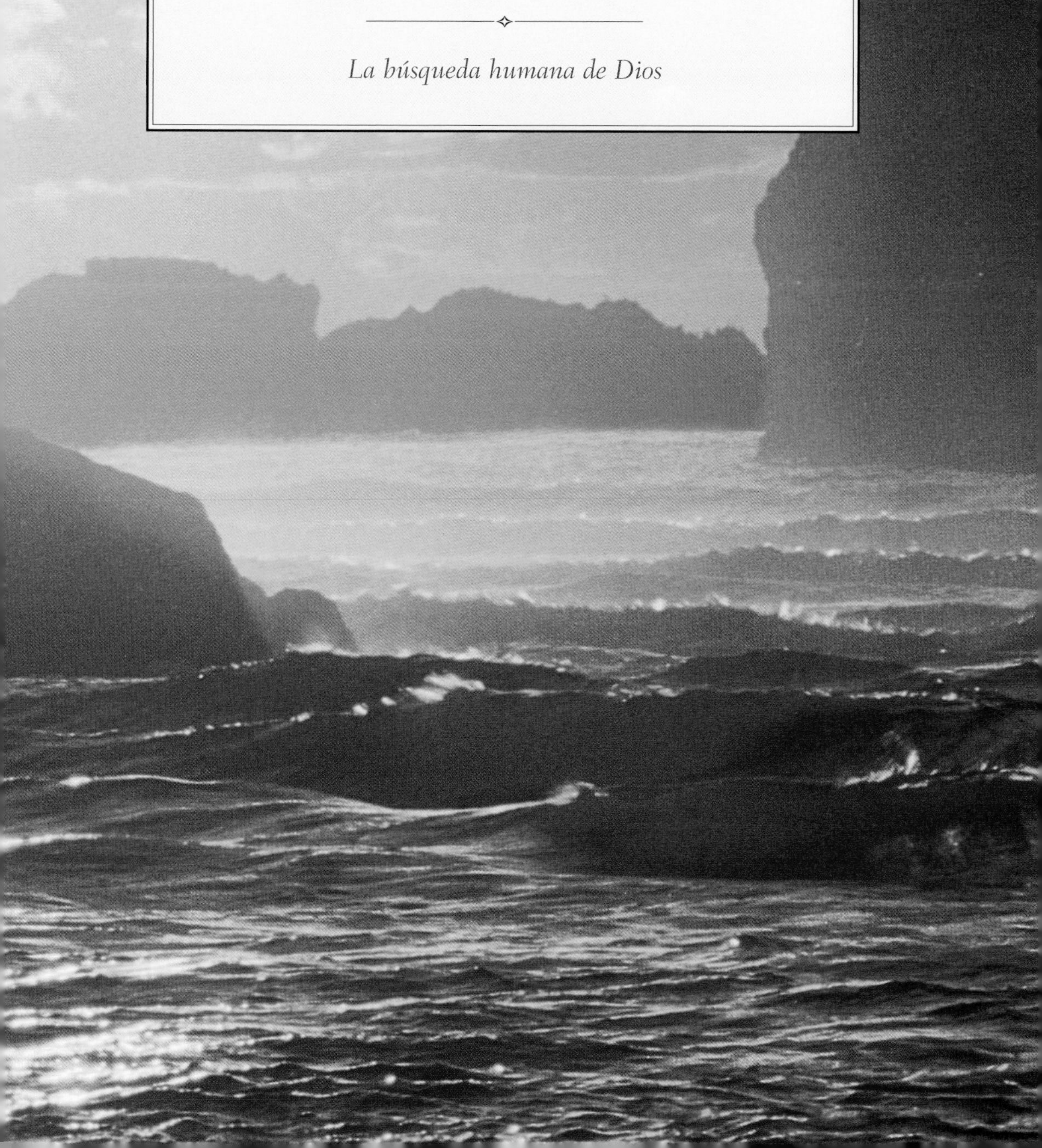

Conclusión

La búsqueda humana de Dios

NO HAY CONCLUSIÓN para la búsqueda humana de Dios, y esto en dos sentidos. El primero es obvio: no se puede poner fin a todo lo que podría escribirse acerca de las maneras en que los hombres han explorado y descubierto algo del significado y la naturaleza de Dios.

Lo que traté de hacer en este libro es mostrar por qué y cómo quienes vivieron antes que nosotros llegaron al segundo sentido de que no puede haber conclusión a la búsqueda humana de Dios. Esto también es obvio en este libro: mientras más se conoce a Dios más se da uno cuenta que Dios es más de los que uno puede saber.

Esto significa que el conocimiento que la gente adquiere sobre Dios es real, pero la forma en que se habla de ello es incompleta. Sus palabras, poemas y pinturas, así como su vida, tratan de compartir algún rasgo de Dios, al que conocen mucho más que si fuera algún rumor de un lugar lejano. Pero sus caracterizaciones de Dios suelen ser inadecuadas y se modifican de una generación a otra.

Algunas caracterizaciones persisten. Por ejemplo, Dios en su carácter de Madre, y Dios en su carácter de Padre. Aun así, sabemos que Dios no es como un padre o una madre; y, además, ¿qué hay de quienes han tenido una experiencia desastrosa con sus padres humanos?

Amor incondicional
Los seres humanos empiezan a conocer el significado del amor antes de entender el significado de las palabras. Lo aprenden primero con la madre. Si esto no ocurre, pueden aprenderlo en relaciones posteriores, aunque nadie está obligado a hacerlo. Ya es bastante milagroso que amemos a los demás. Para muchos, que alguien nos ame, es el primer vislumbre de cómo es Dios.

Así, tal como vimos desde el inicio (p. 16s.), toda caracterización de Dios es aproximada, provisional, corregible y en esencia errónea. Pero todas se dirigen al que evoca estas palabras e imágenes y, sin embargo, permanece más allá de la red verbal en que tratamos de atrapar a nuestro pez. *Deus semper maior*: "Dios siempre es más grande".

No obstante, ocurre algo semejante con los científicos al tratar de describir y caracterizar al universo. Por supuesto, sus métodos difieren, y el universo se presenta en formas muy distintas de aquellas a través de las cuales Dios se convierte en una presencia viva. Aun así, cuando los científicos, en su búsqueda humana de la verdad, describen y caracterizan al universo, sus tesis son aproximadas, provisionales, corregibles y, a menudo, erróneas para las generaciones posteriores. De todos modos ganan credibilidad (texto a la derecha p. 369). Este libro ilustra el mismo proceso en la búsqueda humana de Dios: también ha ganado gran credibilidad por las formas probadas y analizadas, gracias a las cuales las personas pueden conocer por sí mismas, en cuerpo, mente y espíritu, la realidad acerca de Dios. Esto lleva a las personas más allá del conocimiento (aunque, por supuesto, con fundamento en el conocimiento) al culto, la penitencia, la adoración y el amor. Más allá del conocimiento está la invitación a la relación.

La naturaleza de esa relación con Dios con frecuencia ha sido de miedo, incluso de terror —sobre todo, en el pasado. Pero si hemos de ser responsables por lo que somos, por lo que pensamos y por lo que hacemos, entonces el contraste entre nosotros y Dios necesariamente produce temor. "A veces, cuando pienso que Dios es justo, me estremezco por mi país" —escribió Thomas Jefferson (tercer presidente de Estados Unidos). Debajo de la *Última Cena*, talla de la iglesia de Autun, en Francia, el escultor Ghiselbertus puso la siguiente inscripción: *Terreat hic terror quos terreus alligat error*: "Que este terror aterrorice a los que están encadenados al error terrenal".

Lo que queda claro en lo descrito en este libro es que quien vive con Dios, descubre que la relación es de amor, y que el amor perfecto desecha todo temor (1 Juan 4:18). Agustín de Hipona (pp. 258-261) escribió este sano consejo: "Temed a Dios, para no caer; amad a Dios para avanzar" (Carta 144.2); y ciertamente para él la última palabra es amor: *dilige et quod vis fac*: "amad, y lo que deseéis [conforme al amor], haced".

Es verdad que la palabra "amor" significa cosas distintas en diferentes épocas y lugares. Tomemos la frase: "Entonces, realmente no puede haberla amado". El poeta Walter de la Mare (1873-1956) señaló cuán diferentes son las personas de las que se puede decir esto, y cuán distintas sus circunstancias (recuadro a la derecha). Puede que los ejemplos específicos que da no sean del todo familiares, pero es fácil pensar en otras personas a las que se puede aplicar este enunciado. El amor significa cosas diversas y las comparaciones con Dios no son sencillas. Esto quiere decir que todas las analogías, incluso la del amor, son imperfectas. Pero el amor humano es el paralelo más próximo, en experiencia, a lo que se siente cuando se está intensamente inmerso en Dios.

> "Entonces realmente no puede haberla amado."
>
> *¿Con cuánto de esto coincidirá cualquier otro "él" o "ella" en relación con quienes se pueda efectivamente aplicar esta frase? Digamos que a Shelley y Harriet, o a Swift y Vanessa; a Bothwell y María Estuardo; Jorge IV y Perdita; Paolo y Francesca; Abelardo y Eloísa; Thomas y Jane Carlyle; Cristian y su esposa; Otelo y Desdémona; Gibbon y la joven de la que dijo (cuando por consejo de sus padres renunció a su mano): "Como amante, suspiré; como hijo, obedecí".*
>
> (De la Mare, xxxivs.)

Por supuesto, no todo el tiempo se experimenta a Dios de esa manera; por ejemplo, en la poesía bhakti (de devoción a Dios, p. 95) de la India se habla mucho más de ausencia (p. 96) que de presencia: "Un día Caitanya [p. 137] se encontraba en la desolación, escribiendo en la arena con los dedos y lamentándose: '¿Dónde están las riveras del Yamuna [p. 134]? ¿Dónde esta el Señor que vuelve loco al mismísimo dios del Amor?'" (Hardy, p. 5).

Pero cuando *se* conoce a Dios en amor, una vez y sólo por un momento, nunca se olvida. Esto es verdad (como ilustra este libro) no sólo en la India, sino en la experiencia humana universal. Para quienes la han tenido, es la más memorable de todas las experiencias posibles. Experimentar a Dios como amor no disminuye ni "justifica" la frustrante experiencia del sufrimiento y el dolor, mucho menos la muerte de un gorrión o la aflicción de aquellos a quienes quisiéramos ayudar pero no podemos. Sufrir debe verse dentro del contexto del amor, porque éste es, al menos, tan real como el sufrimiento. Y como el amor rara vez aspira a ocasionar sufrimiento (y aun entonces, cuando es un remedio, es un acto de amor), y éste no puede destruir al amor, es un acto de fe que el amor es tan fuerte como la muerte (Cantar de los Cantares 8:6), más fuerte que el sufrimiento, y que al final prevalecerá. Se trata de la fe basada en la razón y en la experiencia. Aun así, es un acto de fe.

Es la fe la que permite que Dios cree los milagros de la esperanza y el amor humanos con los que la gente empieza a vivir de una manera distinta. El mundo se convierte en un lugar diferente cuando se vive en él como la creación y el milagro de Dios. La palabra "milagro" viene del latín *miror*, maravillarse por algo, asombrarse. Decir que algo es "un milagro" es afirmar que es algo digno de mirar, algo que debería abrir nuestros ojos y en tal sentido toda consecuencia de Dios en la creación es un milagro. El poeta inglés Thomas Traherne (*c*. 1638-1674) atrapó el sentimiento de muchos en este libro, cuando escribió las palabras del recuadro a la izquierda.

Uno nunca goza del mundo hasta que no percibe que la arena despliega la sabiduría y el poder de Dios... Vuestro gozo del mundo no será completo hasta que no despertéis en el cielo y os veáis en el palacio de vuestro Padre y miréis cielos, tierra y aire como alegrías celestiales... Nunca gozaréis del mundo hasta que el mar mismo fluya por vuestras venas, hasta que no estéis cubiertos por los cielos y coronados por las estrellas... El mundo es un espejo de infinita belleza... Es un Templo de gloria, y nadie lo ve. Es una región de luz y paz, si tan sólo los hombres no lo perturbaran. Es el paraíso de Dios, es la residencia de los ángeles y la entrada al cielo.

(*Centuries, Poems and Thanksgivings*, 1a. centuria, 27 ss.)

Ver el mundo y vivir en él así, como un don recibido del único que lo otorga con generosa gracia, pero no forma parte de él, significa que no puede haber un conflicto final ni último entre la ciencia y Dios, porque éste no es un objeto, como un universo esperando ser investigado —aunque hay, al menos, algo *acerca* de Dios que está abierto a la exploración e incluso a la experimentación, como nuestro libro lo ha demostrado. Aun así, comprometerse con Dios no es buscar información adicional sobre el universo. Para eso acudimos a la ciencia. Pero cuando lo hacemos nos enfrentamos con la pregunta: "Finalmente, ¿por qué existe el universo?". Como dijo el filósofo Wittgenstein (1889-1951): "El misterio no es *cómo* es el mundo, sino *que* existe".

Es esto lo que hizo que otro filósofo, Martin Heidegger (1889-1976), declarara que la interrogante "¿Por qué hay algo en vez de nada?" es la pregunta más trascendental que los seres humanos pueden hacer. Heidegger comienza su introducción a la *Metafísica* así:

"¿Por qué existen seres y no nada? Ésta es la pregunta y no es algo arbitrario. '¿Por qué existen seres y no nada?' —éste es el asunto primordial. Por supuesto, no es la primera pregunta en el sentido cronológico. Los individuos y los pueblos hacen muchas preguntas en el curso de su historia. Exploran, investigan y analizan muchas cosas antes de tropezarse con la pregunta '¿Por qué existen seres y no nada?' Pero muchos no se tropiezan con ella, si tropezarse con ella significa no sólo escucharla y leerla tal como se pronuncia, sino hacer la pregunta, esto es, tomar una posición respecto a ella, plantearla, forzarse a formularla. Y, sin embargo, todos nos vemos tocados, quizá de vez en cuando, por el poder oculto de esta pregunta sin darnos cuenta de lo que nos ocurre. En momentos de desesperación, por ejemplo, cuando el peso de las cosas tiende a menguar y su sentido se vuelve oscuro, la pregunta nos acecha... Se encuentra ahí cuando nos invade la alegría, porque entonces todas las cosas se transforman y nos rodean como si fuera la primera vez... Se encuentra ahí en un ataque de aburrimiento, cuando estamos tan lejos de la desesperación como de la alegría, la persistente regularidad de los seres despliega un terreno yermo en el que no nos importa si existen o no; entonces, en forma nítida, la pregunta resuena de nuevo: '¿Por qué existen seres y no nada?'" (Heidegger, p. 1s.).

Claro está, Heidegger admite que hay quienes no ven el centro de la pregunta y sostienen que el universo (incluidos nosotros en él) existe, y no hay más que decir. La ciencia, sin embargo, como todo saber humano, depende de nuestra determinación para seguir preguntando el

Belleza absoluta
Encontramos ejemplos de belleza, bondad, verdad y amor en ciertas personas, lugares o acciones. Pero reconocemos que son lo que son (bellos, buenos, verdaderos) más allá de las circunstancias particulares (cambiantes). Admitir esto es admitir que, en medio del tiempo y el cambio, existe el Absoluto. Darnos cuenta de que podemos relacionarnos en términos personales (como gratitud, alabanza, pena y amor) con lo que el Absoluto, el origen de la belleza, la bondad, la verdad y el amor es darnos cuenta que lo Absoluto es más como una persona que una conclusión filosófica. Hablamos en lenguaje humano de Dios, más que del Absoluto.

"porqué" y el "cómo": es irracional decir que no deben plantearse preguntas conclusivas —no sólo porque cualquier cosa que contestemos a la pregunta de por qué hay algo y no nada, es el fundamento de nuestra noción acerca de "Dios": Dios es a lo que hacemos referencia cuando decimos que existe una razón para que haya algo y no nada: "Se necesita un alfarero para producir una vasija; la pura arcilla no es suficiente" (Shankara, p. 365).

El asunto es que las preguntas "por qué" y "cómo" son esenciales para el conocimiento y la verdad. ¿Por qué y cómo usted es un lector que lee estas líneas? Porque sus padres lo procrearon de esa manera. Sí, pero ¿por qué y cómo hacen esto los genes y las proteínas? Porque la bioquímica de la reproducción lo permite. Sí, pero... *si se da curso* a las preguntas, al final nos llevarán a la solidez argumental y principios de la física, cuya regularidad nos permite enunciar "leyes". La pregunta que siempre quedará es: "Sí, pero ¿por qué existen las leyes?". Negarnos a hacer la pregunta pretextando que las leyes simplemente existen es tan abyecto e irracional como decir que estamos aquí y no tiene sentido preguntar cómo o por qué. Con semejante actitud no habría biología, química ni física.

Por supuesto, podríamos dejar de hacer preguntas en algún momento, y la mayoría de nosotros no tiene tiempo para llevar todas sus dudas al nivel de las leyes de la física. Pero tampoco es necesario que lo hagamos: hay respuestas verdaderas y válidas a las preguntas *de cualquier nivel*, que de ninguna manera pueden reducirse sólo a la biología, la química o la física: éstas son condiciones necesarias pero no suficientes para las respuestas.

De todos modos, el inquirir "cómo" o "por qué" permanecen, aun si preferimos no hacerlo. Heidegger se limitó a hacer la más trascendental de las preguntas: "¿Por qué hay un universo y no nada?". Es más, la hizo sabiendo que no puede ser resuelta por la ciencia. Tampoco puede ser contestada de manera demostrativa por nadie, porque cualquiera que fuera la respuesta, ésta sería lo que se entiende por Dios. Ahora bien, ampliando la metáfora de la receta (recuadro a la izquierda) es evidente que, ahí donde hay una receta, existe una inferencia abductiva razonable (pp. 17 y 266) para concluir que existe el Único que hace la receta y crea el producto tal como aparece. El universo como lo conocemos tiene mucho más sentido si concluimos que existe él Único del que procede y por quien está sustentado —esto es verdad aun si el universo no tiene principio ni fin: de todos modos está en esa relación de dependencia. En cuyo caso el Único (al que llamamos Dios) no puede formar parte de lo que es ese universo, aunque evidentemente puede ser conocido a través de él. *Deus semper maior*. En este contexto, la consistente regularidad del universo no es sorprendente. Dios es la garantía de que exista una constante coherencia en el universo que puede ser explorada y entendida. Esta regularidad que encontramos al explorarlo fue la que llevó a Albert Einstein a hacer su famosa observación: "Dios nuestro Señor es sutil,

En una obra reciente, el físico matemático John Taylor demuestra cómo a través de los tiempos (el proceso de criba) los científicos han ido explicando más fenómenos con menos principios subyacentes, y cómo éstos a su vez revelan *la unidad oculta de las leyes naturales*. Esto los faculta para producir *una receta simple para un universo* (pp. 395-399) y especular: *¿cómo debe ser el "principio" del universo para que sea congruente con lo conocido?* (p. 396). Sus respuestas son un ejemplo de inferencia abductiva (v. pp. 17 y 266).

pero no malicioso". Por ello, tanto Dios como el universo son invitaciones, diferentes pero vinculadas, para que nuestra brillante arquitectura humana de átomos y moléculas se desplace con integridad hacia la verdad. Y esto *es* un milagro.

Por lo tanto, no puede haber un conflicto fundamental entre la ciencia y Dios. Sin embargo, entre los enunciados que pretenden hablar de la ciencia con los descubrimientos de ésta y los enunciados que pretenden hablar de Dios con las consecuencias de éste, puede haber conflictos, y a menudo los hay. Los más graves se derivan de enunciados que son (para emplear una frase técnica) proposiciones acerca de hechos putativos —enunciados que hacen afirmaciones acerca de aquello que se supone es, sin duda, verdadero o falso.

Así, por ejemplo, un científico afirmó no hace mucho (en 1992) que Dios es un virus; se trata de una afirmación (expresada metafóricamente) acerca de un hecho putativo, y está en conflicto con otras tesis acerca de Dios. Es fácil demostrar, como hice en mi libro *Is God a Virus? Genes, Culture and Religion*, que esta afirmación es inequívocamente errónea, no sólo porque la metáfora no es apropiada sino también porque aquel autor no estaba al tanto de los últimos trabajos sobre la forma en que genes y cultura interactúan en la evolución humana.

A la inversa, cuando quien cree en Dios pretende que éste hizo el universo literalmente en seis días; que padece hambre y necesita sacrificios para continuar hasta mañana, o que representarlo como un anciano barbado es correcto, entonces los científicos (y no sólo ellos) protestan, y con razón, pues tales pretensiones acerca de Dios son inequívocamente erróneas si se presentan como afirmaciones de hechos putativos.

Estos conflictos en torno a hechos putativos son una razón del porqué las caracterizaciones de Dios cambian. Otra razón, mucho más importante, es el hecho de que la persona que vive rindiendo culto y en oración llega a comprender de modo profundo que sus palabras y sus imágenes mentales acerca de Dios no pueden representar adecuadamente el prodigio que él es. Esto significa que las caracterizaciones de Dios están destinadas a cambiar, tal como las representaciones del universo lo hacen, pero sólo porque existe suficiente de cada una (por distintos que sean ambos casos) exigiéndonos cosas independientes, de modo que el proceso de escoger el trigo de la cizaña es necesario y sostenido en términos de la verdad.

En el caso de Dios, he tratado de demostrar en este libro algo de este proceso de cambio tal como ha ocurrido, y los científicos (muchos de los cuales son y han sido creyentes) han tenido un papel principal y creativo al exigir, y a menudo encabezar, los cambios y las correcciones necesarios.

Un problema obvio surge cuando las personas temerosas de Dios tienen renuencia al cambio —cuando, por ejemplo, están convencidas de que algún relato en particular o una caracterización de Dios tienen la autoridad divina, y un cambio no es permisible. Cuando se dice que un

Descubrimiento del ADN
Al recordar el momento en que creyó haber descubierto cómo está formada la estructura del ADN, James Watson escribe: "Se me aceleró el corazón. Si esto era el ADN, revelarlo sería una bomba... Durante más de dos horas permanecí felizmente acostado mirando cómo giraban los residuos de adenina frente a mis ojos cerrados. Sólo por momentos me acosaba el miedo de que una idea tan buena pudiera estar equivocada" (Watson, p. 103ss.). Pero sí lo estaba: "Para el mediodía siguiente mi proyecto había caído en pedazos" (p. 105). Pero estaba a un paso de la solución correcta. Esto ilustra el método de selección que utiliza la ciencia para avanzar mediante su propia corregibilidad. Avanza porque hay suficiente consistencia en lo que se investiga.

relato o caracterización han sido revelados, existe la sensación de que no pueden variar sin implicar la falibilidad de Dios.

Pero ése es un problema de la religión, no de la ciencia, y no de la naturaleza esencial de Dios. Este libro ha mostrado que las pretensiones de revelación y de autoridad no necesariamente conducen a ese estado de ánimo, pues toda revelación (suponiendo que la haya) se realiza dentro de circunstancias y en lenguas contingentes e históricas. Significa que el conocimiento de la revelación y de la inspiración se modifica según los cambios en la percepción de Dios, sin que ello afecte la autoridad de las escrituras (v. la discusión sobre la relación entre "autor" y "autoridad" en Bowker, *The Complete Bible Handbook*, 1998, p. 96s.).

Las escrituras son, en consecuencia, una invitación y una oportunidad para saber más de Dios sobre la base de lo ya conocido, recibido y creído. Dios no cambia pero su caracterización debe hacerlo. Aun así, la gloria de Dios se expresará, con frecuencia, en la poesía, que suele ser el lenguaje del pasado (texto a la derecha). A esto se debe que en el culto y la oración persistan viejos conceptos, aunque como hechos putativos sean erróneos. Hasta los científicos hablan del sol naciente.

Por tanto, lo que queda claro es qué tan importante es distinguir la poesía de alabanza, de la prosa descriptiva. Sólo así podremos entender por qué las caracterizaciones de Dios serán siempre estables (cuando han acreditado de manera fiable que conducen a Dios) pero también abiertas al cambio. Cuando una persona nos dice que sabe más de Dios que Dios, o una religión puede describir "cómo es Dios", sabremos de inmediato que la persona está equivocada y que la religión es falsa.

En el futuro inmediato, el conflicto entre la experiencia del mundo y la experiencia de Dios pertenece al campo de la ética. Los individuos siguen haciendo daño y actuando de manera perversa, y de seguro yo entre ellos. Hay una particular malignidad cuando las personas hacen daño en nombre de Dios y lo caracterizan como el ser más malvado que podamos conocer. Hay al menos algunas personas que parecen alegrarse al describir a Dios comportándose de forma tal que un hombre iría a la cárcel si hiciera lo mismo.

Por el bien de Dios, es necesario impugnar esto. Es muy difícil hacerlo con eficacia visible. Hay quienes se aferran a sus caracterizaciones viciadas de Dios como si la vida les fuera en ello —tal vez en un sentido psicológico sea así. Pero la tierra no es plana sólo porque haya quien crea que su vida depende de no saltar desde la orilla. No se trata de que "los últimos serán los mejores" —y menos en el caso de las especulaciones en torno a Dios o de revisiones a la liturgia y la oración. Tan sólo se trata de que la gente responda a la invitación de Dios de penetrar aún más en la verdad y percatarse de que algunas de las cosas que han creído sobre él son incompatibles con el Dios que ahora conocen (provisional y parcialmente): el amor es incompatible con el terror, el odio y el rencor. No es fácil decir esto, y es frecuente enfrentar una feroz resistencia. No obstante, podemos sacar fuerzas de este libro. Pongamos como ejemplo la caracterización de Dios como un gángster de la mafia (p. 186): esto fue impugnado y modificado dentro de la tradición y los textos que se pensaba habían sido revelados por Dios. Los dioses ya no se almuerzan a los bebés, como solía creerse.

Sin embargo, las personas siguen recurriendo a Dios para justificar actos que la naturaleza del amor condena. A partir de esto es fácil entender que Dios sea muy mal acogido, y por qué su muerte ha ocurrido con tanta frecuencia. Esto se debe a que el mal es real y a que hay personas que eligen esa senda y, como el primer asesino de *Macbeth*, son "implacables en sus muestras de encono con el mundo". Pero también se debe a todas las cosas absurdas dichas acerca de Dios, y más aún a las que se han cometido en su nombre. El 11 de septiembre de 2001 cuatro aviones fueron convertidos en bombas voladoras en nombre de Dios (v. p. 360, y Bowker, 1995, pp. 121-191).

Para algunas personas la consecuente muerte de Dios ha sido definitiva. Los ateos no son agnósticos. Sin embargo, la persistencia de Dios es algo cierto, y no sólo porque el reconocimiento de Dios esté profundamente arraigado en el cerebro humano, como traté de explicar en la Introducción. Esto puede ocasionar que creer en Dios sea algo muy fácil de manipular y de lo cual obtener provecho, pero también es la razón de que tanta gente haya encontrado a Dios, a menudo con gran sencillez como un hecho verdadero y real.

Esto quiere decir, para adaptar mi "paradoja de la urgencia religiosa", que Dios es impopular porque es asimismo muy bien acogido: si no fuera el bien más elevado que el ser humano pueda imaginar y conocer, si Dios no cambiara las vidas para convertirse en la bondad dentro de las relaciones de amor, Dios "se habría ido por el acantilado" para siempre, como dijo Mencken (p. 10). Nadie se ocuparía de Dios si fuera solamente impopular, o si fuera una invención de personas despiadadas, desventuradas y neuróticas.

Por supuesto, en cierta medida Dios *es* una invención humana, pero todo lo es, y no menos en el mundo de la ciencia. La palabra "invención" suele emplearse con el significado de "algo construido", una ficción más que un hecho. Pero las palabras latinas que la componen, *in + venio*, quieren decir "vengo", "encuentro", "descubro". Así el universo es una invención humana, pero hay algo por ahí con lo que nos encontramos para entenderlo mejor. Lo mismo ocurre con Dios: he tratado de mostrar algunas de las formas en que las personas han dejado algún registro de su invención de Dios, o los modos en que se relacionaron con él y cómo otros también pueden hacerlo. Pero Dios no es un objeto como un universo que

Poesía de alabanza
Las palabras y las imágenes tradicionales perduran, aunque en cada generación cambien. Si están bien logradas, se vuelven intemporales. Cuando a Henry Moore se le encargó una Virgen con el Niño, se preguntó cómo diferenciarla de una madre común y su hijo: "Traté de dar una sensación de completa paz, como si la Virgen pudiera quedarse en la misma posición para siempre (pues, al ser de piedra, tendrá que hacerlo)". (Read, p. 154)

pueda ser "inventado" o descubierto en alguna cosa, como se hacen los descubrimientos en la ciencia. Dios existe, aunque este u otro universo subsistan o no, y trasciende la descripción humana. La brecha —algunos dirían el abismo— entre Dios y los hombres es necesaria si ha de existir alguna relación voluntaria: somos creados, no obligados, con la suficiente libertad para reconocer o rechazar a Dios; si no fuera así, nuestra relación no sería de exploración y amor. Dios significa que las personas son llamadas a la trascendencia, no obligadas a la sumisión.

Una consecuencia de este hecho es que siempre se dirán cosas diferentes sobre Dios, y las afirmaciones sostenidas por algunas religiones se contraponen. Si Dios no es un objeto más entre otros muchos, no se puede recurrir a un simple "Dios es así" para resolver esos conflictos, ni siquiera si se acude a la revelación, porque también es posible que las características reveladas de Dios estén en conflicto.

Existe, por supuesto, una manera aparentemente sencilla de resolver esos conflictos. Ésta consiste en decir que como Dios está más allá de toda descripción, todas estas formas que se contraponen apuntan, al menos, a la misma realidad, y que por tanto todas las religiones son lenguajes diferentes con los cuales la gente puede hablar sobre Dios, o bien, son caminos diferentes con un mismo fin. Sin duda existe una *verdad lógica* de que, si se habla acerca de Dios, es de Dios de quien se habla, pero puede ser que se haga *engañosamente*. Pese al adagio de que "todos los caminos conducen a Roma", los caminos *no* conducen a Roma sólo porque sean caminos.

Suponga el lector que nunca ha estado en Siberia, pero gente que ha estado ahí le ha contado cosas sobre ella, y saben lo que dicen. Si la gente habla de Siberia, de lo que habla es de Siberia, y no de otro lugar. Si Siberia es real, Siberia es, esto arroja entonces que Siberia existe. Pero si el lector viaja a Siberia descubrirá que algunas de las cosas son falsas, aunque (lógicamente) fueran sobre Siberia.

Lo mismo ocurre con Dios: si Dios es real, Dios es, esto arroja que Dios existe. Aun así, algunas cosas acerca de Dios resultan falsas, aunque (lógicamente) traten sobre él. Pero ¿cómo podemos distinguir entre informes verdaderos y falsos sin visitar a Dios, tal como lo haríamos en el caso de Siberia? La respuesta es que no podemos. Naturalmente, podemos hacer muchos juicios particulares: declaraciones y proposiciones de sentido común y entresacadas de la filosofía, falsas, incongruentes o sencillamente absurdas; y esto es así aunque algunos creyentes se nieguen a dejarse persuadir.

Sin embargo, visitar a Dios es posible sólo en las formas preliminares de culto, oración y meditación, y en la práctica de la presencia de Dios en la vida diaria. Para tal fin, las iniciativas de Dios, incluyendo no sólo la iniciativa única de Cristo proclamada por los cristianos, sino todas las descritas en este libro, son puntos de acceso. Al final, llegaremos y conoceremos tal como somos conocidos, mientras tanto (en el tiempo y el espacio) sólo estamos en el camino.

Entonces, ¿cómo enfrentar las afirmaciones contradictorias sobre Dios? En la práctica, es claro que son importantes, pues algunas personas que creen en Dios están implicadas en algunos de los conflictos más intransigentes y prolongados del mundo —Irlanda del Norte, el Oriente Medio, los Balcanes, Chipre, Sudán, Cachemira, Sri Lanka, las Filipinas e Indonesia, y otros, como Nigeria, no están lejos de ello. Creer en Dios no ocasiona estos conflictos, pero sí los refuerza, por no hablar de cuando se trata de supuestos mandatos procedentes de Dios que apoyan la violencia. Dice el poeta irlandés Seamus Heaney, premio Nobel en 1995: "El problema con el ERI es que estamos hablando de teología y no de política. Su lealtad es con una república metafísica. Y están atrapados en votos" (*Sunday Telegraph Magazine*, 1 de abril de 2001, p. 23).

Por tanto, es necesario enfrentar todas las disputas entre religiones y entre diferentes proclamas acerca de Dios, no sólo por motivos prácticos sino también por razones de verdad y salvación. Las religiones se han reunido para encontrar una ética global que las aliente a iniciar acciones comunes. Pero si las disputas acerca de la verdad y las proclamas de verdad han de encararse sin glosar los graves conflictos actuales, entonces tenemos que empezar en un nivel más esencial.

¿Cómo hacerlo? Sólo hay un camino, y es el camino de la devoción. Si, como demuestra este libro, todas las religiones (el jainismo y el budismo, con una comprensión de Dios enmarcada en el universo de las apariencias) saben que Dios está más allá de las palabras y las descripciones y, sin embargo, es posible acercarse a él mediante la devoción, la penitencia y la alabanza, ésta es la forma suprema del ser humano que todas tienen en común. Si en realidad Dios es más grande (*Deus semper maior*), es la devoción la que lo afirma.

En la actualidad la devoción está, como todo, envuelta en conflictos pero es necesario buscar y encontrar las formas *comunes* de devoción, aunque ésta sea una ardua tarea. En el contexto de la devoción, y sólo en éste, se da la oportunidad de enfrentar, con un estilo enteramente diferente, las divisiones que pueden llevar a la destrucción de todos. Porque este contexto establece que la búsqueda humana de Dios ha sido la búsqueda que Dios hace de los hombres, sólo que por caminos que respetan y apoyan su libertad.

El significado esencial de la oración es, por tanto, claro en extremo. Toda plegaria es un acto de amor puro que acude a Dios de una manera sencilla y no aspira a nada más allá de sí misma: heme aquí, Tú me conoces, ayúdame a conocerte. Sí, es verdad que pueden surgir cosas adicionales —dolor y penitencia, por ejemplo, agradecimiento y alabanza, orar por los demás, un amoroso gesto de afecto por este mundo hermoso aunque a menudo atormentado. Pero incluso si no sucede nada más, ya todo ha ocurrido, y nada más es necesario.

La "Catedral" de Rodin
Orar es,
mi paciente Señor,
mi forma de alcanzarte
y tú en la interminable labor
de hacer de la vida amor:
da forma a esta fría arcilla
y crea una obra de arte tal
que descanse en paz
en Ti.

BIBLIOGRAFÍA

La siguiente es una lista de obras y textos utilizados para este libro. No incluye las traducciones del autor. University Press se abrevia U.P. en todos los casos.

INTRODUCCIÓN

Biblia: los textos utilizados se tomaron de la New Revised Standard Version and The New Jerusalem Bible, Darton, Longman & Todd, London, 1985.

Bowker, J., *Is God a Virus? Genes, Culture & Religion,* SPCK, London, 1995.

Brooke, R., en G.Keynes, ed., *The Poetical Works of Rupert Brooke*, Faber & Faber, London, 1963.

Bryson, B., *The Lost Continent*, Abacus, London, 1996.

Cicerón, *De Natura Deorum*, trad. H.C.P. McGregor, Penguin, London, 1972.

Damasio, A., *Descartes' Error: Emotion, Reason & the Human Brain*, Putnam, New York, 1994; *The Feeling of What Happens: Body, Emotion, & the Making of Consciousness*, Vintage, New York, 2000.

Grou, J., *Spiritual Maxims*, 1786.

Hume, D., *An Enquiry Concerning the Principles of Morals*, 1751; *Dialogues Concerning Natural Religion*, 1779.

Le Doux, J., *The Emotional Brain*, Weidenfeld, London, 1998.

Jenófanes, *Die Fragmente*, Artemis, Münich, 1983.

Mencken, H., *Prejudices*, Vintage, New York, 1958; *Minority Report: H.L. Mencken's Notebooks*, Johns Hopkins, Baltimore, 1997.

Moscati, S., *The Face of the Ancient Orient*, Routledge, London, 1960.

Nicholson, N., *The Lakers*, Robert Hale, London, 1955 .

Nietzsche, F., *Die fröhliche Wissenschaft*, en *Nietzsches Werke*, t.v, Naumann, Leipzig, 1899-1912.

Rilke, R., *Sämtliche Werke*, Insel-Verlag, Frankfurt, 1955–97; *Rodin* en ibíd., 5, 1965.

Rolls, E.T., *The Brain & Emotion*, Oxford U.P., Oxford, 1999.

Sacchetti, F., *Il Trecentonovelle*, Salerno, Roma, 1996.

Shaw, G.B., *The Adventures of the Black Girl in Her Search for God*, Constable, London, 1932.

Stoppard, T., *Jumpers*, Faber & Faber, London, 1972.

Taliaferro, C., *Consciousness & the Mind of God*, Cambridge U.P., Cambridge, 1996.

Thompson, R.F., *Flash of the Spirit*, Vintage Books, New York, 1984.

Williams, O., y E. Honig, *Major American Poets*, New American Library, New York, 1962.

Yandell, K.E., *The Epistemology of Religious Experience*, Cambridge U.P., Cambridge, 1994.

EN EL PRINCIPIO

Adler, M., *Drawing Down the Moon*, Beacon Press, Boston, 1986.

Anand, M.R., "Lines Written to an Indian Air", en B.N. Pandey, *A Book of India*, Collins, London, 1965.

Asimov, I., *A Choice of Catastrophes*, Hutchinson, London, 1979.

Aveni, A., *Nasca*, British Museum Press, London, 2000.

Bowker, J., *Is God a Virus? Genes, Culture & Religion*, SPCK, London, 1995; *The Meanings of Death*, Cambridge U.P., Cambridge, 1993; "Science and Religion", en F. Watts, ed., *Science Meets Faith*, SPCK, London, 1998.

Brown, J.E., *The Sacred Pipe*, Penguin, New York, 1973.

Clottes, J., y D. Lewis-Williams, *The Shamans of Prehistory: Trance & Magic in the Painted Caves*, Abrams, New York, 1998.

Courlander, H., *A Treasury of African Folklore*, Marlowe, New York, 1996.

Deacon, T.W., *The Symbolic Species: The Co-Evolution of Language & the Brain*, Penguin, London, 1998.

Dream of the Rood, ed. M. Swanton, Exeter U.P., Exeter, 1996.

Edda of Snorri Sturluson, trad. A. Faulkes, Dent, London, 1987.

Gimbutas, M., *The Living Goddesses*, M.R. Dexter, ed., University of California Press, Berkeley, 1999.

Grimes, R.L., *Beginnings in Ritual Studies*, University of America Press, Lanham, 1982.

Gutiérrez, R., *When Jesus Came, the Corn Mothers Went Away: Marriage, Sexuality, & Power in New Mexico, 1500–1846*, Stanford U.P., Stanford, 1991.

Hogan, L., en (s.a.) *The Way of the Spirit*, Time-Life Books, 1997.

Husain, S., *The Goddess: Power, Sexuality & the Feminine Divine*, Duncan Baird, London, 1997.

Hutton, R., "The Discovery of the Modern Goddess", en J.Pearson, ed., *Nature Religion Today*, Edinburgh U.P., Edinburgh, 1998.

Johnson, H. y J. Pines, *Deep Roots Music*, Proteus, London, 1982.

Jung, C.G, *Collected Works*, H. Read *et al.*, eds., Routledge, London, 1968.

Lindfors, B., *Forms of Folklore in Africa*, University of Texas Press, Austin, 1977.

Luther Standing Bear, *Land of the Spotted Eagle*, University of Nebraska Press, Lincoln, 1978.

Mackay, A.L., ed., *The Harvest of a Quiet Eye*, Institute of Physics, Bristol, 1977.

Mellaart, J., *Catal Hüyük: A Neolithic Town in Anatolia*, Thames & Hudson, London, 1967; *et al.*, *The Goddess from Anatolia*, Eskenazi, Milan, 1989.

Melville, H., en H. Hayford y H. Parker, eds., *Moby Dick*, Norton, New York, 1967.

Mooney, J., "The Doctrine of the Ghost Dance", en D. y B. Tedlock, *Teachings from the American Earth: Indian Religion & Philosophy*, Liveright, New York, 1975.

Okpewho, I., *Myth in Africa*, Cambridge U.P., Cambridge, 1983.

Plinio, *Natural History*, trad. H.

Rackham *et al.*, Loeb, London, 1938–63.
Powers, W.K., "When Black Elk Speaks, Everybody Listens", en D.G.Hackett, ed., *Religion & American Culture*, Routledge, New York, 1995.
Rouget, G., *Music & Trance,* University of Chicago Press, Chicago, 1985.
Schelling, F.W.J., *Philosophie der Mythologie*, en *Schellings Werke*, t. VI, Münich, 1959.
Schopenhauer, A., *Die Welt als Wille und Vorstellung*, Brodhaus, Wiesbaden, 1972.
Shakespeare, W., *A Midsummer Night's Dream.*
Simpson, K., *The Literature of Ancient Egypt*, Yale U.P., New Haven, 1973.
Sjöö, M. y B. Mor, *The Great Cosmic Mother: Rediscovering the Religion of the Earth*, HarperCollins, San Francisco, 1991.
Starhawk, *The Spiral Dance*, HarperCollins, San Francisco, 1979.
Sullivan, M., *Symbols of Eternity: The Art of Landscape Painting in China*, Clarendon Press, Oxford, 1979.
Teresa, *Her Life*, trad. K. Kavanaugh y O.Rodríguez en *Collected Works*, t. I, ICS Publications, Washington, 1987.
Turner, H., en V.C. Hayes, ed., *Australian Essays in World Religions*, Australian Association for the Study of Religions, Bedford Park, 1977.
Wagner, R., *Parsifal*, N. John, ed., Calder, London, 1986.
Whitehouse, H., *Arguments & Icons: Divergent Modes of Religiosity*, Oxford U.P., Oxford, 2000.

LA INDIA

Allchin, F.R., *Tulsi Das: The Petition to Ram*, Allen & Unwin, London, 1966.
Appar: véase Peterson.
Aurobindo, Sri, *The Life Divine*, t. III, Sri Aurobindo Ashram, Pondicherry, 1955.
Babb, L., *The Divine Hierarchy*, Columbia U.P., New York, 1981.
Bailey, G., *The Mythology of Brahma*, Oxford U.P., Delhi, 1983.
Basavanna: véase Ramanujan.
Behari, B., *Minstrels of God*, Bharatiya Vidya Bhavan, Bombay, 1956.
Belvalkar, S.K., *et al.*, *Mahabharata, Poona*, Bhandarakar Oriental Research Institute, 1927–66.
Beyer, S., *The Cult of Tara: Magic & Ritual in Tibet*, University of California Press, Berkeley, 1978.
Bhagavad Gita: véase Van Buitenen.
Bhagavata Purana, J.L. Shastri, ed., Motilal Banarsidass, Delhi, 1983.
Bhai Vir Singh, *Purantam Janamsakhi*, Khalsa Samachar, Amritsar, 1948.
Bhardwaj, S.M., *Hindu Places of Pilgrimage in India*, University of California Press, Berkeley, 1983.
Bhatt, G.R., *et al.*, *The Valmiki-Ramayana*, University of Baroda, 1970–75.
Bhattacharji, S., *The Indian Theogony*, Cambridge U.P., Cambridge, 1970.
Bhattacharya, V. ed., *The Agamasastra of Gaudapada*, Motilal Banarsidass, Delhi, 1943.
Brahma Sutra: véase Date.
Brihad-aranyaka Upanishad: véase Radhakrishnan.
Brooks, D.R., *Auspicious Wisdom: The Texts & Traditions of Srividya Sakta Tantrism in South India*, State University of New York Press, Albany, 1992.
Brown, C.M., *The Devi Gita*, State University of New York Press, Albany, 1998.
Campantar: véase Peterson.
Chakravarty, U., *Indra & Other Vedic Deities: A Euhemeristic Study*, D.K. Printworld, New Delhi, 1997.
Chari, S.M.S., *Philosophy & Theistic Mysticism of the Alvars*, Motilal Banarsidass, Delhi, 1997.
Clothey, F.W., *The Many Faces of Murukan: The History & Meaning of a South Indian God*, Mouton, La Haya, 1978.
Coburn, T.B., *Encountering the Goddess: A Translation of the Devi-Mahatmya & a Study of its Interpretation*, State University of New York Press, Albany, 1991.
Crossley-Holland, P., "The Religious Music of Tibet…", en *Proceedings of the Centennial Workshop on Ethnomusicology*, Aural History Provincial Archives, Victoria, 1975.
Daniélou, A., *Hindu Polytheism*, Routledge, London, 1964.
Dasam Granth Sahib, Punjabi U.P., Patiala, 1973.
Date, V.H., *Vedanta Explained: Samkara's Commentary on the Brahma Sutras*, Booksellers' Publishing, Bombay, 1954, 1959.
Dayal, T.H., *The Vishnu Purana*, Sundeep Prakashan, Delhi, 1983.
De Bary, W.T., ed., *Sources of Indian Tradition*, Columbia U.P., New York, 1958.
De Nicolas, A.T., *Meditations Through the Rig Veda*, Shambhala, Boulder, 1978.
Delmonico, N., "How to Partake in the Love of Krisna", en D.S.López, ed., *Religions of India in Practice*, Princeton U.P., Princeton, 1995.
Deshpande, P.Y., *The Authentic Yoga: Patanjali's Yoga Sutras*, Rider, London, 1978.
Devibhagavata Purana, trad. H.P. Chatterji, Allahbad, Panini, 1921–3.
Devimahatmya: véase Coburn.
Dhavamony, M., *Love of God According to Saiva Siddhanta: A Study in the Mysticism & Theology of Saivism*, Clarendon Press, Oxford, 1971.
Dobbins, J.C., "Shinran's Faith…" en G.J. Tanabe, ed., *Religions of Japan in Practice*, Princeton U.P., Princeton, 1999.
Eck, D., *Banaras: City of Light*, Routledge, London, 1983; *Darsan: Seeing the Divine Image in India*, Anima Press, Chambersberg, 1981.
Eschmann, A. *et al.*, *The Cult of Jagannath & the Regional Tradition of Orissa*, Manohar, 1978.
Flood, G., *An Introduction to Hinduism*, Cambridge U.P., Cambridge, 1996.
Futehally, S., *In the Dark of the Heart: Songs of Meera*, HarperCollins/Sacred Literature Trust, London, 1994.
Gandhi, M.K., *The Story of My Experiments with Truth*, Navajivan, Ahmedabad, 1929.
Gaudapada, *Mandukyakarika*: véase Bhattacharya.
Gitagovinda: véase Jayadeva.
Gonda, J., *Notes on the Names of God*

in Ancient India, North-Holland Publishing, Amsterdam, 1970.
Gopal Singh, *The Religion of the Sikhs*, Asia Publishing House, London, 1971.
Govindalilamrta: véase Delmonico.
Growse, F.S., *The Ramayana of Tulsi Das*, Allahabad, 1937.
Guru Granth Sahib: véase Kaur Singh; *Sri Guru Granth Sahibji*; Trilochan Singh.
Harbans Singh, *Guru Nanak & the Origins of the Sikh Faith*, Panjabi U.P., Patiala, 1969.
Hardy, F., *Viraha-Bhakti: The Early History of Krisna Devotion in South India*, Oxford U.P., Delhi, 1983.
Jataka Stories, V. Fausboll, ed., Trubner, London, 1880.
Jayadeva, *Gitagovinda*, trad. D. Mukhopadhyay, *In Praise of Krishna*, B.R. Publishing, Delhi, 1990.
Jha, M., *Dimensions of Pilgrimage: An Anthropological Appraisal*, Inter-India Publications, New Delhi, 1985.
Kabir: véase Vaudeville.
Kalikapurana, B.N.Shastri, ed., Nag, Delhi, 1991–2.
Kaur Singh, N-G., *The Name of My Beloved*, HarperCollins/Sacred Literature Trust, London, 1995.
Klostermaier, K.K., *A Survey of Hinduism*, Munshiram Manoharlal, New Delhi, 1990.
Kramisch, S., *Exploring India's Sacred Art*, B.S. Miller, ed., University of Pennsylvania Press, Philadelphia, 1983.
Krishnadasa Kaviraja, *Govindalilamrita*; véase Delmonico.
Kunst, A., y J.L. Shastri, *Puranas in Translation*, Banarsidass, Delhi, 1969.
Lata, P., *Chaitanya Mahaprabhu*, Ess Ess, New Delhi, 1989.
López, D., ed., *Religions of India in Practice*, Princeton U.P., Princeton, 1995.
Ludvik, C., *Hanuman in the Ramayana of Valmiki & the Ramacaritamanasa of Tulsi Dasa*, Motilal Banarsidass, Delhi, 1994.
Lynch, O.M., *Divine Passions: The Social Construction of Emotion in India*, University of California Press, Berkeley, 1990.
Macfie, J.M., *The Ramayan of Tulsidas*, T. & T. Clark, Edinburgh, 1930.
Mahabharata: véase Belvalkar.
Mahadeviyakka: véase Ramanujan.
Majumdar, A.K., *Caitanya: His Life & Doctrine*, Bharatiya Vidya Bhavan, Bombay, 1969.
Maraini, F., *Secret Tibet*, Hutchinson, London, 1952.
Mattosho: véase Dobbins.
Milner, M., *Status & Sacredness: A General Theory of Status Relations & an Analysis of Indian Culture*, Oxford U.P., Oxford, 1994.
Mirabai: véase Futehally.
Moorhouse, G., *Om: An Indian Pilgrimage*, Hodder, London, 1994.
Mundaka Upanishad: véase Radhakrishnan.
Nagarjuna, *Mulamadhyamakakarika*, trad. J.L.Garfield, Oxford U.P., Oxford, 1995.
Nammalvar: véase Chari; Raghavan.
Nayar, N.A., *Poetry as Theology: The Srivaisnava Stotra in the Age of Ramanuja*, Harrassowitz, Wiesbaden, 1992.
Nilsson, U., *Surdas*, Sahitya Akademi, New Delhi, 1982.
Obeyesekere, G., *The Cult of the Goddess Pattini*, University of Chicago, Chicago, 1984.
O'Flaherty, W., *Siva: The Erotic Ascetic*, Oxford U.P., Oxford, 1981.
Pancatantra, F. Edgerton, ed., American Oriental Society, New Haven, 1924.
Patanjali, *Yogadarshanam*: véase Deshpande.
Patwant Singh, *The Sikhs*, John Murray, London, 1999.
Peterson, I.V., *Poems to Siva: The Hymns of the Tamil Saints*, Motilal Banarsidass, Delhi, 1991.
Puranas: véase Kunst.
Radhakrishnan, S., *The Principal Upanishads*, Allen & Unwin, London, 1968.
Raghavan, A.S., *Nammalvar*, Sahitya Akademi, New Delhi, 1975.
Raghavan, V., *The Ramayana Tradition in Asia*, Sahitya Akademi, New Delhi, 1980.
Ramayana: véase Bhatt.
Ramanujan, A.K., *Speaking of Siva*, Penguin, London, 1973.
Redfield, R., *Peasant Society & Culture*, University of Chicago Press, Chicago, 1956.
Rig Veda, M. Müller, ed., London, 1877.
Sachinanand, *Culture Change in Tribal Bihar*, Bookland, Calcutta, 1964.
Schromer, K., y W.H. McLeod, *The Sants*, Motilal Banarsidass, Delhi, 1987.
Shankara: véase Date.
Shantideva, *Bodhicharyavatara*, ed. Poussin, 1902.
Shinran: véase Dobbins.
Shulman, D.D., *Tamil Temple Myths: Sacrifice & Divine Marriage in the South Indian Saiva Tradition*, Princeton U.P., Princeton, 1980.
Shiva Purana, P. Kumar, ed. Nag, Delhi, 1981.
Sri Guru Granth Sahibji, Shiromani Gurdwara Prabandhak Committee, Amritsar, 1969.
Surdas: véase Nilsson.
Tagore, R., *Gitanjali*, 1912.
Tanabe, G., *Religions of Japan in Practice*, Princeton U.P., Princeton, 1999.
Thiel-Horstmann, M., ed., *Bhakti in Current Research*, 1979–82, Dietrich Reimer, Berlin, 1983.
Trilochan Singh, *The Heritage of the Sikhs*, Asia Publishing House, Bombay, 1964.
Tukaram: véase Behari.
Tulpule, S.G., *The Divine Name in the Indian Tradition: A Comparative Study*, Indian Institute of Advanced Study, Shimla, 1991.
Upanishads, Advaita Ashrama Editions, Calcutta, 1957–65; véase también Radhakrishnan.
Uttaradhyayanasutram, R.D. Vadekar, ed., Poona, 1959.
Van Buitenen, J.A.B., *The Bhagavadgita in the Mahabharata: A Bilingual Edition*, University of Chicago Press, Chicago, 1981.
Varadpande, M.I., *Religion & Theatre*, Abhinav Publications, Delhi, 1985.
Vaudeville, C., *A Weaver Named Kabir*, Oxford U.P., Delhi, 1997.
Vidyarthi L.P. y B.K. Rai, *The Tribal Culture of India*, Concept Publishing, Delhi, 1977.
Waghorne, J.P., y N. Cutler, *Gods of Flesh, Gods of Stone: The*

Embodiment of Divinity in India, Anima, Chambersberg, 1985.
Welbon, G.R., y G.E. Yocum, eds., *Religious Festivals in South India & Sri Lanka*, Manohar, 1982.
Whitehead, H., *The Village Gods of South India*, Association Press, Calcutta, 1921.
Younger, P., *The Home of Dancing Sivan: The Traditions of the Hindu Temple in Citamparam*, Oxford U.P., Oxford, 1995.
Zvelebil, K.V., *The Smile of Murugan: On Tamil Literature of South India*, Brill, Leiden, 1973; *The Lord of the Meeting Rivers*, Motilal Banarsidass, Delhi, 1984.

LAS RELIGIONES DE ASIA

Analects: véase Leys.
Bank, W., *Das chinesische Tempelorakel*, Harrassowitz, Wiesbaden, 1985.
Barnstone, T. *et al*, *Laughing Lost in the Mountains: Poems of Wang Wei*, U.P. of New England, Hanover, 1991.
Book of Odes (*Shijing*): véase Chan Wing-tsit.
Book of History (*Shujing*): véase Waltham.
Chan Wing-tsit, *A Source Book in Chinese Philosophy*, Princeton U.P., Princeton, 1963; *The Way of Lao Tzu*, Bobbs-Merrill, Indianapolis, 1963.
Daode jing: véase Chan Wing-tsit; Henricks.
De Bary, W,T., ed., *Sources of Chinese Tradition*, Columbia U.P., New York, 1966.
Eno, R., *The Confucian Creation of Heaven*, State University of New York Press, Albany, 1990.
Forke, A., *Me Ti des Sozialethikers und seiner Schüler philosophische Werke*, contribuciones al Seminario de Lenguas Orientales, Berlin, 22–25, 1922.
Graham, A.C., "Confucianism", en R.C. Zaehner, ed., *The Concise Encyclopaedia of Living Faiths*, Hutchinson, London, 1959.
Grayson, J.H., *Korea, A Religious History*, Clarendon Press, Oxford, 1989.
Hardacre, H., *Shinto & the State, 1868–1988*, Princeton U.P., Princeton, 1989.
Havens, N., trad. Kojikiden, en Inoue Nobutaka, ed. Kami, Instituto de Cultura Japonesa, Universidad de Kokugakuin, Tokyo.
Henricks, R.G., *Lao-tzu Tao-te Ching*, Ballantine, New York, 1989.
Huhm, H.P., *Kut: Korean Shamanist Rituals*, Hollym, Seoul, 1983.
I Ching: véase *Yijing*.
Journey to the West: (*Xiyou ji*): véase Jenner.
Jenner, W.J.F., *Journey to the West*, Foreign Language Press, Beijing, 1984.
Kim, J., ed., *Korean Cultural Heritage: Thought & Religion*, The Korea Foundation, Seoul, 1996.
Kitagawa, J., *Religion in Japanese History*, Columbia U.P., New York, 1966.
Knoblock, J., *Xunzi: A Translation & Study of the Complete Works*, Stanford U.P., Stanford, 1988, 1990, 1994.
Kojikiden: véase Havens.
Laozi (*Lao-tzu*): véase Chan Wing-tsit; Henricks.
Leys, S., *The Analects of Confucius*, Norton, New York, 1997.
Liji (*Li-chi*), trad. J.Legge, Oxford 1885.
Loehr, M., *The Great Painters of China*, Phaidon, Oxford, 1980.
Malraven, B., *Songs of the Shaman: The Ritual Chants of the Korean Mudang*, Routledge Kegan Paul, London, 1994.
Meyer, J.F., *The Dragons of Tiananmen: Beijing as a Sacred City*, University of South Carolina Press, Columbia, 1991.
Motoori Norinaga: véase Havens.
Shijing: véase Chan Wing-tsit.
Shiji: véase de Bary.
Shujing: véase Waltham.
Sullivan, M., *Symbols of Eternity: The Art of Landscape Painting in China*, Clarendon Press, Oxford, 1979.
Tao-te Ching: véase Chan Wing-tsit; Henricks.
Tsunoda, R., *et al.*, *Sources of Japanese Tradition*, Columbia U.P., New York, 1964.
Waltham, C., *Shu ching, Book of History*, Regnery, Chicago, 1971.
Wang Wei: véase Barnstone.
Watson, B., *Mo Tzu: Basic Writings*, Colombia U.P., New York, 1963; *Complete Writings of Chuang Tzu*, Colombia U.P., New York, 1968.
White, C.W., *Bone Culture of Ancient China*, University of Toronto Press, Toronto, 1945.
Whitehead, A.N., *Science & the Modern World*, Cambridge U.P., Cambridge, 1926.
Whyte, D., *Where Many Rivers Meet*, Many Rivers Company, Langley, 1990.
Xiyou Ji: véase Jenner.
Xunzi: véase Knoblock.
Yao Xinzhong, *An Introduction to Confucianism*, Cambridge U.P., Cambridge, 2000.
Yijing, trad. R.J. Lynn, *The Classic of Changes*, Columbia U.P., New York, 1994.
Zhuangzi (*Chuang Tzu*): véase Watson.

JUDAÍSMO

No aparecen entradas individuales para los diferentes libros de la Biblia; para éstos véase la extensa bibliografía de John Bowker, *The Complete Bible Handbook*, Dorling Kindersley, London, 1998.

Albeck, Ch., *The Mishnah*, Mosad Bialik, Tel Aviv, 1952–8.
Altmann, A., *Moses Mendelssohn: A Biographical Study*, Routledge, London, 1973.
Babylonian Talmud, trad. y ed. I. Epstein, Soncino Press, London, 1948–61.
Bergman, H., *The Autobiography of Solomon Maimon*, London, 1954.
Berkowits, E., *Faith After the Holocaust*, Ktav, New York, 1973.
Bold, A., *In This Corner: Selected Poems*, 1963–1983, Macdonald, Edinburgh, 1983.
Bowker, J., *Jesus & the Pharisees*, Cambridge U.P., Cambridge, 1973.
Boyce, M., *Zoroastrians: Their Religious Beliefs & Practices*, Routledge, London, 1979; *Textual Sources for the Study of Zoroastrianism*,

Manchester U.P., Manchester, 1984.
Buber, M., *Tales of the Hasidim*, Schocken, New York, 1991; *I & Thou*, trad. R. Gregor Smith, T. & T. Clark, Edinburgh, 1959.
Carmi, T., *The Penguin Book of Hebrew Verse*, Penguin, London, 1981.
Clendinnen, I., *Reading the Holocaust*, Cambridge U.P., Cambridge, 1999.
De Breffny, B., *The Synagogue*, Weidenfeld, London, 1978.
Dead Sea Scrolls: véase Vermes (traducción); Tov (texto).
Driver, G.R., y Miles, J.C., *The Babylonian Laws*, Oxford U.P., Oxford, 1952, 1955.
Eliach, Y., *Hasidic Tales of the Holocaust*, Avon Books, New York, 1982.
Fine, S., *This Holy Place: On the Sanctity of the Synagogue during the Greco-Roman Period*, University of Notre Dame Press, Notre Dame, 1997.
Garrett, D., *The Cambridge Companion to Spinoza*, Cambridge U.P., Cambridge, 1996.
Guttmann, A., *Rabbinic Judaism in the Making*, Wayne State U.P., Michigan, 1970.
Haggadah shel Pesach, Sinai Publishing, Tel Aviv, 1966.
Heschel, A.J.: véase Rothschild.
Hesíodo, *Theogony*, trad. M.L. West, Oxford U.P., Oxford, 1988.
Hinnells, J., *Persian Mythology*, P. Bedrick Books, New York, 1985.
Hoerth, A.J., *et al.*, *Peoples of the Old Testament World*, Lutterworth, Cambridge, 1994.
Lachower, F. y Tishby, I., *The Wisdom of the Zohar*, Littman Library, Oxford, 1989.
Levy, I., *A Guide to Passover*, Jewish Chronicle Publications, London, 1958.
Leon, H.J., *The Jews of Ancient Rome*, Jewish Publication Society, Philadelphia, 1960.
Libro de Oración: véase Singer.
Maimon, S.: véase Bergman.
Maimónides, *Mishneh Torah*, trad. *The Code of Maimonides*, 15 vols., Yale Judaica Series; *The Guide for the Perplexed*, trad. Ch. Rabin, East West Library, London, 1952; véase también Minkin.
Mendelssohn, M.: véase Altmann.
Midrash Rabbah, H. Freedman & M. Simon, eds., Soncino Press, London, 1939.
Minkin, J.S., *The World of Moses Maimonides*, Yoseloff, New York, 1957.
Mishná: véase Albeck.
Moscati, S., *The Face of the Ancient Orient*, Routledge, London, 1960.
Passover Haggadah: véase *Haggadah shel Pesach*.
Piyyutim: véase Carmi.
Reifenberg, A., *Israel's History in Coins*, Horovitz, London, 1953.
Rothschild, F.A., *Between God & Man: From the Writings of Abraham J. Heschel,* New York, 1959.
Rubenstein, R.L., *After Auschwitz*, Bobbs-Merrill, Indianapolis, 1968; *Approaches to Auschwitz*, SCM Press, London, 1987.
Shanks, H., ed., *Ancient Israel: A Short History…*, Biblical Archaeology Society, Washington, 1989.
Singer, S., *The Authorised Daily Prayer Book*, Eyre & Spottiswoode, London, 1957.
Sperling, H., *The Zohar,* London, 1970.
Spinoza: véase Garret.
Talmud: véase *Babylonian Talmud.*
Tanakh: A New Translation of the Holy Scriptures According to the Traditional Hebrew Text, The Jewish Publication Society, Philadelphia, 1985.
Texidor, J., *The Pagan God: Popular Religion in the Greco-Roman Near East*, Princeton U.P., Princeton, 1977.
Tov, E., texto de los Rollos del Mar Muerto, microficha, Brill, Leiden, 1993.
Vermes, G., *et al.*, *The History of the Jewish People in the Age of Jesus Christ*, T. & T. Clark, Edinburgh, 1973, 1979; *The Complete Dead Sea Scrolls in English*, Allen Lane, London, 1997.
Weisberg, D.B., *Texts from the Time of Nebuchadnezzar,* Yale U.P., New Haven, 1980.
Yose ben Yose: véase Carmi.
Zohar: véase Sperling; Lachower.

CRISTIANISMO

Para los diferentes libros de la Biblia, véase la nota del principio de la sección Judaísmo.

Anderson, S., *The Virago Book of Spirituality: Of Women & Angels*, Virago, London, 1996.
Aquino, Tomás de, *Summa Theologiae*, varios trads., Blackfriars, London, 1964; *Contra Gentiles*, varios trads., University of Notre Dame Press, Notre Dame, 1995.
Aristóteles, *Metaphysica*, trad. W.D. Ross, Clarendon Press, Oxford, 1908.
Armstrong, A.H., *Classic Mediterranean Spirituality*, Routledge, London, 1986.
Armstrong, R. y Brady, I., *Francis & Clare: The Complete Works*, Paulist Press, New York, 1982.
Aristeas, Letter of: véase Meecham.
Atenágoras: véase Schoedel.
Auden, W.H., *Collected Poems*, E. Mendelson, ed., Faber, London, 1994; *The English Auden*, E. Mendelson, ed., Faber, London, 1988.
Augustine, *Opera Omnia*, J-P. Migne, ed., Paris, 1861; *The Works of Saint Augustine: A Translation for the 21st Century*, varios trads., Augustine Heritage Institute, New York, 1990; véase también Dyson; Lawless; Sheed.
Barth, K., *Church Dogmatics*, T. & T. Clark, Edinburgh, 1936–69.
Basilio: véase Deferrari; Holmes; Wiles & Santer.
Bell, C., *Art*, Chatto & Windus, London, 1920.
Belting, H., *Likeness & Presence: A History of the Image Before the Era of Art*, University of Chicago Press, Chicago, 1994.
Bemiss, S., *The Three Charters of the Virginia Company of London*, Williamsburg, 1957.
Benito: véase McCann.
Berger, P., *The Heretical Imperative*, Collins, London, 1980.
Bernardo: véase Diemer.
Bindley, T.H., *The Oecumenical Documents of the Faith*, Methuen, London, 1899.
Blake, W., *Complete Writings*, G.

Keynes, ed., Oxford U.P., Oxford, 1972.
Blakney, R.B., *Meister Eckhart: A Modern Translation*, Harper, New York, 1941.
Blume, F., *Protestant Church Music*, London, 1975.
Bosman, W., *A New & Accurate Description of the Coast of Guinea*, London, 1705.
Bowker, J., ed., *The Complete Bible Handbook*, DK, London, 1998; *The Religious Imagination & the Sense of God*, Clarendon Press, Oxford, 1978; "The Nature of Women & the Authority of Men", en *Is God a Virus? Genes, Culture & Religion*, SPCK, London, 1995; "Merkabah Visions and the Visions of Paul", Journal of Semitic Studies, t. XVI, 1971.
Brown, P., *Augustine of Hippo*, ed. rev., Faber, London, 2000.
Browne, T., *Religio Medici*, W.A. Greenhill, ed., Macmillan, London, 1904.
Burgess, A., *The Clockwork Testament*, Penguin, London, 1978.
Burrows, R., *The Wisdom of St Teresa of Avila*, Lion, Oxford, 1998.
Calvin, J., *The Institutes of the Christian Religion*, J.T. McNeill, ed., SCM, London, 1961.
Campagnac, E.T., *The Cambridge Platonists*, Clarendon, Oxford, 1901.
Carmichael: véase *Carmina Gaedelica*.
Carmina Gaedelica, A. Carmichael, ed., Scottish Academic Press, Edinburgh, 1928.
Chapman, A., *Black Voices: An Anthology of Afro-American Literature*, New American Library, New York, 1968.
Clark, M., *Augustine of Hippo*, Paulist Press, New York, 1984.
Clemente de Alexandría: véase Wiles & Santer.
Clímaco: véase Luibheid y Russell.
Cloud of Unknowing, trad. C.Wolters, Penguin, London, 1978.
Colledge, E., y J. Walsh, *Julian of Norwich: Showings*, Paulist Press, New York, 1978.
Comper, F.M.M., *The Life of Richard Rolle Together with an Edition of His English Lyrics*, Dent, London, 1933.
Credo de Nicea: véase Kelly.
Cronin, V., *The Wise Man from the West*, Hart-Davis, London, 1955.
Dante: véase Sissons.
Deferrari, R.J., *Saint Basil: The Letters*, Loeb, London, 1926–1934.
Definición de Calcedonia: véase Bindley.
Diemer, P., *Love Without Measure: Extracts from the Writings of Bernard of Clairvaux*, Darton, Longman & Todd, London, 1990.
Dix, G., *The Shape of the Liturgy*, Dacre, London, 1943.
Dolan, J.P., *The Essential Erasmus*, New American Library, New York, 1964.
Domingo: véase Koudelka.
Dostoevsky, F., *The Brothers Karamazov*, trad. R. Pevear y L.Volokhonsky, Vintage, London, 1990.
DuBois, W.E.B.: véase Chapman.
Dunn, J.D.G., *The Theology of Paul the Apostle*, T. & T. Clark, Edinburgh, 1998.
Dyson, R.W., *The City of God Against the Pagans*, Cambridge U.P., Cambridge, 1998.
Eckhart: véase Blakney.
Eliot, T.S., *Four Quartets*, Faber & Faber, London, 1955; R. Suchard, ed., *The Varieties of Metaphysical Poetry*, Faber, London, 1993.
Erasmo: véase Dolan.
Fanon, F., *The Wretched of the Earth*, Penguin, London, 1967.
Finan,T., "Hiberno-Latin Christian Literature", en J.P. Mackey, ed.
Fishel, L.H., y B. Quarles, *The Black American: A Documentary History*, Scott, Foresman, Glenview, 1970.
Fleming, D.L., *Draw Me Into Your Friendship: The Spiritual Exercises*, Institute of Jesuit Sources, St Louis, 1996.
Flower, M., *Centred on Love: The Poems of Saint John of the Cross*, The Carmelite Nuns, Varrowville.
Francisco: véase Armstrong & Brady; Robson.
Gardner W.H., y MacKenzie, H., eds., *The Poems of Gerard Manley Hopkins*, Oxford U.P., Oxford, 1970.
Gibbon, E., *Decline & Fall of the Roman Empire*, ed. cit., Dent, London, 1956.
Giotto: véase Maginnis.
Glasscoe, M., ed., *The Medieval Mystical Tradition in England*, t. V, Brewer, Cambridge, 1992.
Goldscheider, L., *Rodin Sculptures*, Phaidon, London, 1964.
Gregorio de Nicea, *Opera Omnia*, J.-P. Migne, ed., Paris, 1863: véase también Meredith; Musurillo.
Gregorio Palamas, Works, P.C. Chrestou, ed., Thessalonica, 1962.
Grimal, P., *Churches of Rome*, Tauris Parke, London, 1997.
Grimes, R.L., *Beginnings in Ritual Studies*, University of America Press, Lanham, 1982.
Gutiérrez, G., *We Drink from Our Own Wells: The Spiritual Journey of a People*, SCM, London, 1984; *Power of the Poor in History*, SCM, London, 1983.
Happé, P., *English Mystery Plays*, Penguin, London, 1987.
Harries, R., *Art & the Beauty of God*, Mowbray, London, 1993.
Hartshorne, C., *A Natural Theology for Our Time*, Open Court, La Salle, 1967.
Hayburn, R.F., *Papal Legislation on Sacred Music*, Liturgical Press, Collegeville, 1979.
Hazlitt, F. y H., *The Wisdom of the Stoics*, Lanham, University of America Press, 1984.
Herbert, G., *The Poems of George Herbert*, Oxford U.P., Oxford, 1907.
Hilton, W., *The Ladder of Perfection*, trad. L. Sherley-Price, Penguin, London, 1957.
Holmes, A., *A Life Pleasing to God: The Spirituality of the Rules of St Basil*, DLT, London, 2000.
Hopkins: véase Gardner.
Ignacio de Loyola: véase Fleming; Ivens; Munitiz; Rahner.
Instruccions Orders & Constitucions...to Sir Thomas Gates: véase Bemiss.
Instruction on Christian Freedom & Liberation, Catholic Truth Society, London, 1986.
Ireneo, *The Writings of Irenaeus*, T. & T. Clark, Edinburgh, 1868–1869.
Ivens, M., *Understanding the Spiritual Exercises*, Gracewing, Leominster, 1998.
Jones: véase Parry.

Juan Clímaco: véase Luibheid y Russell.
Juan de la Cruz: véase Flower; Kavanaugh; Matthew.
Kavanaugh, K. y O. Rodríguez, *The Collected Works of St John of the Cross*, Nelson, London, 1966.
Kelly, J.N.D., *Early Christian Creeds*, Longman, London, 1981.
Kierkegaard, S., *Concluding Unscientific Postscript*, trad. D.F. Swenson, Princeton U.P., Princeton, 1944; *Either/Or*, trad. H.V. y E.H. Hong, Princeton U.P., Princeton, 1987; *Training in Christianity*, trad. W. Lowrie, Oxford U.P., Oxford, 1941.
King, M.L., *A Testament of Hope*, J.M. Washington, ed., HarperCollins, San Francisco, 1991.
Koudelka, V., *Dominic*, DLT, London, 1997.
Krailsheimer, A.J., ed., *Pascal Pensées*, Penguin, London, 1966.
Lash, E., *On the Life of Christ: Kontakia*, HarperCollins, London.
Lasley, J., *Priestcraft & the Slaughterhouse Religion*, NISGO Publications, Cocoa.
Lawless, G., *Augustine of Hippo & His Monastic Rule*, Clarendon, Oxford, 1990.
Layton, B., *The Gnostic Scriptures*, SCM, London, 1987.
Luibheid, C. y P. Rorem, *Pseudo Dionysus: The Complete Works*, Paulist Press, New York.
Luibheid, C. y N. Russell, *John Climacus: The Ladder of Divine Ascent*, Paulist Press, New York, 1982.
Luther, M., *Luther's Works*, varios trads., Philadelphia, 1931.
Mackey, J.P., *An Introduction to Celtic Christianity*, T. & T. Clark, Edinburgh, 1995.
Maginnis, H.B.J., *Painting in the Age of Giotto: A Historical Reevaluation*, University of Pennsylvania Press, Philadelphia, 1997.
Manning, B.L., *The Hymns of Wesley & Watts*, Epworth, London, 1942.
Matthew, I., *The Impact of God: Soundings from St John of the Cross*, Hodder, London, 1995.
Maxwell, J.C., *William Wordsworth: The Prelude, A Parallel Text*, Penguin, London, 1971.
McCann, J., *The Rule of St Benedict*, Burns Oates, London, 1963.
McGinn, B., *The Presence of God: A History of Western Christian Mysticism*, SCM Press, London, 1991, 1994, 1998.
Meecham, H.G., *The Letter of Aristeas: A Linguistic Study with Special Reference to the Greek Bible*, Manchester U.P., Manchester, 1935.
Meredith, A., *Gregory of Nyssa*, Routledge, London, 1999.
Miller, P., y T.H. Johnson, *The Puritans*, Harper, New York, 1963.
Moule, C.F.D., *The Origins of Christology*, Cambridge U.P., Cambridge, 1977.
Munitiz, J.A. y P. Endean, *Saint Ignatius of Loyola: Personal Writings*, Penguin, London, 1996.
Musurillo, H., *From Glory to Glory: Texts from Gregory of Nyssa's Mystical Writings*, St Vladimir, New York, 1979.
Obras de misterio: véase Happé.
Pablo: véase Dunn.
Palmer, G.E.H., *et al.*, *The Philokalia*, Faber, London, 1979.
Panofsky, E., *Abbot Suger on the Abbey Church of St.-Denis & its Treasures*, Princeton U.P., Princeton, 1946.
Parker, A.A., *The Allegorical Drama of Calderon*, Dolphin, London, 1943.
Parry, T., *The Oxford Book of Welsh Verse*, Oxford U.P., Oxford, 1962.
Pascal: véase Krailsheimer.
Patrick: véase Mackey.
Péguy, C., *Basic Verities: Prose & Poetry*, Kegan Paul, London, 1943.
Philokalia: véase Palmer.
Platón: véase Armstrong, A.H.
Plinio, *Letters*, trad. W. Melmoth, Loeb, London, 1915.
Plotino, *Works*, trad. A.H. Armstrong, Loeb, London, 1966–1988.
Porter, H., *Reform & Reaction in Tudor Cambridge*, Cambridge U.P., Cambridge, 1958.
Prater, D., *A Ringing Glass: The Life of Rainer Maria Rilke*, Oxford U.P., Oxford, 1994.
Ps.Dionysus, *Works*, Migne; véase también Luibheid & Rorem.
Quarles, B., *The Black American: A Documentary History*, Scott, Foresman, Glenview, 1970.
Rahner, K., y P. Imhof, *Ignatius of Loyola*, Collins, London, 1979.
Rauschenbusch, W., *Selected Writings*, W.S. Hudson, ed., Paulist Press, New York, 1984.
Ricci, M., *The True Meaning of the Lord of Heaven*, trad. D. Lancashire y P.H. Kuo-chen, Institut Ricci, Taipei, 1985: véase también Cronin.
Rolle: véase Comper.
Robson, M., *St. Francis of Assisi: The Legend & the Life*, Chapman, London, 1997.
Romanos: véase Lash.
Ruhmer, E., *Grünewald: The Paintings*, Phaidon, London, 1958.
Schoedel, W.R., *Athenagoras: Legatio*, Clarendon Press, Oxford, 1972.
Sheed, F.J., *The Confessions of Saint Augustine*, Sheed & Ward, London, 1944.
Sisson, C.H., *Dante: The Divine Comedy*, Oxford U.P., Oxford, 1998.
Socrates, *Church History*, Parker, Oxford, 1891.
Speaight, R., *The Christian Theatre*, Burns & Oates, London, 1960.
Sterne, L., *The Life & Times of Tristram Shandy*, ed.cit., London, 1948.
Strauss, D., *Das Leben Jesu Kritisch Bearbeitet* (*The Life of Jesus Critically Examined*), trad. ingl., 1846; véase también Zeller.
Suger: véase Panofsky.
Teresa, *Collected Works*, trad. K. Kavanaugh y O. Rodríguez, ICS Publications, Washington, 1987.
Thomas, R.S, *Collected Poems*, Dent, London, 1993.
Thompson, F., *Selected Poems*, Burns Oates, London, 1921.
Traherne, T., *Centuries, Poems, & Thanksgivings*, H.M. Margoliouth, ed., Clarendon Press, Oxford, 1972.
Tyndall, J., *Fragments of Science*, London, 1889.
Virgilio, *Eclogues*, trad. rev., Loeb, London, 1999–2000.
Ward, B., *The Sayings of the Fathers: The Alphabetical Collection*, Mowbray, Oxford, 1983.
Wesley, J., *An Earnest Appeal to Men of Reason & Religion*, Dublin, 1806; *The Letters*, J.T. Standard, ed.,

Epworth, London, 1931; *Journals & Diaries*, W.R. Ward y R.P. Heitzenrater, eds. Abingdon, Nashville, 1990.
Wheatley, P., *Poems on Various Subjects, Religious & Moral*: véase Fishel y Quarles.
Whichcote, B.: véase Campagnac.
Whitehead, A.N., *Adventures of Ideas*, Cambridge U.P., Cambridge, 1933.
Wiles, M. y M. Santer, *Documents in Early Christian Thought*, Cambridge U.P., Cambridge, 1977.
Winthrop, J., *A Model of Christian Charity*: véase Miller y Johnson.
Wordsworth: véase Maxwell.
Zeller, E., *Ausgewählte Briefe*, Bonn, 1895.

ISLAM

Abu Dawud, *Sunan*, M.M.A. Hamid, ed., Cairo, 1950.
alAshari, *Kitab alIbana 'an Usul adDiyana*, Hyderabad, 1903.
alBukhari, *Kitab alJami asSahih*, Abu Abd Allah Muhammad, ed., 1938.
alFarabi: *Kitab Tahsil asSaada*, Dar alAndalus, Beirut, 1981: véase también Hammond.
alGhazali, *alMunqid min adDalal*, Commission Internationale..., Beirut, 1959; *Ihya Ulum udDin, Kafr alZaghari*, 1933; *Mishkat alAnwar*, Cairo, 1933: véase también Kamali.
alHallaj, *Akhbar alHallaj*, L. Massignon y P. Kraus, eds., Vrin, Paris, 1957; Diwan, L. Massignon, ed., Guenther, Paris, 1955: véase también Massignon.
alKhayyat, *Kitab alIntisar*, Beirut, 1955.
alQaradawi, Y., *The Lawful & the Prohibited in Islam*, American Trust, Indianapolis.
anNawawi, *Matn al-Arba'in anNawawiya...*, E. Ibrahim, ed., Islamic Texts Society, Cambridge, 1997.
Arberry, A.J., *Muslim Saints & Mystics*, Penguin, London, 1966; *Avicenna on Theology*, John Murray, London, 1951.
Attar, Farid adDin, *Tadhkirat alAwliya*, R.A. Nicholson, ed., London, 1905.
Bowker, J., *The Meanings of Death*, Cambridge U.P., Cambridge, 1993.
Chittick, W., *The Sufi Path of Love: The Spiritual Teachings of Rumi*, State University of New York Press, New York, 1983.
Conference of Birds, trad. A. Darbandi y D. Davis, Penguin, London, 1984: véase también Attar.
Corán: véase Fluegel.
Doi, A.R., *Shariah: The Islamic Law*, Ta-ha, London, 1984.
Fihrist: véase Fluegel.
Fluegel, G., *Corani Textus Arabicus*, Gregg Press, Farnborough, 1965; Muhammad ibn Ishaq alBagdadi, ed., *Fihrist*, Leipzig, 1871–1872.
Gray, B., "Arts of the Book", en *The Arts of Islam*, Arts Council of Great Britain, London, 1976.
Gruner, O.C., *A Treatise on the Canons of Medicine*, Luzac, London, 1930.
Guillaume, A., *The Life of Muhammad*, Oxford U.P., Lahore, 1967.
Hammond, R., *The Philosophy of alFarabi & its Influence on Medieval Thought*, Hobson Book Press, New York, 1947.
Harvey, A., *Light Upon Light: Inspirations from Rumi*, North Atlantic Books, Berkeley, 1996; *The Way of Passion*, Souvenir Press, London, 1995.
Hasan alBasri, *Risala*, en *Der Islam*, t. v, 1921.
Ibn Arabi, *Bezels of Wisdom*, trads. R. Austin, Paulist Press, New York, 1980; *Tarjuman alAshwaq; alFutuhat alMakkiya*, Dar asSadr, Beirut.
Ibn Ishaq, *Sirat Rasul Allah*, ed. cit., Cairo, 1955; véase también Guillaume.
ibn Sina: véase Arberry; Gruner; Morewedge.
Ihya Ulum udDin: véase alGhazali.
Jamali, M.F., *Letters on Islam*, Oxford U.P., London, 1965.
Kamali, S.A., trads., *Tahafut alFalasifah*, Pakistan Philosophical Congress, Lahore, 1958, 1963.
Leaman, O., *Averroes & His Philosophy*, Clarendon Press, Oxford, 1988.
Massignon, L., *Quatres Textes*, Paris, 1914.
Matn al-Arba'in anNawawiya: véase anNawawi.
Morewedge, P., *The Metaphysica of Avicenna (ibn Sina)*, Routledge, London, 1973.
Muslim, *Sahih Muslim*, trad. A.H. Siddiqi, Kitab Bhavan, New Delhi, 1977.
Pitter, R., *Collected Poems*, Enitharmon, Petersfield, 1990.
Rabia: véase Smith.
Rumi: *Mathnawi*, Luzac, London, 1926–1934; *Diwan-i-Shams-i-Tabriz*, R.A. Nicholson, Cambridge U.P., Cambridge, 1898; véase también Harvey; Star.
Safadi, Y.H., *Islamic Calligraphy*, Thames & Hudson, London, 1987.
Seale, M.S., *Muslim Theology*, Luzac, London, 1964.
Sharia: véase alQaradawi; Doi.
Smith, M., *Rabia the Mystic & Her Fellow-Saints in Islam*, Cambridge U.P., Cambridge, 1928.
Star, J., *Rumi: In the Arms of the Beloved*, Tarcher Putnam, New York, 1997.
Thesiger, W., *Arabian Sands*, Longmans, London, 1960.

EN EL FINAL

Bowker, J., *Is God a Virus? Genes, Culture & Religion*, SPCK, London, 1995; *The Complete Bible Handbook*, DK, London, 1998.
Date, V. H., Vedanta Explained: *'Samkaras' Commentary on Brahma-Sutras*, Booksellers Publishing, Bombay, 1954.
De la Mare, W., *Love*, Faber, London, 1943.
Hardy, F., *Viraha-Bhakti: The Early History of Krisna Devotion in South India*, Oxford U.P., Delhi, 1983.
Heidegger, M., *Introduction to Metaphysics*, trad. G. Fried y R. Pott, Yale U.P., New Haven, 2000.
Shankara: véase Date.
Taylor, J.C., *Hidden Unity in Nature's Laws*, Cambridge U.P., Cambridge, 2001.
Watson, J.D., *The Double Helix*, Readers Union, London, 1969.

ÍNDICE ANALÍTICO

Los números en *cursivas* se refieren a ilustraciones y textos de figuras. Los números en **negritas** indican dónde se define un término por primera vez (a menos que haya una sola entrada). Ahí donde las voces árabes *al, an, ar, ash, at* y *az* preceden a una entrada, el término principal aparece en el lugar que le corresponde alfabéticamente; por ejemplo, alGhazali va después de *gevurah*.

A

B

E

F

G

M

N

O

S

W

X

Y

Z

AGRADECIMIENTOS

MI GRATITUD A SEAN MOORE y Margaret Bowker (pp. 6-7) y a todas las personas que colaboraron en diferentes formas en este libro. Gavin Flood, Yao Xinzhong, el profesor C.F.D. Moule, Quinton y Mona Deeley lo revisaron e hicieron sugerencias y correcciones; Quinton escribió partes de la sección sobre los ritos (pp. 42-45) donde se mencionan sus importantes trabajos sobre el "cerebro religioso"; David Bowker, gracias a su conocimiento de las religiones, brindó siempre atinados consejos. Richard Tucker, ya fallecido, y Guy Welbon ayudaron en los temas de metafísica y de los templos de la India. Madeleine Shaw me guió por la biblioteca de la Universidad de Cambridge, cuyo personal también me brindó su apoyo. Felicity Bryan me ahorró incontables errores prácticos. Un grupo de médicos —Bill Aylward, Malcolm Kerr-Muir y Stephen Wroe— me asistieron durante prolongados padecimientos oculares y otros, lo cual me permitió seguir escribiendo. Bill Broderick, Sarah Brunning, Maureen Thomas, Hayley Glen y Ted Hardingham me dieron su apoyo incondicional.

El equipo de trabajo fue encabezado por Damien Moore, Amanda Lunn y Kate Grant, quienes hicieron un trabajo magnífico. Donna Wood y Sharon Rudd llevaron la parte más difícil con gran habilidad, excelente humor y paciencia. Sin ellos este libro no existiría.

JOHN BOWKER

Se agradece a la Oxford University Press por permitir al autor el uso irrestricto de la versión anglicana de la *New Revised Standard Bible* y por autorizar el uso de algún material procedente del *Oxford Dictionary of World Religions* (1999). Gracias también a Jo Walton por su labor de investigación fotográfica y a Polly Boyd, Jane Baldock, Sharon Moore y Hilary Bird por su trabajo editorial.

CRÉDITOS DE LAS FOTOGRAFÍAS
Abreviaturas: BAL = Bridgeman Art Library, RHPL = Robert Harding Picture Library

Portada: Corbis, Werner Forman Archive, Ancient Art & Architecture Collection, Glasgow Museum
p. 1: Lester Lefkowitz/Corbis Stockmarket
p. 2: Victoria & Albert Museum, London, UK/BAL
p. 3: DK/Glasgow Museums/Ellen Howden
Índice: AKG London, Oriental Museum, Durham University, UK/BAL, AKG London, Staatliches Kunstmuseum, Minsk/AKG London
p.7: William Manning/Corbis Stockmarket
p.8 y 11: Pergamon Museum, Berlin, Germany/Bildarchiv Steffens/BAL
p.10: National Museum, Damascus, Syria/Peter Willi/BAL
p.12: AKG London
p.13: Prisma/Rex Features
p.14: DK/Alistair Duncan
p.15: Institut et Musée Voltaire, Geneva/Erich Lessing/AKG London
p.16: DK
p.17: Capilla Sixtina, Roma/AKG London
p.18 y 19: DK
p.20: Musée Rodin, Paris/AKG London
p.23: Colección privada/BAL
p.24: Scrovegni Chapel, Padua/Cameraphoto/AKG London
p.25: DK/Glasgow Museums/Ellen Howden
p.27: Corbis Stockmarket
p.28–9 y 36: Haffenreffer Museum of Anthropology/Werner Forman Archive
p.31: Bettmann/CORBIS
p.32: Naturhistorisches Museum, Vienna/Erich Lessing/AKG London
p.34: Kevin Carlyon/Fortean Picture Library
p.37: AKG London
p.38 arriba: DK/Max Alexander
p.38 abajo: DK/Francesca York
p.39: Musée Municipal, Limoges/Erich Lessing/AKG London
p.40: Jean-Louis Nou/AKG London
p.41: DK/David Sutherland
p.42 y 43: Rex Features
p.44 arriba: GJLP/CNRI/Science Photo Library
p.44 abajo: GCA/CNRI/Science Photo Library
p.45: David y Peter Tumley/CORBIS
p.47: Wittelsbacher Ausgleichfonds, Munich/AKG London
p.48: AKG London
p.49: Janet Wishnetsky/CORBIS
p.50: Werner Forman Archive
p.51: Erich Lessing/AKG London
p.52: Hubert Stadler/CORBIS
p.53: Kimbell Art Museum/CORBIS
p.54–5: British Library, London, UK/BAL
p.58: DK/British Museum
p.59: DK/Barnabas Kindersley
p.60: Angelo Hornak/CORBIS
p.61: Angelo Hornak/CORBIS
p.62: Historical Picture Archive/CORBIS
p.63: Jalaram Temple, Bilimora, Gujarat, India/Dinodia Picture Agency, Bombay, India/BAL
p.64: Victoria & Albert Museum, London, UK/BAL
p.65: DK/Frank Greenaway
p.67: Ancient Art and Architecture Collection
p.69: Science Photo Library: Colin Cuthbert
p.70: DK/Glasgow Museums
p.71: Goldhill/Rex Features

p.72 y 73: Philip Goldman Collection/Werner Forman Archive
p.75: Oriental Museum, Durham University, UK/BAL
p.76: Robert Harding Picture Library
p.77: Jean-Louis Nou/AKG London
p.78: National Museum of India, New Delhi, India/BAL
p.79: Jean-Louis Nou/AKG London
p.80: DK/Peter Anderson
p.81: Victoria & Albert Museum, London, UK/BAL
p.82 arriba: Jean-Louis Nou/AKG London
p.82 abajo: DK/Ashmolean Museum, Oxford
p.83: Rex Features
p.85: Resource Foto/Art Directors/Trip
p.86: Art Directors/Trip
p.87: Rex Features
p.88: DK/Ashmolean Museum, Oxford
p.89: Art Directors/TRIP
p.90 arriba: DK/Ashmolean Museum, Oxford
p.90 abajo: DK/Gables
p.91: Victoria & Albert Museum, London, UK/BAL
p.92: Surya Temple, Somnath, Bombay, India/Dinodia Picture Agency, Bombay, India/BAL
p.93: Oriental Museum, Durham University, UK/BAL
p.94: DK/Glasgow Museums
p.95: Explorer/Jean-Louis Nou/Robert Harding Picture Library
p.96: DK/Barnabas Kindersley
p.97: National Museum of India, New Delhi, India/BAL
p.98: Jean-Louis Nou/AKG London
p.101: Colección privada, India/Dinodia Picture Agency, Bombay, India/BAL
p.103: Colección privada/Werner Forman Archive
p.104: DK/Glasgow Museums
p.105: DK/Barnabas Kindersley
p.106: British Library, London, UK/BAL
p.107: Robert Harding Picture Library
p.108: DK/Glasgow Museums
p.109: DK/Barnabas Kindersley
p.110: Jean-Louis Nou/AKG London
p.111: Rex Features
p.113: Helene Rogers/Art Directors/TRIP
p.114: DK/Amit Pashricha
p.115: JR Naylor@ The Ancient Art and Architecture Collection Ltd.
p.117: Jean-Louis Nou/AKG London
p.118: DK/Glasgow Museums
p.119: National Museum of India, New Delhi, India/BAL
p.120: DK
p.121: Robert Harding Picture Library
p.122, 123, 124 y 125: Helene Rogers/Art Directors/TRIP
p.127: DK/Gables
p.128: Art Directors/TRIP
p.129: DK/Glasgow Museum
p.130: Ronald Sheridan@ The Ancient Art and Architecture Collection Ltd.
p.131: British Library, London UK/AKG London
p.132: DK
p.134: Paul McCullagh/Robert Harding Picture Library
p.135: F Good/Art Directors/TRIP
p.137: Rex Features
p.138: Archiv Peter Ruhe/AKG London
p.139: DK/Gables
p.140: Mary Evans Picture Library
p.143: Seattle Art Museum/CORBIS
p.144: Lowell Georgia/CORBIS
p.145: British Library, London/Werner Forman Archive
p.147: Erich Lessing/AKG London
p.148: Bibliotheque Nationale, Paris, France/BAL
p.149: Sipa Press/Rex Features
p.151: Burstein Collection/CORBIS
p.152: Oriental Museum, Durham University, UK/BAL
p.153: DK/Alex Wilson
p.155 y 156: Mary Evans Picture Library
p.157: Werner Forman Archive
p.158: Mary Evans Picture Library
p.159: DK/Glasgow Museums/Ellen Howden
p.161: Sipa Press/Rex Features
p.162: Oriental Museum, Durham University, UK/BAL
p.163: Sakamoto Photo Research Laboratory/CORBIS
p.165: Asian Art & Archaeology Inc./CORBIS
p.166: Paul A. Berry/CORBIS
p.167: Hulton Deutsch Collection/CORBIS
p.168: Peter Scholey/Robert Harding Picture Library
p.171: Gina Corrigan/Robert Harding Picture Library
p.172–73: Musée National de la Renaissance, Ecouen, France/Peter Willi/BAL
p.176: Israel Museum, Jerusalem/AKG London
p.177: Zev Radovan
p.178: Bettmann/CORBIS
p.179: DK/Alistair Duncan
p.180: Richard T Nowitz/CORBIS
p.181: DK/Andy Crawford
p.183: Austrian National Library, Vienna/AKG London
p.185: Judaica Collection Max Berger, Vienna/AKG London
p.186: Musée Rolin, Autun/AKG London
p.187: AKG London
p.188: Vatican Museums, Roma/AKG London
p.190: Richard T. Nowitz/CORBIS
p.191: Musée National de la Renaissance, Ecouen, France/Peter Willi/BAL
p.192: Dave Bartruff/CORBIS
p.194: Pergamon Museum, Berlin/AKG London
p.195: Gianni Dagli/CORBIS
p.196: Charles y Josette Lenars/CORBIS
p.197: Chris Hellier/CORBIS
p.198: AKG London
p.200: DK/Jewish Museum/Andy Crawford
p.201: Ted Spiegel/CORBIS
p.202: DK/Paul Harris
p.203: DK/Max Alexander
p.204: Science Photo Library/Claude Nurisdany y Marie Perennou
p.205: Science Photo Library/Colin Cuthbert
p.206: DK/Manchester Museum
p.207: Archaeological Museum, Tunisia/Gilles Mermet/AKG London
p.208–09: Bibliotheque Nationale, Paris/AKG London
p.210: Israel Museum, Jerusalem/AKG London
p.211: National Gallery, London, UK/BAL
p.212: DK/Joods Historisch Museum
p.213 arriba: DK/Alan Williams
p.213 abajo: DK/Barnabas Kindersley
p.215: Annie Griffiths Belt/CORBIS
p.216 y 217: AKG London
p.219: Bibliotheque Nationale, Paris/AKG London

p.221: Royal Library, Copenhagen/AKG London
p.222: Markisches Museum, Berlin/AKG London
p.223, 224, 225 y 227: AKG London
p.229: Cortesía de Mark Cazalet
p.230: Vatican Museums, Roma/AKG London
p.231: DK/Francesca York
p.232: DK/Mike Dunning
p.233: DK/British Museum/Christi Graham, Nick Nichols
p.234: DK/Peter Wilson
p.235: Kunstmuseum Basel/AKG London
p.237: The Ancient Art & Architecture Collection Ltd.
p.238: National Library, Athens/Erich Lessing/AKG London
p.239: DK/Peter Dennis
p.240: Ronald Sheridan@The Ancient Art & Architecture Collection Ltd.
p.241: Staatl. Russisches Museum, St Petersburg/AKG London
p.242: Missions Etrangers de Paris, Pairs/Jean-Francois Amelot/AKG London
p.243: Bareiss Family Collection/AKG London
p.244: Musée Rodin, Paris, France/Peter Willi/BAL
p.246: Museo del Prado, Madrid/AKG London
p.249: Galleria Nationale dell'Umbria/S Domingie/AKG London
p.251: Kathareinenkloster, Sinai/Erich Lessing/AKG London
p.253: Staatliches Kunstmuseum, Minsk/AKG London
p.254: Science Photo Library/Pat and Tom Leeson
p.255: DK/Cyral Laubscher
257: RHPL
p.258: Galleria degli Uffizi/S. Domingie/AKG London
p.261: RHPL
p.262: Gian Berto Vanni/Corbis
p.264: Musée du Louvre, Paris/Erich Lessing/AKG London
p.265: S. Croce (Capilla Bardi), Firenze/Erich Lessing/AKG London
p.266: Musée du Louvre, Paris/Erich Lessing/AKG London
p.268: Museo de Arte, Lima/Weintmilla/AKG London
p.269: S Maria Novella, Cappellone degli Spagnuoli/AKG London
p.270: DK/John Heseltine
p.271 y 272: British Library, London/AKG London
p.275: Bayerische Staatsbibliothek, Munich/AKG London
p.276: F Jalain/RHPL
p.277: Michael Short/RHPL
p.279 arriba: Bettmann/CORBIS
p.279 abajo: Reinhard Eisele/CORBIS
p.280: British Library, London/AKG London
p.281: Peter Robinson/Empics
p.282: Museo dell'Opera del Duomo, Firenze, Italia/BAL
p.283: AKG London
p.284: Cortesía de Mark Cazalet
p.286: Monastery Decani, Yugoslavia/AKG London
p.287: Ronald Sheridan@The Ancient Art & Architecture Collection Ltd.
p.290: AKG London
p.291: Operation Raleigh/RHPL
p.293: Bibliotheque Nationale, Paris, France/Lauros-Giraudon/BAL
p.294: AKG London
p.295: Bettmann/CORBIS
p.296: Brian Wilson@The Ancient Art & Architecture Collection Ltd.
p.297: CORBIS
p.298: Lee Snider/CORBIS
p.299: The Ancient Art & Architecture Collection Ltd.
p.301: AKG London
p.302: CORBIS
p.303: The Ancient Art & Architecture Collection Ltd.
p.304: DK/Ray Moller
p.305: Archivo Iconográfico/CORBIS
p.307: Jean-Louis Nou/AKG London
p.308 y 309: AKG London
p.310: Unterlindenmuseum, Colmar/AKG London
p.311: Port-Royal-des-Champs, Abbaye/Erich Lessing/AKG London
p.312: Nik Wheeler/CORBIS
p.313: Paul Almasy/CORBIS
p.314: Cortesía de Edwina Sandys
p.315: SMPK, Berlin/AKG London
p.316: George Hall/CORBIS
p.319: Robert Frerck/Robert Harding Picture Library
p.320: Art Directors/Trip
p.321: AKG London
p.322: Art Directors/Trip
p.325: British Library, London, UK/BAL
p.326: Jean-Louis Nou/AKG London
p.327: Colección privada/Bonhams, London, UK/BAL
p.328: DK/Glasgow Museum
p.329: Art Directors/Trip
p.331: DK/Alistair Duncan
p.332: AKG London
p.333: Steve Rayner/CORBIS
p.339: Science Photo Library/Gordon Garradd
p.340: Science Photo Library/Alfred Pastieka
p.341: British Library, London, UK/BAL
p.334: Ronald Sheridan@The Ancient Art & Architecture Collection Ltd.
p.335: Nik Wheeler/CORBIS
p.337: Westfalisches Schulmuseum, Dortmund/AKG London
p.342: RHPL
p.343: Peter Johnson/CORBIS
p.344: Art Directors/Trip
p.345: Bibliotheque Nationale, Paris, France/AKG London
p.346: Helene Rogers/Art Directors/Trip
p.347: AKG London
p.348: A Gamiet/Art Directors/Trip
p.349: Art Directors/Trip
p.351 arriba: R Bell@The Ancient Art & Architecture Collection Ltd.
p.351 abajo: Art Directos/Trip
p.352: Viesti Collection/Art Directors/Trip
p.353: Musée du Louvre, Paris/Erich Lessing/AKG London
p.354: Art Directors/Trip
p.355: Bibliotheque Nationale, Paris, France/BAL
p.357: RHPL
p.358: Museum im Azm-Palast., Damascus/Jean-Louis Nou/AKG London
p.360: Iman Zahdah Chah Zaid Mosque, Isfahan, Iran/Index/BAL
p.361: Christie's Images, London, UK/BAL
p.362: Lester Lefkowitz/Corbis Stockmarket
p.364: JM Trois/Explorer/RHPL
p.366: DK/Alistair Duncan
p.369: Corbis
p.371: Reproducida con permiso de la Henry Moore Foundation/St Matthew's Church, Northampton, Northamptonshire, UK/BAL
p.373: Musée Rodin, Paris, France/Peter Willi/BAL